우리 한문학과 일상문화

필자_가나다 순

강명관 부산대 한문학과 교수
고연희 시카고대 동양미술연구소 객원연구원
김 영 인하대 국어교육과 교수
김경숙 이화여대 국문과 강사
김기림 한남대 국문과 강사
김남이 부산대 점필재연구소 전임연구원
김보경 서울대 BK조교수
김태준 동국대 명예교수
김현미 이화여대 국문과 강사
남은경 한국디지털대 교양과정 교수
박무영 연세대 국문과 교수
박수밀 한양대 국문과 강사
박영민 고려대 민족문화연구원 연구교수
박재금 청주대 학술연구교수

배주연 이화여대 국문과 강사
안대회 성균관대 한문학과 교수
윤상림 이화여대 국문과 강사
윤재민 고려대 한문학과 교수
이은영 이화여대 국문과 강사
이종묵 서울대 국문과 교수
임유경 대구가톨릭대 국문과 교수
장원철 경상대 한문학과 교수
전수연 안동대 국학부 교수
정 민 한양대 국문과 교수
진재교 성균관대 한문교육과 교수
최윤정 용인송담대 강사
홍학희 한남대 국문과 강사

우리 한문학과 일상문화

1판 1쇄 인쇄 2007년 08월 25일
1판 1쇄 발행 2007년 08월 31일

엮은이 / 이화한문학연구회
펴낸이 / 박성모
펴낸곳 / 소명출판
출판고문 / 김호영
등록 / 제13-522호
주소 / 137-878 서울시 서초구 서초동 1621-18 (란빌딩 1층)
대표전화 / (02) 585-7840
팩시밀리 / (02) 585-7848
somyong@korea.com / www.somyong.co.kr

ⓒ 2007, 임유경

값 38,000원

ISBN 978-89-5626-256-7 93810

Sino-Korean Literature
and Everyday Life

우리 한문학과 일상문화

이화한문학연구회 엮음

소명출판

『우리 한문학과 일상문화』는 이화여대 국문과에 재직하셨던 이혜순 (李慧淳) 선생님의 정년퇴임을 기념하기 위하여 이화한문학연구회에서 펴낸 논문집이다.

이화한문학연구회는 이혜순 선생님을 비롯하여 이화여대 한문학 전 공자들로 구성된 연구 모임이다. 그동안 본 연구회는 특정 주제를 기획 하여 『우리 한문학사의 새로운 조명』(1999), 『우리 한문학사의 여성인식』 (2003), 『우리 한문학사의 해외체험』(2006)을 차례로 내놓았다. 본서도 그 연장선상에 있으며, 특별히 이혜순 선생님의 정년퇴임을 기념하여 본서 의 취지에 맞는 외부 필자들의 논문도 함께 수록하였다. 필자들은 이혜 순 선생님과 학계에서 직·간접적으로 인연을 맺고 있는 분들로, 본서 의 편찬에 흔쾌히 동참해 주셨다. 이 자리를 빌려 필자들께 다시 한 번 감사의 말씀을 드린다.

본서는 '우리 한문학과 일상문화'를 큰 주제로 하여, 인간의 진실한 생활경험과 다양한 일상문화를 고구함으로써 우리 선인들의 삶과 문학 에 대한 이해를 넓히는 동시에 한문학 연구의 새로운 방법적 가능성을 모색하고 있는 논문들을 모아서 엮었다. 크게 '여성과 남성, 가족 이야 기', '지식인의 생활과 교유', '독서와 취미·감상', '지역 공간과 산수의 세계', '다양한 삶의 국면' 등 다섯 가지 테마로 구성되어 있다. 각 논문들은 다소 경계를 넘나들기는 하나 다루고 있는 핵심 주제·내용을 중심으로 하여 크게 테마를 분류하고, 그것을 다시 시대 순으로 배열하였다. 각 테마마다 통시대적인 고찰이 가능하면 좋았겠지만 논문 수의 제한으로 모든 테마마다 그렇게 하지는 못 하였다. 크게는 고려부터 조선후기까지 광범위한 시대를 포섭하고 있으나 필자들의 관심 시대가 조선 중·후기에 집중되어 있어 본서에도 이 시기 관련 논문들이 상대적으로 많아졌다. 그럼에도 불구하고 본서를 통해 여성과 남성·가족·지식인·승려·중인 등 다양한 사람들의 다양한 삶의 모습을 전체적으로 조망하고 구체적으로 파악할 수 있을 것이므로, 의미 있는 작업이 되었다고 생각한다.

본서의 발간을 앞두고 보니, 지난 세월 이혜순 선생님을 모시고 지냈던 일들이 떠올라 만감이 교차한다. 이혜순 선생님은 우리 제자들에게 교수로서 학자로서, 가르치고 연구하는 자세가 어떠한 것인가를 몸소 보여 주셨다. 선생님은 학부 강의에서도 완벽을 기하셔서 여러 차례 최고 강의상(Best Teacher)을 받으셨고, 대학원 수업시간에는 늘 학계의 새로운 이슈를 소개하고 학생들이 새로운 주제를 찾아 연구하도록 격려해 주셨다. 그 덕분에 우리 제자들은 틀에 얽매이지 않고 각자 관심 있는 연구주제와 방법론을 선택하여 다양한 연구결과를 산출할 수 있었다.

무엇보다 우리들을 크게 자극한 것은 선생님의 학자로서의 자세이다. 선생님의 연구는 방학이 따로 없었다. 오히려 방학 때 더 많은 연구를 하기 위해 한틈도 쉬지 않아서 자주 입이 부르트곤 하셨다. 이러한 부지런한 연구 활동을 통해 선생님은 국문학계에서 선도적이고 의미 있는 성과들을 다수 발표하셨다. '비교문학'과 '고전여성문학' 분야에서는 다양하고 새로운 시각의 논문을 발표하여 학계에 학문적 폭과 깊이를 보태 주셨고, '고려시대 한문학'과 '연행사와 통신사 문학' 등에서는 치밀한 연구로 기존 문학사의 공백을 채워 주셨다.

선생님께서는 교수와 개인 학자로서 진지하고 근면한 자세를 보여주셨을 뿐만 아니라, 여러 학회의 회장을 역임하면서 학계를 위해 많은 일을 하셨다. '한국고전문학회', '한국한문학회', '국어국문학회' 등 학회의 회장 또는 대표이사를 역임하시면서 그 학회가 활발한 학술교류의 장이 되도록 노력하셨고, 또한 '한국고전여성문학회'라는 새로운 학회를 창립하셔서 고전여성문학 연구의 신기원을 열기도 하셨다.

선생님께서 촌음을 아껴가며 다양한 활동을 완벽하게 해내시는 것을 보면서 우리 제자들은 늘 감탄과 존경의 마음을 가져왔다. 그래서 선생님께서 정년퇴임을 맞이하여 강단을 떠나시게 되는 것이 제자들로서는 무척이나 아쉽다. 선생님의 강의를 듣지 못 하게 될 후배들을 생각하면 마음이 더욱 안타깝다. 그러나 선생님께서는 강단은 떠나시지만 앞으로 더 많은 연구를 수행하실 것이다. 그리고 이제 여유 있는 마음으로 그동안 미루어 두셨던 취미생활도 시작하실 수 있을 것이다. 그래서 아쉬운 마음을 접고 기쁜 마음으로 선생님을 보내 드리려고 한다.

그동안 교정과 편집에 참여했던 임유경, 남은경, 이은영, 김보경, 김남이, 김현미 등 여러 동학에게 감사한다. 그리고 어려운 여건 속에서 기꺼이 출판을 맡아 주신 소명출판의 박성모 사장님, 정성어린 편집을 해주신 직원 여러분께도 감사드린다.

2007년 8월
이화한문학연구회 삼가 씀

　지음(知音)이라는 말이 있으면 지학(知學)도 있어야 한다. 힘써 해온 일이 절묘한 경지에 이른 비밀을 알아주는 사람이 지음(知音)이고 지학(知學)이라고 할 수 있다. 지학(知學)들끼리 만나면 슬기와 용기가 갑절로 늘어나 노력한 보람을 한껏 누리면서 전인미답의 경지로 마음 가볍게 나아갈 수 있다.

　이혜순 교수와 나는 지학(知學) 사이임을 나의 홈페이지(chodongil.x-y.net) '방문자 메모'에서 이따금 글을 주고받으면서 확인한다. 『한국문학통사』 제4판(지식산업사, 2005)을 받고 이혜순 교수가 쓴 글과 나의 응답을 조금 간추리고 다듬어 옮긴다.

　　『한국문학통사』 여섯 권을 모두 받았습니다. 그간 『한국문학통사』를 통해 너무 많은 것을 얻었고 감사했습니다. 한문학을 공부하고 가르치면서 이보다 더 좋은 책이 없다는 것이 부끄러우면서도 학생들에게 사실대로 고백하지 않을 수 없었습니다. 석사와 박사 한문학 종합시험에서도 통사 내 한문학 부분은 여전히 기본 필수 독서 리스트에 들어가 있는 것도 그 때문입니다. 이번에 출간된 제4판 전질을 보내주셔서 기쁘고 감사합니다. 이혜순

　　감사합니다. 공부를 하고 책을 쓰는 보람 새삼스럽게 느낍니다. 제4판에서 많은 것을 고쳐 나시 쓰넌서 여성문학에 대해 썩극 배려하려고 했습니다. 다른 부분의 개작도 선생님을 비롯한 많은 분이 관심을 가지고 깨우쳐 준 결과입니다. 그 점에서 나는 분명히 행복한 사람입니다. 조동일

이혜순 교수의 학문에 관해 나의 책 『세계·지방화시대의 한국학 5 -표면에서 내면으로』(계명대 출판부, 2007)에서 논의했다. 계명대학교 석좌교수가 되어 하고 있는 공개강의 내용을 출판하는 일련의 저서 다섯 번째 것이다. 표면에서 내면으로 나아가는 길을 찾기 위해 우선 표면을 잘 다룬 업적을 고찰하면서 이혜순 교수의 저서를 본보기로 삼았다. 다룬 내용을 단락으로 간추려보자.

이혜순 교수의 『조선통신사의 문학』(이화여대 출판부, 1996)은 실증주의 학문의 빛나는 성과를 보여주는 노작이다. 조선 후기에 조선통신사가 일본에 가서 일본 문인들과 주고받은 한시를 철저하게 연구했다. 놀랄 만큼 많은 자료를 한·일 양국 학계에서 외면해온 것이 놀랄 만한 일이라 하고, 이용 가능한 작품 및 관련 사실을 모두 모아 철저하게 조사하고 정밀하게 고찰했다. 열성과 노력을 높이 평가하고 모범으로 삼아 마땅하다.

이렇게 간추릴 수 있는 대목에서 총괄적인 평가를 했다. 대단한 업적이라고 한 것이 지나친 말이 아니다. 일부의 자료만 피상적으로 고찰하던 전례를 깨고 전반적인 연구를 본격적으로 한 수고가 커다란 무게를 가지고 다가왔다.

한·일 간 우열 경쟁이 이중으로 전개되었다. 한시 창작에서는 한국이, 현실 인식에서는 일본이 앞섰다. 한국의 우위는 중세의 가치관과 합치되어 의문의 여지가 없었기에 부지런히 공부해 따르는 것이 당연하다고 일본에서 인정했다. 일본의 우위는 중세의 가치관에 충격을 주는 예기치 않은 사태이므로 이해하고 자극으로 삼은 한국인은 소수의 예외자였다. 표면의 우열이 이면에서는 반대가 되었다.

책에서 말한 바를 내 나름대로 요약하면 이와 같다. 많은 사실을 들어 자세하게 고찰해 복잡하게 얽힌 내용을 크게 보고, 한·일 간 우열 경쟁이 이중으로 전개되는 것이 핵심이라고 했다. 표리가 상반되어 어느 쪽에 서는가에 따라 평가가 달라진다고 했다.

중심부인 중국은 계속 보편주의를 내세우기만 하고 있는데, 주변부의 일본은 고대자기중심주의를 이어받으면서 근대민족주의로 나아갔다. 한국은 중간부여서 보편주의의 수준 차이 때문에 중세에는 중심부보다, 민족주의를 이룩하는 경쟁에서 근대에는 주변부보다 뒤떨어졌다. 그러나 중세의 자랑인 보편주의와 근대의 역량인 민족주의를 아우르려고 한 지난 시기의 노력이 동아시아문명의 공동체를 다시 이룩하는 데 적극 기여할 수 있다.

이것은 논의를 확대하는 견해이다. 중세에는 중심부 중국이, 근대에는 주변부 일본이 앞서서 언제나 뒤떨어졌다고 할 수 있는 중간부 한국이 근대를 극복하고 다음 시대로 나아야야 하는 지금 선두에 설 수 있다는 지론이 이혜순 교수의 연구에 힘입어 더욱 분명해졌다. 동아시아를 넘어서서 인류문명사를 널리 이해할 수 있는 착상을 마련했다.

『세계 · 지방화시대의 한국학 5−표면에서 내면으로』를 이혜순 교수에게 보냈더니 들러서 글을 올렸다. 책을 본 소감을 표지에 있는 나의 사진부터 들어 말하고, 자기 저서에 대한 나의 논의에 감사한다고 했다. 그 글을 읽고 응답하는 말을 적었다. 둘 다 옮겨 적는다.

보내주신 저서(한국학 5)의 표지에서 모습을 뵙고 참 반가웠습니다. 아마 오래 못 뵈온 듯합니다. 감사합니다.

늘 그러했지만, 이번에는 특히 전체 계획안 구성을 보고 생각하는 데에 시간을 보냈습니다. 한국학에 뜻을 둔 연구자의 노정과 시각을 이렇게 편안하면서도 단계적으로 구성하셔서 문제점을 파악하고 핵심을 향해 나아가도록 하신 것을 보면서, 제게 같은 기회가 주어졌다면 어떻게 했을지 막막한 기분이 들었습니다.

내용 중에 제 통신사 책을 언급하신 부분을 보고 그간 이 책이 받은 무관심을 한꺼번에 보상받은 것처럼 감동했습니다. 그동안 거의 모든 논문에서 선생님의 저서를 인용하는 데에 익숙해 있어서 낯설기도 했습니다. 감사합니다.

늘 건강하시고 행복하시기 바랍니다. 이혜순

　역저를 감사하게 읽고 언젠가는 다루려고 하다가 이제 뜻을 이루었습니다. 책을 통한 만남이 학문하는 사람들의 보람이고 자랑이라고 생각합니다. 조동일

　이혜순 교수는 고맙게도 나를 곤경에서 구출하는 해결사 노릇을 해 주기까지 했다. 국제적인 학문 활동에서 생긴 곤경을 해결해 주기 위해 한 번은 미국으로, 또 한 번은 일본으로 갔다. 사건이 단순하지 않으므로 자세한 설명이 필요하다.

　미국에서 열린 한국여성문학에 대한 학술회의에 참가해 영어 논문을 발표한 적이 있다. 한국고전소설은 남녀의 합작품인 것이 특징이고, 『구운몽』은 정신적 이끌림을 기본 내용으로 한 남녀 관계를 여성이 주도한 점에서 한 남자가 여러 여자를 육체적인 향락의 대상으로 삼은 중국의 『금병매(金甁梅)』나 일본의 『호색일대남(好色一代男)』과 다르다고 한 내용이다. 그랬더니 미국 여성들로 구성된 참가자들이 "Isn't it your male prejudice?"라고 했다. 영어를 바로 옮겨야 실감이 난다.

　무어라고 말해도 이 반문을 되풀이해, 감당하지 못하고 땀을 흘려야 했다. 남성인 나는 대답할 수 없어 후퇴하지 않을 수 없었다. 다음 모임이 다시 열린다고 하자, 나는 더 할 말이 없어 물러난다 하고, 이혜순 교수가 대단한 분이니 초청하라고 했다.

　더욱 확대된 다음 모임에 참가해 이혜순 교수는 『삼국사기』 열전의 여성상에 관한 발표를 했다. 남성 저자가 중세국가의 사업으로 편찬하고 유교를 이념으로 한 역사서에 등장하는 여성 인물들이 통념이나 예상과는 상반되게, 능동적이고 적극적이며, 사리 분별에 밝고 생각이 깊으며, 사랑하는 남성을 위해 헌신한 것을 자료를 충실하게 들어 설득력 있게 입증했다. 내가 겪은 곤경을 차원 높은 발상으로 완전하게 해결해 주었다(이혜순, 『고려 전기 한문학사』, 이화여대 출판부, 2004, 418면 이하에 경과가

소개되고 내용이 수록되어 있다).

또 한 번의 사건은 일본에 가야 했던 것이다. 중국 고전소설의 비교문학적 고찰에 관한 국제학술회의에 참가해 달라는 초청을 받았다. 비교문학을 좀 한다고 나서다가 과대평가되어 할 수 없는 일까지 하라고 했다. 이 곤경은 『수호전(水滸傳)』으로 박사논문을 쓴 이혜순 교수가 대단한 분이니 나 대신 초청하라고 해서 면했다. 이혜순 교수가 일본에 가서 한국학계의 체면을 세우고 실력을 과시했음은 물론이다.

이혜순 교수는 국내에서 국문학 학사와 석사, 미국에서 비교문학 석사, 대만에서는 중국문학 박사를 해서 학문의 기초를 넓고 깊게 닦았다. 34년 동안이나 한 대학에서 재직하면서 비교문학·한문학·여성문학을 새롭게 탐구하는 업적을 계속 내놓고 제자들을 헌신적으로 지도했다. 한국고전문학회 회장, 한국한문학회 회장, 국어국문학회 대표이사 등을 맡아 학계를 주도했다. 이 이상 모범이 되는 삶을 살아온 교수가 동서·고금·남녀를 가리지 않고 더 있을 것 같지 않다.

이혜순 교수의 제자가 나손학술상을 받을 때 축사를 하라고 해서 이렇게 말한 적 있다. "여성학에서는 예수가 인류를 구원하지 못 한 것은 여성이 아니고 남성이기 때문이었다고 하는데, 인류의 구원은 모르겠으나 인문학은 여성이 구원하리라고 믿어도 좋겠습니다." 스승이 연 길을 제자들이 따르면서 넓혀 집안이 더욱 융성해질 것으로 기대하고 한 말이다.

이혜순 교수가 정년퇴임을 하는 자리에 제자들이 주축이 되어 알찬 논문집을 마련하고 잔치를 차렸다. 책을 받고 참석하는 것만 해도 다행인데, 지학(知學)이라고 자처하면서 축사를 하기까지 하니 대단한 영광이다. 정년퇴임은 완주(完走)이다. 모범을 보이고 신기록을 세우면서 완주했으니 수고가 너무 컸다. 이제 교수 노릇은 끝나고 학자만 남았다. 부담에서 벗어나고 모범에서 해방되어 조용한 시간을 흐뭇하게 보내기 바란다.

조동일(계명대 석좌교수)

차
례

제2편 지식인의 생활과 교유

제3편 독서와 취미·감상

제4편 지역 공간과 산수의 세계

제1편

여성과 남성, 가족 이야기

윤덕희(尹德熙), 〈독서여인도〉, 서울대박물관

슬픔과 탄식 속의 지아비 / 아버지 되기

직암(直菴) 신경(申暻)의 경우

김현미*

1. 출발점

조선조 문학의 주 담당층이었던 사대부 남성들이 여성에 대해서 어떻게 생각했는지를 잘 알 수 없다는 것은 여성이 담당층이 되었거나 '여성'을 주된 제재로 다루어진 작품을 고찰하는 '고전 여성문학' 연구 필요성의 전제나 출발점이 되어왔다. 그들의 문학을 살펴볼 때 같은 시공간에서 함께 존재하며 생활했던 여성들에 대하여 일견 공통적으로 침묵하고 있는 것으로 보여, 이들의 생생한 삶의 모습을 볼 수 없다는 점이 단순한 무관심 이상의 어떠한 의도인 것인지 알아보기 위하여 역으로 이들에 대한 구체적인 서술은 찾지 못하더라도 편린들을 모아 여

* 이화여대 국문과 강사.

성들의 생활상, 그를 통해서 볼 수 있는 남성 작가들의 여성관을 재구해보려는 시도들로 이어졌다.

이런 면에서, 조선조 대부분의 사대부들이 남겼던 글들 중 애제류·비지문류는 그들이 평소 주 제재로 삼지 않았던 여성에 대한 서술이 있고, 그를 통해 여성에 대한 인식이나 관심이 드러나 있다는 점에서 연구할 가치가 있다. 그리고 이러한 애제류·비지문류를 보면서 생각할 수 있는 것은 '당대 여성들의 생활상'이라는 기억되는 여성의 외면적 형상 뿐 아니라 그 안에 내재되어 있는 화자의 눈, 즉 기억하는 남성들의 시선과 그 의미로 분화됨을 알 수 있다. 제문·비지문의 특성상[1] 대상 여성을 칭송하고 애도해야 한다는 일정 형식이 있음에 따라서 실제 그들과 동시대를 살았던 여성의 실상보다는 전형적으로 인식되는 '이상적 여성상'으로 소개된다는 제한점을 생각한 선행 연구들은, 이들을 통해 외면적인 형상 뿐 아니라 그를 기억하는 화자의 시점과 의도가 얼마나 문제되는가를 보여주는 예라고 하겠다. 또한 제문과 비지문을 살펴볼 때 여성의 실상을 알 수 있는 조건으로서 고려 대상이 되는 것은 비지문 제문의 대상이다. 즉, 누구를 입전하느냐이다. 대상 여성과의 친소관계에 따라 작자 개인적으로 알고 있는 관계의 맥락 속에서 생생한 사람으로서의 편린이 드러나는가, 아닌가가 결정되기 때문이다. 문장 형식의 전형성·대상 여성 간의 거리라는 제한점을 고려했을 때, 비교적 생생한 여성상을 관찰할 수 있는 것으로 주목된 것은 아내와 딸을 대상으로 한 제문, 묘지명이었다.[2] 이들은 가족이라는 의미망 안에서 묶여

---

1) 제문 자체의 서술 방식과 내용에 관해서는 이은영, 『제문, 양식적 슬픔의 미학』, 태학사, 2004, 114~156면 참조. 특히 죽은 사람을 기리는 祭亡人文의 경우에는 칭송과 애도의 구조로 이루어져 있다고 한다. 전자는 이념의 표출에, 후자는 정서의 표출에 관련된다.

2) 이혜순 외, 『우리한문학사의 여성인식』, 집문당, 2004; 황수연, 「17세기 제망실문과 제망녀문 연구」, 『한국한문학연구』 30, 2002, 37~39면; 박무영, 「18세기 제망실문의 공적 기능과 글쓰기」, 『한국한문학연구』 32, 2003, 317~351면.

오랜 시간 생활하며 친밀감이 형성되고 개인적인 추억도 많기에, 그를 서술하는 제문 속에서 서정과 문학성을 표출할 수 있는 문학적인 성과도 이루면서, 그들이 보는 여성상 인식이라는 면에서도 보다 심화된 면모를 볼 수 있는 의미가 확인된다.

성리학의 정착기이고 상·제례가 중시된 17세기 성행했던 '제망실문' '제망녀문'의 창작 전통은 18세기에도 이어져 딸과 아내에 대한 애도문이 꾸준히 산견된다. 그중에서도 직암 신경(直菴 申暻, 1696~1766)의 경우는 그의 만년인, 64세 되던 1759년 6월 15일, 산후 유질로 외딸을 잃고 같은 해 7월 전에 아내도 잃게 되는 경험을 하게 되어 장편의 '제망실문'과 '제망녀문'을 남기게 된다. 딸과 아내를 동시에 잃으면서 남긴 글 속에서 통합해 살필 수 있는 것은, 그 전과 이후에 신경이 다른 이를 대상으로 썼던 여타 묘지명 속에 드러나는 기존 입장과는 사뭇 다른 것을 특기할 수 있다. 절실한 아픔 속에 '예(禮)'를 넘는 감이 있어도 길고 상세하게 토로되는, 아내와 딸에 대한 감정이 드러나기 때문이다. 이것은 기억하는 남성의 눈이 기존 통념 속에서 굳어진 '이상적 여성상'의 틀을 넘어서는 예외적인 실례를 보여준다. 또한 이 글 속에서는 아내와 딸의 부재 속에 역으로 드러나는 지아비 / 아버지의 입장도 있다.

따라서 본고는 직암의 여성 대상 애제와 묘지들을 중심으로 신경이 평소 가지고 있던 이상적 여성상을 살펴본 후 본격적으로 아내와 딸에 관련된 제문 및 광기 4편3)을 중심으로 그 내용을 분석하면서 그 안에 드러나는 아내 / 딸에 대한 인식 및 그를 통한 지아비 / 아버지라는 자의식의 면면을 살펴보고자 한다. 이는 18세기 사대부의 여성 인식과 가족 안에서의 자의식을 알 수 있는 사례 연구가 될 것이다.

---

3) 신경, 『직암집』 권12 「祭內子淑人尹氏文」·「又祭內子文」·「亡女壙記」·「祭女子金學士室文」.

2. 1795년 이전, 기억하던 여인들 - 직암이 그리던 이상적 여성상의 면모

신경은 그의 문집 『직암집』에서 여성을 대상으로 총 12편의 1 애제문과 비지문, 짤막한 전을 썼다. 그중 아내인 파평 윤씨와 딸 평산 신씨와 관련된 「제내자숙인윤씨문(祭內子淑人尹氏文)」·「우제내자문(又祭內子文)」·「망녀광기(亡女壙記)」·「제여자김학사실문(祭女子金學士室文)」 네 개를 제외하면 어머니(「先妣(申聖夏妻)遺事」), 외사촌 누님들(孺人朴氏와 淑人朴氏), 장모님(「外姑淑人李氏(尹明運妻)墓誌」), 안사돈(「贈貞夫人李氏(金致垕妻)行狀」), 사돈의 시어머니(「金泰魯妻墓誌」), 육대조 할머니(「六代祖贈貞敬夫人李氏(申砬妻)墓誌」) 등, 비교적 친지와 지인들을 중심으로 서술이 이루어진다. 직접 대면하지 않은 입전 대상 여성은 육대조 할머니와 의리를 지킨 기생 두련(「孝妓斗蓮傳」) 뿐이다. 입전 대상들을 거의 모두 대면하고 썼다는 데서 각 묘지명에 드러나는 여성의 생활상이 생생하고 입체적이지 않는가 생각할 수 있으나, 다음 글들과 같이 일반적인 칭송의 범주에서 벗어나지 않는다.

첨정공(남편)이 옛것을 좋아하고 경사만을 즐겨서, 집의 생계는 개의치 않았는데, 숙인께서 근검으로 안을 다스리고 준절히 알맞게 써서 부모를 봉양하는 방도와 선조를 제사하는 예의에 두루 하여 일마다 진실됨을 본받았으며 조금도 어그러지거나 빠짐이 없었다.

종일을 단정히 앉아 일을 다스려, 집 사람들이 혹여 비스듬히 기대거나 누워 쉬는 것을 보지 못하였고 베를 짜고 마르는 일로 밤에도 조금도 게을리 하지 않고, 때때로 곡포로써 이유인(李孺人 : 친정어머니)이 필요한 것을 도와드렸다. 모든 자녀들이 어렸을 때부터 엄하게 가르치기를 학업에 게을리 하지 말라 하였으므로, 모두 문치가 있고 아담한 좋은 선비가 되었다.[4]

---

4) 『직암집』 권12 「淑人朴氏墓誌」. "僉正公好古耽經史. 不以家産掛意. 而淑人勤儉以治內. 撙節以制用. 凡於養親之方. 享先之儀. 隨事効誠. 了無虧闕. 終日端坐理事.

부인은 숭정후 두번째 신미년(1691) 8월 13일 한양에서 태어났다. 어려서부터 어질고 효성스럽고 공손하고 삼가며 화목하며 따뜻하고 진중하여 부모가 사랑하시고 친척들이 어질게 여겨서 사람들이 나쁜 말을 하지 못하였다. 무자년(1708), 관찰사 청풍 김씨 김치후[5])에게 시집갔다. 이때 시할아버님인 후재선생과 시할머님 박부인[6]) 그리고 시어머님 강부인[7])이 모두 무탈하셨다. 부인이 시집와서 힘을 다해서 진실로 공경하니, 새벽에 일어나 청소를 하고 밤자리 편했는지 문후 드리고 맛난 것으로 진지를 차려 드리고 늘 쓰시는 것들을 점검하며, 감히 쉴 겨를도 없이 수저를 들 겨를도 없었고 온종일 부지런히 움직여 게으른 기색이 없었다. (…중략…) 강부인은 성격이 엄하여 때때로 훈육하시며 혼을 내셨다. 말의 기세가 혹 평탄하지 못하여도 부인은 엎디어 삼가고 조심하며 들었는데 몸둘 바가 없는 것처럼 했고 화가 가라앉기를 기다려 밤까지 감히 떠나지를 못하여 강부인이 끝내는 기뻐 웃으며 마쳤다. 일찍이 관찰사공에게 말씀하시길 "나는 성질이 급하여 사람이 감당해내지 못하는 일들을 많이 하는데 네 처는 매양 공손히 받아들이고서 따지는 게 없으니, 어질구나!"라 하셨다. (…중략…) 부인은 글을 매우 좋아하여, 경전과 역사서를 모두 섭렵하여 그 상당한 경지에 이르러, 종종 평설하는 것이 아무 것도 바꿀 것이 없었다. 항상 고금의 충효절의한 말과 행동들을 열심히 자녀를 위해 외워 가르쳤고 또 글 짓는 법도 알고 있었으나, 드러내지 않았다. 그러므로 비록 관찰공이라 하더라도 알 수 없었는데 그 돌아가신 후에야, 지으신 시 한두 편이 옷장에서 나와 우연히 얻어 보았으니, 많이 보지 못한 것이 아쉽다.[8]

家人未或見其趺倚偃息. 織紝刀尺. 夙夜不少懈. 時以穀布. 助濟李嬬人調度. 諸子自未長時. 嚴加戒飭. 執業不怠. 故皆爲文雅佳士."

5) 金致垕 : 1692(숙종 18)~1742(영조 18). 조선 후기의 문신. 본관은 淸風. 자는 士重. 호는 沙村. 廣州 출신. 아버지는 泰魯이다.

6) 음성 박씨 朴浩遠의 딸. 참고문헌 『후재집』.

7) 金泰魯의 부인이며 姜錫夏의 딸.

8) "夫人姓李氏, 本朝 太宗大王介子孝寧大君諱補後, 大司憲 贈領議政文忠公諱芬, 副提學 領吏曹判書諱之恒, 義興縣監諱重龜, 朔寧郡守諱奎壽之玄曾孫女, 而府使 贈贊成徐公貞履之外孫也, 夫人以 崇禎再辛未八月十三日, 生于漢陽, 自幼仁孝恭謹, 祥和溫重, 父母之愛之, 宗黨之賢之, 人無間言, 戊子, 歸于觀察使淸風金公致垕, 時大舅厚齋先生大姑朴夫人曁姑姜夫人, 俱無恙, 夫人入門, 殫竭誠敬, 晨起澡潔, 省候安寢, 退卽躬瀡瀡之供, 檢日用之具, 不敢遑息, 殆至食不暇下匙, 而惟日孜孜無倦, (…중략…) 姜夫人性嚴, 有時訓責, 辭氣或涉不平, 則夫人俯伏恭聽兢懼, 若無所容,

위의 두 글은 자신의 외사촌 누나의 묘지명과, 아내와 딸을 제외하고 가장 상세하고 긴 분량을 자랑하는 자신의 안사돈에 대한 서술이다. 가장 자세한 면을 서술하다시피 한 글에서도 이들은 공통적인 모습을 추출하여 찾아볼 수 있는데, 그것은 '늘 부지런히 일을 하고' 그 결과 '공부하는 남편을 생계에 매이게 하지 않으며', '조용하고 정숙한 덕을 발휘하여 다른 사람이 무어라 해도 온순히 응대'하는 특징을 가지고 있다. 이러한 덕은 동시대 남성이 가지고 있던 덕목과는 사뭇 다른 것이었으며, 그래서 '글을 알아도 절대 내색하지 않아서 결국 가장 가까운 남편까지 그 사실을 전혀 모르는' 행동이나(「贈貞夫人李氏行狀」) '그 총명함을 눈여겨 본 웃어른에게 남자로 태어나지 못함을 안타깝게 여기는' 행동을 불러오는데(「先妣遺事」), 이것은 여타의 묘지 등에서 역시 확인할 수 있는, 전형적인 것임을 알 수 있다.

특히 직암이 이들 여성의 생애 서술에서 특기한 것은 '말을 아낀다'는 것이다. 전술한 안사돈 이씨 뿐 아니라, 사돈의 어머니이며 후재의 며느리가 되는 정부인 강씨의 경우도 '성격이 엄하여 자신을 잘 단속하고 말과 웃음을 아꼈다[9]'는 말을 하는 것으로 보아 일반적으로 당대 문인들이 가장 특징적인 선으로 여겼던 '여공(女工)에 충실하며 검약하고 부지런했다'는 것 외에, 말을 아끼고 조용한 모습을 보이는 것을 자기를 삼가고 돌아본다는 표현으로 파악했다는 것을 알 수 있다. 그러나 이는 이

侯其意降, 連夕不敢去, 姜夫人卒乃歡笑而罷, 嘗謂觀察公曰, 余性急, 多以人所不可堪者加之, 而汝妻每恭受無辨, 賢欤, 恒以未逮事尊舅爲至痛, 語及, 必汪然出涕, 値夫日, 身雖有疾, 籩豆之需, 一一親執, 不忍使人代之 (…중략…) 雅喜文事, 經典史籍, 皆略涉其大致, 往往評說, 有無以易者, 常以古今忠孝節義之前言往行, 亹亹爲子女誦誘, 且解綴文之法, 並內而不出, 故雖觀察公, 不能盡知之, 至其歿後, 偶得所爲詩一二篇於巾衍間, 而恨未多見也."

9) 『직암집』 권14 「貞夫人姜氏墓誌」, 390면. "律己甚嚴 整儀容寡言笑 靜處一室 終日穆如."(강조는 필자) 그리고 직접적으로 말하진 않았지만, 자신의 장모님을 대상으로 한 「外姑淑人李氏(尹明運妻)墓誌」에서도 늘 조용히 앉아 부지런히 손을 놀리고 있을 장모님의 모습을 떠올리고 있어서 활동보다는 정좌를, 발화보다는 성찰을 더욱 아름다운 모습으로 생각하고 있음을 알 수 있다.

후 제 망실문과 제 망녀문에서 보여준 모습과는 사뭇 다른 모습임을 확인할 수 있어, 이렇듯 직암의 마음속에 통념적으로 굳어진 시각으로 서술하는 묘지의 글과 지극한 슬픔으로 인해 곡진해진 마음을 표현하는 첫 제문 간의 거리를 보여준다. 구체적인 면모는 후술하도록 하겠다.

그러나 일견 전형적으로 보이는 직암의 '여성상' 서술 중에서도 특히 관심을 가지고 있는 부분을 특기할 수 있다. 가족 내 관계 중 '부부'와 '부녀'의 형상을 그리는 데 직암의 시선이 집중된다는 데 주목할 필요가 있다. 부부의 형상을 입체적으로 그려낸 대표적인 예는 직암 스스로도 '나에게는 형수 같은 분이라 다행히도 그 면면을 잘 살펴볼 수 있었다'[10]고 고백한 안사돈인 전주 이씨의 경우를 들 수 있다. 그가 그 지아비인 김치후와 서로 부부의 예를 갖추었으며, 평소에도 절대 예가 아닌 모습을 보이지 않았다고 하여 일견 '전형적인 부인의 모습'을 그리는 것이 아닌가 하는 혐의가 있다. 그러나 부부 사이에서는 '말을 아낀다'는 전형적 모습을 보이지 않고 온유한 말로 남편에게 충고하여 끝내는 그 남편이 그를 깊이 신뢰하는 결과를 낳는다.[11] 그 지아비와의 관계를 이렇게 입체적으로 관찰하여 서술해낸다는 점에서 특기할 만하다.

부녀의 관계를 집중하여 본 것은 다름 아닌 자신의 어머니 행장인 「선비유사(先妣遺事)」이다. '처자' 말고 가족을 구성하는 인원 가운데서 가장 가까운 자신의 '어머니'를 그리면서, 그의 일생이 '신성하의 처이며 불초(不肖)의 어머니'라고 서술되기보다는 '현석노 선생(박세채)의 딸'로 느껴지도록 서술되었다는 데 특기할 점이 있다. 여공에 충실하고 말을 아끼며 부지런히 일한 전형적인 여성의 모습을 제외하면, 아들인 자신과 관련한 기억은 늘 밥을 같이 먹으며 편식을 하지 말고 배부르기를 구하지

---

10) 『직암집』 권17 「贈貞夫人李氏行狀」, 436면. "㬅早側跡先生門下, 獲友觀察公, 與有兄弟之情, 其於夫人, 盖以尊嫂仰之, 竊識其徽範者審矣."

11) 위의 글. "與觀察公相待如賓, 未嘗有惰慢之容, 雖病甚委頓, 若其臨視, 則起居如常儀, 觀察公剛毅峻正 遇有不可, 或時色厲, 夫人和顔以承, 無一言競辨, 雖少事, 必禀而行, 未嘗敢專, 間有獻規, 則敷陳義理, 皆可裨益, 觀察公寔賴其箴警之助."

말라고 하시던 것만 나와 있어12) '어머니'라는 관계와의 기억이 상대적
으로 소략한 것을 알 수 있다. 대신 전술한 바와 같이, 행장의 처음 어머
니의 남다름을 기록하는 일화 가운데 총명함을 알아주며 아까워한 것도
아버지 현석노 선생이었으며, 유사의 끝을 장식하는 일화도 노선생이 만
년에 거처를 옮기시자 매년 거기서 몇 달을 머물며 뒷바라지를 했다는
것과 아버지가 돌아가시자 이제 나는 살 수 없다며 절규한 것, 돌아가신
날이 현석노 선생과 같다고 사람들이 기이해했다는 것13)임을 보면, 글의
시종을 일관하여 어머니의 정체성을 현석의 딸로 각인하려는 의도를 엿
볼 수 있다. '어머니'에 대한 직암의 이러한 기억은, 그가 인지하고 관심
있어 하는 가족 내에서의 정체성이 '아들'이라는 것보다는 '지아비'와
'아버지'에 기울어져 있다는 것을 추론할 수 있다. 이제 이러한 직암의
의식이 1759년의 직암의 제문을 통해서 구체적으로 어떻게 서술되었는
가 살펴보고자 한다.

---

12) 『직암집』 권17 「先妣遺事」. "常引不肖而同案賜食, 教以於食無求便好, 無求飽飫焉."
13) 위의 글. "老先生自楊山晩入坡山, 先妣每歲歸寧, 春秋再至, 至則留侍數月而還,
盖不如是, 則不堪慕戀之極, 故有時擔却子女之病采薪之憂而成行焉, 乙亥老先生易
簀, 先妣號痛罔極, 不欲有生日, 此身今後叟誰爲乎, (…중략…) 考終之夕, 與老先生
忌日同日, 人甚異之."

3. 1759년의 지아비 / 아버지 되기

1) 아내를 벗삼은 지아비

개인적으로 1759년은 신경에게 횡액이 겹친 한 해였다. 먼저 6월 15일에 마음으로 의지하던 딸이 떠났고, 그 다음 '존경하는' 아내가 떠났기 때문이다. 우선 그는 7월 1일에 아내를 추도하는 제문인 「아내 숙인 윤씨를 제사하는 글」14)을 썼다. 그의 글에는 일단 "아아 슬프다[嗚呼哀哉]"라는 제문의 일반 투식구 말고도 뒤에 "내 원통함과 슬픔을 어찌 가히 그칠 수 있으랴[余之所以寃傷憾悼者. 其何可已]"라는 긴 글을 함께 넣음으로 인해 자신의 슬픔을 특화했다. 제문의 전반부에 "상을 당하여 슬픔이 지나쳐도 좋을 게 없고, 제문이 지나치게 칭송만 해도 참되지 않습니다"15)라는 아내의 말을 인용하면서도, '오호애재' 다음에 그러한 긴 한탄을 늘어 놓을 수밖에 없는 배치는 자신의 슬픔이 진정한 것이고, 이어 자신이 그릴 아내의 모습이 지나친 칭송으로 미화된 것이 아니라 자신의 뇌리에 각인된 진솔한 모습이라는 암시이다.

아내의 집안이 모두 장수를 했었고, 아내가 지병은 있었지만 성품이 침착하고 근력도 강하여 이렇게 일찍 세상을 떠날 줄은 몰랐다는 말 이후에 드러나는 아내의 모습은 그동안의 선비들이 제망실문에서 그렸던 자신의 아내의 덕을 칭송하는 주 줄거리에서 크게 벗어나지 않았다. 즉, 자신은 속이 좁고 데면데면하여 책 볼 줄만 알았지 집안 살림은 거둘 줄 몰랐는데도 부인은 손이 닳도록 고생하여 자신에게 조금도 걱정근심을 끼치지 않고 살림을 잘 꾸려나갔다16)는 덕목이다. '봉제사 접빈객'

---

14) 『직암집』권12 「祭內子淑人尹氏文」, 352~355면.
15) 위의 글, 352면. "當喪過哀無益也. 爲誄溢美不誠也."
16) 위의 글. "若余之迂於治家. 疎於謀生. 則曾不略以爲恨. 子獨勤苦經紀. 大而賓祭.

으로 대변되는 집안 살림 꾸리기와, 어려운 살림을 감내하는 부덕(婦德)의 항목은 늘 함께하는 동전의 양면 같은 것이라, 별다를 것이 없지만 윤씨의 경우에는 이 두 가지 고정적인 칭송의 일화에 '아버님의 인정'이라는 화소를 첨가함으로 인해 새로운 면모가 드러난다.

> 그대가 시집와서, 아버님께서 그 마음과 행실이 단정하고 곧은 것을 보고 깊이 좋아하시고 기뻐하셨지. 그리고 내가 어리석은 것을 근심하셔서 그대에게 경계할 것을 명하셨소 그대가 이 명을 받아서 오로지 그 명령을 지키며, 내 말과 행동을 살펴 때마다 잘못을 구해주고 번번이 선한 일을 하도록 경계하며 공부하도록 권하였으며 향당과 주려에 죄 얻지 않기를 바랐으니, 진실로 평생토록 이 고민을 떠안았었지.17)

여기서 드러나는 것은 자기의 바깥사람이 '공부만 아는 재사[才士]'인 것을 알아주며 그의 공부를 위해 걱정을 끼치지 않는데 사력을 다하는 '안사람'의 모습뿐만이 아니다. 물론 결론은 '규방의 유익한 벗'인 그런 아내 때문에 자신은 자신의 몸만 거느리고 집안일 걱정할 일이 없었다는 것으로 향하긴 하나, 여기서는 남편의 언행과 학업에 믿을 만한 조

微而細碎. 勞心竭力. 修學無廢. 窮約困苦而無少怨尤. 險艱窘迫而無少嗟咄. 見余或有苟且之事. 急急諫止. 如恐不及. 先君子知其然. 而顧余謂以是婦. 汝之閨門益友也. 以故余擧我身家. 以聽子之周旋彌縫. 而不自以掛意. 一朝至此. 不幸罔涯. 不啻如失左右手也. 余之所以寃傷憾悼者. 其何可已. 嗚呼痛哉." 이러한 화소가 전통적으로 등장하는 것이라는 것의 예는 다음과 같다.

"내 성품이 본디 비둘기처럼 졸렬하여 쌀 궤가 여러 번 비었는데도 그대는 또한 가난을 잘 견디고 영리를 일삼지 않았으며 허름한 옷과 음식으로 지내면서도 끝내 조금도 변함이 없었소 (…중략…) 오희가의 맹광과 자상의 적씨를 실로 닮았으니 내 깊이 그대를 의지하였지요." 김종직 「祭亡妻淑人文」(번역은 이은영, 앞의 책, 150면 참조)

"아! 당신은 홀로 노고를 떠맡아, 집안 걱정을 하지 않게 해주었소 굶주리는 가운데에서도 책은 팔지 않아 내 우직함을 지켜주었고, 추울 때도 꽃나무는 때지 않아 내가 측은지심을 지닌 채 살아가게 해주었소." 이인상(1710~1760), 「능호집」「祭亡室文」; 유미림 외역, 『빈 방에 달빛 들면』, 192면에서 재인용.

17) 위의 글. "始子入門. 先君子察其心行之端良方直. 深嘉悅之. 而憫余顯蒙. 命子規警. 子自承此命. 專以此爲事. 伺余言談擧止. 隨時捄過. 隨處責善. 勉厲其問學工夫. 期無得罪於鄕黨州閭. 寔抱終身之憂."

언을 해주고 경계할 수 있는 조언자·조력자로서의 아내의 모습이 드러난다. 이러한 조력자로서의 아내의 모습은 이글 뿐 아니라 1년 후인 1760년 지은 「우제내자문(又祭內子文)」에서 "나는 그대의 어짊을 공경했으며, 그대는 나의 어리석음을 고쳐주었네. 나는 그대의 덕을 흠모했으며, 그대는 나의 뜻을 권면해주었네"[18]라 말하는 부분에서 다시 확인할 수 있어 신경이 자신의 아내를 '조언자'로 인식하고 있었음을 특기할 수 있는 것이다. 그 결과 아내의 죽음으로 말미암아 생활의 불편 뿐 아니라 자신의 마음을 알아주고 언행을 고쳐줄 수 있는 교유의 상대가 부재한다는 지아비의 고백을 들을 수 있는 것이다. 이러한 토로는 다음 구절에서 더욱 확실히 알 수 있다.

　　지금 나는 홀아비를 면치 못했으니 배가 고파도 배를 채울 데 없고 추위도 따뜻함을 구할 데 없으며 제사를 당하여도 주관하라 맡길 데 없고 사람을 만나도 상차리라 할 데 없소 병이 들어도 도와 달라 할 데 없으며 근심이 있어도 함께 하자할 데 없고 잘못이 있어도 따끔한 소리 들을 데 없소. 글 읽을 때 막히는 곳이 있어도 풀어 달라 할 데 없으며 어려운 일 만났을 때도 해결해 달라 할 곳 없소. 오도카니 혼자서 의지할 데도 없고, 궁핍하고 외로워도 말할 곳도 없구료. 이 몇 가지 일을 보건대, 삶이 여기에 이르렀으니 무슨 뜻이 있으리. 내가 느끼는 원통함과 슬픔을 어찌 가히 그칠 수 있으랴, 아아 슬프다.[19] (강조는 필자)

생계의 문제를 자신에게 묻지 않고 편안히 해결하는 것은 아내의 덕이기도 하지만 그 기억을 불러오는 기저에는 자신이 그런 곳에 관심이 없고 오로지 학문에만 정진하는 선비로서의 본연에 충실하다는 자기

---

18) 『직암집』 권12 「又祭內子文」. "余敬子賢, 子砭余愚, 余歆子德, 子勖余志."
19) 위의 글. "余今不免竟作鰥夫. 口飢而無處求飽也. 身寒而無處求溫也. 當祀而無處求管也. 逢人而無處求餉也. 疾病而無處求救也. 憂患而無處求共也. 過失而無處求砭也. 看書有疑. 而無處求解也. 遇事有難. 而無處求決也. 形單影隻. 而無處依倚也. 孤苦窮迫. 而無處告訴也. 看此數事. 人生到此 有何趣況也. 余之所以冤傷憾悼者. 其何可已. 嗚呼痛哉."

확인, 그리고 그 사실의 자신감 있는 노출이 숨어 있다. 그런 데서 느낄 수 있는 것은 '나 때문에 고생만 한 아내에 대한 애틋함'과 이제 혼자 남아서 살아가야 하는 현실 생활에의 공포이지만, 인용문처럼 '잘못했을 때 바른 소리를 들을 수 없다'든지 '글 읽을 때 막히는 곳이 있어도 해결할 곳이 없다'는 고백은 확실히 다른 사람의 목소리와 변별이 되며, 직암 신경과 윤씨가 지아비/지어미가 되어 구사하는 부부의 예인 '상경상애(相敬相愛)'가 어떠한 모양을 가지고 있는지 짐작할 수 있다. 이들의 생활과 사귐은 좋은 벗으로서의 동반관계로 설명할 수 있고 제문에서도 다음과 같은 모습으로 형상화되고 있다.

옛날 내가 당신과 함께 죽서고원에 있었을 때 여름 낮과 겨울 밤, 봄가을 낮밤으로 매일 마주 앉아 어떤 때는 심사를 말하고 어떤 때는 아이를 가르치며, 혹은 글을 베끼거나 그림을 보기도 하며, 달구경과 꽃 감상, 술을 마시거나 투호놀이도 하면서 집에서 지내는 즐거운 낙으로 삼았었지. 세월 가는 줄도 몰랐는데 지금은 어찌 다시 얻을 수 있을까. 그대의 눈매며 입매, 귀와 말소리와 웃는 모양과 고상한 뜻과 좋아하던 것과 충고와 경계가 항상 내 눈과 귀에 쟁쟁한데 지금 어찌 잠시라도 잊을 수 있을까. 내 비록 곧 고향에 가더라도 그대는 살아서 떠났다가 죽어서 돌아가는 사람이 되었고 지난 일을 추억해도, 다 옛일이 되었네. 내 슬픔 누가 알며, 내 설움 누가 위로해주리.[20]

좋은 벗의 높은 사귐처럼 그려진 이들 부부의 생활은 이렇듯 함께 한 구체적인 일들이 많기 때문에 더욱 생생하고 손에 잡히듯이 형상화된다. 그리고 형상화가 자세할수록 혼자 남겨진 슬픔이 구체적으로 짙어지는 것이다. 이러한 사귐이나 덕목들은 전술했듯 기존에 그가 썼던 행장 속 안사돈의 덕목과는 확실한 차이가 있다. 글을 알고 좋아했으나

---

20) "昔余與子在竹西故園也. 夏日冬夜. 春晝秋晷. 每相對宴坐. 或話心或教兒. 或抄書或看畵. 或望月或賞花. 或飮酒或投壺. 以爲居室之樂. 不知年數之不足. 今何由復得也. 子之眉眼口耳. 聲音笑貌. 志尙嗜好. 忠告良箴. 恒著余之三官. 今何由暫忘也. 余雖早晩還鄕. 子爲生行死歸之人. 回首往事. 揔成陳迹. 我哀誰知. 我悲誰慰."

밖으로 절대 드러내지 않아서 가장 가까웠던 남편도 끝까지 몰랐으나 썼던 시가 발견이 되었다는 일화[21] 등을 통해 '알지만 드러내 자랑하지 않음'이 하나의 덕목으로 형상화되기 때문이다. 부부 사이에 모르는 것이 없고 서로 높은 사귐을 가질 수 있는 것, 그리고 아내에게 가르침을 받을 수 있는 지아비가 되는 것, 이것이 직암 부부가 '상경상애'하는 양상이었다고 할 수 있다.

2) 흉금을 터놓던 아버지

신경의 딸인 김종정(1722~1787)의 처는 1719년 11월 18일에 태어나 1759년 6월 15일 41세를 일기로 죽었다.[22] 직암은 그 딸에 대한 글로서 하관할 때 지은 「망녀광기(亡女壙記)」와 「제여자김학사실문(祭女子金學士室文)」을 남겼는데, 그 문집에서 발견되는 총 12편의 여성 대상 글 중에 딸의 제문이 가장 긴 분량을 차지하여 그 감정의 깊이를 추측할 수 있다. 아내와 딸 중에 먼저 죽은 것은 딸이지만, 직암은 아내 제문을 7월 초하루에 쓰고 그 다음 7월 보름에 딸의 제문을 지었음을 확인할 수 있다.[23] 그는 그 글에서 "네 상을 치른 이후로 황황하고 멍하여 미친 듯 얼빠진 듯"[24]이라 말하며 자신의 공허함과 슬픔을 진하게 드러내고 있다. 우선 그는 내가 먼저 죽지 못하고 너를 먼저 보낸 '참척'의 상황에 대해서 틈이 있을 때마다 반복하여 '살아 있는 자의 슬픔'을 토로하여

---

21) 『직암집』 권17 「贈貞夫人李氏行狀」. "雅喜文事, 經典史籍, 皆略涉其大致, 徃徃評說, 有無以易者, 常以古今忠孝節義之前言徃行, 亹亹爲子女誦誘, 且解綴文之法, 並內而不出, 故雖觀察公, 不能盡知之, 至其歿後, 偶得所爲詩一二篇於巾衍間, 而恨未多見也."

22) 『직암집』 권12 「亡女壙記」 「祭女子金學士室文」.

23) 위의 책, 「祭女子金學士室文」. "始赴哭汝殯, 以已卯七月望日, 哭陳殷奠而哀告."

24) 위의 글. "余喪汝以來, 忽忽惘惘, 如狂如癡."

17세기의 제망녀문이 가지고 있는 특징을 충실하게 재현한다.[25] 전술했던 아내의 제문을 지으면서도 자신의 슬픔을 드러내는 긴 문구를 재현했듯이, 여기서는 자신이 슬픈 이유를 10여 가지의 조목으로 나누어 놓고 "이것이 그 원통한 것 중의 하나이다, 아아 슬프다[此其痛寃者一也, 嗚呼痛哉]"라고 뒤에 덧붙여 단락을 나누면서 그의 슬픔을 표시한다. 그가 슬픈 이유는 다음과 같이 정리된다. 첫째, 일찍이 부모를 여의고 형제도 모두 저세상에 있어 외로운 내가 공명부귀보다 더욱 중한 것이 가족인데 볼 수 없게 되었다. 둘째, 출가 후에도 딸과 왕래하며 막역히 지냈었는데 사위의 공무로 떨어져 있다가 임종하지 못했다. 셋째, 아이를 셋 낳고도 노산으로 다시 낳다가 산후의 유질로 죽게 되었는데도 돌봐주지 못했다. 넷째, 병 소식을 듣고도 빨리 와보지 못했다. 다섯째, 각종 보약으로 며느리의 체력을 돌봐주시던 시아버님도 안 계신 상태에서 다시 애를 낳을 때 와봤어야 했는데, 사위의 부재 소식을 듣고도 가보지 않았다. 여섯째, 딸의 덕과 모범된 행실에 비해서 명은 너무나 짧고, 사위도 아직 현달하지 못해 칭호도 받지 못한 것이 억울하다. 일곱째, 딸은 남아 있는 아이들의 혼사도 시키지 못하고 갔다. 여덟째, 가족 중에서도 가장 나의 뜻과 심사를 알아주던 딸이 너무나 빨리 갔다. 아홉째, 장차 현달하여 여러 곳으로 수령 다닐 사위에게 부담을 주기 싫어 빨리 죽고자 했으나 거꾸로 되었다. 열째, 나이 많고 아프던 부모보다 젊어 죽을 나이가 아니던 네가 죽어 내가 관을 잡고 곡하고 있다. 마지막으로, 홀로 남은 남동생이 아무런 의지할 곳도 없이 혼자 서있는 것이 너무나 안타깝다.

전술한 10여 가지 슬픈 이유들은 직암의 지극한 슬픔으로 인해 정연한 논리전개는 모자라지만 다음의 몇 가지 내용으로 이해할 수 있다. 우선 직암 자신의 마음에 가장 큰 가치로 여기던 것은 '가족'이며 이 가

---

25) 황수연, 「17세기 '제망실문'과 '제망녀문' 연구」, 『한국한문학연구』 30, 한국한문학회, 2002, 37~73면.

족 안에 출가한 딸도 엄연히 들어가 있다는 것이다. 자신의 자식들, 그리고 그들의 아이들을 보는 것이 늘그막의 복이라며 아내와 즐거워하던[26] 자신의 모습과, 또한 출가 후에도 지속적으로 연락하며 서로 돌봐주어 아내보다도 아들보다도 가장 자신의 마음을 잘 알아주던 딸의 존재를 고백하면서[27] 보이는 모습은 '출가외인'으로 굳어진 '늙은 딸들'의 모습과는 다른 형상이다. 그렇기에 어렸을 때의 기특하고 아름다운 모습들을 그리며 안타까워하고, 실지로는 출가한 딸과 교유가 있었던 것으로 보이지만 그것을 문면으로 드러내지 않고 "덕이 뛰어나고 시댁에서도 효성과 여공을 다하였다"는 어머니의 전언으로 넘어가는 다른 제망녀문[28]과는 달리 어릴 때의 일화나 행적보다는 현재의 상황을 길

---

26) "내가 일찍이 부모 여읜 삶으로 또 형제도 없는 신세였고 너희 어머니와 해로했으나 운명이 쉽지 않아서 낳아 기른 자식 많지 않으니 슬하에 딸 하나, 아들 하나이니, 너와 네 동생이었다. 어렵게 길렀으나 다행히 장성하였고 또 다행히 각기 좌우에 손자들을 두어 어를 수 있었으니, 내가 공명부귀보다도 단연 우선으로 치던 것이었다. 오직 자식과 손주들로 눈앞의 기쁨과 낙으로 삼았기에 네 어머니와 마주볼 때마다 늘그막의 복이라고 서로 으쓱거렸는데 네가 지금 나를 버리고 먼저 가니 나와 너희 어머니로 하여금 하루아침에 신세 기박한 사람이 되게 했구나[余以孤露之喘, 又作終鮮之身, 而偶與汝慈汔玆偕老, 命途偏窄, 生育不多, 膝下只有各一子女, 汝與汝弟是爾, 艱難鞠養, 幸得長成, 又幸各有孫兒遊戲左右, 余於功名富貴, 自是斷置者也, 惟以子女孫兒, 爲眼前懽娛, 故每對汝慈, 相詫爲晚景之福, 汝今舍余先逝, 使余與汝慈, 一朝爲奇窮畸薄底人, 卽余情事之哀矜痛苦, 何所屆極]."
27) "사람들 누가 딸이 없고 또한 누가 아비 없으랴만은 오직 너와 나는 실로 다른 이들과 다른 것이 있었다. 나는 성격이 강직하여 남들과 더불어 합하는 자가 적었고 비록 집 사람들에게도 그러했다. 그러므로, 너의 어머니와 네 아우도 또한 내 마음과 말을 모두 알지 못해도 너만 홀로 내 뜻을 살펴주고 내 일을 알았으니, 단지 살피고 알 뿐 아니라 또 능히 기뻐하고 따라주었다. 내 입에서 말이 떨어지면 너는 반드시 삼가 듣고 도타이 믿었으며 내 손에서 나온 일이면 반드시 자세히 살피고 깊이 깨달았으니 가히 사랑하고 공경하는데 능한 아이라 이를 수 있다. 나는 조카가 많은데 나를 이와 같이 아끼는 자는 너와 같은 자가 없을 것이다[人孰無女, 亦孰無父, 而惟汝與余, 實有異於他人也者, 余性狷介, 與人寡合, 雖於家人亦然也, 故汝慈與汝弟, 亦不盡知余之心事言行, 而汝獨察余之志意, 識余之事爲, 而不但察而識之, 又能悅而服之, 言發余口, 則汝必恭聽而篤信, 事出余手, 則汝必諦觀而深喩, 可謂愛之敬之之能子也, 余子姪多矣, 慕余如是者, 盖無若汝者矣]."
28) "너는 태어날 때 바탕이 매우 아름다워 다섯 살에 글을 읽을 줄 알았고 붓을 쥐면 글자를 쓸 줄 알아 춘첩도 쓰곤 했으니, 내가 매우 기특히 여겼단다." 홍세태, 「祭亡女

게 그리는 것이다.

또한 직암은 딸이 여자이기에 겪어야 하는 책무에 관해서 늘 마음 아
프게 생각했다. 여공이나 시부모 봉양의 문제는 '사람이라면 마땅히 해
야 하는 도리'로서 돌릴 수 있지만 출산은 그야말로 여성 고유의 영역
이다. 그러나 이러한 출산은, 결혼 후 시집에 의해 가문의 성쇠가 달린
필수 사업이고 주요 임무로서 그 사회적 의미가 재정의 된다. 그래서
결혼하여 세월이 많이 지났는데 아이가 생기지 않거나 아이를 낳지 못
하면 '걱정 근심해야 하는 일'로서 여겨지고 다른 방도를 찾아보아야만
하는 것으로 취급되었다. 직암도 사부인의 일생을 서술한 「증정부인이
씨행장(贈貞夫人李氏行狀)」에서 사부인이 30이 되어도 후사가 없자 남편
이 매우 근심하고 다른 방도를 찾아보자는 주위의 말이 있자, 그 시아
버지인 후재 선생 김간(金榦, 1646~1732)이 자기의 며느리같이 심덕이 있
는 자가 후사가 없을 수 없다고 충고하여 기다렸다가 연거푸 아들을 낳
게 된 일화[29]를 서술하여 그 '출산'에 대한 기존의 생각을 엿볼 수 있
다. 즉 심덕이 그렇게 풍부한 사람들은 의례히 받는 축복이요, 아이를
낳지 못하는 것은 뭔가 완성되지 못한 부분으로 연결될 수 있는 종류의
사건이라는 것이다. 그러나 산후 유질(乳疾)로 돌아간 딸의 죽음에 대해
이렇게 설명하고 있다.

> 너는 나이에 비하여 자주 아이를 가졌다. 부인의 애 낳는 일이 매우 어렵거
> 늘, 하물며 늙어가는 나이에 있어서는 어찌 걱정이 없겠는가. 나는 그리하여
> 매번 걱정하고서 기쁜 줄도 몰랐다.[30]

李氏婦文」. 번역은 이승수, 『옥같은 너를 어이 묻으랴』, 태학사, 2002, 102면 참조.
29) 『직암집』권17 「贈貞夫人李氏行狀」. "年紀逾三十而未見嗣續, 觀察公淶以爲憂,
先生輒敎曰, 汝妻心德有大過人者, 吾見多矣, 未有心德如是而無後者也, 或勸其請
禱于山川佛寺, 則夫人謝不可曰, 縱不躬行, 終非婦人貞正之道, 未幾, 連擧男子."
30) 『직암집』권12 「祭女子金學士室文」. "汝於比歲, 頻數有身, 婦人産事, 十分重難,
而況在向衰之年, 豈能無憂也, 余故每以爲憂而不知以爲喜也."

여기서는 여자가 아이를 낳는다는 일이 심덕의 유무에 상관없이 너무나도 힘들다는 것과, 특히 노산일 경우는 더욱 힘들어서 그 모든 괴로움과 불안함을 오로지 '잉태의 기쁨' 혹은 '후사의 영광을 기약함'으로 극복할 수 없는 성질의 것이라는 직암의 달라진 생각을 엿볼 수 있다. 이러한 '출산'에 대한 직암의 생각은, "거듭 아이를 많이 낳아 몸이 쇠해졌고", "이 아이 낳는 것 때문에 몸을 보하지 못하고 죽고 말아 낳은 아이들도 커가는 것을 보지 못했다"[31] 같은 구절들에서 반복되어 직암의 출산에 대한 생각이 한쪽으로만 고정되지 않은 것을 알 수 있으며, 딸의 죽음을 설명하는 구절 중 "시집가서는 시어른께서 그 맏며느리이고 또 후사를 급히 여기셔서 기혈을 보하는 약을 많이 주신고로 네가 비로소 건강이 좋아지고 건강한 아낙이 되었기에 연달아 아들 셋을 낳았어도 순산하고 병이 없었다. 이것은 시아버님의 덕이다"[32]이라는 것도 사돈에게 전적으로 고마워하는 것으로 읽히기보다는 기초가 없는 땅을 열심히 북돋워 아들 셋을 낳아 놓고, 북돋울 체력도 없이 다시 아이를 낳은 직후 숨진 딸에 대한 안타까움이 더욱 깊이 드리워진 것으로 읽히게 되는 것이다. 여기에서도 역시 '후사를 급히 여기시는' 시아버님의 속내를 소개함으로 인해 후사를 낳는 것이 최대 경사요 기쁜 일로 여겼던 기존의 생각들에서 많이 달라진 관점의 변화를 확인할 수 있다.

이렇듯이, 직암의 제문에서 읽을 수 있는 딸에 대한 심정과 거기에서 읽을 수 있는 '아버지'의 모습은 출가한 딸도 나의 마음을 터놓을 수 있는 지기지우로 인정하는 양상으로 표출되고, 그렇듯 자신을 알아주는 딸이 여자로서 져야 하는 책무인 '출산'에 대해서도 마음 깊이 걱정해주는 모습을 보인다. 이러한 아버지의 면모는 기존 문인들의 출산에 대

---

31) 위의 글. "又重之以多産滋憊, 此其榮衛之損傷, 形骸之消耗, 不言可想, (…중략…) 汝以斯干熊羆之故, 至不得保其身而終, 亦未見一子之成人, 此豈不冤也, 亦豈不惜也."
32) 위의 글. "旣嫁, 尊舅以其家婦, 且急於求嗣, 多與歸補氣血之劑, 則汝始得爲完人, 得爲健婦矣, 以故連擧三男子, 而并安産無疾, 此尊舅之德也."

한 입장, 그리고 자기 자신의 생각과도 달라진 변화상을 보인다. 이것은 깊은 슬픔으로 인해 예(禮)로 대변되는 기존의 입장과 척도를 미처 생각지 못하게 되면서 발견하게 된 직암의 '아버지'상이라고 볼 수 있다.

4. 소결

한국 고전문학사상, 주된 담당층이 되었던 사대부 남성들은 그들과 동시대를 살며 마음과 생각을 공유했던 (사대부) 여성들에 대하여 어쩌면 의도적이라고 유추될 수 있을 정도로 '침묵'으로 일관하고 있어 여성에 대한 기록을 찾고 살펴볼 문제의식을 제기해준다. 여기서 주목되는 것이 망자를 그리는 애도의 글인 애제류와 비지류의 전통에서 온 기록들이며, 또한 그곳에서 찾아야 하는 것이 '기억되는 여성'의 외면적인 모습과 그를 '기억하는 남성'의 시각과 그 방향임을 알 수 있다. 그러나 애제류와 비지류의 관습적 측면상 망자(亡者)를 좋게 그리기 위한 의도에서 드러나는 여성들의 모습은 '부지런하고' '결핍을 잘 견디며' '효성이 지극하고' '아이들을 잘 낳아 키우는' 이른바 이상적인 전형만 드러나기 쉬운 제한점이 있다. 그러나 직암 신경의 경우는 이러한 전형성에서 벗어나 자신이 알고 있는 자기 주변의 여성에 관해 낱낱이 밝히고 더 나아가 그러한 상세한 기억 안에서 지아비 / 아버지로서의 자신을 제문 속에서 재구하고 있는 예외적인 경우를 볼 수 있어서 주목된다. 그의 후년에 가까운 1759년에 작성한 아내와 딸의 제문이, 그 이전에 거의 작성했었던 각종 묘지·행장·전(傳)에서 그려낸 이상적 여성상과는 사뭇 다른 모습을 보이고 있기 때문이다. 이러한 예외적인 경우는 18세기에 일어났던 제문 창작의 경향, 즉 가문의식에 터한 대부분 제문의 규범적 경향과 모든 글쓰기의 문예화 경향이라는 배경에서 일어날 수 있던 것이었다.[33]

1759년은 직암 신경 자신에게는 다시는 생각하고 싶지 않은 아픈 해였겠으나, 그가 그해에 남긴 제망실문과 제망녀문을 보는 사람들에게는 18세기에 존재했던 사대부가 가질 수 있었던 아내와 딸과의 관계, 그리고 그 마음의 한 자락을 볼 수 있는 귀중한 해였다. 마음 깊이 의지하고 믿었던 아내와 딸을 동시에 잃으면서 통곡하며 풀어낸 긴 제문 속에서, 그 자신도 자각하지 못했던 '아내를 벗삼고 평생의 조언자요, 조력자로 삼은 지아비' '딸에게 흉금을 터놓으며 딸의 아픔을 그대로 안쓰러워했던 아버지'로서의 자의식이 드러나기 때문이었다. 슬픔을 안으로 삭이며 정리할 시간이 있었다면 '지나치다', '예에 맞지 않는다'며 걸러졌을지도 모를 이러한 자신의 모습들은, 다음해 지어진 아내 제문에서 그 감정이 아주 많이 절제된 채로 드러나긴 했지만 '삶의 중요한 조언자'로서 아내를 대했던 주요 요목이 유효하게 인정되고 있어서, '기억하는 남성'의 시각이 달라지는 것을 보여주는 좋은 예가 된다.

---

33) 박무영, 앞의 글, 336면.

자하(紫霞) 신위(申緯)의 아내와 딸에 대한 인식

김경숙*

1. 머리말

조선 후기 시(詩)·서(書)·화(畵) 삼절(三絶)로 시인이자 예술가였던 자하 신위(紫霞 申緯, 1769~1847)의 시집을 읽다보면 아내와 자녀들에 대한 절절한 애정을 나타낸 시들을 마주하게 된다. 이는 다른 시인들에게서는 그다지 드러나지 않는 매우 진솔하고 구체적인 감정의 토로이다. 특히 신위는 아내와 딸에 대한 자신의 감정을 매우 솔직하게 표현하였다. 이에 신위의 아내와 딸에 대한 시들을 살펴 조선 후기 사대부 문사의 아내와 딸에 대한 인식, 나아가 여성 인식의 한 모습을 고찰하고자 한다. 이는 기존 논문에서 신위의 여성 인식의 사회적 측면이 밝혀진 것과 아

* 이화여대 국문과 강사.

울러 여성 인식 전반을 살피는 데 도움이 되리라 여긴다. 곧 신위는 당대에 '여사(女史)'라는 명칭을 듣던 여성들의 능력과 처지에 대한 이해를 하고 그들을 '예술가(藝術家)'로서 인식하고 인정하였으며 교류하였다.[1]

신위에게는 아내가 두 명, 자녀가 여섯 명 있었다. 아내로는 16세(1784)에 결혼한 정실(正室) 창녕 조씨(昌寧 曺氏, 1771~1827)와 30세가 넘어 맞이한 추실(簉室) 조씨(趙氏, ?~1834)가 있었다. 그런데 신위의 시집을 읽다보면 아내 특히 정실에 대한 절절한 그리움을 나타낸 시와 유달리 장녀에 대한 애정을 쏟아낸 시를 마주하게 된다. 물론 추실이나 다른 자녀에 관한 시도 있으며 오히려 분량에서는 아들들에 관한 시가 훨씬 많다. 그럼에도 아내와 딸에 관한 시에 주목하지 않을 수밖에 없는 이유는 그 애정의 척도가 너무도 절절하기 때문이다.

또한 기존 연구에서는 신위의 4남 2녀가 모두 추실인 조씨(趙氏)의 소생으로 서얼이라고 밝혀졌으나 맏딸은 정실인 조씨(曺氏)의 소생이다.[2] 그렇다면 유독 이 딸에 대한 애정을 쏟아낸 이유가 적자(嫡子)이기 때문인지, 처음 태어난 자식이기 때문인지, 아니면 다른 이유가 있는지 궁금하다. 더불어 정실에 대한 절절한 그리움을 나타낸 시가 추실에 관한 시보다 많은 이유도 궁금하다. 여사라는 명칭을 듣던 여성에 대한 진정한 인식을 했던 신위가 정실과 맏딸에 대한 애정을 숨김없이 토로했던 이유는 단지 '정실과 적자'라는 이유만으로는 설명할 수도 설명되지도 않는다.

필자의 공부가 깊지 않은 때문인지 모르지만, 조선 후기 문집을 살펴볼 때 아내나 딸에 관한 시는 그다지 많지 않은 것으로 보인다. 아내나 딸이라는 이름의 여성은 대부분 제망문(祭亡文)이나 제망시(祭亡詩)·묘

---

1) 김경숙, 「紫霞 申緯(1769~1847)와 그 시대 여성들 또는 女性像」, 『한국고전여성문학연구』 6, 한국고전여성문학회, 2003.
2) 기존 연구에서 신위의 자손은 모두 서자녀라고 알려졌으나 이는 사실과 다르다. 이에 대해서는 본문에서 자세히 밝히겠다.

지명(墓誌銘)·행장(行狀)을 통해 세상에 드러났다. 그야말로 아내나 딸은 죽은 다음에나 문학 속에 혹은 남성의 마음속에서 형상화되었다. 이 점은 신위의 정실과 추실 두 아내에게도 마찬가지이다. 그러나 신위는 일반적인 형상화와는 달리 아내가 살아 있을 때의 모범적 행적에 대해서는 형상화하지 않고 오로지 죽은 아내에 대한 애정을 토로하였다. 나아가 신위는 살아 있는 딸에 대한 애절한 시를 남기었다. 이러한 예는 쉽게 찾아지지 않는다. 이러한 점에서도 신위의 아내와 딸에 대한 인식은 고찰할 의의가 있다.

2. 아내-못다한 사랑

신위는 부부 사이의 정을 노래한 시를 비교적 많이 지었다. 그런데 이 시들이 모두 정실과 추실이 죽은 다음에 지어진 것이라는 특징을 가지고 있다. 곧 두 아내가 죽은 뒤 신위는 두 아내를 그리는 애절한 시를 쓴 것이다. 또한 총 2,048면에 이르는 『신위전집』 전체에 죽은 이들을 위한 도망시(悼亡詩)가 별로 없다는 점에서 유독 두 아내에 대한 도망시를 썼다는 점은 특이하다. 신위에게는 16세에 결혼한 정실 창녕 조씨(昌寧 曺氏)와 30세가 넘어 맞이한 추실 조씨(趙氏)가 있었는데, 조씨(曺氏)는 신위가 59세 되던 1827년에 사망했고, 조씨(趙氏)도 66세인 1834년에 사망했다. 신위는 부인 조씨(曺氏)가 사망한 1827년 5월에서 6월 사이에 조씨(曺氏)를 그리며 도망시(悼亡詩)인 「도망육절(悼亡六絶)」과 「도망후오절(悼亡後五絶)」을 썼고, 다음해인 1828년 2월 14일 조씨(曺氏)의 생일에 「죽은 아내의 생일에, 동파의 운으로[亡室生日 拈坡集韻]」를 썼으며, 1828년 9월에는 조씨(曺氏)의 묘에 가서 「부인묘(夫人墓)」를 썼고 1831년 2월 14

일 조씨(曺氏)의 회갑일에는 「죽은 아내의 회갑날 슬퍼 그리워[亡室回甲日 悼昔有詩]」를 썼다. 또한 1834년 추실 조씨(趙氏)가 사망했을 때 역시 조씨(趙氏)를 그리는 서글픈 시 「지난해 내가 북으로 유배되었을 때에도 오히려 아내 조씨와 만났었는데, 올해는 풀려나 돌아왔어도 그이를 볼 수 없으니 서글퍼 한 수 읊네[去年余之北轅也 猶與家人趙氏相見 今年賜環也 伊人不可見 愴然吟成一絶]」를 썼다.

我自支離且小留　나는 절로 지리하게 좀 더 머무를 터인데
夫人厭世百無憂　부인은 싫은 세상 모든 근심이 없어졌군요
癡情白髮轎前婢　정이 깊이 든 백발의 교전비가
上食移時哭未休　상식을 올릴 때마다 곡을 멈추지 못하는구려[3]

이는 정실 조씨(曺氏)에 대한 도망시(悼亡詩)이다. 조씨(曺氏)는 14살에 16살 신위와 결혼하였고, 1827년 신위가 59세이고 조씨(曺氏)가 57세에 사망했으니, 두 사람은 43년을 해로한 것이다. 이는 결코 짧다고 할 수 없는 세월이었으며 신위는 '늙고 쇠약해질수록 금실이 좋아졌다'고[4] 했다. 그러한 부인이 사망하자 신위는 이 세상이 지리하게 느껴지고 앞으로 부인 없이 좀 더 살아야 한다는 사실에 암담해진 것이다. 그러므로 부인이 없는 이 '싫은 세상'에서 생기는 온갖 근심이 부인에게는 이제 없어졌지만, 자신에게는 세상의 모든 근심에 더하여 부인이 없다는 시름이 생긴 것이다. 그런데 신위의 삶에 있어 '싫은 세상의 온갖 근심'은, 사람들이 그저 의례적으로 하는 의미와는 다른 뜻을 지닌다. 곧, 신위는 31살이던 1799년에야 문과(文科)에 급제하였고 1800년에 벼슬살이를 시작하였으나 한직(閑職)과 외직(外職)에 머물렀다. 그 후 1811년 내직(內職)에 들어 정삼품(正三品) 벼슬살이를 시작하여 서장관(書狀官)으로 북경에

---

3) 孫八洲 編, 『申緯全集』 「悼亡六絶」 2수(태학사, 1983), 951면. 앞으로 『신위전집』에서 인용한 작품은 이 책의 면수로 표시하겠다.
4) 「悼亡六絶」 4수 2구. "從衰得老老鸞駿."

다녀오고 호조참지(戶曹參知)가 되었다. 다시 1812년 곡산부사(谷山府使)가 되어 외직으로 나갔다가 1816년 내직(內職)으로 들어왔으나 곧바로 당쟁(黨爭)으로 인해 1818년 춘천부사(春川府使)로 보외(補外)되었다.[5] 20년의 벼슬길에 집안 살림은 곤궁할 대로 곤궁했는데 그나마 춘천에서의 생활로 인해 조금이나마 먹을 걱정을 덜었다. 그러나 토호들을 누르다가 장관의 견책을 받아 1년 6개월 만에 백성들의 눈물을 뒤로 하고 떠나게 되었다. 그 뒤 10년간 벼슬살이를 하지 못하고 집에서 지내며 집에 완전한 치마폭 하나 없고 식구들이 날마다 굶주림을 참는 지경이 되었다.[6] 이렇게 고생을 하다가 정실이 사망하였던 것이다. 늦게야 시작한 벼슬길, 그 벼슬길의 부침, 그에 이어지는 찢어지는 가난, 이와 같은 '싫은 세상의 온갖 근심'을 함께 나누며 동고동락한 조강지처(糟糠之妻)가 사망하였던 것이다.

이에 대한 자신의 서글픈 마음을 신위는 직설적으로 표시하지 않았다. 오히려 부인이 시집올 때 데려온 교전비를 통해 자신이 하고 싶은 행동을 보여준다. 치정은 사랑하는 남녀 사이에 생기는 지각없고 어리석은 정이다. 이는 교전비가 43년 이상을 모신 조씨(曺氏)에게 느끼는 가족과도 같은 사이의 정이라 할 수 있다. 그런데 굳이 '치정'이라는 말을 쓴 것은 신위 자신의 감정을 교전비의 감정 혹은 행동에 비유하여 쓴 것이라 할 수 있다. 고생만 하다가 사망한 조강지처 조씨(曺氏)에 대한 신위의 정이야말로 이성보다는 감성이 앞서는 무엇으로도 설명할 수 없는 '어리석어 보이기까지 하는 정'인 것이다. 결국 부인에게 정이 깊은 교전비가 상식을 올릴 때마다 곡을 멈추지 않는다는 것은 사실은 신위 자신이 하고 싶은 일이었던 것이다.

---

5) 孫八洲, 『申紫霞詩文學硏究』, 이우, 1984, 18~19면.
6) 「送李婦洪鄕 作八十韻」, 992면. "粗免衣食窘 華屋恣譴嚎"(51~52구); "無狀自詿誤 旋遭長官謫 狼狽下山初 全家附片舶 小民揮涕送 豪猾吐氣息."(61~66구); "家食且十稔 室無完全幅 僅指日以耗 遑論門館客 眷屬無所逃 日忍飢事迫."(72~78구)

사실 당시 부부가 43년을 해로했다는 것은 그렇게 많은 예는 아니었으리라고 보이고, 16세와 14세라는 어린 나이에 만나 긴 세월을 함께 보냈다는 것은 둘이 아니라 하나처럼 느껴지기에 충분했다고 보인다. 그러므로 "돌아가는 길이 같지 않다 한하지 마오 / 신주가 끝내는 같은 감실에 들 테니"[7]라고 하여 자신이 죽은 뒤에는 자신과 조씨(曹氏)의 신주가 같은 감실에 있게 될 것이라고 하였고, 1829년 9월 정실의 묘에 가서는 "그대를 보내었지만 저승이 막혔다고 하지 않으리 / 다음에 내 몸이 절로 따라 오리니"[8]라고 하였으며, 또한 정실의 무덤 옆에 자신의 묘 자리를 마련해놓고 정실의 무덤에 갈 때마다 그것을 바라보면서[9] 아내가 사망한 슬픔을 아내를 언젠가는 다시 만나리라는 기대를 통해 위로한다. 이는 자신을 위로하는 것이면서 먼저 죽은 아내를 위로하는 것이다. 아니면 아내를 위로하면서 궁극적으로는 자신을 위로하는 것이라고 하는 것이 더 옳겠다.

人間飮食儘可樂	인간 음식 즐거움 다했는데
奠向虛帷作生日	생일에 장막에 제수 올리네
東風靄靄送靈雨	동풍은 후드득 때맞춘 비를 보내고
簾蘆半落波紋濕	반쯤 떨어진 주렴의 갈대 물결 무늬 젖었네
戀巢眞如隻留燕	둥지 그리워하니 홀로 남은 제비이고
沈海應無再合璧	바다에 가라앉았으니 다시는 옥을 합치지 못하리
同日生人同室緣	같은 날 태어난 사람들 같은 집의 인연
一失難追電影疾	한번 잃으니 번갯불의 빠름 따르기 어렵구나

(추실 조부인과 부인은 같은 달 같은 날 태어났다[簉室趙夫人與夫人同月同日生也])
—「亡室生日 拈坡集韻」

7)「悼亡六絶」4수, 3~4구. "歸程莫以參差恨 栗主終同住一龕."
8)「夫人墓」미련, 1,032면. "送君莫謂重泉隔 他日將身自入來."
9) 金滄江 重篇,『申紫霞詩集』「成侍中墓二首」병서, 경문사, 1980, 212면. "亡室曹夫人霞山之藏虛, 其右將以待我者."

이 시는 정실 조씨(曺氏)가 사망한 다음해인 1828년 2월 14일 조씨(曺氏)의 생일날에 지은 것으로 사망한지 채 1년도 안 된 망자의 생일에 상청에 음식을 올리는 안타까운 심정이 드러난다. 이제 조씨(曺氏)는 인간 세상의 음식을 즐길 수 없다. 그런 그에게 그의 생일을 맞이하여 평소 그가 즐기던 음식을 제수로 올리니 신위에게는 만감이 교차했을 것이다. 이때 동풍이 불고 영우(靈雨)가 내린다. 따뜻한 바람이 때맞춰 비를 가져 온 것이다. 이 비는 그저 때맞춰 내린 좋은 비이기도 하지만 죽은 아내가 대답하는 소리로도 들린다. 또한 반쯤 걷어 놓은 주렴이 바람에 흔들리면서 물결무늬가 생기고 그 무늬는 비에 젖었으니 아내의 영혼이 다니러 와 남긴 흔적으로도 생각된다. 그러면서 둥지를 그리워한다고 했으니 이는 암수 한 쌍이 만드는 화목한 둥지를 그리워한다는 뜻이다. 자신의 처지가 짝이 떠나간 둥지를 그리워하는 홀로 남겨진 제비처럼 느껴진 것이다. 인가의 처마에 암수 한 쌍이 둥지를 틀고 먹이를 날라 새끼들을 키우는, 예나 지금이나 사람들에게 너무도 익숙한 장면을 떠올리며 이제 자신은 다시는 그러한 정경을 얻을 수 없음을 슬퍼하는 것이다. 또한 옥이 바다에 가라앉았다고 했으니 이는 옥처럼 아름다운 사람이 죽음의 바다에 빠졌다는 뜻으로 다시는 만날 수 없음을 비유한 것이다.

그런데 미련에서 신위는 생일이 같은 두 아내가 한 집에 살았던 인연이 있었는데 이제 한 사람이 사망했으니 번갯불처럼 빨리 가는 세월을 어쩔 수 없다고 하였다. 정실을 그리워하다가 갑자기 정실과 추실의 인연에 대해 이야기하는 것이다. 일반적인 사고로는 이해하기 힘든 발상의 전환이라고 보인다. 그런데 기이하게도 정실 조씨(曺氏)와 추실 조씨(趙氏)는 태어난 해는 틀려도 태어난 달과 날은 같았다. 죽은 정실의 생일이 살아 있는 추실의 생일이기도 했던 것이다. 한 사람을 추도하며 슬퍼하며 또 한 사람은 축하를 해주어야 하는 상반된 상황에 놓인 것이다. 이러한 인연은 추실을 맞이할 때 우연하게 작용한 것일 수도 있고, 아니면 그 생일의 여인이 신위의 사주와 잘 맞는다는 생각 때문이었을 수도 있고, 아니면 생일이 같으니 두 아내가 사이좋게 지낼 것이라는 희망 때문이었을 수도 있다. 그 원인이 무엇이었는지는 정확하게 판단 내리기 어렵지만 미련은 두 아내와 사는 삶이 신위에게는 행복했다는 느낌, 두 아내가 사이좋게 지냈다는 추정을 가능하게 한다. 마치 신위 자신과 두 아내와 여섯 남매가 오붓하게 지내는 삶이 제비가 둥지에서 새끼들을 키우는 행복한 삶처럼 온전한 둥지를 이루는 행복한 삶이었다고 말하는 것 같다.

그렇다면 정실(正室)의 죽음에 신위가 이토록 애통해하였던 또 하나의 이유는 무엇이었을까? 이는 정실이 아들을 낳지 못했다는 데서 그 원인을 찾을 수 있다. 신위에게는 자녀가 4남 2녀 있었는데 이 가운데 장녀만 정실의 소생이고 나머지 자녀는 추실(簉室)의 소생이다. 기존 연구에서는, 신위의 자녀가 모두 추실의 소생이라고 하며 장남 명준(命準, 1803~1842), 장녀, 차남 명연(命衍, 1809~1886), 삼남 명만(命漢, 1812~1867), 사남 명두(命斗, 1816~1846), 차녀의 순으로 자녀의 순서를 밝혔다.10) 또한 많은 연구자들이 신위에게는 정실 소생이 없다고 알고 있었다. 그러나 장녀는 정실의 소생이다.11) 또한 경신(庚申, 1800)년에 태어났으니12) 자녀의 순서도 장녀, 장남 명준, 차남 명연, 삼남 명만, 사남 명두, 차녀의 순으로 바로잡아야 한다.

사실 19세기 조선사회에서 더구나 명망 있는 양반가에서 정실부인으로서 43년이라는 결혼 생활을 하면서 아들을 낳지 못했다는 사실은, 조씨(曺氏)에게는 크나큰 한(恨)이었을 것임을 익히 짐작할 수 있다. 조선시대에 있어 여성은 "혼인을 통해서 시부모를 만남으로써 친정과의 관계를 끊고 출가외인(出嫁外人)이 된다. 그러나 아내가 되고 며느리가 되는 것으

---

10) 孫八洲, 『申紫霞詩文學硏究』, 17~18면.
11) 「送李郞子畏」 13~16구, 163면. "卽看翁婆有一女 眇福空悲世德厚";「送李婦洪鄕作八十韻」 17구, 990면. "汝母但一女."
12) 「李婦歸寧生子 李郞子畏赴試不利 故以詩賀而慰之」 原註, 1667면. "李婦庚申生."

로써 여성의 위상과 역할이 끝나는 것은 아니다. 자녀를 낳아서 어머니가 되어야 비로소 한 여성으로서의 역할을 완수하게 되는 것이다."13) 여기에 덧붙이자면 아들을 낳아야 진정한 역할 완수를 했다고 할 수 있었던 것이다. 신위가 추실을 맞이한 것이 언제인지는 확실하지 않으나, 신위의 4남 2녀 중 장녀를 제외한 다섯 자녀가 조씨(趙氏)의 소생이라는 점으로 미루어 맏아들인 명준(1803~1842)이 태어나기 최소한 일 년 전이라는 점에서 정실이 32세였던 1802년 이전이라고 생각된다. 그렇다면 이는 정실에게서 아들이 태어나지 않아 추실을 맞이했을 것이라는 추론을 가능하게 한다. 14세에 결혼을 하여 아들을 낳지 못하고 20년 가까운 세월을 보내고 30살에 딸 하나만 낳은 뒤 조씨(曺氏)에게서 더 이상 기대를 할 수 없다고 여겨졌을 즈음 추실을 맞이하게 되었을 때 그 여인이 쏟은 피눈물은 아무도 상상할 수 없었을 것이다. 또한 그렇게 얻은 추실은 너무나도 쉽게 자녀를 낳아 4남1녀를 두지 않았던가! 그렇다면 그런 아내를 바라보는 신위의 심정은 또한 어떠하였을까? 신위가 이토록 사망한 아내에 대한 구구절절한 정한(情恨)을 토로하였던 것은 모두 그 아내에 대한 애정 뿐만이 아니라 안스러움도 크게 작용했던 것은 아닐지 모르겠다. 이에 대한 증거를 맏사위인 이인영(李寅榮, 字 子畏)을 맞이하기 전에 쓴 「송이랑자외(送李郎子畏)」에서 찾을 수 있다. 이 시에서 신위는 이인영에게, 정실에게는 양자(추실이 낳은 아들)가 비록 넷이나 있지만 정실이 유독 장녀를 옥처럼 소중히 생각하여 훈육하지 않고 어여삐만 여기었기에, 딸이 남의 집 며느리가 되기에는 부족하지만 선비의 덕행으로 잘 이끌어주면 해로하는데 무리가 없을 것이라고 했다.14) 이는 표면적으로는 딸을 시집보내는 아버지의 겸사인 듯 보이지만, 그 이면에는 추

---

13) 정하영, 「古小說에 나타난 母性像」, 『한국고전여성문학연구』 4, 한국고전여성문학회, 2002, 225면.

14) 「送李郎子畏」 15~18구, 163면. "過房雖有四蘭玉 夫人以女當瓊玖 愛不知訓痴更憐 難爲君家之箕箒 士之德行觀造端 與子偕老何妨醜"

실이 낳은 아들이 넷이나 있어도 아니 사실은 넷이나 있기에 더욱 자신이 낳은 딸에 온 정을 쏟는 아내에 대한 연민으로 인해 그 아내가 딸을 그저 보물처럼 키우도록 방조할 수밖에 없었던 남편(그리고 아버지)의 안타까움이 묻어난다. 또한 1831년 2월 14일 조씨(曺氏)의 회갑날을 맞아 무덤에 가서 쓴 시에서 "딸아이 목메어 슬피 우니 슬픔에 다시 고통스러워 / 차마 바라보지 못하네 죽순과 포와 단술 올림을"[15]이라고 하였다. 죽은 정실의 회갑날 유일한 소생인 딸이 무덤에 제수를 올리며 목이 메어 슬피 운다. 이를 바라보는 신위도 더욱 슬퍼 고통스럽기까지 하다. 이에 딸이 무덤에 제수를 올리는 것을 차마 바라보지 못하였다. 딸 하나만을 남기고 죽은 아내에 대한 슬픔을 숨기지 않고 있으니, 그 안타까움을 짐작할 수 있게 한다.

신위가 생각한 가정은 두 아내가 화목하게 지내는 것이었고 추실이 낳은 자녀들도 모두 생모뿐만이 아니라 정실도 친어머니처럼 따르는 것이었으리라 여겨진다. 두 아내가 화목하게 지냈다는 것은 "구천에도 혹시 인간의 즐거움이 이어진다 해도 / 형 아우 좇아 노닐던 것 산등성이에 막혔구료"[16]라고 한 데서 알 수 있다. 형님 아우님하며 언니와 동생처럼 지내며 좇아 노닐었던 두 사람의 즐거움이 구천에 가로 막혀 이제는 더 이상 이어질 수 없다는 것이다. 이로 볼 때 신위는 두 아내가 사이좋게 '노닐며' 지냈다고 생각한 것이다. 딸 하나만을 낳은 정실과 자녀를 4남 1녀나 낳은 추실 사이의 미묘한 관계가 서로 좇아 노니는 형님 아우였다는 것이다. 이는 가능했을 수도 있고, 신위만이 그렇게 생각했을 수도 있다. 만약 가능했다면 신위가 정실에 대한 애정을 지속적으로 가지고 있었던 때문일 것이다. 이러한 모든 점들로 볼 때 신위는 정실과 추실이 사이좋게 지내고 자녀들이 두 어머니를 모두 따르는 화목한 가정을 이루고자 했음을 알 수 있다. 또한 그 길이야말로 어려서

---

15) 「亡室回甲日 悼昔有詩」 미련, 1,137면. "兒女塞悲悲更苦 忍看筍脯薦香酡."
16) 「悼亡後五絶」 3·4구, 953면. "九泉倘續人間樂 娣姒從遊隔一岡."

결혼하여 오랜 세월 해로한 아내를, 더구나 아들을 낳지 못해 고통 받는 아내를 위한 길이라고 여겼을 것이다.

香魂玉骨閉青苔　　향기로운 넋 옥 같은 모습 푸른 이끼에 갇혔으니
知否情郎酹酒來　　사모하는 낭군이 술 부으러 옴 아는가 모르는가
竟日空山無所遇　　종일토록 빈 산에 만날 바 없으니
自歌自哭自頎盃　　스스로 노래하고 곡하며 술잔 기울이네[17]

1837년 김선주(金善胄)는 추실이 죽자 크게 상심하여 일편단심 언가(諺歌)를 지었는데 그 가사가 몹시 슬프고 고왔다. 김선주는 거문고 재주가 제일이라고 당시에 유명하던 사람이다.[18] 그러므로 그가 지은 언가 역시 거문고에 부쳐 부를 수 있는 노래가 아니었을까 한다. 신위가 이를 접하고는 사곡(詞曲)으로 번안하여 직접 써주었다. 1831년 소악부(小樂府) 40수를 지었던 것처럼, 김선주의 언가를 '악부(樂府)'로 새로 지어,[19] 그 가사가 없어지지 않게 하여 김선주가 추실을 그리는 마음을 후세에까지 남기고 싶어 했던 것으로 보인다.

김선주는 신위가 써준 이 악부시를 들고 추실의 무덤에 가서 하루 종일 술을 붓고 시를 읽고 곡하고 술을 마셨다. 자신의 감정에 매우 충실했던 사람으로 보인다. 이를 전해들은 신위는 '심운(甚韻)'하다고 하며, 다시 7언 절구 세 수를 지어 주며 다시 가서 읽고 곡하고 술에 취하기를 기대한다. 신위는 김선주의 행동을 부끄러운 일로 여기기보다는 오히려 낭만적인 것으로 여긴다. 자신은 아내가 죽었을 때 하지 못했던 일을 김선주가 하고 있음에 대리만족을 느끼는 것이다.

---

17)「金養汝善胄自哭簀室 日益落魄 新製一片心諺歌 辭甚悲豔 余用四支韻 翻入詞曲 手寫蠻箋一幅 以贈之 聞卽酹酒墳間 且讀且哭且飲 如是者竟日 而返云 其事甚韻 不可無詩 又此題贈 能不再往 讀之哭之 酹酒且醉也否 凡三絶句」 1수, 1,715면.
18) 위의 시, 3수 1구. "琴材第一一世推."
19) 2수 1구. "樂府新傳片月詞."

그러므로 부부가 해로하는 일은 신위에게 있어 큰 부러움이었다. 1836년에는 결혼한 지 60년이 되어 잔치를 연 다산(茶山) 부부를 축하하는 시를 지어 다산 부부가 무슨 복으로 합환주를 두 번이나 마시게 되었느냐며, 흰 머리 부부의 맺은 인연은 기이하다고[20] 하였다. 자신의 부인인 조씨(曺氏)와 함께 한 43년도 결코 짧지 않은 세월이었건만, 다산 부부의 60년 해로는, 부인 조씨(曺氏)를 떠나보낸 신위가 부러워하기에 충분한 것이었다.

3. 딸 – 떠나보내는 애절함

신위에게는 적생자(嫡生子)가 없었다. 그럼에도 불구하고 적생 양자를 세우지 않았다. 이로 인해 신위의 가계는 서계(庶系)로 이어지게 되었다.[21] 신위의 시집을 읽다보면 네 아들에 관한 시가 종종 나온다. 아들이 과거에 급제하거나, 혼인을 하였을 때, 시를 짓거나 그림을 그렸을 때, 혹은 소소한 일에 관련되어 등장한다. 서계라고 하여 차별을 하지는 않았고, 정당한 자식으로 대우했던 것으로 보인다. 아들들에 비하면 두 딸에 관련된 시는 적다고 할 수 있다. 장녀와 그 남편과 관련된 시가 10편이 안되고 차녀에 관련된 시는 1편밖에 찾지 못하였다. 물론 앞으로 더욱 세심하게 살핀다면 두 딸에 관련된 시가 더 나올 수도 있을 것이나 그렇게 많지는 않을 것이라고 예상할 수 있다.

---

20) 「丙申春二月二十二日, 籜翁承旨與哲配洪夫人合巹之, 是年是月是日也, 重開牢宴, 詩以賀之, 二首」 1·2구, 1,644면. "何福堪消第二巵, 白頭夫婦結緣奇."
21) 그 이유에 대해서는 아직 논의된 바가 없다. 이는 본 논문의 주제와는 다른 논제이므로 다른 연구자의 논문을 기대한다.

그럼에도 불구하고 '딸'에 관한 논의를 하지 않을 수 없는 것은, 그 시에서 드러나는 감정의 강도와 그 시의 완성도가 몹시 크기 때문이다. 또한 차녀에 관한 시는 차녀를 직접 대상으로 한 것이 아니라 차녀의 남편인 박제긍(朴齊兢)이 사망했을 때 쓴 것이다. 그런데 1833년에 쓴 이 시는[22] 박제긍의 죽음을 애도하는 것이나 실은 사위보다 먼저 죽은 딸의 죽음을 슬퍼하고 있다. 사위보다 먼저, 아니 그보다는 자신보다 먼저 죽은 작은 딸의 죽음이 사위의 죽음 맞이하여 다시금 슬프고 쓰리게[悲酸] 다가왔던 것이다. 차녀의 죽음에 대해서는 슬픔이 지나쳐 직접 언급하지 못하다가 뒤이어 사위의 죽음을 맞이한 뒤에야 그 슬픔을 토로하였던 것이다. 이는 조선 후기 딸에 관한 시문이 주로 딸의 죽음을 맞이한 뒤에 써졌다는 점과 같은 선 위에 놓인다.

그런데 다시금 '딸'에 관한 논의를 하지 않을 수 없는 이유는, 신위의 장녀에 관한 시는 모두 장녀가 살아 있을 때 쓴 것이라는 데에 있다. 이는 사대부의 딸에 대한 시문이 대체로 딸이 죽은 뒤 써졌다는 사실과 맥을 같이 하지 않는다는 특징을 지닌다. 더구나 신위는 장녀에 대한 지극한 애정을 시로 읊고 '문자'라는 수단을 통해 문집에 남기어 지금까지 전해지게 했다.

신위는 아내 뿐만 아니라 딸에 대한 지극한 애정을, 1827년 10월에서 11월 사이에 쓴 「이씨 댁 며느리를 고향으로 보내며, 80운[送李婦洪鄕 作八十韻]」에서 나타냈다.

憶初嫁汝時　　생각하니, 처음 너를 시집보낼 때
不擇於京籍　　경적에서 구하지 않고
又不擇於長　　또 장자를 구하지 않고
仲叔之是適　　둘째 셋째를 골랐으니

---

22) 「哭女婿朴齊兢」, 1440면. "吾家嬌女葬靑山 又見新郞(聟戈)一棺 / 往日但知歸太促 到今翻覺福差完 / 呑雨傑句名才早 捉筆雄心祿命慳 / 頭白兩翁相對泣 悔將相好助悲酸."

詎但憐汝疾	다만 네가 약함이 안타까웠기 때문이며
抑有思慮百	또한 백 가지 생각이 있었으니
汝母但一女	네 어머니에게는 다만 딸 하나라
微爾則影隻	네가 없다면 그림자 하나니
莫謂賤弄瓦	농와함이 천하다 말라
爲情踰拱璧	정을 위로함은 공벽보다 낫다
寢必待汝寢	잠은 반드시 네가 자기를 기다려 잤고
食必待汝食	밥도 반드시 네가 먹기를 기다렸다
息息念念頃	사는 것 생각하는 것을 기울임이
如卵鳥覆翼	알 품은 새가 날개를 덮는 것 같았다[23]

　신위의 장녀는 1800년에 태어났는데 신위와 조씨(曺氏)의 딸에 대한 애정은 남달랐다. 결혼한 지 16년 만에 이 딸을 낳았으니, 그 기쁨을 상상할 수 있다.[24] 곧, 조씨(曺氏)에게는 오직 이 딸 하나라 이 딸이 없다면 그림자 하나일 뿐이라고 하였다. 이에 정을 위로하는 면에서 아들보다 낫다고 하며, 잠도 딸이 자기를 기다려 자고 밥도 딸이 먹기를 기다려 먹었다는 것이다. 사는 것 생각하는 것을 기울임이 마치 알 품은 새가 날개를 덮는 것처럼 하였다. 애지중지 소중히 키웠던 것이다. 더구나 그 후 맞아들인 추실의 경우는 4남 1녀를 두었으니, 정실 조씨(曺氏)에게 있어 이 딸은 얼마나 위로가 되는 존재였겠는가. 또한 정실의 딸에 대한 사랑을 신위는 충분히 안타까움과 함께 이해하였을 것이고, 그 자신 역시 이 딸을 소중하게 생각했던 것이다. 사실 아들을 귀하게 여기고 아들이 없으면 가문의 생존에 문제가 되었던 당시의 풍속을 생각한다면 신위의 이러한 토로는 매우 획기적인 것이다. 주위의 눈을 의식하지 않은 태도라고 할 수 있다.

---

23) 「送李婦洪鄕 作八十韻」 12~24구, 990면.
24) 또한 1800년은 신위가 처음 벼슬길에 나아간 해이니, 이 딸이 복덩어리로 여겨졌을 수도 있다.

딸을 언제 결혼시켰는지는 정확하지 않으나 1817년경으로 보인다. 1817년에 「송이랑자외(送李郎子畏)」를 썼는데 이는 사위에 관해 쓴 최초의 시이고, 1818년에 춘천부사(春川府使)로 나가면서 딸 부부를 데려갔기 때문이다. 너무도 사랑하는 딸이었기에 또한 그 딸이 몸이 약한 것이 안타까웠기 때문에 신위 부부는 사위를 고를 때 애초부터 데릴사위를 고르고자 하였다. 이에 서울에서 구하지도 않고 장자를 구하지 않고 둘째나 셋째를 골랐고 나아가 믿는 집안에서 골랐다. 신위는 맏사위인 이인영(李寅榮)을 자신과 아주 가까운 집안에서 골랐으니, 이인영은 세종(世宗)의 5남(五男)인 광평대군(廣平大君) 여(璵)의 후손으로, 이인영의 집안 조모(祖母)는 신위의 고모이고 신위의 형수는 이인영의 집안 고모이다.25) 또한 문집을 보건대 신위는 형수의 오라비인 죽소(竹素)와 친한 사이였다. 결국 신위의 가문과 이인영의 가문은 칡처럼 얽힌 친한 가문이었다. 더구나 이인영은 둘째 아들이었으니 데릴사위로 맞이하기에 금상첨화였던 것이다.

사실 신위의 장녀가 한 결혼은 '남귀여가혼(男歸女家婚)'의 형태이다. 이는 조선 중기까지의 보편적인 혼인으로 남자가 여자 집에 가서 혼례식을 하고 여자 집에서 살림을 시작하는 것이다. 곧, 장인의 집으로 들어가는, 장가드는[入丈] 행위이다. 이는 보다 활동적인 남자가 여자의 집안으로 가 두 집안이 계속 접촉할 기회가 많아지며 남자집안이 여자 집안의 지원을 보장받는 의미이기도 했다. 조선 초기 여자가 시댁으로 가는 것은[于歸], 전혀 행해지지 않거나 빨라야 몇 년 후에 하는 경우가 많았다. 그러나 조선 후기가 되면 친정에 머무는 기간이 점점 빨라져 1, 2년 정도면 우귀(于歸)하는 것이 보편적이 되었다. 곧, '남귀여가혼(男歸女家婚)'은 17세기까지는 조선의 보편적 혼인형태였고, 18세기이후 점차 '친영(親迎)' 혹은 '우귀'의 형태로 변화하였다.26)

---

25) 「送李郎子畏」, 7~8구, 163면. "爾族祖母我老姑 我丘嫂汝族姑母."

26) 이순구, 「조선시대 가족제도의 변화와 여성」, 『한국고전여성문학연구』 10, 한국고전

19세기 초반 이미 친영(親迎)이 보편적 결혼 형태였을 때에, 신위는 딸을 혼인시킴에 있어 처음부터 조선 초기의 '남귀여가혼(男歸女家婚)'을 생각한다. 1년이나 2년을 데리고 있다가 시댁으로 보내는 정도의 혼인이 아니라 아예 영원히 데리고 살 작정을 하며 데릴사위를 고른 것이다. 신위 부부의 꿈은 딸과 사위를 데리고 살면서 작은 집에 도서를 채우고 땅에는 꽃나무와 과일나무를 심고 딸이 집안 살림을 잘 해나가는, 그야말로 전원의 한적한 생활이었다. 이에 처음 결혼을 시켜서 집에 데리고 살면서 사위의 방에 경전을 넣어주고 사위의 글 읽는 소리에 귀를 기울이며 즐거운 나날을 보냈다.[27]

또한 1818년 신위가 춘천으로 갈 때 여러 자식들 중에서 장녀 부부만을 데리고 갔다. 가난한 집에 식구라도 덜어 남은 가족이라도 의식의 군색함을 면하게 되었다고는 하지만 실은 사랑하는 딸 내외를 데려간 것이라고 보는 것이 더 옳다. 춘천에서의 생활은 신위에게 행복 그 자체로 기억되는 것 같다. 딸 내외와 함께 붉은 열매를 따고, 오이를 깎아 먹고 달고 맛난 미후도와 배처럼 부드러운 순무를 먹었고, 꿩고기 자라고기 잉어회 구운 소고기를 먹었다. 이에 집안에 기쁨이 질펀하게 넘쳤다는 것이다. 또한 춘천에서 견책을 당해 1년 6개월 만에 백성들의 눈물을 뒤로 하고 떠날 때도 딸과 사위가 함께 했다. 그 뒤 10년 간 벼슬살이를 하지 못하여 집에 완전한 치마폭 하나도 남아 있지 않을 정도로 궁핍하여 식구들이 날마다 굶주림을 참을 때도 딸과 사위는 함께 했던 것이다. 신위의 이 시에 의하면 장녀야말로 신위의 즐거움과 괴로움을 함께한 자식인 것이다.

여성문학회, 2005, 124~132면.
27) 「送李婦洪鄕 作八十韻」95~104구, 992면. "初意老夫婦 與汝難離折 且待力稍紓 小屋買連陌 隨地蓻花果 圖書安四壁 巨自井臼竈 細至簞瓢甀 摒擋一家具 看汝治家克"; 39~44구, 991면. "甥舘授經傳 藝林游紙筆 翁婆視如慶 側耳書聲出 依戀重依戀 樂如數晨夕."

嗟嗟汝之郞	아아, 네 남편은
災疊禍仍積	재앙이 겹치고 화가 쌓여
伯氏朝露先	형님은 아침 이슬처럼 죽고
大人長夜卽	대인께서는 밤에 길이 가셨다
上有偏親在	위로는 편친만 계시니
幹蠱擔硬脊	유업을 잇는 일이 굳은 등뼈에 놓였다
無復比往日	지난 날 서울에 노닐어 공부하던 일
遠學游京國	다시 회복하지 못하리
今年是何年	올해가 어떤 해인가
汝母歸眞宅	네 어머니가 하늘로 돌아가셨다
見汝號欲絶	약한 딸이 울부짖다 기절하려하여
哀哀靡所告	애달프고 애달픔 고할 곳 없었다
哭舅兼哭母	시아버지를 곡하고 어머니를 곡하니
天胡罰之酷	하늘이 어찌 이리도 가혹하게 벌 주는가
郞今率汝亘	사위가 이제 너를 데리고 떠나니
來辭無以却	와서 인사함 물리칠 수 없구나[28]

　　그런데 1827년 봄에 정실인 조씨(曺氏)가 사망하였다. 앞서 살폈듯이 신위는 1819년 가을 춘천부사(春川府使)에서 해직된 뒤 벼슬길과 인연이 없어 매우 궁핍하게 살았다. 그 기나긴 궁핍한 생활 뒤 정실이 사망했으니 신위의 슬픔이야 익히 알 수 있는 것이지만 유일한 혈육이었던 딸의 슬픔도 크나큰 것이었다. 이에 몸이 약한 딸은 울부짖다가 기절을 할 지경이 되었으니 애닳고 애닳다고 했다. 그런데 설상가상으로 사위의 집안에 재앙이 생겨 사위의 형님이 죽고 부친마저도 돌아가시는 사건이 연달아 발생했다. 사위에게도 불행이지만, 신위에게는 청천벽력과 같은 사건이었다. 사위가 가업을 잇기 위해 고향으로 돌아가야만 했기 때문이다. 이는 정실이 사망한지 5개월 내지 6개월 만에 일어난 사건이

---

28) 「送李婦洪鄕 作八十韻」 79~94구, 992면.

었다. 아내를 잃은 슬픔이 채 가시기도 전에 사랑하는 딸마저 먼 시골의 시댁으로 보내야만 하게 되었다. 어머니를 잃고 시아버지와 시아주버니를 잃은 것은 딸에게는 비극이고 사위에게도 불행인 것이지만, 실상은 신위 자신에게 하늘이 가혹하게 벌을 주는 것이었다. 10년간의 궁핍한 생활을 하며 살아왔는데 아내마저 죽고 그 뒤 반년 만에 딸마저 어쩌면 다시 볼 수 없게 될 길을 떠나 보내야했으니 신위의 괴로움이 극에 달했던 것이다. 이에 "계획은 이미 어긋났고[意意計已左], '끝났구나 참으로 끝났구나[已矣眞已矣]'"라고 탄식한다.

신위에게는 이제야 딸을 '시집보낸다'는 것이 실감나는 시점이다. 아니 이제야 딸을 시집보내는 것이다. 이제까지는 혼인을 시켰으나 데릴사위를 얻었으니, 그저 딸을 '혼인시켰던' 것이고 '시집보냈던' 것은 아니었다. 마침내 딸과의 생이별을 하게 된 것이다. 딸이 출가외인(出嫁外人)이 되는 것이다. 딸을 시댁으로 들여보내며 아버지로서의 애절함을 토로한 시는 다른 사대부에게서는 찾아보기 힘들다. 결혼 생활 10년 만에 시댁으로 들어가, 친정식구와 생이별을 해야 하는 딸에게도 비극적인 사건이지만, 사랑하는 딸을 다시 못 볼지도 모르는 아버지에게도 이는 마른하늘에 날벼락이 떨어지는 사건이었던 것이다.

그러나 신위로서는 어찌해볼 도리가 없었다. 사위를 따라 떠나는 딸을 붙잡을 명분도 방법도 없었던 것이다. 이에 딸이 갖추어야 할 몸가짐을 일러주기에 이른다.

願汝入門日	바라노니, 네가 시댁에 드는 날
儀容愼抑抑	몸가짐을 삼가 낮추고 낮추어
勿以卿宰女	재상의 딸이라고
挾貴驕婢僕	귀함을 끼고 노복에게 교만하지 말 것이며
勿以京華眼	번화한 서울의 눈으로
輕農賤麥菽	농사를 가볍다 보리와 콩을 천하다 여기지 말며
勿以已所施	은혜를 받는다고

或忽尊姑欲	혹이라도 시어머니가 원하심을 소홀히 말며
勿以已所私	사사롭다고
或忽娌姒睦	혹이라도 동서와의 화목을 소홀히 말며
勿以安肆故	편하고 멋대로 할 수 있다고
鄙執爨澣濯	부뚜막의 일을 천하다 말며
勿以宴昵故	편하고 친하다고
妨君子志學	군자가 학문에 뜻 두는 것을 방해 말며
勿以思家故	친정을 생각한다고
示邑邑不樂	우울히 즐거워 않음을 보이지 말며
勿以狎人故	남과 가깝다는 이유로
事嬉嬉相謔	일마다 즐거워하며 희롱하지 말라
苟與著令聞	진실로 아름다운 소문이 드러난다면
何必長在目	어찌 반드시 길이 내 눈 앞에 있어야 하겠는가
有如不率者	만약 따르지 않는 바가 있다면
攪我腸中轂	내 마음을 어지럽히는 것이다29)

이는 시집가는 딸에게 부모가 알려주는 행동규범이다. 교만하지 않고, 농사를 천히 여기지 않고, 시어머니가 원하심을 소홀히 하지 않고, 동서와 화목함을 소홀히 하지 않고, 부엌일을 천하다 않고, 남편의 공부를 방해하지 말며, 친정 생각에 슬픈 내색을 말며, 즐거워하거나 희롱하지 말라고 하였다. 다시 말하면 겸손하고 농사를 중히 여기며 시어머니를 받들고 동서와 화목하고 집안일을 잘 하며 남편의 익우(益友)가 되며 정숙한 표정을 지으라는 것이다. 대체로 조선 후기 사대부가 생각한 여성상은, "어려서 부모에게 효도하는 모습은 천성에 가깝고, 그 연장으로 시집가서 시부모에게 극진하게 할 뿐 아니라, 시동생과 동서 등 시집식구들과의 화목에 힘쓰고 남편에게는 익우(益友)로 외우(畏友)로서 인정받는다."30) 이에 "바람직한 여성의 덕목을 '정숙과 검소', '효순과 화목'으

---

29) 「送李婦洪鄕 作八十韻」111~132구, 993면.
30) 임유경, 「오원−노론 벌열층의 여성 인식」, 『우리 한문학사의 여성인식』(이혜순 외),

로 파악하"였다.[31] 일견 신위의 당부도 같은 선상에 있는 것으로 읽힌다. 당시 사대부가의 딸이 며느리가 되어 지켜야할 덕목을 나열하였다고 할 수 있다.

그런데 특이한 점은 모든 내용이 '하지 마라[勿以]'로 시작한다는 점이다. 이는 '하라, 해야 한다'와 차이가 난다. '하지 마라'는 자신이 하지 말라고 열거하는 내용을 자신의 딸이 '할 수 있다'는 혹은 '한다'는 우려에서 나온 것이다. 그러니 뒤집어 보면, 자신의 딸은, 재상가의 여식이고, 번화한 서울에 살아 눈이 높고, 시어머니의 은혜를 받을 만하고, 동서와 사사로이 잘 지낼 만하며, 부엌일에 편하고 멋대로 지낼 수 있으며, 사위와 편하고 친하며, 친정 생각에 슬퍼할 것이며, 남들과 가까이 지낼 성품을 지닌 것이다. 요약하면 귀하고 사랑스러우며 감정이 풍부한 딸이라는 것이다. 그러니 딸을 떠나보내며 걱정이 앞을 가리는 것이고, 이에 '하지 말아야 할 점'을 나열하며 딸이 시댁에서의 생활에서 흠이라도 잡히지 않기를 바란 것이다. 딸이 시댁에서 생활을 잘한다는 소문을 들음으로써 그나마 위안을 삼고자 한 것이다. 눈앞에 볼 수도 없는 딸이 행여 시집살이를 편안히 못한다면 속이 더 쓰릴 것이기 때문이다.

신위의 이 시에 가치를 둘 수밖에 없는 점은, 딸에 대한 당부로서 끝을 맺는 것이 아니라 결국은 자신의 감정을 폭포처럼 쏟아내 딸을 떠나보내기 싫은 아버지의 심정을 숨김없이 토로하기 때문이다.

同穴會有時	같은 무덤에서 만남도 기약 있거늘
此行何時復	이제 가면 언제 다시 보려나
孟冬風氣寒	초겨울 바람 기운 차고
日澹玄雲駁	해는 조용히 검은 구름에 가려지네
群赴鳥變響	까마귀 떼 부고 소리처럼 울어 대며[32]

집문당, 2003, 319면.
31) 최숙인, 「이덕무—여성 존재의 인식과 여성교육」, 『우리 한문학사의 여성인식』, 363면.
32) 이 구절의 한시 원문에서 '群' 자는 『申緯全集』에는 '郡'으로 되어 있으나, 金滄江

長鳴馬爲跼	말 길게 울며 구부리네
臨幸盡室泣	떠나려니 온 집안 식구 울고
屢前手屢握	자꾸 앞에 가 손을 잇따라 잡네
歔欷氣慘沮	흐느끼는 기운이 비통하니
四隣看墻角	이웃들 담장 모서리서 보네
山長水悠悠	산 멀고 물 유유히 흐르는데
去去湖海曲	호해의 구석으로 가고가는구나
計程日已半	갈 길을 헤아리니 날은 이미 한나절
愈益猿腸毒	원숭이 창자의 독을 더하네[33]
家人欲慰我	집안사람들 나를 위로하고자
拭案羅酒肉	소반을 닦고 고기와 술을 늘어 놓았으나
酒化蝦蟆蝕	술은 두꺼비가 먹고
肉亦牛羊蹩	고기는 소와 양이 없애네
衷腸日不寧	마음이 날마다 편치 못하니
以淚爲沐浴	눈물로 목욕을 해서라네
天或假持節	하늘이 혹시라도 부신을 지니게 해주어
庶幾寅緣覿	바라건대 연줄을 타서라도 만나보았으면
此計亦悠悠	이 계획 역시 그릇되고 머니
悔不嫁隣屋	이웃에 시집보내지 않은 것을 후회한다[34]

신위에게 딸을 시댁으로 보낸다는 사실은 아내를 잃은 것과 같은 사건이었다.[35] 아내를 잃은 지 반년 만에 그 정실부인이 남긴 단 한 점 혈육을 떠나보내야 했으니 슬픔이 더하였던 것이다. 더구나 그토록 아꼈던 그 딸을 살아서는 다시 볼 수 없기 때문이었다. 이에 부인과는 같은 무덤에서 만날 기약이나 있지만 딸은 더 이상 볼 수 없다는 사실에 절

重篇의 『申紫霞詩集』에는 '群'으로 되어 있다. 필자는 『申紫霞詩集』을 따랐다.
33) 여기서 '愈' 자도 『신위전집』에는 '日'로 되어 있으나, 『申紫霞詩集』에는 '愈'로 나온다.
34) 「送李婦洪卿 作八十韻」 137~160구, 993~994면.
35) 위의 시 132~133구, 993면. "送汝登車日 再如夫人哭."

망한다. 그래서 마치 이 부분은, 살아 있는 딸을 시댁으로 보내는 것이
아니라 "이제 가면 언제 다시 보려나"라는 구절에서 느껴지듯 마치 죽
은 딸에 대한 애사(哀詞)처럼 들린다. 초겨울 바람은 차고 해는 구름에
서서히 가려지는데, 까마귀 떼는 까악까악 부고(訃告) 소리처럼 울어대
고 수레를 끌 말은 얼른 타라 울며 몸을 구부린다. 온 집안 식구가 울며
손을 잡았다 놓았다 하니 이야말로 장례식과 다름이 없는 것이다. 아버
지인 신위 자신은, 멀리 떠날 딸을 생각하니 슬픔에 겨워, 식구들의 어
떤 말에도 위로를 받지 못한다. 이에 나가보지도 못하고 우는데, 이미
며칠 동안 눈물을 흘려 눈물로 목욕을 할 지경이다. 옆에 두고자 고르
고 고른 혼처가 결국에는 최악의 혼처가 되었던 것이다. 이쯤 되면 감
정의 절제를 기대할 수도 없을 뿐 아니라 사대부로서의 위신도 관계치
않는다 할 수 있다. 다시 만날 기약이란 기대할 수도 없기 때문에, 오직
이웃에게 시집보내지 않은 것을 후회할 뿐이다. 이로 볼 때 조선 후기
결혼제도의 굴레가 '딸'뿐만이 아니라 '부모'에게도 가혹한 형벌이고 굴
레였음을 알 수 있다.

　신위가 딸을 시댁으로 떠나보내면서 쓴 언사는 정범조(丁範祖, 1723~
1801)가 죽은 딸을 그리면서 쓴 언사와 일치한다.

　　너와 내가 세간의 아비와 자식으로 산 것이 겨우 이십칠 년이다. 네가 시집
　을 가서 부모의 곁을 멀리 떠나니 네 마음이 상하고 슬프지 않은 날이 없었
　고, 나도 너를 생각하면 항상 괴로웠다. 네가 어머니의 상을 만나서 어머니의
　사랑을 잃었으니 네 마음은 애통하지 않은 날이 없었고 나도 너를 생각하면
　항상 근심스러웠다. 저 조물주란 자는 어째서 너와 나를 이십칠 년 동안 아
　비와 자식이 되게 해놓고 중간의 세월을 이처럼 슬픔만 많고 기쁨은 적게 한
　다는 것이냐? 또 어째서 끝내는 너를 빼앗아 가서 나로 하여금 이처럼 끝없는
　슬픔을 안게 한다는 말이냐?[36]

36) 정범조, 『海左集』 권33 「再哭兪女文」; 박무영, 「정범조─여성에 대한 공적 태도와
　　사적 보상」, 『우리 한문학사의 여성인식』, 343면에서 재인용.

정범조의 딸은 27살에 죽었는데 신위의 딸은 28살에 시댁으로 떠나가게 되었다. 두 딸 모두 그 전에 어머니를 여의였다. 이에 두 딸에 대한 두 아버지의 마음도 근심으로 가득 찼다. 정범조는 결혼을 해서 떠나 있던 딸을 그리며 슬퍼하다가 이제는 딸이 죽어 끝없는 슬픔을 안게 되었다고 하늘을 원망한다. 결혼을 시킨 이후 만나지 못했던 것이다. 당시 이는 보편적인 현상으로 자리 잡았던 것이다. 많은 조선의 여성들에게 있어 결혼은 더 이상 친정식구를 대할 수 없는 죽음과 같은 일이었음을 알게 한다. 그러니 신위에게 있어 '딸이 시댁으로 떠나는 것'은 '딸이 죽어 더 이상 볼 수 없는 것'과 같은 의미였다. 이에 살아 있는 딸을 떠나보내는 것을 마치 딸이 죽어 다시 볼 수 없는 것처럼 형상화할 수밖에 없었던 것이다.

4. 신위의 '아내와 딸'

아내와 딸에 대한 묘사에서 신위는 공적인 태도를 전혀 보이지 않았다. 곧, 아내가 현숙했다거나 현모양처였다거나 집안을 잘 다스렸다는 공식적 언사를 하지 않았다. 딸에 대해서도 어려서부터 똑똑했다거나 몸가짐이 남달랐다거나 부모를 잘 섬겼다거나 형제들과 우애가 있었다거나 현모양처가 될 자질이 많았다는 식의 언급을 하지 않았다. 신위에게 있어 이러한 겉치레의 언사는 전혀 필요 없었던 것이다. 오히려 아내와 딸을 자신이 얼마나 사랑하고 얼마나 그리워하는가를 읊었다. 아내는 자신과 금슬이 좋았고 딸은 부모의 앞에 있는 것만으로도 부모를 즐겁게 하는 존재였다. 곧, 아내와 딸은 신위에게 있어 오직 애정의 대상이었던 것이다. 이에 신위는 자신의 애정과 슬픔을 숨기지 않고 나타냈다. 더구나 16살과 14살에 결혼하여 40년 넘는 결혼 생활을 함께 한 정든 아내, 가난과 벼슬길의 부침 속에 동고동락한 조강지처(糟糠之妻), 거기에 아들을 낳지 못하고 고통 받다가 죽은 아내에 대한 연민, 그 아내가 남긴 유일한 혈육인 딸, 다시 그 딸을 떠나보내야 했기에, 신위는 「이씨 댁 며느리를 고향으로 보내며, 80운[送李婦洪鄕 作八十韻]」에서 그토록 처절하게 슬퍼했던 것이다. 이는 여성(아내/딸) 못지않게 남성인 신위 자신도 남편으로서 아버지로서 고통을 받았음을 나타낸 것이다. 또한 이는 신위에게만 한정된 것은 아니었고 조선시대 다른 남성들에게도 동일하게 적용되는 고통이었다고 보인다. 이러한 점을 형상화하였기에 신위의 아내와 딸에 관한 시들은 가치가 있다.

그런데 신위의 아내와 딸에 대한 인식은, 현대 우리의 눈으로 보자면, 철저히 신위 자신의 입장에서 진행된다는 아쉬움을 지닌다. 아내의 감정이나 생각이 어떠했으리라고, 아내의 입장을 나타낸 부분이 없다. 딸의 경우도 딸의 생동감은 어머니의 죽음에 오열하는 모습을 형상화한 것뿐이다. 이는 자신의 감정에 빠져 그들의 감정을 들여다보지 못했던 것일 수도 있고, 글[文]이 아니라 시(詩)라는 형식을 빌렸기 때문일 수도 있다.

그럼에도 불구하고 신위의 아내와 딸에 대한 인식은 가치를 지닌다. 신위 자신의 감정에 몰입해 아내와 딸에 대해 썼지만, 자신의 감정에 충실하였고 아내와 딸에 대한 자신의 애정을 있는 그대로 보여주었기 때문이다. 비교하자면 송시열(宋時烈, 1607~1689)처럼 '죽은 자를 앞에 두고 죽은 자를 애도하고 추모하는 일보다 오히려 그가 '나'를 얼마나 공경하며 그리워했는지 서술하'지는[37] 않았다. 또한 비교하자면 다른 사대부의 여성 형상화와도 차이가 난다. 사실 조선시대 나아가 그 이전에

---

37) 홍인숙, 「송시열─17세기 여성사의 문제적 인물」, 『우리 한문학사의 여성인식』, 267면.

도 아내와 딸을 소재로 삼은 시문이 기대만큼 많이 있지 않으며, 아내와 딸의 입장에서 그들의 감정을 이해해서 쓴 시문도 그다지 많은 것 같지는 않다. 여기에 더하여 사대부가 여성을 화자로 내세워 쓴 시들의 경우 정말로 여성의 입장에서 여성을 이해한 것인지 의심스러울 때가 많아 그 여성에게서 생동감을 찾기 힘들기 때문이다. 오히려 신위의 태도가 훨씬 진실에 가깝다고 보인다. 신위는 아내와 딸에 대한 자신의 애정을 그대로 보여줌으로써 도리어 아내와 딸이 살아 있던 사람이라는 느낌을 들게 한다. 신위 자신의 감정에 충실하였기 때문에 아내와 딸의 형상화가 오히려 진실에 가깝게 보이는 것이다. 또한 신위는 제삼자의 눈을 의식한 형식적인 언사를 사용하지도 않았지 않은가. 이에 신위의 아내와 딸에 관한 시들은 우리로 하여금 공적인 틀에 얽매이지 않은, 외부의 시선을 두려워하지 않은, 남성의 솔직한 속내를 들여다볼 기회를 갖게 하였다는 의의를 지니는 것이다. 또한 그 남성이 사대부였고 나아가 당대 문단에 적지 않은 영향을 미쳤던 신위라는 점에서 더욱 의의를 지닌다.

부부(夫婦)의 인연, 사우(師友)의 길

선비 윤광연과 '나의 사랑하는 엄처(嚴妻)' 정일당 강씨 부부

김남이*

1. 들어가는 말

정일당(靜一堂) 강씨(姜氏, 1772~1832)는 조선 후기의 작가로, 여성으로서는 드물게 '도학'과 '군자'를 말하고, 예(禮)의 '집행자'이자 '판단자'가 될 수 있었다는 점에서 특별한 위상을 가진 것으로 평가받는다. 그리고 정일당 강씨가 갖고 있는 이렇듯 특별한 위상은 남편 윤광연(尹光演, 1778~1838)이라는 존재가 있었기에 가능했다는 점에서 더 특별한 점이 있다. 이 글은 조선 후기의 한 선비와 그의 재능 있는 아내에게 부부로서 살아간다는 것이 어떤 의미였는지, 정일당 강씨 부부의 일상과 공부를 따라 가며 이를 짚어 보려는 뜻에서 출발하였다. 과거 조선시대 한

---

* 부산대 점필재연구소 전임연구원.

부부의 생활을 거슬러 따라가 본다는 점에서 일상의 문제와 관련된 것이겠고, 정일당 강씨가 우리의 여성 / 고전 / 문학에서 차지하고 있는 위상을 고려하자면, 정일당 강씨라는 여성 인물이 탄생하게 된 조선 후기의 문학적 토양을 살피는 일이기도 할 것이다.

정일당 강씨의 본관은 진주(晉州)이며 충청북도 제천 출신이다. 아버지는 강재수(姜在洙)로 조선 초기의 문장가 강희맹의 후손이었지만, 그의 조부 강계우(姜桂宇)와 부친 강심환(姜心煥)이 모두 일찍 세상을 떠나 벼슬을 하지 않으면서 가문은 쇠락해졌다. 정일당의 어머니 안동 권씨는 권서응(瑞應)[1]의 딸이자 대성리학자 권상하(權尙夏)의 동생인 권상명(權尙明)의 현손이고, 옥소산인 권섭(權燮)의 증손녀이다. 정치적으로는 노론에 속한다. 정일당은 글씨에도 능하여 홍의영(洪儀泳) · 권복인(權復仁) · 황운조(黃運祚) 등의 필법을 이어받았으며, 특히 해서(楷書)를 잘 썼다고 한다. 권용정은 1833년에 쓴 「정일당필첩발문(靜一堂筆帖跋文)」에서 자신의 어머니와 정일당이 주고 받은 언문 편지를 보았던 기억을 꺼내면서 그 언문의 글씨가 단정하고 아름다웠음을 지적하고 있다. 이는 척독의 경우도 마찬가지여서 정일당의 자필로 쓰여진 척독은 그 글자 자체도 애호의 대상이 될 정도로 정취를 담고 있었다.

정일당은 20세 되던 1791년 6살 어린, 파평 윤문의 윤광연(尹光演, 1778~1838)과 혼인하였다. 남편 윤광연은 "젊어서는 기백을 숭상하고 법도를 따르지 않았"는데, 아내인 정일당의 말에 마음을 돌려 스승과 벗을 사귀어 책을 읽고 자신을 단속함으로써 "의젓하게 거벽(巨擘)이 되어 원근에서 칭송받은"[2] 인물로 그려진다. 윤광연에게 정일당 강씨와의 혼인이 그 자신의 생활과 공부에 대단한 변화를 일으켰음은 분명해보인다.

---

1) 권섭은 도곡 이의현의 큰누나와 권상명 사이에서 태어난 분이다.
2) 權愚仁, 「靜一堂詩跋」, 145면. "明直少頗尙氣 不遵繩墨 因孺人一言啓發 尋師從友 讀書飭躬 儼爲巨擘 遠近稱之"

『정일당유고』에 수록된 여러 가지 기록들로 미루어 보자면, 윤광연은 확실히 애주가에 다혈질이었다. 서당 훈장으로서 학동들을 꾸짖으면서 지나치게 감정적으로 목소리가 높거나 감정에 치우친다면서 아내 정일당이 쪽지 편지로 야단을 쳤던 사정을 보면 더욱 그러하다.

그런 한편으로는 노론계 인물이자 재야의 선비로서 당대의 이름난 선비들과도 교분이 있었다. 실제로 윤광연의 아버지 윤동엽(尹東燁)은 노론계의 대학자 미호 김원행(金元行)의 제자였고, 윤광연 또한 노론계의 대학자 강재 송치규(宋稚圭)의 제자였다. 그리고 시어머니 천안 전씨 지일당(只一堂)은 시문으로 이름이 있었다. 정일당은 윤광연을 찾아 와 함께 공부하는 인물들에 대하여 깊은 관심과 품평의 눈을 갖고 있었으며, 그들 사이에 오간 공부의 내용을 자신의 것으로 만들고자 노력하였다.

윤씨 집안은 윤광연의 증조부 이후로 벼슬을 한 사람이 없어 가문이 기울었고, 남편 윤광연도 생계를 위하여 지방 곳곳을 떠돌기도 했다. 두 사람은 혼인을 한 이후로 고향 충주를 떠나 서울 과천의 "호랑이와 표범이 울부짖고", "도깨비들이 우는" 외딴 인가에서 살았다. 정일당은 자신이 30살에 공부를 시작했다고[3] 문집에서 밝혔는데 그 연도가 무오년, 곧 1798년이므로 정확히는 27세를 전후로 한 시기이다. 정일당 부부가 고향 충추를 떠나 과천에서 남의집살이를 시작하던 때이다. 서울 약현(藥峴)으로 이주해서는 윤광연은 서당을 열어 아이들을 가르치고, 정일당은 삯바느질을 하며 살림을 꾸렸다. 이후 각고의 노력으로 1814년 약현에 집을 마련하여 '탄원(坦園)'이라는 이름지었는데, 이들 부부의 일상과 공부가, 가난한 생활 속에서도 흐뭇하게 이루어진 자부심 어린 공간이기도 하다. 이에 대해서는 정일당이 탄원을 소재로 지은 시에서도 확인할 수 있다.

그 삶의 과정에서 정일당 부부는 9남매를 낳았지만 모두 잃었다.[4] 정

---

3) 「始課」. "三十始課讀 於學迷西東 及今須努力 庶幾古人同."
4) 정일당 강씨의 삶은 3종 형제 강원회가 쓴 「행장」에 자세하게 기술되어 있다. 홍직

일당의 삶은, 가난 속에서 굶주림과 경제적 결핍으로 점철되어 있으며, 자식들을 모두 잃은 불행한 것이었다. 다만 그녀의 남편, 윤광연만이 그녀 곁에 오래도록 살아 남아 있었고, 그녀 사후, 그녀의 글을 모아 문집으로 간행하는 일까지 하였다. 이렇듯 정일당 강씨와 윤광연 부부의 삶은, 조선시대 '부부의 인연'으로 맺어진 사람들이 보여줄 수 있는 하나의 특별한 행로를 보여 주고 있어 우리의 관심을 끈다.

2. 애주가 서당 훈장과 바느질 속에서 도(道) 찾는 아내

1) '무미(無味)를 맛보는' 다혈질의 선비, 윤광연

『정일당유고』에 수록된 80여 편의 척독을 비롯한 자료에는 정일당의 남편 윤광연(尹光演, 1778~1838)의 인물됨이나 성격을 짐작케 하는 내용들이 많다. 정일당은 윤광연이 "7일간이나 곡식을 입에 대지 못했을 때에도 천금의 재물을 거절한"[5] 청렴한 사람이라고 했다. 또 그는 술과 빈객을 즐겼고, 다혈질의 기질을 가진 사람이었다. 다혈질인 탓에 다른 사람을 꾸짖을 때에는 목소리가 너무 크고 기색이 무서웠으며[6] 한두 가지의 선·불선으로 사람을 평가하여 오호를 결정하기도 했다.[7] 동시

필이 쓴 정씨의 묘지명은 강원회의 행장과 거의 모든 항목이 일치하니 행장의 그 내용을 수용한 것으로 보인다.
5) 「尺牘 1」, 26면.
6) 「尺牘 4·8·43」.
7) 「尺牘 31」, 30~31면. "竊念夫子 或以一善而輒許之 一不善而過乎責 豈可以一善一不善 而知其人哉 書曰知人則哲 惟帝其難之 況識鑑之不及聖人者哉 望須視所以 觀所由察所安 如孔夫子之敎 而徐徐參驗 庶可知矣."

에 우유부단한 면도 있었고 상황에 적절하게 대응하지 못하기도 했다. 불의한 사람을 단호하게 끊지 못하거나 부자에게는 술을 석잔이나 권하면서도 가난한 노인에게는 아무 것도 대접하지 않았다가 정일당에게 따끔한 비난을 들은 적도 있다.[8] 술과 빈객을 좋아하는 성격으로 인해 절주하라는 충고를 들었으며,[9] 술집에 자주 출입하다가 평소에 술집 출입을 하지 않는 사람을 칭찬하던 것과 언행이 일치하지 않는다는 비난을 듣기도 했다.[10] 날이 저물었는데 외출하려다가 정일당에게 야단을 맞기도 했는데[11] 윤광연이 손님 청하기를 좋아했고, 술을 즐겼다는 점에서 보면 모두 이해 가능한 사건들이다.

한편, 윤광연은 건강이 좋지 않았던 듯 1815년 무렵에는 친척에게 보내는 편지에서 '여전히' 병 중에 있다고 썼으며 1824년에는 유람을 떠나려다가 병때문에 취소했다.[12] 그러나 그 와중에도 친척인 윤광주 집안 3대의 문집을 간행하는 맡아 완성을 보았고, 그 간행을 고하는 편지를 아내 정일당으로 하여금 대신 쓰게 했다.[13] 문집 간행은 막대한 비용은 물론, 그 일을 감당하는 사람에게는 상당한 문식과 능력이 필요하다. 또 윤광연은 지금 그 존재를 확인할 수는 없지만 '여계(女戒)'를 지어 집안의 부녀자들을 경계하고자 했으며[14] 부모와 형제의 산소를 이장하고, 조상의 사적을 수습해 간행하였다. 가난한 살림이었지만 아내 정일당의 적극적인 지원 속에서 영락한 집안을 수습하고 가풍을 세우기 위해 노력했던 것이다. 이처럼 윤광연이 비록 병약함을 늘 내세우고는 있지만 어느 정도는 집안은 물론이고 문사로서의 위상과 그에 따른 역할

---

8) 「尺牘 20」, 34면.
9) 「尺牘 8」, 28면.
10) 「尺牘 12」, 30면.
11) 「尺牘 7」, 28면.
12) 「與豐川宗人澤霖 代夫子作」, 22면.
13) 「與宗人光周書 代夫子作」, 20~21면.
14) 「尺牘 19」, 34면.

을 담당하고 있었음을 확인할 수 있다.

윤광연은 과거 급제를 통한 출사에는 성공하지 못했는데, 그로 인한 경제적 어려움과 정신적 결핍감이 있었다. 정일당이 윤광연에게 "남이 나를 알아주지 않는 것을 근심하지 말라"며 "옥더러 돌이라고 해도 옥에게 하무런 해를 끼치지 못한다"15)는 말을 한 것을 보면, 윤광연이 그에 앞서 정일당에게 자신의 가치를 알아 주지 않는 세상과 사람들에 대하여 한탄을 했음을 짐작할 수 있다. 스승 송치규가 윤광연에게 보낸 편지에서는 윤광연이 출처 문제와 가난한 삶으로 인해 번민했음이 드러난다. 또 윤광연은 서동을 가르치는 스승으로서, 교육의 현장에서 느끼는 문제점과 스승의 자리에 대한 자신의 생각을 토로했고16) 정일당은 성인의 자질을 갖추는 것이 그러한 고민을 해결하는 길일 것이라며 윤광연을 위로·독려하곤 했다.

'다혈질'에 '애주가' 서당훈장, 여기에서 윤광연은 참 인간적인 풍모로 다가온다. 그러나 이것만이 윤광연이 가진 모습의 전부는 아니다. 윤광연은 일개의 '무명 서생'이 아니었으며, 학식과 덕망으로 알려졌던 인물로 보인다. 실상 윤광연은 노론 계열에 속하며, 그가 교유한 인사도 노론계 인물이 많았다. 그는 강재 송치규(1759~1838)17)의 제자로서 송치규의 「문인록」에 10명의 문인18) 중 한 사람으로 올라 있다.19) 그리고 당대의 고관들 중에도 윤광연의 존재를 알거나 애정을 가진 사람이 있

---

15) 「尺牘 14」, 31면.
16) 「尺牘 14」, 31면; 「尺牘 拾遺 3」, 94면.
17) 宋穉圭(1759~1838) : 조선 후기의 학자. 본관은 恩津. 자는 奇玉, 호는 剛齋. 아버지는 煥明이며, 宋時烈의 6대손으로 金正默의 문인이다.
18) 송달수·임헌회·장헌주·조규·최제묵·이점·신필황·윤광연·송근수·송석년·강효석, 『전고대방』 문인록, 아세아문화사(영인, 1976), 291면.
19) 앞서 권우인이 쓴 '정일당시발」에서도 정일당 생전에 이미 윤광연이 '회심'하여 '거벽이 되었고' '칭송받고 있었음'을 확인할 수 있었다. 물론 권우인이 윤광연의 친구이고, 정일당의 외가 친족이었다는 점에서 사실 그대로 받아들이기 어려운 점이 있을지 모르겠지만, 윤광연이 무명의 존재가 아니었다는 점만은 명확하다.

었다. 오헌(梧軒) 이우재(李愚在)는 1828년 경 청나라로 사신을 떠나면
서[20] 자신의 아들을 윤광연에게 부탁했다. 이우재는 성균관 대사성까지
지낸 고관인데 윤광연과 인연을 맺게 된 배경은 드러나지 않는다. 다만,
어느 정도의 명망이 없었다면 이처럼 재직 중인 관리가 그의 자식을 맡
아달라고 부탁하는 것은 쉬운 일이 아니었을 것이다.[21] 해석 김재찬[22]
또한 윤광연과 교분이 있었고 그에 대한 애정이 깊었다.

> 해석 김상공께서 일찍이 당신에게 말씀하시기를 "내가 산정(山亭)에서 종일
> 토록 오로지 탄원만을 쳐다보고 있는데 지붕 위로 연기가 올라가면 죽을 쑤
> 느라 불을 때는 것인가 생각하고 학도들이 들고 나는 것을 보게 되면 가르치
> 는 학생이 많고 적은지를 알 수 있네"라 하셨습니다. 이것은 진실로 서로를
> 사랑하는 마음에서 나온 것입니다. 그러나 또 당신께 곤궁한 중에서도 도를
> 즐기며 학문을 깊게 하여 다른 사람을 가르치라는 경계가 아닐지 어찌 알겠
> 습니까?[23]

김재찬은 초계문신에 선발되기도 한, 문명이 있고, 또 영의정까지 지낸
관리이다. 그리고 정약용은 그가 교유에 인색한 사람이라고 평한 바 있다.
그런 김재찬이 윤광연 집안의 가난한 생활에 애틋한 관심과 애정을 표현
하고 있어 흥미롭다. 이우재와 김재찬의 경우로 미루어 보면, 윤광연이

---

20) 『순조실록』, 27년 10월 28일(경자).
21) 「尺牘 29」, 37면.
22) 金載瓚(1746~1827) : 조선 후기의 문신. 본관은 延安. 자는 國寶, 호는 海石. 1773년
   (영조 49)에 사마시에 합격해 진사가 되고, 이듬해 정시 문과에 병과로 급제하였다.
   1780년(정조 4)에 檢閱이 되어 『厘文院講義』를 편집하고 抄啓文臣에 뽑혔으며 이조
   참의·대사성 등을 역임하였다. 형조판서·이조판서·예조판서·한성부판윤·병조판
   서·평안도관찰사 등을 역임하고, 이듬해 대사헌을 겸임하였다. 1799년에 병으로 이조
   판서를 사임하고, 좌참찬·홍문관제학·한성부판윤 등을 거쳤으며 1808년에 좌의정이
   되고, 이듬해 영의정이 되었다. 순조 묘정에 배향되었다. 저서로는 『해석집』·『해석일
   기』가 있다.
23) 「尺牘 拾遺 17」, 97면. "海石金相公嘗謂夫子曰 某在山亭 終日只對坦園 見屋上煙
   生則想단鸞之吹否 見學徒出入則知教授之多少 此固出於相愛之意 然又安知非戒夫
   子以固窮樂道 篤學誨人耶"

'재야'의 선비이자 학자로서 상당한 명망을 가졌을 가능성이 크다.

유한준(兪漢雋)·이연인(李延仁) 등의 명망 있는 원로들은 팔순의 나이를 무릅쓰고 윤광연이 사는 먼 곳까지 찾아 왔다. 그 이유가 궁금해지는데, 정일당은 그것이 "보통으로 아는 사람이어서는 그럴 수 없는 것"이라 하면서 그들이 윤광연의 "행실과 학문을 사랑하여 기대하는 바가 있기 때문일 것"이라며 '그들의 기대에 부응해 줄 것'을 요청했다.24) 그리고 윤광연의 스승인 송치규의 아들 송흠성·윤동엽의 스승이었던 김원행의 후손 김병운 또한 누차 윤광연을 방문하곤 했다.25) 또 경암 이진연, 매산 홍직필, 양와 이의승,26) 최한기 등과도 교분이 있었다. 특히 매산 홍직필은, 윤광연의 어머니인 지일당 전씨의 애사(哀辭)를 썼고, 윤광연이 교유를 청한 이래 정일당 부부의 학문 수련에 영향을 많이 준 인물이다. 다음은 홍직필27)이 윤광연과의 첫만남을 기술한 부분이다.

하루는 내가 있는 종남산 아래로 찾아와서 상견례를 행하기를 청하는 자가 있었다. 맞아들여 보니 현관 호의를 하고 공손하게 나아와 읍을 하고 앉는데 그 모습은 중후하면서 공손하였고 그 기색은 온화하였으며 그 말은 찬찬하면서 절도에 맞았다. 그가 원하는 것은 바로 안연을 희망하고 공자를 배우는 것이었다. 그의 성명을 물어 보니 바로 명직 윤광연이었다. 명직은 내가 무사(無謝)한 것을 꺼리지 않고 자주 나의 집을 방문하거나 혹은 편지를 보내어 경례 의의를 논난하였는데 식견이 제법 넓고 통달하여 내가 일찍부터 두려워하며 겸손하게 하였다. 지금 세상의 학자들은 고질이 되어 세속 명리의 장터 한가운데에 앉아 있으니 자신을 지키며 뜻을 구하면서 윤명직처럼 '무미(無味)'를 맛볼 수 있는 자는 거의 드물다. 윤명직은 성품이 높고 아름다워 당대의 선비

24) 「尺牘 6」, 28면.
25) 「尺牘 18」, 33~34면.
26) 「尺牘 5」, 28면.
27) 홍직필(1776~1852)은 윤광연보다 8세 연상이다. 홍직필은 송환기·이직보·임로 등의 명사들과도 교유했는데 학문적으로 보면 홍직필은, 임성주를 스승으로 섬긴 임로와는 달리, 임성주의 이론에 반대하는 입장이었으나 그것이 이들의 교유에 어떤 장애가 되었던 것으로 보이지는 않는다.

와 스승과 두루 교유하며 자질 또한 풍부하다.[28]

　　홍직필은 윤광연을 '현관(玄冠) 호의(鎬衣)' 차림에 '중후하면서 공손하고' '온화하며 절도 있게 말을 하는' 선비로 묘사하고 있다. 윤광연은 홍직필을 방문하거나 편지로 경례의의를 토론했는데, 통달한 식견을 보여 홍직필을 두렵게 만들기도 했다. 홍직필은 '지금 세속의 학자들이 시장같은 명리의 장터 한가운데 앉아 있는데' 비하여 '윤명직(광연)은 자신을 지키고 뜻을 구하면서 무미를 맛보는 자'라고 평가하고 있다. '무미'를 맛본다고 했으니 윤광연이 '고진감미'를 즐길 수 있는 세속적 현달과 거리를 두고 있다는 말이다. 홍직필이 판단하기로 좋은 자질을 갖고 있었으며 "당대의 선비 및 스승과 두루 교유하면서" 사회적 관계망 속에서 일정한 위상을 가진 인물이었다.

　　이러한 교유 관계 속에서 윤광연은 집안 사람의 문집을 편찬하는 일을 위시하여, 그의 교우 및 제자 관계가 인연이 된 글 청탁을 받았다. 정일당이 남편을 대신하여 지은 시문들의 다수가 윤광연의 제자들이나 교유 관계에 있던 인물들로 인하여 쓰게 된 것이다. 다만 정작 윤광연의 작품은 『정일당유고』에 수록된 정일당 제문 외에는 확인할 수 있는 자료가 거의 없다. 다만 홍직필[29]과 송치규의 문집에 윤광연이 보내 온 편지에 답하는 서신이 수록되어 있는데 답변의 내용으로 윤광연의 관

---

28) 洪直弼, 『梅山集』 권32 「尹明直慈夫人哀辭 幷序」, 국학자료원(영인, 1989), 152면. "一日有過余終南山下 請行相見禮者 延之以上則玄冠鎬衣 翼如進揖而坐 其貌厚而恭 其色溫而和 其言徐而有中 其所願乃希顔而學孔子 問其名姓則尹明直光演也 明直不拘我無謝 頻造我室或致書難經禮疑義 識解頗周達 余嘗畏而讓焉 卽今俗學痼矣 坐城市名利場中 能守身求志 味其無味如明直者幾希 明直天分高美矣 偏交當世之士師 資亦富矣."

29) 홍직필의 『매산집』에 수록된 편지는 1803년에 쓴 것으로 되어 있으니 이들의 교유가 매우 이른 시기에 시작된 것임을 증명한다. 홍직필의 답변 내용으로 윤광연이 보낸 편지의 내용을 추정해볼 수 있는데 昏定晨省할 때 절을 하는 문제, 講禮之法, 그리고 스승의 아내의 상에 제문을 짓는 일, 형제의 자식을 후사로 삼을 때의 법도와 관련된 질문들이다. 洪直弼, 『梅山集』 권17 「答尹明直」, 국학자료원(영인, 1989), 506면.

심사를 추정해볼 수 있을 뿐이다.

송치규의 『강재집』[30] 중에는 송치규가 윤광연에게 보내는 답장이 수록되어 있는데 4개의 내용으로 구성되어 있다. 답신의 내용으로 보건대 윤광연은 송치규에게 '마음의 본체', '마음과 기질의 분별' 문제를 질문한 듯하다. 그리고 송치규의 네 번째 답신에서는 윤광연이 노부모를 봉양해야 하는 입장과 '처빈하는 도리' 사이에서 느끼는 갈등을 토로했던 정황을 확인할 수 있다. 송치규는 "처빈지도가 노인을 봉양하는 사람에게는 실로 어려운 바가 있다"고 인정하면서도 그러나 "보내 준 편지 중에 출처에 구애받고 있다는 등등의 말은 무슨 뜻인지 알 수 없다"고 했다. 아마 윤광연이 과거 공부에 대한 회의적 시각을 드러낸 듯하다. 송치규는 과거 제도는 그 유래가 깊고 퇴계와 율곡 같은 분들도 응시한 것이니(윤광연이 말한 바) "자매(自媒)의 혐의가 있다"는 생각은 너무 지나친 것이라고 했다. 윤광연이 당대의 과거 제도에 대하여 일정한 비판적 시선을 보내면서도, 또 한편으로는 가난한 삶과 선비로서의 정체성 문제 때문에 송치규에게 고민을 토로했음이 드러난다.

2) '나의 사랑하는 엄처(嚴妻)', 정일당 강씨

정일당의 문집 『정일당유고』에는 한문으로 쓴 척독(尺牘) 80여 편이 있다. 서신은 개인적인 소통의 차원과 함께, 특히 남성 사대부들에게는 학문적 교류의 장이 되는 장르이다. 보다 격식을 갖추고 공적인 태도를 견지하며, 때로는 학문 연찬의 중요한 수단이 되는 것이 '서(書)'라고 한다면, 이 짧은 쪽지 편지들은 '척독'이라 하여 '서'와는 구별되면서 가족을 주요 대상으로 하여 일상 생활의 면모를 보다 진하게 드러내는 것이

---

30) 송치규, 『강재집』(한국문집총간 271), 민족문화추진회(영인본), 2001.

다. 정일당이 쓴 척독은 그 대상이 대개가 남편인데, 잘 알려져 있듯 생활의 사소한 문제에서부터 남편의 인간 관계와 품성, 학문 수련, 그리고 인물에 대한 품평이 담겨 있다. 이 척독은 정일당에 대한 기록들에서도 간혹 언급이 되는데 주로 남편에 대한 권면과 수신의 측면이 강조된다.

> 젊어서부터 남편을 권면하여 스승을 찾아 가르침을 받게 하였네.
> 간절하게 경계하고 권면한 말씀, 누누이 쓴 편지 속에 있네.[31]

편지가 쓰인 맥락을 보면, 한 집안에 있으면서, 밥을 올리며, 술 한잔을 올리며, 혹은 빨래할 옷을 내놓으라며 쓴 것들이다.

> 달포 전에 근진이 정원에서 밤을 주워 큰 것을 골라 한 되쯤과, 고기 여러 조각을 가져왔습니다. 그대로 받아 두었는데 이제 꺼내 보니 밤은 반쯤은 쥐가 갉아 먹었고 고기는 상했습니다. 상한 부분은 칼로 잘라 내고 씻어서 화롯불에 굽고 종이값 두 닢으로 술을 사서 데워 올립니다. 이것들이 비록 작은 것이지만 얼마나 어려운 사람에게서 온 것인지 잊지 마세요. 허기가 좀 나아지면 바로 책을 여서서 혹이라도 세월을 허비하는 일이 없기를 천만 번 엎드려 빕니다.[32]

> 문중자는 검소하면서 깨끗했는데 당신의 옷은 검소하지만 깨끗하지 못합니다. 검소함은 당신의 덕이지만, 더러움은 저의 죄입니다. 잿물을 풀어 놓고 바늘에 실을 꿰놓고 기다리며 감히 청합니다.[33]

첫번째 편지는 생략해도 될 법한 내용들을, 예컨대 상한 고기를 올린다든가, 쥐가 갉은 밤을 먹는다든가, 그대로 수록하고 있다. 아끼다가 자칫 음식을 상하게 만들고 또 그 상한 음식을 먹게끔 조리하는 과정이

---

31) 『정일당유고』, 137면. "早勸夫子 從師俾發蒙 懇懇規勉語 累累尺牘中."
32) 위의 책, 37면.
33) 위의 책, 39~40면.

간결하지만 재미있게 드러난다. 그러나 그 재미는 그것이 우리만큼 어려운 사람들에게서 온 귀한 음식이니 그런 음식을 먹고 허기를 채운 다음에는 "책을 열어 보고 세월을 허비하지 말라"는 훈계조의 말로 마무리되면서 무게감을 갖게 된다. 한편, '잿물을 풀고' '바늘에 실을 꿰어 놓았다'는 것도 생활의 느낌이 살아 있는 표현인데 빨래할 옷을 달라고 『소학』의 구절까지 인용하며 편지를 썼으니, 정일당이 남편에게 끊임없이 편지를 쓴 것은 그 글쓰기 자체에 대한 상당한 애호가 있었던 것이라는 점도 보여 준다.

이 짧은 편지글들은 학문과 수신, 예제(禮制)와 관련된 것은 물론이고 일상의 소소한 사건과 이야기들을 담은 것들도 많다. 부부가 얼굴을 맞대고 이야기함직한 것들이며, 비록 남녀의 공간이 분리되어 있었다 해도, 굳이 '한문'으로 된 편지글을 올릴 필요성이 절대적이지는 않아 보인다. 그런데도 정일당이 그렇듯 사소한 일까지도 편지로 썼던 사실은 정일당에게 한문 글쓰기 자체에 대한 애호가 있었고, 그에 따라 한문 글쓰기를 일상화하며 훈련하려는 의도를 가졌던, 지적인 수련과 학문에 대한 애호와 탐구가가 깊었던 인물임을 짐작케 한다. 이렇듯 학문 탐구의 의지가 깊고 일상의 소소한 부분에서도 수양의 자세를 잃지 않고 남편에게도 이를 일깨웠던 정일당은 분명 윤광연에게 '엄처'였을 것이다.

앞에서 살폈듯이 남편 윤광연은 애주가에 다혈질의 기질이 짙은 사람이었고, 정일당은 그런 남편에게 자상하게, 더 자주는 엄하게 충고와 질책의 말을 했다. 자칫, '무섭기만한' 연상의 아내였을 것도 같지만, 여러 기록들을 맞추어 보면 윤광연은 아내에 대한 애정이 깊었다. 정일당이 아프자, 떠나는 손님을 굳이 만류하지 않았고[34] 또 스승을 뵈러 가려던 일정을 취소하려고 했다.[35] 정일당은 일개 부녀자의 수고를 꺼려 현자를 붙잡지 않았다고 하며 접빈객은 봉제사 다음으로 가는 중요한

---

34) 「尺牘 10」, 29면.
35) 「尺牘 40」, 41면.

일이니 "당신 집안의 규범을 소홀히 하지 말 것"을 부탁했다.36) 이러한 윤광연의 행동은 "아내를 편애하여"37) 다른 일은 뒷전인 모양으로 비춰졌을 수 있겠다. 정일당의 친정인 강씨 집안의 후사를 정하는 일을 두고, 정일당은 후사로 삼을 사람이 어떠한지 족형인 강창회에게 잘 알아보라고 독려하는 편지를 써달라고 윤광연에게 부탁하였다.38) 또 친정 자제들 하나하나의 장점을 거론하며 그들이 공부할 수 있도록 도와달라고 어느 척독보다 길고 간절하게 요청했다.39) 이처럼 윤광연은 아내인 정일당에게는 친정의 일을 의논하는 상대였으며, 그녀와 그녀 가족의 학문 여정을 열어 주고 이끌어 주는 사람이었다.

한편, 정일당은 잘 알려졌듯 "남편의 엄한 스승"이라 불려질 정도로 상당히 까다롭게 남편의 말 하나하나에 대하여 집요하게 원칙과 근본을 들이대며 더 높은 차원의 수양을 강조했다. 윤광연이 제자들 개별의 장점을 발견해 그것을 칭찬하면, 정일당은 한두 가지 드러나는 선악을 보지 말고 사람의 근원을 보라고 요구했다. 또 윤광연이 물(水)이 모든 사물을 윤택하게 하지만 자갈만은 윤택하게 하지 못한다고 하자, 정일당은 성인이라면 할 수 있다면서, 대상을 탓하지 말고 자신이 성인이 되도록 노력하라고 했다. 생활의 면면에서도 정일당은 윤광연의 언행이 비례불의한 것이 아닌지, 언행이 일치하는 것인지, 끊임없이 노력하고 있는지 묻고 판단했다. 그리고 정일당은 이렇듯 남편에게 까다롭고 엄격한 자신의 모습을 잘 알고 있었다.

> 매번 편지를 드릴 때마다 대놓고 부딪히고 겸손하지 않았으니 아내된 도리

---

36) 「尺牘 10」, 29면.
37) 「尺牘 41-1」, 41~42면. 정일당은 남편이 덕을 쌓는 데 방해가 되는 편애를 원치 않는다며, 자신을 편애하느라 남편이 덕을 쌓지 못한다면, 부귀영화를 누린다 해도 가난 속에 굶어 죽는 것보다 못할 것이라고 썼다.
38) 「尺牘 34」, 39면.
39) 「尺牘 53」, 46~47면.

를 잃었습니다. 그런데 구헌(瞿軒) 심사동(沈師同) 어른께서 일찍이 당신이 겸허하게 수용하는 도량이 있다고 하셨고, 또 저도 일찍부터 어떤 일이든 직언을 하라는 가르침을 받았습니다. 그래서 감히 다 말씀드리지 않을 수 없었을 뿐입니다.[40]

얼핏, 유순한 아내이지 못하고 직접 대놓고 남편의 허물을 꾸짖는 자신의 모습을 반성하는 것처럼 보인다. 그러나 이어지는 정일당의 말이 재미있다. 구헌 심사동 '어른'의 말을 인용하며 남의 말을 고깝게 듣지 않는 포용심이 있어야 할 것이라고 한층 더 요구하고 나선다. 게다가 '직언'을 하라고 당신께서 말씀하지 않았냐는 것이다.

그렇다면 윤광연에게 그런 아내 정일당은 어떤 사람이었을까? 다음은 윤광연이 정일당이 세상을 떠난 뒤 그녀의 회갑날을 맞아서 쓴 글이다.

당신은 지극히 어질고 지극히 후덕하며 지극히 성실하고 지극히 정직하였으니 스승이 될 만했고, 법도가 될 만했으며 존경할 만하였고, 중히 여길만한 사람이었소 (…중략…) 비록 부부 사이이지만 엄하기가 마치 존엄한 스승을 대하는 것 같아서 조심하여 조금도 소홀히 하지 못하였습니다. 매번 당신과 마주 앉으면 마치 신명을 대하는 것과 같았고, 매번 당신과 말을 할 때마다 눈이 아찔하였습니다. 그런데 이제부터는 이런 사람을 다시 볼 수 없게 되었으니 아. 가슴이 아픕니다. (…중략…) 당신이 떠난 뒤로 나는 지나치게 슬퍼하지 않을 수 없었소 그러자 어떤 사람은 나에게 말하기를 "자네의 슬픔이 너무 심하네. 신세가 처량해서 그런가? 어찌 그리 남과 달리 슬퍼하는가?" 하였다. 내가 말하였다. "아니네, 아니네. 자네가 어떻게 내 마음을 알겠는가! (…중략…) 내 아내가 죽었으니 나에게 의문나는 것이 있을 때에 누가 그것을 풀어줄 것이며(결)."[41]

---

40) 「尺牘 41-2」, 42면. "每書宁錄呈 直觸不遜 殊失妾婦之道 然而沈구軒丈甞謂夫子有虛受之量 且妾甞承隨事直言之敎 故不敢不盡言耳."

41) 尹光演, 「祭亡室孺人姜氏文」, 128면. "惟君至仁至厚至誠至正 可師而可法可敬而可重者 (…중략…) 自君之逝 吾不能不過哀 或謂余曰 甚矣 子之哀也無乃自念夫鰥居孤處身世凄凉而然歟 抑亦自傷夫單寒窮구殯葬饋奠無以如禮而然歟 何其異乎人

윤광연은 정일당을 다른 부녀자는 할 수 없는 '공경'과 '경계'를 모두 실천했으며, '법도로 삼을 만했고' '스승으로 삼을 만했으며' '중히 여길 만한' 존재로 그린다. 또한 엄한 스승처럼 무섭고 떨리는 존재로 형용하고 있어 마치 '엄처'이기만 했던 것 같지만 그런 사람을 다시 볼 수 없음을 한탄하는 마음, 삶과 학문의 의문점을 함께 풀어갈 사람을 잃었다는 표현에서는 동지적인 애정이 배여 있었음을 짐작할 수 있다.

3. 항아리, 도마 옆에 책상을 놓고 ─ 정일당·윤광연 부부의 공부와 글쓰기

1) 정일당, 남편을 대신하여 시문을 짓다

『정일당유고』에 수록된 정일당의 산문은 척독(尺牘) 82편,[42] 명(銘) 5편, 서(書) 10편, 기(記) 3편, 설(說) 1편, 제발(題跋) 2편, 묘지명(墓誌銘) 및 행장(行狀)과 제문(祭文)이 각 3편, 잡저 2편이 있다. 그중에서 남편을 대신하여 지은 산문은 서신 5편, 기문 2편, 제발 2편, 묘지명 3편, 행장 3편, 제문 3편으로, 산문의 대부분을 차지한다. 시는 모두 38제[43]인데 '남편을 대신하여 지은' 시는 8제이다.

정일당의 시는 도학과 실천·수양을 다짐하는 내용이 대부분으로 "진리를 탐구하던 도학 군자다운 지성인의 자기 성찰을 노래하고" 있다. 형식적으로 보면 38제[44] 중 절구가 31제로 압도적이며, 그 중에서도

之哀也. 吾曰否否子安知我之心哉 (…중략…) 但念吾室人之亡 吾有所疑 誰其釋之 (缺)."

42) 본집에 62편, 습유에 20편의 척독이 수록되어 있다.

43) 본집에 37제, 습유에 1제가 수록되어 있다.

44) 오언 절구 24제, 오언 율시 3제, 칠언 절구 7제, 사언 절구 2제, 사언 율시 1제 3수이다.

오언 절구가 가장 많으니 정일당은 단형의 시를 주로 많이 지었다고 할 수 있다. 대개는 대상/독자를 설정하고 지은 시들인데 서당의 학동과 서생, 조카, 종손 며느리들, 그리고 남편 등 '내부자'도 있다. 하지만, '대부자작' 시들은 해석공 김재찬, 청한자 이관하, 박병운, 안준갑, 고정 식 그리고 남편의 동갑 친구 등 당대의 관료를 위시하여 여성인 정일당 이 직접 만나 교유하기는 어려웠을 정일당의 '외부'에 속한 사람들을 대상으로 하고 있다.

또한 정일당의 시는 간결하고, 직설적이면서 평담하다. "당신은 진공 (眞工)을 할 것이요, 의식에는 관심을 갖지 마세요"[45]라고 명료하게 주지 를 직설하며, 새해 아침에 쓴 시에서는 "도를 알지 못하면 안 죽고 살아 새해를 맞이하는 게 좋은 일도 아니"[46]라며 원단부터 성경(誠敬)을 일심 으로 다할 것이라는[47] 다짐을 하는데 역시 간결하면서 직설적이다. 이 러한 성향은 이른바 도학시의 범주에 속하는 작품들에서도 비슷하게 나 타난다. 「성선(性善)」[48]은 인성이 모두 선하니 본성을 다하면 성인이 될 수 있다는 뜻을 직술한 것으로, 그녀가 추숭했던 윤지당 임씨의 논변을 그대로 시로 쓴 것 같다. 「성경음(誠敬吟)」[49] 또한 운을 맞추어 썼지만 시라기보다는 거의 산문에 가깝다. 이처럼 정일당의 시들은 지적 수련 의 목표가 되는 성과 경, 성선과 같은 개념어들을 주지로 하여 그를 향 해 부단히 나아가겠다는 의지를 직설과 단형의 시로 드러내고 있다.

연도가 확인된 것으로 가장 앞서는 정일당의 자작[50]시는 1797년에 쓴 「경차존고지일당운」이다. 정일당이 남편을 대신하여 산문을 쓰기 시

---

45) 「呈夫子」, 10면. "妾愧無才德, 幼年學線針. 眞工須自勉, 衣食莫關心."
46) 「元朝敬呈夫子」. "人苟未聞道 不死亦非慶 惟將夫子訓 一心盡誠敬."
47) 이 시의 경우는 압운도 거셔 '敬' 자로 하였다.
48) 10면.
49) 18면.
50) '자작'이라는 용어가 다소 오해의 소지가 있어 보이지만, 우선 이 글에서는 '대부자 작'과 구별되는 개념으로 사용한 것임을 밝혀 둔다.

작한 것은 1803년 경이고, 대부자작 시들은 문집에 밝혀진 창작 년도에 의하면 1826년 이후에 집중되어 있다. 최초의 시작(詩作) 시기인 1979년에서 1826년 사이에는 윤광연을 대신하여 각종 서신과 제문·묘지명·행장 등의 산문을 많이 지었다. 실상 시는 형식적 측면에서 제약이 있기 때문에 일정한 수련이 필요하다. 더욱이 가족 내에서 향유되는 것이 아니라 '집 밖 사람들'의 시선을 의식해야 하는 것이라면, 일정한 수준을 구사할 수 있게끔 수련하는 과정이 필요했을 것이다. 시 창작 시기 사이의 간극은 그런 수련의 과정을 의미하는 것으로 보인다.

가장 앞선 대부자작 산문은 서신이다. 『정일당유고』에 '부별지(附別紙)'라는 항목으로 「사문왕복별지 대부자작(師門往復別紙代夫子作)」 5편이 실려 있는데 1803·1808·1809(2편)·1811년에 쓴 것이다. 윤광연이 강재 송치규와 성담 송환기에게 예법과 경의를 묻는 편지들로 전체 내용을 수록한 것은 아니고, 질문의 핵심만 요약한 것으로 보인다. 따라서 대작의 상황을 엿보기는 어렵다. 다만 이러한 대작 과정을 통해서 정일당이 남성 사대부들 사이에서 벌어졌던 공적이고 사회적인 담론과 학술 논쟁의 장에 참여할 기회를 가졌을 것임을 미루어 알 수 있다.

정일당이 남편 윤광연을 대신하여 시문을 짓는 정경은 어떠했을까? 이를테면 윤광연이 전체적인 뜻과 형식을 구성하여 지정하고 정일당이 그에 맞게 내용을 메워갔을 수도 있다. 혹은 정일당이 대략의 내용을 구상하고 형식을 갖추어 초고를 만들면 윤광연이 검토하거나 부부가 협의를 했을 수도 있다. 그런데 다음의 글은 이러한 대부자작 상황에서 정일당이 보다 적극적인 우위를 점하고 있었을 가능성을 보여 준다.

　　윤광보께서 오셔서 그의 「시비음」을 보여 주셨습니다. (…중략…) 진실로 감탄스럽습니다. 다만 시 속에 시비(是非)가 섞이어 있어 명백하지 않으니 바로 화답하지 못할까 걱정됩니다. 우선 글을 잘 못한다고 사양하심이 어떠신지요?[251]

위의 글을 보면 정일당은 윤광연에게 시문 수창을 하러 오는 사람, 혹은 그의 시문을 직접 대면하고 있다. 또한 그 시를 편지 글에서 인용하고 있으니 그 본문을 이미 입수한 것이다. 우선 '감탄스럽다'고 칭송을 하는 듯하지만, 시에 '시비'라는 말이 뒤섞여 명확하게 지적하는 것이 없기 때문에 바로 적절하게 화답하기 어려울 것이라는 견해를 보인다. 그래서 정일당은 '우선은 글을 못한다고 핑계를 대고 화답을 사양할 것'을 권고하고 있다. 아마도 이렇게 하여 즉각적인 응수를 피한 다음, 윤광연과 정일당이 적절한 수창을 위한 시의 구성과 운자의 사용에 대하여 토론을 했을 것이다.

대부자작을 생각할 때 가장 먼저 떠오르는 의문은 '왜 대신 쓰게 되었을까'이다. 시에서는 대부자작의 정황이 전혀 드러나지 않고, 간혹 서신에서 윤광연의 병 때문에 정일당이 윤광연을 대신해서 글을 썼던 상황을 엿볼 수는 있다.[52] 그렇지만 대개는 대작을 하게 된 특별한 이유나 정황이 기술되어 있지 않다. 그러나 윤광연이 병이 들었다거나 혹은 문장력과 학식이 부족해서 정일당으로 하여금 시문을 대신 쓰게 했던 것으로만 보이지는 않는다. 실상 정일당에게 있어 대부작은 일정한 글쓰기 훈련과 학문 연마의 의미를 가진 것으로 부부 공동의 학문 연구와 수양 과정에서 정일당의 재능과 적극적인 노력 그리고 윤광연의 협력으로 이루어진 결과라 할 수 있다.

남편을 대신하여 지은 시는 전체 38제(습유 포함) 중 8제[53]이다. 형식적으로 칠언 절구가 4제, 오언 율시가 2제, 오언 절구가 1제, 사언 율시

---

51) 「尺牘 拾遺 13」, 96면. "尹尙書光普來視其是非吟 (…중략…) (是非何日定 何人定是非 是是非非曰非 是非自有歸 一是一日非 是非每相違 誰決是非訟 永罷是非疑) (…중략…) 固爲可感 但詩中是非渾無指的 恐未可輒和 姑以拙辭如何'"

52) 「與宗人光周書 代夫子作」, 21면. "餘病倩 不宜書義 統希照亮."

53) 「謝海石金相公惠貺新曆」·「奉獻靑翰子尊大人回甲壽席」·「贈朴仲絡」·「示同庚諸友」·「謹次丈席湜灘詩韻」·「贈安秀才俊甲兼기高信義」·「坦園三章」·「奉寄宗人東伯」(拾遺).

가 1제(3수)로서 칠언 절구가 가장 많다. 앞에서 대부자작이 아닌 시들이 단형에 직설적이고 산문적인 기술 방식을 보였음을 확인했다. 이와 비교하면 대부자작 시는 오언 절구는 「증박중로병은(贈朴仲輅秉殷)」 1수이고, 나머지는 모두 칠언 절구와 율시의 형태를 취하고 있어 앞의 자작 시들보다는 조금 길다.

「사해석김상공혜황신력(謝海石金相公惠貺新曆)」[54]은 1826년에 쓴 작품이다. 김재찬[55]은 문학에 뛰어난 사람만을 선발하던 초계문신을 지냈고, 성균관의 전임관이었던 대사성을 지낸 관료이다. 게다가 "원래 남을 방문하거나 서로 어울리는 성품이 아니었"[56]는데 윤광연·정일당 부부와 만년에 인연을 맺었으며, 지극한 애정을 보였다. 정일당은 달력을 보내준 김재찬에게 사례하는 시를 쓰면서, 1~2구에서 달력풀인 '명협'을 들어 그로 인해 산골 집에서 세월을 알게 되었다는 말로 감사를 표한다. 이어 그러한 시간에 대한 인식은 무단히 흐르는 세월을 허비하는 것에 대한 두려움의 정서로 연결되면서 달력을 보낸 뜻을 '일신(日新)'을 도모하라는 '어진 일깨움[良箴]'으로 칭송하는 하면서 수양의 의지를 다진다. 전술했듯 김재찬은 문사로서 명망이 있었던 사람이다. 그런 김재찬에게 사례하는 시를 정일당으로 하여금 대신 쓰게 했다면, 윤광연이 도저히 시를 쓸 수 없는 상황이었거나, 정일당의 문학적 역량을 신뢰하고, 그 능력을 연마하려는 의도가 있었을 것이다.[57]

---

54) 12면. "蓂莢陽生惠及隣, 山家從此記冬春. 只憂時月悠悠過, 誦服良箴企日新"

55) 金載瓚(1746~1827) : 조선 후기의 문신. 본관은 연안. 자는 國寶, 호는 海石. 澔의 증손으로, 할아버지는 相稷이고, 아버지는 영의정 崩이며, 어머니는 尹心宰의 딸이다. 1773년(영조 49)에 사마시에 합격해 진사가 되고, 이듬해 정시 문과에 병과로 급제하였다. 1780년(정조 4)에 검열이 되었고, 이어 抄啓文臣·檢詳·이조참의·대사성 등을 역임하였다. 저서로는 『해석집』·『해석일기』가 있다. 정일당과 윤지당을 알고 있던 '이민보'에게 보내는 편지가 『해석유고』 권7(국립중앙도서관본)에 실려 있다.

56) 정약용, 『여유당전서』 제1집 시문집 권15 「茯菴李基讓墓誌銘」, 332면. "今相國金載瓚爲正使偕行, 與語大悅, 定爲石交, 旣還數相過歡甚. 金公平日不喜過從, 於公改是, 都人望見者異之." 이기양과 정약용 모두 죄를 입어 유배되었다가 김재찬이 경연에서 이들의 무죄를 아뢰어 해배되었다.

정일당이 자작시와 대부자작 시를 달리 인식하고 창작했음은 '탄원'
이라는 동일 시재로 쓴 두 편의 시를 통해 확인해볼 수 있다. 먼저 1826
년에 지은 대부자작 탄원시는 4언 8구로 된 3수의 시인데 아래에 2·3
장을 인용한다.

景仄虞淵 氷雪磋峨　햇빛은 우연으로 저물고, 높은 산엔 눈과 얼음이라.
秣馬脂轄 前路云遐　말 먹이고 수레에 기름칠하나, 앞 길이 멀다고 하는구나.
僕弱難馭 登頓于嗟　마부가 약하면 부리기 어려우니, 아아! 가다가 멈추다가.
遭此晚暮 憂傷如何　만년에 이런 일 만났으니, 근심과 상심이 어떠할까.

鳥嚶求群 魚泳逐隊　새는 지저귀며 무리를 찾고, 물고기는 무리지어 헤엄치네.
節舒陽和 其樂自在　밝고 화창한 계절 되니, 그 즐거움은 스스로에게 있네.
胡爲索居 終罕朋輩　어찌하여 곤궁하게 살면서, 끝내는 현명한 친구들도 없
　　　　　　　　　어졌는가.
願言三益 勤箴吾過　원컨대 삼익의 벗들이여, 나의 허물 부지런히 일깨워주
　　　　　　　　　게.58)

남편을 대신하여 쓴, 그리하여 남편의 입장을 의식하고 썼을 것이 분
명한 이 시는 '올랐다가 내리고 혹은 가다가 멈추며(登頓)' 혹은 '쓸쓸하
게 혼자 거하는(索居)' 정서를 보인다. 궁극적으로는 허물을 덜어내는 도
덕적 수양의 기쁨을 표명한 것이겠지만, 한편으로 단절과 '평탄하게 직
진하지 못하고 막혀 있는' 상황으로 인한 근심이 보인다. 이것은 정일
당의 이른바 '자작' 탄원 시문59)들과 비교해보면 확실히 다른 정서이다.

坦園幽且靜 端合至人居　탄원은 그윽하고도 고요하니, 지인이 살기에
　　　　　　　　　　　참으로 좋도다.

---

57) 정일당이 "詩律을 공부했고, 재능이 있었음"은 강원회의 행장에서 확인할 수 있다.
58) 「坦園三章 代夫子作」, 14면.
59) 「坦園」·「坦園前路通乎康莊」·「坦園記」.

獨探千古籍 高臥數椽廬　　천고의 서적을 홀로 파고 들며, 몇 간 오두막
　　　　　　　　　　　에서 고고하게 누웠다네.[60]

　위의 시는 자족적이고 한아한 정신의 경지를 느끼게 한다. 물론 이
시에도 '홀로 천고의 서적을 탐하는' '독(獨)'의 경지가 나온다. 하지만
이것은 앞서의 대부자작 탄원시에서 보이는 것과 같은 부재와 소통 단
절보다는 '지인(至人)'이 도달한 '독립적인' 정신의 경지를 표현하는 말
로 보아야 할 것이다. '탄원'은 실제로 1814년, 그들이 각고의 노력으로
마련한 그들의 삶의 공간이면서 동시에 남편의 호이다. 정일당은 그 공
간을 고요한 지적인 수련의 장으로, 그곳에 사는 자신들을 '지인'으로
표명하면서 자족적이고 자부하는 정서를 분명하게 보인다. '천고의 서
적을 홀로 파고 드는' 사람은 윤광연뿐만 아니라 정일당 자신을 뜻하는
것이기도 하다.

　창작 시기로 보면 1824년에 「탄원」, 1826년에 「탄원삼장 대부자작」을
썼으니 세월의 흐름에 따른 정서의 차이가 있을 수 있겠다. 한편으로
윤광연의 현실에 대한 판단이 그러한 우울한 정서로 표현되었을 수도
있다. 비록 정일당이 과거 급제나 출사를 윤광연에게 강조하지 않았고,
또 가치를 두지도 않았지만, 선비로서 윤광연은 그 문제를 고민했다.[61]
그리고 윤광연이 사우들과 교유를 맺으며 일정한 위치를 점하기는 하
였지만 그렇게 자신의 위치가 확고해질수록 현실적인 성공을 이루지
못한 것에 안타까운 심정을 느꼈을 수도 있다. 무엇보다도 윤광연은
"규방에 갇힌 여인"이 아니기 때문에 학문과 수신의 경지에 갖는 기대
치가 더 컸다. 정일당이 '규방에 갇힌' 자신과 남편 윤광연을 비교하며,
끊임없이 윤광연을 독려하던 것도 부단한 노력으로 이상적 경지에 도
달해야 한다는 점이었다. 정일당은, 대부자작이라는 다른 방식의 글쓰

---

60) 「坦園」, 12면.
61) 윤광연은 스승 송치규에게 출사와 과거 응시 문제로 인한 고민을 토로한 바 있다.

기에서 바로 그러한 남편의 입장과 의식을 담아 내며 질이 다른 정서를 드러냈던 것이다.

남편을 대신하여 지은 산문은 서신 5편, 기문 2편, 제발 2편, 묘지명 3편, 행장 3편, 제문 3편으로 산문의 대부분을 차지한다. 서술자나 기록자는 모두 윤광연으로 되어 있으며 서신 몇편을 제외하고는 대작이라는 사실이나 대작을 하게 된 정황, 대작자가 누구인지 전혀 밝혀져 있지 않다. 서신을 제외한다면, 이 산문들이 대부자작임을 당시에 공표했을 가능성도 없어 보인다. 자연 서술자가 윤광연이라는 점에서, 정일당이 내용 구성과 기술을 전담했다 하더라도, 불가피하게 기록·서술자인 윤광연이 개입되는 경우가 생겼다. 또 정일당 자신의 지향과 가치, 지론이 강조되거나 전개되는 경우도 있다.

1814년에 쓴 「여종인광주서(與宗人光周書)」는 종파의 족보를 간행하는 일과 관련된 편지이고, 1816년에 쓴 「여종인부산지겸(與宗人釜山之謙)」은 윤지겸이 질문한 상복 제도의 문제에 대하여 송시열의 설을 고려하여 시행해야 한다고 답하는 편지이다. 서두에 계절 인사와 근황, 안부를 묻는 말이 들어가고, 중반부에는 서신의 안건이 기술되며, 결론부에서 인사하고 맺는, 일반적인 서신의 구성을 보여 준다. 정일당은 이러한 편지쓰기의 기회를 가지면서, 그 글쓰기의 규범을 습득할 수 있었다. 또 편지의 내용을 전적으로 구성했는지의 여부를 떠나서 대작 과정을 통해 자신도 글의 내용에 관련된 지식과 의견을 상당히 축적할 수 있었다.[62]

대부자작 묘지명은 3편인데, 청탁자의 친분 관계를 밝히고 청탁 경위를 서술한 뒤, 대상자의 선조와 가계를 밝히고 행위와 성품을 기술하는 묘지명의 전형적인 방식을 따랐다. 정보의 제공처나 자료의 분량, 대상 인물과의 친소 관계에 따라 기술 분량이나 세밀함이 달라지는데, 이 또한 묘지명의 일반적 성격이라고 할 수 있다. 그중에 「효자이군광명(孝子

---

62) 이는 척독 편지글에서 여러 제도에 대한 의견을 개진하는 것에서도 확인된다.

李君壙銘)」은 1822년 경에 윤광연이 친구의 청탁을 받고 쓴 것이다. 이군은 윤광연의 문하에서 수학했던 젊은이로서 29세의 나이로 세상을 떠난 효자인데, 윤광연 또한 그의 효성을 칭송한 바 있음이 서술에서 드러난다. 기본 자료는 없었던 것 같은데 그러면서도 그의 효성의 내막을 잘 알지 않았다면 나올 수 없는 내용들이 명문(銘文)에 기록되어 있다. 예컨대 "노름 비용을 대고, 패관소설을 읽어드렸으며, 손님들을 부지런히 초대하여 적적함을 위로해 드렸다"[63]는 기술이 그것이다. 그가 윤광연의 제자였고, 또 이군의 아버지 이덕래와 윤광연이 오랜 친구였으므로 그를 통해 대상 인물에 대한 정보를 얻어 정일당이 내용을 구성했을 것이다.

기문 3편 중 2편이 남편을 대신해서 쓴 것이다. 1827년 전후로 쓴 「만성재기(晚醒齋記)」[64]는 윤광연이 교유했던 홍정선의 재실과 관련된 글이다. 서두에서 '경(敬)'을 중심으로 의론을 전개한 뒤에, 대상 인물인 홍정선이 만성재를 짓고 기문을 요청한 내력을 서술했다. 이어 '만성'이라는 편호를 '경'과 연계하며 인물에 대한 경계와 칭송으로 마무리하였다. 기문의 양식을 충족한 간결한 구성이며 문체는 평이하고 전개는 논리적이다. 본문 중에 기질의 잡박(雜駁)에 따른 인간의 차별성과 경에 대한 의론[65]이 나오는데 이것은 척독[66]에서도 보인 것으로 간략하지만 같은 맥락이니 정일당의 지론이다. 정일당이 대부자작으로 기문을 쓰면서 인간의 기질과 성경에 대한 자신의 지론을 적용하여 기술한 것이다.

「만성재기」처럼 공간을 대상으로 한 기문으로 「탄원기」가 있는데 대부자작이 아니어서 좋은 대비를 이룬다. 「탄원기」는 일단 간략한 사실 중심으로 직술하는 태도에서 벗어나 있고, 내용과 문체면에서 앞의 대부자작 기문들과 확연하게 구별된다. 「만성재기」와 「탄원기」의 서두는

---

63) 68면. "蒲博之費 稗官之誦 招延拮据 以寫愁寂."
64) 54면.
65) 55면. "人之生也, 氣質固有淸濁粹駁之異, 則淸粹者 易於爲善 濁駁者, 難於復性."
66) 「尺牘 53」, 46면. "諺云三歲之心八十猶在. 此言氣質之難化也. 氣質之高者, 易與爲善, 氣質之下者, 難於入道."

도입하는 문장의 전개부터 상당히 다르다.

> 우리 유학은 경을 중심으로 삼고 경은 마음을 깨우치는 것을 요점으로 삼는
> 다. 항상 스스로 마음을 깨끗하게 닦아 이끌어 행하니 자다가 불러 일어나게
> 하는 것과 같고 술에 취한 사람을 깨우는 것과 같다.[67]

> 탄원이란 무엇인가? 탄재의 과원이다. 어째서 탄원이라 했는가? 원래 옛이
> 름은 서원이었는데 과원의 주인이 서씨 성이었기 때문이다. 또 서원이라 부르
> 기도 했는데 서울의 서쪽에 속하기 때문이다. 이제는 탄재 선생이 살고 있으
> 니 어찌 탄원이라 부르지 않겠는가!?[68]

「탄원기」의 서두는 '탄원이 무엇인가' '왜 탄원이라 했는가' '탄원이
라는 호는 누가 주었는가' '탄원의 뜻은 무엇인가'라는 네 개의 질문으
로 구성되어 있다. '하(何)' · '호(乎)' 등의 의문사와, '불기의호(不其宜乎)'
와 같은 반어를 사용하면서 앞의 「만성재기」의 압축적인 서두와 달리
나열과 도전의 느낌을 준다. 이어 정일당은 정현의 고향을 '정공향'이라
하고 소식의 방축을 '소제'라 하며, 구양수의 정자를 그의 호를 따라
'취옹정'이라 하였듯, 탄재―곧 자신의 남편 윤명직이 사는 곳이기에
'탄원'이라 명명하였다고 했다. 탄원을 중국의 명가들이 거처했던 공간
과 병렬할 수 있는 것으로 표현했으니 상당한 자부심이다.

> 탄원의 의미는 어디에 있는가? '군자는 평탄하고 힘찰 뿐'이라고 하였다. 일
> 찍이 탄원을 보니 그 흙에는 자갈이 많고 나무는 휘늘어졌고 그 집은 좁았다.
> 우뚝하게 높은 것은 부앙대와 중화단이요, 뾰족하게 치솟은 것은 기돈(起墩)
> 과 문부(文阜)이다. 향기나는 작은 길은 깊고 구비졌으며 작은 시내는 기울고

---

67) 「晚醒齋記」, 54면. "吾儒之學 以敬爲主 而敬以醒心爲要 常自灑濯而提掇之 如寐
而喚起 如醉而解醒."
68) 「坦園記」, 56면. "坦園者何 坦齋之園也 何云乎坦園 園舊稱徐園 以園主徐姓也 又
曰西園 於漢師西屬也 今也坦齋夫子居之 曷不坦園云乎."

껴였으니 탄원은 '탄(坦)'이라고 말할 수 없겠다.

그러나 주인이 평탄한 마음으로 탄탄한 도를 행하니 거친 시내와 깊은 골짜기도 험하지 않고 좁은 집과 가시문도 험하다 할 수 없다. 바야흐로 말을 타고 고삐를 똑바로 쥐고 인의의 영역으로 몰아가려 하노니 자갈투성이에 늘어지고 우뚝하니 높고 치솟았으며 혹은 깊거나 혹은 기울게 보였던 것들이 평탄한 길이 아님이 없다. 포개진 돌은 산이 되고 샘물을 끌어 연못을 만들 수도 있으며 꽃을 심고 과수를 접종하며 채소를 심고 약초를 기를 수 있으니 한가한 중에 살림이 된다. 거문고 타고 술 마시고 독서하는 사이에 날마다 산야의 벗들과 소요하며 스스로 즐기니 모두 공경을 우습게 보고 작록을 작다 여길 수 있을 것이다. 이것이 탄원의 주인의 진정한 즐거움이다. 저 살진 말 타고 가벼운 갖옷 입고서 대로를 밟으며 희희낙낙하는 자들은 한 번 풍파를 만나면 엎어지고 자빠져 나아가지 못한다. 하나의 정원에 깃들어 느른하게 살며 평탄한 땅을 잃지 않는 것과 어찌 같겠는가! 주역에 이르기를 '가는 길이 탄탄하다'고 하였고, '구원(丘園)으로 달려간다'라 하였으니 탄원의 주인도 그렇게 한다.[69]

정일당이 공을 들여 기술하는 부분은 위에 인용한 탄원의 의미에 관한 부분인데 그 글은 유창하고 자신감에 차 있으며 억양이 살아 있다. 특히 탄탄대로의 의미인 '탄원'의 뜻과 실제 탄원 공간 사이의 괴리로부터 물질을 넘어선 정신의 '탄탄'함을 이끌어내는 선명한 논리를 취함으로써 그 정신세계의 지향과 가치는 더욱 명확해진다.

이처럼 「탄원기」는 정일당의 다른(대부자작) 산문들에서는 잘 보이지 않던 빠른 호흡과 감정의 격앙을 여과없이 드러낸다. 「탄원기」는 대부자작이라는 상황이 배제된 경우, 정일당의 문체가 거침없고 호흡이 빠

69) 위의 글, 56~57면. "坦園之義何居焉 君子坦蕩蕩爾 嘗試觀乎坦園 則其土硝 其樹樛 其屋隘 有隆然高者俯仰臺中和壇也 有崒然峙者起墩文阜也 薰珮迤幽而曲 小崑溪側而折 園不可謂坦矣 然而主人以坦坦心行坦坦道 荒溪窮谷不爲嶮 圭竇蓽戶不爲陋 方將戒珍駕馭 直轡平驅乎仁義之域 其視確者樛者隘者隆然而崒然者 或幽而或側者 無往非坦塗也 疊石可以爲山 引泉可以爲池 栽花接果 種菜鋤藥 可以爲閒中經濟 琴酒圖書之間 日與山朋野客 逍遙自適 皆可以傲公卿 輕爵祿 是坦園主人之眞樂也 彼乘肥衣輕 躓康莊而遨嬉者 一遇風波 顚踣不進 豈若棲遲一園之中 而不失坦坦之地哉 易日履道坦坦 又曰賁于邱園 坦園主人以之."

르며 도전적이고 호쾌할 수 있음을 잘 보여준다. 그리고 이것은 정일당이 대부자작이라는 글쓰기 상황에서 자신의 문체와 표현의 수위를 조절하면서, 또 한편으로 자신의 지론과 가치를 적절하게 적용하여 드러낼 줄 아는 역량을 갖고 있었음을 보여 준다.

대부자작은 '대작'의 범주에 속하는 것이지만, '대인작(代人作)'이 익명을 빌어 공적 글쓰기의 공간으로 나가는 것'[70]이라면, '대부자작'은 공적 글쓰기의 공간에 진입하는 것이면서도 대작하는 인물이 분명하게 드러나기 때문에 공적 글쓰기의 규범을 좀 더 의식하게 된다. 작품의 대상, 독자가 외부인으로서 남편과 교유하거나 남편이 추숭하는 인물들일 경우, 격식과 내용을 모두 갖춘 시문을 짓는 것은 필수적이다. 이러한 대부자작 창작을 통해 정일당은 공적 글쓰기를 경험하고, 그러한 공적 글쓰기가 요구하는 규범과 격식을 익히며, 구사할 수 있게 되었을 것이다.[71]

2) 윤광연, 아내 정일당의 시문을 세상에 내어 놓다

정일당의 남편 윤광연(尹光演, 1778~1838)은 1799년, 이직보(李直輔)와 만나는 자리에서 아내의 시를 꺼내 들었던 인물이다.[72] 1822년에는 그

---

70) 박무영, 「여성 한시 창작의 실제 상황」, 『한국고전여성작가연구』(이혜순 외), 태학사, 1999, 205면.

71) 그렇다고 해도 정일당의 글쓰기가 주어진 산문의 양식을 규범적으로 따르기만 하는 정형적인 방식을 취했다고만 보이지는 않는다. 앞에서 살폈듯, 정일당은 '자작' 「탄원기」와 같은 작품을 통해 대부자작과는 다른 억양 넘치는 필치를 보여 주었으며, 대부자작에서도 자신의 지론을 글의 내용으로 전개하는 방식을 취하면서 적극적인 글쓰기 태도를 보여 주었다. 이는 '대부자작'이라는 창작 상황에서, 외부인을 독자로 상정한 글을 쓰면서 정일당이 문체와 표현의 수위를 스스로 조절할 수 있는 문학적 학문적 능력을 갖고 있었기 때문에 가능했던 일이다.

72) 姜元會, 「靜一堂行狀」, 110면.

녀가 51세를 맞이하는 제야에 쓴 시와, 3일간 혼절했다 깨어서 지은 시73)를 들고 권우인(權愚仁)을 찾아 가서 발문을 청했다.74) 모두 정일당 생전의 일이다. 이처럼 자신의 지인과 당대의 명망 있는 학자에게 거침 없이 아내의 시를 보여 주며 가치를 인정해주기를 청했던 인물이다.

그래서인지 윤광연은 정일당이 죽은 바로 다음 해부터 아내의 문집 간행을 위해 애를 썼다. 정일당 생전에도 의논이 되곤 했던 아버지의 문집이75) 아직도 간행되지 못한 상황에서였다. "자손도 흩어지고, 비복도 없이 초가집에 홀로 거하"76)면서도 그는 상당한 비용과 노력을 필요로 하는 문집, 그것도 아내의 문집 간행을 서둘렀고 이로 인하여 친척들에게 비난을 받기도 했었다.

윤광연은 아내 정일당의 문학적 · 학문적 재능을 아꼈던 것이고, 그 공부의 과정을 아내와 함께 거쳐 나갔다. 정일당은 윤광연을 찾아 온 사람들의 면면을 평가하고 그들의 좋은 점을 파악해 남편을 권면하는 한편77) 그들 사이에 오간 학문의 내용을 자신의 것으로 받아들이고자 했다.

은진 심문영이 헛되이 왔다 가신 것이 한탄스럽습니다. 목사 임노와 군수 이형수, 두 현자와 상사 심홍모도 연달아 찾아 오셨습니다. 공부한 것은 무슨 책이며, 질문하신 것은 어떤 뜻이었는지요 필시 들을 만한 것이 많을 터이니 적어서 보여 주시기를 바랍니다.78)

당신이 『주역』을 읽으려 하시는데 이은하의 아들 만영이 와서 겨울 동안 머물러 지낸다고 들었습니다. 이 사람은 어려서부터 경학을 배웠으니 서로 더불

---

73) 「除夕感吟」, 「病後」, 11면.
74) 權愚仁의 「靜一堂詩跋」은 『정일당유고』 부록에 실려 있다. 144~146면.
75) 「尺牘 拾遺 18~19」, 98면.
76) 尹光演, 「祭亡室孺人姜氏文(三)」, 130~131면.
77) 척독에 실린 내용 중에는 인물에 대한 품평과 판단이 상당한 내용을 차지한다. 규방의 여인이 외방의 남성들의 학식과 덕망, 학문과 문학의 면면을 평가하여 글로 쓴 경우도 많지 않거니와, 정일당에게 그만한 식견이 있었다는 점도 놀랍다.
78) 「尺牘 拾遺 11」, 96면.

어 공부하며 연마해가면 매우 좋을 것입니다. 매일매일 토론한 것을 쪽지에 적어 내려 보여 주신다면 다행이겠습니다. 다행이겠습니다.[79]

　지난번에 『사서』를 읽었는데 『맹자』의 하권 세 편은 아직도 끝내지 못했습니다. 그러나 오래지 않아 끝낼 것입니다. 제 생각으로는 올 겨울부터 당신을 따라 『주역』을 공부하고 싶지만, 만약 손님이 오래 계신다면 어찌할 수 없겠지요. 세마 김헌에게 편지를 써서 『시서대전』을 빌려 주실 수 있도록 해주시기를 엎드려 바라나이다.[80]

위의 인용문을 보면 윤광연이 임로[81] · 심홍모[82] 등의 인물과 교유했음을 확인할 수 있다. 임로는 임성주를 스승으로 모신 사람인데, 임성주는 정일당이 사숙했던 윤지당 임씨의 오빠이다. 정일당은 그 만남의 자리에 "필시 들을 만한 내용이 많았을 것"이니 그 내용을 적어서 보여 달라며 지식욕을 드러낸다. 윤광연의 학문 및 교유 관계가 넓고 길어질수록 정일당이 경험할 수 있는 세계 또한 확장될 수 있었을 것이다. 물론 이것은 윤광연 일방의 수수가 아니었고, 앞에서도 확인되듯 정일당의 적극적인 의지와 실천이 있었기 때문에 가능했다.
　정일당은 문자를 알면 박명해진다는 어리석은 이유로 여성에게 공부를 시키지 않는 세상의 우스운 상황을 비웃는 편지를 쓴 바 있다.[83] 그리고 자신과는 달리 '스승과 벗'을 가질 수 있는 '대장부'인 윤광연에게

---

79) 「尺牘 46」, 43면.
80) 「尺牘 47」, 44면.
81) 任魯(1755~1828): 조선 후기의 문신 · 학자. 본관은 豊川. 자는 得汝, 호는 穎西居士. 아버지는 대사간 宗周이다. 1777년(정조 1) 아버지가 세도가인 洪國榮에게 몰려 단천에 유배되어 죽은 뒤로는 벼슬을 단념하고 오로지 학문에만 전력을 쏟았다. 任聖周를 스승으로 모셨다.
82) 沈弘模(1767~1832): 조선 후기의 문신. 본관은 靑松. 자는 天老, 호는 簡齋. 沈師曾의 증손이고 아버지는 漢水이다. 1803년(순조 3) 사마시에 합격하고, 1818년 혜릉 삼봉에 기용된 뒤 금부도사 · 장릉령을 거쳐 예안현감을 역임하였다. 저서로는 『四禮按』 · 『易註撮要』 · 『朱書類抄』 등과 『遺稿』가 있다.
83) 「尺牘 57」, 49면.

부단한 노력으로 성현의 경지에 이르기를 기약할 것을 요청했다.

저는 일개 부인으로서 몸이 규방에 갇혀 있어 듣는 것도 아는 것도 없습니다. 그래도 바느질하고 청소하는 틈에 옛 경적을 보며 그 이치를 연구하고 그 행실을 본받으며 이전의 수양한 사람들과 같은 경지에 이를 것을 생각했습니다. 하물며 당신은 대장부로서 마음을 세워 도를 구하고 스승을 따르고 벗을 얻어 부지런히 진보하여 더해간다면 무엇을 배운들 능하지 못하겠으며, 무엇을 강한들 밝지 않겠으며, 무엇을 행하려 한들 이르지 못하겠습니까? 인(仁)으로 말미암아 중정(中正)을 세우는 데 도달하면 성인이 되고 현자가 되는 것은 것을 누가 막겠습니까? 성현도 장부이고, 나 또한 장부입니다. 무엇이 두려워하지 않겠습니까? 만번 비옵건대 당신은 날마다 그 덕을 새롭게 하여 반드시 성현이 되겠다는 것으로 기약해주세요.[84]

"규방에 갇혀 있던" 정일당은 그러나 윤광연의 교유와 학문 수련을 열어 주었고, 또 대부자작과 같은 방식으로 참여하면서 자신의 학문과 글쓰기의 영역을 넓혀 갔다. 스승과 벗의 필요성을 절감하며 윤광연에게 교유를 적극적으로 권면했던 것은 어쩌면 정일당 자신의 필요성이기도 했을 것이다. 정일당의 학문과 실천적 수양, 그리고 예에 관한 담론 등을 보면, 그녀가 초보적인 학습에서 만족하기 어려운 탐구욕과 능력을 가졌음을 짐작하기는 어렵지 않다. 실상 정일당은 자신에게 주어지는 지식의 세계를 빠르게 흡수했다. 다음의 인용문은 윤광연의 눈으로 그려진 '공부하는 정일당'이다.

나는 아직 읽는 일도 익숙하지 못할 때에 당신은 벌써 암송을 하였고, 나는 글의 뜻에 대한 의심이 풀리지 아직 풀리지 않았는데 당신은 벌써 이해를 하였습니다. 어려운 것을 서로 묻고 답하는 사이에 학문의 요령을 모두 얻게 되었소.[85]

---

84) 「尺牘 61」, 50면.
85) 尹光演, 「祭亡室孺人姜氏文(一)」, 126면. "吾讀未熟 君已暗誦 吾疑未解 君已融會

천지, 귀신, 괘상(卦象), 정전(井田)에서부터 곤충, 초목 및 경사의 어려운 뜻과 일상 생활에서 의심나는 것에 이르기까지 일일이 조목별로 열거하여 탄재에게 질문하면 탄재는 아는 대로 대답해주고 모르는 것은 스승과 친구에게 물어서 답해주었다. 탄재가 또 어려운 문제를 질문하면 윤인이 성의를 다해 답변하였다. 드디어 그 문답한 것들을 기록하여 두 책으로 만들어서 몸소 행하는 자료로 삼았다. 그 문답편은 1822년 사흘간의 혼절 시에 모두 없어졌다.[86]

위의 인용문에서 보이듯 이들 부부의 학문 탐구 영역은 매우 다양했다. 정일당은 조목조목 질문을 적어 윤광연에게 물었고, 윤광연은 스승과 친구를 동원해서라도 그 의문을 풀어주려 했다. 반대로 정일당이 윤광연에게 답변자가 되어 주기도 했다. 그렇게 주고 받은 문답은 책으로 엮어도 될 만큼 축적되었고, 그대로 수양과 실천의 자산이 되었다. 정일당의 쪽지 편지 중에 윤광연이 지어 정일당에게 보낸 것으로 보이는 시가 있는데 그러한 탐구와 수양의 목표가 드러난다.

내려 주신 절구 시에 "공자와 안연은 내가 배우기 원하는 것이요, 태임과 태사는 당신이 기약하는 바로다. 이 일은 서로 힘써 권면해야 할 것인데, 하물며 이렇게 늙어 쇠약해지는 때임에랴."
라고 하시니 엄숙하게 읊조려 마지 않았습니다. 사람들이 인간의 본성이 선함을 알지 못하는 것은 아니며 성인이 본성을 다한 것임을 알지 못하는 것도 아닙니다. 그러나 진실로 어떻게 해야 본성이 선해지며, 어떻게 해야 본성을 다할 수 있는지 알지 못한다면, 안다고 해도 진실로 참으로 아는 것이 아닙니다. 또 간혹 알아서 아는 것을 행하는 자도 있지만 그러나 뜻을 견고하게 세우지 못하면 하루 이틀 세월이 가면서 결국은 소홀하고 거친 것을 면치 못하게 됩니다. 이것이 일찍부터 걱정하던 바였는데 이제 권면해주심을 받았으니 감히 마음에 새겨서 따르지 않을 수 있겠습니까?[87]

往復問難 咸得領要."
86) 姜元會, 「靜一堂行狀」, 111면.
87) 「尺牘 拾遺 14」, 96~97면. "下示一絶 孔顔吾願學 姙姒子攸期 志業且相勉 況玆衰暮時 莊誦無已 人莫不知人性之善 莫不知聖人之盡性 而苟不知如何性善如何盡

위의 시에서 윤광연은 자신은 안연과 공자를 배우기를 원하는 사람이라고 했다. 이 말은 윤광연이 홍직필을 찾아가 교유를 청했을 때에도 나왔던 말이다.[88] 윤광연은 그의 학문과 삶의 목표로 안연과 공자의 경지를 지향했으며 이들 부부가 가졌던 공동의 목표는 확고부동한 수양의 의지를 세워 인간의 순연한 본성을 회복하여 성인의 경지에 이르는 것이었다. 이러한 아내의 의지와 노력이 오롯하게 문자로 남겨진 문집을 간행하여 세상에 내어 놓는 것, 정일당이라는 존재를 무명(無名)의 존재로 남겨 두지 않는 것은 스승이자 벗이었던 사람에 대해 윤광연이 어렵지만 완수해낸 아내 정일당에 대한 최고의 의리이자 도리였다고 할 수도 있겠다.

4. 부부의 인연, 사우(師友)의 길

정일당의 문집인 『정일당유고(靜一堂遺稿)』[89]에는 남편인 윤광연을 대신하여 쓴, 이른바 '대부자작(代夫子作)' 시문이 많다. 대작은 한문학에서 종종 볼 수 있는 글쓰기 형태이지만, 조선시대 여성 작가 중에서 대부자작을 남긴 경우는 드물다.[90] 또 서문·행장·묘지명 등의 산문을 쓴

性 則所知者 固非眞知 又或有知而行知者 然立志不堅 作輟無常 一日二日 年光流邁 竟未免鹵莽 此是嘗所惕然者 今承勉勵 敢不服膺."

88) 洪直弼, 『梅山集』 권32 「尹明直慈夫人哀辭」, 국학자료원(영인, 1989), 152면. "其所願乃希顏以學孔子."

89) 시문 자료는 『靜一堂遺稿』를 인용하였으며, 다음의 자료를 참고로 하였다. 이혜순·정하영 역편, 『한국고전여성문학의 세계』 산문편, 이화여대 출판부, 2003; 『한국고전여성문학의 세계』 한시편, 이화여대 출판부, 1998. 이하에서는 『靜一堂遺稿』의 해당 면수만 밝힌다.

90) 영조 연간의 인물인 黃情靜堂에게는 「代戚人書」, 「代舍兄答趙聖孚山水序」 두 편

경우도 삼의당 김씨와 윤지당 임씨 정도를 들 수 있는데 그 대상은 가족 내부의 인물에 국한되어 있었다. 실제로 정일당처럼, 산문 대다수가 대작(代作)이고, 여성 / 아내가 남성 / 남편을 대신하여 쓴 경우는 거의 없다. 그리고 이 '대부자작' 시문들이 엄연하게 '대부자작'임을 밝힌 채 정일당의 문집에 기록되어 있다. 즉 '대신'하여 썼다고 했지만 정일당의 저술로 인정받고 있는 것이다. 이러한 대부자작은 여성 / 정일당이 "사회적 학문 토론의 장에 직접 참여하기도 했던 사정"을 보여 주는 것임이 일찍이 지적되기도 했다.91) 이러한 지적은 정일당에게 부여되고 있는 여성 작가로서의 '특별한' 위상이 남편 윤광연을 통해 가능했던 대부자작이라는 글쓰기 방식과도 관련이 있음을 짐작케 한다.

> 한 마디로 말하자면 재주와 덕을 겸비한 사람을 군자라고 한다. 훗날 여사(女史)로서 유인을 위하여 입전하는 사람들은 오직 '여인 중의 군자[女中君子]'라 할 것이다. 그런데 나는 '중의'라는 말에 비통함을 느낀다.92)

정일당의 행장을 쓴 강원회는 정일당에게 '여중군자'라고 칭하며 '여중'이라는 한정된 수식어를 붙이는 것에 이의를 제기하고 있다. 정일당에 대한 이러한 공인은, 그녀 사후에 들어온 만장시의 규모와 내용에도 보인다. 총 14인이 만장을 보내 왔는데 정일당이 윤광연의 '스승과 벗이자 내조자'였으며 '규중의 원숙한 학자이자 엄격한 스승'93)이었음을 가감없이 인정하고 있다.

의 대작이 남아 있다. 「代戚人書」는 친척을 대신하여 쓴 안부 편지이고 「代舍兄答趙聖孚山水序」는 친정 오라버니를 대신하여 쓴 글로 조성부라는 인물이 쓴 "황자운이 영남 산수로 돌아가는 것을 보내며 쓴 서"에 답하여 쓴 글이다. 이혜순·정하영 역편, 『한국고전여성문학의 세계』 산문편, 이화여대 출판부, 2003 참조.

91) 박무영, 「여성 한시 창작의 실제 상황」, 『한국고전여성작가연구』(이혜순 외), 태학사, 1999, 205면.

92) 姜元會, 「孺人靜一堂姜氏誄文」, 135면. "一言以蔽之曰 才德兼備謂之 君子他日女史之爲孺人立傳者 其唯曰女中之君子乎 抑余有私切悲于中者."

93) 權用正, 138면. "閨中存宿學 林下得嚴師."

부부가 스승을 겸하였으니, 두변(豆籩) 사이에 책상이 있었네.[94]

남편은 수신하는 선비이니, 평생 그 아내를 스승삼았네.
책상은 항아리와 도마 사이에 있고, 경전은 젓갈 부추와 섞여 있었네.[95]

전통적으로 여성의 글쓰기와 학문은 '내당(內堂)'에서 남몰래 하거나 혹은(친정) 형제의 '곁'과 '어깨 너머'에서 이루어진 것으로 그려졌다. 그것은 제한적 승인과 묵인 속에서 이루어진 것이었다. 이에 비해 정일당의 학문과 글쓰기는 이제 여성의 생활공간에 그대로 섞여 있는 것(間, 雜)이면서도 이른바 '여성적인 영역'이라 불렸왔던 것을 벗어나 있다. 이런 측면에서 이제 정일당이라는 존재는 이례적이라기보다, 그녀에게 주어졌으며, 그녀 스스로가 부단한 노력으로 일군 생활의 토양 속에서 만들어진 자연스러운 결과로 이해해야 할 것이다. 그리고 정일당은 특히 남편 윤광연과의 협력과 지원 속에서 학문적 자극과 기회를 서로 주고 받았으며 그것이 정일당의 글쓰기와 학문의 동인이 되어 주었다.

이처럼 여성 작가로서 드물게 '도학'과 '군자'를 말하고, 예의 '집행자'이자 '판단자'가 될 수 있었던 정일당이라는 존재는 그녀만이 가졌던 독특한 재능과 부단한 노력에 더하여, 스승과 벗을 서로 겸하며 동지적으로 일상과 공부를 함께 해 나갔던 남편 윤광연이 있었기 때문에 가능했던 것이다.

---

94) 尹顯商, 140면.
95) 李觀夏, 140면.

『호연지유고』와 18세기 여성문학

박무영*

1. 『호연지유고』의 두 주인공–작가와 수용자들

한국 여성한시사에서 김호연재(金浩然齋, 1681~1722)의 존재는 특별한 것이다. 무엇보다도 김호연재는 한국 여성한시사에서는 드물게, 200편에 가까운 완성도 높은 시를 남긴 전문적인 시인이다.[1] 그러나 이런 점 외에도, 『시가점등(詩家點燈)』의 언급을 통해서 전해지며, 「우진(于珎)」, 『안동세고(安東世藁)』에 속해 있는 「내가수증시(內家酬贈詩)」, 「연주록(聯珠錄)」 등의 자료를 통해서 드러나는, 김호연재를 둘러싼 문학적 환경도 매우 주목할 만한 현상이다.[2] 김호연재를 둘러싼 문학적 환경은 상층

---

* 연세대 국문과 교수.

1) 손찬식, 「호연재 김씨의 시문학 연구」, 『온지논총』 42, 온지학회, 1998; 민찬, 『호연재 김씨의 시와 삶』, 대덕문화원, 2001.

사대부가에서 여성문학이 가능했던 실제 상황을 구체적으로 보여준다는 점에서 매우 의미가 있다. 뿐만 아니라, 이런 현상은 17세기 후반 이후 18세기 전반, 기호지방 벌열 가문의 문화적 분위기를 보여준다는 점에서도 매우 문제적이다. 한편 김호연재는 「자경편(自警篇)」이라는 유사 규훈서를 제작하여 남겨 놓기도 하였다. 「자경편」은 규훈서의 제작이 본격적인 시기로 돌입하던 이 시기에 여성 편에서 규범을 수용하고 해석하는 태도를 보여준다. 따라서 조선조의 성리학적 여성규범이 정착되는 구체적인 과정과 그 과정에서의 여성측의 저항을 보여주는 매우 귀중한 자료이기도 하다.[3]

본고에서 특별히 주목하고자 하는 것은 『증조고시고(曾祖姑詩稿)』 혹은 『호연지유고』라고 일컬어지는 시집의 존재이다.[4] 필사본인 이 시집은 호연재의 한시를 언해하여 음사(音寫)와 함께 수록하고 있어서, 규방에서 한시가 향유되던 한 방식을 보여주고 있다. 『호연지유고』는 여성에 의해 필사되었으며, 언해시 형식은 기본적으로 여성을 위한, 여성에 의한 한시 향유방식인 것이다. 더욱이 개인 시집이 최소한 두 차례 이상의 필사과정을 거친 흔적을 지닌 것은 —현재 학계에 보고된 바로는 —『호연지유고』가 유일하다는 사실도 유의미하게 주목해야 할 현상이다. 즉 『호연지유고』가 수차에 걸쳐 필사되었다는 사실은 호연재의 한시가 규방의 여성독자들에 의해 적극적으로 수용되었다는 사실을 암시한다. 그것은 호연재 한시의 어떤 부분, 혹은 그 본질적 모습이 수용자층인 사대부가의 여성들에게 공감을 일으키며 향유되었음을 의미할 것이기 때문이다.[5]

---

2) 구지현, 「시선집 『우진』과 김성달 집안의 여성문학적 전통」, 『열상고전연구』 15, 열상고전연구회, 2002; 문희순, 「안동세고—부연주록의 체제와 의미」, '호연재 김씨의 시와 삶' 발표문, 2002.9.26. 대덕구.

3) 박무영, 「호연재 『자경편』의 서술방식과 여성문학적 성격」, 『한국문학연구』 2, 고대민족문화연구원 한국문학연구소, 2002.

4) 대전시 선비박물관 소장.

이렇게 본다면, 『호연지유고』는 원시의 작가인 김호연재와 필사의 형태로 수용의 흔적을 남긴 수용자 층이 공동으로 참여한 창작과 수용의 결과물이다.[6] 다시 말하면 『호연지유고』는 창작자와 수용자가 함께 드러나는 자료이다. 그러므로 『호연지유고』는 김호연재 개인의 시세계를 드러내는 자료인 데서 그치는 것이 아니라 호연재의 시를 선택하여 언해시의 형태로 향유하고 필사하였던 18세기 이후 사대부가 규방 여성들의 문학 의식이 함께 드러나는 자료인 것이다.

본고는 기본적으로 이런 관점에서 출발해서, 호연재의 한시와 수용자인 규방여성들의 의식이 만나서 『호연지유고』를 성립시키는 지점을 찾아보고자 한다. 그리고 그것이 지니는 문학사적인 의미가 무엇일 수 있는지 고찰하려 한다.

2. 『호연지유고』의 시세계와 김호연재(金浩然齋)

『호연지유고』는 일차적으로 김호연재의 의식세계를 표출하는 시 작품집이다. 따라서 시집에 수록된 시들의 성격을 작가를 중심으로 읽어내는 것이 일차적인 작업일 것이다.

1)

호연재 시세계가 보여주는 주된 정조는 '비탄의 정조'이다.[7] 이 비탄

---

5) 박무영, 「김호연재의 생애와 『호연지유고』」, 『한국고전여성문학연구』 3, 한국고전여성문학회, 2001.
6) 이런 측면에서 논의의 매우 중요한 지점이 되는 것이 언해자 문제이다. 그러나 언해자는 현재 상태로선 추론이 불가능한 만큼 논외로 할 수밖에 없다.

의 정조는 기본적으로 시적 자아와 세계의 불협화음으로 해서 발생하
는 것이다.

> 生涯三尺劍　싱애삼쳑검　싱이는 석 자 칼이오
> 心事一懸燈　심스일현등　심사는 훈 달니인 등이로다
> ―「야음, 밤의 읊노래[夜吟]」(부분)8)

　이 시구가 표현하는 것은 '자아―심사(心事)'와 '세계―생애(生涯)'의
선명한 대비이며 갈등이다. 즉 '훈 달니인 등'으로 표현되는 고결한 자
아와 '석 자 칼'로 표현되는 적대적 세계와의 갈등인 것이다. 이 두 가
지의 대치가 심각한 것일수록 그 사이에서 발생하는 '비탄'은 깊을 수
밖에 없는 것이기도 하다.
　호연재 문학에서 자아의 고결하고 호방한 심상은 여러 차례 지적된
것이다. 호연재는 자의식의 심상으로 흔히 소나무·바다·구름과 물을
선택한다. 이러한 자의식적 심상이 갖는 의미가 가장 극적으로 집약된
것이 다음의 시이다.

> 可惜此吾心　가셕츠오심　가히 앗갑다 이 내 무음이여
> 蕩蕩君子心　탕탕군즈심　탕탕훈 군즈의 무음이로다
> 表裏無一隱　표리무일은　표리의 흐나도 곱초미 업스니
> 明月照胸襟　명월죠흉금　명월이 흉금의 비최여도다
> 淸淸若流水　쳥쳥약뉴슈　묽고 묽아 흐르는 믈 굿고
> 潔潔侶白雲　결결스빅운　조코 조하 흰 구름 굿도다

---

7) 민찬, 앞의 책, 25면.
8) 인용되는 한시는 『호연지유고』를 기본으로 한다. 한자로 표기되는 원시는, 『浩然齋
遺稿』 소재의 시인 경우에는 그것을 우선적으로 제시하였으며, 『浩然齋遺稿』에 없는
시의 경우에는 『호연지유고』의 음사 부분과 축자역이 기본이 된 번역문을 대조하여
재구한 것을 제시하였다. 『호연지유고』의 원시 재구는 민찬이 앞의 책에서 시도한 바
있다. 그러나 필자가 찬성할 수 없는 부분도 있다. 따라서 민찬의 연구결과를 참고하
면서 필자가 기왕에 재구하였던 결과를 제시하였다.

不樂華麗物　불낙화려물　화려ᄒᆞᆫ 거슬 됴화 아니ᄒᆞ고
志在雲水痕　지지우뉴은　ᄠᅳᆺ이 구롬과 물 흔적의 잇도다
　　　　　　　　　　―「ᄌᆞ상　스스로 슬허ᄒᆞᆫ노래[自傷]」(부분)

　이 시에서 표방하는 바의 '백운유수(白雲流水)'와 같고 '명월(明月)' 같은 '탕탕한 군자의 마음'은 인격이 수양된 선비로서의 자의식이며, 자유로운 인간의 심상이다. 이러한 자의식의 대척적인 지점에 "화려ᄒᆞᆫ 거술 됴화 아니ᄒᆞ고"라는 자의식이 존재한다. 즉 한갓 "규중물(閨中物)"로 규정되는 것에 대한 거부를 내장하고 있는 자의식인 것이다.

　이처럼 자의식이 대단할수록 적대적 세계와의 불화는 깊어질 수밖에 없는 것이다. 그렇다면 '석 자 칼'로 표현될 정도로 적대적인 세계의 구체적인 내용은 무엇인가.

　시인을 둘러싼 주변 인물들은 종종 '속된 무리'로 지칭되고,9) 따라서 시인이 처한 현재적 공간은 고결한 자아가 '헛되이 속태(俗態)에 둘러싸여' 있는 공간이다.10) '항상 적에게 둘러싸여'11) '전전긍긍하며 밤낮으로 조심하고 두려워해야 하는' 공간이기도 하다.12) 그것은 갇혀 있는 공간이며,13) 다음의 「부가ᄋᆞ」 시에서 보이듯 자의식을 버리고 힘든 일상을 견뎌야 하는 의무만의 공간이며, 「춘회」에서 보듯이 '입을 봉하고 살아야 하는' 언로가 막혀 있는 공간이기도 하다. 무엇보다도 그것은 자신의 정체성[天資]을 인정받지 못하는 공간이다. 이 공간에서의 경험을 호연재는 '불꽃이 창자 속에서 끓는'다고 표현한다.

半生自無適俗韻　평ᄉᆡᆼ자무뎍쇽운　평ᄉᆡᆼ의 스스로 쇽의 막ᄀᆞ존 긔운이
　　　　　　　　　　　　　　　　업ᄉᆞ니

---

9) "世態漸看薄, 俗徒難力和", "不與俗徒令, 澴爲世人非."
10) "虛落天眞好, 空爲俗態圍 / 徒能任毁譽, 未及見樞機."
11) "黯黯愁懷苦, 常如在敵圍."
12) "嗟哉卑質, 猥承賢問 / 戰戰兢兢, 夙夜戒懼."
13) "是非與憂樂, 只在此屬圍."

頗與高門多不悅	파여고문다불열	조못 고문으로 더브러 깃거 아니미 만토다
低眉小心甘勞苦	뎌미쇼심감노고	눈썹을 나초고 ᄆᆞ음을 젹게 ᄒᆞ야 슈고롭고 괴로오몰 감심ᄒᆞ니
不覺烟焰腸內熱	불각연염댱너열	연염이 댱자 안희셔 ᄯᅳᆯᄒᆞ믈 ᄭᆡ닷디 못ᄒᆞᄂᆞᆫ도다

　　　　　　　　　　—「부가ᄋ　가ᄋ의게 브치노래(付家兒)」(부분)

　그리고 이 모든 적대적 세계의 최종적 이름은, 앞의 시가 선명하게
요약해서 드러내듯이 '고문(高門)' — 즉 시집이다. 호연재의 시에서 시집
은 끊임없이 '타향'으로 지칭된다. 이것은 신혼에 한정되는 것이 아니어
서 시집살이에 익숙할 대로 익숙해진 생애의 후반에도 역시 시집 공간
은 '타향'으로 지칭되는 것이다.[14] 조선조의 기혼 사족여성에게 '세계'
란 곧 '시집'이다. 일체의 사회적 성취에서 제외된 채 시집살이를 무사
히 수행하는 것을 통해서만 성공적인 삶이 보장되었던 사족 여성에게
'시집'은 곧 세계 자체이다. 호연재의 시에서 이 시집이라는 공간은 조
심스럽게 다루어지기는 하지만, 명백하게 적대적인 공간으로 드러나는
것이다.
　이 고결한 자아와 적대적 세계인 시집 사이의 불화의 양상을 읊은 다
음의 시는 호연재의 시세계에 대한 일종의 독법을 제시한다.

好將蕩蕩性	① 호댱탕탕셩	됴히 탕탕ᄒᆞᆫ 셩졍을 가져
豈屬一房中	긔쇽일방듕	엇지 ᄒᆞᆫ 방 가온ᄃᆡ 브치엿ᄂᆞᆫ고
未脫天資闊	② 미탈텬ᄌᆞ활	텬지 활ᄒᆞ믈 탈치 못ᄒᆞ야
還爲俗不容	환위쇽불용	도로혀 쇽의 용납지 아니미 되엿도다
低頭甘世毁	③ 져두감셰훼	머리롤 숙여 셰샹 훼방을 감심ᄒᆞ니

---

14) "客土風霜催白髮,故鄕雲物憶滄波", "奔奔白日影難留,廿載他鄕近白頭", "懷南長
任客,何日是歸期", "客中無故舊,夢裏返鄕臺", "廿載容顔悲喜俱,他鄕風物使人愁."

緘口任傍攻	함구임방공	입을 봉호야 겨틔셔 치믈 임타 호놋다
苦樂言無及	④고락언무급	고락을 닐너 밋디 못호고
寧追詠沂風	영추영긔풍	출하리 긔풍(증즈셕 말숨) 읇흐믈 ᄯ르리라

—「츈회 봄 회포[春懷]」

시의 처음 두 구 ①은 '탕탕한 성정'과 그것이 '한 방 가운데 갇혀 있는 현실'에 대한 인식을 보여준다. 즉 여성을 '규중물'로 한정하는 것에 대한 의식화된 각성으로 시가 시작되는 것이다. 이어지는 두 구 ②는 자신을 '하늘[天]'으로 놓고 주변(시집)을 '속(俗)'으로 놓는다. 이것이 호연재 시세계의 기본 구도다. 이어지는 두 구 ③은 그 다음 구 ④에서 이야기하는 '말로 다할 수 없는' '고락'의 실제 내용을 보여준다. 그것은 시집살이의 '일상적 고통'이다. '고락'이라고 했지만, 실제 이 말이 '고통' 쪽에 비중이 있는 말이라면, 그 고통의 내용이 '천(天)'에 속하는 고결한 자아가 '도리어' 세속으로부터 고난을 당한다는 의식을 보여준다. 즉 이 일상적 고통을 '감심하고' '임타호고' 있기는 하지만, 그것은 부당하다는 내면의 항거를 드러내고 있는 것이다. 「츈회」의 마지막 두 구 ④는 중요하다. 호연재에게서 '영긔풍(詠沂風)' — 즉 자연경치를 즐기는 뜻을 읊은 시들의 진정한 의미가 '말로 다 이를 수 없는 고락' 때문이라는 것을 보여주기 때문이다. 이 ④ 부분으로부터, 호연재 한시의 의식적 핵심이 '시집살이의 부당한 고난'이라는 일상적 여성의 고난에 대한 인식이라는 결론을 얻을 수 있다.

그러나 시집에 대한 이러한 표현들은 매우 조심스럽게 절제되어 있다. 반면 호연재의 한시에서는 끊임없이 친정에 대한 그리움이 토로된다. 친정은 이 '시집' 공간과 대비되어 더욱 열렬한 사모의 대상이 된다. 호연재의 시에서 '친정'이라는 공간은 다음과 같이 묘사된다.

朝則同床食	됴즉동상식	아춤이면 상을 훈가지로 호여 먹고
暮則同枕衾	모즉동침금	뎌녁이면 벼개를 훈 가지로 호여 자눈도다

入則必分勞	입즉필근노	들면 반드시 슈고롤 논호고
行則必聯袖	힝즉필년슈	나면 반드시 스매롤 년흐는도다
看花後園林	간화후원님	곳츨 뒤동산 수풀의 보고
弄月前溪水	농월젼계슈	돌을 압니 물의 희롱흐니
湛樂自怡怡	담낙즈이이	담낙이 스스로 이이이흐야
情愛若同氣	졍이약동긔	졍이 동긔ﾏ더니라

　　　　　　　　　　　—「증ㅅ응 ㅅ응을 주노라[贈士膺]」(부분)

| 我有佳言猷 | 아유가언유 | 내 아롬다온 말과 꾀 이시니 |
| 兄弟誨且諭 | 형뎨회챠유 | 형뎨 ﾏ른치고 또 니르는도다 |

　　　　　　　　　　—「무뎨 기이 졔 없다 그 둘재라[無題 其二]」(부분)

　　그것은 「증ㅅ응」에서 보듯이 괴로운 의무 대신 '꽃구경과 달구경을
하는' 즐거운 놀이의 공간이며, 적대적 시선과 비판 대신 '같이 먹고 같
이 자며 힘든 일은 나누는' '정애(情愛)'가 있는 곳이다. 무엇보다도 그곳
은 언로가 열려 있으며, 자신의 정체성이 인정받는 곳이다. 「무뎨」 시에
서 보이듯이 '아름다운 말과 꾀'로써 대등한 인격체로 대접받는 곳이다.
「듕시톄관[仲氏遞官]」에서 보이듯이, 여성의 영역이 아닌 것으로 취급되
는 출처의 행적에 대해 당당하게 자신의 의견을 밝힐 수도 있으며 그것
이 수용되는 공간이다. 즉 '눈썹을 낮추고 마음을 적게 하'며, '머리를
숙'이고 '입을 봉하'지 않아도 되고, 자신의 '활달한 천자[天資]', '탕탕한
성정'이 인정받는 공간인 것이다. 결국 친정은 시집과는 정반대의 경험
을 제공하는 공간으로 묘사되는 것이다.
　　따라서 친정에의 애착은 자신이 여성으로서가 아니라 인간으로서 인
정받고 수용되는 공간에 대한 애착이라고 할 수 있다. 호연재의 시에서
비교적 밝은 분위기의 시들이 등장하는 것은 시집의 종질들과 나눈 수
작시들에서이다.[15] 시집의 젊은 재사들과 학문적·문학적 교감을 나누

---

15) 민찬, 앞의 책, 80면.

면서 비로소 호연재에게 시집은 적대적 공간의 의미를 벗어난다. 그런 가 하면, 시집 인척들 중 누군가의 제문으로 보이는 「실데(失題)」에서는 망자와 자신과의 관계를 '지아지은(知我之恩)'을 중심으로 정리하기도 한 다.16) 이런 것들에서도 자신이 인정받는 공간에 대한 시인의 열망은 드 러나는 것이다.

그런데 친정은 때때로 극단적으로 미화된 표현을 얻기도 한다.

鳳凰在崑山　봉황기곤산　봉황이 곤산의 이시니
結棲朝陽岸　결셔됴양안　됴양 언덕의 깃드려도다
(…중략…)
巢中有17)九雛　소듕구구추　깃드리는 가온디 아홉 샷기 이시니
羽毛何燦燦　우모하챵챵　우뫼 조못 찬챤ᄒ도다
(…중략…)
人間不可遊　인간불가유　인간의 가히 노디 못ᄒ고
衆鳥不可伴　듕됴불가반　듕뫼 가히 ᄶᅡ디 못 ᄒ눈도다
　　　　　　　　　　　　　　　　—「무뎨 졔 업대[無題 其一]」(부분)

전반적으로 신선 이미지로 채색되어 있어 얼핏 유선시(遊仙詩)로도 읽 히는 네 편의 「무뎨」 시는 극단적으로 친정을 미화한다. 이 시에서는 자 신의 친정 부모와 형제들을 '봉황과 봉황의 아홉 새끼'로 '인간 세상에 서 놀 수 없고 뭇 새들이 짝할 수 없는' 존재로 극단적으로 미화하고 있 다. 넷째 수에서는 친정을 '봉래산'으로 호칭하기도 한다. 이처럼 친정을 극단적으로 미화하는 심리는 단순한 친정에의 애착이라는 차원을 벗어 난다. 오히려 극단적으로 미화되는 친정의 모습은 고단한 시집에 대항 적인 공간으로서의 친정을 이상화하는 것으로 이해되는 측면이 있다.

결국 호연재의 시에서 친정은 고단한 시집에 대비되는 일종의 꿈의

---

16) "호성ᄒᆞ시는 지극ᄒᆞᆫ 덕이, 조셰히 심규의 밋는도다 / 날을 아르시는 은혜, 하늘을 불 너 닛기 어렵도다[好生之德, 細及深閨 / 知我之恩, 呼天難忘]."
17) 음사 부분과 번역 사이에 착종이 있다. 번역에 의거해 '有'를 넣었다.

공간이며, 친정에 대한 극단적인 그리움의 토로는 직설적으로 토로하지 못하는 시집살이에 대한 우회적인 저항의 의미를 갖는다. 마찬가지로 친정에 대한 극단적인 미화는 호연재가 고단한 시집살이를 견디는 과정에서 자주 '하안타시견부형(何顏他時見父兄)'이라고 하거나, 「자경편」에서 "비록 여자의 몸이지만 부모의 낳고 길러주시는 은혜를 입었고 명문에서 생장하였으니, 어찌 녹록하게 금수의 무리와 더불어 길고 자름을 다툴 수 있겠는가?"[18] 하고 내뱉을 때와 동일한 맥락을 형성한다. 즉 "탕탕한 셩졍을 됴히 가지"고도 "눈썹을 나초고 ᄆᆞᆷ을 젹게 ᄒᆞ"여야 하는 시집살이를 견디어내는 자존의 역설적 언술인 것이다. 호연재 한시의 전반을 드리우고 있는 친정에 대한 그리움은 이렇게 파악되어야 할 종류의 것이다.

그러나 적대적 공간인 시집은 현실적 공간이며, 이상적 공간인 친정은 '과거'의 공간으로서 '꿈'에나 존재하는 부재의 공간이다. 따라서 시집과 마찬가지로 친정 역시 '탄식'의 대상일 수밖에 없다.

忽聞湖上曉潮動	홀문호샹효됴동	홀연이 물 우희 새벽 됴쉬 움죽이믈 드르니
夢魂驚覺落帆聲	몽혼경각낙범성	몽혼이 돗대 쩌러디난 소릐예 놀라 찌돗눈도다
歸來惆悵無尋處	너귀툐턍무심쳐	도라오매 툐턍ᄒᆞ야 ᄎᆞ줄 곳이 업스니
惟見西窓落月明	유견셔창낙월명	오직 셔창의 쩌러지는 둘이 붉아시믈 보눈도다

　　　　　　　　　　─「몽귀항 꿈의 도라 가니라[夢歸行]」(부분)

결국 시적 자아의 '탕탕한 셩졍'이 실현될 공간은 현실에는 부재하는 것이다. 호연재의 시에서 주조를 이루는 '비탄'의 정조는 이런 구도에서

<hr>

18) 『自警篇』修身章. "雖是女子之身 蒙父母生成之恩 而生長於名門 寧可碌碌與禽獸之徒 爭長競短乎."

필연적으로 발생하는 것이다.

호연재 한시의 의식적 핵심이 '시집살이의 부당한 고난'이라는 일상적 여성의 고난에 대한 인식이며 그 이면에는 대단한 자의식이 존재한다는 사실은 일차적으로는 호연재의 생애와 관련해서 설명할 수 있을 것이다. 호연재의 시가 보여주는 자신에 대한 자부는 지적인 능력, 특히 시적 재능이 장려되었을 호연재의 성장 환경을 생각하면 쉽게 이해할 수 있는 것이다. 특히 김창협의 딸 김운(金雲), 오도일의 어머니 한양 조씨, 송씨가의 인척인 임윤지당 등 학문적 능력이나 문학적 능력으로 '여사(女士)'로 불리고 대접받았던 여성들이 주변에 존재할 수 있었던 분위기를 생각하면, 이러한 지식인적 자의식이 호연재 주변에서 반드시 예외적인 것만은 아니라고도 할 수 있다.[19] 또한 호연재의 형제들은 각기 결혼하여 흩어진 뒤에도 시를 주고받는 교류를 기회 있을 때마다 계속하기도 하는 것이다. 한편 이미 알려져 있듯이 호연재는 매우 외로운 결혼생활을 했다. 호연재의 외손인 김종걸의 증언에 의하면 호연재는 남편인 송요화의 행동과 시집 인척간의 불화로 고통받았다고 한다.[20] 「자경편」에서도 이런 사정은 거듭 확인된다. 「자경편」에서는 일반적인 표현을 사용하는 서술이기는 하지만 부부의 상호적 의무를 저버리는 남편의 행실에 대해 매우 경멸적으로 묘사하기도 하며, 시집의 인척에 대해 "이름은 '親'이나 정은 소원하고 은혜는 박하나 의리는 두텁"다고 규정하면서, 암암리에 자신이 대적할 가치가 없는 사람들이라고 치부하는 태도가 확인되기도 한다.[21] 이것은 김종걸의 부언(附言)을 토대로 보면, 호연재의 결혼생활의 실질적인 경험을 반영하고 있는 서술이기도 하다.

그러나 호연재의 시가 보여주는 시집살이의 고난에 대한 인식은 개

---

19) 박무영(2001), 앞의 글 참조.
20) 金鍾杰, 『自警篇』「附言」. "窃嘗聞 夫人之在世也 親黨孰不敬慕 而群徒方盛 異性相聚 酸鹹之不齊者多矣 知樞府君少而豪曠 不切切於繩墨 夫人抱蘊孤潔心 有隱憂 故篇中往往有離騷感慨之意."
21) 박무영(2002), 앞의 글 참조.

인적 불행에 대한 단순한 넋두리의 차원을 넘어선다. 호연재의 시가 드러내는 '비탄'의 정조는 근본적으로 남성 위주의 가족제도가 빚어내는 것이며, 더욱 근본적으로는 여성을 종속적 존재로 규방에 금고해두는 사회제도가 빚어내는 것이다. 호연재 한시는 이러한 자기 상황에 대한 성찰에 도달해 있다.

호연재의 시는 앞에 인용한 「주샹」 시의 말미에 등장하는 것과 같이 "스스로 규녀의 몸인 줄 슬허하니, 창텬을 가히 아디 못하리로다[自傷閨女身, 蒼天不可知]"라고 '규녀의 몸'임을 극도의 원망을 섞어 한탄한다. 여기에서 나아가 "평생의 뜻이 잇고 힝홀 짜히 업스니[平生有志行無地]"라거나,22) "됴히 탕탕훈 성정을 가져, 엇지 훈 방 가온디 브치엿는고[好將蕩蕩性, 豈屬一房中]"에서 드러나는 것과 같이, '뜻이 있으나 실행할 곳이 없는', 사회적 성취가 배제된 여성으로서의 처지에 대한 저항의 목소리가 섞여든다. 그런가 하면 삼종지도에 의해 강요된 생이별이 사별과 다름없다고 항변하며, 그것이 인정(人情)에 반하는 것임을 주장하기도 한다.

女子有三從	녀ᄌ유삼죵	녀지 삼종이 이시니
聚散各千里	취산각쳔니	모히며 흐터지미 각각 쳔니의 하여도다
莫言死別永	막언ᄉ별영	ᄉ별이 기다 니ᄅ디 말라
生離亦無異	싱니역무이	싱니 ᄯ훈 다ᄅ미 업도다

　　　　　　　　　　　　　　―「증ᄉ응 ᄉ응을 주노라[贈士膺]」(부분)

女子遠兄弟	여ᄌ원형제	여지 형뎨롤 먼니 하노니
豈不量此則	긔불량ᄎ측	엇지 이 법을 싱각디 못하리오
人情固無限	인졍고무한	인졍이 진실노 혼이 업스니
棄置不能得	기치불능득	ᄇ려두믈 능히 엇디 못하리로다

　　　　　　　　　　　　―「무뎨 뎨 업다 기삼 그 셋재라[無題其三]」(부분)

<hr>

22) 「우회듕시ᄉ군지유(有懷仲氏四郡之遊)」.

결국 호연재 시세계가 드러내는 불화와 갈등은 현실적이고 개인적인 시집 너머의 세계, '시집'을 여성의 '세계'로 규정하는 세계 자체와의 불화이며, 호연재의 시는 시인이 그것을 의식하고 있음을 보여준다.

그러나 호연재도 결국 '삼종지도'는 당대 사대부 가문 여성의 삶을 규정하는 현실적인 '법'임을 인정할 수밖에 없다. 마찬가지로 여성의 사회적 자아를 배제하는 유교적 규범 역시 호연재가 저항할 수 없는 당위인 것이다. 따라서 이 비탄은 출구가 없는 것이기도 하다. 호연재 시의 비탄은 이처럼 출구 없는 상황에서의 유일한 출구로서 의미를 갖는다. "방적이 족히 울혜흐물 열 거시 아니오, 문방이 이에 근심을 열 경이로다[紡績足非開鬱懷, 文房乃是?愁局]"[23]이라고 읊고 있듯이, 호연재에게 시작(詩作)은 그러한 비탄의 유일한 출구가 되고 있는 것이다.

한편 대단한 자의식을 가진 이 지식인 여성은 비탄에 머물지 않고, '인간'으로서 자신을 정립하고자 노력한다. 이 부분이 이 지식인 시인의 시세계가 갖는 또 다른 한 국면이며, 앞에서 언급한 바의 고결한 자의식이 끈질기게 발현되는 측면이기도 하다.

笑哉閨中物	쇼새규듕물	우읍다 규듕의 거시여
兒女計卒窄	ᄋ녀계졸측	ᄋ녀의 계뫼 졸흐고 좁도다
榮辱何須說	영욕하슈셜	영욕을 엇지 모로미 니르리오
賢愚我自飭	현우아ᄌ틱	현우를 내 스스로 틱하미로다
禍福素有定	화복소유뎡	화복이 본디 뎡흐미 이시니
有命非人力	유명비인녁	명이 잇고 인녁이 아니로다

— 「와병슐회 병드러 누어 회포를 긔록흐노래[臥病述懷]」(부분)

이 시가 보여주는 것은 상황에 굴하지 않고 스스로를 정립해가는 지성이다. 시인은 이 시의 앞부분에서 자기의 일생을 돌아보며 "뉘 어진

---

23) 「츄야 ᄀ을 밤이라[秋夜]」. "방적족비기울혜 방적이 족히 울혜흐물 열 거시 아니오, 문방니시회수경 문방이 이에 근심을 열 경이로다."

ᄆᆞ음 아뢰, 도로혀 화옹의 비쳑호미 될 줄 알니오 / 즐거으믄 격고 슬프
고 괴로음은 만흐니, 엇지 하늘의 주샤미 박흐시뇨[誰知仁心下, 還爲化翁
斥 / 樂小多悲苦,何來天與薄]"이라고 자탄한다. 그러나 시인은 이어지는 앞
의 인용부분을 통해 이러한 자탄에 대한 정신적인 극복의 시도를 보여
준다. 즉, 영욕과 화복은 운명이요 인력이 아니지만, 현명하거나 어리석
음은 인간의 힘이 미치는 것이다. 그러니 주어지지 않은 것, 외부적 시
련에 휩쓸려 쓸 데 없이 한탄할 것이 아니라 주체적으로(내 스스로 틱하미
라) 자신을 정립해야 한다는 성찰을 보여준다. 이러한 지성은 「자경편」
을 통해서도 확인되는 것이다. 「자경편」은 전편에 걸쳐 결혼생활에서
발생하는 인간관계에서 휘둘리지 말고 인간적인 수양을 통해 자신을
정립할 것을 강조하고 있다. 즉 여성으로서가 아니라 인간으로서 내면
적으로 자립할 것을 강조하는 것이다.[24] 이 시가 보여주는 의식 역시
그러한 성질의 것이다.

또 다른 「무뎨(無題)」 시는 여성의 사회적 성취를 배제하는 규범을 시
인이 소화하는 과정을 보여준다. 이러한 종류의 비탄을 소화하는 과정
이 철학적 사변을 통하여 이루어지는 것도 이 시인의 특징 중 하나이다.
시인은 솔개와 꾀꼬리에 대한 관찰을 통하여

大者則大小者小	대쟈즉대쇼쟈쇼	큰 거슨 곳 크며 젹은 거슨 젹고
或取昏陰或取陽	혹취혼음혹취양	혹 혼음을 취ᄒᆞ며 혹 양을 취ᄒᆞᄂᆞᆫ도다
天眞各異不相干	텬진각이불샹간	텬진이 각각 달라 서로 간셥디 아니ᄒᆞ니
大小何足自比揚	대쇼하족ᄌᆞ비양	크며 젹은 거슬 엇지 족히 비양ᄒᆞ리오
乾坤浩蕩生萬物	건곤호탕ᄉᆡᆼ만물	건곤이 호탕ᄒᆞ야 만물을 내고
義理無窮不盡通	의리무궁불진통	의리 무궁ᄒᆞ야 다 통티 못ᄒᆞ리로다

의 철학적 성찰을 시도한다. 이러한 성찰을 바탕으로,

24) 박무영(2002), 앞의 글 참조.

何須言大取旁嗤	하슈언대취방치	엇디 모로미 큰 거슬 닐어 겻히셔 치쇼ᄒᆞᆯ 취ᄒᆞ리오
徒持虛大不念古	도지허대불념고	한갓 헛도이 큰 것만 가져 예룰 싱각지 아니ᄒᆞ고
不審近小先大謀	불심근쇼션대모	갓갑고 젹은 거슬 못술피며 큰 꾀롤 몬져ᄒᆞ리오
閨中兒女不得歡	규듕ᄋᆞ녀불득환	규듕의 ᄋᆞ녜 즐거온 거슬 엇지 못ᄒᆞ여시니
濟世安民何足求	계셰안민하죡구	셰상을 건지며 ᄇᆡᆨ셩을 편히ᄒᆞᆷ믈 엇디 죡히 구ᄒᆞ리오

—「무데 뎨 업다[無題]」(부분)

의 결론을 이끌어낸다. 즉 '천진(天眞)'은 각각 달라, 크고 적은 것이 모두 각각의 의미가 있는 것이니, '세상을 구하고 백성을 편히 하는 큰 꾀를 말하며 가깝고 작은 것을 못 살피는 것'은 옳지 않다는 결론인 것이다. 결국 남녀의 정해진 분수에 대한 철학적 수용인 것이다. 이러한 결론 자체는 필연적인 것이다. 당대의 상황에서 시인이 할 수 있는 것은 주어진 결론을 철학적 명상을 통하여 합리화하는 것뿐이기 때문이다. 결국 진정한 해결이란 무망한 것이다. 생애의 거의 마지막에 지어진 「부가ᄋᆞ(付家兒)」 시에서도 역시 시인은 최종적으로는 세상과의 불화를 이야기하면서, 결국 "낙낙ᄒᆞᆫ 싱이 너 ᄒᆞ나 ᄯᆞ람이로다[落落生涯唯汝一]" 라는 탄식을 내뱉고 있는 것이다.

그러나 적어도 이 시인은 이 시를 통해, '세상을 건지고 백성을 편하게 하는 일'과 이런 종류의 담론에 대한 열망을 부정하지 않고 표현해 놓고 있다. 동시에 주어진 결론을 수용하기는 하지만, 적어도 자신이 놓인 상황을 무비판적으로 받아들이지 않고 자신의 지성이 미치는 한 자신의 열망과 현실 사이의 갈등을 스스로에게 설명하려는 성찰을 계속한다. 바로 이 지점에서 이 여성 시인의 끈질긴 자존의식과 지성이 드러난다. 호연재의 시세계에서 보게되는 맑은 초월과 기상을 드러내는 시들은 이런 맥락의 연장에서 읽어야 하는 것이기도 하다.[25] 결국 호연재에게 있어 시작(詩作)은 출구 없는 비탄의 유일한 출구일 뿐 아니라, '탕탕한 성정'을 지닌 자신의 존재를 확인하는 작업이기도 했던 것이다.

2)

호연재 한시가 드러내고 있는 이런 목소리는 사대부가 여성의 시로서는 특이한 것이다. 이건창은 여성의 문학적 능력과 가능성에 대한 일반적인 승인을 보여주는 드문 비평가였다. 그는 사촌누이인 남정일헌(南貞一軒)의 시집에 서문을 쓰면서 다음과 같은 언급을 남겨 놓았다.

그 시가 많이는 근친할 것을 생각하되 얻지 못하는 정과 시아버지의 장수를 축수하고, 후사의 어짊을 기원하고 양잠과 농사가 잘 되었음을 기뻐하는 것을 스스로 서술하였다. 그리고 때때로 다시 출새(出塞)의 강개한 말과 유선(遊仙)의 오묘한 소리와 태극(太極) 이기(理氣)의 순수하고 오묘한 말들을 짓되 절대로 차가운 등불 싸늘한 비에 쓸쓸하고 가련한 태는 드러내려 하지 않았다. 아아, 부인이면서 이처럼 시에 능하고 그 지어진 시가 또한 이와 같으니 그래도 오히려 마땅치 않다고 하겠는가?[26]

이건창은 이 서문에서 여성한시의 다양한 소재 영역, 즉 사대부가 여성의 공식적 서정의 영역에 드는 '근친할 것을 생각하되 얻지 못하는 정'과 '시아버지의 장수를 축수함', '후사의 어짊을 기원함', 나아가 '양

---

25) 이 부분에 대한 논의는 별고로 미룬다.
26) 『조선조여류시문전집』 3 「貞一軒詩集序」 「貞一軒詩集」, 429~433면. "而獨能爲詩 其詩多自述其思歸寧而不得之情 與祝舅之壽 望嗣之賢 喜蠶稼之成 而時復爲出塞 慷慨之辭 遊仙窈杳之音 太極理氣醇深典奧之語 而絶不肯見寒燈冷雨悽楚可憐之態 噫 婦人而能詩如此 其所爲詩又如此 尚可云不宜哉."

잠과 농사가 잘되었음을 기뻐함' 등의 공식적 영역 외에도 출새나 유선, 도학 등 사회적 관심이나 풍류적 서정, 혹은 학문적 영역에 속하는, 따라서 여성적 생활 규범의 범위를 넘어서는 시적 소재의 영역 또한 여성시의 긍정적 범주로서 확대하고 있다.

그런데 주목할 만한 것은 "절대로 써늘한 등불, 차가운 비에 처량하고 가여운 모습은 드러내려 하지 않았다"라는 언급이다. 이 언급은 청상으로 남편을 사별하였던 남정일헌의 처지를 겨냥하고 있다. 이건창의 이 서문은 청상의 고뇌를 읊은 시들이 정일헌의 시에는 드러나지 않는다는 사실을 강조하며, 이 점을 긍정적으로 평가하고 있다. 다시 말하면 이건창은 비평의 대상인 정일헌으로서는 가장 절실했을 정서를 읊은 시들을 그의 시에서 빼버리고 있는 것이다. 이건창의 이러한 태도는 가장 여성적 경험과 상처가 표현되는 소재 영역이 남성 비평가에 의해 제거되는 모습을 보여주고 있다. 이 사실은 동시에 사대부가의 여성규범이 그나마 허용하는 문학의 범위를 보여준다. 재미있는 것은 이건창이 긍정적으로 평가했던 바로 이 점이 근대의 남성 비평가들에 의해서는 다시 폄하의 원인으로 작용한다는 것이다. 즉 김안서는 "사대부집 아낙네들의 노래에는 어째 그런지 일부러 감정을 눌러버리고 점잖게 꾸민 감이 있습니다. (⋯중략⋯) 자기의 성정을 그대로 여실하게 쏟아놓은 것은 적은 성하외다"라고 사대부가 여성들의 시를 폄하하는 것이다.

여기에 비해『호연지유고』소재 한시의 특징은 가장 여성적인 경험을 여성다운 방식으로 시화한다는 사실에 있을 것이다. 앞의 정일헌 시의 소재로 거론되었던 '근친할 것을 생각하되 얻지 못하는 정'은 소재상으론 호연재의 시와 일치한다. 그러나 그 실현의 방향은 전혀 다르다.

> 女子之行遠兩親　여자가 시집가면 양친을 멀리 떠나니
> 釣淇陟岵夢遊頻　부모님 계신 곳 그리워 꿈에 자주 노니네
> 仰有堂上鰥居舅　위로 당상에 홀로 되신 시아버님

專靠閨中薄命身　박명한 규중의 이 몸을 오로지 의지하시네

雖是故鄉三舍近　비록 고향이 가까울지라도

敢因師氏一言陳　감히 사씨를 통해 한 말씀 올려볼 수라도 있으랴

私情不及飛烏鳥　사정은 나르는 까막까치에도 미치지 못하니

晨去昏來定省均　(저들도) 새벽이면 가고 저녁이면 돌아와 혼정신성하는
　　　　　　　　　것을

—南貞一軒,「思歸寧」

　호연재에게서와 마찬가지로 남정일헌에게 있어서도 '친정에 대한 그리움'이라는 정서는 매우 절실한 정서적 진실성을 지닌 것이었을 것이다. 그러나 남정일헌은 이 그리움의 정서를 절절하게 주장하고 쏟아내는 대신에 '사정(私情)'으로 갈무리한다. 즉 시인은 가부장제적 여성의 입장을 받아들여 시부모에 대한 윤리와 애정을 '공정'으로 두고, 오히려 절실한 정서를 '사정'으로 격하하고 홀로 껴안아 소화해내려는 자세를 보여주고 있다. 인간으로서의 윤리보다 앞서는 여성으로서의 윤리에 대한 순종의 방향으로 서정이 시적 실현의 방향을 얻고 있는 것이다. 이러한 남정일헌의 시는 당대의 여성규범의 입장에 훨씬 더 적합한 것이고, 조선 후기 사대부가 여성한시의 일반적인 정서 표출의 범위와 양상을 보여주는 것이다.

　남정일헌의 시와 비교할 때 호연재의 한시는 여성이 일상의 삶에서 겪는 절실한 정서적 체험을 주저하지 않고 낱낱이 노출한다는 특징이 있다. 호연재의 한시에는 규범으로 분식이 덜 된 여성의 삶이 드러난다.

　호연재 한시의 이러한 특성의 원인에는 호연재 개인의 특성도 있겠지만, 성리학적 여성규범이 강고한 정착기에 들어서는 초기단계에 호연재의 시대가 존재했었고,[27] 19세기의 남정일당은 이미 성리학적 여성규범이 강고화된 상황에 있었다는 시대적 차이가 존재할 것이다. 이런 사

---

27) 박무영(2002), 앞의 글 참조.

실은 근본적으로 '호연재'라는 현상이 가능한 것이 17세기 후반부터 18세기 초반까지의 상황이라는 사실과도 같은 말이다.

　　3)

　『호연지유고』 소재 한시가 갖는 형식적인 면에서의 특징은 장편의 고시들이 다수 존재한다는 사실이다. 장편시들의 내용은 「방법천(訪法泉)」이나, 「신묘듕츈상한등산쟈이호운공부(辛卯仲春上澣 登山煮艾 呼韻共賦)」처럼 일상에서 벗어난 나들이의 경험을 상세하게 기록한 시들, 친정 식구들을 상봉한 기쁨을 술회한 「증ᄉᆞ응(贈士膺)」이나 「상봉힝(相逢行)」 유의 시들, 「실뎨(失題)」나 「가묘쳥산봉환호셔힝과폐려쳠의일슉(家廟自青山奉還湖西 行過弊廬 瞻倚一宿)」, 「션긔일감회(先忌日感懷)」처럼 제사나 상례에 관계된 시들, 그리고 「와병슐회(臥病述懷)」나 「운슈힝(雲水行)」처럼 자탄적 술회를 중심으로 하는 시들, 「부가ᄋᆞ(付家兒)」처럼 자녀를 교훈하는 내용의 시들로 구성된다.
　고시 형식은 일반적으로 형식적 제약이 느슨하고 자유로운 서술이 가능한 측면이 있다. 그러나 일관된 주제와 구성이라는 요건으로부터 벗어나는 것은 아니다. 그런데 호연재의 한시에서 장편화 되는 시들은 구성이 매우 느슨하다는 특징을 갖는다. 총 86구의 장편인 「증ᄉᆞ응」시를 예로 든다면, 'ᄉᆞ응을 만남-ᄉᆞ응이 자란 것에 대한 감회-어버이를 일찍 잃은 슬픔-죽서 집에서 같이 자라던 누이들의 추억-헤어져 만나지 못하는 설움-ᄉᆞ응을 만나니 누이들을 만난 것 같음-졸작을 비웃지 말라는 당부-다음 기약' 등의 단락으로 구성되어 있다. 전체 결구가 주제를 중심으로 긴밀하게 짜여진 구성을 취하고 있지 않을뿐더러, 이 중 어느 단락이 빠지거나 더해져도 전체를 구성하는 데는 지장이 없을 만큼의 느슨한 구성이다. 「방법천」 시 같은 것은 기행시로써,

시간과 공간의 진행을 따라 시가 구성되어 있다. 그런데 시간과 공간의 이동에 따라 한 경치를 묘사하고 거기에서 우러나오는 감회를 결합하는 형식으로 하나의 단락을 형성한다. 이러한 각각의 단락이 시간과 공간의 이동에 따라 이어져 있는 것이 이 시의 구성방식이다. 즉 그중 어느 단락 하나가 빠져도 전체 결구가 치명적으로 무너지는 일은 일어나지 않는다. 혹은 얼마든지 덧붙일 수도 있다.

한편 호연재의 장편시들에서는 자탄을 겸한 자기 생애 서술이 끼어듦으로써 구성의 일관성이 깨지고 느슨해지며 길이가 장편화되는 경우를 흔히 관찰할 수 있다. 「부가아(付家兒)」를 예로 든다면, 이 시는 아들의 학문을 독려하는 시이다. 그런데 시의 약 3분의 2 지점에서부터 호연재 자신의 인생에 대한 자탄적 술회로 넘어간다. 물론 이 자탄적 서술도 결국 권학하는 것으로 마무리되고는 있지만, 전체 구성상의 일관성이나 긴밀성이라는 측면에서는 일탈하는 것이다. 이러한 현상은 친정 식구를 만난 기쁨을 읊은 시이거나 와병의 술회를 읊은 시이거나 동일하게 반복되는 현상이다.

이처럼 느슨한 구성의 장편 형식은 특별히 뚜렷하게 말할 만한 사건이 없이, 반복되는 일상의 삶의 갈피와 한을 세세하고 곡진하게 드러내며, 한없이 반추하는 데 적합한 형식이라고 할 수 있다.

3. 『호연지유고』와 18세기 규방의 수용자들

호연재의 한시가 지어진 것은 17세기 후반에서 18세기 초반까지이다. 현존 『호연지유고』가 필사된 것은 1814년이고, 이 『호연지유고』의 필사가 시작된 것은 그로부터 '수십여 년' 전이다. 게다가 현존『호연지유고』의 저본이 되었을 언해본 호연재 시집도 그 전에 존재하였으므로, 언해본 호연재 시집은 적어도 18세기 후반에는 이미 존재하였다고 할 수 있다.[28]

호연재 생전인 18세기 초반까지는 아직 규방의 대표적 문학행위인 규방가사가 본격적으로 존재하기 이전이다. 호연재의 시집이 언해본 형태로 본격적으로 읽혔던 것으로 추정되는 18세기 후반은 규방가사가 본격적으로 향유되는 시기에 해당한다. 그러나 언해본 호연재 시집이 유통되었을, 안동 김씨, 은진 송씨, 청풍 김씨 집안이 세거한 기호지방은 규방가사가 일반적인 향유 대상이 되었던 곳은 아니다. 한편 한시는 규범으로 제시되는 것보다는 훨씬 광범위하게 향유되었던 것으로 판단된다. 그렇다고 하여도 한시가 사대부가 규방에서 여성들에 의해 일반적으로 향유되는 장르가 될 수는 없었다고 보인다. 그렇다면 이 지역의 사족층 여성들은 자신들의 '일상적 경험'을 표현하는 어떤 장르의 문학을 가졌을까?『호연지유고』는 규방에서 '안글'인 언문을 통해서 '여성의 일상적 삶의 고통과 애환, 생활정서를 표현해주는 장르'로 언해시가 존재하고 향유되었을 가능성을 확인하게 해준다는 점에서 귀중한 자료이다.

'언해'의 방식으로 한시를 수용하는 것은 규방의 여성들에게 익숙한 방식이었을 것으로 짐작된다. 조선 후기에 여성들을 교훈할 목적으로 언해된『풍아규송(風雅閨誦)』[29]·『국풍』·『곤범(壺範)』[30] 등은 시경 시가 언해시들의 형태로 규방에 제공된 전통을 보여준다. 개인 시문집의 번역으로도『호연지유고』외에『학석집(鶴石集)』[31]이나『의유당유고』[32]의 존재가 전한다. 이외에도 기호지방의 규방에서 널리 읽힌 장편가문소설

---

28) 박무영의 앞의 글(2001)에서『호연지유고』의 서지사항을 토대로 논의하였음.
29) 어유봉, 「年譜」,『기원유고』(한국문집총간), 184~522면.
30) 정신문화연구원 소장본.
31)『翼宗文集』소재(한국학자료총서 17), 한국정신문화연구원, 1998.
32) 유탁일, 「의유당유고와 그 작자 고증」,『한국문헌학연구』, 아세아문화사, 1989.

들이나『을병연힝록』등의 언해본 연행록들이나 필기류들을 통해 본다면 한시를 언해시의 형태로 향유하는 것은 규방의 여성들에게는 익숙한 관습이었을 것이다.[33] 특히 어유봉의『풍아규송』는 1737년에 이루어졌고, 현존『의유당유고』는 1843년에 이루어진 것이지만, 언해 자체는 의유당(1727~1823) 자신에 의해 이루어졌을 것이라는 추정[34]을 받아들인다면, 18세기 전반에 이미 규방에서 언해시의 형태로 한시를 향유하는 관습이 일반적으로 정착되고 있음을 추정할 수 있다.

음사와 언해를 병기하는 방식을 사용하는 현존『호연지유고』를 자세히 살펴보면, 음사 부분과 언해 부분에 다양하고 광범위한 착종이 발견된다. 이러한 착종의 원인은 주로 음사 부분에 존재한다. 이러한 현상은 현존『호연지유고』가 적어도 두 번 이상의 전사과정을 거치면서 음사 부분이 무너지고 있는 와중에 있음을 보여주고 있다. 음사 부분에 숱한 오류가 발견되는 현존『호연지유고』의 상태를 통해 염과 운을 맞추어야 하는 한시의 형식을 제대로 감상한다는 것은 불가능하다. 그렇다면 『호연지유고』의 수용자들은 주로 언해시 쪽에 초점을 두고 내용 위주로 수용했다고 보아야 할 것이다. 즉 현존『호연지유고』는 음사와 언해를 통해 상호보완적으로 이해하도록 되어 있었던 원래의 표기방식에서 점차 언해시를 위주로 수용하는 쪽으로 사태가 진행되어 가고 있음을 보여준다. 거꾸로 음사 부분이 무너지는 현상 자체가 이들 필사자들의 필사나 전승이 음사 부분보다 언해시 부분을 중심으로 이루어졌기 때문이라고도 할 수 있을 것이다. 어느 경우든 음사 부분이 여전히 맡고 있는 기능이 있다면 막연한 음악성(音像 정도의)과 정형성(齊言詩의)이 갖

---

33) 이종묵,「조선시대 한시 번역의 전통과 양상」,『장서각』7, 한국정신문화연구원, 2002.
34) 위의 글. "『의유당유고』의 번역이 누구에 의하여 이루어졌는지 명시되어 있지 않다. 그러나『의유당유고』에 여러 편의 한글로만 되어 있는 자료와 함께 수록되어 있으며 「의유당관북유람일기」역시 그의 작품이므로『의유당유고』의 번역 자체는 본인의 손에 의하여 직접 이루어졌을 가능성이 높다. 그러나 현전하는 필사본은 후대에 다시 전사된 것이다. 이 때문에 필사 과정에서 생기는 오류가 발견된다."

는 리듬감 정도가 언해시의 내용에 보조적으로 결합되었을 것이라고 추측할 수 있는 것이다.35) 결국 필사자를 포함한 『호연지유고』의 수용자들에게 호연재의 시는 한시로서의 성격을 사실상 상실하고 언해시로서 내용 위주로 수용되었다고 판단된다.36)

호연재나 『호연지유고』의 수용자들은 규방가사의 향유 층과 같은 계층의 여성들이다. 그런데 규방가사와 호연재의 한시가 갖는 내용적 친연성을 뚜렷한 것이다.37) 또한 본고에서는 자세히 다루지 않았지만, 장편으로 이루어진, 일상에서 벗어난 나들이의 경험을 상세하게 기록한 시들, 친정식구들을 상봉한 기쁨을 술회한 시들, 제사나 상례에 관계된 시들, 그리고 자탄적 술회를 중심으로 하는 시들, 자녀를 교훈하는 내용의 시들은 규방가사에서 다루는 소재 범위와 일치한다. 규방가사와의 친연성은 형식적인 측면에서도 찾을 수 있다. 즉 번역된 장편 한시가 갖는 느슨한 구성이라든지 하는 것은 가사의 일반적인 형식적 개방성에 상당히 접근하는 것이기도 하다.38) 결국 이 지점이 18세기 사대부가 규방의 여성들이

---

35) 번역시 부분에 운율적 고려가 전혀 되어 있지 않다는 점에서 운율적 측면은 여전히 '한시' 쪽으로 미뤄져 있었던 심리를 짐작할 수 있다.

36) 이종묵, 앞의 글. "『의유당유고』 한시 원문의 음을 한글로 달고 이어 순한글로 번역한 것은, 앞에서 본 『국풍』이나 『곤범』·『고문빅선』·『호연지유고』 등에서 그 전형이 확인되었거니와, 시문류 번역의 한 전형을 이룬다고 할 수 있다. 특히 『호연지유고』나 『의유당유고』에서 특히 원문이 잘못 필사된 것이 상당수 발견된다는 점에서, 이와 같은 한글로 된 문집류를 읽는 이들이 한문 자체에는 큰 관심이 없었고, 그저 한시를 우리말로 한 번 읊조리고 다시 그 풀이를 읊조리는 방식으로 향유되었을 가능성이 크다 하겠다. 시의 뜻을 중심으로 향유될 때 원시의 한자음이 부분적으로 잘못된 것이나 행의 착간 등은 문제가 되지 않기 때문이다."

37) 이동연, 「고전여성시가작가의 문학세계」, 『한국고전여성작가연구』, 태학사, 1999. Ⅲ. 가사 참조.; 신경숙, 「규방가사, 그 탄식 시편을 읽는 방법」, 국제어문학회 2002년 4월 20일 발표 요지 참조.

38) 백순철은 규방가사가 자신의 생각과 경험을 생각나는 대로 나열하는 경우가 많으며, 자신들이 삶을 구체적으로 서술하되, 순차저 서술보다는 자기 생애를 에피소드화하는 데 주력한다고 파악한다. 그는 "여성들이 처한 억압적 조건과 문체상의 표현은 무관하지 않다. 복종과 저항 그 이중의 갈등 속에서 여성의 언어는 장황하게 길어지거나 유기적 연결이 느슨해질 수밖에 없었던 것이다. 규방가사를 읽다보면 논리성과 순차적 일관성의 틀로부터 벗어나 장황하게 작품이 전개되는 인상을 받는 것도 이런 이유에서이

호연재의 한시를 거듭 필사하며, 서로 만나게 되는 지점일 것이다.

그렇다면 『호연지유고』의 수용자들에게 호연재의 한시가 갖는 의미는 한시가 아니라 '여성의 일상적 삶의 애환과 그에 대한 성찰을 그려낸 한글시가'에 가까운 것이었을 것이다. 이것은 한시를 수용하는 것과도 다르지만, 가사체의 수용과도 다른 방식이다. 필사 과정을 통해 『호연지유고』에 수용의 흔적을 남기고 있는 18세기 규방의 여성들은 자신들의 가장 절실한 경험을 표현해내는 문학을, 자신들에게 익숙한 언해시라는 형식을 통해서 향유하는 방식을 개척하고 있는 것이다. 『풍아규송』 등 언해본 시경시들이 가진 '언해시'라는 형태는 여성적 규범을 교육하기 위해 남성들에 의해 마련된 방식이었으나, 규방의 여성들은 이 언해시의 경험을 자신들에게 절실한 문학적 내용을 담는 그릇으로 응용하고 있는 것이다.

『호연지유고』의 존재는 호연재라는 작가와 필사자들인 수용자들이 함께 만들어낸 규방문학 제3의 가능성을 보여주고 있다. 이 제3의 가능성이 얼마만큼의 보편성을 가질지는 아직 미지수이다. 그러나 18세기 이후 기호 노론집안의 규방에 한정해서 말한다면, 이 규방에 금고된 여성들이, 스스로 하나의 새로운 문학적 향유방식을 개척해내고 있는 방식임에는 틀림없다. 그리고 그 내용은 한시 전통을 '자기 식으로, 자기 글로' 바꾸어 가는 것이다. 이것은 이들이 주류가 아닌 문학 담당층이었기에 오히려 가능했던 것이라고 할 것이다. 그러므로 『호연지유고』에 드러나는 문학적 수용의 형태는 조선 후기에 다양화하는 문학 담당층의 또 하나의 모습으로 적극적으로 파악하고 가치 평가해야 할 부분인 것으로 생각된다.

다. 이는 '여성적 경험'의 진실을 공유하려는 여성들만의 글쓰기 방식이 서술에 반영되었기 때문이다"라고 파악하였다. 백순철, 「규방가사의 작품세계와 사회적 성격」, 고려대 박사논문, 2000.

4. 맺음말

결국 『호연지유고』란 하나의 '현상'이다. 그것은 17세기 후반부터 18세기에 걸쳐, 규방의 여성들이 자신들의 절실한 경험을 시화하고 수용하는 독특한 방식으로 출현하는 것이다. 김호연재라는 걸출한 여성 시인은 17세기 이후 가족질서가 재편되고 강고화되는 이면에 있었던 여성측의 입장과, 적어도 새로운 규범을 '주체적으로' 소화하려는 노력을 통해 성리학적 가족질서 내의 여성이기 이전에 인간이고자 하는 의지를 절실한 정서적 표현을 통해 그려낸다. 그 결과물이 호연재의 시들이다. 한편 18세기 규방의 여성들은 김호연재의 시를 언해시의 형태를 통해 향유하며 거듭된 필사를 통해 유통시켜 호연재 문학에 대한 공감을 나누어갔다. 결국 『호연지유고』란 한 걸출한 여성시인과 그것에 공감하며 거듭 재창출하는 수용자들이 함께 만들어낸 새로운 문학적 향유방식의 결과물이다. 그리고 그것은 가장 '여성적인' 형태의 것이다. 이런 의미에서 『호연지유고』는 한 개인의 시집일 뿐만 아니라, 18세기 규방 여성들이 문학활동의 주체가 되는 한 방식을 보여주는 것이다. 그것은 소수자의 문학이 주류의 문학을 자신의 방식대로 비틀며 새로운 창조를 달성하는 한 가지 모습이기도 하다. 따라서 하나의 '현상'으로 충분히 주목받아야 하는 가치를 지닌다.

여성 삶에 대한 재구성 원리와 글쓰기 원리

조선시대 사대부 남성들의 여성 묘지명 쓰기

김기림*

1. 들어가는 말

인간은 살아 있을 때 자신의 삶을 꾸려간다. 하지만 그 삶의 내용은 기록, 또는 다른 이들의 기억에 의해 재구성되고 후대에 전해진다. 기록과 기억은 한 인간이 살았던 삶 모두 또는 실재했던 상태를 그대로 표현하지 못한다. 기록·기억해내기 과정에는 선택하기와 배제하기가 들어가고 선택과 배제는 기준(또는 원리)에 의하여 행해지기 때문이다.

조선시대 여성들은 자신의 삶을 살았지만 그 삶은 남성들에 의해 기록·기억되어 전해졌다. 여성 묘지명은 그중 하나이다. 남성들이 여성 삶을 재구성할 때 당대 여성에 대한 관념(인식)으로부터 자유롭지 못했을

---

* 한남대 국문과 강사.

것이며 이에 따라 재구성된 여성 삶 내용들은 그 관념에 따랐을 것으로 보인다. 특히 묘지명은 공식적 기록이라 할 수 있는데 공식 기록은 사적인 것보다 상대적으로 선택·배제 작용이 더 심할 가능성이 높다. 또 묘지명이 칭송을 위주로 한 글이라는 점을 감안할 때 칭송 대상은 당대 인식과 가까운 관계에 놓여 있다. 그리하여 과거 여성 일생에서 실재했던 일들 가운데 당대 인식과 부합한 것은 선택되어 묘지명에 표면적으로 서술되고, 부합되지 않는 것은 배제됨으로써 서술되지 못한다.

남성과 여성에 대한 당대 인식이 다른 만큼 묘지명 쓰기에서도 선택, 배제하기 위한 원리 또한 달랐다. 그리하여 묘지명에 서술된 내용과 내용의 구성 또는 서술 방식도 달랐다. 이에 이 글에서는 그 다른 점을 살펴보고자 한다. 그리하여 사대부 남성들이 여성의 삶을 재구성하는 과정에서 어떤 원리에 따라 삶의 내용을 선택하거나 배제했으며, 내용들을 구성한 방식 등을 밝혀내고자 하였다. 이를 통하여 지금까지 진행된 여성 묘지명 연구에서 미흡한 부분이었던 남성 묘지명과의 차이점을 부각시킬 수 있을 것으로 보인다.[1]

---

* 여성묘지명이란 여성을 대상으로 한 묘지명·묘주가 여성인 묘의 묘지명을 의미하는 용어로 사용하였다. 본 논문은 15세기부터 17세기에 쓰여졌던 여성 묘지명을 대상으로 하였다.

1) 김도련, 『한국 고문의 원류와 성격』, 태학사, 1998.

묘지명은 개인 생애와 업적을 기록한 글로서, 그 시대의 사회상을 반영한다는 점이 중시되었고 이런 점으로 인하여 과거 사회를 재구하는 자료로서의 가치를 지닌 것으로 평가되었다. 여성 묘지명에 대한 연구로는 다음과 같은 것들이 있다.

강혜선, 「조선 후기 여성 묘주 묘지명의 문학성 연구」, 『한국한문학연구』 30, 2002; 손여림, 「고려시대 여성 묘지명 연구-고려시대 생활사 연구를 중심으로」, 이화여대 석사논문, 2002; 김보경, 「이색-여말선초 여성 인식의 일국면」, 『우리한문학사의 여성 인식』(이혜순 외), 집문당, 2003 등은 여성 묘지명을 중심으로 그 문학성과 일상생활 면모를 고찰한 논문들이다. 이 밖에 강혜선, 「농암 김창협의 묘지명 연구」, 『한국 고문의 이론과 전개』(김도련 편), 태학사, 1998; 권호, 「묘지명의 문학성 고-박연암의 「伯姉贈貞夫人朴氏墓誌銘」을 중심으로」, 『건국어문학』 15·16, 건국대, 1991; 황의열, 「한국 비지류 연구」, 성균관대 박사논문, 1996; 정민, 「연암 박지원의 「伯姉贈貞夫人朴氏墓誌銘」 개작과정」, 『문헌과해석』 13, 문헌과해석사, 2000 등의 글에서는 묘지명에 대한 논의 속에서 부분적으로 여성 묘지명을 다루고 있다.

2. 여성 묘지명 쓰기에 적용된 원리와 그 양상들

1) 불출(不出)—숨김의 원리와 그 서술 양상

　　조선시대 여성의 바른 자리는 '안'으로 상정되어[2] 여성은 집안에 살며 밖으로 나오지 않고, 나올 경우 얼굴을 가려야 한다고 교육받았다.[3] 비록 여성의 몸가짐에 대한 말이기는 하지만 이것은 여성에 속하는 모든 것에 적용되었다. 여기서 여성의 범주에 속하는 것에 대한 불출(不出)—드러내지 않음의 원리가 생겨나며 이를 토대로 여성 가두기, 숨기기까지 가능케 한다.[4] 그리하여 여성들의 전모는 밖으로 잘 드러나지 않으며 그 개인성은 거의 은닉된다. 그 반면 남성의 것은 드러나야 한다.

　　여성 묘지명 서술에 있어서 남성 서술자들은 이러한 불출—숨김 원리를 적용한다. 이는 여성 개인이 누구인가를 소개하는 데서부터 적용된다. 묘지명은 대개 가계, 이름과 자호(字號), 벼슬, 행치(行治), 나이, 죽은 날, 장례한 날 자손 등을 서술한다.[5] 이는 남성 묘지명 경우에 해당할 뿐 여성 묘지명에 여성의 이름과 자호(字號)는 보이지 않는다. 여성의 이름을 짓지 않는 것이 전통이라는 말을 앞세워 쓰지 않는다고는 하지만[6] 생존에 가지고 있던 아명(兒名), 당호(堂號)조차 서술하지 않는다. 남

　　위의 연구들은 여성 묘지명이 서술된 원리를 남성 묘지명과 비교·대조하여 뚜렷하게 드러내는 데에는 미흡하다.

2) 『周易』「家人掛」. "象曰 女正位乎內 男正位乎外."

3) 『禮記』「內則」. "禮始於謹夫婦 爲宮室辨內外 男子居外 女子居內 深宮固門 閻寺守之 男不入 女不出 (…중략…) 女子出門 必擁蔽其面."

4) 후대 유향의 열녀전을 보면 여성들이 문 밖으로 나오지 않음과 자신을 숨김의 원리를 실천한 여성을 칭송하고 있다. 이후 여성의 불출, 숨김은 더 견고하게 작용한다.

5) 徐師曾, 『文體明辨』. "後人因之 蓋於葬時 述其人世系名字爵里行治壽年卒葬年日 與其子孫之大略 勒石加蓋 埋於壙前 三尺之地 以爲異時陵谷變遷之防 而謂之誌銘."

6) 김용선 편, 『고려묘지명집성』, 한림대 아시아문화연구소, 1993; 고려 후기 상, 愚溪晚進金開物 述, 「追封卞韓國大夫人眞慧大師行陽川郡夫人許氏墓誌銘 幷序」. "大夫

성 묘지명에서 자와 호는 물론이고, 개명한 사실까지 서술하는 것과는 사뭇 다르다.[7]

밀원부원군 박공의 휘는 건(楗)이고 자는 자계(子啓)이며 밀양사람이다. 아버지의 휘는 중손(仲孫)인데 의정부 좌참찬이었으며 정난공신에 들어 응천군에 봉해졌다. 할아버지의 휘는 절문(切問)인데 어려서 과거에 올라 권지교서 정자에 뽑히기도 했으나 일찍 죽었다.[8]

부인의 성(姓)은 권씨인데 전주의 거족이다. 증조부의 휘는 사의(士儀)로 숭정대부판돈녕부사였고 양도공(良度公)이란 시호를 받았다. 조부의 휘는 후(厚)인데 통정대부첨지돈녕부사였다. 아버지의 휘는 윤(昀)으로 통훈대부 부평대도호부사였다.[9]

두 글에서 서술된 사람은 부부이다. 첫째는 남편 박건 것이고, 둘째는 부인 최씨 것이다. 남편의 경우 밀원부원군이라는 직위에 뒤이어 성씨·이름·자(字)·본적·세계(世系)를 서술했다. 부인 경우 성씨와 본적이 서술되고 곧이어 세계가 서술되어 있다. (정경)부인이라는 봉작과 성씨가 서술된 것은 남편과 같지만 남편은 이름과 자가 서술된 반면 최씨 것은 서술하지 않았다.

이름, 자호는 그 사람 자체를 상징하며 한 사람의 개인성과 고유성을

人姓 許氏以國俗不名."

7) 盧禛이 그 부모를 대상으로 쓴 묘지명에서도 보인다. 노진, 『옥계집』 권3 「先妣貞夫人權氏墓誌」에서 "今始略記德美年閥梗槪"라고 하고, 같은 책, 「有明朝鮮國從仕郎行顯陵參奉贈資憲大夫吏曹判書兼知義禁府事府 君墓誌」에서 "始略敍姓系年閥行義梗槪"라고 하여 어머니에 대한 서술 내용 중 '姓'부분이 빠져있다. 姓은 곧 이름, 자호 요소인 것으로 보인다.

8) 申用溉, 『二樂亭集』 권10 「密原府院君朴公墓誌銘」. "密原府院君朴公諱楗 字子啓 密陽人 考諱 仲孫 議政府左參贊 策勳靖難 封凝川君 祖諱切問 少登科 選補權知校書正字 早逝 曾祖諱剛 生安邊大都護府使. 參贊娶工曹正郎文公承祚女."

9) 위의 책, 「貞敬夫人崔氏墓誌銘」. "夫人姓崔氏 全州鉅族 曾祖諱士儀 崇政大夫 判敦寧府事 贈諡良度公 祖諱厚 通政大夫僉知敦寧府事 考諱昀 通訓大夫富平都護府使."

드러내므로 주체적인 인간으로 인식하도록 만든다. 남편 묘지명에서는 이름 '박건', 자인 '자계'를 모두 서술하여 그 사람 자체를 인식하게 만들며 한 주체적 인격체로 인식하도록 한다. 그러나 부인 최씨는 성씨만 기재되고 이름이 없어서 한 개인으로서의 구체성이 없고, 최씨라는 큰 성씨속에 포함된 하나의 대상으로만 포착되며 그중에서도 구체적으로 누구인지 알 수 없다.

　여성 묘지명의 이러한 익명적 서술은 여성의 개인성을 구체적으로 보여주지 않는다. 여성이 살아 있을 때에는 이름이나 당호로 불리워졌을 것으로 보인다.[10] 하지만 죽으면 그때의 이름·당호 등이 기록으로 남지 못하는 것이다. 남성에 대해서는 이름과 자호가 동시에 기록되면서 주체성 지닌 개인으로 다루지만 여성에 대해서는 '아무개의 딸', '아무개의 처', '아무개의 며느리', '아무개의 어머니'로 표현함으로써 남성들의 뒤쪽에 숨긴다. 여성의 이름을 공식적으로 쓰는가, 쓰지 않는가의 여부는 사회적인 관습에 따른 것이라고는 하나,[11] 죽어서 기록되는 순간까지도 쓰여지지 못하는 대상이 된 데에는 숨김의 원리를 적용시켰기 때문이다[12]

---

10) 어릴 적에 죽은 경우 아명을 표기하는 경우도 있는데 성인 여성을 대상으로 한 서술하고 있는 묘지명에서 여성의 이름이 기재된 것도 보인다. 고려시대 최루백은 아내 염경애의 묘지명에 이름을 밝히고 있다. 조선시대 권오복은 金孟과 그 부인 이씨를 부장하는 과정에서 쓴 묘지명에 이씨의 이름을 밝히고 있다. 權五福, 『睡軒集』 권3, 「有明朝鮮國都摠府經歷兼司憲府執義金公淑人李氏祔葬墓誌銘」. "夫人李氏諱玉妃 龍仁望族 工曹典書中順曾孫女."

　유형원의 『반계수록』 「田制 後錄－戶籍」 부분에 보면 호적 표기와 관련하여 사대부가 영성들의 이름 쓰기(적기) 등의 문제에 관하여 여성이름을 쓰지 않음을 이상히 여기고 있다. 이로 보아 여성 생전에 이름을 가지고 있음도 알 수 있다.

11) 김경란, 「조선 후기 호적대장의 여성호칭 규정과 성격」, 『역사와 현실』 48, 2003, 198면.

12) 이런 상황은 여성이 쓴 글에서도 마찬가지이다. 임윤지당은 「宋氏婦傳」이라는 글에서 같은 여성이었던 송씨의 부인이었던 한씨의 성만 밝히고 있다. 이는 여성에 대한 기록에서는 '이름을 밝히지 않는다'라는 당대 글쓰기 원칙 내지는 글쓰기 관습에 맞추어 서술한 것으로 보인다. 강정일당의 경우 '정일당'이라는 당호가 있었음에도 묘지명

더 나아가 서술자인 남성은 여성의 자손을 서술하는 데 있어서도 여성을 겉으로 드러내지 않고 대신 그 남편을 내세우는 서술 방식을 사용한다.

　　　자녀와 내외 자손들은 이미 주부공의 광중에 있기 때문에 생략한다.[13]

　이것은 숙인 심씨의 묘지이다. 아버지는 심수경(沈守慶), 남편은 조경인(曺景仁)이다. 심씨는 1566년에 태어나 1630년에 죽었고, 남편은 1615년에 죽었다. 먼저 죽은 남편 조경인에 대한 묘지는 택당 이식이 써 주었는데 거기에는 손자녀·외손자녀까지 기재되어 있다. 조경인은 처음에 다른 곳에 묻혔다가 마지막에 광주 송라동으로 이장되었고 이때 부인과 합장되었다.[14] 이 과정에서 남편 조경인의 묘지가 부인 것보다 먼저 쓰여진 것으로 보인다. 여기에 이미 자손들의 이름이 기재되었으므로 심씨의 묘지에서는 생략한 것이다.

　묘지는 각각의 구덩이 앞에 묻어 묘의 주인을 증거하는 데에 쓰인다. 동시에 만들어져 묻었지만 시간이 흐를수록 각각 떨어져나갈 위험도 있다. 그런데 부인의 묘지에는 자손 서술이 완전히 생략되고 남편의 묘지에 자세하게 하였다. 이는 대체로 남녀 묘지명이 거의 비슷한 시기에, 아니면 동시에 쓰여지는 경우에 나타난다.[15] 남성의 경우 묘비·신도

에는 당호에 대한 언급이 한 번도 나타나지 않는다. 이러한 것은 여성의 개인성을 드러내는 요소를 숨기거나 드러내지 않은 원리가 작용한 것으로 여겨진다.

13) 李植, 『澤堂集』 권10 「淑人沈氏墓誌」. "子女內外孫 已載主簿公壙中故略."

14) 조경인에 대한 비지문은 이식이 쓴 「曺主簿墓誌」, 후대에 조경인이 추증되었을 때 金尙憲이 쓴 「贈吏曹參判行司導寺主簿曺公墓碣銘」이 있다. 조경인은 부인보다 15년 먼저 죽었는데 묘지는 부인이 죽기 전에 쓰여진 것으로 보인다. 왜냐하면 조경인의 묘지에 심씨와 결혼한 사실만 나타나고 심씨와 부장한다는 사실은 기재되어 있지 않기 때문이다. 김상헌이 쓴 묘갈명은 조경인과 그 부인에 대한 서술이 각각 반씩 차지하고 있다.

15) 기대승이 어머니 묘를 옮기면서 아버지 쪽에 기재되어 있다는 이유로 어머니 묘지명에 자손 기재 생략, 조태억은 어머니 아버지 묘지를 같이 쓰면서 아버지 쪽에만 자

비・묘표・묘갈 등 무덤 밖의 것과 안에 넣는 것들이 동시에 작성될 때 묘지에서 자손 서술은 생략되는 경우가 있다. 그러나 남녀의 것이 동시에 작성되었다고 해서 남성 묘지에 자손 서술이 생략되는 경우는 없다.

여성은 여기서도 남성의 안으로, 또는 뒤로 숨겨진다. 남성은 자신을 통해 자손들을 보여주도록 하지만, 여성이 자신을 통해 자손을 보여주는 역할은 상대적으로 주어지지 않는다.[16] 결국 서술자인 남성 문인은 여성 묘지명 쓰기에 있어서 여성을 드러내지 않고 숨기는 대상으로 다루고 있는 것이다.

2) 종인(從人) 원리와 그 서술 양상

종인이란 '여성은 다른 사람을 따라야 한다'는 논리이다. 주역 곤괘를 설명하는 부분에서 곤괘가 원(元)・형(亨)・이(利)하다고 하는데 이 부분은 건괘와 같다. 그런데 정(貞)에 있어서는 '암말의 정(貞)'으로 서술된다.[17] 빈마는 암말이며 숫말에 앞서서는 안되고 항상 뒤에 있어야 유리하며, 제 스스로 이룸이 없고, 그리하여 남편에 대한 부인의 도라고 설명한다.[18] 곤(坤)은 건(乾)과 대응관계가 아니라 '따름'의 관계이다.[19] 이에 의거하여 '여자란 다른 사람에게 복종하는 것이다. 그리하여 전제(專制)의 의리가 없고 세 가지를 따라야 한다'는 이른바 삼종지도가 성립되었다.[20]

손 기재.

16) 이에 대해 손여림은 '고려시대 여성 묘지명에서 자손 기재는 남성보다 더 자세하며 이는 자손의 번창으로 여성의 존재, 정체성을 드러내려는 전략'이라고 하고 있다. 손여림, 앞의 글.

17) 『周易』 권1 「坤卦」. "坤元亨利 牝馬之貞."

18) 위의 글. "君子攸往 先迷後得主利 (…중략…) 陰雖有美 含以從 主事弗敢成也 地道也 妻道也 臣道也."

19) 최영진, 「젠더에 대한 유교의 담론」, 『동양사회사상』 8, 2003.

여성 묘지명 서술자들은 이 원리를 적용하여 여성 삶을 서술, 구성한다. 우선, 여성의 정체를 밝히는 데에서 여성을 '아무개'의 '딸, 처, 며느리, 어머니'로서 서술한다. 이는 여성 행적 서술방식에서 더 잘 드러난다. 가장 보편적인 서술 방식은 인적 관계망 속에서 각 사람들에 대응하는 여성의 행동을 서술하는 방식이다.21) 인적 관계망 속에서 중요하게 등장하는 사람은 시부모·남편·아들이다. 이들이 앞서고 그 뒤에 따라다니며 여성이 보여주는 언행을 서술하는 방식이다.22) 며느리의 도리(婦道), 아내의 도리(妻道), 어머니의 도리(母道)를 지극히 다한 사람으로 서술한다.23)

여성이 맺고 있는 인적 관계망 속에서 중요한 인물을 차례로 앞세워 차례를 서술하는 방식은 남성 묘지명이 연대기적으로 서술되어 있는 것과는 차이를 보인다. 남성들의 삶은 태어나면서 공부하기·과거급제·관력·죽음까지 시간적 경과에 따라 순차적으로 서술된다. 한 인간

---

20) 『孔子家語』. "孔子曰 婦人伏於人也 是故 無專制之義 有三從之道 在家從父 適人 從夫 夫死從子."

21) 김보경, 앞의 글. 김보경은 이를 '관계 서술'이라고 하였다.

22) "是以 爲婦爲妻爲母 咸適其宜而無闕焉 事舅姑 誠以供甘旨 奉祭祀 敬以備粢盛 間言絶於娣姒 和氣溢于門庭 一心洞屬 始終不渝 婦道順也 王父中年中司馬居泮 凡 王父所知 必勤雜佩之問 晩年得眼病在家 凡王父所嗜 必適鳧鴈之宜 妻道和也 少而 無子 年三十七 始生我先君 養極其慈愛 敎盡其義方 時書是訓 弓馬是禁 一以儒素 爲期 其在孫也 敎養之道益嚴備 凡我諸孫之學 聯句千字 皆王母所口授 庸學語孟 皆王母所側誦 嘗曰 人而不學 豈能成立 學而無源 豈能久長 汝孫當以詩書爲根本 以抄集爲枝葉 又嘗曰 儉者士之節 汝勿華侈衣服 勤者功之基 汝勿虛度光陰 酒色 蕩 性之物 漁獵 村夫之事汝孫是懼 與人交 和而不爭 爭則友叛 聞人過 默而不言 言則 怨集 汝孫是戒 凡其所以訓子孫者如此 無異於三遷之敎 母道正也." 이 글은 하수일 의 할머니 조씨 묘지이다. 조씨가 태어나고, 결혼하고, 죽은 날은 조씨 일생의 시기로 표기되며 조씨만이 서술의 주인공이 된다. 그러나 나머지 행적은 조씨가 주체로서 나 타나지 않는다. 조씨 행동을 서술하기 위해 그 앞에는 다른 사람이 등장한다. 시부모· 남편·자식·손자가 먼저 서술되고 그 다음에 조씨가 각각 대응한 행적이 서술된다.

23) 이 밖에도 제사(조상)·비복·종족 등과의 관계에서 보여주는 여성의 대응양상을 서 술한다. 이는 각종 여성 교훈서에 나오는 대응 인물들의 순서와 거의 일치한다. 교훈 서에서 강조하는 '여자는 다른 사람에게 복종한다'는 원리가 여성 묘지명 서술 방식에 그대로 반영된 것이다.

으로서 주체성·개인성을 지닌 언행을 순차적으로 서술하여 하나의 온전한 인간의 모습을 보여준다. 연대기적 나열 방식은 도덕적 규범의 주체적 실천자로 살아가는 남성들의 모습, 삶의 맥락, 궤적을 파악하기 쉽게 해준다.[24] 반면, 여성은 상대방과의 관계속에서 부여받은 역할을 서술하는 형태로 서술된다.[25]

또한, 여성의 생애를 연대기적으로 서술한 것조차도 실질적으로는 다른 사람들과 맺은 관계를 서술하는 방식이 보인다.

> 계유년 남편 목백공이 기질(奇疾)에 걸려 거의 죽을 지경에 이르렀다. 부인은 자기의 장신구를 팔아 의원을 부르고 약을 지었다. 옷도 벗지 않고 쪽도 풀지 않기를 거의 2년 이상이나 하였다. 을해년 시아버지 참의공이 돌아가시고 병자년에 전쟁이 일어나자 시아버지의 궤연을 받들고 시어머니 김씨를 모시고 영해로 가 난리를 피하였다. 그동안의 모든 경비 마련이 어려웠지만 하실과 북당의 봉양에 서운함이 없게 하였다. 무자년 목백공이 무녕함을 만나 호남의 임피현으로 귀양가게 되었고 경인년에는 김부인이 그 귀양지에서 죽었다. 이때 시어머니의 병 간호를 스스로하면서 모든 정성을 다하였다. (…중략…) 기해년 목백공이 밀양으로 부임하였을 때 부인은 내아를 아주 엄하게 다스려 엄숙하게 하였다. 을사년 목백공이 시종한 것으로 은대에 발탁되자 부인이 그 영화로운 고신을 같이 받았다. 경술년 아들 광순이 횡성으로 부임하러 갈 적에 부인이 경계하면서 "조심하는 마음으로 해야 한다. 바깥 사람을 함부로 접하지 말고 물건과 돈을 안으로 들이지 말아라 무당, 점복, 불교 등의 것들에 혹하지 말아라, 부디 네 아버지에게 누가 되지 않기를 바란다'라고 하였으니 대개 부인이 다스렸던 바로써 말씀한 것이었다. 신해년 봄에 아들 광연이 헌부에서 갈려 경성으로 갈 적에 부인은 울면서 "네가 이미 나아가 임금을 섬겼으니 동서남북 어디든 가지 못하랴만, 다만 네가 병이 있는데다 귀신 사는 곳으로 한 번 가면 살아서 돌아오기를 바라기 어렵겠다"라고 하였다. 이

---

24) 남종진, 「한유소찬 묘지명의 기술특징」, 『중국문학연구』 28, 한국중국문학회, 2004, 53면.
25) 유미림, 「조선 후기의 젠더의식에 관한 연구—이덕무의 『사소절』을 중심으로」, 『정신문화연구』 통권95호, 한국정신문화연구원, 2004, 38면.

때문에 잠 못이루어 드디어 걱정이 병으로 되었다. (…중략…) 이 해 5월 14일에 돌아가셨다.[26]

이 글은 송시철(宋時喆)의 부인인 동래 정씨 묘지명이다. 결혼한 다음부터 죽을 때까지 시간의 순서에 따라 서술하였다. 형식만 연대기이지 다른 사람들이 부여하는 동기에 따라 정씨가 행동하는 방식으로 서술하였다.

계유년(1633, 인조 11)에는 남편이 병이 나자 정성을 다해 간호한 일, 을해년(1635, 인조 13)에는 시아버지 돌아가시자 장례 치른 일, 무자년(1648, 인조 26)에는 남편 송시철이 임피현으로 귀양가게 되었을 때를 말하였다. 그때 시어머니가 남편의 귀양지에서 죽었는데 상례와 장례를 잘 치렀다고 하였다. 기해년과 을사년은 남편 벼슬에 따라 고신 받은 일, 경술년에는 아들 송광순이 현감되자 수령의 행동 윤리를 타이른 일만 서술했다. 신해년의 기사는 아들 송광연이 사헌부 지평 자격으로 이원정·이담명을 논박하다 경성으로 좌천되었을 때의 모습을 서술했다.

계유년부터 시작하여 신해년 정씨가 죽을 때까지 거의 40여 년에 걸친 기록이다. 그동안 정씨만의 사건이나 행동 서술은 없다. 정씨 생애 가운데 위와 같은 년대가 선택된 것은 시부모·남편·아들과 관련된

26) 宋俊吉,『同春堂集』권18「淑夫人東萊鄭氏墓誌銘」. "歲癸酉 牧伯公遘奇疾幾殊 夫人鬻簪珥 延醫合藥 不解帶束髻者殆二年 乙亥 參議公捐館 丙子之變 奉几筵侍金夫人 避兵于嶺海之間 備經險艱 而下室之饋 北堂之供 無憾焉 戊子 牧伯公遭无妄 配湖南之臨陂縣 庚寅 金夫人不幸於謫所 爰自侍疾 夫人竭心盡誠 左右侍奉 抑搔扶持 罔不順適 經年如一日 金夫人臨歿 宣言恰如長孫夫人稱唐夫人之意 如時月之制 夫人亦皆預爲之備 雖竄謫流離之際 凡附身附棺者 無少有悔焉 己亥 牧伯公莅密陽 夫人內政甚嚴 衙門之間 肅如也 乙巳 牧伯公由侍從擢拜銀臺 夫人與受華誥 庚戌 子光洵宰橫城 夫人戒其婦曰 小心敬愼 毋接外人 毋通商貨 毋惑巫卜浮屠之術 庶可無累夫子蓋夫人以所自治者詔之也 辛亥春 子光淵遞憲職補鏡城 夫人聞而泣曰 汝旣出身事主 東西南北 何所不可 第汝痼疾在身 一出鬼門 生還難期 以是耿耿爾 遂憂念成疾 繼以子光濂及光洵之婦 幷死於一日之內 夫人大傷慟 病日惡 諸子競進寬譬之說 答言死生之理 吾豈不知 吾年六十有三 涯分已足 此時平無事之日 死於汝輩之手良非幸歟 是年五月初十日屬纊."

기사를 다룰 수 있기 때문이다. 묘지명은 인물의 특성을 잘 드러낼 수 있는 일생의 중요한 일들, 사건을 서술한다. 묘지명 서술자는 위와 같은 년대만이 정씨의 일생에 의미가 있다고 생각한 것이며 그 의미란 다른 사람—특히 남성과의 관련있는 것들이다. 정씨는 그때 그때의 인물과 일에 따라 달라지는 자신의 역할을 수행하는 수행자로서 다루어지며 '더불어 행동하는' 대상으로 서술되는 것이다.

여성을 가족(또는 친족)의 인적 관계망 속에서 파악하고,[27] 여성은 주위 인물이 유발하는 대로 그에 대응하는 수동적 역할 수행자로서[28] 서술하는 방식은 종인 원리에 따른 것이라 할 수 있다. 여성 묘지명 서술자들은 남성(또는 여성 주위 인물)을 앞세우고 여성 행위를 그 뒤에 서술하는 방식으로 쓴다. 그래서 여성 묘지명에서 남성들의 등장, 끼어들기는 아주 빈번하다.[29] 남성 묘지명에서 남성을 다른 사람과 대등한 수행자로서 서술하는 방식과 대조적이다. 여성 행동을 항상 '뒤쫓음'의 방식으로 서술함으로써 여성의 '앞섬'을 경계하고 있는 것이다.

특히, 묘지명 서술자들은 종인의 대상 중 특히 남편 따르기에 대한 부분은 더 부각하여 서술한다.[30] 남편의 뜻을 받드는 것은 물론이고 남편의 병 시중 등은 대표적인 서술 내용이다. 그 가운데서도 남편이 죽은 후에 슬퍼하는 모습을 집중적으로 서술한다.

---

27) 양현아, 「예를 통해 본 여성의 규정」, 『유교의 예와 현대적 해석』, 청계, 2004, 113면.
28) 이숙인, 『동아시아 고대의 여성사상』, 여이연, 2005, 82면.
29) 남성 묘지명에서 여성이 끼어드는 경우는 '어머니'로서의 모습이며 이는 남성의 효를 드러내기 위한 장치이다. 장유가 쓴 「有名朝鮮國贈司憲府持平鄭君墓碣銘」(『谿谷集』 권12)을 보면 어머니에 대한 효성을 드러내기 위해 여성이 등장한다.
　이 밖에 박문수 묘지명과 그 어머니 이씨 묘지명을 보아도 알 수 있다. 박문수의 묘지명을 보면 부모를 밝히는 부분을 제외하고 어머니 이씨에 대한 언급은 전혀 없다. 반면 이씨의 묘지명은 박문수로 하여금 임금에게 충성을 다하도록 가르친 일화로 채워져 있다.
30) 물론 여성의 덕행을 드러내는 데에 있어서 가장 적합한 인물들, 예를 들면 시부모·남편·아들 등이 있는데 이 가운데 가장 드러낼 만한 것을 집중적으로 기록한다. 시부모의 병 구완, 자식 교육이 대표적인 예이다.

(남편인) 남평의 병이 더 심해지자 대변 맛을 보아가면서까지 병이 더 나았는지 더 심해졌는지 살피기도 하였다. 남편이 죽자 슬퍼함은 예를 넘어섰다. 머리도 빗지 않았으며 입고 있던 옷도 갈아 입지 않았다. 입술을 열어 이를 보이지 않은 것이 3년이나 되었다. 또 3년간 고기도 먹지 않았다. 슬퍼함이 너무 심하여 병이 날 정도가 되어서야 비로소 몸을 추스렸다. 그리고 평생 중문 밖으로 나가지 않았다. 매년 제사 때가 돌아오면 비록 나이가 들었어도 모든 준비를 몸소 하고 밤을 지새며 잠을 자지 않았다.[31]

이 글은 남평 현감을 지냈던 노홍우(盧弘祐)의 부인 숙인 김씨 이야기다. 남편이 병들자 분비물까지 맛보며 남편의 병세를 진단하는 정성도 보여준다. 보통 사람들이 지극히 꺼리는 바이지만 남편을 살리기 위해 분비물을 맛보는 역겨움조차 견디어내는 모습으로 서술했다. 남편이 죽은 후의 행적은 마치 열녀전에 등장하는 여성과 흡사하다. 머리 빗지 않고, 옷을 갈아 입지 않음, 웃지 않음, 고기 먹지 않음 등은 생생하게 살아 있는 사람의 모습이 아니며 감정과 생의(生意)가 제거된 모습이다. 또 김씨는 자신을 스스로 규중에 가둠으로써 외부인의 시선 속에서 자신을 지워버리고자 한다. 이 행동들은 남편을 따라서 미처 죽지 못한 죄인이라는 의식을 몸으로 표현함이며,[32] 일종의 '죽음'의 상징이라 할 수 있다. 살아 있는 듯한 모든 형상들을 자신의 몸에서 제거함으로써 '죽음'과 흡사한 상태로 만들어, 현실적인 육체는 살아 있으나 현실에서 부재하는 모습으로 만듦으로써 남편을 따라 죽었음을 상징하고 있는 것이다. 여성의 존재를 한 남편의 아내라는 부부간의 의미를 강조하기도 하면서[33] 남편에 대한 종인 의식의 철저함의 또 다른 면모이기도 하다.

이처럼 남편이 죽은 후 여성이 웃지 않는다든가, 3년 동안 여묘살이

---

31) 宋寅, 『頤菴集』「淑人金氏墓誌銘」. "南平病革 嘗糞以驗吉凶 及沒 哀傷過禮 不梳髮 不解衣 不啓齒者三年 復不食肉者又三年 毀敗疾甚 乃始勉強 猶終身不出中門外 每當祀事 雖在衰年 手自供具 終夜不寢."

32) 홍인숙, 「17세기 열녀전 연구」, 『한국고전연구』 7, 한국고전연구학회, 2001.

33) 이혜순, 「조선조 열녀전 연구」, 『성곡논총』 30집 1권, 성곡학술문화재단, 1999, 122면.

를 하거나 자신을 죽은 사람으로 여기는 행위에 대한 서술 등은 자주 서술된다.[34] 이는 남성 묘지명과는 큰 차이를 드러내는 부분이다. 남성 묘지명은 여성 배우자 죽음을 거의 서술하지 않는다. 남성의 일생 서술에 있어서 부모나 조부모의 죽음은 반드시 언급되지만 부인의 죽음 서술은 선택적이다. 부모나 조부모 상례, 장례를 잘 치루거나 예를 다한 것은 서술하지만 부인 죽음 후의 남성 행동, 애휘하는 모습 등에 대한 것은 없다. 남성 묘지명 쓰기에 있어서 이 부분은 말할 필요가 없거나 말해서는 안 되는 일종의 금기 내용으로서 배제되고 있다. 하지만 여성 묘지명 쓰기에 있어서는 말할 필요가 꼭 있거나 꼭 말해야만 하는 필수적 내용이다. 똑같은 묘지명이지만 남성이냐 여성이냐에 따라서 서술 금지 내용과 서술 필수 내용이 차이가 나는 것이다. 이러한 차이는 여성에게 가해진 종인 원리의 작용 결과로 생각된다. 현실에서 적용되던 규범이 여성 죽음 후 그녀의 삶을 통찰하고 서술하는 데까지 작용하고 있는 셈이다.

3) 의가(宜家) 원리와 그 서술 양상

여성 묘지명에는 한결같이 집안에 대한 공헌 행적이 서술되어 있다. 집안에 대한 헌신은 일상의 가사일부터 가문전체를 위한 공헌 행적까지 서술된다. 묘지명 서술자들은 그중에서 의가원리에 비추어 합당한 것만 선택하여 집중서술한다. 의가(宜家)는 여성의 덕이 그 집안에 마땅하다고 노래한 시경에 나온다.[35] 한 집안, 가문의 유지, 부흥, 흥성에 여

---

34) 정사룡, 『호음집』 권7, 「有名朝鮮國貞敬夫人尹氏墓誌銘」에서는 윤씨가 거의 70여 세나 되는 나이에 자식들을 데리고 남편 무덤 옆에서 여묘살이를 한 사실을 서술했다. 黃景源, 『江漢集』 권18 「孺人朴氏墓誌銘」에서는 남편이 죽은 후 옷도 갈아입지 않고 3년 동안 남편의 상식을 모시는 침문 밖에서 엎드려 지냈다고 한다.

35) 『詩經』 「桃夭」.

성의 덕행과 관련 짓는 원리이다.

그런데 시경 내용을 보면 장마다 "于歸"라는 구절이 있어 의가의 주된 실질 대상이 남성 집안임을 의미한다. 여성 묘지명에 반드시 결혼 사실을 반드시 서술하는 것은 이 때문이다. 그 시기도 구체적으로 밝힌다.[36] 남성의 집안의 가계까지 장황하게 서술하는 경우도 많다. 이것은 여성 삶 전체에 있어서 결혼은 가장 중요한 의례이며 여성 삶의 중심 공간은 '시가'임을 강조함이다. 여성이 결혼 의례를 통해 새로 편성된 가족 속에서 감당해야할 역할은 중요하고[37] 특히 그 집안의 며느리로서의 책임을 반드시 감수해야 한다는 것이다.[38]

그러나 남성 묘지명에서 서술자들은 남성의 결혼 사실을 중요하게 취급하지 않는다. 남성 묘지명에서는 입신양명 원리에 의거하여 남성 개인의 능력 발휘로 인한 출세, 가문 빛내기 등을 중점적으로 서술한다. 남성의 결혼 사실을 따로 서술하지 않으며 후반부에서 간단하게 서술하는데[39] 자손 서술을 위한 전 단계의 의미마 있을 뿐이다. 배우자에 대한 정보도 부인의 본관, 성씨, 장인의 관직과 성명 정도만 간단하게 기재하며 처가가 유명한 가문일 경우를 제외하고는 조부, 증조부 및 그 위의 조상까지 기재하는 경우는 거의 드물다[40]

이러한 의가 원리에 의해 서술자들은 여성 행적 중 시가 집안 존속, 흥성과 관련된 사건·행위만 선택하여 서술한다.

---

36) 서술 형식을 보면 '歲○○'라고 하여 간지만 표기, '歲己卯 年二十'처럼 간지와 나이를 함께 표기, '年十六'처럼 나이만 표기, 아니면 '及笄'라고 표기한다.

37) 손여림, 앞의 글, 21면.

38) 이러한 것은 결혼 사실 서술 방식에서 나타난다. 여성이 누구와 결혼했는가도 기재되지만, 이와 더불어 거의 '○○의 婦'라고 하여 며느리라는 점도 밝힌다.

39) 김보경, 앞의 글.

40) 김안국,『慕齋集』권13「故通訓大夫朔寧郡府南公墓碣銘」에는 처인 정부인이씨와의 결혼 사실 서술 부분에서 처가 가계를 자세히 서술한다. 곧 이색의 후손이라는 점을 부각하기 위한 것으로 보인다.

문정공이 죽은 지 6년 후 맏아들 승지는 다른 사람의 무고에 걸려 감옥에서 죽었다. (남편인) 정자(正字)도 연좌되었으나 죽음만은 면하여 종성으로 귀양가 위리안치되었다. (…중략…) 가을 8월에 숙인은 (시어머니) 조씨에게 가서 남편을 보고 오겠다고 하였고, 조씨가 허락하였다. 숙인은 남자 복장을 하고 필마로, 그 천리나 되는 곳으로 가 종성부에 위리안치된 남편을 보았다. 다음해 봄에 돌아와 시어머니 조씨를 여전히 모셨다. 밤에 잠을 이루지 못하는 데다 남편 생각까지 나서 월입시(月入詩)를 지었다. 때마침 왕의 측근에 있는 신하가 그 시를 외워서 읊었는데 광해군이 '누가 지은 것인가'라고 물었고 신하는 '황 아무개의 처 이씨가 지었습니다'라고 하였다. 광해군이 측은하게 여겨 남편을 흥양현으로 옮기게 하였으니 숙인의 지성에 감응한 것이었다.

청나라 군대가 쳐들어와 인조는 남한산성으로 가 굳게 지키고 있었다. 서울을 수비하는 이들은 사대문을 닫고 사람들의 접근을 금지시켜 병란을 피하도록 했다. 이때 숙인은 융복을 준비하여 집안 식구들을 몸소 거느리고 문 지키는 이를 불러 '이 사간께서 남한산성으로 왕을 호종하라는 명을 받들고 왔으니 어서 성문을 열어라'라고 했다. 문지기가 멀리서 융복입은 형상을 보고 감히 막지 못하고 드디어 성문을 열었다. 그리하여 가족 모두가 안전하게 빠져나오게 되었다. 세상에서는 이 일로 그 지략을 칭송하였다.[41]

이 글은 숙인 이씨 묘지명이다. 이치(李緇)의 딸로 어려서부터 시서와 백가(百家)에 능통하였고 시에 대한 감식안도 뛰어났다.[42] 황석(黃奭)과 결혼하여 황정욱(黃廷彧)의 둘째 며느리가 되었다.

---

41) 黃景源, 『江漢集』 권18 「贈淑人李氏墓誌銘」. "文貞公旣卒之六年 長子承旨 被仇人申慄誣告 下獄死 正字逮繫得減死 安置鍾城 文貞公夫人趙氏 時年八十一 長婦已沒 獨淑人終養趙氏 盡孝道 趙氏怡愉如平常 不知家難也 歲秋八月 淑人告于趙氏曰 請往見夫子而歸 趙氏許之 淑人乃爲男子服 匹馬出塞二千里 見正字於鍾城府藜棘之中 明年春 歸侍趙氏 嘗夜不寢 思正字 作月入詩 會近臣有誦陳者 光海君問曰 誰所作也 近臣對曰 黃某妻李氏所作也 光海君爲之惻然 命量移正字於興陽縣 感淑人之至誠也 奴兒之難 仁廟出守南漢城 王都守者 閉四門 禁人避兵 淑人於是具戎服 躬率家衆 呼門者曰 李司諫承命扈從南漢城 趣開城門 門者望見其戎服 莫敢沮之 門遂開 全家而出 世以是稱其智略."
42) 위의 글. "幼賢明 能通詩書百家 (…중략…) 淑人工詩有神趣 往往警絶 見人之文 能定其高下得失."

이 글에서는 이씨 행적 중 두 개 일화만 제시하였다. 첫째는 광해 5
년(1612)에 있었던 김직재 무고 사건과 관련된다. 시아버지 황정욱은 이
미 죽었고 이 사건으로 남편의 형인 황혁 이씨의 둘째 아들 황곤재가
연루되어 아들은 감옥에서 죽었고 남편도 종성으로 귀양갔다가 홍양으
로 옮겼다. 시아버지 황정욱이 종사무변으로 나라에 공을 세워 한때 집
안이 흥성하였다. 그러나 임진난 때 황정욱의 항복회유문서 작성으로
인하여 어려움을 겪은 직후인데가 남편의 형이 무고 사건에 연루되면
서 남자들이 없게 되자 집안이 거의 망할 지경에 이르렀다. 이 와중에
도 이씨 남편은 귀양가는 데에 그쳤다. 남편을 그리워하는 시가 밖으로
전해져 광해군의 마음을 움직였고 그 결과 남편의 유배지가 훨씬 나은
곳으로 변경되어 살아 남을 수 있었다. 여성의 시재(詩才)는 겉으로 공공
연하게 드러내어 자랑할 것이 아니었다. 그러나 이씨는 그것으로 가장
인 남편을 살릴 수 있는 기회를 만들었다. 따라서 이씨의 시재는 마땅
히 서술해야 하는 것이다.

두 번째는 병자호란 때의 일이다. 성을 지키기 위해 성문을 닫아 놓
고 백성들을 이동하지 못하게 하자 지략을 써서 성을 빠져 나올 수 있
었다. 융복을 준비하여 남편에게 입히고 왕명을 사칭하여 살아남아 '가
족 모두 살리기'는 성공했다. 어지럽고 위험한 전쟁 기간 동안 집안 지
키기란 남성에게도 벅찬 일이다. 이씨는 집안 구성원―가족들을 살려
냄으로써 집안 유지의 필수적인 사항을 이루어낸 셈이다.[43]

남성 집안 가족들 구하기는 남성 혈족의 존속이며 그 혈족을 중심으

---

43) 정치적 사건, 전쟁 등의 어려움 속에서 집안을 지켜낸 이야기는 다른 여성 묘지명에
서도 많이 보인다. 이광정 딸은 민광훈과 결혼하였는데 병자호란 때 남편이 있는 강화
도로 가지 않고 시아버지 미기가 있는 겨주로 가서 살았다. 이에 대해 미기는 "우리
집안의 골육을 보호했다"면서 칭찬하였다. 또 이씨 묘지명을 쓴 송시열은 "민씨 집안
만이 의리를 잃지 않고, 집안이 온전할 수 있었다"라고 하였다(宋時烈, 『宋子大全』 권
187 「貞夫人延安李氏墓誌銘」). 또 구사건 부인은 임진왜란 때 강화도로 피난하여 집
안 식구들을 보호하였다(申欽, 『象村集』 권23 「宜人鄭氏墓誌銘」).

로 한 집안 유지, 지키기이다. 이와 더불어 가세를 유지시키거나, 복귀시킨 행적도 등도 중요하게 다룬다.

   공인은 (집안) 다스리는 일을 아주 부지런히 하였다. 이른 아침부터 저녁까지 일하여 집안의 도를 바로 세웠다. 시부모의 묘를 세 번이나 옮겼고 무덤에 비석까지 세웠는데 모두 공인이 경영하였다. 그리하여 남편 참봉공의 마음에 서운함이 없게 하였다. 본래부터 집안에 내려오던 집이 있었는데 거의 반이나 다 허물어져 쓰러질 정도였다. 그 집에 몇 십 개의 새 나무로 다시 엮어 확 바꾸어 그 모습을 고쳐서 집을 만들어내는 일을 이루어 내기도 하였다.44)

이휘(李蕙)의 딸, 심준(沈埈)의 어머니이며 심정희(沈廷熙) 부인에 대한 글이다. 남편 심정희는 경행(經行)으로 추천 받았으나 벼슬을 하지 않고 선영 근처에 집을 짓고 독서를 하면서 평생을 지냈다. 집안의 모든 일은 부인 이씨의 몫이었다. 이 글에서 이씨의 행적은 묘역 재정비, 집 중수라는 두 가지 일화만 집중적으로 서술했다.

시아버지 심력(沈櫟)은 처음에 광주에 묻혔고 두 시어머니(閔震亮 딸, 金敏成 딸)도 같이 묻혔다. 4년 후 이천의 둔지산으로 세 사람의 묘를 모두 옮겼다. 시아버지와 두 시어머니 유해를 이장하는 작업을 이씨 혼자서 감당해냈다고 서술했다.

이장은 길지를 선택하여 조상, 죽은 부모를 좋은 곳에 모시고 싶어하는 효도의 한 방법이었고45) 좋은 땅의 기운을 받아 자손들이 번영하고자 하는 마음의 표현이기도 하다.46) 이러한 묘역 재정비는 많은 시간과 비용이 들어가는 작업이므로 여성 혼자 재물을 운용하면서 이루어내기

---

44) 崔奎瑞,『艮齋集』권9「恭人李氏墓誌銘」. "恭人勤於治事 晨夕勞劬 以立家道 遷舅姑三葬 樹石墓道 皆由恭人經紀 使參奉公無遺憾 傳家舊第 一半傾頹 刱新數十架 刱然改觀 用成堂構之業."
45) 이화,「조선조 유교사회에서의 풍수담론」,『민속학연구』17, 2005, 65면.
46) 김우임,「조선시대 묘비문을 통해서 본 합장문제」,『한국복식』17, 단국대 석주선기념박물관, 1999.

는 무척 어려웠다.[47]

묘역은 조상이 머물러 있는 곳이며 묘를 중심으로 한 후손들의 혈연적 연속성, 혈연적 귀속성을 확인케 하는 장소이다. 묘역 재정비는 가문 구성원간의 결속을 강화하는 구심 역할을 하며[48] 이장과 비석 세우에 드는 많은 비용을 감당함으로써[49] 집안 경제력도 보여주어 가세의 건재함, 흥성 등을 보여주는 가문 과시 효과도 있다. 공인 이씨가 행한 이장 작업, 비석 세우기는 시부모에 대해서는 효의 실천이기도 하지만 집안 전체적 입장에서 볼 때는 가문 흥성의 기초를 다진 것이며 가세를 한껏 드러낸 덕행이기도 하다.

집 중수 또한 비용과 노동 시간이 많이 드는 일이다. 집은 가족 구성원들이 모여 사는 실질적 공간이며 제사와 손님 접대가 이루어지는 공간이다. 남성의 내적·외적 활동의 근간이 되는 공간을 여성의 힘으로 조성해내는 일들은 다른 묘지명에서도 보인다.[50] 이 작업을 통해 남성 집안 가세의 흥성함을 보여줄 수 있기 때문이다.

이처럼 묘지명 서술자들은 여성 행적 중 의가 원리에 충실한 내용을 선택, 집중적으로 서술한다.

---

47) 실제 순흥 안씨는 자신의 친정 아버지 묘에 비석을 세우기 위해 죽기 직전까지 며느리들과 종들을 독려해가며 방적하여 그 비용을 마련하기도 하였다.

48) 이는 후대 자손들에 의해 몇 대 위의 선조들 묘소 정비작업이 한꺼번에 이루어지는 것과 관련된다. 남구만의 경우 남구만 대에 와서 10대조 조상의 묘까지 정비하고 족보를 펴내기도 하였고, 송시열·송준길 등은 송씨 집안 조상들의 묘를 일대 정비하기도 하였다.

49) 이종호, 「비지류 산문의 전기문학적 성격-그 서사원리에 대한 이조 사대부층의 인식」, 『한국한문학연구』 19, 한국한문학회, 1996.

50) 金應祖, 『鶴沙集』 권8 「孺人豊山金氏墓誌銘」. 풍산 김씨는 남편과 시아버지 못자리가 좋지 않다는 말을 듣고 이장작업을 한다. 그리고 남편이 평생 집을 짓고 싶어했으나 이루지 못하고 죽자 자신이 남편의 옛 집 옆에 새로 짓는다. 이에 대해 김응조는 "이 일이 어찌 여자가 가히 해낼 수 있는 일인가?"라고 하여 여성의 일로는 어려움을 보여준다.

3. 나오는 말

묘지명은 죽은 사람을 대상으로 하여 그 일생을 재구성면서 칭송할 만한 행적을 중심으로 서술하는 글이다. 그런데 그 칭송되는 행적이란 당대의 사회·문화적 가치 체계에서 수용될 수 있는 것들이다. 당대 인식에 비추어 보아 수용될 것들은 적극적으로 서술되나 그렇지 못한 것은 배제된다.

여성 묘지명 또한 마찬가지이다. 불출(不出) 원리에 의해 여성과 관련한 모든 것은 드러내지 않는다. 묘지명 서술자들은 생전에 있었던 여성 이름을 쓰지 않기, 여성의 정체를 되도록 남성들의 뒤로 감추는 효과를 보이는 서술 방식을 따른다. 또 여성들의 행적을 남성들의 행동 궤적에 뒤따라 서술하거나 다른 이들의 뒤를 따라 서술하기도 하는데 이는 종인의 원리에 바탕을 둔 것이다. 더불어 집안, 가문에 대한 여성의 공헌은 반드시 서술되는 경향은 의가 원리에 바탕을 둔다.

묘지명은 남성이 쓰지만 읽는 이들은 여성들도 포함된다. 독서물로서의 여성 묘지명은 내용을 통해 교훈의 기능을 한다. 동시에 내용 뒤에 숨어 있는 서술의 원리 또한 독서 과정 속에서 천천히 드러나게 된다.

이런 점에서 볼 때 여성 묘지명은 일종의 사회·문화적 담론이라고도 할 수 있다. 한 여성의 일생을 재구하는 데에 그치지 않고, 바로 그 재구하는 과정에서 당대 여성들의 행위를 규제했던 행위 원리, 또는 여성에 대한 인식을 묘지명 쓰기의 원리로 강화시키는 것이다.

귀양과 사사(賜死)의 가족사

『임인유사(壬寅遺事)』를 중심으로

김태준*

1. 석실서원의 일화와 『임인유사』

담헌(湛軒) 홍대용(洪大容, 1731~1783)을 살피면서 그가 공부했던 석실서원(石室書院)의 스승 미호(渼湖) 김원행(金元行, 1702~1772)과 그의 『미호집(渼湖集)』에 부록된 『임인유사(壬寅遺事)』를 관련시켜 관심을 가져 본 일이 있다. 『임인유사』는 김원행 가문의 부조(父祖) 3대 ― 문곡(文谷) 김수항(金壽恒, 1629~1689), 몽와(夢窩) 김창집(金昌集, 1648~1722), 죽취(竹醉) 김제겸(金濟謙, 1680~1722) ― 가 이어서 사사(賜死)된 유배실기의 하나이며, 미호도 지은이의 한 사람이다. 『임인유사』에 전하는 두 가지 글 가운데 「몽와성주유교(夢窩星州遺敎)」를 쓴 김신겸(金信謙, 1693~1738)은 노가재(老

* 동국대 명예교수.

稼齋) 김창업(金昌業, 1658~1721)의 셋째 아들로, 문집 『증소집(橧巢集)』(규
장각 소장) 속에 한문본 「성산유사(星山遺事)」를 남기고 있다. 증소는 몽
와가 성주(星州)에 이른 때로부터 가장 많이 대화를 주고 받았고, 또 죽
취와 몽와 부부의 행장이나 갈석(碣石)을 모두 그에게 쓰도록 유언할 만
큼 그 문장과 글씨의 능력을 인정받은 사람이다. 또 미호는 농암(農巖)
김창협(金昌協, 1651~1708)의 양손자로 작은 할아버지가 되는 삼연(三淵)
김창흡(金昌翕, 1653~1722)과 도암(陶菴) 이재(李縡, 1680~1746)의 문하에서
수학하고 기호학파의 낙론(洛論)의 학문을 이어받은 대표적 산림학자(山
林學者)의 한 사람이다.

한편 남양주시 서원말의 석실서원은 병자호란 때의 척화신 김상헌(金
尙憲, 1570~1652)의 충절을 기리고 후손을 기르기 위해서 그의 호를 따서
세운 서원이다. 뒤에 김수항·민정중(閔鼎重, 1628~1692)·김창협 등을 함
께 모셔 절의의 정신을 이어온 김씨 가문의 상징이다.1) 서원의 원주(院
主)가 된 미호는 이 절의의 정신과 명분을 중시해온 가학(家學)의 상징으
로 이 서원을 지켜 30년 동안 서울 땅을 밟지 않았다는 고집쟁이 산림
학자였다. 그런데 미호 선생의 애제자 중 하나인 담헌은 그 스승이 문
암(門巖)이란 벼슬아치 집의 관례(冠禮)를 주례하기 위하여 서울 가까이
까지 가신 것이 의리에 합당한가를 묻는 편지를 스승에게 드리고2) 십
여 년 간의 서원생활을 접고 스승의 곁을 떠났다고 했다. 제자로서 스
승에게 여쭙는 글의 내용이 심히 당돌할 뿐 아니라, 스승의 삶의 방식
과 의리를 문제 삼아 퇴학하는 행동이 주제 넘는다고 할 수 있다. 그러

---

1) 남양주의 석실 서원의 경관과 공부하는 모습은 삼연의 「석실서원」 시로 그 "선대의
  자취"를 확인할 수 있고, 겸재 鄭歚(1676~1759)의 「京郊名勝帖」에 「석실서원」이 옛
  모습을 전한다. 「三洲三山閣」은 김원행의 양할아버지인 농암이 1695년 마흔 다섯 나
  이로 이곳에 정착한 무렵, 겸재가 농암에게서 배우던 때의 풍경일 터이다. 덕소리의
  석실마을에는 김원행의 선대인 金尙容(1561~1637)·상헌 형제로부터 안동 김씨의 세
  거와 유택이 자리하고 있다.
2) 洪大容, 『湛軒書』 內集 권3 「上渼湖先生金元行書」.

나 과문(科文)을 공부하고자 하는 자는 다른 서원으로 가라는 서원의 방침3)과 함께, 입학을 구두 허락받았던 권모(權某)의 경우, 그 선조 권규(權珪, 1648~1722)가 홍만조(洪萬朝, 1645~1725)와 함께 신임사화에서 매우 격한 어조로 노론 사대신(老論四大臣)을 비난하는 상소를 올렸다는 이유로 석실의 입학을 거절당하는 분위기였다. 이 입학을 취소시키는 문제에 담헌이 유사로 관여했던 듯,4) 사제 사이에 가르치고 묻는 이 서원의 기개를 이해하기에 충분한 일화라 할 만하다.

이런 김씨 가문의 귀양과 사사의 가족사로 『임인유사』는 미호의 할아버지 몽와 김창집과 생부인 죽취 김제겸이 사사된 신임사화(辛壬士禍) 때의 유사이며, 이것은 다시 그 선대인 문곡 김수항의 「긔스유스」와 합철되어 『유교(遺敎)』라는 3대의 유배실기가 이루어진다.5) 이 글들은 가족의 유배기이면서 사사를 받아 스스로 글을 써서 남길 수 없는 귀양객의 유배와 죽음의 이야기를 자손들이 기록해 남긴 실기문학이다. 그래서 '유사'와 '유교'라는 형식의 글이 씌어지고, 부조 3대가 이어서 사사되는 비극의 가족사와 죽음으로 남긴 유훈이 중심을 이룬다. 김씨 가문의 자손들은 선대의 부조들이 겪은 고난과 그와 연루되어 겪은 자신들의 고통의 경험을 함께 엮어 선조들의 유사로 대대손손 이야기하고, 이야기할 뿐 아니라 기록으로 남기지 않을 수 없었을 터이다. 이것이 한문기록으로는 물론, 국문으로도 번역해서 널리 부녀자들에게도 읽혀야 할 가문의 역사이며, 가족문학이 되었다. 그래서 유배 자료로는 드물게 한문과 한글로 함께 썼으며, 여러 사본으로 전하여 국한문본의 출입을

---

3) 「석실서원학규」에는 "만약 과거공부로 나아가고자 하는 자는 다른 서원을 가야 한다"고 규정하고 있다.

4) 스승을 대신해서 담헌이 이 일로 권모에게 서원에 들어올 수 없는 사정을 엄격히 통지하였다(洪大容, 『湛軒書』 내집 권3 「與權某書」); 김태준, 『홍대용평전』, 민음사, 1987, 42면 참조.

5) 이승복, 「遺敎(자료의 발굴과 소개)」, 『문헌과해석』 4, 1998년 가을에 소개가 자세하다. 이 교수는 같은 잡지의 다음 호에 이 자료의 「원문 및 주석」을 따로 발표한 바 있어 크게 참고가 된다.

살필 수 있는 귀중한 실기로 남았다. 이것은 선조의 삶의 역사와 선조의 가르침을 기록해서 읽고 이야기하는 문학으로 향유하고, 그 가르침을 사는 일이었을 터이다.

사람이 그 죽음을 보면 그의 삶을 알 수 있다고 한다. 특히나 부조 3대가 이어서 사사를 받은 가문의 자손으로 그 임종을 지키며 보고 들었던 부조의 죽음과 가르침은 조상의 삶의 이해는 물론, 가정이나 그들이 속한 공동체가 지녀온 바 밑바닥을 흐르는 삶의 경험을 물려받는 일이었을 터이다. 더구나 이 김씨 가문의 「유사」는 유배객이 스스로 써서 남길 수 없는 죽음의 순간, 사사가 일상이 되어버린 선조의 '평일유사(平日遺事)'[6]를 글로 써서 그의 죽음과 삶의 마지막 기개를 기술하고, 남긴 유언을 정리하여 후손의 삶의 방식으로 가족문화를 이룩하는 일이었다. 특히 "선조가 남긴 절의와 가정에서 배운 도리를 지켜 사사로운 이해와 화복을 개의하지 않는다"[7]는 가정문화가 그래서 이룩되었을 터이다. 그리하여 그 '아버지 할아버지들이 어떻게 당당하게 죽고, 그 선조들의 '아버지다움 할아버지다움'이 그 아들 후손들의 사람됨을 어떻게 바꿔놓을 수 있었는지를 전해주는 절의의 가족문학이라 할 만하다. 이 소론은 『임인유사』를 중심으로 이런 귀양과 사사의 가족사'라 할 조선 지식인 가족의 문학과, 삶과 죽음 사이의 일상의 한 가닥을 정리해보고자 한다.

---

6) 김신겸은 「星山遺事」에 붙인 후기에서 "오호, 이것은 伯父의 '平日遺事'"라고 썼다.
7) 김창협이 평생동안 벼슬을 사양한 상소의 큰 줄기는 "선조가 남긴 법도와 가정에서 보고 들은 도리를 따라, 이해와 화복은 개의하는 것이 아니다"는 것이었다고 했다(『農巖集』권36 附錄 「甲戌 十月 三疏許遞」 「年譜 下」).

2. 귀양과 '사사(賜死)'의 가족사

1)

3대에 걸친 김씨 가문의 「유사」는 '유사(遺事)' 혹은 '유교(遺敎)'라는 제목들에서 드러나듯이, 부조가 사사되는 임종의 상황과 유언을 기술하는 내용이 중심을 이룬다. 글들은 모두 당사자가 유배의 땅에서 후명(後命)에 맞닥뜨린 내력과, 영결(永訣)의 대화와 유언이며, 죽음에 임하는 모습을 사실 기술했다. 글은 유배객 당사자를 둘러싼 사건의 흐름과 언행과 대화를 직접화법으로 서술해서, 실기의 객관성과 현장의 사실성을 높였다.[8] 특히 '사사'라는 이름의 강제된 죽음 앞에 선 부조가 어떻게 이 '비상한 최후'를 스스로의 일상으로 받아들이는지를 객관적으로 그려준다. '사사'라는 제도는 죽일 죄인을 대우하여 임금이 독약을 내려 죄인 스스로 죽게 하는 일이다. 이것은 중죄인을 '대우하여 스스로 죽게 하는' 존중의 사형법이었던 셈이며, 사사를 받는 당사자로서도 나라와 임금을 위해서 충성을 다하고, 정당하다고 생각하는 바를 위해 목숨을 바치기를 두려워하지 않는 기개를 보여준다.

우리 근현대사에서도 적잖게 보아왔듯이, 가족의 정치적 죽음은 비일상(非日常)의 사건이면서, 해당 가족 구성원들에게는 삶의 방향을 결정하는 아픔이 일상이 되어 버린 삶의 현장이었을 터이다. 아버지와 할아버지가 유배되고 사사를 받는다는 비일상의 상황, 생명의 불꽃이 스러져가는 시간이며 스스로가 글을 써서 남길 여유가 전무한 인간 최후의 한계 상황에서 사람은 대체 무슨 말을 하며 무엇을 할 수 있는 것일까? 더구나 '사사'는 자가의 낯익은 집에서 죽음을 맞는 고종명(考終命)

---

8) 이승복, 앞의 글, 201면 참조.

이 아니다. 귀양의 낯선 길에서 죽는 처참한 객사(客死)이다. 집이 있는 상태와 집이 없는 객지에서 죽음은 같을 수가 없다. 이야말로 사람은 집이 없는 상태가 되어야 불안과 고독에 젖어 심각하게 스스로를 되돌아보고 스스로에 대하여 진지하게 물음을 던진다고 말한 어느 철학자의 말을 떠올려도 좋을 상황이다. 김씨 가문의 이 '유사'는 이런 비일상이 대를 잇는 일상이 된 가문의 죽음과 삶, 비일상 속의 일상의 가족사가 된 것이다.

2)

『임인유사』는 노론의 우두머리 몽와 김창집과 그 아들 죽취 김제겸이 연잉군(延仍君, 뒤의 영조)을 세제(世弟)로 세워 정무를 대리시킨 일로 신임사화(1721~1722)에 사약을 받아 죽은 일과 이를 둘러싼 가족들의 삶의 일상을 그렸다. 이 신임사화 때에는 몽와의 손자인 김성행(金省行)이 아버지 죽취가 보는 앞에서 먼저 죽임을 당했을 뿐 아니라, 가족들은 사방으로 귀양되고 파가저택(破家瀦宅)되는 시련에 허덕였다. 또 「긔수유사」는 숙종 15(1689)년, 장희빈의 소생[景宗]을 세자로 책봉하는 일로 서인(西人) 정권이 밀려난 때[己巳換局], 미호의 증조부 문곡 김수항이 그 형 수흥(壽興, 1626~1690)과 함께 귀양되고, 우암 송시열(宋時烈, 1607~1689)과 함께 진도(珍島)의 배소에서 사사된 가족의 유사이다. 기사년 4월 초5일 저녁 식후에 뜻밖에 전해진 후명 소식으로부터 6일 사사되기까지, 문곡이 몽와 이하 농암·삼연·가재 등 육창(六昌)의 생존한 다섯 아들들과 주고받은 임종의 기록이다. 국문으로 전하는 「긔수유사」와 한문과 국문으로 함께 전하는 『임인유사』는 후손인 증소 김신겸, 미호 김원행들이 귀양의 길을 뒤따르며 생중계하듯 그려준 가족사이며, 유배 실기 문학의 백미이다.

신축(辛丑, 1721)년 12월 영의정 자리에 있었던 몽와는 74살의 나이로 거제도(巨濟島)로 유배되고, 그 큰아들 제겸도 울산으로 유배되었다. 이 듬해 임인년 4월에는 조태구(趙泰耇, 1660~1723) 등이 이들의 나국(拿鞫)을 청하여, 몽와는 거제에서 성주(星州)에 이르렀을 때 후명이 나서 사사되고, 그 아들 제겸은 북변의 부령(富嶺)으로 이배되어 8월 24일 적소에서 사사되었다. 신축년부터 임인년에 이르는 이 신임사화는 안동 김씨 가문의 역사에서 가장 큰 재앙으로, 이때 정법(正法)으로 처리된 이가 20여 명, 매 맞아 죽은 이가 30여 명이 되었으며, 이밖에 가족으로 잡혀 죽은 사람만도 13명이었다. 게다가 유배된 자가 무려 114명, 스스로 목숨을 끊은 부녀자가 9명, 연좌된 자가 연인원 173명에 이르렀다. 대소 가솔들은 7군(郡)으로 유배되고, 이렇게 집안이 폐족이 되는 소용돌이 속에서 자질들이 이 유사를 기록해 남겼다. 유배문학이라면 귀양에서 살아 돌아온 유배객 스스로 회고록으로 남기는 것이 보통일 터이지만, 이 작품은 함께 유랑한 자손들의 보고의 실기라는 특색이 있고, 귀양과 사사가 가문의 일상이 되어버린 한 집안의 가족사라는 점에서 귀중한 자료이다.

이 귀양길에는 유배객 본인은 물론, 자식과 일가 친족과 부인에 이르기까지 대소 가족이 나그네 살이를 함께 했다. 조선시대에는 나라의 특명이 없는 한 유배죄인 스스로 배소에서 살아가야 했던 만큼, 자연히 가족의 일부나 또는 전부가 따라 다니기 마련이었다. 더구나 몽와의 경우는 거제도 유배 중에 사사와 정형(正刑)과 감사(減死)의 명령이 오락가락하고, 드디어는 유배지 거제에서 서울 국청으로 압송되는 가운데 성주에 이르러 날벼락 같은 후명이 뜨고, 갑작스레 죽음 앞에 맞닥뜨렸다. 따라서 유배객 한 두 사람에 그치지 않고, 유배지가 몽와의 대가족의 어수선한 삶의 현장이었다. 그의 귀양길에는 서울을 떠날 때 병객으로 죽기 한두 달 전의 동생 삼연(三淵)이 양재까지 나와 이별한 것을 비롯해서, 조카인 양겸·치겸·후겸(삼연의 아들), 언겸·신겸과 비겸(가재의 아들)·용겸(포음의 아들) 등 조카와 사위인 민창수가 임종을 지켰다. 사돈인 민진원(閔鎭遠)이 같은 성산 땅에 유배 살며 찾아왔고, 그 손자인 민백상(閔百祥)과 백흥(百興)도 찾아왔다. 소촌 찰방 창발(昌發)과 이첨지 명룡(命龍)과, 나래도사(拿來都事)·후명도사(後命都事)와 사사될 경우를 대비해서 관을 짜는 관곽장(棺槨匠)까지가 그의 뒤를 따라 거제도(巨濟島)로 성주(星州)로 이동했다.

「성주유사」를 쓴 신겸은 큰아버지[昌集]와 사촌 형[濟謙]과 조카[省行]의 사사 사건에 골몰하면서, 한편으로 장인[李頤命]이 노론 4대신의 한 사람으로 남해로 귀양가서 사사되고, 처남[李器之]이 노적(孥籍)[9]을 당하여 감옥에서 죽는 난국을 헤쳐가야 했다. 장모 이씨 부인과 자부와 손부 등 여인 3대가 유배되고, 어린 처조카[李鳳祥]가 자살한 것으로 꾸며 도망하는 사건에 연루되는 등 복잡다단했다.[10] 그리고 함경도 부령(富嶺) 땅에서 사사된 제겸의 귀양길에는 그 부인 송씨가 함께 뒤따랐고, 뒤에는 송부인도 금산(錦山) 땅에 유배되었다. 원행은 출계한 덕으로 죄는 모면하였으나, 준행·달행·탄행 등 여러 형제들과 함께, 언남이·영만이·돌몽이·삼원이·기리쇠 등 종복과 여종 춘선까지 함께 유배지로 전전한 모습이 유사로 뚜렷이 그려졌다.[11]

---

9) 重罪를 지었을 경우 본인을 극형에 처하고, 그 처자까지 연좌시켜 범인과 같은 형에 처하고, 또 그들의 재산을 몰수하는 것을 孥籍이라 한다. 이때 이씨 가문에서 죽은 자가 9명이고, 귀양간 자가 수 십명에 이르렀다.

10) 처조카 이봉상은 자살을 가장하고 숨어 신임사화의 화를 피한 뒤 영조 5년 사면받았다. 이와 관련한 그 조모 김씨 부인의 국문 上言이 소개되어, 이 사화와 가족들의 삶의 한 고통상을 짐작할 수 있다(임형택, 「자료 해제−김씨부인의 국문 상언」, 『민족문학사연구』 24, 2004).

11) 유배기로 이 점에 대해서는 김태준, 『한국의 여행문학』, 이화여대 출판부, 2006에서 한 차례 다룬 바 있다.

3. 삶과 죽음 사이의 일상

1)

'유사'들에서는 사약을 받고 죽음 앞에 선 부조의 임종과, 그 순간을
안타깝게 아껴야 하는 가족들의 종효(終孝)의 기록이 중심을 이룬다. 여
기서 자가의 죽음에 맞닥뜨린 사람의 '임박한 죽음'은 스스로 죽음을
각오하고, 마지막 목욕을 하고 손톱을 깎고, 자기 시체를 감쌀 관(棺)에
바를 칠(漆)의 양을 지정하고, 묘지명을 써 줄 사람을 지명하며, 자신의
장의절차를 간소하게 할 것을 지시하고⋯⋯ 내세에 있을 자신에 대한
심판을 걱정한다. 생애 마지막 밥을 먹으며, 남기고 가는 후손의 결혼을
걱정하고, 남겨진 재산의 분배에 대한 유언을 남긴다. 마지막 순간까지
일상을 벗어날 수 없는 삶의 연속이며, 최후의 일상이다. 문곡의 경우에
는 여러 손자의 이름자를 정하여 손수 차례를 벌려 쓰고, 자가의 묘도
문자를 쓸 사람으로 화숙(和叔) 박세채(朴世采, 1631~1695)나 우암 송시열
을 지정하며, 문집을 자식들이 산정해서 호곡(壺谷) 남용익(南龍翼, 1638~
1692)의 눈을 거치도록 지명하기도 했다. 실제로 그 아들 농암은 문곡과
같은 죄목으로 유배지 탐라에서 서울로 압송되던 우암을 중도에서 만
나 묘문을 받아와 『문곡집』을 엮어 간행한 바 있다.[12]

몽와는 임인(1722)년 사월 스무 아흐렛날, 낯선 땅 성산(星山)에서 사약
을 집행할 후명도사의 재촉을 받으며 누웠던 자리에서 일어나 바로 습
의복(襲衣服)을 입고, 손톱을 잘랐다. 목욕을 하고 손톱 발톱을 자르는
것은 죽은 이에게 염습(殮襲)을 하는 절차이다.[13] 그런데 사사를 받는
자는 이렇게 스스로 자기 염을 준비한다. 그리고 삶의 최후의 처절한

---

12) 金元行, 「墓誌銘 竝序」(金昌協, 『農巖集』 권36 부록).
13) 李縡, 『四禮便覽』 권3 「沐浴」.

순간을 온 몸으로 감내하며, 한 수 절명시로 「절필(絶筆)」을 읊었다.

> 임금 사랑하기를 어버이 사랑 같이 하니
> 하늘 날이 붉은 마음을 비치었구나
> 선현의 이 글귀가
> 비절하기가 고금이 한가지라.[14]

"임금 사랑하기를 어버이 사랑 같이 하는 것[愛君如愛父]"은 신하된
이의 '붉은 마음[丹衷]'이며, 변함없는 충성은 '하늘 날[天日]'이 알 터이
다. '절필'은 이승의 마지막 글이다. 죽음을 눈앞에 둔 절박한 심정을 토
해내는 마지막 말에 어찌 선현의 이 말 한 구절을 이끄는 일 이상으로
더 할 말이 없을까마는, 이런 글일수록 감정을 절제하고 전고나 용사를
사용하는 것은 글의 한 전형이었다. 게다가 "비절하기가 고금이 한 가
지라[悲絶古今同]"는 한 마디 말은 선친 문곡이 사약을 받던 임종 때의
비통함이 자갸의 죽음과 겹쳐지고, 임금을 사랑하는 가문의 절의의 정
서를 갖춘 뜻이다. 한문본에 들어 있는 몽와의 시 7수 가운데 이 한 수
시만이 국문본에도 들어 전하는 것은 이 시가 지닌 유사와 유교의 상징
성 때문이다. 그 아버지 문곡이 진도 유배의 땅에서 사사되던 기사환국
때에는 병조참의에서 체직된 몽와가 삼연 등 형제들과 함께 아버지를
따라 나서서 물론 배소에서 임종했다. 이때 그 선친은 죽음에 임하여,
이런 시로 절필한 바 있었다.

> 세 조정을 섬겨 비익함이 적은 신하는
> 한번 죽음이 마땅하도다.
> 오직 임금을 사랑하는 마음이 붉은 피와 같으니
> 구천에서 귀신으로 하여금 알게 하리라.[15]

---

14) 국문본에는 이 시 한 수만이 번역되어 실렸다. 원문을 밝힌다. "愛君如愛父 天日照
丹衷 先賢此句語 悲絶古今同."

벌써 33년 전의 일이지만 응당 그 옛날 선친의 임종 장면이 중첩되어 자가의 절필에 '붉은 피'와 '귀신'으로 표출되었을 터이다. 또 "임금사랑이 마음만은 피 같다[愛君心似血]"는 이 구절은 널리 사람의 입에 오르내려, 몽와가 도총관(都摠管)이 되어 궁중에 입직할 때에 임금이 특별히 내린 두 수 어제시(御製詩)에 어김없이 이 구절이 들어 있었다.16) 몽와는 명일(命日)에 그 선친의 임종운(臨終韻)에 차운하는 시를 따로 써서 이 사실을 재삼 기렸다.17) 문집에 따르면 이 「절필」에는 제목 밑에 "금오랑(金吾郞) 문보(文普)가 조정암(趙靜菴)의 후예로, 문에 이르러 사약 받기를 심히 급히 독촉하여 조부를 생각지 않고 호령이 이와 같으냐고 공이 말했다"는 주석을 붙여 놓았다. 절필을 토해내는 이의 다급한 심정이 한껏 배어나는 대목이다.

이어서 평생 그를 따랐던 첨지 이명룡(李命龍)에게 주는 오언고시 한 편을 따로 써서,18) 부자 사이보다도 가까웠던 인간적 은의를 노래 글로 보답했다. 특히 이 글은 이날 밤 이경(二更) 몽와가 이명룡의 부탁을 받고 쓴 것으로, 명사의 필적을 받는 풍속의 한 보기이기도 하다. "너는 일찍이 우리 집에 살아, 서로 대접하기가 애비와 아들 같았다"고 시작하는 5언 고시는 두 사람의 반생의 인연을 나타내는 솔직 대담한 표현을 위하여 16구로 읊어낸 시편이었다. "주종의 관계를 떠나서 반평생을 기쁜 일 슬픈 일을 함께 하였으니, 노래로 은의를 보답한다. 나를 따라 유배지에 들어왔으니, 영해(嶺海)가 멀리 천리로다. 아들이 여럿 있어도 따르지 못하는데 네가 아니면 내가 누구를 다시 의지하였으랴, 어찌 알

---

15) 「긔스유스」에는 국문 번역문이 실렸으나 문집에 다음과 같은 원시가 실렸다. "三朝添竊竟何裨, 一死從來分所宜, 唯有愛君心似血, 九原應遣鬼神知."(金壽恒, 『文谷集』 권6 「聞後命」)

16) 이때 임금이 내린 두 수 시 가운데 둘째 수에는 이렇게 읊었다. "每誦愛君心似血, 傷神猶有涕滂沱."

17) "聖世曾無塵露椑, 此時罹禍豈非宜, 巖廊白髮惟衷赤, 漫荷先王特達知."(金昌集, 『夢窩集』 권4 「謹次先考臨終韻」)

18) 金昌集, 『夢窩集』 권4 「臨命書贈李命龍」.

았으랴, 유배 길에서 내가 사사되는 소식을 들을 줄을, 네가 또 목 놓아 우는 것을 보니 저절로 내 뜻이 상한다. (…후략…)" 평생 자식보다도 가깝게 대접해 준 정의를 갚고도 남음이 있을 진심이 넘치는 노래가 아 닌가? 이런 뜻에 동의를 구하기라도 하듯 좌우를 돌아보며 붓을 들어 손수 글을 썼고, 이야말로 이승에 남기는 마지막 절필로, 신분이며 가문 을 뛰어 넘는 가족 공동체가 이루어지는 마당이었으리라.

몽와는 뜰 아래로 내려가 임금께 사배(四拜)하고, 후명사자로부터 임 금이 내린 전지(傳旨)를 들은 뒤에 다시 사배한다. 이즈음에서 몽와는 사 약 받기를 재촉하는 후명도사를 향하여 자갸의 절명시를 읽어 주는 것 이 어떻겠는가고 제의해서 주위를 당혹하게 한 잠시 전의 촌극을 머리 에 떠올렸을 법하다. 그러나 신겸은 이 제의를 "희롱하신 말씀"이라 하 여 부조의 '여유'로 되돌렸다. 몽와는 곧 대청에 올라 임금의 안부를 묻 고, 방으로 들어가 따르던 모든 자손과 모인 사람들과 하나하나 손을 잡고 "잘 살아라, 잘 살아라"고 인사를 나누어 영결(永訣)했다. 자녀 손 들은 '천도(天道)가 아무리 어긴다 하더라도 문곡의 후손이 어찌 다 보 전하지 못할 것인가'라고 탄식하여 영결하는 조상을 위로했다. 그리고 기해년에 조상[先王考]이 죽음에 임[臨命]하여 보인 기개를 회고하여, 가 문의 절의가 추호도 흔들림이 없이 이어짐을 서로 되새겼다.

2)

그런데 몽와는 자갸의 평생을 정리하여 근년에 지은 「자술」에서 죽 음의 전정(前定)이 있을 것이라는 운명론에서 자유롭지 못한 모습을 감 추지 않고 있다. 그는 일찍이 서울 큰 경릉골 어귀 길가에 피접난 집에 서 살 때 그 어머니가 새벽마다 창밖에서 들리는 상여 소리를 싫어하셨 는데, 서소문이 가까웠기 때문이라고 했다. 서소문은 옛날로부터 시신 (屍身)을 성 밖으로 나르는 통로구실을 하던 곳이었고, 경릉골은 정릉동

(貞陵洞)으로 서소문에 가까웠다. 또 병술년 사이에 꾸었다는 꿈 이야기는 자기가 무슨 일로 성 밖에 대명(待命)하는 듯하였는데, 이윽고 나라에서 후명을 내린다 하여 임금께 사배(四拜)할 때 언뜻 생각해보니 그곳이 바로 성 밑이었다고 했다. 그때 마음에 심히 쓸쓸하여 스스로를 위로하였던 바, 오늘 스스로 머문 성주의 집이 성 밑에 있어서, 세상만사에 정해진 운명이 있다고 하였다는 것이다. 서소문 근처에서 상여소리를 들으며 산다고 모두 죽을 운명일 리가 없고, 성 밖에서 대명한 꿈이 모두 죽음의 전조일 리가 물론 없다. 죽음에 대한 공포가 엄습하고 있던 마음 상태를 짐작케 하는 대목이다.

흥미로운 것은 이 대목에서 몽와가 금세 죽음 뒤의 세계로 달려가는 점이다. 응당 체념의 한숨이 나오고, 죽음 뒤에는 과연 신령(神靈)이 있는 것인지를 후손들에게 물어 신령에게 지각(知覺)이 있다는 믿음에 동의를 구한다. 부조의 '나의 죽음'에서 자녀들의 '당신의 죽음'으로 바뀌어 가는 모습이다. 몽와는 "현요(顯要)한 곳을 피하라"는 유훈(遺訓)을 어겼다는 반대당의 공격에 대하여 길게 해명하여 부끄러움이 없을 것이라는 자손들의 말에 웃음으로 안도(安堵)했다. 그리고 스스로 「자술」의 글 700여 구를 정리해온 내력을 환기시키며, 이번 유배지에서도 미처 마치지 못한 채로 '내 평생'을 볼 수 있다고 하여 스스로의 75년의 삶을 이로써 요약했다. 이제 '나의 죽음'은 죽음 뒤의 세계를 상정한 시점에서, 죽어 귀신에게도 지각이 있는지를 상상하는데 이르러 한숨으로 터졌다. "사람이 죽으면 과연 신령이 아는 일이 있는가?" 죽음에 맞닥뜨린 사람의 이런 물음은 대답을 요구하는 질문이 아니었을 터이다. 이 상황을 "또 한숨ㅎ시며 니르시ᄃㅣ[父君喟然曰]"라고 전한 기록자는 이런 당사자의 마음상태를 여실히 그려 주었다. 몽와는 같은 성주 땅에 유배된 사돈 민진원(閔鎭遠)의 "저승에서 숙종대왕을 뫼시고 종사(宗社)를 보전케 하시라"는 당부에 대해서도, 살아서 보전치 못한 종사를 죽어서 음조(陰助)하기를 바랄 것인가라고 하는 등 죽음 뒤의 세상에 대하여 회의

적이었다.

그런 몽와가 한탄하며 던진 갑작스러운 질문에 조카 언겸(창업의 둘째 아들)은 "영(靈)이 있다면 어찌 앎이 없을 것인가"라고 조심스럽게 되물어, 이 물음을 진지한 사생론으로 대처했다. 언겸은 총명이 남달라 칭찬을 받는 젊은이라 했는데, 죽음을 앞둔 부조를 위로하는 대답을 찾은 것일 터이다. 치겸(창흡의 아들)은 "응당 영(靈)이 있지만 다만 사람으로 더불어 다른 것은 감동(感動)하는 이가 있으면 응(應)하고, 상신(喪神)은 고요하여 저절로 운용(運用)하지 않을 것"이라고 했다. 신겸(창업의 셋째 아들)도 제사(祭祀)의 원리를 동원하여 이 의견에 동의했다. "한 피를 받은 자손[一氣子孫]은 더욱 다를 터"라는 '사생귀신론'의 논지로 보충했다. 이렇게 사사되는 이의 안정된 죽음의 준비가 죽음 뒤의 세계에까지 넓어지는 것이다. 아주 짧고 급박한 순간에 이들 낙론계인 석실서원의 학통과 김씨 가문의 사생관을 안정되게 정리하여 보여 주었다. 여기서 당사자의 '임박한 죽음'은 죽음 뒤의 세계로 신령(神靈)에게 지각(知覺)이 있는지를 확인하는 물음과 이어지는 후손들의 의견을 통하여 가족이 함께 죽음을 준비하는 숙연한 의식이 마련된 셈이다.

3)

죽음 뒤의 세계를 말하는 '귀신론'은 주자(朱子)가 『중용장구(中庸章句)』에서 상대(上代)의 유교가 모호하게 해두었던 죽음 뒤의 세계, 곧 귀신의 세계를 앎의 대상으로 끌어낸 이후 지속된 성리학적 사생론(死生論)의 흐름이다.[19] 주자는 사생과 귀신의 이치가 둘이 아니고 하나라고 하고, 또 삶을 알면 자연히 죽음도 알 수 있다고 했다. 따라서 신유학에서는 삶과 죽음의 경계는 '앎'이 있고 없음의 경계라고 했고, 이때 '앎'은 마

---

19) 김태준, 「동아시아에서 신의 존재─사생귀신론의 향방을 중심으로」, 『동양학』 31, 단국대 동양학연구소, 2001에서 한 차례 다룬 바 있다.

음의 작용이며, 그것은 혹은 정신[神明]의 집이라고도 했다.[20] 이런 것을 모를 리가 없는 노경의 사대부가 젊은 조카들을 향해서 "사람이 죽으면 신령이 아는 일이 있는가?"라고 물었다는 것은 질문이라기보다는 한탄이었을 터이다. 그러기에 첫 번째로 나온 언겸의 대답은 여러 조건 절을 뛰어넘어 질문의 뜻을 잘 소화했다. 곧 이런 일은 진실로 알기 어렵다. 그러나 반드시 신령이 없을 리 없으니, 영이 있으면 어찌 앎이 없을 것인가? 조선 주자학의 사생귀신론을 잘 요약하였을 뿐 아니라 죽어 가는 사람을 안심시킬 수 있는 갖춘 답이라 할 수 있겠다.

그러나 사생귀신설의 교과서로서 주자의 귀신론은 귀신이 "음양 이기(二氣)의 소장(消長)일 뿐"이라 하여 '무귀론(無鬼論)'을 표방하고, 제사의 전통과 귀신을 이(理)로 설명해야 하는 고민 속에서 혼란을 일으켰다. 실제로 『중용』 제16장에 보이는 '음양의 귀신'과 '귀신의 덕'이라는 문제는 귀신을 이기론에 적용할 때 생길 수 있는 가장 큰 혼란이었다. 이런 문제를 이 김씨 집안의 위아래 남성들이 잘 알고 있었기에 치겸이 얼른 이를 보완해서 설명했을 터이다. 그것이 "응당 영(靈)이 있지만, 다만 산 사람과 다른 것은 가동하는 정성(精誠)이 있으면 응하고, 상신(喪神)은 고요하여 스스로 운용(運用)하지 않을 것"이라는 부연이다. 대단히 에둘러 해명하고 있지만 결국 죽으면 앎이 없다는 설명일 터이며, 후손의 정성들인 제사를 통해서 만나게 된다는 것이다. 이처럼 사람의 정기가 흩어져서 죽는다는 것은 유가의 논법에 따르자면 앎의 작용이 없어지는 것이다. 이런 뜻을 가리켜 "상신(喪神)은 고요하여 스스로 운용(運用)하지 않을 것"이라는 수사는 참으로 후손으로 상신을 대하는 제사의 성의와 덕스러움을 잘 드러내 준다. 이 「유사」를 쓴 조카 신겸의 부연 설명이 이 대화의 분위기와 가문의 사생관을 잘 요약하여 마무리했다.

이때 손자인 미호는 아버지 죽취의 유배지인 북변의 부령에 가 있었

---

20) 鄭道傳은 「佛氏心性之辨」에서 "蓋心有知有爲, (…중략…) 又曰心者, 神明之舍"라 하였다.

고, 할아버지 몽와의 임종에 참여하지 못했다. 그러나『미호집(渼湖集)』에 남아 전하는 그의 「중용귀신설」은 이재의 문하에서 함께 공부하며 이룩한 낙론파의 귀신관의 요점을 '이기불상리(理氣不相離)의 묘(妙)'에서 찾고 있어 이해에 이바지한다.[21] 그가 뒤에 귀신설을 쓰게 되었을 때 할아버지와 삼촌들의 이 사생귀신론에 깊은 인상을 받았을 터이다. 게다가 조선시대 유학자들의 귀신론은 조상제사와 맞물려 유학철학의 중요한 한 분야를 이루었다. 특히 기호학파 가운데서도 김창흡과 이재의 문하에서 활발하게 이어진 귀신 논의는 이기론적 변화의 실체로서 존재론적 흐름을 주도했다. 낙론계의 학통을 실제적으로 이은 미호는 석실에서 수많은 제자들을 가르치고 강론하면서 거듭 의심하고 궁리하면서『중용장구』가운데에서 명백한 답을 얻고 깨달음의 미소를 터뜨리게 되었다고 했다. 곧 '영(靈)'과 '양능(良能)'이란 열쇠 말에 해답이 있다는 것인데,[22] "이와 기를 한데 섞어 빈틈이 없는 것"으로 "음양이기의 영처(靈處)"라는 말이 이를 뒷받침한다고 하는 깨달음이다. 미호의 「중용귀신설」은 스스로 공부하며 깨달음에 이른 과정과 방법과 결론을 실패의 경험까지 모두 소상히 보여준 점에서 설득력이 있다. 미호 스스로도 귀신이 '기'인가 '이'인가 하여 이와 기를 떼어서 생각하는 전통적 사고에 얽매어 왔기 때문에 의심과 혼란에서 헤어날 수 없었다. 그러나 원전에 밀착한 이해의 방법을 통해서 '이기불상리(理氣不相離)'라는 일원론의 묘리로 귀신을 자연과 사람을 하나로 잇는 새로운 해석의 가능성에 이른 것이다.

그런데 미호와 함께 이재의 문하에서 동문수학한 그의 내제(內弟) 송명흠(宋明欽, 1705~1768)과 동문 임성주(任聖周, 1711~1788) 또한 다같이 귀신설을 남겼고, 이기불상리론에 바탕을 둔 비슷한 논리를 폈다.[23] 이렇

---

21) 金元行,『渼湖集』권14「中庸鬼神說」. 낙론계의 귀신설에 대하여는 김현이 「조선유학에서의 귀신개념」(한국사상사연구회 편저,『조선유학의 자연철학』, 예문서원)에서 김원행·송명흠·임성주를 함께 다룬 바 있어 참고가 되고, 김원행의 귀신설에 대하여는 필자도 한 차례 살핀 바 있다. 김태준, 앞의 글.

22) 위의 글, 27~29장.

게 석실서원의 귀신론은 우주론의 일환이면서 사생관의 철학이었다. 당연히 몽와도 석실서원의 사생귀신설에 익숙했을 터이다. 그러나 임박한 스스로의 죽음 앞에서 한숨지었을 터이고, 자손들은 "상신(喪神)은 고요하여 절로 운용하지 않을 것"이라든지. 제사의 흠향이나 일기자손(一氣子孫)을 말하는 것은 죽음 뒤에도 제사를 통해서 이어질 가족의 끈을 확인하는 일이었을 터이다.

4)

이때 죽취는 아버지 몽와에게 후명이 내렸다는 4월 27일 국청(鞫廳)에 잡혀 와, 그 아들 성행(省行)이 눈앞에서 아홉 차례나 형문을 받은 끝에 옥사하는 일을 목격하고, 6월에 북변(北邊)의 부령(富寧)으로 유배되었다가 8월에 사사되었다. 사약을 맞은 제겸은 그 아버지 몽와가 성주에서 사약 앞에 의연했다는 소식을 재삼 확인하면서, 죽음 앞에서 스스로를 흔들림 없이 다잡았다. 그는 무술년(戊戌年)24) 전염병으로 온 나라 안에서 수만 명이 죽어 나갈 때 죽었거나 이제 사사당하는 것이나 죽기는 한 가지이며, 서러워할 것이 없다고 했다. 그는 스스로 부끄러움이 없으며, 마땅히 웃음을 머금고 땅 속에 들 것이라 하고, 다만 살아계신 노친(老親)을 걱정했다. 그는 스스로 마음을 가히 질정(叱正)할 것이며, 의(義)로 욕되게 할 일이 없을 것이라고 다짐했다. 죽취는 반대파의 모진 고문에 의연히 대처하고, 이처럼 당당하게 죽음을 맞이하여 김민택(金民澤, 金鎭龜의 아들)·조성복(趙聖復) 등과 함께 신임사화 때의 삼학사로 칭송된 사람이다.

---

23) 宋明欽, 『櫟泉集』 권12 「鬼神箚錄」; 任聖周, 『鹿門集』 권13 「中庸」.
24) 무술년(1718, 숙종 44)은 각도에 전염병이 만연하여 사상자가 수만 명에 이른 것으로 보고되어 있다.

5)

세월을 거슬러 「긔스유스」에서는 문곡이 후명 소식을 들은 기사년 4월 5일 저녁, 몽와 이하 여러 아들들에게 자갸의 삶을 정리하여 술회하고, 묘지를 의론하고 영결하는 절차를 비롯하여, 집안의 앞일에 대한 일상적 당부를 이어갔다. 특히 자갸의 묘지를 죽은 막내아들의 묘와 가까이에 정할 일을 장황하게 이야기해서, 죽음에 대한 불안과 다가오는 고독감을 감추지 않았다. 문곡은 선산 근처에 묻히고 싶다는 평소의 소원을 밝히면서도, 죽은 막내아들의 무덤 가까운 곳에 묻어 주도록 거듭 강조해 마지않았다. 그는 "혼기(魂氣)는 가지 못하는 곳이 없다"는 옛사람의 말을 이끌면서도, 무덤 사이가 수십 리 밖이면 수호하기 어렵다하고, 백리 밖이면 너무 멀어 어찌 가까운 데를 버리고 먼데를 쓸 것인가 되물어, 가족이 죽어서도 혼백으로 하여금 서로 의지하게 한다는 믿음을 강조했다. 「긔스유스」는 김씨 가문의 유사·유교의 남상으로 절의를 중시한 뜻에서 가정문학을 선편했다.

4. 절의와 기개의 가족문학

1)

이 「유사」들에서 유배객으로서 부조들은 자갸의 지난 삶을 자서(自敍)로써 술회(述懷)하고, 스스로의 삶을 돌아보아 교훈을 남기며, 사대부로서 지녀야 할 절의와 기개를 거듭 확인했다. 유배객으로 부조의 죽음은 '나의 죽음'에서 '당신의 죽음'으로 바뀌어 가고, 당신의 죽음은 '유사'

와 '유교'로 가족의 품안에 머문다.25) 「긔스유스」에서 문곡은 스스로 "인사(人事)에 극하였으므로 오늘 죽는 일이 고이할 것이 없다", "벼슬을 좋아하지 않았으나 임금을 사랑하는 정성은 스스로 가히 신명(神明)에 질정(質正)할 만하다"하고 단언했다. 그가 이 사사를 기꺼이 받은 뜻은 이때 나문(拿問)에 대비하여 자질들이 만든 원정초(原情草)를 받아들이지 않고, 수명(受命)을 고집한 데서도 엿볼 수 있다.26) 그 자질(子姪)들 또한 이런 지통(至痛)이 몸에 있으니 어찌 벼슬에 마음을 둘 것인가 되묻고, 다만 독서종자(讀書種子)를 끊기지 않게 하여 충효를 전하도록 다짐했다. 여기서 조고(祖考), 곧 청음(淸陰 : 金尙憲))의 언행록을 간행하는 일 또한 가문의 절의를 강조하는 당부임은 물론이다. 절명시를 쓰고 마지막으로 오언 절구 한 수를 써서 손자들의 이름자를 '겸(謙)' 자로 정한 일 또한 세로(世路)를 경계한 가르침임은 물론이다.

이런 유교는 물론 몽와의 유사에서도 이어졌다. 몽와는 반대파에서 안동 김씨가 "현요(顯要)한 벼슬을 피하라"는 선훈(先訓)27)을 어겼다고 비난한 일에 대하여 길게 해명하고, 스스로도 이 선훈을 다시 강조하여 유교를 삼았다. 그러나 김씨 가문의 유교는 앞에서도 언급한 바 반대당을 죽음으로 이끈 비난, 미호와 담헌의 사제 갈등으로 이어진 김씨 가문의 선훈과 절의의 문제이며, 몽와와 사위 민창수(閔昌洙) 사이에서도 거듭 확인되었던 가문의 기개의 문제였을 터이다. 몽와는 일찍이 농암으로부터 세로(世路)에 나지 않았던 가문의 사정을 들어 자가의 평생을 다시 돌아보며 이 선훈의 뜻을 거듭 되새겼다. 현요한 길을 피하라는 가르침은 현실을 도피하라는 가르침은 아니었을 터이다. 그것이 가문의

---

25) 필리프 아리에스, 고선일 역, 『죽음 앞의 인간』, 새물결, 2004.
26) "션인이 손을 저어 니ᄅᆞ시ᄃᆡ 츌히 예셔 죽을디언뎡 어이 ᄎᆞ마 국쳥(鞫廳)의 나아 가리오 ᄒᆞ시더니 (…중략…) 예셔 슈명(受命)ᄒᆞ미 도로혀 쾌ᄉ로다. (…후략…)"(『임인유사』)
27) 金壽恒, 『文谷集』 권26 「遺戒」六則. "凡我子孫, 宜以我爲戒. 常存謙退之志, 仕宦則避遠顯要."

역사가 되기 위해서는 이어짐이 있어야 한다. 이어진다는 것은 아픔을 동반하는 일이다. 이런 아픔의 소용돌이 속에서 가족들이 줄줄이 연루되어 귀양될 일을 안타까워하며, 그 선친이 임명(臨命)하여 아주 조용히 하여 조금도 흐트러지지 않으셨다고 들었는데, 오늘 또한 그러하시다는 감탄을 받으며 임종하였다고 했다. 흐트러지지 않는 죽음은 가장 훌륭한 삶을 몸으로 보인 가르침이었을 터이다.

2)

몽와는 이 신임사화와 관련하여 그 스스로 『남천록(南遷錄)』을 남겼다. 임인(1721)년 12월에 거제도로 유배되는 도중과 이듬해(1722) 4월 사사되기 전까지 귀양의 심정과 감회 등을 읊은 시 31제(題)와 5편의 부록으로 되어 있다. 이 스스로 쓴 유배기는 『임인유사』가 지어진 배경을 잘 보여준다. 몽와는 신축년 섣달 유배를 떠날 때에 중종 때 김안로(金安老)의 참소를 받아 김해로 귀양가던 정광필(鄭光弼)이 쓴 「회덕에서 김해로 가던 길에 읊다[自懷德向金海途中吟]」에 차운하여 병든 동생 삼연(三淵)에게 주었다.

> 저 멀리 바닷가로 길 떠날 차비가 끝났으니
> 죄가 크니 유배당함도 또한 임금님 은혜라네
> 아이의 허물까지 겹쳤으니 어찌하리오
> 자식이 공경할 기회를 잃은 것이 마음 아플 뿐
> 맑은 상강이 어찌 돌을 품은 이를 다 받아 줄까
> 밝은 태양은 응당 이 죄인을 비추어 줄 것
> 자네도 늙고 병들었으니 보중해야 할 텐데
> 어드메서 산문을 닫으려는가[28]

28) 金昌集, 『夢窩集』 권4 「臨行謹用鄭文翼公韻贈別三淵」, 「南遷錄」; 이승수, 『삼연 김창흡연구』, 영가문화사, 1998, 349면. 여기서는 이승수 번역에 따랐다. "嚴程極目渺

이렇게 유배를 떠나면서 임금의 은혜를 말하는 것은 조선조 선비의 한시와 유배가사에서 보이는 전형적 시상이다. 그러나 자식 손자까지 온 집안이 허물을 뒤집어쓰는 형세에서도 맑은 상강(湘江)과 밝은 태양을 끌어들여 오히려 병든 동생을 위로하는 여유를 보였다.

풍설 섞어 치는 겨울날에 머리를 돌려 남산을 돌아보며, "대궐을 지켜나 돌아오기를 기다리라"하여 이항복(李恒福)의 운에 차운하던 칠순의 유배객도 자식에 대해서는 인간적인 감정을 보였다. 나란히 길을 끌려 내려가던 제겸이 성산에 이르러 울산으로 길을 갈라서자 몽와는 시[「星山與承旨子濟謙分路口占書贈」]를 지어 이별의 슬픔을 노래했다. 성산은 거제도를 거쳐 다시 와서 후명도사를 만나 사사(賜死)의 명을 들은 곳[「星山路上偶吟短律適聞有賜死之命」]이기도 하다. 유배문학은 이렇게 같은 지방 관련 유배 시에 차운하는 방식으로 널리 회자되고, 김씨 가문은 형제들 사이에 주고받은 훈지록(壎篪錄) 등 가족문학으로 이름이 높았다.

「술회(述懷)」는 스스로의 생애를 710여 구의 오언고시로 정리한 장편의 자전적 서사(敍事)이다. 머리말에서 '기실(記實)'을 의도한 것이며, '시'로 볼 일이 아니란 단서를 달아서 자전적 의도를 강조했다. 몽와의 유배기로 이 「남천록」을 포함한 『몽와집』이 『임인유사』와 함께 미호 김원행의 손으로 이루어졌고, 「후서」 또한 미호가 썼다. 미호는 본디 몽와의 친손자로 제겸의 아들이었으나, 작은 할아버지 농암의 아들 숭겸의 양자가 되었다. 그러니까 그 생부인 죽취로부터 부령의 임종 때에 할아버지 몽와의 시와 장진문자(章奏文字)를 뽑아 편집해두도록 당부를 받았고, 이 문집이 간행된 것은 37년 뒤인 1758년이다. 당시 호조판서였던 홍봉한(洪鳳漢)이 사대신의 충렬을 기리며 출간 비용을 자임(自任)하고 나섰다고 했다. 홍봉한은 이 사대신의 글이 때를 걱정하고 임금을 사랑하는 마음과, 죽음 앞에서 목숨을 가볍게 여기고 순국(殉國)하는 뜻으로 신명을

川原 罪大投荒亦是恩. 倂累兒過那得力 新喪子敬祗傷魂 淸湘豈盡容懷石 白日終應照覆盆 念爾衰痾宜愼護 欲從何處掩山門."

감동하기에 족하고 윤리를 세울 만하다고 했다. 이것이 어찌 홀로 한 가문의 책일 수 있겠는가 물으며, 『몽와집』을 비롯한 사대신의 문집을 차례로 간행했다.[29] 특히 노론 사대신의 충절을 현창하는 뜻을 담아 운각활자(芸閣活字)로 출판하였다고 했다. 『몽와집』의 부집(附集)으로 그 아들 제겸의 『죽취집(竹醉集)』이 함께 간행되었는데, 제겸 또한 아버지의 장렬한 최후를 확인하며 배소에서 깨끗이 사사를 받은 사실이 「죽취부령유교」로 미호가 써서 『임인유사』에 합철된 것이다.

5. 마무리

『임인유사』는 안동 김씨 육창(六昌)의 가문에서 나온 귀양과 사사의 실기문학이면서, 유배 당사자가 아닌 후손들이 대를 이어가며 써서 남긴 가족문학이다. '유사(遺事)'라는 양식의 글이 대대로 이어진 모습은 김신겸의 『증소집』에 '유사'라는 항목을 따로 세우고 「몽와부군유사」·「성산유사」·「농암부군유사」·「노가재부군유사」를 싣고 있는 데서도 확인할 수 있다. 「괴산유수」의 경우 지은이가 밝혀져 있지 않지만, 「성산유사」와 「죽취부령유교」는 지은이가 각각 유배 당사자의 아래 항렬의 자질로 되어 있어, 가정의 질서를 볼 수 있다. 작품들은 기사환국과 신임사화에 유배되고 사사된 조선 사대부 집안 3대의 삶과 죽음 사이의 '비상한 일상'과 주변 가족들의 삶의 모습을 그려주었다. 특히 이 글들이 선조의 임종을 서술하는데 대화체를 주로 한 것은 글 쓰는 이의 설명이나 논평과 같은 개입을 적극 배제하고, 사사 당시의 상황과 사사

---

29) 『몽와집』 밖에 李健命의 『寒圃齋集』, 이이명의 『疎齋集』, 趙泰采의 『二憂堂集』이 두 해에 걸쳐 간행되었다.

당사자의 사람됨을 가장 잘 전달할 수 있는 서술법이란 점에서 작가의 식을 볼 수 있다.

이 작품을 유배실기·가족문학, 혹은 주제로서 삶과 죽음 사이의 일상이라는 몇 가지 각도에서 생각해보았다. 유배문학으로 이 자료는 후명이 내린 유배객의 죽음을 전제로 한 기술이라는 점에서 그 내용이 유배객의 죽음의 상황에 집중하고 있지만, 뒤따르는 가족들과의 대화를 통해서 가족의 삶과 죽음의 모든 일상사에 걸쳐 있다. 그것은 유사로서 사사라는 사실의 역사 기술에 그치지 않고, 남은 가족들이 감당해야 할 '유교'로서 절의의 가족사가 강조된다. 사사를 받은 3대의 부조들의 절의의 죽음은 물론, 농암 이하 후손들이 "가정에서 보고들은 것"과 "가정에서 배운 것"을 앞세워 세로에 나아가지 않은 정신이 '유교'로 이어졌다.30) 농암이 영평(永平) 백운산에서 여생을 마치겠다고 하여 허가를 받았고,31) 그의 양손자 미호가 석실을 지켜 서울에 발을 들여놓지 않았다는 기개도 이런 '유교'의 가족사임에 다름 아니다.

이런 절의와 기개의 상징으로 석실서원의 스승 미호와 문하생 담헌 홍대용의 화제로 다시 돌아가면, 담헌은 석실을 떠나기 전 21살 때는 송우암의 '노소분당문제'를 비난하여 스승과 크게 갈등을 빚었다.32) 윤증(尹拯, 1629~1711)의 문집을 얻어 읽고 나름의 판단을 한 담헌은 노소분당에서 우암은 정도를 지나쳤고 윤증이 오히려 용서할 점이 있다고 주장하였다. 담헌이 우암과 윤증의 일을 들어 우암을 비판한 뜻은 마음과 말이 다른 삶을 비판한 일인 동시에, 신임사화의 노론 쪽에 의심을 가지는 태도이기도 했다.33) 스승은 특히 가문 사이의 예덕을 들어서도 이런 말을 할 수가 없다고 징계했지만, 우암과 윤증의 보기는 그대로 석

---

30) 『農巖集』 권36 附錄 「甲戌 十月 三疏許遞」 「年譜 下」.
31) 金元行, 「墓誌銘 並序」(金昌協, 『農巖集』 권36).
32) 洪大容, 『湛軒書』 內集 권1 「渼上記聞」.
33) 김태준, 『홍대용평전』, 47~50면 참조.

실의 스승과 스승의 가학에 대한 담헌의 비판이었음에 틀림없다.

『임인유사』가 한문으로 씌어지고 국문본으로 여러 사본이 전하는 것은 가문의 부녀자나 국문 독자를 포괄하는 가족문학의 모습일 터이다. 김씨 가문에서 국문 문학의 전통은 일찍이 노가재의 『노가재연행록』(1712)의 국문 이본들에서 확인된 바와 같다.[34] 『임인유사』의 경우 한문본과 국문본을 비교해보면, 몽와가 지은 한시 7수 가운데 한 수만을 국문본에서 실어 놓은 정도의 차이로, 한시 수용의 특성을 보여주는 대목일 터이다. 몽와의 유배시에서도 건강이 좋지 않은 동생 삼연(三淵)에 차운한 시편은 몽와와 노가재의 연행에 형제들이 총동원하여 『연행훈지록(燕行壎篪錄)』을 만든 가족문학에 이어진다. 이런 가정문학의 전통은 노가재가 『김씨연방집(金氏聯芳集)』으로 형제들의 연행시를 엮어 절강선비 양징(楊澄)의 서문을 받아 돌아온 보기로 이어졌고, 김씨 집안의 문헌이 중국에 빛났다고 쓴 이덕무(李德懋)의 평으로 헌사하다.[35] 김씨 3대의 유배실기에 보이는 유배와 사사의 가족사는 그대로 김씨 가문의 문학의 내연과 외연을 포괄하는 가족문학의 역사이기도 할 터이다.

---

34) 김태준, 「연행록의 교과서, 노가재연행록」, 『연행학자들의 길』, 명지대 국제한국학 연구소 편, 2002.
35) 李德懋, 『靑莊館全書』 권35 「淸脾錄」 4.

작가미상(19세기), 〈후원아집도(後園雅集圖)〉 부분, 국립중앙박물관

익재 이제현의 시(詩)로 전하는 메시지의 설득 양상

윤상림*

1. 서언

증여시(贈與詩)는 산문체인 서간처럼 특정인에게 보내는 시(詩)이다. 실명의 화자가 실명의 청자에게 보내는 시인만큼 '말하기-듣기'가 분명하게 드러난다. 화자의 의견이나 태도를 밝히는 화제가 주가 되는 '청자 지향의 화제'에서는 청자가 화자의 정서를 주도하고 지배하면서 문맥 형성에 중요한 역할을 한다. 이는 문맥화 이전에 이미 청자의 역할이 결정되었기 때문이다.

익재(益齋) 이제현(李齊賢)(1287~1367)의 청자 지향의 증여시에서는 청자를 칭송·격려하거나 사건의 해결을 당부·요청하는 화제가 보이는데,

---

* 이화여대 국문과 강사.

이와 같은 청자 지향의 화제에서는 목적을 달성하기 위해 설득이라는 과정을 거친다. 설득이란 서술 중에서도 메시지라는 기호로 자극을 사용, 상대방의 태도나 의견 또는 행동을 변용시키려는 행위이다.[1] 즉 설득이란 설득자의 의도적 발화 행위에 의해 피설득자를 이성적·논리적으로 변화시키려는 과정이다. 청자 지향의 증여시에서의 설득은 화자에 대한 신뢰감이 전제되며, 설득의 방법은 화제의 성격과 청자와의 관계에 따라 달라진다. 자신의 의견이나 태도를 표명하는 메세지 전달 과정에서 나타나는 서술성은 증여시 본래의 특성에서도 연유되는 것이지만, 여말에 일반화 되는 고시(古詩)나 배율(排律) 같은 장시(長詩)에서 더욱 심화된다.

익재는 이러한 장시에서 증여시 본래의 서술성을 확대시켜 메시지의 전달이 중심이 되는 산문체 서간에 더욱 접근하는 양상을 보이고 있다. 이 글에서는 익재의 증여시에서 자신의 의견이나 태도의 전달이 주가 되는 작품을 중심으로 설득의 양상을 살펴보기로 한다.

2. 청자에 대한 분석과 평가

'청자 지향의 화제'에서 화자의 자신의 의견이나 태도를 청자에게 전달하기 위해서는 화제인 메세지의 전달 방법이 중요하다. 칭송이나 격려와 같이 청자의 신상과 관련된 메세지일 때 익재는 먼저 청자를 분석하고 평가한다. 납득할 수 있는 분석과 평가가 선행될 때 청자에게 보내는 칭송과 격려가 설득력을 얻을 수 있기 때문이다. '청자 지향의 화

---

1) 차배근, 『설득 커뮤니케이션 이론』, 서울대 출판부, 1988, 12면.

제'에서는 문맥 속에서 화자와 청자가 직접적이고 구체적인 관계를 맺으며, 이때 청자의 정황과 청자와 익재와의 관계가 드러난다. 청자와 익재의 관계는 청자를 분석하고 평가하는 어조에 영향을 준다.

1) 재능과 인품의 칭송

청자를 칭송하는 화제는 '청자 지향의 화제' 중 가장 대표적인 것이다. 익재의 증여시 중 청자를 칭찬하는 방법은 청자의 정황과 화자와의 관계에 따라 다소 상이하게 나타난다. 청자에 대한 칭송은 크게 재능과 인품에 대한 칭송으로 나누어 볼 수 있는데, 익재와 청자의 관계는 청자를 분석하고 평가하는 방법에 영향을 준다.

(1) 객관적 사실에 입각한 칭송

청자의 재능과 업적에 대한 칭송은 인품에 대한 칭송보다 의례적인 성격이 강하다고 할 수 있다. 익재는 칭송을 목적으로 하는 증여시에서 청자의 인품에 대한 칭송은 가급적 피하고 있다. 다른 사람의 인품을 품평은 매우 예민한 문제로 절친한 사이가 아니면 청자나 작품 밖의 독자에게 거부감을 줄 수 있기 때문이다. 의례성이 강한 칭송시에서는 익재는 청자를 분석할 때 비교적 객관적으로 입증이 가능한 재능과 업적을 근거로 하고 있다. 「장희맹시랑견시강호장단구일편이시봉사(張希孟侍郎見示江湖長短句一篇以詩奉謝)」[2]는 원나라의 장희맹(張希孟)에게 「강호장단구(江湖長短句)」를 받은 것을 사례하여 지은 것이다.

天慳文章數百年　　하늘이 몇 백 년 아끼던 문장을,

---

2) 이제현, 『익재난고』 권1.

一時輪與濟南賢	일시에 제남 어진 이에게 보내 주었네.
縱橫寶氣豊城劍	이리저리 뻗는 기운은 풍성의 검이고,3)
要妙古音淸廟絃	오묘한 고음은 청묘의 비파일세.4)
便覺有功名敎事	문득 명교에도 공이 있음을 알았으니,
誰言費力短長篇	길고 짧은 시만 쓴다고 누가 말하랴?
興來三復高聲讀	흥이 나면 몇 번씩 큰 소리로 읽는데,
萬里江山只眼前	만리 강산이 눈앞에 있구나.

이 시에서 익재는 장희맹의 재능을 '천부적'인 것으로 간주하고 있다. 흥미로운 것은 장희맹의 재주를 물건인 검(劍)과 비파에 비유하고 있는 점이다. 장희맹의 재능을 '이리저리 뻗는 기운을 풍성(豊城)의 검'에, '오묘한 예스런 소리를 청묘(淸廟)의 비파'에 비유한 것은 재능만을 분리시켜 그 특성을 강조한 것이다. 이것은 재능을 인품과는 별도로 독립될 수 있는 특성으로 보았기 때문이다. 이와 같은 객관적인 평가 태도는 사돈이였던 김윤(金倫)에게 보낸 「봉하죽헌김정승(奉賀竹軒金政丞)」5)에서도 나타난다.

威烈公家翼戴公	위열공 집안의 익대공,
大山公後大山公	태산 같은 공을 태산 같은 공이 이었다.
要知積善多餘慶	선업을 쌓은 집에는 경사가 만다는 것을 알지어다,
又見玄孫拜侍中	현손이 시중이 된 것을 또 봐라.

近日無端世論乖	요즘 무단히 세론이 어그러져,
衣冠人物棄如泥	의관과 인물을 진흙처럼 버린다.

---

3) 진나라의 張華가 늘 북두성에 뻗쳐 있는데 붉은 기운이 무엇인가 묻자, 천문에 밝은 雷煥이 보검의 기운이라고 했다. 몇 해 뒤 장화가 豊城 원으로 부임하여 감옥 자리를 파다가 '龍泉'과 '太阿'라고 새겨진 두 보검 얻자 북두서에 붉은 기운이 보이지 않았다고 한다.
4) 『시경』 周頌 「淸廟」에 나오는 비파로 여운이 길다.
5) 『익재난고』 권4.

願公力復昇平舊　원컨대 옛 편안한 때를 회복하여,
莫遣功名在狄鞬　통역으로 떨친 공명 버리지 마오

誰將國病付庸醫　누가 나라의 병을 못난 의사에게 맡겼던가?
豈念蒼生命若絲　어찌 백성의 생명이 실낱 같음을 생각한 것인가?
幸有耆婆一丸藥　다행히 환약을 가진 용한 의원이 있어,
從今試手撩瘡痍　이제부터 손을 써서 상처를 치료하겠구나,

위열공 김취려(金就礪, ?~1234) 장군은 1216년과 1218년의 거란군의 침입을 크게 물리쳤다. 특히 1218년의 재침 때는 몽고의 · 동진(東眞)과 함께 거란을 소탕하였다. 익재는 김취려 장군이 세운 혁혁한 무훈을 「문하시랑평장사판리부사증시위열공김공행군기(門下侍郞平章事判吏部事贈諡威烈公金公行軍記)」[6]에서 기리고 있다. 김윤은 김취려 장군의 현손으로 김윤의 행적은 익재가 지은 김윤의 묘지명[7]에 자세히 수록되어 있다.

첫 수에서는 김윤이 시중이 된 것은 '선을 쌓은 집에는 반드시 경사가 있다[積善之家必有餘慶]'는 믿음에 기인한 것으로, 조상인 김취려 장군의 업적을 이은 것으로 표현되어 있다. 김윤의 업적이 한 사람 당대의 것이 아니고 오랜 시간 조상의 공이 들어 주어진 것이라는 의식이 바탕에 있음을 알 수 있다. 이는 김윤 한 개인에 대한 칭찬이 아니라, 집안에 관련된 것으로 매우 정중하게 표현하고 있음을 알 수 있다. 둘째 수는 백안(伯顔)이 조적(曺頔)을 옹호하여 충혜왕을 소환하자 김윤이 왕과 함께 원나라에 들어가 간명하게 사리를 밝혀 왕에 대한 의혹을 풀었던 일을 가리키는 것이다. 당시 어지러운 정치 현실 속에서 시중의 임무를 잘 수행하기를 당부하는 내용이라고 할 수 있다. 이는 김윤이 세운 공적 중의 하나로 민감한 외교 문제를 해결한 그의 공적을 들고

---

6) 『익재난고』 권6.
7) 『익재난고』 권7 「有元高麗國輸誠守義協贊輔理功臣壁上三韓三重大匡彦陽府院君贈諡貞烈金公墓誌銘」.

있다. 셋째 수는 김윤을 '용한 의사[善醫]'에 비유하여 잘못된 정치를 상처 치료하듯이 바로잡아 주기를 바라는 기대로 끝을 맺었다.

장희맹의 경우는 '풍성의 검'과 '청묘의 비파'에 비유해서 타고난 재능을 강조한 것에 비해, 김윤의 경우는 실제로 이룬 업적을 가지고 그를 평가하였다. 그러나 공통점은 두 경우 모두 인품에 대한 칭송은 피하고 있다는 점이다. 이것은 칭송시에 객관성을 유지하기 위한 일종의 장치라고 할 수 있는 것이다. 이처럼 인품에 대한 언급을 자제하는 것은 위로나 충고를 통해 격려의 메세지를 보내는 대상들에 비해 익재와 청자와의 거리가 상대적으로 멀기 때문이다.

(2) 비유를 통한 칭송

칭송하는 메세지가 주가 되는 익재의 증여시들은 청자의 재능과 업적을 칭찬하는 내용들이 주를 이루는 것이 특징이다. 청자인 피서술자들은 탁월한 재능과 업적을 이룬 존재라는 점이 강조되어 있다. 그러나 특기할 만한 것은 인품에 대한 칭송은 가급적 피하고 있다는 점이다. 다른 사람의 인품을 품평은 매우 예민한 문제로 비교적 객관성이 있는 재능과 업적을 칭송의 대상으로 삼은 것으로 보인다.

그런데 박인간(朴仁幹, ?~1343)을 송별하면서 보낸 「오두백송박인간(烏頭白送朴仁幹)」[8]에서는 비유를 통해 그의 인품을 칭찬하고 있다. 박인간은 충숙왕 2년인 1315년 문과에 장원, 충선왕을 따라 원나라에 갔다가 1320년 빠이옌투구스[伯顔禿古思]의 모함으로 충선왕이 지금의 티벳인 토번으로 유배당할 때 유배지까지 시종하여 갔다. 충혜왕 복위 2년 원나라가 뒤에 공민왕이 된 강릉대군 기(祺)를 입조하라고 명하자 그의 사부가 되어 원나라에 갔다가 죽었다.

---

8) 『익재난고』 권2.

시 전체의 목적은 일반인이 갖고 있는 까마귀에 대한 편견을 일소하고 까마귀의 변하지 않는 충성심과 효심을 박인간의 인품에 비유하고 있다.

① 烏之生兮黑如漆　　까마귀는 태어나기를 칠처럼 검게 태어나,
　　人之見兮心共嫉　　사람이 보면 마음으로 모두 미워한다.
② 可憐解爲燕丹羞　　가엽구나 연단의 수치를 풀어주려고
　　一昔含寃成白頭　　하루밤 원통함을 품어 머리가 하얗게 되었구나.
③ 我嘗怪汝日中處　　내 일찍이 네가 대낮에 있는 것을 괴히 여겼고,
　　又怪金母常使汝　　또 金母9)가 항상 널 부리는 것을 괴히 여겼었다.
④ 今乃知啾蹌萬類中　이제야 알겠구나 재잘거리는 새들 중에,
　　一點丹心無汝洞　　일편 단심이 너 같은 것이 없음을.
⑤ 啞啞飛來復飛去　　까악까악 날아갔다 날아오면서,
　　反哺林間受辛苦　　어미를 먹이느라 고생을 하누나.
⑥ 入爲孝子出忠臣　　들어오면은 효자 나가서는 충신이니,
　　嗟裁汝是禽頭人　　아! 너는 새의 우두머리로다.
　　世人與汝誰能伍　　세상 사람 누가 너와 함께 한 줄에 서리?
　　願把襟裾換毛羽　　차라리 사람의 옷으로 깃털을 바꾸게.

①은 까마귀에 대한 일반적인 인식을 말하고 있다. 보통 까마귀는 불길한 새로 인간에게서 미움을 받는다. 검다는 외양 때문에 미움을 받는다는 것은 매우 불합리한 일로 까마귀에 대한 일반 인식은 편견임을 알 수 있다.

②는 오두백(烏頭白)에 관한 고사 내용이다. 진시황이 연(燕) 태자 단(丹)을 잡아두면서 '까마귀 머리가 하얘지고 말에 뿔이 나면 풀어 주겠다'고 하니 단이 하늘을 보면서 탄식하였다. 그러자 까마귀 머리도 하얗게 되고 말에는 뿔이 났다는 고사이다. 이 고사로부터 오두백은 있을

---

9) 西王母를 가리킴.

수 없는 무리한 주문이나 귀양지 등에서 고향으로 돌아간다는 비유로 쓰이게 되었다. 연 태자 단을 가엾게 여겨 머리가 하얗게 변한 까마귀의 고사를 통해 까마귀의 충성심을 보여 주고 있다. ③에서는 까마귀를 서왕모가 가까이 두고 부린 것은 그만한 이유가 있었음을 말한다. ④에서 충성스럽다고 함은 충선왕이 유배될 때 수종하던 재상들도 다 도망친 상황에서 장원지(張元祉) 등과 유배지까지 따라간 박인간의 충성심을 까마귀에 비유하고 있다. ⑤에서는 반포(反哺)하는 성질을 통해 까마귀의 효성을 말하였다.

⑥에서는 까마귀가 충효(忠孝)를 겸비한 새로서, 보기 흉한 외모에도 불구하고 새 중에 가장 훌륭한 새라고 칭찬하고 있다. 이는 ②~⑤에서 들었던 까마귀에 대한 고사를 종합한 것으로, 박인간의 인간됨을 칭찬하고 있다. 고향으로 돌아가는 상황과 박인간의 충효에 대한 철저한 인식이 오두백 고사의 정황과 까마귀의 속성에 잘 부합되었기 때문이다.

김윤을 칭송한「봉하죽헌김정승」경우에는 백안이 조적을 옹호하여 충혜왕을 소환하자 김윤이 왕과 함께 원나라에 들어가 간명하게 사리를 밝혀 왕에 대한 의혹을 풀었던 일을 함축적으로 서술하고 있는 것에 비해, 박인간이 충선왕을 유배지까지 시종한 사실은 언급하고 있지 않다. 단지 박인간의 인간됨을 까마귀의 충성되고 효성스러운 속성을 통해 암시하고 있을 뿐이다. 박인간의 충성심을 칭찬하고 싶었던 익재는 칭송시에서 인품에 대한 언급을 회피하는 금기를 깨고 있다. 까마귀에 대해 선입관을 가졌던 사람들도 작품이 진행됨에 따라 까마귀에 대한 새로운 인식을 갖게 된다. 그러나 이것도 어디까지나 비유를 통해서이다. 그러나 비록 비유를 통한 칭찬이지만 인품에 대한 칭찬이라는 점에서 청자 박인간에 대한 정서적 거리가 가까웠음을 알 수 있다.

2) 재기를 위한 격려

격려를 목적으로 하는 증여시는 주로 현재 벼슬에서 물러나 있는 지인들에게 보내는 작품들이다. 실의에 빠져 있는 지인들에게 장단점을 분석해주면서 재등용의 확신을 심어 주는 내용이다. 그런데 격려라는 동일한 화제이지만, 위로와 충고라는 어조의 차이는 익재와 청자와의 거리에서 비롯된다.

(1) 위로를 통한 격려

「차운백문거상서견증(次韻白文擧尙書見贈)」[10]은 28구의 배율로서 백문거(白文擧)를 격려하기 위해 보낸 장편 증여시이다. 과거에 대한 회상과 미래에 대한 발전적 전망을 제시한다는 점에서 종래의 증여시와는 다른 서술성을 보여 주고 있다. 백문거는 충선왕 때 관직에 올랐고, 충목왕 4년인 1348년에 첨의참리로 벼슬을 마쳤다. 또한 충선왕이 백문거에게 하사한 궁인이 덕흥군을 낳았는데, 이 일로 일로 인하여 역모를 꾀한다는 구설에 오르기도 하였고, 또한 백문거는 충숙왕 복위 8년인 1339년 조적(曹頔)의 난에 가담하여 순군옥에 갇혔던 일도 있었다.

「차운백문거상서견증」은 현재 벼슬에서 떠나 있는 백문거에게 독백을 하는 형식으로 되어 있다. 독백의 내용은 참소에 연루되어 실각한 백문거에 대한 인품과 재능을 칭찬하고, 오래된 우정과 같이 일하던 때를 기술하여 백문거에 대한 그리움을 피력하고, 백문거는 그의 재능 때문에 다시 기용된다는 전망으로 끝을 맺었다.

> ① 交友誰如子　　친구를 사귐에 누가 자네만 같겠나?
> 　　通家匪自今　　집안끼리 사귐은 우리 대부터가 아닐세.

---

10) 『익재난고』 권2.

②同眠直盧雪　　같이 숙직하던 눈 오던 밤 난롯가,
　共飯旅床霖　　장마 때 함께 밥먹던 숙소의 탁상.
③弟畜工畵宋　　그림 잘 그리는 송을 아우같이 여겼고,
　朋從嗜酒金　　술 좋아하는 김을 친구로 따른다네.
④芝泥分日掌　　인주는 날마다 나누어 가졌고,
　桂醞趁宵斟　　임금께서 내린 술 밤마다 마셨지.
⑤意外高遊散　　뜻밖에 고상한 놀이가 흩어지니,
　胸中往事森　　마음에는 지난 일이 삼삼하다네.
　關山尤杳杳　　관산은 더욱 아득하고,
　歲月若駸駸　　세월은 말 달리는 듯 했었지.
⑥謫遠非其罪　　멀리 가는 간 것은 그의 죄가 아니고,
　貪榮豈此心　　영화를 탐내는 것이 어찌 이 마음이겠는가?
⑦每悔知我鮑　　늘 생각하니 포숙아처럼 나를 알아 주었고,[11]
　見許齒諸任　　임방에 견주어 주었지.[12]
　伐木義何改　　벌목의 뜻을 어찌 고치겠는가?[13]
　拔茅情更深　　발모의 정은 깊어만 간다네.
⑧撫箏悲謝傅　　거문고를 어루만져 사부를 슬프게 했고,[14]
　投杼惜曾參　　북을 던져 증삼을 애석하게 했었지.[15]

---

11) 포숙아와 관중 같은 지기라는 뜻. 포숙아는 춘추 시대 제나라 대부로서, 관중과의 사이는 관포지교로 유명하다.
12) 임방은 양나라 때 태수를 지냈는데 문장과 재주가 뛰어나고 성품이 고매하여 당시 이름난 사람들이 많이 따랐고, 王僧이나 沈約 같은 이들에게도 크게 존중을 받았던 인물이다.
13) 벌목은 『시경』의 편목으로 「시경·소아·벌목 序」에 「벌목」은 친구 간에 잔치를 열어 즐기는 노래로서 친구 없이는 성공할 수 없으므로 서로 친하게 지내며 저버리지 않는 뜻이라고 하였다. 발모는 어진 사람이 어진 친구를 뽑아 천거한다는 뜻인데, 『주역』 「태괘」에 "띠를 뽑아 함께 간다拔茅茹 以其彙征"에서 유래된 말이다.
14) 사부는 진의 謝安이다. 太傅를 지낼 때 진 효무제가 都督을 지내던 桓伊를 불러 주연을 베풀었을 때 사안도 함께 있었다. 환이가 箏에 맞추어 "임금 되기도 쉽지 않고 신하되기도 정말 어렵구나. 충성스러움과 믿음직스러움은 드러나지 않고 오히려 의심만 받았네. 주공은 문왕과 무왕을 도왔어도 金縢의 공에 새겨지지 않았고, 마음을 다해 정사를 도왔지만 管叔과 蔡叔이 허황된 말을 퍼뜨렸네" 하는 원망조의 노래를 불렀다. 그러자 사안이 그 노래를 듣고 눈물로 옷깃을 적셨다는 고사에서 온 말이다.
15) 춘추 시대 노나라 曾參과 같은 이름의 사람이 사람을 죽였다. 어떤 사람이 증삼의

⑨ 邂逅顔初破　우연히 만나니 비로소 웃음이 나고,
　　綢繆膝竝侵　얼기설기 무릎을 함께 대고 있네.
　　興隨雲北去　흥은 구름을 따라 북쪽으로 가고,
　　話到日西沈　이야기에 해가 서쪽으로 지는구먼.
⑩ 爲命推東里　외교문서를 짓는 데는 동리로 추대할 만하고,16)
　　論才敵上林　재주로 논하자면 상림을 대적하지.17)
　　安能久高臥　어찌 오래도록 한가하게 누워 있게 하리?
　　早晚拜綸音　조만간에 윤음을 배알할거야.

　과거에 대한 회상에 전체 28구 중 20구를 할애하고 있다. 익재는 일단 과거의 서두인 ①에서 백문거에 대한 각별한 정을 표현하여 이제부터 시작될 말에 호기심을 유발시킨다. 동시에 이 시가 자신에 대한 강한 호감이 전제되었다는 것을 느끼게 한다. 이러한 신뢰감은 글 전체를 지배하는 정서적인 기반으로, 격려라는 목적을 달성하는 데 유효하게 작용한다. 동시에 두 사람 사이의 각별한 정은 집안간의 오래된 유대에서 비롯된 것임 말하고 있다. ②에서는 백문거와 지냈던 과거가 등장한다. 여기서 백문거와는 관직생활을 하며 동고동락 했던 사실이 드러난다. 이는 서술자인 익재와 피서술자인 백문거의 공동체험으로 두 사람이 공유했던 연대감을 강조함으로써 관직에 같이 있던 시절을 떠오르게 한다. ③에서는 백문거의 폭넓은 교우 관계와, 과거 조정에서 중책을 맡았던 일과 임금에게 받았던 총애를 회상하고 있다. 익재는 그의 교우 관계와 재능이라는 객관적인 사실을 들어 자신의 칭찬을 합리화시킨다. 그러나

어머니에게 "증삼이 사람을 죽였소",하자, 증삼의 어머니는 "내 아들은 그러지 않았을 것이다"하고 짜던 베를 계속 짰다. 조금 있다가 또 누가 와서 "증삼이 사람을 죽였소" 하였으나, 여전히 베만 짜면서 의심하지 않았는데, 또 누가 와서 "증삼이 사람을 죽였소" 하자 증삼의 어머니는 그제야 두려워서 베짜던 북을 던지고 달아났다.
16) 東里는 춘추 시대 정나라 子産이 살았던 곳으로 지명으로 자산을 가리킨다. 『논어』 「헌문」에 "辭命을 짓는 데는 裨諶이 草하고, 世叔이 토론하고, 子羽가 수식하고, 동리가 윤색한다"에서 유래했다.
17) 上林은 한의 문장가 司馬相如의 「上林賦」를 가리킨다.

여기서도 백문거의 인품에 대한 언급은 자제하고 있다. ④에서는 과거 사실 중 긍정적인 측면을 회상한다. ⑤에서는 즐거웠던 과거를 회상하던 분위기는 중단이 되고 이야기는 반전되어 백문거에게는 떠올리고 싶지 않은 실각 사건을 화제에 올린다. 더 이상 함께 교유하는 것이 불가능한 현실을 환기시키면서 답답했던 자신의 마음과 그 사건 후 시간이 꽤 흘렀음을 말하고 있다. ⑥에서는 백문거에게는 죄가 없고 영화를 탐하는 마음도 없음을 대변하고 있다. 이 시에서 위로의 정점을 이루는 부분으로서 백문거에 대한 굳은 믿음을 표명하고 있다. ⑦은 백문거와 자신의 관계가 관포지교와 같아 자신을 알아 주는 지기였다는 것과, 임방(任昉)의 고사를 인용하여 백문거 또한 익재를 각별히 대한 것에 대한 감사를 표시하고 있다. 또한 친구 없이는 성공할 수 없고 어진 사람이 어진 사람을 추천한다는 고사를 인용하여 우정에 기초한 아낌없는 협조를 백문거에게 확인시킨다. ⑧에서는 사안(謝安)과 증삼(曾參)의 고사를 들어 백문거가 모함과 비방을 받았음을 피상적으로나마 서술한다.

현재에 해당되는 ⑨에서는 익재가 백문거를 만나 오랜만에 만나서 즐거운 시간을 보내고 있음을 알 수 있다. 과거의 친분이 있었기에 가능한 기쁨이다. 두 사람의 정다운 대화는 시간 가는 줄 모르고 이어진다.

⑩에서는 백문거가 현재도 변함없이 자산(子産)과 사마상여(司馬相如)처럼 유능한 인물임을 확인한다. 이러한 확신은 자연스럽게 재등용될 것이라는 전망으로 이어진다.

이처럼 과거·현재·미래라는 순차적인 시간에 따라 진행되는 서술은 백문거라는 인물의 인품과 능력을 분석 평가하여 미래를 전망하고 있다. 미래의 전망이 설득력을 가지려면 백문거에 대한 분석 평가가 객관성이 있어야 한다. 익재는 분석 평가에 객관성을 부여하기 위해 지난날 백문거에 대해 자신이 경험하거나 알고 있는 일을 회상하는 방법을 취한다. 이러한 방법은 화자인 익재에 대한 신뢰감이 전제된다면 청자인 백문거나 작품 밖 독자 모두에게 설득력이 있다.

⑵ 충고를 통한 격려

증여시는 화자가 특정 청자에게 사연을 전달하는 것으로 충고를 통해 격려를 하는 경우는 위로보다도 비판적인 메세지이다. 익재의 시 중에서 충고를 내용으로 하는 시는 「화최졸옹(和崔拙翁)」[18]을 들 수 있다.

① 强顔徇俗非天稟　　억지로 그런 척하며 세속을 따르는 것은 천품이 아닌데,
　克己希賢乏近功　　근자에는 사욕을 없애고 현인을 바라는 공부가 없었다.
② 縱使不成優刻鵠　　비록 고니 잘 새기기는 이루지 못하더라도,[19]
　豈緣無用悔屠龍　　어찌 쓸모없다고 용 잡는 것을 후회할까?[20]
③ 中年漸覺人情隘　　중년에야 점점 인정이 좁음을 깨달았으니,
　後世那知物論公　　후세에 어찌 평판이 공정함을 알겠는가?
④ 寄語平生三益友　　평생의 삼익우에게 말을 부치니,[21]
　他時刮目更相從　　나중에 눈이 확 뜨이게 학식과 재주를 늘여 다시 만나세.

졸옹(拙翁) 최해(崔瀣)(1287~1340)는 익재의 지기로 1321년 元의 과거에 급제했고 고려 명현의 시문을 뽑아 『동인지문(東人之文)』25권을 편찬하였다. 성품이 강직하고 세속에 타협하지 않으며, 타인의 잘잘못을 거리낌 없이 말하는 성격으로 벼슬살이가 순탄하지 못해 어려운 생활을 하였다. 「화최졸옹」은 이러한 최해의 성격을 지적하면서도 정진을 계속하라는 충고를 하고 있다.

①에서는 최해의 성품을 비판적으로 분석하고 있다. "억지로 그런 척하며 세속을 따르는 것은 천품이 아니다"고 전제하면서도 "근자에는 사욕을 없애고 현인을 바라는 공부가 없었다"고 분석 비판하고 있다. 이

---

18) 『익재난고』 권1.
19) 범을 그리다가 이루지 못하면 강아지가 되지만, 고니를 새기다가 안 되면 따오기라도 된다는 말. 이는 큰 일을 배우다가 잘못되면 아무런 소용이 없지만, 작은 일은 배우다가 이루지 못해도 쓸모가 있다는 뜻이다.
20) 朱平이 支離益에게 3년간 천금을 들여 용 잡는 기술을 배웠으나 쓸모가 없었다.
21) 세 가지 유익한 벗. 정직한 벗, 믿음직한 벗, 식견이 있는 벗을 말한다.

와 같은 직접적인 언표는 익재의 증여시 중에서도 보기 드문 경우로, 청자와 각별한 관계이기에 가능한 표현이라 할 수 있다. 상대방의 성품이나 행동 양식이 쟁점이 되고 있다는 점에서 재능과 경력을 회상하면서 격려를 한 「차운백문거상서견증」과는 상이한 특질을 보여 준다. 충고는 청자의 변화를 강력히 요구한다는 점에서는 '청자 지향의 화제'에 속하지만, 대상과의 거리가 제일 가깝다.

②에서는 사소한 것을 이루는 것에 만족하지 않고 큰 뜻을 품으라고 충고를 고니 조각과 용 잡는 기술을 배우던 고사를 들어서 하고 있다. 이는 작은 것에 구애되지 말고 큰 뜻을 품으라는 뜻이다. ③에서는 최해가 처한 현재의 상태를 말하고 있다. 세상의 인심이 내 마음 같지 않고, 후세의 평판도 알 수 없다는 일종의 허탈감을 표현한다고 볼 수 있다.

④의 '평생의 이익이 되는 세 벗'은 최해를 가르키는데, 따끔한 충고 끝에는 최해에 대한 존경의 표현을 잊지 않는다. 한 사람이 정직한 벗, 믿음직한 벗, 식견이 있는 벗을 겸했다는 것은 최해의 인품에 대한 칭찬과 존경이다. 최해의 인품을 칭찬한 것은 비판에 가까운 충고가 가능했던 것과 같은 맥락이다. 두 사람의 거리가 그만큼 밀착되어 있음을 알 수 있다. '눈이 확 뜨이게 학식과 재주를 늘여서'는 최해뿐만 아니라 익재 자신에게도 다짐하는 말이다. 서로 열심히 노력하자는 이 말에는 성격이 꼿꼿하여 괴팍하기까지 했던 절친한 친구 최해에 대한 애정과 염려가 담겨 있다.

충고는 아무리 가까운 사이라고 해도 조심스러운 일이다. 가까우면서도 까다로운 친구 최해를 위해 '비판→충고→현재 상태의 진단→격려'라는 과정을 통해 청자를 설득해간다. 이러한 어조의 변화는 비록 율시라는 짧은 형식 속에서도 청자에게 자신의 의사를 보다 효과적으로 전달하기 위한 설득 방식이라고 보여진다. 분석 과정에서 인품이라는 주관적인 판단이 깊숙이 관여되는 평가는 청자와의 거리가 밀착된 충고에서 분명하게 시 표면에 나타난다.

3. 사건에 대한 분석과 평가

분석과 평가의 대상이 사건이 될 때는 청자에게 사건의 진상을 알리고 그 해결을 부탁하는 경우이다. 이 경우 어조는 화자와 청자의 관계보다는 사건의 심각성에 의해 조절된다.

1) 선정(善政)을 당부

전녹생(田祿生, 1318~1375)은 1347년 백문보와 함께 기황후의 족제인 기삼만(奇三萬)을 옥사하게 하여 원나라의 사신에게 국문을 당했으며, 1357년 공민왕에게 이색(李穡)·이보림(李寶林)·정추(鄭樞) 등과 함께 염철별감(鹽鐵別監)의 폐단을 상소하고, 1361년 전중시어사를 거쳐 전라도 안찰사로 나갔다. 「송전록생사간안전라도(送田祿生司諫按全羅道)」[22]는 이때 준 것으로 보이는데, 28구나 되는 장편 송별시이다.

① 田朗作倅吾鷄林　전랑이 우리 계림의 원님이 되었었는데,
　　父老至今懷德音　부로들은 지금도 덕이 있다고 한다
② 拜囊懇惻叫闔辭　은밀히 아뢰던 정성은 규혼사가 되었고,
　　枕戈慷慨從軍詩　창을 베고 자면서 강개했던 마음은 종군시가 되었다
③ 晏嬰高節凌首陽　안영의 높은 절개 수양산을 능가했으니[23]
　　誰責食粟曹交長　누가 곡식 먹는 조교가 크다고 탓하리오[24]

---

22) 『익재난고』 권4.
23) 晏嬰은 춘추 시대 제나라의 재상으로 호구 한 벌을 30년이나 입었다고 하니 그 청렴함이 백이·숙제보다 낫다는 뜻이다.
24) 曹交가 맹자에게 "나도 문왕만큼 키가 큰데 어째서 문왕이 못 되고 곡식만 먹습니까?" 한 고사에서 온 말로 곡식을 먹는다는 것은 일반 백성을 뜻한다.

④登車攬轡志澄淸　수레에 올라 고삐를 잡고 세상을 깨끗하게 하는 데 뜻을 두어,
　南方草木亦知名　남쪽은 초목들도 그의 이름을 알고 있다
⑤南方近者頻年荒　남쪽은 요즘 자주 흉년이 들어,
　捐瘠往往僵路傍　주린 백성들이 길가에서 죽곤 한다
⑥守令識字百二三　수령으로 글자 아는 이는 백에 두셋뿐,
　坐視弄法猶盲暗　법을 농간해도 앉아서 보고만 있는 것이 소경 벙어리 같다
⑦旋驅農夫防海倭　농부를 몰아다 왜구를 막게 하니,
　賊刃未接先奔波　도적들의 칼이 닿기도 전에 물결 따라 흩어진다
⑧大將坐幕擁笙歌　대장은 막사에서 음악이나 듣고,
　小將汗馬輸弓戈　소장은 말을 부려 활과 창을 내다 판다
⑨豪奴聯騎攘公田　세력가의 종들은 연달아 말을 달려 공전을 훔치고,
　官徵逋租不計年　관아에서는 세금 못 낸 것에 흉년을 감안 안 하네
⑩嗚呼民生至此極　아! 백성들이 이 지경에 이르다니,
　誰與吾君寬旰食　뉘라서 우리 임금 간식25)을 않게 하리?
⑪益齋也曾玷廊廟　익재도 일찍이 높은 벼슬을 했지만,
　受侮老姦幷惡少　늙은 간신과 못된 소년에게 모욕을 당했지
　乞身自退僅免禍　사직하고 스스로 물러나 화는 겨우 면했으나
　此日尋思顔可赭　오늘 가만히 생각하니 얼굴이 붉어지네
⑫田郞夙慕君子儒　전랑은 옛부터 군자유를 사모했으니
　豈比老我空囁嚅　어찌 늙은 내가 녹만 축내는 것에 비하리?
　往哉問瘼公無私　가서 고통을 물어 공변 무사하게 하여
　馳奏得令明主知　말 달려 아뢰어 임금께서 아시게 하오

「송전녹생사간안전라도」는 전녹생에 대한 칭송·전라도의 백성들의 피폐한 생활·자신에 대한 반성·선정에 대한 당부의 네 부분으로 나눌 수 있다. 전반부의 칭송과 백성들의 피폐상과 익재의 반성은 모두 결말부의 당부를 설득력 있게 만들어 준다.

①~④는 전녹생이 경상도 지역을 다스릴 때의 치적과 그의 애국 애

민의 정신을 칭송하였다. ①은 그의 덕을 전녹생이 정치를 맡았던 곳의 원로 노인들의 말을 인용하여 칭찬하고 있다. ②에서는 은밀히 현황을 아뢰어 왕을 깨우쳤던 일과 전장에서도 나라를 걱정하는 전녹생의 충성심을 말하고 있다. ③에서는 전녹생의 절개를 제나라 대부 안영(晏嬰)에 견주고 있는데, 안영은 백이·숙제를 능가한다고 했으니, 익재가 전녹생 높이 평가하고 있음을 알 수 있다. ④세상을 맑고 깨끗하게 만들겠다는 그의 높은 뜻을 경상도의 초목들도 알고 있다고 한 것은 이미 명망이 높음을 뜻하는 것이다. 전녹생에 대한 이러한 분석은 단지 의례적인 칭송에 그치는 것이 아니라, 그의 치적·충성심·절개·명망이 어떤 부임지에서도 그대로 발휘될 것이라는 기대가 선행되어 나타난다.

⑤~⑩에서는 전녹생의 부임지인 전라도가 안고 있는 현실 문제를 제시 분석하고 있다. ⑤는 흉년으로 인해 백성들이 굶어죽는 처참한 상황을 통해 민생 현안이 매우 심각히 요구되는 상황을 알려 준다. ⑥에서는 이러한 극한 상황에 처한 까닭은 글자도 모르는 사람들이 수령이 으로 부임한 탓이라고 한다. 그들은 법을 농간해도 소경 벙어리처럼 앉아서 보고만 있다. ⑦에서는 수전(水戰)에 미숙한 농부들로 왜구와 싸우게 하는 불합리한 군사 행정을 비판하고 있다. ⑧에서는 부패한 군대 문제를 언급하고 있다. ⑨에서는 권세가들의 토지 겸병과 관아의 불합리한 조세 실태를 지적한다. 표면적으로는 사실만은 전달하는 것처럼 보이지만, 이면에는 부정과 부패로 백성을 도탄에 빠지게 한 위정자들에 대한 통렬한 비판이 내재해 있다. ⑩에서는 ⑤~⑨에서 사실만 전달하던 태도를 바꾸어 백성들에 대한 연민과 조정에 임금을 도와 일할 사람이 없음을 안타까와 한다. 무능한 수령들, 허술한 왜구 방비, 권문세족에 의한 공전의 사취, 과도한 세금 등 전라도의 피폐한 상황을 자세히 제시하는 것은 절박한 현실을 알려 전녹생의 임무가 무거움을 암시한다.

⑪에서는 자신이 현직에 있을 때 특권 세력의 견제로 소신 있게 일하지 못했던 것을 반성하고 있다. 자신의 간언이 통하지 않는 조정에서

사퇴하고 물러나왔기에 겨우 화는 면했으며, 그래도 얼굴이 붉어진다는 고백은 전녹생에 대한 당부가 폐부로부터 나오는 것임을 알게 한다.

⑫에서는 전녹생과 자신을 비교하면서 백성의 고통을 해결해주고, 백성의 실상을 임금에게 전해 줄 것을 당부하고 있다.

여말 지방관에게 주는 송별시는 편폭도 길어지면서 강한 서술성을 보이는데, 이는 화제가 청자 지향적이면서 요구나 명령에 가까운 지시적인 언어가 쓰이므로 딱딱하고 건조한 느낌을 주는 것이다. 더구나 장편 송별시에는 청자를 설득하여 생각이나 행동을 변화시키려는 욕구가 강한 만큼 시적 언어의 함축미보다는 산문적 어법의 논리성과 서술성이 강화된다. 익재는 전녹생을 칭찬하여 그가 이 일을 해낼 수 있는 능력이 충분한 사람이라는 것을 설득한다.

2) 사건의 해결을 요청

「재상도봉정류정승청신오찬성잠(在上都奉呈柳政丞淸臣吳贊成潛)」26)은 충선왕의 유배라는 정치적으로 민감한 문제를 다룬 작품이다. 충선왕이 1320년 환관 빠이앤투그스[伯顏禿古思]의 참소로 지금의 서장 지역인 토번에 유배된 일을 소재로 하고 있다. 유청신(柳淸臣)·오잠(吳潛)·조적(曹頔) 등은 원래 충렬왕의 측근 인물들로, 충선왕의 총애를 받아 측근 세력이었다.27) 유청신(?~1329)은 장흥부 고이부곡 출신으로 어려서 배운 몽고어와 능란한 외교술로 충렬왕의 총애를 받았다. 충선왕이 토번에 유배되자 조적과 함께 심양왕 고(暠)에게 가담하여 모함하였다. 오잠은 본래 이름은 오기(吳祁)였다가 충선왕에게서 잠이라는 이름을 하사받는 등의 총애를 입었지만,28) 유청신과 심양왕 고와 일당이 되었다. 심양

---

26) 『익재난고』 권2.
27) 『고려사』 권131 열전44 반역5 「조적전」.

왕 고의 아버지인 강양공(江陽公) 자(滋)는 충렬왕의 맏아들로 어머니는 정신부주(貞信府主)였다. 뒤에 충렬왕이 원나라 세조의 딸 제국대장공주와 결혼하게 되자 세자에 책봉되지 못하게 되었다. 그러나 심양왕 고는 충선왕의 지극한 사랑 속에 궁중에서 자랐고 충숙왕 3년인 1316년에 심양왕에 봉해졌다. 유청신과 오잠은 충숙왕 10년인 1323년 원에게 고려에 행성을 설치하고 국호를 폐지하고 원나라의 내지와 똑같이 다스려줄 것을 청하였다. 특히 유청신은 입성책이 뜻대로 이루어지지 않자 9년간이나 귀국을 못하고 있다가 원에서 죽었다. 당시의 상황이나 입성책에 찬성한 향후 이력을 볼 때 청자들은 충선왕에게는 불충한 자들이고 자신들의 이해만을 돌보는 이른바 간신들이다. 그러나 그들은 해결의 힘을 가진 강자들이기도 하다. 이 작품은 서간체 형식을 취하여 충선왕의 유배는 참소에 의한 것이므로 처음부터 잘못된 것이라는 해명을 하면서 유청신과 오잠에게 해결을 부탁하는 능동적이고 지시적인 기능이 강한 장시이다.

① 去年怪事不忍聞 작년의 괴이한 일은 차마 들을 수 없었으니,
　稷蜂肆毒蠅上樊 직봉이 마음대로 독을 뿜고 쉬파리가 울타리에 앉았
　　　　　　　　　었지요[29)
　一封譴勅下天門 꾸짖는 칙서 한 장이 천자로부터 내려오니,
　白日洶洶雲雷屯 날은 컴컴해지고 구름 우뢰가 서렸습니다.
② 三韓主父皇外孫 삼한의 임금은 황제의 외손인데,
　一去萬里投西番 한 번 떠나 만리 길 서번으로 던져졌습니다.
　界天雪嶺連崑崙 하늘에 닿은 눈덮인 고개는 곤륜산에 이어졌고,
　魍魎晝嘯黃河源 온갖 도깨비들은 낮에도 황하 물 뿌리에서 휘파람
　　　　　　　　　을 붑니다.

---

28) 尹奕, 『고려묘지명집성』 「吳潛墓誌銘」, 490면.
29) 稷蜂은 사직단에 집을 짓는 벌이라는 뜻으로 간신을 비유한 것이다. 『시경』 소아 「청승」에 의거한 것으로 소인배의 참언을 비유한 것이다.

③ 迴頭却望楡塞垣　머리 돌려 문득 유색의 담을 바라보니,

痛哭淚盡雙眸昏　통곡에 눈물이 다해 두눈이 침침합니다.

衣冠縮縮疑排根　벼슬아치들은 움츠러들어 배척받을까 의심하고,

百鍊繞指愁劉琨　백 번 단련한 강철이 손가락에 감길까 유곤을 근심하게 합니다.[30]

孤臣孑立無攀援　외로운 신하는 홀로 서서 도움을 청할 곳 없이,

守柱舊轍瞻歸軒　우두커니 서서 돌아오는 수레만 기다립니다.

信音漸稀空斷魂　소식은 점점 끊어져 괜스레 혼을 끊어 놓고,

天光那肯照覆盆　햇빛은 언제나 복분을 비출는지요?

④ 緹縈獻書悟至尊　제영이 글을 바쳐 천자를 깨우친 것처럼,[31]

好生仁化霑無根　살리기를 좋아하는 인화가 뿌리없는 것을 적셔 줄 것이거늘.

況今嗣王躬朝元　더구나 지금의 사왕께서 몸소 원나라에 조회하 신다면,[32]

一言庶得蠲煩冤　한 마디에 답답하고 괴로움을 면할 수 있으련만.

豈料下車席未溫　어찌 생각했겠습니까? 수레에서 내려 자리도 더워지지 않았는데,

閨墻謗讟蛙蠅喧　떠들썩한 비방이 형제간에 생겼습니다.

葛藟誰令庇本根　칡덩쿨처럼 누구로 하여금 뿌리를 덮게 하겠습니까?[33]

思維蕩若風中幡　예의염치가 바람에 날리는 깃발 같습니다.

⑤ 緬懷神聖起鐵原　태조께서 철원에서 일어날 때,

櫛沐風雨饑忘飡　갖은 고생에 밥 먹는 것도 잊으셨습니다.

刱垂蘿圖裕後昆　창업하여 후손을 넉넉하게 했기에,

四百餘載流風存　사백여 년의 유풍이 남았습니다.

---

30) 진나라 劉琨의 시에 "억센 강철이 손가락에 繞指만큼 약해질 줄이야 어찌 생각했으랴?"에서 온 말로 왕을 향한 굳은 결심이 해이해질까 걱정한다는 뜻이다.

31) 한나라 때 제나라의 태창령이었던 淳于意가 죄를 지어 형벌을 받게 되자 딸 緹縈이 상서하여 아버지의 죄를 용서받았다

32) 嗣王은 왕위를 이은 임금으로 여기서는 충숙왕을 말한다.

33) 『시경』 주남 「규목」에 "남쪽에 규목이 있으니 갈류가 얽혔도다"에 의거한 것으로, 후비의 덕이 높아 첩들을 포용하는 것이 교목에 칡덩쿨이 얽혀 있는 것과 같다는 말이다. 왕실이 화목하도록 도와 줄 사람이 없다는 뜻이다.

邇來事大義彌敦	요즈음 사대의 의리가 더욱 돈독하여,
世承禁臠榮諸藩	대대로 이어진 은혜로 변방 중에 영화를 누렸습니다.
過如曰眚何足論	잘못이 재난 때문에 생긴 것이라면 따질 게 있겠습니까?
有信尙可羞頻繁	믿음만 있다면 변변치 못한 제수도 올릴 수 있는 것입니다.34)
桑穀生朝錫祉繁	상곡이 조정에 나건만 錫祉가 번성하고,35)
法星退舍由片言	법성은 단 한마디에 물러갔습니다.36)
君臣之兮父子息	임금과 자식은 아비와 자식 같아서,
造次顚沛不可諼	잠시 급한 동안도 잊을 수 없는 것입니다.
至誠若能感乾坤	지극한 정성이 천지를 감동시킬 수 있다면,
悔禍産祥猶掌翻	화를 뉘우쳐 상서로움을 낳는 것은 손바닥 뒤집기입니다.
⑥二公德馨逾蘭蓀	두 공의 향기로운 덕은 난손보다 더하니,
輔漢盛業推楊袁	한나라를 도와 업을 성하게 한 양원과 같습니다.37)
故投苦語代叫閽	괴로운 말 짐짓 적어 대궐문에 하소연함을 대신하니,
勿倚絲□輕芹暄	사□에 의지한 미미한 충성을 가볍게 여기지 마십시오

---

34) 『좌전』「은공 3년」에 "신의가 없으면 볼모를 잡아도 아무 이익이 없으니, 예를 지킨다면 볼모가 없다해도 누가 이간하겠는가? 진실로 믿음만 있다면 개구리밥과 산흰쑥 같은 보잘 것 없는 채소와 길에 괸 물도 귀신에게 올리고 王公에게 들게 할 수 있다"에 의거한 것. 믿음만 있다면 볼모로 잡아갈 필요가 없다는 뜻이다.

35) 『사기』「은기」에 太戊가 즉위하고 伊陟이 정승으로 있을 때, 桑穀이 하루밤 사이에 두 손아귀에 가득찰 정도로 커졌다 임금이 놀라 이척에게 묻자, 이척은 요사함은 덕을 이기지 못하니 덕을 기르기를 아뢰었다. 태무가 그대로 따르니 상곡이 말라 죽었다는데 의거한 것. 국가가 아무리 위급한 때라도 임금이 덕을 닦으면 다시 태평해질 수 있다는 뜻이다.

36) 法星은 熒惑星인데, 이 별이 형법을 맡았다 하여 법성이라고 부른다. 『여씨춘추전』에 춘추 시대 송나라의 景公이 형혹성이 나타나자 子韋에게 물었다. 자위는 경공에게 내린 재앙을 재상과 백성과 해[歲]에게 돌릴 수 있다고 하자, 경공은 재상은 같이 나라를 다스리는 사람이고, 백석은 나라의 근본이고, 흉년이 들면 백성이 굶어죽으므로 안 된다고 하였다. 자위는 경공의 덕 있는 말에 재안이 물러갈 것이라고 했는데, 과연 무사했다는 고사에 의거한 것. 임금의 덕에 재앙이 물러간다는 뜻이다.

37) 후한의 명신인 楊震과 袁安을 가리킨다.

42구의 장편 고시(古詩)인 「재상도봉정류정승청신오찬성잠」에서 청자와의 거리가 가장 잘 유지되고 있는 이유는 문제의 해결을 부탁하고 있기 때문이다. 이 장편 증여시는 여섯 부분으로 나눌 수 있다.

①에서는 충선왕이 유배를 가기까지의 정황을 회상하고 있다. 충선왕의 유배를 '작년의 괴이한 일'로 표현하고 있다. 이 일에 대한 익재의 최초의 반응은 '차마 들을 수 없었다'는 것이다. 더구나 간신들은 이런 일이 천자의 칙서로 일어났다는 데 대한 어처구 없는 심정과 분노의 감정을 매우 완곡하게 표현하고 있다. 사건 자체가 참소에 의한 무고임을 밝히고 있다. 따라서 서두 부분에서 이미 유배가 부당함을 주장하고 있다.

②에서는 신분이 고귀한 황제의 외손인데 낮에도 도깨비들이 휘파람을 불 정도의 황량한 외지에서 있다는 충선왕의 딱한 처지를 말하고 있다. 이는 청자인 유청신 · 오잠의 마음을 부드럽게하여 동정심을 사기 위한 배치라 할 수 있다.

③에서는 유배지의 황량한 풍경을 보고 통곡의 눈물을 금할 수 없었던 자신의 절박한 마음과 고려의 신하들의 미온한 태도에 속수무책이고, 소식까지 끊겼다. 익재는 혼백이 흩어질 정도로 수심에 찬 답답한 심정을 토로한다.

④에서는 누군가 천자에게 상소하여 유배를 풀어 주었으면 했는데, 이 일로 충숙왕이 왔다가 도리어 충선왕을 모함한 백안에 집에 머무르면서 부왕과 반목했던 일을 가리킨다.

⑤에서는 충선왕의 잘못은 참소라는 재난에 의해 만들어진 것이므로 더 논할 가치가 없다는 말로 충선왕의 무죄를 재확인하고 있다. 덧붙여 원(元)에서 충선왕의 유배를 풀어야 하는 객관적인 근거와 유청신 · 오잠이 상소해야 하는 신하로서의 도리를 제시하고 있다. 태조의 창업 이후 고려가 존속된 것과 원과의 돈독한 관계를 들어 원은 나라는 유배를 풀어야 하고, 고려의 신하인 유청신 · 오잠에게는 "임금과 자식은 아비와 자식 같아서, 잠시 급한 동안도 잊을 수 없다" 의리를 내세워 사건의

해결을 촉구하고 있다. 이 부분은 충선왕을 유배시킨 원나라와 방관만 하고 있는 유청신·오잠에 대한 질책을 표현한 부분으로, 장편 증여시 「재상도봉정류정승청신오찬성잠」의 정점을 이룬다.

⑥에서는 강한 어조였던 ⑤를 수습하면서 해결을 도와 줄 유청신· 오잠 두 사람에 대한 칭송을 잊지 않고 있다. 두 공(公)의 향기로운 덕은 난손(蘭蓀)보다 더 하고, 한(漢) 나라를 도와 업(業)을 성하게 한 양원(楊袁) 과 같다. 이것은 실제 두 사람의 행적과는 위배되는 것이다. 가급적이면 인품에 대한 칭송을 피하고 있는 익재의 칭송 증여시의 진술 태도를 감 안한다면 오히려 파격적이기까지 하다. 이러한 직설적 칭송은 작품 밖 의 독자는 의식하지 않은 채 작품 안 청자만을 설득의 대상으로 삼기 때문에 가능한 표현이라 할 수 있다. 아부에 가깝다고 할 이런 표현이 가능했던 것은 충선왕의 유배라는 국가적으로 위급한 일을 당한 익재 가 유청신·오잠과 같은 인물들에게 구원을 요청하면서 쓴 증여시였기 에 가능했을 것으로 보인다. 결미에서는 당부를 겸한 인사말과 함께 끝 을 맺는다.

익재는 「재상도봉정류정승청신오찬성잠」에서 충선왕의 석방 이유를 세 가지 들고 있다. 첫째는 충선왕의 무고이다. 처음부터 죄가 없으므로 충선왕은 마땅히 석방되어야 한다는 것이다. 둘째는 충선왕이 황제의 외손이라는 점이다. 이러한 고귀한 신분의 충선왕을 황량한 곳에 둔다 는 것은 타당치 않다는 것이다. 셋째는 태조의 창업 이후 고려가 존속 된 것과 원과의 돈독한 관계를 들어서 충선왕의 석방을 주장하고 있다. 동시에 '임금과 자식은 아비와 자식 같다'는 유가적인 군신관을 내세워 유청신과 오잠에게 신속히 움직일 것을 촉구한다. 이러한 서술적인 논 의와 주장이 가능한 것은 장편 증여시의 특성을 잘 운용했기 때문이다.

4. 결언

다른 사람의 시에 차운하거나 화답을 하거나 이별할 때 주는 증여시는 '말하기-듣기' 양식이 가장 완비되어 서간에 가깝다. 이처럼 자신의 의견이나 태도를 담은 메시지를 전달하는 작품들은 청자인 피서술자를 어떻게 인식하고 있는가에 따라 설득 양상이 달라진다.

수신자인 청자를 분석 평가하는 작품 중 청자를 칭송하는 「장희맹시랑견시강호장단구일편이시봉사」와 「봉하죽헌김정승」은 청자들이 탁월한 재능의 소유자이며 훌륭한 업적을 이룬 존재라는 점이 강조되어 있다. 그러나 인품에 대한 직접적인 칭송은 가급적 피하고 있다. 예외적으로 「오두백송박인간」은 인품에 대한 칭찬이 보이지만 어디까지나 비유를 통한 간접적인 칭찬을 하였다.

「차운백문거상서견증」은 위로가 목적인 증여시로 28구의 장편 배율이다. 「차운백문거상서견증」은 화자인 익재가 청자인 백문거와 함께 체험했던 내용을 통해 청자인 백문거에 대한 신념과 태도가 표명하면서 백문거의 능력이라면 다시 기용될 것이라는 위로의 내용이다. 시의 서술적인 측면을 강화시켜 화자가 대상을 평가 분석하는 주석적 화법으로 과거의 회상과 백문거의 재능과 인간됨을 자세히 서술해 나아가는 과정에서 익재의 위로는 설득력을 얻게 되고, 백문거의 밝은 미래 즉 발전적인 상황이 예상된다.

대상을 평가 분석하는 화제 중 충고는 위로보다도 적극적인 메세지라고 할 수 있다. 익재의 가장 절친했던 친구인 최해에게 보낸 「화최졸옹」은 청자와의 관계가 가장 밀착되어 있다. 충고라는 행위 자체가 절친한 사이에서도 조심스럽게 이루어져야 하는 특성에 기인한다고 할 수 있다. 성품이 강직하고 세속에 타협하지 않으며, 타인의 잘잘못을 거리낌 없이 말하는 성격으로 벼슬살이가 순탄하지 못해 어려운 생활을 하였다. 「화최졸옹」은 이러한 최해의 성격을 지적하면서도 정진을 계속하라는 충고를 하고 있다. 최해의 성격을 지적하는 등의 직접적인 언표는 익재의 증여시 중에서도 보기 드문 경우로, 상대방의 성품이나 행동 양식이 지적의 대상이 되고 있다는 점에서 재능과 업적을 칭찬하는 칭송시와는 상반되는 특질을 보여 준다.

사건에 대한 분석과 평가가 주된 설득의 방법으로 사용되는 경우는 요구나 명령에 가까운 메시지를 전달하는 경우로서, 청자에게 사건의 진상을 알리고 그 해결을 부탁하는 경우이다. 이 경우 어조는 화자와 청자의 관계보다는 사건의 심각성에 의해 조절된다. 「송전록생사간안전라도」는 전라도 안찰사로 가는 전녹생에게 준 28구의 장편 송별시이다. 전녹생에 대한 칭송·전라도의 백성들의 피폐한 생활·자신에 대한 반성·선정에 대한 당부의 네 부분으로 나눌 수 있다. 여말 지방관에게 주는 송별시는 편폭도 길어지면서 강한 서술성을 보이는데, 이는 화제가 청자 지향적이면서 요구나 명령에 가까운 지시적인 언어가 쓰이므로 딱딱하고 건조한 느낌을 주는 것이다. 더구나 장편 송별시에는 청자를 설득하여 생각이나 행동을 변화시키려는 욕구가 강한 만큼 시적 언어의 함축미보다는 산문적 어법의 논리성과 서술성이 강화된다. 익재는 전녹생을 칭찬하여 그가 이 일을 해낼 수 있는 능력이 충분한 사람이라는 것을 설득한다. 전반부의 칭송과 백성들의 피폐상과 익재의 반성은 모두 결말부의 당부를 설득력 있게 만들어 준다.

「재상도봉정류정승청신오찬성잠」는 42구의 장편 고시로 충선왕의 석방이라는 정치적 문제를 증여시라는 시 형식에서 다루고 있다. 「화최졸옹」에서 사용되었던 강경한 어조와 부드러운 어조가 교차되면서 절구나 율시와 같은 폐쇄적인 형식에서는 불가능한 사건의 해명과 충선왕의 무고함을 주장을 하면서 충선왕의 석방을 도와줄 것을 간곡하게 당부하고 있는 것이다.

이처럼 메시지의 성격과 청자와의 거리에 따라 달라지는 설득 양상은 시로써 메시지를 전달하는 것은 본래 증여시의 기능에 여말 편폭이 확장된 장시(長詩)가 만나 이루어낸 결과라고 하겠다. 특히 증여 장시에 보이는 다양한 설득 양상은 익재의 폭넓은 시세계를 이해하는 데 유용할 것이며, 여말의 서정 서술시의 변화 과정을 보여 준다 하겠다. 이와 같이 시(詩)라는 형식 안에서 청자에 대한 분석과 비판이 이루어지고 논의가 개진된다는 것은 익재의 풍부한 시세계의 일단을 보여 준다.

목은(牧隱) 이색(李穡)의 버들골살이와 시

교유의 양상과 생활인의 모습을 중심으로

김보경*

1. 들어가는 말

목은(牧隱) 이색(李穡, 1328~1396)은 총 55권에 이르는 문집 『목은집』(시고 35권, 문고 20권)을 남겼다. 이것은 고려시대 문집은 물론이고 우리나라 전체 문집 가운데서도 보기 어려운 방대한 규모이다. 그런데 수록된 작품들이 지어진 시기는 그의 나이 50대 초·중반인 우왕대(禑王代) 전반기에 집중되어 있다. 시만 해도 전체 4천 2~3백 제[1] 가운데 우왕대의

---

* 서울대 BK조교수.

1) 『목은시고』에 실린 시의 수에 대해서는 견해가 다르다. 여운필은 4,347제(5,970여 수), 정재철은 4,344제(5,980여 수)로 정리했고, 4,244제 또는 4,247제로 정리한 연구자도 있다. 여운필, 『이색의 시문학 연구』, 태학사, 1995, 91면; 정재철, 『이색 시의 사상적 조명』, 집문당, 2002, 10면 참조 이하 『목은시고』는 『시고』로, 『목은문고』는 『문고』로 칭한다.

것이 85%나 차지한다.[2]

이 시기에 시가 집중적으로 지어진 이유는 여러 가지가 있겠으나 그 중 가장 큰 것은 그가 이때 정치일선에서 물러나 있어서 시작(詩作) 활동에 전념할 수 있었기 때문이다. "병중에 날마다 기록한 것이 많았다"라는 고백에서 알 수 있듯이[3] 그는 마치 일기(日記)를 쓰듯 수많은 시를 써냈다. 이렇게 지어진 시들에는 그의 삶의 자취가 고스란히 담겨 있다. 그의 시 전체를 놓고 볼 때도 일상(日常)을 다룬 것이 큰 비중을 차지하거니와, 특히 이 시기에는 일상이 지배적인 테마를 이루고 있다.[4]

흔히 '일상'은 습관화되고 당연한 것으로 간주되는 생활이기에 진부한 것으로 취급되곤 한다. 그러나 "현실의 개인을 이해할 수 없다면 보편적이고 일반적인 것을 이해할 수 없다"라는 진술은 깊이 새길 만하다.[5] 일상과 일상의 다양한 실천들은 그 자체가 개인과 사회를 재생산하는 가장 기초적인 기반이며, 거대한 개념들이나 거시적인 사건들도 모두 이 일상에서 분출되고 다시 일상성의 형태로 되돌아오기 마련이다.[6] 일상(일상성)에 대한 연구가 결코 가볍지 않은 이유가 여기에 있다.

이에 본고는 이색의 50대 초·중반 지어진 시들을 살펴보되, 이 시들에 나타난 일상의 양상과 그 의미에 주목하고자 한다. 그 전에 미리 짚어 놓을 점들이 있다.

우선, '공간'의 문제이다. 기존에 우왕대라는 '시간'에 주목한 연구는 있었으나[7] 그가 이 시기에 어디에 있었는지 관심을 가진 것은 없었던

---

2) 우왕 3년(1377) 50세 때부터 9년(1383) 56세 때까지 약 7년 동안 전체의 85%가 지어졌다. 『시고』 권6~34까지가 이에 해당한다.

3) 『시고』 권8 「卽事」 제2수. "病中多日錄 不是續歸田."

4) 여운필, 앞의 책, 99면 참조.

5) 안토니오 그람시, 『대중문학론』(박상진 해제), 책세상, 2003, 169면 참조.

6) 김왕배, 「일상생활세계론―시·공간과 실천의 합리화」, 『경제와사회』 43, 한국산업사회학회, 1999, 178면 참조.

7) 송재소, 「우왕대의 목은시」, 『목은 이색의 생애와 사상』(목은연구회 편), 일조각, 1996.

듯하다. 일상적 삶의 경로는 시·공간을 따라 진행되며 시·공간은 삶의 형식을 규정하는 요소이다.[8] 따라서 시간과 함께 공간을 탐색하는 것은 그의 삶과 문학을 이해하는 데 중요한 열쇠가 된다. 또 하나는 본고에서 다룰 '일상의 범위'이다. 그의 시가 워낙 방대한 데다가 '일상'이라는 것도 매우 폭넓은 개념이기 때문에 다 포괄해 다루기에는 어려운 점이 많다. 그러므로 고찰의 범위를 사전에 한정짓는 일이 필요하다.

본고에서는, 먼저 '이 시기'에 이색이 '어디에' 있었는지 추적하고, 그 시·공간 속에서 이루어진 일상과 시들을 살펴보기로 하겠다. 고찰의 범위는 크게 '교유의 양상'과 '생활인의 모습' 두 가지로 하되, 그중에서 특징적인 측면을 집중적으로 다루기로 하겠다. 본고는 이색의 삶과 시를 다양한 측면에서 해석하고, 나아가 새롭게 이해할 수 있는 길을 마련하는 데 일조하기를 기대한다.

2. '버들골'을 찾아서

이색이 공적(公的) 세계에 진입해 활발하게 활동했을 때 중심이 된 공간은 개경(開京)이었다.[9] 그중에서도 개경의 중심부—정치와 행정과 경제의 중심지 곧 '조시(朝市)'였다. 그런데 이 시기에 지은 시문은 매우 적다. 그것은 작품들이 일실된 탓도 있겠지만, 공무에 종사하느라 시문을

---

8) 김왕배, 앞의 글, 180면 참조.
9) 이색은 고향 韓山에서 유년기와 소년기의 대부분을 보냈다. 그가 개경에 올라온 것은 14세 무렵이다. 이때 강화도 華蓋山에서 공부했고, 성균관시에 합격했다. 이후 27세까지는 수학기로서 원 국자감에 유학하고 문과와 원 制科에 합격했다. 이색이 학자이자 관료로서 가장 의욕적으로 활동한 것은 30~40대인데, 이 시기는 공민왕대(재위 1352~1374)와 겹친다.

지을 여유가 없었던 것이 더 큰 이유가 될 것이다.

그의 생애에 중대한 전환이 찾아온 것은 공민왕대 말기였다. 그에게 어머니와 공민왕은 특별한 의미를 갖는 사람들이었다.[10] 그런데 그가 44세 때(공민왕 20, 1371) 어머니가 돌아가셨다. 그로 인해 병이 들었는데 상을 마친 1년 뒤인 47세 때(동왕 23, 1374)에는 왕마저 세상을 떴다. 이 때문에 병이 더욱 깊어져서 이후 7~8년을 두문불출했다.[11]

그러나 신병 문제는 표면적인 이유였다. 그 이면에는 당시 정치 상황에 대한 비관이 자리하고 있었다. 그는 현직에서 물러나 우왕대 이인임(李仁任) 정권 하의 정치현실을 외면하면서 일정한 거리를 두고자 했던 것이다.[12]

그렇다면 이때 그는 중심부에서 물러나와 어디에 있었을까.

> 만년에 한가로이 지낼 때 또 목은과 같은 마을에 살면서 서로 왕래하며 시를 지어 주고받고 하였다. 두 노인의 풍류와 고상한 운치는 그 시들을 읽어보면 상상해볼 수 있다. '유항'은 그의 마을 이름인데 이를 따서 호로 삼은 것이다.[13]

유항(柳巷) 한수(韓脩, 1333~1384)[14]의 문집 서문이다. '유항'은 원래 한

---

10) 이색은 공민왕을 자신을 길러준 하늘이라고 하고, 자신을 '공민왕 시대의 유자'라고 생각했다. 『시고』 권22 「一上人爲僕淨書 (…후략…)」. "玄陵育我我昊天 大藏教海如雲煙"; 권35 「寄省郎諸兄」. "玄陵一代小人儒 攘歷中書諫大夫."

11) 『陽村先生文集』 권40 「牧隱先生李文靖公行狀」. "九月丁母遼陽縣君憂 明年壬子六月 王命起復政堂文學 以疾辭 癸丑冬 封韓山君 階大匡 甲寅秋 恭愍王薨 公自遼陽之逝 哀毀成疾 中惡嘔泄 聞王薨愈篤 杜門臥者七八年."

12) 이익주, 「고려 우왕대 이색의 정치적 위상」, 한국역사연구회 101회 연구발표회 발표요지집 『이색의 삶과 생각』, 한국역사연구회, 2006.4.1, 9면 참조.

13) 『陽村先生文集』 권17 「柳巷先生韓文敬公脩文集序」. "晚年閑居 又與牧隱同甲閈杖屨相邀 吟哦往復 二老風流高致 讀其詩可以想見也 柳巷其里名 因以自號."

14) 한수는 명문 淸州 한씨로서, 충목왕 3년(1347) 문과에 급제했다. 충정왕·공민왕·우왕을 섬겨 관직을 역임하고, 淸城君에 봉해졌다. 시재와 글씨로 이름 높았다. 저서로 『柳巷詩集』이 있다.

수가 살던 마을 이름이었는데 그것으로 자기 호를 삼았다. 한수 시집의 시들은 대체로 창작 연대순으로 실려 있다. 그 대부분은 그의 나이 45~52세 사이, 우왕 3~10년(1377~1384)에 지어진 것이다.[15] 그러므로 위의 글에서 언급된 '만년'은 이 시기로 보아도 무리가 없겠다.

한편, 「목은 선생께 차운하여 받들어 답하다[次韻奉答牧隱先生]」[16] 첫수에 "유항에 살아서 돌아오니 내 족함을 알겠다[生還柳巷吾知足]"라는 구절이 있고, 또 둘째 수에 "공이 집을 사서 이웃이 된 것이 기쁘다[喜公買宅作比隣]"라는 구절이 보인다. 이로 보면, 이 시는 한수가 유배에서 돌아온 즈음인 우왕 3년경[17]에 지어졌고, 이때 이색이 유항으로 옮겨온 것으로 짐작된다. 한 사람은 유배에서 돌아와서 또 한 사람은 정치 일선에서 물러나서 의지할 데 없는 처지가 되어서는, 서로 이웃하여 살아 보자고 마음을 맞추었던 듯하다. 그리하여 이색은 이곳에서 여러 해 동안 머물러 살게 되었던 것이다.[18]

유항은 유동(柳洞)·유리(柳里)·유촌(柳村) 등의 이름으로도 불렸다. 우리말로는 '버들골'이 되리라. '버들'이 마을 이름이 된 것은 그만큼 버들이 많았기 때문이다.[19] 이색의 시에 '성남(城南)'이 자주 나오는데, 이곳이 바로 버들골의 소재지이다.[20]

---

15) 박경신, 「한수와 그의 시세계」, 『한수와 그의 한시』(성범중·박경신 공저), 국학자료 원, 2004, 31면 참조.

16) 『柳巷先生詩集』 「次韻奉答牧隱先生」 제1수. "南裔曾爲魑魅隣 松京杳杳絶音塵 生還柳巷吾知足 豈願浮名絆此身"; 제2수. "喜公買宅作比隣 杖屨追隨隔世塵 俗客 自無來入洞 雲小不必强抽身."

17) 한수는 공민왕을 시해한 韓安의 족당이라는 이유로 우왕 2년(1376) 12월 하순에 유 뱃길에 올라 다음해 1월에 합천에 도착했다. 해배 시기는 정확히 알 수 없으나 우왕 4년(1378)에 上黨君에 봉해진 것으로 보아 그 이전으로 보인다. 박경신은 우왕 3년 6 월 즈음으로 추정하였다. 박경신, 앞의 글, 21면 참조.

18) 『시고』 권16 「雨晴」. "茅簷連日滴 柳洞幾年窮"; 권31 「謝西隣韓先生來過」. "柳里 先生許卜隣 數年相伴樂昌辰."

19) 『시고』 권21 「門前有一株柳 (…후략…)」. "城南孤柳里之名 柳樹無數連簷楹."

20) 『시고』 권15 「柳洞深行」. "城南一區柳洞深 終歲寂寂無人尋"; 권31 「城南」. "城南 一區僻 愛靜我心降." 『신증동국여지승람』(권5, 개성부 하)에는 이색과 한수의 집이

다음 시에서 버들골의 공간적 정황을 구체적으로 살펴볼 수 있다.

柳洞中心寂	버들골의 중심은 고요해라
松山左臂連	송산 왼쪽 자락에 이어져 있네.
北崖多果木	북쪽 비탈엔 과일나무가 많고
南嶺半芘田	남쪽 고개는 외밭이 절반일세.
疏懶忘巾櫛	게을러 빗고 씻는 일은 잊은 채
支持有几筵	안석 자리에 기대어 앉았네.
卽今無味處	지금 이 무미한 지경을
異日有誰傳	이 다음엔 누가 전할거나.21)

「한가하게 살며」라는 시이다. 버들골은 산자락과 비탈과 고개로 둘러싸인 채, '좁은 들길만이 제멋대로 둘러있어' 사람들의 발길이 차단되어 있는 곳이다.22) 그러므로 이 버들골의 중심은 '고요[寂]'하다. 그 안에서 이색은 절로 게을러져 의관 정제와 같은 세속의 예절은 잊고 안석에 편한 대로 기대어 쉬고 있다. 이러한 경지를 그는 '무미'라고 표현했다. 이미 겪은 바, 바깥세상의 달고 쓰고 맵고 짠 맛과는 같지 않다. 그는 이곳에서 자연 속에 분간 없이 어울려 지내는 처지를 기쁘게 노래했다.23)

이 버들골은 자연스럽게 개경의 중심 ─ 도성과는 대비되어 묘사된다.

翼翼松京壯	웅장한 송경은 힘차고 성대한데
寥寥柳洞深	깊숙한 버들골은 고요하고 쓸쓸하네.
兩人方對酌	두 사람 마주 앉아 술 마시려는 참에

'良醞洞'에 있다고 되어 있다. 許穆도, 두 사람의 집이 양온동에 있었고 둘이 이웃해 살면서 함께 시를 주고받으며 지냈다고 기록했다. 『記言別集』권9 「良醞洞古蹟記」. 정확히 알기는 어렵지만, 버들골은 이 양온동의 별칭이거나 그 안의 작은 마을이었을 것으로 보인다. 질정을 기다린다.

21) 『시고』권17 「閑居」 제1수.
22) 위의 시, 제2수. "雲山連暗淡 野逕逶縱橫 盡日經過少 幽居不用名."
23) 『시고』권29 「微雨題六言」 제2수. "雨映靑山獨立 鸎啼白晝閑眠 身與世俱淡泊 人呼我曰天然."

六友忽相尋	육우가 불쑥 찾아왔네.
雁影俄秋色	기러기 날아가니 문득 가을이요
雞聲又夕陰	닭 울음 들리니 또 저녁이구나.
樓居卽仙境	이 다락이 바로 선경이라
唱和白雲吟	함께 백운시를 읊고 화답하네.24)

수도 송경은 힘차고 성대하며[翼翼] 웅장한[壯] 공간이다. 이에 대해 버들골은 고요하고 쓸쓸하며[寥寥] 깊숙한[深] 공간이다. 송경이 비상하고 발산하는 기개(氣槪)의 공간이라면, 버들골은 들어앉고 숨 다독이는 한적(閑寂)의 공간이다. 생애로 보면, 송경은 그의 청장년의 모습이요 버들골은 노년의 모습이다.

그는 이곳을 '선경'이라 하여 속세와는 구별되는 특수한 공간으로 만들고, 그 속에서 노니는 자기들을 도연명(陶淵明)에 빗대었다. '버들골'이라는 이름에서도 강력하게 환기되거니와, 그는 자신이 거처하는 '남쪽 마을 내 오두막'25)과 '국화'에 대한 애호26)를 통해 은일(隱逸)에 대한 지향을 드러내었다.

이처럼 그의 시에서 버들골은 외부와는 격리된 자연 공간으로 그려지고 있다. 그러나 사실, 버들골은 개경을 벗어난 곳이 결코 아니었다. 외지기는 했으나 도성에 근접해 있어서 마음만 먹으면 언제든 그 안으로 진입할 수 있었다. 그는 여전히 중앙정계에서 필요로 하는 인물이었다.27) '두문불출했다'는 것은 현직을 갖고 있지 않았다는 말일 뿐이다.

문제가 되는 것은 '심리적 거리'이다. 그는 '누런 먼지 가득하고 말굽

---

24) 『시고』 권25 「上黨樓上設酒食金敬之適至」.
25) 『시고』 권16 「詠懷」. "殘喘猶存臥病餘 還如靖節愛吾廬"; 권29 「昨與韓淸城登南山賞花歸而有作」. "分轡中途參相府 聯裾南里愛吾廬."
26) 『시고』 권16 「種菊未訖雨又作短歌」. "牧翁愛菊今成癖 移自花園數枝碧"; 권19 「對菊有感」. "偶向東籬羞滿面 眞黃花對僞淵明."
27) 그는 국가의 부름이 있으면 달려가서 都堂 회의에 참석하고, 書筵에서 進講하고, 외교문서를 작성하는 일이 허다했다.

소리 시끄러운 도성 거리'로부터 자기를 떨어뜨려 생각했다.[28] 정당문학(政堂文學)이나 판삼사사(判三司事) 같은 벼슬을 사양했던 것을 보면 이것은 그가 스스로 선택한 길이었다.[29]

그러면 이 버들골이 궁극의 이상(理想) 공간이었던가.

一朶龍山照座隅	한 봉우리 용산이 자리 한쪽에 비쳐드는데
庭中梨樹葉全無	뜨락의 배나무는 잎이 죄 떨어졌네.
西風日日吹來急	가을바람은 나날이 급하게 불어오건만
何處孤舟着老夫	어느 곳 외로운 배에 늙은 몸을 실을꼬.
馬邑雲濤狂欲卷	마읍의 높은 파도는 말아갈 듯 거셀 게고
驪江沙水淨如鋪	여강의 강물은 깔아 놓은 듯 맑을 텐데.
此生自斷吾何敢	이 생을 어찌 감히 스스로 결단하랴
未報主恩今白鬚	임 은혜 갚지 못한 채 지금 백발이 되었는걸.[30]

눈앞에 용수산이 뵈는데 가을바람이 귀향의 꿈을 들쑤신다. 그의 마음이 달려가는 곳은 마읍(馬邑) 곧 고향 한산이다. 그러나 어머니가 돌아가신 뒤 그쪽에 삶의 기반이 상실되었다. 그래서 차선으로 마음에 챙겨두었던 곳이 여흥(驪興)이다. 이곳에 전토를 하사받았던 것이다. 그러나 그마저도 넉넉한 형편이 못 되었다.[31] 더욱이 그에게는 임금에게 보답해야 하는 책무가 있었다. 이러한 중심과 귀향 사이의 고민 속에서 선택된 공간이 바로 버들골이었다.

버들골은 다층적인 의미를 갖는 공간이다. 버들골은 자연 공간이다. 이색은 자연 속에 한거하며, 자기 내면을 돌아보고 심성을 수양했다.[32]

---

28) 『시고』 권27 「遣興」. "黃埃紫陌馬蹄闐 紅葉蒼苔人迹稀 只得一閑餘莫問 人間到處有危機."
29) 이익주, 앞의 글, 8면 참조.
30) 『시고』 권26 「懷歸」.
31) 『시고』 권26 「賜田乞免官家收稅狀呈宰樞所去後慙汗未已」.
32) 이색의 심성수양에 관해서는 유호진의 『이색 시의 예술경계와 그 정신적 의미』, 경인문화사, 2004, 72~78면 참조. 본고는 '일상'에 일차적인 관심이 있으므로 심성수양

그러나 버들골은 궁극적인 귀의 공간은 아니었다. 이곳은 '곡령' — 공적 세계와 '한산/여강' — 귀거래의 꿈 사이에 얹혀 있는 경계 공간이다.[33] 그의 처지 역시 이곳에 깃들어 사는 임시 거주자였다. 버들골은 불안정한 생계의 문제를 해결해야 한다는 의미에서 엄연한 현실 공간이기도 했다.

3. 서쪽 이웃[西隣]과의 교유

버들골이 외부와 유리된 공간이 아닌 것처럼 그의 교유관계도 외부에 열려 있었다. 그 교유한 사람들을 보면 다양하고 폭넓은 관계가 유지되고 있었음을 알 수 있다.[34] 그러나 삶의 거점은 이미 버들골로 옮겨져 있었고 그에 따라 교유도 이곳을 축으로 이루어졌다. 그는 세상과 일정한 거리를 두면서 관계에 대해 진지하게 고민하고 진정한 우도를 세우기 위해 고심했다.

이색이 가장 친밀하게 교유했던 친구는 앞서 언급한 한수였다. 실제로 그의 문집에서 제일 많이 언급된 사람도 한수이다. 한수는 이색보다 5세 아래인데, 이색과는 12, 13세 때부터 알고 지냈으니 교유의 역사가 오래되었다. 더욱이 한수가, 이색의 부친 이곡(李穀)의 문생이었기 때문에 둘의 관계는 각별할 수밖에 없었다.[35]

_____

문제를 별도로 논하지는 않음을 밝혀 둔다.

33) 『시고』권26 「賜田乞免官家收稅狀呈宰樞所去後憨汗未已」. "鵠嶺天低屋 驪江月照門 所居何用必 只欲避塵喧."

34) 이 시기 이색의 인간관계에 대해서는 채웅석의 「『목은시고』를 통해서 본 이색의 인간관계망」, 『역사와 현실』62, 2006 참조.

35) 『문고』권15 「韓文敬公墓誌銘」. "文敬公年才十二三 每有的對 衆皆驚歎 雖老於文

두 사람의 우정이 지극해진 것은 버들골에서 지낼 때였다. 둘은 "젊은 날엔 함께 활동하고 늘그막엔 적막을 함께하는" 벗이었다.36) 이색이 버들골을 살 곳으로 정한 것은 우연이 아니었다. 그는 '군자는 거처를 신중히 하는 법'이라면서 이 버들골이 '이인(里仁)'이므로 자신이 선택한 것임을 힘주어 말했다.37) 한수가 바로 이 '이인'의 근거였다.

東隣無相邀	동쪽 이웃은 불러주는 이 없고
西隣無所適	서쪽 이웃은 갈 데가 없으니
柳洞兩先生	버들골의 두 선생이
黃花對寂寂	쓸쓸하게 국화만 마주하고 있네.38)

한수의 집은 이색의 집 서쪽에 있었다. 그래서 한수는 '서린', 이색은 '동린'이 되었다. 때는 중양절이었는데 아무도 초청해주는 사람이 없었다. 그래서 심부름하는 아이를 보내 물어보니 한수 역시 갈 데가 없더란 것이다. 이 시는 그런 상황에서 놀림 반으로 지은 것이다.

그는 이 시에서처럼 자신과 한수를 '버들골의 두 선생', '버들골의 두 노인'39)이라고 묶어 부르길 잘했다. 두 사람은 '버들골'이라는 공간적 공통점을 가지고 있을 뿐만 아니라 '만년'이라는 시간적 위치, '유독'이라는 정서적 상황을 공유하고 있는 특별한 짝이었다.

天敎韓李共風流	하늘이 한·이에게 풍류를 함께 누리게 하여
對坐高吟並騎遊	마주 앉아 읊조리고 나란히 말 타고 노니네.

墨者 推讓不敢齒 予固心異之 歲丁亥 吾先君知貢擧 文敬果中高第 時年十五歲也."

36) 『시고』 권19 「明日聞韓柳巷數遣人候僕還家 (…후략…)」. "少日同翶翔 老年同寂寞."

37) 『시고』 권27 「里仁爲美」. "我處何所擇 有仁斯爲美 北鑿在蘭室 化臭在鮑肆 則知居 乃重 愼之在君子 (…중략…) 是爲里有仁 相將寄吾意"; 권17 「西隣見招熱困不能赴 呈韓上黨」. "里仁爲美吾能擇 誰道殘年道不凝."

38) 『시고』 권25 「九日無相邀者走家僮問西隣柳巷公亦曰無所適於是戲作一首錄呈」.

39) 『시고』 권32 「呈柳巷」. "柳里有二老 窮年守幽獨."

三日爲疏山滿目	사흘도 머다 하고 눈엔 강산이 가득하고
五年以長雪渾頭	다섯 살 더 많다고 머리엔 눈이 듬뿍 내렸네.
搜奇苦厭窮詩子	멋진 시구 찾느라 고달픈 시인 생활 지긋지긋
養老深甘忝列侯	노인 우대하여 열후에 끼었으니 감사하옵네.
只有詩魔推不去	다만 시마는 쫓아도 당최 떠나질 않아서
每承招喚共登樓	불러주실 때마다 함께 누대에 오른다오.[40]

그는 한수의 곁에 옮겨 와 살게 된 것을 '하늘이 허락해 준 재미있는 장난'이라고 했는데,[41] 여기에서는 또 둘이 함께 풍류를 누릴 수 있는 것을 '하늘이 허락해 준 덕분'이라고 했다. 그만큼 자기들의 인연을 운명적으로 생각하고 있던 것이다. 둘은 사흘이 멀다 하고 노상 붙어 지냈다. 복건 쓰고 오가는 일이 둘에게는 말 그대로 일상생활[尋常事]이었다.[42]

그는 온 세상이 자기를 받아주지 않건만 한수만은 늘 왕래하며 시를 화답해주는 친구라고 했다.[43] 한수 역시 한 마을에 살며 시를 주고받은 것에 대해 고마움을 표했다.[44] 그렇게 어울려 지내며 지은 시들이 양쪽 모두 퍽 많다.[45] 버들골 시절은 두 사람에게 우정면에서도, 문학면에서도 소중한 시기였다.

두 사람은 문학 외에 글─글씨 방면에서도 문화적 유대를 이루었다.

| 買來中原一片石 | 중원에서 사온 한 조각 빗돌에다 |
| 鑴功永示齊黃輿 | 공적 새겨 대지와 함께 길이 전하려 하네. |

---

40) 『시고』권31 「柳巷先生來過」.
41) 『시고』권19 「明日聞韓柳巷數遣人候僕還家 (…후략…)」. "天公移我居 亦是善戲謔."
42) 『시고』권17 「柳巷門生設酌 (…후략…)」. "幅巾往返尋常事 只恨腰酸是我仇."
43) 『시고』권33 「柳巷書碑去僕以身困不得陪侍悵然吟成八句」. "擧世無人容老物 唯公許我和新詩 分離一日三秋似 策寒扶衰便往追."
44) 『유항시집』「自柳浦還牧隱先生示五言八句詩次韻」제2수. "不但幸同里 仍蒙屢枉詩."
45) 한수의 시로 지금 전하는 것은 218수인데, 이중 절반인 109수가 차운시이고 또 그중 78수가 이색의 시에 차운한 것이다. 이색 시에 직접 차운한 것은 아니지만 이색과 관계된 시가 5수 더 있다. 박경신, 앞의 글, 60면 참조.

誰知名實巧相稱　　누가 알았으랴 이름과 실제가 꼭 맞아떨어져
製文文學書簽書　　문학이 글 짓고 첨서가 글씨 쓰게 될 줄을.[46]

「광암의 노래」라는 시이다. 광암사는 공민왕의 원찰이다.[47] 한수는
글씨로 크게 이름을 떨친 명필이었다.[48] 일찍이 친구 이강(李岡)의 묘명
을 만들 때도 그랬거니와[49] 광암사의 비문을 만드는 데도 함께 참여해
서, 이색이 글을 짓고 한수가 글씨를 썼다. 이 시에 보이는 '문학'은 정
당문학을 지낸 이색 자신이고 '첨서'는 한수이니, 그 이름과 실제가 꼭
맞아떨어진 셈이다. 이들의 교유는 그러므로 당대 최고의 문학과 글씨
의 알맞은 만남이기도 했다.

다음 시는 그 우정의 알짬을 보여 준다.

君子於吾兩眼靑　　군자만 보면 내 두 눈이 반갑게 변하니
淡交無逕爾無庭　　맑은 우정엔 어긋남도 틀어짐도 없네.
花中似者唯蓮耳　　꽃 중에서 비슷한 것은 오직 연꽃뿐
便欲相尋柳下亭　　당장 버들 아래 정자 찾아가고 싶네.[50]

한수가 화답시의 말구에 연꽃 감상하던 일을 읊었으므로 이에 이색
이 다시 시를 써준 것이다. 두 사람의 우정을 가장 압축적으로 표현한
말은 '맑은 우정[淡交]'이다. 꽃 중에서 이와 비슷한 것으로는 오직 연꽃
이 있을 뿐이다.

연꽃은 이색이 국화와 함께 특별히 사랑한 꽃이었다. 그가 연꽃에서

---

46) 『시고』권20 「光岩歌」.
47) 공민왕은 생전에 이 절에 '廣通普濟禪寺'라고 賜額하고 중국에서 빗돌을 구해다
　　놓았다. 그러나 왕이 갑자기 세상을 떴으므로 이 절에 장사지냈다.
48) 『용재총화』권1. "柳巷亦有名 其書遒勁 多得晉法 所書文陵碑 至今猶存"; 권4 "正
　　陵碑 則牧隱所製而柳巷所書 亦極精妙."
49) 이강이 36세에 죽었을 때 이색이 묘명의 글을 짓고 한수가 글씨를 쓰고 염흥방이
　　전서로 새겼다. 『문고』권18 「文敬李公墓誌銘幷序」.
50) 『시고』권30 「韓公見和一首 (…후략…)」.

사랑하는 것은 '가운데는 비고 외면은 곧은[中通外直]' 덕이었다.[51] 국화가 은일의 지향을 드러낸다면, 연꽃은 '수풀 너머의 고요함만을 욕심내지 않고 고을 속의 시끄러움도 피하지 않는', '진정한 군자'의 표상이다.[52] 한수는 도연명이 국화는 알았으나 연꽃은 알지 못했다면서 이색을 주렴계(周濂溪)의 후손이라고 칭양했다.[53] 두 사람은 연꽃을 구경하러 자주 다녔는데 이것은 완상의 놀이를 넘어서 '연꽃을 좋아하는 군자들'[54]의 정신적 교감 과정이었다.

이 한수와 비교되는 사람이 염흥방이다. 염흥방은 외부에서 가장 부지런히 왕래하며 교유한 친구였다. 그는 눈을 무릅쓰고 술을 가지고 이색을 방문하고,[55] 이·한을 자기 집으로 초청하기도 했다. 또 이·염은 인척 관계에 있기도 했다.[56] 이렇게 밀접한 사이였지만, 교유의 내면은 한수와는 같지 않았다.

高軒何幸許光臨	귀한 행차 허락하시니 얼마나 다행인가만
雨滿柳村泥已深	비 퍼붓는 버들골엔 진흙탕이 벌컥거리네.
傘屐頗嫌勞陟降	그댄 우산 나막신으로 오가기 괴로울 테고
丸丹尚欲救呻吟	나는 환약 먹고 병조리를 하고 싶네.[57]

염흥방에게 성균관 비석에 관한 일로 버들골로 와달라고 청했는데 비가 내리고 몸도 피곤해서 오지 말라며 지은 시이다.

---

51) 『시고』 권34 「詠蓮」. "尙德終非好色 洗心聊復聞香 坐對中通外直 何須較與陸郎."
52) 『시고』 권35 「興法堂頭將入院來過甓寺予與古鏡翁同浮舟賞蓮郡池」. "蓮也眞君子 亭亭勢自尊 豈耽林外靜 不避邑中喧."
53) 『유항시집』 「韓山君示賞蓮三首次韻奉答」. "每笑淵明未苦賢 飮中知菊不知蓮 先生宛在濂溪後 俗物無由到眼邊."
54) 『시고』 권34 「蒙西隣再邀賞蓮阻雨有感吟成一首錄呈」. "魯無君子焉取斯 我輩賞蓮眞兩宜."
55) 『시고』 권10 「廉東亭冒雪携酒見訪」.
56) 염흥방은 權漢功의 외손인데, 이색은 권한공의 손자사위였다.
57) 『시고』 권27 「僕以成均碑事累東亭廻示午後來然雨不止身益困應接之難是懼吟得短律止公來」.

'고헌(高軒)'은 물론 염흥방의 행차를 높여 부르는 말이다. 그러나 그것은 단순한 수사가 아닌 그의 부와 지위의 실제였다. 이날에 한해 말하면 둘의 만남을 방해한 것은 계속 내리는 비와 몸의 고단함이었지만, 양자 사이에는 더 깊은 장애가 놓여 있었다.

이색은 염흥방의 집을 지나다가 수많은 말들과 술·안주를 나르는 하인들을 보았는데 나중에 들으니 그의 생일이었더라는 것이다.[58] 이색은 병끝이라 술 마시기 겁나서 감히 들어가지 못했노라고 했지만, 그것은 핑계였기 십상이다. 진짜 이유는 따로 있었다. 그것은 양자가 추구하는 가치의 격차였다. 염흥방은 「어은기(漁隱記)」에서 칭송했던 사람됨과는 영 달라져서 권세를 잡고 탐학을 일삼는 인물로 변모해가고 있었던 것이다.[59]

이색이 염흥방의 집에서 잔치하고 돌아올 때 "석양에 가랑비 좋이 내려 시원하게 마음을 씻어주네",[60] "깊은 밤 곤드레만드레 버들골로 돌아와 은하수 끌어다 속된 생각 말끔히 씻어 버렸네"[61]라고 읊었던 것은 세상의 속된 생각과 이욕을 씻어내려는 세정(洗淨) 행위였다. 붙어살면서도 만나면 늘 반갑고 언제라도 찾아가고 싶어한, 연꽃 같은 맑은 우정을 나눈 한수와는 대조적이다.

한편, 버들골 서쪽에는 또 한 사람의 이웃이 있었다. 길창군(吉昌君) 권적(權適)이다. 그런데 길창군은 한수의 장인이다. 애초에 한수가 이곳에 살게 된 것도 장인 덕분이었다.[62] 이색은 이들을 함께 서린으로 두

---

58) 『시고』 권28 「昨過東亭門外多馬僕奴携酒饌者又相繼僕以病餘畏飮不敢入向晚有言東亭壽日者明日吟成一首以謝闕禮」.
59) 『문고』 권2 「漁隱記」. "東亭好古律己 存心愛物 其視聚斂掊克之流 不啻犬彘." 우왕 13년경 이색은 염흥방이 수탈을 일삼으니 나라를 그르치게 될 것이라고 지적했다. 『고려사』 권115 열전28 「이색」. "左使廉興邦 亦以取斂爲事 誤國家者 必此二人也."
60) 『시고』 권16 「赴廉東亭招醉歸」. "微雨晚來好 爽然淸肺肝."
61) 『시고』 권31 「東亭甲寅門生設宴昆季旣會使騎招僕與韓孟雲侑坐 (…후략…)」. "泥醉夜深歸柳里 洗空塵慮挽天河."
62) 고려 후기에는 안동 권씨 가문의 세력이 성해서 權準·권적 부자가 모두 길창군에

고 있었던 것이다. 그는 이들과 빈번하게 왕래하며 술을 마시고 시를 증수하며 나들이를 다녔다. 이색이 폭넓은 인간관계를 유지할 수 있었던 것은, 물론 그 자신이 문인사회에서 중요 인물이었기도 했지만, 서쪽에 권적·한수 같은 이웃이 있었던 덕분도 컸다.

특히 권적은 염제신(廉悌臣)·윤환(尹桓) 같은 원로(元老)들과 긴밀하게 연결되어 있어 이색에게 세대를 넘어선 교유의 기회를 열어 주었다. 권적은 버들골 자기 집으로 원로들과 자신의 형제들, 아들, 사위 한수, 그리고 이웃의 이색을 초청하여 연회를 베푸는 일이 많았다. 원로들은 대부분 칠순 이상인데 이색과 한수는 50대 안팎의 비교적 적은 나이로 이 자리에 참석했다.[63]

前輩尙少我	선배는 아직도 나를 젊게 여기고
後生已老吾	후생은 벌써 나를 늙게 여기네.
老吾自見疏	늙게 여기는 곳선 절로 소외받거니와
少吾與誰娛	젊게 여기는 곳선 뉘와 함께 즐길까.
所以獨坐嘯	이 때문에 홀로 앉아 휘파람 부노라니
聲搖東海隅	그 소리가 동해 구석을 뒤흔드네.
白雲生晴峯	흰 구름은 맑은 봉우리에서 나오고
明月□□□	밝은 달은(원문 누락).
遐想寄縹渺	원대한 생각은 아득한 데 부치고
餘生甘拙迂	남은 생엔 졸렬한 생활 감수하네.
西隣幸同嗜	서쪽 이웃에 다행히 기호 같은 분 있어

봉해졌다. 충선왕이 安珦의 옛집을 권준에게 내려주었는데 이색 당시 그 집을 권적이 물려받았다. 그런데 한수가 권적의 사위가 되었으므로 한수도 그 근처에 살게 되었다. 『記言別集』권9 「良醞洞古蹟記」.

63) 『시고』권23 「四月卄六日西隣吉昌君會客 (…중략…) 而元老皆七旬以上獨昌寧君六十三少政堂五十六而稱亦五十三年最下 (…후략…)」. 이날 모임의 최고 원로는 염제신·윤환이었다. 이들은 이른바 耆老會의 핵심멤버였다. 염제신은 염흥방의 부친인데, 이색에게는 또 처고모부가 되는 사이였다. 이색이 기로회에 참석할 수 있었던 데에는 권적과 염제신의 배려가 컸다.

往往歌唐虞　　왕왕 당우 시대를 노래하네.
唐虞竟寥闊　　당우 시대는 끝내 아득
□□□□□　　(원문 누락).64)

이 앞에 두 수의 시가 있다. 내용을 더듬어 보면, 윤환이 이색의 집을 방문했고 이에 이색이 그 댁에 가서 사례하고 돌아왔음을 알 수 있다. 그의 기로시들은 대체로 모임에 참석한 것에 대해 감사함과 기쁨을 느끼노라는 내용인데, 이 시에는 다른 심정이 드러나 있다.

그는 기로들과의 회합에서 온전한 즐거움을 누리지는 못했던 듯하다. 선배들은 그를 아직 젊다고 여겼다. 나이뿐만 아니라 처지에서도 거리감을 드러냈다. 염제신·윤환은 당시 시중(侍中)으로서 대가(大街)에 거하는 '거룩한 세상의 영광을 누리는 분'들이다.65) 이색은 그들을 '배고개[梨嶺]의 승상', 자신은 '버들골의 군자'라고 대비해서 말했다.66)

한편, 그는 후배에 대해서도 언급하고 있다. 기로댁을 방문하고서 자기가 문인사회에서 차지하고 있는 위치에까지 생각이 미쳤던 듯하다. 그는 선배와 후배 중간에 끼어 있는 세대였다. 그는 이들과 자주 만나고 어울렸지만 양쪽으로부터 모두 거리감과 소외감을 느끼고 있었다. 그때문에 '홀로 앉아 휘파람을 불고 있는 것'이다.

이 고독한 상황에서 그를 구원해주는 것은 역시 '서린에 있는 동기(同嗜)', 한수였다. 나아가거나 물러나거나, 그의 궁극 목표는 요순(堯舜)으로 표현되는 이상세계(理想世界)의 구현이었다.67) 그러나 정치현실은 여의치 않았고, 정신적 동반자를 찾는 일 역시 쉽지 않았다. 동지(同志)들은 세상을 많이 떠났고68) 그가 맺고 있는 관계들은 가변적이었다.69) 이

---

64) 『시고』 권25 「述懷」.
65) 『시고』 권34 「陪西隣吉昌君謁漆原侍中鐵原侍中而歸」. "梨峴登門兩侍中 大街南 此氣蔥蔥 風雲蓋世榮無對 花木名園興不窮."
66) 『시고』 권25 「曉吟」. "梨嶺丞相廬 柳洞君子居."
67) 『시고』 권7 「君子秉素志」 제3수. "出處諒非慮 永矢歌唐虞"; 권8 「自詠四首」 제1수. "最愛乾坤呈露處 相尋直欲到唐虞"; 권26 「秋雲」. "願陳賡載歌 濟世唐虞同."

러한 상황에서 한수가 이상을 함께 노래할 친구로 인식되었던 것은 의미심장하다.

兩人拜謝纖阿公	두 사람 달님에게 감사하며 절하니
我輩不與他人同	우리는 다른 사람들과는 같지 않네.
平生只守一敬字	평생 다만 '경' 한 자를 지켜왔으니
外物不足干吾中	외물은 우리 마음에 끼어들지 못하네.
浩然有氣塞天地	호연한 기운이 천지에 가득하니
我且端坐歌王風	나는 또 단정히 앉아 왕풍을 노래하네.
王風播兮民物阜	왕풍이 전파되면 백성들 삶 풍족해지리니
對月快倒黃金鍾	달님 마주 보며 멋지게 황금 술잔을 기울이네.70)

한수와 함께 다락에 올라서 노닌 일을 쓴 시이다. 시의 배경은, 한여름 삼경이 가까워 오는 밤, 달빛은 금물결을 이루어 하늘에 가득하고 사위는 조용하고 깨끗해서, 마치 맑은 중추(中秋)와 같은 때이다.71) 이 절대 청명(淸明)한 경계는 물리적 풍경이면서 동시에 이들의 내면의 정신세계이다.

'우리'는 세상으로부터 버림받고 속임과 능멸을 당하는 사람들이다.72) 원망과 울분이 터져나올 법도 하다. 그러나 두 사람은 오히려 그것을 정신적 차원에서 극복하고 있다. '우리'는 '다른 사람들'과는 구별되는 동지적 존재로서 결합되어 있다. 이들의 정신적 공분모는 '경(敬)'

---

68) 『시고』 권14 「奉謝韓政堂朴簽書來訪兼述鄙懷」. "同志同門半死生 一樽相對若爲情."
69) 채웅석은 이색의 인간관계망은 軟性的인 네트워크로서 이해관계에 따라 관계가 가변적이었다고 보았다. 채웅석, 앞의 글, 107면 참조.
70) 『시고』 권22 「昨夜月明韓上黨邀僕登樓小酌」.
71) 위의 시. "兩人對酌樓月明 初更二更將三更 金波滿天絶群動 更無纖靄從中生 共言今夕是夏孟 天氣酷似中秋淸."
72) 위의 시. "姮娥氷顔何曾改 應憐兩人棄於世 (…중략…) 不須泚顙更治背. 每見擯斥遭欺凌."

이다. '경'은 마음을 바로잡는 수양이다.[73] 이들은 마음의 수양을 통해 청명한 정신세계로 나아갔다. 그것이 달빛으로 시현된 청명한 자연경계와 만나 혼연한 일체가 되었다. 여기에는 어떤 구속도 갈등도 없다. 오로지 호연한 기운만이 천지에 가득할 뿐이다.

그런데 이색의 눈은 다시 인간세상으로 향한다. 그는 한수의 아들 상경(尙敬)의 이름과 자를 풀이하면서, 경으로써 치국(治國) 평천하(平天下)에 도달하게 된다고 말했다.[74] 이것은 그가 경을 통해 궁극적으로 희구하는 것이 바로 인간세상에 조화와 질서를 실현하는 것임을 알려 준다. 위 시에서 왕풍을 노래하는 것은 바로 이 뜻이다.

이색은 중심에서 물러난 처지에서, 교유관계에서도 세상에 대한 거리의식을 드러냈다. 그가 맺은 수많은 관계 가운데 지속성이나 문화적·정신적 측면에서 가장 밀착되었던 사람은 한수였다. 두 사람은 단순히 이웃집 친구가 아닌, 이상을 공유한 버들골의 군자들이었다. 그는 마음속으로 '세교(勢交)'와 '심교(心交)'를 구별해두고 있었거니와,[75] 한수는 그 진정한 심교의 친구였다. 이색의 시작 활동이 한수가 죽은 우왕 10년을 즈음하여 휴지(休止)에 들어간 것은 그래서 우연으로만 보이지 않는다.

---

73) 이색의 '경'의 의미는 필자의 「고려 공민왕대 문인의 의식과 문학 연구」, 이화여대 박사논문, 2002, 100면 참조.

74) 『문고』 권10 「韓氏四子名字說」. "勉其中有主也 (…중략…) 學道者 由敬以誠正 出治者 由敬以治平."

75) 『시고』 권8 「自詠」 제2수. "垂白年來氣自調 勢交如彼少心交."

4. 생활인의 시선과 목소리

이색은 버들골에서 자연 속에 한거하며 서린의 한수와 맑은 우정을
나눌 수 있었다. 그런 의미에서 버들골은 훌륭한 교유 공간이었다. 그러
나 개인의 삶으로 눈을 돌리면, 이곳은 그가 현직에서 물러난 한 노인
으로서 살아가고, 한 집안의 가장으로 살림을 꾸려가야 하는 생활의 현
장이기도 했다.

그는 평생 가난했지만 안빈낙도(安貧樂道)는 늙어서야 알게 되었다고
했다.76) 그의 시 중에는 「잡흥(雜興)」처럼 자족한 경지를 읊은 것들도 많
이 보인다.77) 그러나 그 경지에 이르기까지 겪어야 했던 생활의 현실은
만만한 것이 아니었다. 그는 안빈낙도가 본래 뜻이지만 때로 무엇인가
부족해지면 뜻이 흔들렸노라고 고백했다.78)

> 病勢催湯藥　　병세가 마냥 탕약을 재촉하니
> 生涯寄食眠　　생활은 먹고 자는 일에 부쳤네.
> 移居那免俗　　거처 옮긴다고 속기를 면하랴
> 當痛但呼天　　통증 찾아오면 하늘만 부를 뿐.79)

육신으로 느낀 가장 가깝고 고통스러운 현실은 병(病)이었다. 그는 세
정(世情)의 괴로움과 병골(病骨)의 고달픔 어느 것이 가볍고 무거운지 알
수 없을 정도로 병고로 무척 고생했다.80) 그의 일과라고는 병 앓고, 먹
고, 잠자는 것뿐이었다. 궁벽한 자연 속에 옮겨와 살고 있어도 세속적인

---

76) 『시고』 권21 「自詠」. "老矣夫何患 平生只一寒 早識善最樂 老知貧可安."
77) 『시고』 권33 「雜興」 제1수. "淘米田間水 搬柴籬畔山 居貧心自樂 病退跡仍閑 邑
宰或饋問 隣翁時往還 悠悠度旬浹 豪氣欲浮顔."
78) 『시고』 권28 「有感」. "安貧是吾志 自謂淸如水 遇事物不及 還如浪波起."
79) 『시고』 권15 「卽事三首」 제1수.
80) 『시고』 권17 「蜂螫」. "世情多苦楚 病骨足酸辛 未識誰輕重 悠然一笑新."

생활은 계속되었다. 오히려 현직에 있지 않은 처지이므로 생활은 더 핍
진한 현실로 닥쳐왔다.

그는 본시 치생(治生)에는 어두운 사람이었다.[81] 손님이 찾아오면 한
수가 대신 술과 안주를 차려와 대접해주기 일쑤였고,[82] 말[馬]이 없어서
외출을 못하는 일도 있었다.[83] '축적 없는' 궁핍한 생활은 식구들에게
고통을 주었고 이를 지켜보아야 하는 가장의 마음도 편할 리 없었다.[84]

每歲床床漏	해마다 비가 새서 침상들이 젖는데
愁霖撥不開	징그러운 장맛비 도무지 걷히질 않네.
下茅今晚矣	이엉 얹으려 해도 이미 늦은 일
其雨已時哉	빗줄기가 벌써 제대로 퍼붓는걸.
窓破宜明月	깨진 창은 밝은 달빛 들기 알맞고
庭閑可綠苔	한가한 뜰엔 푸른 이끼 돋기 좋네.
只慙霑濕處	다만 부끄러운 건 축축이 젖은 곳에서
持傘獨低廻	우산 받치고 혼자 서성거리는 신세.[85]

「해마다 겪는 일」이라는 시이다. 제목부터 심난하다. 장마철인데 지
붕이 새는 바람에 침상마다 젖는 낭패를 겪었다. 창문이 깨진 틈은 밝
은 달빛 들기 알맞고 한가한 뜰은 푸른 이끼 돋기 좋다고 능쳐 보지만,
축축한 곳을 피하려고 우산을 받치고 서성거리는 자기 모습이 부끄러
울 수밖에 없다. 그는 지인에게 이엉을 보내 달라는 편지를 쓰기까지
했다.[86] '서성거림'은 불안정한 생활의 현실 속에서 흔들리는 이색의
가감 없는 모습이다.

---

81) 『시고』 권34 「田莊自笑」, 自序. "懶於治生 甚又甚也."
82) 『시고』 권15 「廉東亭至柳巷又置酒肴」. "雀羅門巷踏蒼苔 貧甚無從覓舊醅 賴有西
隣韓相國 每携牛酒待賓來."
83) 『시고』 권25 「無馬不出」. "貧家安坐易 緩急却蒼黃."
84) 『시고』 권25 「晨興開窓見屋上霜」. "蓄積不煖汝 何心食汝力."
85) 『시고』 권28 「每歲」.
86) 『시고』 권21 「作書索茅將圖婢僕避霑濕也 (…후략…)」. "所愧爲家長 令人寢不安."

심지어 식량이 떨어지는 경우도 있었다. 그는 천장만 바라보다가 아내가 얻어온 쌀로 쑤어 준 죽을 먹으면서 자신의 무능함을 자책하기도 했다.[87] 생계를 유지하기 위해서는 물질적인 지원이 필요했다. 그는 한수·염흥방 같은 친구들을 비롯해서[88] 외족과 처족, 동년, 그리고 각지 지방관으로부터 음식이나 물품을 많이 받았다. 그중에는 선물치레나 관행에 의한 것도 있었지만 경제적 지원의 의미를 가진 것도 적지 않았다.

그가 겪은 병고와 가난은 시인들의 투식만은 아니었다. 실제로 그는 경제적으로 여유가 없었고[89] 병고도 엄살로 보기에는 너무 구체적이고 고통스럽다.

그러나 고맙게도, 삶의 현실은 그에게 '사는 일'에 대해 진지하게 되돌아보게 하는 계기가 되었다. 그는 하루하루 먹고 살아가는 '호구(糊口)의 중요함'[90]을 말하고, '처자식을 위한 계책' 때문에 번민하는 가운데 '한 가정을 구제하는 일도 좋지 않은 일은 아님'을 깨달을 수 있었다.[91] 그리하여 생활의 문제는 그의 시선을 자기의 삶 주변에서 만나는 친근한 사물과 사람들에게로 잡아끌었다.

그는 '일용에 필요한 달력'과 '입맛 돋워주는 청어'를 주옥(珠玉)보다 더 귀한 것이라고 여겼다.[92] 일상이 소중하다는 생각이 자장(磁場)이 되어, 그의 주변에 펼쳐진 모든 것들, 시선이 가닿는 모든 것들이 다 시적

---

87) 『시고』 권12 「食粥吟」. "老妻悶我病軀瘦 特丐鄰胡白如玉 凝脂流滑入喉去 曝背 茅簷叩吾腹 蒼頭赤脚色憔悴 愧我生疎不能育."

88) 한수가 자주 도와주었으나, 가장 적극적으로 경제적인 지원을 해준 사람은 염흥방이었다. 염흥방은 그에게 햅쌀을 비롯해서 밀보리, 고기, 노루고기 등 음식이나 물품을 빈번하게 보내주었다.

89) 이색의 경제적인 문제는 이우성의 「목은에게 있어서 우창문제 및 전제문제」, 『목은 이색의 생애와 사상』(목은연구회 편), 일조각, 1996 참조.

90) 『시고』 권8 「卽事」. "滿庭山影綠苔痕 車馬無緣到遠村 汲井却成門外路 女奴朝夕 頂銅盆." 細註, "言糊口之重."

91) 『시고』 권28 「卽事」 제2수. "□□或有妻兒計 濟得一家非不賢."

92) 『시고』 권31 「金恭立以曆日相送且饋靑魚」. "黃曆資日用 靑魚助晨飧 吉凶判在目 氣味充於肝 珠玉豈不美 適足滋貧奸."

관심 안으로 불려들어 왔다.[93] 그것은 삶에 대한 인식의 변화이며, 시세
계의 확장이기도 했다.

이 변화와 확장은 기본적으로 버들골의 시·공간적 조건에 힘입고
있음을 간과할 수 없다. 생활의 문제는 큰 숙제였으나, 이곳은 현직에서
물러난 노인에게 천천히 생각하고 느리게 움직이는 여유를 허락했다.
그는 버들골의 소박한 거처에서 마음 다스리는 일을 수행하면서[94] 일
상의 리듬 속에 자기를 싣고 충실하게 삶을 영위했다. 그러는 가운데
전에는 보지 못했던 친근하고 사소한 것들이 하나하나 선명하게 눈에
들어올 수 있었던 것이다.

湯沸風爐雀噪簷	풍로에선 물 끓고 처마선 새 지저귀는데
老妻盥櫛試梅鹽	늙은 아낸 세수하고 음식 간을 맞추네.
日高三丈紬衾暖	해는 세 발이나 솟았는데 명주이불 다습게 덮은 채
一片乾坤屬黑甛	방 한 구석 내 세상에 아침잠이 달콤하네.[95]

日照南窓近午天	남창에 해 비추니 정오가 가까운 게지
呼童石鼎煮山泉	"애야, 돌솥에 샘물 끓여 오너라."
滌淸腸內非他事	창자를 깨끗이 씻어내는 건 다름 아니고
欲得新詩氷雪聯	빙설 같은 새 시를 얻고자 함일세.[96]

그의 시를 읽는 재미 중 하나는, 시들이 하루에도 몇 편씩 지어지는
경우가 많았기 때문에 그 앞뒤를 엮어 보면 하루의 일과를 그려볼 수

---

93) 음식(사과, 수박, 홍시, 포도, 햇밤, 산딸기, 청어, 팥죽), 생활용품(죽망모자, 거울, 방
　아, 솥, 달력, 가죽신), 동물(산벌, 매미, 고양이, 낮닭, 제비, 이, 닭, 벼룩), 식물(들꽃, 쪽
　꽃) 등과 같은 구체적인 사물들, 그리고 빨래, 찻잔에 차를 집어넣는 것, 물 끓이는 소
　리를 듣는 것, 얼굴 씻고 머리 빗는 것, 손자가 필묵을 가지고 장난하는 것 등 생활의
　일상적인 행위와 습관들이 대량으로 등장한다.
94) 『시고』 권16 「散步」. "散步伸腰脚 沈吟陶性靈 飛雲晴更白 疊巘遠彌靑 海外留徐
　福 遼東老管寧 悠悠境自順 柳洞一茅亭."
95) 『시고』 권27 「晨興卽事」.
96) 『시고』 권17 「午天」.

있다는 것이다. 아침에도 읊고 점심에도 짓고 저녁에 또 쓰기도 했다.[97] 위 시들도 그렇다. 앞의 시는 새벽에 일어나서, 뒤의 시는 이날 정오에 쓴 것이다.

시적 배경은 집안과 방안 같은 일상 공간이고, 소재는 풍로·명주이불·남창·돌솥 같은 생활용품이며, 등장인물은 이색과 아내와 아이놈 등 집안식구들이다. 나오는 행위라고는 세수하고 빗질하며, 음식 마련하고, 잠자고 깨어나고, 물 끓여 차를 마시는 것이다. 차를 마시는 것은 딴 일이 아니라 시를 지어볼 요량이다. 그에게는 시 짓는 일 역시 일과 속에서 치러지고 있다.

전체적으로 화면은 아담하고, 시간은 느긋하며, 분위기는 평화롭다. 그만저만한 일상을 담담하게 써내려 갔는데, 그 이루어진 풍격이 자못 한적(閑適)하다.[98]

軟炊盈椀白	잘 익은 하얀 쌀밥은 주발에 수북하고
新摘滿盤靑	새로 딴 파란 김은 접시에 가득하네.
和合午牕下	대낮 창 아래서 김에 밥을 싸 먹노라니
齒牙微有馨	치아에 살그머니 배어나는 향기.[99]

강릉의 안렴사가 김을 보내 준 것에 감사하며 지은 시이다. 앞에서 살펴본 시들처럼 그의 시에는 '창가'가 자주 등장하는데, 이곳은 글 읽고 시 짓고 밥 먹는 데 안성맞춤이었다. 특히 여기에서는 시적 공간이 '창가' 한 군데로 응집되어 있고, 그 속에서 사물들이 더 구체적이고 상밀하게 그려지고 있다.

그는 대낮 창 아래에 밥상을 마주하고 있다. 사발에 수북이 담긴 하

<hr>

97) 『시고』 권9 「朝吟」; 「午詠」; 『유항시집』 「次韻奉呈牧隱先生」. "或爲平淡 或雄深 朝作千篇暮又吟."
98) 『護聞瑣錄』 제10항. "牧老詩閒適 如晨興詩卽日 (…후략…)."
99) 『시고』 권31 「謝江陵廉使送海衣」.

얀 밥과 새로 딴 푸른 김의 색채 대비가 선명하다. 그 김에 밥을 싸서 먹으니 이[齒]에 은은히 향기가 감돈다. 시각과 촉각에 후각까지 살뜰하게 움직이고 바삭거리는 청각까지 감지된다. 짧은 편폭 속에 일상의 감각이 총 동원되어 있다. 김이라는 대수롭지 않은 소재를 가져다 감각적으로 버무려 낸 솜씨가 맛깔스럽다.

이처럼 일상에 밀착해서 지은 시들에서는 작은 소리가 들리고 섬세한 시선이 잡히며 예민한 감각이 움직인다. 즐겁다고 목청껏 노래하는 과시도 없고 괴롭다고 노골적인 갈등을 토로하지도 않는다. 그저 날마다 겪는 일상을 꾸밈없이 그려내어 보일 뿐이다. 그래서 삶의 진실이 더 따뜻하게 끼쳐온다. 이 시적 성과는 일상 자체가 소중하다는 생각을 가지고 사소하고 친근한 것들에 대해 관심과 애정을 겨누었던 덕분이다.

주목되는 점은 일상에 대한 응시와 숙고로부터 삶의 이치와 도덕적 교훈에 대한 통찰로 나아가고 있다는 점이다. 그는 일상에서 직접적으로 관념을 끄집어내는 데 치중하여 관념을 노골화하는 하는 경우가 많았다.[100] 다음은 이와는 또 다른 방식으로 관념을 처리하고 있는 예이다.

白髮梳來漸漸稀	흰 머리는 빗을수록 점점 성글어져
紛紛如雪巧粘衣	눈처럼 분분히 떨어져 옷에 잘도 달라붙네.
老妻頗訝頭將禿	늙은 아낸 "그러다 대머리 되시겠수" 한 걱정인데
童子猶言面尙肥	아이놈 하는 말 "얼굴은 아직 살지셨는데요, 뭘."
映得靑山何洒落	푸른 산빛과 어울리면 얼마나 시원한가
披從明月共熹微	밝은 달빛 덮어쓰면 함께 희미해지네.
人間五色迷人眼	인간세상 오색은 사람 눈 흐리게 하니
只願期將與爾歸	너와 함께 흰색으로 돌아가기만 바라노라.[101]

---

100) 그는 고양이가 새끼를 낳는 것을 보고 天理를 말하고(권17 「猫生子」), 산고를 겪는 계집종을 보면서 文王을 떠올렸다(권8 「七月二十日婢有難産者記之」). 또 이·벼룩·닭·개를 차례로 읊고 나서는 천지 만물의 품부받은 성품에 대해 찬탄하면서 「봉명」과 「인지」 두 편을 이어서 짓기도 했다(권17 「旣賦蚤蝨鷄犬自嘆天地生物之衆而稟賦如此安得聞鳳鳴見麟趾以快吾方寸耶於是吟得鳳鳴麟趾二篇」).

제목은 「흰 머리」이다. 빗으면 빗을수록 머리카락이 빠져서 눈처럼 옷 위에 올올이 들러붙는다. 늙은 아내의 걱정하는 소리, "그러다 대머리 되시겠수." 그런데 옆에 있는 아이놈 말이 걸작이다. "얼굴은 아직 살지셨는데요, 뭘." 늙은 내외가 "허허, 고얀 놈" 하고 웃었을 듯하다. 주변의 가까운 사람들을 한 화면 안에 들여놓고 두런두런 격의 없는 대화로 엮어서 일상의 살가운 정경을 연출했다.

앞이 일상의 정경이라면, 뒤는 '색'에 대한 도덕적 경계이다. 흰색은 '푸른 산빛'과 어울려 도리어 시원하고 '밝은 달빛'과 더불어 함께 희미해진다. 그것은 자연과 공존하고 조화하는 색이다. 이에 대해 오색은 분별의 산물이요 미혹의 근거이다. 그는 흰색의 편에 서서 살겠노라고 다짐한다.

그렇다고 그가 일상을 관념을 끌어내는 수단이나 자료로만 이용하고 있는 것은 아니다. 궁극의 주제는 삶의 자세에 대한 다짐이지만, 일상은 또한 그 자체로서 소중하게 다루어지고 충실하게 그려지고 있다. 다만 일상과 관념 사이가 다소 떠 보인다는 점이 지적되는데, 다음 시에서는 이 간격이 더 좁혀져서 나타난다.

稚子啼呼索點心	어린애가 울며불며 먹을 거 달라 졸라대니
老婆吹火石鐺深	할미가 돌솥 걸고 호호 불을 불어대네.
醬湯油餠烹來較	장국 부침개를 먹음직스럽게 데워 오자
□□尋常驕語音	(원문 누락) 언제 그랬냐는 듯 어리광소리.
道味生時須自驗	도미가 일어나는 때를 스스로 징험해보았거니
天機動處有誰尋	천기가 움직이는 곳은 누가 찾아보았을까.
老翁日用眞無事	늙은이는 하루하루 진정 다른 일이 없어
遇興悠然試一吟	흥이 일면 느긋이 시 한 수 읊조릴 뿐.102)

101) 『시고』 권31 「白髮」.
102) 『시고』 권28 「兒啼飢」.

앞 두 연은 주변 사람들이 펼치는, 어디에서나 봄직한 생활의 풍경이다. 어린애가 먹을 것을 달라고 떼쓰니 할미가 국과 부침개를 데워 왔다. 그러자 아이가 언제 그랬냐는 듯 재롱을 떤다. 다음 연에서는 '도미'와 '천기'가 등장한다. 이 심오하고 위대한 철학적 개념은, 그러나 지적(知的)인 작업에 의해 도출된 것이 아니다. 그는 '일용'의 사이에서 자기 눈 앞의 어린애 ― 자기의 손자일 법한 ― 로부터 그것을 직접 보고 있는 것이다.

도미와 천기는 별도로 존재하는 고매한 철학이 아니라, 어린애의 천진한 인성과 행동 그 자체이다. 그래서 관념이 겉돌거나 돌출적으로 보이지 않는다. 그리고 시 말미에서 그는 다시 한가한 일상 속에 시 짓는 노인으로 돌아와 있다. 앞의 시와 비교할 때 일상과 관념이 더 차분히 서로 스며들고 있음이 돋보인다.

隣家犬吠我雞呼	이웃집 개가 짖자 우리집 닭도 꼬끼오
日照南窓對火爐	햇빛 비추는 남창에 화로 끼고 앉았네.
小婢汲泉供盥洗	어린 계집종 샘물 길어 세숫물 바치니
一團和氣是唐虞	한 덩어리 화기가 바로 당우 시대일세.[103]

시골 아침의 별일 없이 한가한 일상적 풍경이다. 응축된 화면이지만, 내면은 더할 나위 없이 넓고 크다. 우리집은 이웃과 소리를 매개로 열려 있고, 방안의 나는 하늘과 남창을 통해 연결되어 있다. 어린 계집종은 바깥에서 맑은 샘물을 막 길어 와서, 방안에서 따뜻한 화로를 가만히 끼고 앉은 노인에게 세숫물로 바친다. 바깥―안, 위―아래, 젊음―늙음, 차가움―따뜻함, 동적인 것―정적인 것이 한데 들어 있으되, 서로 치이거나 복닥거리지 않는다. 이들은 화해와 평화의 관계 속에 공존하고 있다. 이것이 바로 '일단화기'요, '요순시대'이다.

---

103) 『시고』 권28 「卽事」.

요순시대는 먼 옛날이나 허구의 세계가 아니다. 그것은 바로 지금, 내 집과 내 가까운 사물과 친근한 사람들 속에서 구현된 눈앞의 현재이다. 도와 이치가 사람 사는 일 속에 있음을, 이상이 현실과 별개가 아님을 깨닫게 되는 순간이다. 같은 주제를 읊고 있는 시 「탄식하다[發嘆]」104)에 비해 말은 짧고 분위기는 평범하지만, 시적 진실이나 질량감은 더 앞선다.

이색은 주변의 사람과 일상 속의 사물 같은 친근한 것에 관심과 애정을 갖고 시로 써내었다. 그 시들은 생활인으로서의 진실한 모습을 보여주고 거짓 없는 목소리를 들려준다. 그는 이 사소하고 진부한 일상 속에서 소중한 가치를 발견하고 교훈과 이치와 도를 확인했다. 고명한 철학자 이전에, 한 사람의 생활인으로 한 집안의 가장으로 어린 손자의 할아버지로 살아가며, 시시한 것들의 아름다움을 발견한 일은 버들골 생활의 큰 수확이었다.

5. 나오는 말

이색은 50대 초·중반에 개경의 중심부에서 물러나 버들골에 머물고 있었다. 그는 마치 일기와도 같이 시를 지으면서 자기 삶의 모습을 고스란히 담아내었다. 이전에는 그리고 이후에도 이렇게 일상을 대량으로 시에 담아낸 예를 찾기 어렵다는 점에서 그는 특수한 사례로 꼽힐 만하다.

버들골은 자연 공간이다. 그러나 이곳은 중심과 고향 사이에 얹혀 있는 경계 공간이다. 그는 세상 사람들과 관계를 지속하는 한편 서린 한

---

104) 『시고』 권23 「發嘆」.

수와 문화적으로 교감하고 정신적으로 유대하면서 진정한 우정을 나누었다. 그런 의미에서 버들골은 훌륭한 교유 공간이었다. 그러나 동시에 이곳은, 현직에서 물러난 임시 거주민으로서 생활의 문제를 해결해야 하는 현실 공간이기도 했다. 그는 생활에 대한 고통을 토로하기도 하고, 일상 자체가 소중하다는 생각을 가지고 주변의 작고 가까운 것을 응시하고 그 의미를 숙고했다. 그러면서 일상 속에서 소중한 가치를 발견하고 교훈과 이치와 도를 확인했다.

본고에서 다룬 시들은 그의 방대한 시 중 작은 일부에 지나지 않는다. 그 밖의 다른 시들을 살펴보면, 교유와 생활에 관련된 것으로 한정하더라도, 내용이 중복되고 산발적이며, 시적 주제나 의미가 불충분한 것들도 많이 발견된다. 그는 시로써 무엇을 해야 한다는 강박 없이, 문학과 생활 사이에 굳이 경계를 긋지 않고 시를 써낸 것처럼 여겨진다. 이것은 그만큼 그가 일상의 삶을 가치 있게 받아들이고 시로써 그것을 충실히 담아내는 데 열중했다는 증거이다. 이것만으로도 매우 소중하고 의미 있는 성과이다.

그러나 동시에, 이 시들을 통관하는, 그 밑에 깊게 자리하고 그 위에 높게 덮고 있는 궁극의 지향이 있었음을 놓쳐서는 안 된다. 병중에 노쇠한 몸을 붙들고 쉼 없이 시를 쓴다는 것은 최종 목표에 대한 강한 열정과 인내력이 없이는 결코 불가능하기 때문이다.

버들골에 물러나 있어도 그의 목표는 한결같이 이상세계를 구현하는 일이었다. 한수와의 교유가 '관계'를 통해 공동의 정신적 지향을 지속적으로 확인하고 이상을 추구해나가는 과정이었다면, 생활은 '개인'으로서 삶의 현실과 이상의 틈에서 갈등하고 또 극복하면서 인식의 변화와 확장을 이루어 나가는 과정이었다. 때로는 분잡하고 번다하게까지 보이는 그 수많은 시들은 이러한 이상과 현실의 부딪침 그리고 그 극복과 조화의 노력 속에서 빚어진 것들이다. 이런 점에서 그에게 시를 쓰는 일은 그 자체가 투쟁이고 실천이었다.

이색은 버들골 시절에 50대의 노인으로, 이미 학문적으로 완숙한 경지에 올라서 있었다. 그는 치밀한 연구나 학술적 저작활동에 종사하지 않았다. 대신 현실과의 긴장을 유지한 채 일상의 리듬 속에 자기를 싣고, 바람직한 관계를 모색하고 삶에 대한 인식의 지평을 넓혀 나갔다. 그 과정에서 시(詩)와 삶이 만나고 일상(日常)과 철학(哲學)이 환류(還流)되었다. 이것이 이색의 버들골 시절 일상과 시의 심중한 의의이다.

14세기 지식인의 불교생활

전수연[*]

1. 머리말

여말선초는 유불(儒佛) 교체기이다. 사대부들이 성리학적 이념을 바탕으로 새로운 왕조를 개창하게 된 운동의 기반은 여말에 있다. 따라서 조선 전기 사대부사회 내지는 사대부문학을 온전히 파악하기 위하여, 성리학 수용기의 사대부문학과 성리학의 관련성 해명에 관심이 집중되었다. 그러나 성리학 도입 이후 고려 후기의 사대부문학을 파악함에 있어, 성리학의 영향에만 관심을 두는 것은 문학사 해명에 편파적인 시각이다.

고려 후기 사대부문학의 실체를 탐색하려면 문학담당층인 사대부의 모습을 제대로 파악하여야 한다. 성리학이 수용되었다고 해도, 삼국이

---

[*] 안동대 국학부 교수.

래 1천여 년간 사상적 기반이 된 불교를 국교로 삼은 고려의 정신적 기반은 여전히 불교에 있었다. 성리학에 편중된 연구시각을 넓혀서 유불공존의 사회 상황을 염두에 둘 필요가 있다. 또한 성리학과의 관련을 올바로 해명하기 위해서도, 불교사상이 성리학의 수용·심화에 끼친 영향의 문제는 마땅히 고려되어야 한다.

여말 사대부문학과 불교의 관련성을 해명하는 작업은 많은 연구가 축적되지 못하였다. 그나마 이색 등 소수의 특정 문인에 편중되거나[1] 대상시기를 범박하게 잡았다.[2] 따라서 역사적 추이를 살펴보거나, 특정 시기의 양상과 의미를 심층적으로 파악하는 데는 미치지 못하였다.

신흥조선의 정치·경제제도의 기반을 마련한 정도전을 위시한 사대부들은 여말 이색의 문하에서 성장하였다. 여말선초 성리학을 바탕으로 사회개혁을 추구한 사대부들은 공민왕조의 개혁정치 아래서 이색을 중심으로 성리학을 연마한 신진지식인들이다. 그런데 이들은 바로 여말의 대표적 승려들과 가장 빈번한 교유를 한 인물들이기도 하다. 여말 사대부 한문학 연구에 있어, 유불공존의 사회 상황을 염두에 두어야 한다는 당위성을 넘어, 여말 사대부와 불교의 관련 양상을 해명해야 하는 필연성이 바로 여기에 있다.

---

1) 손낙범, 「목은연구」, 『국제대학논문집』 3, 국제대, 1975; 여운필, 「이색의 시문학 연구」, 서울대 박사논문, 1993; 여운필, 『이색의 시문학 연구』, 태학사, 1995; 신두영, 「목은의 불교시 연구」, 단국대 석사논문, 1985; 신두영, 「목은 불교시의 이원적 세계」, 『한문학논집』 5, 근역한문학회, 1987.
2) 이병혁, 『고려 말 성리학 수용기의 한시 연구』(태학사, 1989)에서는, 성리학 수용 이후의 사대부문학에 유교적인 요소와 불교적인 요소가 공존한다고 언급하는 데 그쳤다. 김성기, 「고려 말 문인의 시문에 나타난 불교취향에 대하여」, 『한국한시연구』 5(태학사, 1997)에서는, 이제현·이색·이숭인 등 3인만을 대상으로 고려 말 문인의 전반적 경향을 파악하려 했으므로 유교와 불교가 조화롭게 공존하는 정신적 기반을 가졌다는 기존논의를 확인하는데 머물렀다. 이종묵, 「고려시대 사찰제영시의 작법과 문예미」, 『한국한시연구』 2(태학사, 1994)에서는, 이규보·이제현·이숭인 등의 사찰제영시를 다루고 있으나, 작품론을 위주로 하였고 사적전개를 다루지 않았으므로 시대적 의미가 드러나지 않는다.

이러한 문제의식에서 필자는 여말 사대부의 제반사상의 기반이 되는 세계관에 불교적인 경향이 어떻게 나타나는가 탐색하였다.[3] 대승불교의 공(空)사상이 세계관의 근저에 자리 잡고 있으며, 공사상은 기존 연구에서 언급한 것처럼 단순히 현실도피적인 허무사상이 아니다. 공사상을 바탕으로 탐욕을 억제하고 정신력을 고양시켜 개혁주체로서의 도덕적 자부심을 배양하였으며, 불교의 연기(緣起)적 세계관은 동시대를 살아가는 기층민의 고통을 끌어안는 평등사상의 기반이었다. 이러한 작업은 그들의 사고 곳곳에서 나타나는 불교적 편린이 구성하는 전체적인 구조를 파악하려는 시도였다.

본고에서는 한시에 투영된 여말불교의 제양상을 고찰하고자 한다. 여말 사대부의 일상에 침투된 불교의 모습을 고찰하고, 사대부와 승려의 교유가 갖는 의미를 탐색하려는 것이다. 탐구 대상은 고려 후기 중에서도 14세기 후반에 활약한 사대부문인들인 이색(1328~1396)·이집(1327~1387)·한수(1333~1384)·김구용(1338~1384)·정몽주(1337~1392)·정도전(1342~1398)·이숭인(1347~1392)·권근(1352~1409) 등의 불교관련 한시이다. 대상작품은 승려와의 교유시 및 사찰제영시로, 이색의 시 312제, 이집 24제, 한수 33제, 김구용 65제, 정몽주 28제, 정도전 20제, 이숭인 73제, 권근 57제 등 615제이다.

2. 유불(儒佛)공존의 여말사회

여말선초의 유불교체는 순전한 학문적 이론투쟁 또는 깊은 정신운동

---

3) 전수연, 「여말 사대부 한문학과 불교」, 『대동한문학』 10, 대동한문학회, 1998.

의 결과가 아니라 정치적이고 행정적인 주장에 힘입은 바가 컸다.[4] 따라서 현실적인 정치·사회문제를 해결하기 위한 방편으로 불교폐해를 이용하거나 정책적으로 억불정책을 강행함으로써 이루어진 유불교체는 가시적 상황일 뿐이다.

여말의 배불론(排佛論)은 경제적인 측면과 사회적인 측면에서 제기되었다. 즉 과다한 불사(佛事)에 의한 국고의 탕진 및 사원경제의 비대에 따른 세수(稅收)의 감소에 대한 비판이 경제적인 측면이라면 승려들의 타락에 대한 경고와 비난은 사회적·도덕적 측면의 비판이었다. 과다한 불사로 인한 국가재정 낭비에 대한 문제는 이미 성종조 최승로가 제기하였다. 사원이 토지를 강점함으로써 사원경제는 비대해졌지만 양민(良民)의 투탁(投託)에 의하여 세수와 군역(軍役) 대상이 감소되었다. 과다한 불사와 세수의 감소는 사회적 모순이 극에 달한 여말사회에서 국가재정을 파탄으로 몰고가는 한 요인이었다. 승려들의 도덕적 타락은 사원경제의 비대와 함께 가속화되었다.

이러한 배경에서 불교비판론이 제기되고 배불론으로까지 이어져 성리학을 기반으로 하는 조선왕조가 이룩된다. 여말에 배불론을 개진한 사대부들 중 강경파로 분류되는 이성계 휘하의 유신들은 그들이 단행한 전제개혁(田制改革)이 당대 상황과 맞아떨어진데다 군사력을 장악하고 있었으므로 새로운 왕조를 개창하는 주체세력이 되었다. 배불론이 고조되어 박초, 김초, 조인옥의 상소가 빗발친 것은 위화도 회군 이후 이성계를 중심으로 한 무장세력이 권력의 핵심으로 떠오르면서부터였다. 이성계 휘하의 유신(儒臣)이었던 그들 상소의 초점은 사원경제의 비대와 국가재정의 고갈을 대비시키는 것이었다. 이성계 휘하의 무장세력에게 급료를 지급하려면 재원이 필요했기 때문이었다.

사사전민(寺社田民)을 감소하여 공수(公收)로 돌리며 강력한 배불정책

---

4) 이상백, 「儒佛 兩教 交代의 機緣에 對한 一研究」, 『한국문화사연구논고』, 을유문화사, 1947, 45~46면.

을 추진하여 불교의 사회적 기반이 약화되는 조선 초기에 이르면, 윤리적 차원에서 승려들의 타락을 문제 삼았던 여말의 불교비판론은 도덕적 사회기강 확립을 위한 사상변혁으로 발전되지 않는다. 따라서 불교에서 성리학으로 사상적 기반이 바뀌는 것은 확고한 경세철학을 바탕으로 한 정신혁명에 의해서가 아니라, 사회적 기반을 상실한 불교세력이 약화됨으로써 부수적으로 이루어졌다.

후대에 척불왕(斥佛王)이라 칭송받는 태종조차도 강력한 배불정책에 의하여 불교적 기반이 약화된 태종 9년 이후에는 친불(親佛)의 경향을 보인다. 그는 사찰건축과 법회 등 잦은 불사로 인하여 유신들의 비판의 대상이 되기도 하지만, 간언을 하는 유신들 조차도 유자(儒者)로서의 상투적인 배불론을 개진할 뿐, 정신변혁의 강력한 의지는 발견되지 않는다. 물론 정도전의 경우는 확실한 생활철학 위에 배불론을 개진했지만 선초의 유신 중에 성리학적인 생활태도를 견지하려고 노력한 것은 하륜 한 사람뿐이고, 다른 유신들은 구호로만 배불론을 외치고 일상에서는 불교적인 생활습속을 그대로 유지했다.5) 이렇게 불교는 여말선초의 사대부들의 일상에 깊이 침투하였다.

여말 사대부들이 성리학을 수용한 것은 경세적 측면이 강했다. 즉 그들은 당대사회의 폐해와 모순을 해결하는 것을 자신들의 임무로 삼았고 경세론적인 관점에서 문제를 해결할 수 있는 주체로서의 자부심도 있었다. 사대부들이 성리학을 수용하여 자기혁신을 꾀한 시기에, 불교계가 타력(他力)신앙에서 자력(自力)신앙으로 선회한 것은 자기혁신을 하려는 그들 나름의 움직임이었다. 원나라 라마교의 영향을 받아 신비적인 타력신앙에 젖어 있던 고려불교는 14세기 후반에 서서히 자력신앙으로 선회하기 시작했다. 원 간섭기에 억눌려 있던 선종이 다시 부흥하고 있었고, 선종 가운데서도 임제종이 크게 부상하고 있었다.6) 기복(祈

---

5) 이상의 논의는 이상백, 「儒佛 兩敎 交代의 機緣에 對한 一研究」를 참조하였다.
6) 허흥식, 「선종의 부활과 간화선의 전개」, 『고려불교사연구』, 일조각, 1986, 483면.

福)적 타력(他力)신앙과 구도(求道)적 자력(自力)신앙이 공존하는 것이 여말의 상황이다.

조선왕조 개창의 주체세력은 정도전을 제외하고 확고한 철학적 기반에 의하여 정신개혁을 이루려는 투철한 의지가 약하였고, 사대부문학에 주요한 업적을 남긴 인물도 아니었다. 여말의 사대부문학을 고찰함에 있어 온건적 배불론자로 분류되는 이색·정몽주·이숭인 등의 정서가 보편적이며 또한 그들이 당대 사대부문학의 중심인물이므로 이들을 연구 대상으로 할 때 유불공존기 사대부문학의 실상에 가까이 다가갈 수 있다.

3. 의례불교(儀禮佛教)와 호국신앙(護國信仰)

1) 고려의 의례불교(儀禮佛教)[7]

고려불교는 원간섭기에 신비화된 타력신앙으로 경도되기 이전에도, 건국 초부터 호국불교(護國佛教)로서 타력신앙에 기반을 두고 있다. 불교의 신봉과 보호에 의하여 국가가 발전된다고 믿은 고려왕실은, 불교를 정치적인 입장에서 활용하고자 제반 제도적 장치를 마련한다. 첫째 불교교리의 중앙집권적 해석, 둘째 대사주의(大寺主義)에 바탕을 둔 교단의 형성, 셋째 승려에 대한 지배조직인 승과(僧科)와 법계(法階)제도 확립, 넷째 각 사원의 국가적 통제를 위한 관리조직이 그것이다. 이러한 제도들은 불교를 중앙집권적으로 통제하여 호국적 기능의 국가불교로 삼기 위한 조치였다.

---

7) 이하의 서술은 홍윤식, 「고려불교의 신앙의례」, 『한국불교사상사』, 원광대 출판부, 1984를 참조하였다.

왕실과 깊은 관계를 맺고 그 보호아래 국가적 기반을 마련하려는 불교계도 이러한 체제에 부응하여 왕실의 정치적 지위를 옹호하는 신앙구조를 지향하게 된다. 불교교리를 국가관념과 합치시키기 위하여 사회의 존속과 인간영혼의 영원한 운명을 보장한다는 복리(福利)적 필연성을 강조한다. 또한 불법승(佛法僧) 삼보(三寶)에 공양하고 복과 선을 짓는 의례(儀禮)행위를 통하여 실생활과 합일시키려 한다. 결과적으로 의례위주의 국가불교, 현세이익적 기복불교의 면모를 갖추게 되는 것이다.

고려의 불교의례에는 경전신앙의례, 토속신앙을 불교의례화한 연등회와 팔관회, 승려에게 식사를 공양하는 재회(齋會)와 반승(飯僧), 밀교적 신앙의례인 소재도량(消災道場)이 있다. 이러한 의례들은 상호복합적으로 거행되었으며, 고려의 법회 중 경전신앙의례의 하나인 강경법회(講經法會)가 규모나 횟수에 있어 가장 번성하다. 강경법회는 인왕경·금광명경·대반야경·법화경·능엄경·약사경 등을 법회의 내용으로 한다. 인왕경·금강명경 등의 호국경전이 큰 비중을 차지하며, 몽고의 침입으로 국토가 어지러웠던 고종대에 가장 많은 인왕도량을 베풀었다. 이것은 고려의 의례불교가 호국불교 이념의 실천적 행위임을 보여주는 징표이다.

붓다의 설법(說法)을 담고 있는 불교의 경전은 신앙의 대상인 삼보 중 법보(法寶)에 해당한다. 강경은 경전을 강의하고 해석하는 것으로, 불교의 포교를 위하여 마땅히 행해야 한다. 이런 의미의 강경은 붓다 열반 이후 오늘날까지도 계속하고 있다. 그러나 강경을 함으로써 공덕(功德)을 쌓게 된다는 생각을 갖게 되면서, 강경의 법회는 본래의 목적을 잃고 형식화되어 강경도량(講經道場)과 같은 하나의 의식형태를 갖추게 된다.

강경법회는 어느 경전의 강경을 막론하고, 강경 본래의 의미인 강설(講說)보다는, 기우(祈雨)·양재(禳災)·양천병(禳天兵)·양질역(禳疾疫)·천도(薦度) 등 기도의 목적을 갖는 의식적 성격에 비중이 주어졌다. 불교경전은 일반적으로 서분(序分)·정종분(正宗分)·유통분(流通分)의 세 단계의 구조를 갖는다. 서분은 경의 유래를 말하거나 교설에 대한 존중의 생각을 불러일으키며, 정종분은 경의 핵심이 되는 내용이다. 유통분에서는 교설을 유포시키기 위한 목적으로 공덕과 제천(諸天)의 가호(加護)를 서술한다. 경의 중심은 정종분에 있고, 정종분에서 설한 내용을 실천한 이후에 결과적으로 얻어지는 것이 현세이익이다.

강경법회가 기도의 목적에 부합할 수 있는 근거는, 불교교리의 중앙집권적 해석에 있다. 고려의 강경은 정종분의 부수적 서술인 유통분에 강조점을 둠으로써 의식위주의 불교를 지향하게 된다. 인왕백고좌도량(仁王百高座道場)의 경우, 백법사(百法師)를 청하여 백고좌(百高座)를 베풀었는데 경의 내용 그대로 도량을 마련함으로써 행위적인 의식불교의 모습을 갖추게 되었다. 사경(寫經)이나 대장경(大藏經)의 간행도 유통분에 서술되어 있는 공덕을 실제 행위화한 것이다. 즉 유통분에서 말한 경전을 지니고, 독송하고, 해설하고, 베껴쓰고, 공양하는 공덕을 실천한 것이 바로 대장경의 간행이라는 대불사(大佛事)로 나타났다. 현종조와 고종조에 두 차례에 걸쳐 이루어진 대장경조판은 거란족과 몽고족의 침입을 불력(佛力)에 의해 막아보려는 기원의 실천이었다.

경전의 조판은 경찬회(慶讚會)·장경도량(藏經道場)·경행(經行)·전경(轉經) 등의 의례를 발생시켰다. 경찬회는 대장경의 조판이 무사히 이룩되었음을 경축하는 의례이고, 장경도량은 장경 자체에 의지하고 그에 예경(禮敬)하는 의례이며, 기도의 목적을 갖고 의식화한 독경(讀經)을 전경(轉經) 내지 전독(轉讀)이라 한다. 독경은 많은 경전에서 권장하는 것으로 경전내용을 이해하기 위한 것이지만, 불덕(佛德)을 찬탄공양하여 공덕을 쌓고 불보살(佛菩薩)의 도움에 의해 복을 구하려는 목적을 가짐으로써 의식화하게 된다. 경행은 걸으면서 경전을 독송하는 의례이다. 본존불(本尊佛)이나 탑의 주위를 돌면서 공경의 뜻을 나타내는 의식을 행도(行道)라 하는데, 전경에 행도가 수반된 의식이 경행이다.

2) 우국애민(憂國愛民)의 기복(祈福)신앙

여말 한시에는 불교의 두 모습 즉 기복적 면모와 구도적 면모가 모두 나타난다. 그러나 본고에서 대상으로 삼은 615제 중 기복적 면모를 보이는 작품은 10편 정도에 지나지 않고, 대부분 구도적 불교와 관련된다. 이것은 타력신앙에서 자력신앙으로 선회하는 14세기 후반 불교계의 동향과 일치한다. 불교사의 흐름이 문학작품에도 그대로 반영됨을 알 수 있다. 기복신앙을 형상화한 작품은 대체로 장경법석(藏經法席), 소재도량(消災道場), 팔관회, 사찰낙성법회 같은 불교의례를 소재로 하였다. 장경법석을 형상화한 시를 살펴본다.

崧陽宮殿彩雲邊	숭양궁전은 채색구름 가에 빛나고
龍象潮音振法筵	훌륭한 스님들의 물결치는 음성 법회를 울린다
海藏傳將開大寶	바다같은 경전이 전해져 큰 보배를 열어주니
琅函繙閱結良緣	옥함의 불경을 보면 좋은 인연 맺게 되리라
光明普照三千界	광명이 삼천세계를 널리 비추어
歷數相承五百年	지나온 세월은 오백 년을 이어왔다
初政冀蒙方便力	정사하는 처음에 방편의 힘 입어
更教朝野得安眠	조정과 백성이 모두 편한 잠 얻기를 바라네

—「藏經音讚詩」[8]

법회가 열리는 공간이 채색 구름가에 빛나는 숭양궁이라는 궁전이다. 등장하는 승려들도 용상(龍象) 즉 용이나 코끼리에 비길 수 있는 훌륭한 승려들이며, 파도소리처럼 웅장한 그들의 음성은 법회 공간에 울려퍼진다. 붓다의 가르침을 기록한 장경 역시 해장(海藏)이라 하여 불법(佛法)의 방대함을 바다에 비유하였다. 5~6구에서 우리가 살고 있는 세계를 널

---

8) 李崇仁, 『陶隱集』 2, VI-560. 이하 『도은집』 권2(한국문집총간 6권), 민족문화추진회, 1990, 560면은 '『도은집』 2, VI-560'으로 표기한다.

리 비추어주는 붓다의 자비광명에 의하여 고려 500년의 왕업이 이어왔다고 하고, 7~8구에서 방편력(方便力)을 발휘하여 조정과 백성이 편히 잠들 수 있게 해달라고 기원하였다. 앞의 4구와 뒤의 4구를 이어주는 것은, 제4구의 '옥함의 불경을 보면 좋은 인연 맺게 되리라'이다. 장경도량을 베푼 공덕이 인연이 되어 조정과 백성은 안녕을 얻게 된다는 것이다. 시상의 전개가 앞의 4구는 장경의례의 장엄함을 묘사하고, 뒤의 4구는 불덕에 대한 찬양과 기원을 담고 있다.

「장경음찬시」는 저자 자신의 주석에 의하면, 우왕 원년(1375) 을묘년 봄에 왕명을 받들어 지은 음찬시이다. 장경도량이나 소재도량을 열 때 왕명으로 음찬시를 짓는 관습이 있었던 듯하다.9) 재능있는 문신에게 법회 찬양의 시를 짓게 한 것은, 의식의 장엄함을 더하려는 의도와 함께 호국적인 불교의례를 통하여 왕실과 관료의 결속을 다지려는 목적도 있지 않았을까 한다. 「장경음찬시」에서, "정사하는 처음에 방편의 힘 입어 / 조정과 백성이 모두 편한 잠 얻기를 바라네"라고 한 것은, 군왕의 요구에 부응하려는 노력이면서 동시에 군왕의 의도에 공감하는 사대부의 경세적 우국애민의식의 표출로 볼 수 있다.

불교의례를 소재로 한 시들은 대체로 앞서 살펴본 이숭인의 「장경음찬시」와 비슷한 구조를 지닌다. 의식의 성대함이 강조되고 호국적 기복신앙이 드러난다. 장엄한 의식임을 드러내기 위하여 법회의 공간을 궁궐이나 화려하게 단청한 웅장한 위용의 사찰로 설정하고,10) 훌륭한 승려들의 법문이나 염불하는 우렁찬 소리가 법회를 가득 메웠음을 묘사

---

9) 李穡의 「藏經法席罷日」에 "칙명 받들어 음찬시 지은 적도 있건만" 하는 구절이 있고(『牧隱集』 19, IV-245), 李奎報의 「大藏經及消災道場音讚詩應製」라는 작품이 있다(『東國李相國集』 18, I-476).

10) "岧嶢金碧跨風烟"(『목은집』 5 「八關」, IV-6); "三門天開秋氣䬡"(『목은집』 3 「遊法源寺」, III-553); "文殊金碧照崔嵬"(『목은집』 11 「聞文殊寺落成」, IV-102); "康安殿上法筵張"(『목은집』 19 「藏經法席罷日」, IV-245); "岧嶢金碧鎖嵐光"(『목은집』 4 「重過禪原寺途中望海雲堂」, III-570).

하고,[11] 화려하고 번성한 의식의 규모를 강조한다.[12] 다음 구절은 우국 애민의 기복적 태도를 보여준다.

> 一炷爐香降自天　향로의 한 줄기 향은 임금께서 내렸다
> 摠道今年多瑞氣　모두들 올해엔 상서로움 많으리라 하는데
> —「八關」

> 祗恨病軀關世事　다만 병든 몸으로 세상일에 막혀있음 한스러워
> 謾將丹懇首頻回　부질없이 충심만 지니고 자꾸 고개돌려 바라본다
> —「聞文殊寺落成」

> 已廻和氣滿玄黃　화해로운 기운 돌이켜 온세상에 가득하구나
> —「藏經法席罷日」

불교의례의 공덕으로 나라와 백성에게 상서로움과 재앙없는 화해로움이 가득할 것을 기대한다. 또한 나라의 안녕을 위하여 사찰을 지은 군왕의 염원에 동참하는 간절함을 보이기도 한다. 기복적 신앙의 모습이지만 나라의 안녕과 백성의 편안함에 의식의 지향을 두고 있다는 점에서 호국신앙의 태도가 엿보인다. 불교의례를 소재로 하면서도 다른 면모를 보이는 시를 살펴본다.

> 遇災深懼似氷淵　재난을 만나자 살짝 언 못을 밟듯 두려워하며
> 數日君王輟講筵　임금께서 여러날 강경법회 베풀었다
> 自是五行頻失序　요즈음 오행이 자주 차례를 잃지만
> 須知一念旋通天　일념이면 곧 하늘에 통한다네

---

11) "獅子一呬如縣河"(「游法源寺」); "龍象雲中振法雷"(「聞文殊寺落成」); "龍象奔馳會十方 (…중략…) 禪關雷電連宵作 敎海波瀾盡日揚."(「藏經法席罷日」)

12) "禮樂修明更侈前 殿上盤龍雲欲墜 庭中振鷺玉相聯 八方壤奠高於嶽 (…중략…) 侍臣頭重錦華鮮"(「八關」); "士女聯翩來四達 鈿車綉幰光陸離 琱鞍白馬何委蛇 金銀佳氣欲相襲 珠翠生香壓腰衱 撞鐘擊鼓散天花"(「遊法源寺」)

慈悲濟物終難驗　자비로움으로 만물구제하는 것 증험하기 어렵지만
惻隱存心要在堅　측은한 마음 보존함은 굳은 의지에 달려 있다
頭白老臣無所禱　머리 센 늙은 신하는 빌 도리 없어
只憂人欲苦相煎　욕심으로 괴롭게 볶아대는 것만 근심하네

—「消災法席輒講」[13)]

재난의 소멸을 기원하는 법석을 다룬 시이다. 의식의 장엄함을 강조
하여 복을 비는 대신에 근신하는 군왕의 모습을 묘사하였다. 인간의 지
나친 욕심이 재난을 부르며, 재난을 당하면 군왕이 계신공구(戒愼恐懼)해
야 한다는 천인합일(天人合一)의 유가적 관점을 보여준다. 그러면서도 중
생을 구제하는 자비심에 의지하려는 불교적 기복신앙의 모습을 벗어나
지 못하고 있다.

기복신앙이 나타나는 작품은, 개인적인 복리(福利)를 구하는 의식은
없고 우국애민의 모습만 나타난다.[14)] 여말 사대부의 경세론적 우국애민
의식이 불교신앙에도 그대로 투영되었음을 보여준다.

4. 구도(求道)적 불교로의 자기혁신

1) 기복(祈福)적 불교에서 구도(求道)적 불교로

두 모습을 보여주는 작품을 각각 1편씩 택하여 비교해본다.

---

13) 『목은집』 16, Ⅳ-189.
14) "且願盡除天下病 小窓安臥免心煎"(『목은집』 16 「讚白衣」, Ⅳ-178); "報恩田土施三
　寶 學道機關非二乘 更願居僧體吾意 壽吾君上福黎烝"(『목은집』 20 「賜給田納玄陵
　願堂廣通普濟寺」, Ⅳ-261).

① 康安殿上法筵張　　강안전 위에 법회를 베푸니
　　龍象奔馳會十方　　훌륭한 스님네 시방에서 달려 왔네
　　乍出微聲分黑白　　작은 소리로 잠깐만 말해도 흑백이 분명하니
　　已廻和氣滿玄黃　　화해로운 기운 돌이켜 온세상에 가득하구나
　　禪關雷電連宵作　　선의 요체 알리는 우뢰같은 소리 하늘에 닿았고
　　教海波瀾盡日揚　　물결치는 불경의 가르침 하루종일 드날리네
　　奉勅當年製音讚　　칙명 받들어 음찬시 지은 적도 있건만
　　至今猶愧僅成章　　겨우 문장 짓는 지금이 부끄럽구나
　　　　　　　　　　　　　　　　　　　　　—「藏經法席罷日」[15]

② 蘿衣白衲已忘形　　덩굴 옷의 순수한 납자는 겉모습 이미 잊었는데
　　悟道年來輟誦經　　도를 깨달은 이래 경 외는 것도 그만두었다
　　禪榻落花春寂寂　　꽃 지는 좌선자리에 봄은 적적한데
　　松風和雨出茶餠　　차 주전자에서는 솔바람과 빗소리가 섞여 나온다
　　　　　　　　　　　　　　　　　　　　　—「題神孝寺湛師房」[16]

　　①은 기복적 불교의 모습이고, ②는 구도적 불교의 모습이다. ①은
장경법석을 소재로, 온 세상이 화해로운 기운으로 가득차기를 기원하는
마음을 담았다. ②는 선승을 소재로, 도를 깨달아 집착에서 벗어난 수행
승에 대한 동경을 담았다.

　　①은 강안전이라는 궁전에서 열린 불교의례의 모습이다. 장경도량의
공간인 궁전과 여러 곳에서 달려온 많은 훌륭한 승려들은, 의식의 규모
가 크다는 것을 나타낸다. 붓다의 가르침을 담고 있는 장경을 교해(教海)
라고 하여 교설의 무궁함을 강조하고, 선의(禪) 요체를 알리는 승려들의
우렁찬 목소리를 우레에 비유하였다. 작은 소리로 잠깐만 법문을 하여
도 벌써 온 세상에 화해로운 기운이 가득한데, 하늘에까지 닿을 우렁찬
소리로 하루종일 의식을 베푸니 기도의 효과는 기대해도 좋지 않겠는

---

15) 『목은집』 19, Ⅳ-245.
16) 『도은집』 3, Ⅵ-574.

가 하는 바람을 나타낸다. 시상의 전개는 모두 의식의 성대함을 강조하는 방향으로 짜여져 있다. 의식의 성대함은 정성의 크기일 수 있으므로 기원이 마땅히 이루어질 것이라는 기복적 태도를 드러내는 것이다.

앞서 살펴본 이숭인의 「장경음찬시(藏經音讚詩)」와 비교하면, 장경법석을 소재로 하고 의식의 장엄함을 묘사한 부분과 기원을 나타내는 부분으로 되어 있다는 점에서, 소재와 구조적 특성이 상통한다.

②의 배경은, 화려한 궁전과 대비되는 수행승의 선방이다. 용이나 코끼리에 비유되는 많은 승려들이 아니라, 꾸밈없이 덩굴옷을 입은 욕심없는 한 선승의 모습을 그렸다. 우렁찬 목소리로 붓다를 찬양하여 복을 구하는 것이 아니라, 도를 깨쳐 스스로 붓다가 된다. 자신이 바로 붓다이므로 붓다의 가르침을 담은 경전을 외우는 것은 부질없는 일이 되었다. 경을 외우는 소리조차 끊어지고 찻물 끓는 소리에는 솔바람 빗소리가 어울려 나온다. 이러한 소리의 조화와 지는 꽃의 모습이 움직임의 전부이다. ①은 불교의례의 외면적인 성대함 장엄함을 강조하여 불력(佛力)의 도움을 빌고, ②는 깨달은 자의 내면의 모습을 형상화하고자 하였다.

그런데 두 가지 신앙이 공존하는 양상을 보이는 작품이 있다.[17] 의식의 성대함을 강조하고 불상을 향하여 간절하게 염원하면서도 혜가와 같은 구도적 수행으로 탐욕을 벗어나려는 열망을 갖는다. 또는 사찰의 위용을 강조하고 팔부용천이 나라를 지켜주는 호국신앙의 면모를 보이면서도 좌선하는 자력적 신앙태도가 동시에 나타난다. 이는 타력신앙에서 자력신앙으로 전환하는 당대적 상황을 반영하는 것이다.

---

17) "三門天開秋氣豁 士女聯翩來四達 鈿車綉幄光陸離 瑪鞍白馬何委蛇 金銀佳氣欲相襲 珠翠生香壓腰衱 撞鐘擊鼓散天花 獅子一吼如懸河 西瞻金仙竭心曲 況此飛錫來身毒 狂言戱語儘幽深 自是天下無知音 我心利欲如火熱 欲立當年少林雪"(『목은집』3「遊法源寺」, Ⅲ-553); "嵜嶢金碧鎖嵐光 八部龍天信渺茫 獨有小窓堪靜坐 杏村居士海雲堂"(『목은집』4「重過禪源寺途中望海雲堂」, Ⅲ-570).

2) 구도행각(求道行脚)하는 승려

여말 사대부의 시에 구도행각하는 승려의 모습이 빈번하게 등장하는 것은 승려의 자재로움이라는 일반적 표상을 넘어서 역사적 의미를 담고 있다. 사대부들이 성리학을 수용하여 자기혁신을 꾀하는 시기에, 승려들도 기복신앙의 매개자로서의 역할을 벗어나 자력적 수행인이 되고자 노력한다. 자력적인 깨달음을 얻고자 하는 선승들의 욕구는, 수행의 경지를 인가(印可) 받고자 스승을 찾아 구도행각에 나서는 추인력이 되었다. 고려 후기의 큰 승려인 백운경한·나옹혜근·태고보우가 모두 중국으로 건너가 서천지공·석옥청공·평산처림의 인가를 받고 온 것이 선례였다.[18]

다음 시는 구도행각에 나선 승려의 모습을 보여준다.

萬里乾坤大	만리 너른 세상에
飄然一个僧	걸림없는 중 한 사람
拈花微旨在	연꽃 빼어든 은밀한 뜻 있기에
指栢遁辭興	잣나무 화두 들고 말을 끊는다
錫振燕山秀	지팡이는 연산에 떨쳐 빼어나고
盂浮楚水澄	잔은 초수에 띄워 맑구나
尋參行不已	그치지 않고 찾아다니며 참예하니
何處見弘能	어느 곳에서 홍인과 혜능을 보려는가

—「送英上人」[19]

上人瓶錫何飄忽	호리병과 지팡이뿐인 스님은 저리도 홀가분한가
踏遍江淮山水窟	강수로 회수로 절을 찾아 다니네

---

18) 이구, 「서」, 「백운화상어록」, 『한국불교전서』 6, 동국대 출판부, 1994; 백문보, 「서」, 『나옹화상어록』, 앞의 글; 이숭인 「서」, 『태고화상어록』, 앞의 글; 허흥식(1986), 484~486면.

19) 金九容, 『惕若齋學吟集』 하, VI-41.

浮河北渡遊燕雲　　배 타고 하수 건너 연운 지방에 노닐고
說法神州各出群　　신주에서 설법하니 무리에서 뛰어나네
如今更參曼殊會　　이제 다시 문수회에 참여한다면
神光髣髴浮雲外　　신령스러운 빛 뜬구름 밖에 어른거릴 듯
　　　　　　　　　　　　　　—「題豫章德上人遊五臺詩卷」[20]

　만리를 멀다 않고 스승을 찾아 떠나는 승려에게 주는 시이다. 중국 북방의 연운 지방, 강남의 초 지방, 강수와 회수의 여러 사찰을 떠돌며 홍인이나 혜능과 같은 훌륭한 스승을 예참한다. 호리병과 지팡이뿐인 홀가분한 모습에서 욕심 없는 승려의 내면을 투시하는 사대부의 의식에는 선망이 담겨있다.

　사대부들은 국내외로 구도의 길을 떠나는 친분 있는 승려들에게 이별의 시문을 선사하는 일이 잦았다.[21] 구도행각하는 승려에게 격려의 시문을 지어주는 것은, 당시 사대부와 승려 간에 이루어진 하나의 문화이다. 그것은 타력신앙에서 자력신앙으로 선회하고자 하는 고려불교의 역사적 상황과 그런 승려들을 동경하며 교유했던 사대부의 의식이[22] 결합하여 이루어 낸 풍속도였다.

　집착없이 자재로운 승려의 모습은 흔히 행운유수(行雲流水)로 표상된다.

脫却緇衣去世途　　문득 중옷을 입고 세상길을 버리니
水雲何處結茅廬　　물따라 구름따라 어느 곳에 오두막을 엮으려나
　　　　　　　　　　　　　　　　　—「送族僧入山」[23]

---

20) 『목은시고』 3, Ⅲ-548.
21) 정몽주의 「送自休上人遊日本」, 이숭인의 「送復庵遊日東求法」, 정도전의 「贈柏庭游方」, 권근의 「送息庵遊方」, 김구용의 「送勝上人游方」 등에서 당대 분위기를 엿볼 수 있다.
22) 타력신앙에서 자력신앙으로 선회하는 경향은, 불교계의 동향일 뿐 아니라 사대부의 의식에서도 엿보인다. "世人求福不求心 眩眼爭誇布地金."(『목은시고』 15 「有感」); 안계현, 「이색의 불교관」, 『효성조명기박사화갑기념불교사학논총』, 간행회, 1965, 111면.
23) 『척약재학음집』 상, Ⅵ-11.

세상사를 버리고 물들인 중옷을 입고 떠나는 승려의 행각은 물따라 구름따라 정처가 없다. 욕심을 버린 단촐한 삶의 표상인 승려의 모습은 다음에서도 나타난다.

> 萬里携孤錫　　만리에 외로운 지팡이 끌고
> 三年着一衣　　삼 년간 한 벌의 옷
>
> ―「送覺峯上人」[24]

> 瓶錫飄飄萬里遊　호리병과 지팡이로 훨훨 만 리에 노니니
> 乾坤渺渺眼前浮　온세상이 아득히 눈 앞에 떠 있다
> 澄心見已三生了　삼생을 깨달아 마음 맑으니
> 下脚行應一步休　걷다가 한걸음은 쉬어야 하리
>
> ―「送僧遊方」[25]

호리병과 지팡이, 삼 년간 한 벌뿐인 옷은, 부귀영화를 버린 자의 삶이다. 그가 누리는 자유로움은 삼생이 헛됨을 깨달아 마음이 맑아졌기에 가능한 것이다. 사대부들은 구도자의 참모습으로 여겨 자유인의 표상으로 동경한다. 현실도피적 삶을 동경하는 것이 아니라, 걸림없는 삶을 가능하게 하는 승려들의 자유로운 정신을 동경하는 것이다.[26]

3) 청정한 수행 공간

사대부들의 의식에는 정토(淨土)와 예토(穢土)에 대한 인식이 자리하고

---

24) 鄭道傳, 『三峯集』 2, V-313.
25) 權近, 『陽村集』 10, Ⅶ-120.
26) "趙釋氏者 率皆惡常厭俗 不樂就名教繩墨 豪傑之才也 釋氏之得人才如此 無怪其道 之見尊於世也 余是以不拒釋氏甚 或與之相好 蓋其所取焉耳"(『목은문고』 1 「麟角寺 無無堂記」); 조명제, 「목은 이색의 불교인식」, 『한국문화연구』 6, 부산대, 1993, 265면.

있다. 정토는 속세의 욕망을 멸하여 다다를 수 있는 곳이요, 예토는 욕망과 번뇌의 열기로 가득한 인간 세상이다. 현실세계는 갈등과 욕망의 더러운 곳으로 인식되어 정토에 대한 동경을 늘 품게 된다. 사찰을 동경하는 시에서는 번뇌에 시달리는 현실세계와 맑고 깨끗한 사찰이 대비된다. 다음 시에서는 사찰을 청정한 공간으로 인식한다.

籌室淸風榻　　주실에선 참선자리에 맑은 바람 불고
衲衣明月廊　　달 밝은 회랑에는 수행하는 스님들
三生習氣濁　　삼생의 익힌 버릇이 더러워
回首更蒼茫　　돌아보니 더욱 아득하구나
　　　　　　　　　　　　　　　　　　—「代書奉簡松廣和尙」[27]

　속세와 대조되는 수행승의 공간인 사찰, 승려의 내면을 투영하듯 맑은 바람이 불고 밝은 달이 비치는 청정 공간이다. 사찰을 선승의 수행처로 인식한 시들은 고요함과 청정함을 핵심정서로 한다.

峰頭蒼石聳　　산머리에는 푸른 돌이 솟고
松頂白雲連　　소나무 꼭대기 흰구름 감싸네
羅漢堂寥闃　　나한당은 고요하기만한데
居僧雜敎禪　　절집의 중은 경전과 참선을 두루하누나
　　　　　　　　　　　　　　　　　　—「崇井岩松」[28]

古寺何年構　　옛절은 언제 지었는지
殘僧寄此生　　중 몇만이 삶을 부치고 있구나
石峯危欲墜　　돌봉우리 떨어질 듯 높고
樵徑細難行　　오솔길은 나뭇군 다니기도 어려워라
松雪晴猶落　　개이자 솔에 쌓인 눈 떨어지고

---

27)『목은시고』 8, Ⅳ-63.
28)『목은집』 3, Ⅲ-541.

苔扉晝尙傾　이끼 낀 사립 낮에도 비껴 있다
禪牕報初日　참선하는 창가에 해가 처음 솟는데
山下午鷄鳴　산 아래에서 한낮 알리는 닭이 운다

—「宿原堂寺」²⁹⁾

소나무 꼭대기를 흰구름이 감싸는 높은 산, 사람자취 드물어 오솔길도 찾기 어려운 곳, 마을의 닭울음소리 들리는 한낮에야 해가 뜨는 아주 깊은 곳이다. 세상과의 물리적 거리에 의해 형성된 고요함이 참선하는 승려의 수행처라는 분위기와 맞물려 정적감을 형성한다.

5. 사대부와 승려의 동지적 결합

1) 시대적 소명의식의 공감

여말 사대부와 승려의 교유를 다룬 시에서는 호계삼소(虎溪三笑)의 고사가 많이 인용된다.

張羅獵佳句　그물 펼쳐 좋은 글귀 잡으려고
儼開左右盂³⁰⁾　좌우의 진을 엄하게 열어 놓았네
疇昔先人在　옛날 선인이 계셨을 적
契深三笑圖　삼소도처럼 마음이 잘 맞았지
春風與秋月　봄바람 가을 달 아래
詩酒爲撝挿　술 마시고 시 읊으며 저포놀이

---

29) 『삼봉집』 2, V-315.
30) 左盂는 고대 사냥할 때의 陣의 이름이다. 『漢語大詞典』 권2, 962면.

超然名教外　　초연히 세속윤리 벗어나
肯復論肥癯　　살지고 마름 다시 논하려네

— 「答東庵禪師」[31]

　승려와 더불어 술을 기울이고 시를 읊으며 저포놀이를 하는 상황이
묘사되었다. 세속윤리를 초연히 벗어난 삼소도의 풍류라고 언급한다.
승려를 관습적으로 혜원에 비기며, 시와 술을 매개한 도잠과 혜원의 사
귐을 풍류의 상징으로 파악하여 빗댄 예는 많이 발견된다.[32] 이렇게 유
자인 자신들과 승려의 사귐을 호계삼소의 고사에 비유한 것은 한시 작
법상 관습적인 용사(用事)일 수도 있다. 그러나 여말 사대부의 경우는 다
른 의미가 함축된다. 유자임을 자처하며 유교윤리를 현실에 정착시키는
것을 자신들의 임무로 여기는 상황에서 승려와의 교유는 자칫 비난을
받을 소지가 있다.

佛氏外倫理　　불씨가 윤리를 하찮게 여기니
吾儒排異端　　우리 유자들 이단을 물리친다네
趨向旣胡越　　나아가는 바가 이미 오랑캐라서
由來相人難　　남과 어울리기 어렵다네
但以寡塵累　　다만 세속의 더러움에는 덜 물들었기에
時焉相往還　　때로 서로 오고 간다네
淵明友惠遠　　연명은 혜원을 벗하였고
文暢能識韓　　문창은 한유를 알아보았지
逍遙形骸外　　세상 밖으로 멀리 노닐며
詩酒成長閑　　시와 술로 아주 한가하다네

— 「送明大選」[33]

---

31) 『목은시고』 3, III-552.
32) 전수연(1998), 205~206면 참조.
33) 『양촌집』 3, VII-38.

유교윤리를 하찮게 여기는 불자들이 유자들에게는 마땅히 이단으로 배척하여야 할 대상이다. 불승과의 사귐을 지속하는 까닭은 세속의 더러움에 물이 덜 들어서 성품이 깨끗하기 때문이라고 했다. 연명과 혜원의 고사를 인용하고 문창과 한유의 사귐까지도 끌어 온 것은, 비난에 대한 변명이 필요했기 때문이다.

여말 불교비판의 논리는 한유의 벽불론(闢佛論)의 범위를 넘어서지 않는다. 벽불론의 상징인 한유가 승려들과 교유한 사실은 유불교유라는 현실적 상황을 변명하기에 좋은 예시였다.[34] 이렇게 호계삼소는 당대 사대부들이 유자로서의 입장을 보호하는 데 방패구실을 하였기에 빈번한 용사가 이루어진 것이다.

여말 사대부와 승려의 관계에는 우호감을 넘어서는 역사적 의미가 함축되어 있다. 시대적 동지의식과 도덕적 전범(典範)이 그것이다. 유교와 불교는 그 사회적 실천과 기능이 마찬가지라고 인식한 사대부들에게, 승려는 당대사회를 함께 이끌어 갈 동지였다.[35] 동지적 결속을 가능하게 한 기반은 당대적 삶에 동참하고 있다는 의식이며, 이러한 의식의 저변에는 연기적 세계관이 자리하고 있다.

> 早信禪心同物我　일찍 참선의 마음으로 나와 대상을 하나로 여겼고
> 將因淨智報君親　장차 맑은 지혜로 임금과 어버이께 보답하려 했다네
> ―「贈柏庭禪師」[36]

---

34) 李集, 『遁村雜詠』 29 「送幻庵寄羅州判官」, III-339. "寄語先生敬相待 退之曾許太顚師."
35) "(이윤)尹之志 有匹夫匹婦 不被堯舜之澤者 若己推而內之溝中 其以天下自任也至矣 (…중략…) (석씨)曰三界蠢蠢者 皆吾之分也 吾當拯其溺 而食其飢 (…중략…) 勞其身而不少卹 則與尹之志同矣"(『목은문고』 6 「覺菴記」); 조명제(1993), 277면; "吾儒以格致誠正 而致齊平 則釋氏之澄念止觀 以見本源 自性天眞 佛度人於生死波浪 而歸之寂滅 豈有異哉"(『목은문고』 3 「澄泉軒記」); 조명제(1993), 278면.
36) 『양촌집』 3, VII-35.

重重帝網眞同體　겹겹의 인다라의 그물에선 참으로 한몸이요
的的禪宗可抗衡　또렷한 선의 종지는 부딪쳐 볼 만하네

—「有懷幻庵」[37]

겹겹의 인다라의 그물과 같은 무한연기의 세계가 우주의 실상이라는 인식은,[38] 우주만물의 상호의존성에 대한 자각이며, 나와 대상이 한몸일 수밖에 없음을 깨닫는 것이다. 그리고 이러한 지혜를 바탕으로 임금과 어버이에 대한 도리를 실천하고자 한다. 유가윤리와 불가의 깨달음이 결합할 수 있다는 의식이 있기에, 참선에 의한 깨달음을 현실적 실천력의 바탕으로 삼으려는 것이다. 따라서 유가적 경세관의 실천적 주체인 사대부로서 불가적 중생구제의 주체인 승려에게 동지의식을 갖는 것도 가능하게 된다.

2) 수행의 동반자

여말 사대부들이 당대사회를 이끌어갈 주체로서의 자부심을 갖게되는 계기는 중생도 깨달으면 부처라는 자존적 인식이다.[39] 자존적 자기존재에 대한 깨달음은 당대사회의 모순을 해결하고 진실한 세계를 구현하는 주체가 될 수 있다는 자신감의 원천이 된다. 진실구현의 도덕적 존재로서 자신을 고양시키고자 하는 갈망은 욕심과 집착에서 벗어나려는 노력으로 나타난다.

---

37)『목은시고』22, Ⅳ-294.
38) 전수연(1998), 218~220면 참조.
39) "試問之 心一也 衆生諸佛本不異 況指空普濟之心 與吾異乎"(『목은문고』3「香山安心寺舍利石鍾記」); 조명제(1993), 252면; "人之心與佛菩薩之心 本一也 故在諸佛不增 在衆生不減 至愚之人 一旦能有以悔罪求哀 發其本然之善心於俄頃之際 則本心之全體大用 宛然呈露 與夫一生宴坐 全提單提而有得者 無以異也 夫豈止於小聰小慧而已哉"(『목은문고』5「寶盖山石臺菴地藏殿記」); 조명제(1993), 272면.

我心利欲如火熱　　내 마음 이익과 욕망으로 불길이 이는 듯한데
欲立當年少林雪　　옛날 소림의 혜가처럼 눈속에 서 있고 싶어라
—「遊法源寺」[40]

진실을 깨치기 위한 일념에 눈이 허리까지 차는 줄도 몰랐던 혜가에
대한 선망은 이익과 욕망에 사로잡힌 자신에게서 벗어나고 싶은 마음
의 표현이다. 사대부들은 고양된 정신세계를 추구하는 승려들의 경지가
유자들보다 높다고 보았다.[41]

　　한낱 인과나 죄와 복으로써 하는 자는 대단하지 않다. 고상하게 마음을 비
　　우고 깊은 경지에 이르러 만물 밖에 홀로 선 자는, 우리 유가 중의 고상한 사
　　람이라도 역시 하찮게 여길 수가 없다.[42]

수행승의 자재로운 삶, 세상밖에 우뚝 선 정신적 경지를 주체적 자유
인의 표상으로 인식한다.

機心漸消磨　　탐욕의 마음 점점 사라져 없어지니
湛然一古井　　오랜 우물처럼 온통 맑구나
隱峰方外友　　은봉은 세상밖으로 벗어난 벗이니
梵行殊精猛　　수행에 남달리 용감하게 정진한다네
已將塵世緣　　이미 티끌세상의 인연은
等視幻泡影　　허깨비와 물거품 그림자처럼 본다네
會合固有時　　서로 만나볼 때가 정말 있다면
話頭當面請　　화두는 마땅히 면전에서 청하리라
—「寄隱峰禪師」[43]

---

40) 『목은시고』 3, Ⅲ-553.
41) "吾儒者 用心以平 治氣以易 所以修身齊家 而及天下平耳 士人之志 非止此也 具
　　萬德 備萬行 爲三界導師而已矣 是遠乎哉 不遠也 故曰 三界唯心 萬法唯識 尙可議
　　其平不平乎哉"(『목은문고』 6 「平心堂記」); 조명제(1993), 277면.
42) "浮屠氏重於世久矣 徒以因果罪福焉者末也 高虛玄默 獨立乎萬物之表 則雖吾儒
　　高尙者 亦莫能少之"(『목은문고』 12 「賜龜谷書畵讚」); 조명제(1993), 262면.

은봉은 용맹정진(勇猛精進)하여, 존재와 세계가 허깨비·물거품·그림자 같이 허망함을 깨달았다. 아공법공(我空法空) 즉 모든 것의 부정에 의하여 마음의 진면목을 되찾은 것이다.[44] 그런 마음상태를 오래된 우물의 맑음으로 표현하였다. 수행인의 구도적 노력과 청정한 정신세계를 동경하는 마음이 나타난다. 그러나 자신도 본래의 마음을 회복하면 가능한 경계라고 여겨,[45] 동경에 그치지 않고 화두를 들고 수행에 동참하려는 의지를 보인다.[46] 이러한 의식은 다음에서도 인지된다.

何時謝簪紱　　어느 때나 벼슬자리 사양하고
香火共禪龕　　선방에서 같이 향불을 받들까

—「奉贈顯庵」[47]

應將道根固　　장차 도의 근본 굳게 하리니
不愍俗緣濃　　속세인연 짙음을 나무라지 마시오
何日相尋去　　어느 날에나 찾아가
寸筵撞巨鐘　　작은 자리에서 큰 종을 치게 될까

—「次韻答檜岩長老倫絶磵」[48]

且問珠師分我否　　주 스님에게 묻노니 나에게도 화두를 주려는가
庭前柏樹祖師禪　　뜰앞 잣나무로 조사선을 하리라

—「神勒珠師以團扇見遺」[49]

---

43)『도은집』1, VI-529.
44) 전수연(1998), 220~232면 참조.
45) "本來淸淨身無累 何處纖塵得暫留"(『목은시고』20「卽事」, IV-269); 조명제(1993), 270면.
46) "淸節普天少 話頭終日提"(『목은시고』11「卽事」, IV-103); "僧窓又在蒼崖底 香火眞堪擧話頭"(『목은시고』6「記燕京途中」, IV-30); "布襪靑鞋如可辦 庭前柏樹問參禪"(『목은시고』11「憶山寺」, IV-102); "如今臥病無他事 問道人來只喫茶"(『목은시고』14「因憶無說」, IV-147); 조명제(1993), 268면.
47)『도은집』2, VI-551.
48) 韓脩,『柳巷詩集』, V-264.
49)『목은시고』17, IV-200.

불교의 선(禪)수행을 주체적 도덕성을 배양하는 방법으로 받아들이는 것은 참선에 의한 깨달음이 현실적 실천력의 바탕이 될 수 있다는 인식이 있기 때문이다. 따라서 유가적 경세관의 실천적 주체와 불가적 중생구제의 주체인 승려는 수행의 동반자가 될 수 있다.[50]

3) 일상의 집단적 결속

여말 사대부와 승려의 유대는, 시대적 소명의식을 공감하는 동지와 수행의 동반자로 여기는데 머물지 않는다. 그들의 교유는 일상생활에 깊이 침투해 있다. 사대부들이 어려움에 처했을 때 정신적인 위안과 함께 경제적인 도움을 승려에게 받는다.

山村秋日暮	산마을 가을해 저무는데
有客扣柴荊	나그네가 사립문을 두드린다
袖裏華牋出	소매속에서 아름다운 편지 내놓고
囊中白粲精	자루에는 하얀 쌀알들
殷勤古人意	은근한 벗의 마음이요
漂泊異鄕行	타향으로 떠도는 내 신세라
一飯身堪殺	밥 한그릇에 튼튼해지니
千金報亦輕	천금으로 갚아도 모자라지

— 「信長老以古印社主命來惠白粲臨別贈詩」[51]

정도전의 유배시절의 작품으로 보인다. 친했던 벗들도 멀어지는 시기에 타향살이의 어려움을 알고 편지와 함께 흰쌀을 보내준 고인사 주

50) "道合何須論異路 心閑更復大空禪"(『양촌집』 7 「贈信宏上人」, VII-87); "性吾所當養 儒與釋共無少異焉"(『목은문고』 6 「雪山記」, V-45); 안계현(1965), 125면.
51) 『삼봉집』 2, V-313.

지에게 감사하는 내용이다. 사대부와 승려의 정신적 교유의 깊이는
시·글씨·그림을 통한 사귐에서 엿보인다.

周道心無累	주도의 마음은 얽매임이 없고
中庵畫入神	중암의 그림은 입신의 경지라
兎毫生意匠	붓끝에서 솜씨를 내니
牛背載詩人	소 등에는 시인을 태웠다
村僻山千疊	첩첩 산속에 마을은 외진데
波明月一輪	보름달빛에 은물결 빛난다
白鷗相與狎	흰갈매기 더불어 친하려 하니
浩蕩有誰馴	탁 트인 마음 누가 길들이리오

— 「中庵所畫李周道騎牛圖」[52]

중암상인의 그림을 소재로 한 시이다. 달밤에 소를 타는 이주도는 속
세의 욕망에 얽매이지 않는 모습이다. 첩첩 산속의 외진 마을은 보름달
빛에 은물결을 이룬다. 욕심 없는 이주도에게 갈매기도 경계심을 버렸
다. 자연의 정경이면서 이주도의 마음이 투영되었다. 그것을 담아내는
중암의 그림은 입신의 경지이고 시인도 같은 경지에 들었다. 사대부와
승려가 교감하는 정신적 깊이를 보여준다.
　사대부와 승려의 교유는 개인적인 친분을 넘어서 집단간의 교유였다.
이집의 시에서도 친밀감과 깊이 있는 정신적 교감이 나타난다.

龍眠畫筆年來妙	상인의 그림솜씨 요즈음에 묘해져
畫我尋僧踏雪圖	눈 밟으며 중을 찾는 내 모습을 그렸다네

— 「元日叙懷呈安和中庵上人兼簡住老」[53]

중암과 교유한 시는 권근·이집만이 아니라 이색도 남겼다.[54] 따라

---

52) 『양촌집』 2, Ⅶ-29.
53) 『둔촌잡영』, Ⅲ-344.

서 중암과 특정 사대부와의 개인적 친분이 아니라, 사대부집단과의 교유였음을 알 수 있다. 여말 사대부와 교유했던 승려 가운데는 나옹의 문도나 나옹의 제자인 환암의 문도가 많았다.[55] 이들이 지은 환암과의 교우시는[56] 집단적 사귐의 또다른 예시가 된다.

여말 사대부와 승려의 교유는 단순한 풍류가 아니라 동지적 결속이었다. 시대적 사명을 같이하고 수행의 동반자라는 동지의식이 집단적 결속을 가능하게 했다. 또한 집단적 결속은 그들의 만남이 지속되도록 하는 기반이 되어, 일상생활 깊숙이까지 친밀감과 정신적 공감대가 형성되었던 것이다.

6. 맺는말

여말선초는 유불(儒佛) 교체기이다. 사대부들이 성리학적 이념을 바탕으로 새로운 왕조를 개창하게 된 운동의 기반은 여말에 있다. 여말 사대부문학의 실체를 파악하려면 성리학에 편중된 연구시각을 넓혀서 유불공존의 사회 상황을 염두에 두어야 한다. 성리학이 수용되었다고 해도 고려의 정신적 기반은 여전히 불교에 있었다.

신흥조선의 정치·경제제도의 기반을 마련한 정도전을 위시한 사대

---

54) 이집, 「用安和寺壁上鄭壯元韻題中庵」; 이색, 「中庵允上人見過」이 있다.
55) 안계현은 이색이 태고·나옹이나 그들의 제자들과 폭넓게 교유했다고 하고, 조명제와 최병헌은 나옹이나 그의 문도들과는 다양하고 깊게 교유했으나, 태고나 그의 문도들과는 관계가 거의 없었다고 하였다 안계현(1965), 118면; 주명제(1993), 253면; 최병헌, 「목은 이색의 불교관」, 『목은 이색의 생애와 사상』, 일조각, 1996, 170~171면.
이러한 양상은 이색에 한정되지 않고 본고에서 다루는 사대부집단에게도 적용된다.
56) 이색 「奉懷幻庵」, 이숭인 「題幻庵卷」, 이집 「送幻庵寄羅州判官」, 한수 「幻庵」이 있다.

부들은 여말 이색의 문하에서 성장하였다. 여말선초 성리학을 바탕으로 사회개혁을 추구한 사대부들은 공민왕조의 개혁정치 아래서 이색을 중심으로 성리학을 연마한 신진 지식인들이다. 그런데 이들은 바로 여말의 대표적 승려들과 가장 빈번한 교유를 한 인물들이기도 하다. 여말 사대부 한문학 연구에 있어, 불교와의 관련양상을 해명해야 하는 필연성이 바로 여기에 있다.

본고의 목적은 여말 사대부의 일상에 침투된 불교의 제양상을 고찰하고, 사대부와 승려의 교유가 갖는 의미를 탐색하는 데 있다. 본고에서는 14세기 후반에 활약한 사대부문인들인 이색·이집·한수·김구용·정몽주·정도전·이숭인·권근 등의 불교관련 한시 615제를 대상으로, 한시에 투영된 여말불교의 제양상을 고찰했다.

여말선초의 유불교체는 순전한 학문적 이론투쟁 또는 깊은 정신운동의 결과가 아니라 정치적이고 행정적인 주장에 힘입은 바가 컸다. 따라서 사사전민(寺社田民)을 감소하여 공수(公收)로 돌리며 강력한 배불정책을 추진하여 국가재정이 확보되고 불교의 사회적 기반이 약화된 태종 9년 이후에는, 구호로만 배불론(排佛論)을 외치고 일상에서는 불교적인 생활습속을 그대로 유지했다. 이렇게 불교는 여말선초의 사대부들의 일상에 깊이 침투하였다.

여말 사대부들이 성리학을 수용한 것은 경세적 측면이 강했다. 즉 그들은 당대사회의 폐해와 모순을 해결하는 것을 자신들의 임무로 삼았고 경세론적인 관점에서 문제를 해결할 수 있는 주체로서의 자부심도 있었다. 사대부들이 성리학을 수용하여 자기혁신을 꾀한 시기에, 불교계가 타력(他力)신앙에서 자력(自力)신앙으로 선회한 것은 자기혁신을 하려는 그들 나름의 움직임이었다. 기복적 타력신앙과 구도적 자력신앙이 공존하는 것이 여말의 상황이다.

불교의 신봉과 보호에 의하여 국가가 발전된다고 믿은 고려왕실은, 불교를 중앙집권적으로 통제하여 호국적 기능의 국가불교로 삼기 위한 제반조치를 마련한다. 왕실과 깊은 관계를 맺고 그 보호아래 국가적 기반을 마련하려는 불교계도 이러한 체제에 부응하여 왕실의 정치적 지위를 옹호하는 신앙구조를 지향하게 된다. 결과적으로 고려불교는 의례(儀禮)위주의 국가불교, 현세이익적 기복불교의 면모를 갖추게 된다.

고려의 불교의례에는 경전신앙의례, 토속신앙을 불교의례화한 연등회와 팔관회, 승려에게 식사를 공양하는 재회(齋會)와 반승(飯僧), 밀교적 신앙의례인 소재도량(消災道場)이 있다. 불력(佛力)에 의해 외적을 막으려는 대장경의 조판은 경찬회(慶讚會)·장경도장(藏經道場)·경행(經行)·전경(轉經) 등의 의례를 파생시켰다. 그 가운데 장경도량은 장경 자체에 의지하고 그에 예경(禮敬)하는 의례이다.

본고에서 대상으로 삼은 615제 중 기복적 면모를 보이는 작품은 10편 정도에 지나지 않고, 대부분 구도적 불교와 관련된다. 이것은 타력신앙에서 자력신앙으로 선회하는 14세기 후반 불교계의 동향과 일치한다. 기복신앙을 형상화한 작품은 대체로 장경법석(藏經法席), 소재도량(消災道場), 팔관회, 사찰낙성법회 같은 불교의례를 소재로 하였다.

불교의례를 소재로 한 시들은 의식의 장엄함을 묘사하는 부분과 기원을 나타내는 부분으로 되어 있다. 장엄한 의식임을 드러내기 위하여 법회의 공간을 궁궐이나 화려하게 단청한 웅장한 위용의 사찰로 설정하고, 훌륭한 승려들의 법문이나 염불하는 우렁찬 소리가 법회를 가득 메웠음을 묘사하고, 화려하고 번성한 의식의 규모를 강조한다. 기복신앙이 나타나는 작품은 개인적인 복리를 구하는 의식은 없고 우국애민(憂國愛民)의 모습만 나타난다. 이것은 여말 사대부의 경세론적인 애민의식이 불교신앙에도 그대로 투영되었음을 보여준다.

자력신앙과 관련된 작품에서는 기복신앙의 매개자 역할에서 벗어나 자력적 수행인이 되고자 하는 승려들의 모습이 형상화되었다. 욕심을 버리고 자재롭게 살아가며 구도행각하는 선승과 그들의 수행 공간인 사찰의 청정함을 동경하는 사대부의식이 드러난다.

사회개혁의 주체임을 자부한 여말 사대부들은, 자력신앙으로 선회하려는 당대 승려들에게 시대적 동지의식을 느낀다. 유가적 경세관에 의하여 당대 사회모순을 바로잡으려는 자신들의 사명감과 승려들의 대승(大乘)적 중생구제의식이 상통한다고 인식한다. 시대적 소명감을 공감한다는 점에서 동지의식을 느끼는 것이다. 또한 중생도 깨달으면 부처라는 자존적 자기인식을 갖고, 시대를 이끌어갈 도덕적 존재로서 자신을 고양시키기 위한 방법으로 참선을 받아들인다. 따라서 승려들의 청정한 정신세계를 동경하며 정신적 전범이나 수행의 동반자로 생각하게 된다.

　승려들을 수행의 동반자로 생각함에 따라 정신적 결합이 더욱 공고해지고, 시대적 사명감과 정신적 유대감의 바탕 위에 승려들과 빈번한 교유를 갖게 된다. 사대부와 승려의 교유가 결속력을 갖게 된 바탕에는 이러한 시대적 동지의식과 수행의 동반자라는 인식이 자리하고 있는 것이다. 따라서 그들의 교유는 경제적 도움이나 정신적 위로와 같은 일상생활에까지 깊이 침투하여 친밀감을 형성하고 깊은 정신적 공감대를 이루게 된다. 그런데 여말 사대부와 승려의 교유가 갖는 의미는, 그것이 단순히 풍류로운 사귐이나 개인적인 친분이 아니라는 점에 있다. 개인적인 친분이 아니라 사대부와 승려라는 집단간의 교유이다. 이 점이 그들의 결속을 더욱 강화시키고 지속시키는 원동력이 되었다고 본다.

　본고의 목적은 여말 사대부의 일상에 침투된 불교의 제양상을 고찰하고, 사대부와 승려의 교유가 갖는 의미를 탐색하는 데 있다. 유불교섭의 구체적인 양상에 대한 탐구는 다음으로 미룬다. 이런 연구를 바탕으로 불교적인 사유와 당대문학의 결합이 이룬 문학적 성취에 대하여 고찰하고, 선적 취향의 한시에 대한 문예미학적 천착을 할 때 깊이 있는 연구가 가능해지리라 생각한다.

「삼현수간(三賢手簡)」을 통해 본 이이와 성혼의 교유

홍학희*

1. 들어가는 말

율곡 이이(李珥, 1536~1584)는 많은 사람들과 교유하였다. 이이와 시를
창화하거나 편지를 주고받은 사람들만 살펴보아도 정철(鄭澈), 박순(朴
淳), 기대승(奇大升), 유희춘(柳希春), 이제신(李濟臣), 최립(崔岦), 임억령(林億
齡), 이지번(李之蕃)·지함(之涵) 형제, 이산해(李山海), 이희삼(李希參), 이순
인(李純仁), 이달(李達), 최경창(崔慶昌), 윤근수(尹根壽), 홍섬(洪暹), 심장원(沈
長源), 권응인(權應仁), 이해수(李海壽), 신응시(辛應時), 황정욱(黃廷彧), 조헌
(趙憲), 최황(崔滉), 이후백(李後白), 황윤길(黃允吉) 등의 유학자·관료 및
시인에서부터 처균(處均)·설의(雪衣)·운수(雲水)·현옥(玄玉)·천연(天然)

* 한남대 국문과 강사.

등의 승려에 이르기까지 수백 명에 달한다.

그러나 그 누구보다도 가깝게 교유를 나누었던 벗은 잘 알려져 있다시피 성혼(成渾, 1535~1598)과 송익필(宋翼弼, 1534~1599)이다. 이이와 성혼은 각각 경기도 파주군(坡州郡) 율곡리(栗谷里)와 우계리(牛溪里)에, 송익필은 파주와 이웃한 고양(高陽)에 살면서 함께 만나 학문을 논하고 놀이를 하고 시를 짓고 정담을 나누고 국정을 논하였다. 그러나 이이가 과거에 급제한 이후에는 주로 관직에 나가 있게 되었고, 또 당시의 교통 사정이나 성혼의 건강, 송익필의 도피 생활 등 여러 가지 이유로 자주 왕래하기 어려워지면서 이후에는 주로 편지를 통하여 교유를 지속하게 되었으니 편지는 이들이 교유를 나눈 자세한 상황을 직접 살펴볼 수 있게 해주는 가장 중요한 자료라고 할 수 있다.

이들 세 사람이 주고받은 편지는 각자의 문집에도 실려 있지만 따로 책으로 묶여 이들의 각별한 우정을 과시하기도 하였다. 송익필의 아들 취대(就大)가 엮은 「현승편(玄繩編)」[1]이 그것으로, 이 책은 후에 자료를 보충하여 다시 「삼현수간(三賢手簡)」이라는 이름으로 널리 유포되었다. 그런데 「삼현수간」은 이들 세 사람이 주고받은 편지를 한 눈에 볼 수 있게 모아놓은 책일 뿐만 아니라 문집에는 아예 없거나 일부만 실려 있는 편지들이 남아 있는 아주 귀중한 자료이기도 하다. 총 98통의 편지 가운데 세 사람의 문집에 아예 없는 것이 16통, 일부만 실려 있는 것이 15통이고,[2] 특히 『우계집(牛溪集)』에는 없는 내용이나 문장이 「삼현수간」에 남아 있는 경우가 많다. 따라서 이들이 주고받은 편지의 원래 모습은 「삼현수간」에 더 잘 보존되어 있다고 할 수 있다.

본 논문의 궁극적 목적은 「삼현수간」을 중심으로 이들 세 사람의 교

---

1) 「玄繩編」: 이이·성혼 두 사람이 송익필에게 보낸 편지와 송익필이 보낸 답장을 아들 就大가 모아서 정리한 것으로 元·亨·利·貞 네 권의 첩으로 되어 있다. 송익필의 문집인 『구봉선생집』권4·5에 실려 있다.
2) 자세한 사항은 임재완 역, 『세 분 선생님의 편지글』, 호암미술관, 2001, 해제를 참조

유를 재구성하려는 것이다. 여기서는 우선 이이와 성혼의 교유 관계를 살펴보려고 하는데, 「삼현수간」이 송익필을 중심으로 엮인 책이라 이이와 성혼이 주고받은 편지는 실려 있지 않다. 따라서 각자의 문집에 실려 있는 편지를 함께 살펴보기로 하겠다. 이이와 송익필, 성혼과 송익필의 교유는 후고를 기약한다.

2. 삼현(三賢)의 편지 교유 상황

이이와 성혼·송익필이 서로 주고받은 편지를 정리해보면 다음과 같다. 각각의 문집을 보면 이이가 성혼과 송익필에게 보낸 편지가 각각 31통과 38통, 성혼이 이이와 송익필에게 보낸 편지가 각각 13통과 46통, 송익필이 이이와 성혼에게 보낸 편지가 각각 22편과 30통이다. 한편 「삼현수간」에는 이이가 송익필에게 보낸 편지가 13통, 성혼이 송익필에게 보낸 편지가 50통, 송익필이 이이와 성혼에게 보낸 편지가 각각 8통과 21통이다. 보통 「삼현수간」보다 문집에 실려 있는 편지가 더 많지만 특이하게도 성혼이 송익필에게 보낸 편지는 「삼현수간」에 더 많이 남아 있으며, 게다가 『우계집』에는 없고 「삼현수간」에만 실려 있는 편지만도 12통이니 성혼이 송익필에게 보낸 편지는 모두 더하면 현재 남아 있는 것만 58통이 되는 셈이다. 수적으로 보면 성혼과 송익필의 편지 왕래가 가장 빈번하고 이이와 송익필이 그 다음이며 이이와 성혼의 사이가 가장 소원하다. 이이와 성혼이 평생에 걸쳐 돈독한 교유를 나누었다고 한 주변 사람들의 증언이나 후대인들의 평가를 생각해볼 때 다소 의외의 결과이다. 특히 이이가 성혼에게 보낸 편지는 33통이지만 성혼이 이이에게 보낸 편지는 달랑 13편에 불과하니, 성혼이 송익필에게 보낸 58통의 편지와 자못 비교되지 않을 수가 없다. 혹시 편지가 산일되었을 가능성도 생각해볼 수 있으나 만약 그렇다고 해도 성혼이 이이에게 보낸 편지의 보존을 소홀히 했다는 증거밖에는 안될 것이다.

그나마 성혼이 이이에게 보낸 13통의 편지 가운데 9통은 사단칠정, 인심도심, 이기(理氣)와 심성정의(心性情意) 등 학문적 토론이며 개인적인 용건을 담은 편지는 4통에 불과하다. 또한 성리학을 논한 9통의 편지 가운데 세 번째, 일곱 번째, 여덟 번째, 아홉 번째의 4통은 편지를 보냈다는 기록과 이이의 답장만 남아 있을 뿐 본문이 산일된 상태이다.

또한 성혼은 웬일인지 이이에게 하고 싶은 말이나 그에 대한 생각을 직접 하지 않고 송익필에게 보내는 편지를 통해 간접적으로 피력하고 있다. 송익필에게 보낸 편지 가운데 이이와 관련된 내용이 적지 않은 양을 차지하고 있어서 그가 이이에 대해서 어떤 생각을 하고 있었는지 그 내용을 적지 않게 찾아볼 수 있다. 따라서 이이와 성혼이 교유한 자세한 양상은 그들이 직접 주고받은 편지 못지않게 성혼이 송익필에게 보낸 편지를 통해서도 살펴보아야 한다. 이 논문에서는 이들 세 사람이 주고받은 편지를 통하여 이이와 성혼이 어떤 교유를 나누었는지 살펴보도록 하겠다.

3. 이이와 성혼의 교유

이이와 성혼의 우정은 무엇보다도 도학을 매개로 공고하게 맺어진 사이이다. 이들은 개인적인 신변잡사는 거의 나누지 않고 중요한 용건이 있을 때에만 편지를 주고받았는데, 그중에서도 가장 큰 비중을 차지하는 것은 역시 성리학에 대한 내용을 다룬 것이다. 그래서인지 이이와 성혼은 한결같이 '도의로 교분을 맺은' 사이라고 일컬어진다.

> (율곡 선생은) 우계 성선생과 더불어 친구로 사귀었다. (…중략…) 도의의 친분을 맺고 서로 성현의 사업을 기대하면서 처음부터 끝까지 변치 않았다.3)

> (우계 선생은) 율곡 이선생과 더불어 도의로 교분을 맺었다.4)

성리학에 대한 주제 다음으로는 이이가 성혼에게 동서 붕당이나 황해도 지방의 민폐 등 국사를 논한 것이 큰 비중을 차지하고 있다. 그러나 여기서는 두 사람의 성리학적 견해나 국사에 대한 논의는 제외하고 이들의 인간적 교류에 초점을 두어 살펴보기로 하겠다.

1) 출처(出處)에 대한 공방

성혼은 이이가 관직에 나가는 것을 좋지 않게 생각하였으니, 이이와 성혼이 각각 19세와 20세였을 때 주고받은 편지에서 서로 '족하(足下)'라고 부르며 이에 대해 격렬한 논쟁을 벌인 바 있다. 성혼은 이이가 쇠약한 것을 과거와 문장에 열중하기 때문이라 보고 이이가 벼슬에 나아가기 위해 과거에 연연한다고 비난하였다. 또 이이가 그러한 이유를 세상의 부귀와 영화를 탐하기 때문이라 보고 가난 때문에 "품을 팔고 장사꾼이 되는 것은 나쁠 것이 없"으나 과거를 보고 벼슬에 나가는 것은 옳지 않다고 하였다. 왜냐하면 "명예와 벼슬을 구하는 길과 외물을 접하

---

3) 李珥, 『栗谷全書』 卷33 「年譜 上」, 甲寅 3. "與牛溪成先生定交 (…중략…) 遂定道義之交 相期以聖賢事業 終始無替." 李珥의 『栗谷全書』는 이하 '『全書』'라고 약칭한다.
4) 成渾, 『牛溪集』 「牛溪年譜」. "與栗谷李先生定爲道義之交."

는 곳에 나의 바름을 해치고 나의 사사로움을 유인하는 것들이 매우 많"기 때문에 딴마음을 품게 되기 쉽다는 것이다. 그리하여 왜 도를 닦아 굶주리는 가운데 즐거움을 찾지 못하느냐고 책망하면서 만약 이이가 "진실로 하늘과 인간의 심오한 이치를 밝히고 성명(性命)의 본원을 추구하여 깊이 믿고 자득하여 우뚝 자립하게 되어 자신이 원하는 것이 저 부귀영달보다 더한 것임을 실제로 알게 된다면 문을 닫고 홀로 살더라도 그 즐거움이 무궁할 것이고 산에 올라 굶주림을 참더라도 족히 견줄 만한 것이 없을 것"이라고 하였다.5)

이에 대해 이이는 "과업에만 마음을 열중하고 죽고 사는 것을 생각 밖에 둔다"고 한 성혼의 표현은 지나치지만 과거를 중시한 것은 부정하지 않고 긍정하면서, "대대로 내려오는 생업이 없어 (벼슬을 하지 않으면) 곤궁하여 살림을 꾸려나갈 수가 없다"고 하였다. "늙은 어버이가 집에 계시는데 맛있는 음식을 못해드리니 자식 된 이로서 마음이 움직이지 않을 수 없"으니 "품팔이나 장사라도 할 수 있다면 천한 일이라도 부끄러워하지 않았을 것"이라며 다행히 "과거보는 한 길이 있어서 늙은 어버이를 봉양하는 밑천을 얻을 수 있었기 때문에 어버이를 위하여 몸을 굽힌 것일 뿐"이라고 강변하였다. 실제로 이이는 해주에 살 때 대장간을 차리고 호미를 만들어서 그것을 팔아 생활에 보탤 만큼 경제적으

---

5) 『牛溪集』續集 卷3 簡牘 「與李叔獻」. "僕久有疑足下之意 疑惑之言 不可不一陳 於左右也 足下有穎悟之才 適道之資 而弱冠之年有斯疾 (…중략…) 然沈綿之中 思索太苦而無節 已有過動之弊 況多才多藝 工程不專 竝受之際 私僞日勝 作無益之文 眩輝言語 謀升斗之祿 背誦章句 貪多而務廣 意緖匆匆 無從容涵泳常久不厭之樂 (…중략…) 而足下以孔明, 君實之事 行之於干祿之上 旣竭其才 以身殉之 每以家貧 親老 君子祿仕 爲孔孟之正脈 則足下之學 爲貧之學也 足下之爲士也 無簞食瓢飮以 濟朝夕之窮餓 則爲傭作爲商賈 亦無不可 若簞食瓢飮 不堪其憂 而將以求富貴利達 而處之 則足下之是心 已不可與入堯舜之道矣 尙何言哉 足下誠能明天人之蘊 推性 命之原 深信自得 卓然自立 實見得我所欲也有甚於彼 則閉門獨立 其樂無窮 登山忍 飢 不足爲比 亦何有於豐約之計也 (…중략…) 名宦之途 接物之地 凡可以害吾之正 誘吾之私者 其端甚衆 安可必保其專一而不二者哉 貪戀之至 驅逐不去 又安可必保 其難進而易退者哉."

로 넉넉지 못하였다고 한다.6) 또한 이이는 자신이 학문에 진취하지 못한 것은 자포자기한 죄이지 문사가 그를 그르친 것이 아니며, 거기에 게으른데다 몸에 병까지 있어서 문장 공부마저 제대로 하지 못한다고 하면서 만약 "기송사장(記誦詞章)의 학문을 익히는 데 용감한 것이 진실로 족하가 말한 바와 같다면 이 마음을 학문하는 데 옮길 수 있을 것이니, 이는 진실로 다행한 일이요, 근심할 일은 아니"라며 강변하였다.7)

출처에 대한 이들의 의견 차이는 어렸을 때뿐만 아니라 평생에 걸쳐 평행선을 달렸다.

보내주신 편지에서 타일러 깨우쳐주심에 대해 깊이 감사드립니다. 다만 문제만 제기하여 놓고 자세한 내용을 말해주지는 않으니 도리어 미혹함만 더하게 되는데, 어찌 분명하게 적시해주지 않습니까. 이른바 '뜻을 굽혀 남의 뜻에 부합하기를 구하였다'고 한 것은 무슨 일을 가리킨 것입니까. 내가 서울에 올라온 것을 그르다고 여긴 것입니까? 나는 본래 세신(世臣)입니다. 임금께서 명하면 굳이 거절할 수 없습니다. 만약 이번 걸음 때문에 바로 유속(流俗)의 벼슬아치로 여긴다면 그릇된 생각입니다. (…중략…) 이런 등류의 말들이 의심을 자아내게 한다면 서로 안다는 사이에 기대할 것이 없습니다. 생각해보면 그대는 반드시 전하는 사람이 잘못 전한 것임을 알 것입니다. 나머지 말은 만나지 않으면 다 말하기 어렵습니다.8)

---

6) 『全書』卷38 附錄6「諸家記述雜錄」. "栗谷先生居海州 起冶造鋤 賣以自資 義所當爲 大人不恥爲之."(李白沙恒福文集)

7) 『全書』卷9 書1「答成浩原」. "僕雖不懶 尙爲斯疾所礙 不能做功 況以懈怠之資而有斯疾耶 (…중략…) 僕之不進於學問者 自棄之罪耳 非文藻誤我也 (…중략…) 設使僕勇於記誦詞章之習 誠如足下所道 則可以此心推之學問上 此眞所幸也 非所憂也 (…중략…) 足下所謂以科擧爲重 規規於得失者 僕安得辭其責耶 此亦僕之所不得已者也 僕世無?業 窮不能家 老親在堂 甘旨常闕 爲人子者能不動心哉 傭作商賈 如可爲也 吾不羞賤 但國俗有定 士庶異業 固不可抑而行之也 猶有科擧一路 可得養老之資 故爲親屈耳 非敢以干祿爲貧 爲孔孟之正脈也 (…중략…) 足下謂僕銳意科業 置死生於度外者 似過矣 僕固可謂汲汲矣 然何至如足下之言耶."

8) 『全書』卷9 書1「答成浩原」. "示喩鐫誨 感深感深 但引而不發 反增迷惑 何不明示耶 所謂遷就者 指何事耶 以珥上來爲非耶 珥本世臣也 君命之則不可固拒也 若因此行 便作流俗仕宦者則非也 (…중략…) 如此等言足以起疑 則無望於相知也 想君必知

이는 1565년에 이이가 성혼에게 보낸 답장으로, 이이는 바로 전 해인 1564년에 29세의 나이로 구도장원을 하고 정 6품관인 호조좌랑에 임명되었다가 이 해에 예조좌랑으로 수평 이동하였다. 편지의 내용을 보건대 성혼은 이이가 벼슬을 하러 서울에 올라간 것을 그가 '뜻을 굽혔다'고 보고 그르다고 여겨 책망한 듯하다. 성혼이 무슨 까닭으로 이런 말을 하였는지는 자세히 알 수 없다. 그가 보낸 편지가 성혼의 문집에 남아 있지 않기 때문이다. 성혼이 편지를 버리거나 잃어버렸는지 혹은 성혼의 후손이나 문인들이 일부러 빼버렸는지는 알 수 없지만, 어쨌든 성혼이 이이의 출사를 비판하였고 이에 대해 이이가 자신은 '세신(世臣)'이라 임금께서 부르시면 나아가지 않을 수 없으니 그저 그렇고 그런 '유속의 신하'로 여긴다면 곤란하다며 불만을 토로하고 있다. 그러면서 편지로는 다 말할 수 없으니 만나서 이야기하자고 끝을 맺었는데 편지의 어조가 사뭇 직설적이고 공격적인 것을 볼 수 있다.

성혼은 이이가 상소 등을 통해 임금에게 국정을 진달하는 것도 정도에 지나치다며 좋지 않게 생각하였다.

> 숙헌이 상소문을 올렸는데 어찌하여 이런 일이 있게 되었는지 모르겠습니다. 자못 탄식만 나옵니다. 그 말의 옳고 그름을 감히 말할 수가 없으니 더욱 사람을 답답하게 만듭니다.[9]

이 편지는 1580년 6월에 성혼이 송익필에게 보낸 편지의 일부로 더 이상 자세한 내용이 없어 어떤 상소를 언급한 것인지 알 수 없다. 다만 같은 해에 황해도의 민폐를 진술한 「진황해도민폐계(陳黃海道民弊啓)」를, 전 해에 동서 붕당을 타파하기를 진달하는 소인 「사대사간겸진세척동서소(辭大司諫兼陳洗滌東西疏)」를 올린 바 있는데, 상소를 올린 이이의 행

傳者之妄矣 餘非奉難悉."
9) 「三賢手簡」 亨19. "叔獻上章 未知何以有此 殊切嘆息. 其言之得失 口嚌不敢道 尤令人介介耳." 「三賢手簡」은 이하 ''手簡」이라고 약칭한다.

동이 적절치 않다고 생각하며 안타까워하는 성혼의 심정이 절절하게 느껴진다.

이이가 자신이 옳다고 생각하는 의견을 관철시키기 위해 상소를 올린 이력은 실로 가공할 만하다. 을사사화 때 남발된 위훈(僞勳)을 깎기를 논하는 상소는 무려 41차례에 걸쳐 올림으로써 마침내 허락을 받아냈고, 뚜렷한 이유를 밝히지 않고 황랍(黃蠟) 500근과 수은을 들이라는 선조의 영이 부당하다며 2개월간 5차례 이상의 상소를 올려 결국 그의 뜻을 관철시키기도 하였다. 또 39세 때인 1574년에는 선조에게 「만언봉사(萬言封事)」와 황해도 백성들이 겪는 폐단을 아뢰는 상소를 올리기도 하였는데 이러한 과정에서 선조와 갈등을 겪고 체직당하기도 하였다. 대부분의 상소는 임금에게 받아들여지지 않았으며 선조는 이이가 너무 지나치다고 생각하곤 하였다.

이러한 이이의 행동에 대해 성혼은 "참으로 세상을 경륜할 수 있는 계책이나, 이 말씀이 윤허를 받는가의 여부는 시운(時運)에 관계되는 것이니 인력으로 미칠 수 있는 것이 아니다."[10] "유자는 마땅히 군주의 마음을 바로잡는 것을 급선무로 삼아야 하나 만약 성상의 마음을 돌릴 수 없다면 속히 몸을 이끌고 물러나야 한다. 성상의 마음을 얻지 못하면서 먼저 사공(事功)에 힘쓴다면 이는 한 자를 구부려 여덟 자를 펴려는 것이니 유자의 일이 아니다"라고 충고하였다. 그러나 이이는 "서서히 정성을 쌓아서 감동하여 깨닫기를 바라야지, 만약 천박한 정성으로 열흘이나 한 달 이내에 효과를 바라다가 뜻대로 되지 않으면 곧 몸을 이끌고 물러나려 하는 것은 또한 신하의 의리가 아니"라고 하며 자신의 의견을 절대 굽히지 않았다.[11]

---

10) 『牛溪集』「年譜」"先是 栗谷拜大諫不赴 上萬言封事 陳救時之策 上不悅 命遞之 先生讀栗谷封事曰 眞所謂直言極諫 經世之策也 此說蒙允與否 乃關時運 非人力可及矣."

11) 『全書』卷29「經筵日記 2」, 萬曆 元年 癸酉 11月. "是時 李珥欲積誠以回天心 黽勉從仕 其友成渾語之曰 儒者當以格君爲務 若上心不可回 則當速引退 不能得上心

이들의 의견 차이는 이이뿐 아니라 성혼의 출처에 있어서도 역시 마찬가지였다. 이이는 성혼이 온 세상을 경륜할 만한 재주나 야망은 없지만 자질이 순수하고 선을 행할 수 있는 사람임을 강조하면서 여러 차례에 걸쳐 관직에 적극 추천하였다. 다만 성혼이 고질병이 있어 몸이 약함을 헤아려 중책이 아닌, 경연 참찬관이나 특진관(特進官) 등의 한가로운 벼슬을 주어 경연에 입시하게 한다면 틀림없이 국정에 도움이 될 것이라고 하였다.[12] 이에 선조가 공조 좌랑, 사헌부 지평, 사헌부 장령, 장악원 첨정, 공조 정랑, 사헌부 집의, 사옹원 정(正), 사재감 정, 병조 참지, 이조 참의, 이조 참판 등 여러 직책에 제수하였으나 성혼은 모두 사양하였을 뿐만 아니라 수차에 걸쳐 송익필에게 편지를 보내 관직에 나아가기를 권하는 이이의 처사에 섭섭함 혹은 불만을 토로하였다.

이미 계획을 세웠으니 보름 정도에 귀향할까 합니다. 숙헌은 계속 머물러 있으라고 억지로 권하고 형의 말도 또 이와 같습니다. 도리상 이와 같이 해야 한다는 것을 알지만 폐질을 앓는 이 몸의 분수로 볼 때 저의 의견이 크게 틀리지 않다고 생각하는데 어떻게 생각하십니까.[13]

저는 이미 떠날 것으로 마음을 먹었는데 숙헌이 위로 임금님의 뜻을 격발시

而先務事功 則是枉尺直尋 非儒者之事也 珥曰 此言固然 但上心豈可遽回 當遲遲積誠 以冀感悟 若以淺薄之誠 責效於旬月 而不如意 則輒欲引退 亦非人臣之義也."

12) 선조 7년 2월 29일. 임금이 이르기를 "마침 물으려고 했다가 미처 묻지 못했다. 성혼은 어떤 사람인가?"라고 하니 이이가 아뢰었다. "이 사람은 신이 익히 아는 사람으로 성수침의 아들입니다. 일찍부터 가정에서 교육을 받아 흐트러진 말은 듣지 않았으며 자질이 순수하며 선을 행할 수 있는 사람입니다. (…중략…) 다만 그가 병이 많아 持平의 직책은 결코 감당하지 못할 것입니다."
    선조 13년 12월 18일. 성혼의 재능을 온 세상을 경륜할 만하다고 평가한다면 지나칠지도 모르나 그 위인이 본디 선을 좋아합니다. 선을 좋아하면 천하도 다스릴 수 있으니 이 사람이야말로 어찌 쓸 만한 재목이 아니겠습니까. 다만 몸에 오래된 병이 있어서 아마도 憲官의 직책은 감당할 수 없을 것이니 이 사람을 한가한 자리에 임명하신 뒤에 경연에 입시하게 하면 착한 도리를 개진하는 데 도움이 있을 것입니다.

13) 「手簡」 利14. "已爲決計 望間欲歸矣 叔獻苦勤我留連 而兄說又如此 乃知道理爲可如此 而廢疾之分 則鄙見爲不遠也 如何如何."

켜 사류(士類)의 뜻을 수용하고자 한답니다. 경석에서 병 때문에 겨울을 넘기기 힘들다 말씀드리고 집으로 돌아가 병을 치료한 후 내년 봄이 지난 다음에야 올라오겠다는 요청을 드리려고 합니다. 그러므로 저는 또 열흘 이상을 머물면서 대답을 기다리고 있습니다. 만약 임금께서 응대가 없으시다면 저는 물러나 돌아가고자 합니다.14)

(몸에 병이 심하여 지탱하기도 힘들다고 하소연하면서) 율곡은 관대함이 나날이 심해지니 본래 더불어 말하고 싶지가 않습니다. 비루한 저에게 서울에 오기를 애써 권유하면서 '신하가 이와 같아서는 안된다'고 나무라는데 이 말은 옳지 않은 듯합니다.15)

이이는 성혼이 관직에 나아가 자신과 함께 중책을 수행하기를 간절히 바랐으나 성혼은 항상 물러날 생각만 하였다. 그러나 이이가 만류하고 선조가 윤허하지 않아 집에도 내려가지 못하고 궁궐 근처에 머물며 선조의 명을 기다리곤 했는데, 나중에는 이이가 입시하기만 하면 바로 돌아가겠다고 송익필에게 보내는 편지를 통해 확고하게 거부의사를 밝히기도 하였다.16) 이에 대해 이이는,

호원은 계속해서 물러나기를 요구하는데 고집이 너무 센 것 같습니다. 대체로 수많은 백성들은 물 새는 배에 있는 것과 같고 그들을 구제할 책임은 참으로 우리들에게 있습니다. 이것이 마음에 절실하여 차마 떠나지 못하는 이유입니다.17)

---

14) 「手簡」, 貞5. "渾已決去志 則叔獻深以上激聖意 并欲收用士類之志也 欲於經席陳 渾病不能過冬 請令歸家養病 明春後來爲請 故渾又欲遲留旬浹以待之矣 倘若上不 酬酢 則自當退歸矣."

15) 「手簡」, 利22. "如栗谷 寬綽日甚 本不足與言 苦勸鄙人必來京城 責以人臣不當如 是云云 斯言恐不是也."

16) 각주 48을 참조

17) 「手簡」, 利19. "浩原一向求退 亦恐太執 大抵億萬蒼生 在漏船上 而匡救之責 實在 吾輩 此所以惓惓不忍去者也."

라며 역시 송익필에게 대신 불만을 토로하고 있다. 이이의 입장에서 볼 때 산적한 국정을 두고 자꾸만 물러나려는 성혼의 생각과 행동이 퇴보적으로 보였을 것이고, 이를 갑갑하게 여겼던 것 같다. 죽기 한 달 전에 송익필에게 보낸 편지에서 "저는 현실에 어둡고 계함(季涵-정철)은 술을 좋아하고 호원은 물러나 위축되어 있으니 참으로 걱정됩니다"[18] 라고 한 말은 바로 그런 뜻에서였을 것이다.

2) 예(禮)에 대한 견해의 차이

이이는 처남인 윤섭(尹涉)이 자기보다 나이는 적지만 손위 누이의 남편이기 때문에 형이라고 부르고 자리에서도 상석에 앉게 하였다. 성혼은 이것이 예에 어긋난 행동이라고 보았으니 부인이 남편의 나이 순서를 따르는 것은 당연하지만 남편이 부인의 나이 순서를 따라 자리를 정하는 것은 말이 되지 않는다고 보았다. 즉, 부인들은 본인의 나이와 상관없이 남편들의 나이 순서에 따라 대우받는 것이 옳지만 남자 동서간이나 처남매부 사이는 지위가 동일하므로 부인의 나이가 아닌 본인들의 나이를 기준으로 대우하는 것이 올바른 이치라고 여긴 것이다.[19]

또한 이이는 서모(庶母)를 제사에 참여하게 하고 며느리들의 뒤에 세우지 않으며 상복을 입게 하였는데 성혼은 이이의 이런 처사 역시 잘못된 것이라고 보았다. 그는 인륜에 위로는 부모가, 아래로는 아들・며느리가 있으며 그 사이에 첩이라는 자리가 있는데 이는 적통(嫡統)에 위축되는 잉여적인 지위[剩位]라고 하였다.[20] 따라서 예에는 서모라는 지위

18) 「手簡」 貞5. "僕之迂疏 涵之好酒 原之退縮 此誠可憂矣."
19) 「手簡」 元20. "尹聃之父 年後於叔獻 而叔獻呼之爲兄 坐之在上云 聞之極未安 鄙見以爲姊妹爲一位 以年而坐 壻與男子兄弟爲一位 以年而坐 恐得倫理之正也."
20) 「手簡」 元21. "人倫 上有父母 下有子婦 其間若着妾位 則爲逼於嫡而爲剩位矣."

가 따로 없고 다만 비첩(婢妾)의 항렬이 있을 뿐이니 서모를 비첩의 예로 대하는 것이 옳다고 보았다.21) 여기에 대해서는 송익필도 성혼과 같은 생각이었으므로 둘이 함께 연대하여 이이를 설득하려고 하였다.

그러나 이이는 옛사람이 말하는 비첩(婢妾)은 여종을 가리키는 것으로 서모와는 엄연히 다르며, 서모에도 차등이 있으니 그의 서모는 비록 첩이기는 하나 여종이 아닌 양가(良家) 출신으로 집안 살림을 주장하였으므로 '귀첩(貴妾)'이라고 하였다.22) 또한 생전에 아버지가 사랑하시던 이를 단지 서모라는 이유로 집안 행사에 참석하지 못하게 하고 방에 틀어박혀 하루 종일 울게 한다면 이는 인정상 못할 짓이며,23) 만약 서모를 정실 며느리의 뒤에 서게 한다면 결국 그 소생의 며느리들에게까지 모두 자리를 양보하게 해야 될 것이니 차라리 며느리들은 동쪽에, 서모는 맏며느리의 서쪽에 서되 조금 뒤로 물러나 서게 하면 적서(嫡庶)의 구별도 되면서 민망함도 면할 수 있을 것이라고 보았다.24) 이이는 인심이 날로 박악(薄惡)해져 서모를 비첩같이 보고 심지어는 친자식까지도 어머니를 비첩이라 비웃는 이가 있는데, 서모를 추존하는 것을 근심할 것이 아니라 오히려 모자(母子)의 윤리가 어지러워지는 것을 걱정해야 하지 않겠느냐며 강력히 반발하고 있다. 그는 모자간의 도리가 적첩의

---

21) 「手簡」元22. "鄙意禮無庶母位者 乃在婢妾之列 已明言之也."

22) 『全書』卷11 書3「答宋雲長」. "古人所謂婢妾者 多是女僕 豈必庶母乎 (…중략…) 庶母亦多般 父若幸侍婢而有子者 謂之庶母 此固賤妾 不能處子婦之上矣 若使父 於喪室之後 得良女主饋 以攝內政 厥父生時 已居子婦之上矣 今以父殁之故 還抑之 使坐子婦之下 則於人情何如哉 此二難也 父之婢妾 則有子者有服 無子者無服矣 若 主家之妾 則乃貴妾也."

23) 위의 글. "古人慕親者 所愛亦愛之 犬馬尙然 庶母旣經侍寢 則子不可不愛敬也 今 以位次之嫌故 使之塊處一室 不敢出頭 家人相率宴樂 而庶母不得出參 飮泣終日 則 是乃囚繫也, 於人情何如哉."

24) 『全書』卷11 書3「答成浩原」. "吾家之祭 則伯嫂立於主婦之前 庶母立於伯嫂之西 稍退 諸妾立於主婦之西稍退 不敢序以昭穆矣 諸妾雖立于主婦之後亦可 以地窄不 得又作一行矣 承重妾之親母 立於主婦之西稍前 似無害 雖曰妾而乃是親母 豈不 與庶母有間矣 婦居姑前 終是未安 不如不參祭也."

구별 등 그 무엇보다 우선한다고 하였다.[25)

성혼은 이에 대해 다시 반론을 폈는데 그의 반론은 크게 세 가지로 요약된다. 첫째, 이이가 기본적으로 예(禮)보다 정(情)을 앞세운다는 것이고 둘째, 그의 의견에 정밀함과 상세함이 결여되어 있다는 것이다. 예학은 심오하여 근원을 파고들기가 쉽지 않으므로 예경(禮經) 등 전대의 서적과 전고가 될 만한 사실에 근거해야지 자신의 견해에 따라 함부로 논리를 펴서는 안 된다고 하였다. 마지막으로 성혼은 이이가 변통(變通)을 좋아하는 것이 병이라고 하였다.[26) 의양지미(衣樣之味)가 강한 성혼과 자득지미(自得之味)가 강한 이이의 성향은 여기서도 드러나니, 성혼은 어떤 일이든 철저하게 성현의 말씀과 전고에 근거하여야 한다는 입장이고 이이는 성현의 말씀에 얽매이기보다는 그때그때의 실정과 인정을 고려하여 합리적으로 판단해야 한다고 본 것이다.

이이는 성혼과 송익필의 연합 공격에도 불구하고 자신의 의견을 조금도 굽히지 않았다. 그는 "모든 일은 겪어 본 뒤에야 그 어려움을 알게 되는 것이니 형은 몸소 겪어보지 아니하였기 때문에 입론(立論)이 쉬운 것입니다. 만약 나의 집과 같은 형편을 만나게 되었다면 역시 반드시 난처하여 아마도 말 나오는 대로 붓 가는대로 그렇게 명쾌하게 하지는 못할 것입니다"[27)라며 남의 일이라고 쉽게 말하는 것은 아닌지 송익필

---

25) 『全書』卷11 書3 「答宋雲長」. "近世人心薄惡 多視庶母如婢妾 至於所生之子 亦嘖厭母爲婢妾者或有之 珥亦見之矣 吾兄不此之憂 而乃憂時俗之推尊庶母 無乃過乎 (…중략…) 無乃母子重於嫡妾歟."

26) 「手簡」元21. "見叔獻錄示答尊兄論庶母禮書 其言多主於情而不据於禮 又忽忽說過 欠精詳 殊可恨也 未委今已達關聽否 渠於此少虛心採納之意 要須博考前書 据故實以屈之 難以口舌爭也 (…중략…) 豈不誤哉 伏惟批誨何如"; 「手簡」元22. "禮學精深 未易窮原 豈可今据所見以爲斷定 禮有婦呼庶母爲小姑而有服者 要當深考禮經 參合思繹 博觀古史 且待吾學之進可也 不敢妄爲之論也 如何如何"; 「手簡」亨9. "叔獻尊庶母之儀 恐於名分上有些未安 而亦不得据經辨駁 (…중략…) 使叔獻改而從之可也"; 「手簡」亨5. "叔獻喜變通 自是渠病."

27) 『全書』卷11 書3 「答宋雲長」. "凡事更歷 然後乃知其難 吾兄不親歷 故立論甚易 若使遇珥家事 則亦必難處 恐不能信口信筆如此之快也."

에게 따져 물었고, 송익필은 이에 대해 "숙헌이 서모를 모시는 예에 대하여 전후로 편지를 주고받았으며 1통 이상을 연이어 쓴 적도 있습니다. 숙헌이 감정이 지나쳐 예를 잃은 듯하니 어떻게 하면 좋겠습니까"[28]라며 성혼에게 당황한 마음을 표현하기도 하였다. '식시무 달사리(識時務達事理)'를 중시한 이이는 적서(嫡庶)와 반상(班常)의 융통성 없는 구별에 분개한 듯하다. 편지의 끝에 "이것은 나의 서모를 두고 하는 말이요, 널리 다른 사람의 서모를 두고 하는 말은 아닌 것입니다"[29]라고 하여 한 발 뒤로 물러나는 태도를 보이기는 했지만 역설적으로 자신은 자신의 생각을 고집할 것이라는 뜻을 내비친 것으로 보인다.

이러한 이이의 태도에 성혼은 무척 전전긍긍하였다. 그는 송익필에게 보내는 10통 가까운 편지에서 이 문제를 언급하고 있는데, 아마도 예를 어지럽히는 것은 사회 질서를 어지럽히는 것이므로 중요하게 다루지 않을 수 없다고 생각했던 것 같고, 또한 사회 지도층인 이이가 정적(政敵)들에게 비난의 여지를 제공할까봐 걱정했을 수도 있다. 성혼은 송익필에게 보내는 편지에서,

> 숙헌이 서모에 대한 예를 논한 것이 보고 싶어 (숙헌이 구봉에게 보내는 편지를) 감히 뜯어보았습니다. 나무라지 마시기를 바라고 바랍니다.[30]

> 서모는 아버지의 첩입니다. 첩은 정위(正位)에 들어가지 못하는데 그 이치가 매우 분명합니다. 근래 생각해보아도 더욱 형의 고견을 바꿀 수 없음을 알았습니다. 그런데 숙헌은 오로지 자기의 의견을 묵수하고 조금도 바꾸려 들지 않으니 자못 안타깝습니다.[31]

---

28) 「手簡」 亨24. "叔獻奉庶母禮 前後往復 連作一通以上 叔獻情勝禮失 柰何柰何."
29) 『全書』 卷11 書3 「答宋雲長」. "此則指珥之庶母而言也 非泛指人之庶母也."
30) 「手簡」 亨10. "前月叔獻書來 (…중략…) 欲見庶母論禮處 敢開封矣 不罪 幸甚幸甚."
31) 「手簡」 亨12. "庶母父妾也 妾不入正位 其理甚明 比來思玩 益知高見不可易 而叔獻方專守己志 不少回頭 殊可恨也."

별지의 서모에 대한 논의는 지극히 타당한 설명이 있습니다. 숙헌이 이 글을 본다면 어떻게 생각할까요? 재차 가르침을 주시어 숙헌이 자기의 생각을 돌리기를 바랍니다.[32]

숙헌으로 하여금 그의 잘못된 생각을 고쳐 따르게 한다면 좋을 듯합니다.[33]

라고 하여 이이가 그들의 의견을 받아들이지 않는 것을 안타깝게 여기며 송익필이 그를 설득해줄 것을 간곡하게 당부하였다. 그런데 여기서 짚고 넘어가야 할 것은, 위의 예문들에서 볼 수 있다시피 성혼 자신은 이이에게 직접 이 문제를 거론하지 않고 있다는 것이다. 송익필이 이 문제를 두고 이이와 여러 차례 편지를 주고받으며 격론한 것과 달리 성혼이 이이에게 보낸 편지는 남아 있지 않고 다만 이이가 성혼에게 자신의 입장을 표명한 짧막한 편지 한 통을 보냈을 따름이다.[34] 성혼은 다만 송익필에게 보내는 편지를 통해 자신의 의견을 피력하고 이이의 행동을 크게 걱정하였으니, 위에서 거론된 그의 입장은 거의 다 송익필에게 보낸 편지를 통해 나타난 것이고, 이이의 입장 역시 송익필과 주고받은 편지를 통해 표명된 것이다. 성혼의 지극한 관심과 달리 현재 남아 있는 자료를 가지고 볼 때 그는 이 문제를 이이와 직접 토론하지는 않은 것으로 보인다. 이는 이이가 처남인 윤섭을 대하는 예를 지적한 경우도 마찬가지였으니 다만 송익필과 이 문제를 의논하였을 뿐이다. 왜 그랬을까. 자못 의문이 아닐 수 없다.

---

32) 「手簡」亨15. "別紙庶母之論 極有說到處 叔獻見之以爲如何 伏願更示 渠回意也."
33) 「手簡」亨9. "使叔獻改而從之 可也."
34) 『全書』卷11 書3「答成浩原」.

3) 대조적인 성격의 충돌

성혼은 이이가 그 누구보다도 명석한 두뇌의 소유자임을 인정하였다. 자신은 책을 읽을 때 한 눈에 기껏해야 7~8줄을 읽을 뿐이지만 이이는 무려 10여 줄을 읽어낸다고 감탄하였고,[35] "책을 볼 때 남과 담소하면서 두루 펼쳐보며 대강대강 마치 폭풍우처럼 빨리 보아 넘기지만 이미 그 대의를 터득하여 그 뒤에 비록 차분히 연구한다 하더라도 의미가 더 나아갈 게 없다"[36]고 하였다.

그런데 성혼은 이이의 명석함을 그리 좋게만 생각하지는 않은 것 같다. 성혼은 이이가 명석하기 때문에 오히려 학문에 깊이가 없고 행동이 경박하다 여기고 이이 역시 그 점을 경계하여야 한다고 생각하였다.

> 신이 삼가 이이의 사람됨을 보니 재주가 탁 트이고 명민하여 타고난 자품이 매우 높으며 젊어서부터 도를 구하려는 뜻을 품고 분발하여 학문에 힘썼습니다. 비록 여러 이치에 두루 통달하지는 못하였으나 의리의 큰 근원을 보지 않았다고 이를 수 없는 바, 앉아서 장구나 따지는 세속의 학자나 바르지 못한 선비의 무리와는 다릅니다. (…중략…) 비록 그러나 타고난 기질이 이와 같기 때문에 병통 또한 있습니다. 재주가 트였기 때문에 경솔한 병통이 있어 침착하고 치밀한 기풍이 부족하며 성품이 분명하고 곧으며 우활하고 성실하기 때문에 절대로 겉모습을 꾸며 사람들의 마음에 맞추려 드는 태도가 없으며 뜻이 커서 하찮은 일에 소략하고 자신감이 넘쳐 세속을 따르지 않습니다. 이 때문에 그를 사랑하는 자가 매우 드물고 비웃는 자가 많으며 그를 걱정해주는 자가 적고 미워하는 자가 많습니다.[37]

---

35) 『全書』 卷38 附錄6 「諸家記述雜錄」. "栗谷問先生曰 兄之看書 未知幾行俱下耶 答曰 看得不過七八行矣 栗谷曰 吾亦不過十餘行而已."(牛溪言行錄)

36) 위의 글. "叔獻之敏 得之天資 凡看文字 與人談笑 而披閱周覽 略綽見之 疾如風雨 已得其大義 其後雖加翫玩 意味不長 渠之所自言如此"(牛溪文集)

37) 『牛溪集』 卷2 章疏1. "臣竊觀李珥之爲人 疏通明敏 天分甚高 少有求道之志 慨然 以學自勗 其於衆理 雖不能周遍 而義理大原 不可謂無見 非如拘儒曲士坐守章句之 徒也 (…중략…) 雖然 氣質所就如此 故其病痛亦有之 惟其疏通 故有率易之病而少

이 글은 1583년 7월 삼사(三司)에서 이이를 탄핵하자 성혼이 이이를 옹호하기 위해 올린 상소이다. 당시 니탕개(尼蕩介) 등 오랑캐가 종성(鍾城)을 포위하자 병조판서인 이이가 기병(騎兵)을 파견하려 하였는데 군마가 부족하였다. 이에 말을 바치는 삼등 이하의 사수(射手)들에게 출정하는 부역을 면제해주고 대신 출정하는 병사들이 그 말을 소유하게 하였는데 삼사에서 이를 두고 "병조판서가 군주의 명령 없이 제멋대로 전횡한다"고 탄핵하였다. 이에 성혼이 선조에게 상소를 올려 변호하면서 이이가 원래 재주가 트이고 명민하나 바로 그렇기 때문에 경솔하고 작은 일에 소략하며 다른 사람의 뜻에 따르려 하지 않는 문제가 있다고 말한 구절이다. 물론 이 글은 선조에게 용서를 구하려는 목적에서 쓴 글이므로 의도적으로 이이의 단점을 강조하였다고 생각할 수도 있다. 그러나 그렇다 하더라도 이것이 성혼의 솔직한 심정이라고 하지 않을 수는 없으니, 사적으로 주고받은 편지에도 역시 그와 같은 생각이 담겨 있음을 볼 수 있다.

안협(安峽)의 산천은 살 만합니까? (…중략…) 어찌 도로에 분주하여 토지를 구하고 집을 사느라 남은 인생을 허비하는 것이 합당한 일이겠습니까. 만약 그리한다면 비록 맑은 시냇물과 흰 바위가 문 앞에 둘러있다 하더라도 몸과 마음을 수양하고 도덕을 쌓는 데에 무슨 유익함이 있겠습니까. 세월이 물 흐르듯 흘러 어느덧 노쇠해지고 또 죽게 되어 일생을 부질없이 저버리는 자가 많습니다. 형께서는 부디 숙헌처럼 계획을 쉽게 말하지 마시기 바랍니다.[38]

한때 이이와 송익필이 안협에 땅을 구하여 '도굴(道窟)', 즉 집을 지으

沈潛縝密之風 其性白直迂愿 故絶無脩餙外貌 調適人情之態 志大而闊略於細微 自信而不徇乎時俗 是以愛之者絶鮮而笑之者多 憂之者少而嫉之者衆矣."

38) 위의 책 卷4 簡牘1「與宋雲長」. "安峽山川 可居云否 鄙人拙計 每思人生强半 餘日幾許 唯當汲汲定居 數間茅屋 一架書冊 酣飫其中 粗窺一斑道理 是爲至切至重事 豈合奔走道路 求田問舍 費了殘生 雖使淸溪白石環繞門前 何益於身心道德 而日月如流 衰老猝至 因而溘死 空負一生者多矣 願兄毋如叔獻之易其言計也."

려고 계획했던 적이 있는데 성혼은 그 일을 못마땅하게 생각한 듯하다. 땅을 사고 집을 짓는 것 같은 부질없는 일에 정신을 쏟느라 오히려 몸과 마음을 수양하고 도덕을 쌓는 데에 해가 될 터이니 문 앞에 맑은 시냇물과 바위가 둘러있다 한들 무슨 도움이 되겠느냐고 하였다. 또한 성혼은 송익필에게 이이처럼 말을 쉽게 하지 말라며 이이의 언행을 비판하는 듯한 발언을 하고 있다. 그는 이이가 말을 너무 쉽게 하고, 쉽게 바꾸고, 물린다고 생각한 듯하다. 바로 다음에 송익필에게 보낸 편지에서도 "비루한 이 사람은 아직도 말씀을 너무 쉽게 하시는 점을 염려합니다. 뒤로 물러나거나 바꾸지 마시기를 바라마지 않습니다"라고 당부하고 있다.

또한 성혼은 이이의 성격이나 언행이 모나고 날카롭다고 생각하였다.

> (형에게 보내는) 숙헌의 편지가 여기에 온 지 오래되었는데 지금 보냅니다. 그 당시 뜯어도 좋다는 허락을 받았습니다. 그러므로 감히 뜯어서 한 번 읽어보고서는 숙헌의 날카로운 기세[鋒穎]도 형에게는 오로지 굽힌다는 것을 알았습니다. 편지의 내용도 부드러우니 매우 위안이 됩니다.[39]

이황의 인품이 '봄물이 온 못에 가득한[春水滿四澤]' 양 하다면 이이는 '여름 구름이 기이한 봉우리에 가득한[夏雲多奇峰]' 모습에 비유되곤 하였다. 즉, 봄바람같이 온화한 인품을 가졌다던 이황과 달리 이이는 온화하기보다는 청명(淸明)하고 순수하고 영민하고 과단성 있는 쪽이었다.[40] 이이는 가까운 사이건 아니건 간에 하고자 하는 말은 남김없이 다해야 하는 성격이었고,[41] 소견이 워낙 출중하였으므로 자신의 의견을 고집하

---

39) 「手簡」亨1. "叔獻書 來此旣久 今乃送納 其時蒙許開拆 故敢發封一讀 知渠鋒穎 專屈於老兄 意味和平 極可慰也."

40) 『全書』卷38 附錄6 「諸家記述雜錄」. "某資稟甚高 充養益 淸明和粹 坦夷英果."(澤堂雜藁)

41) 위의 글. "栗谷與人言 不問親疏 必齗然無所礙阻 傾倒無餘而止 可見其德量之宏大 而其見陷於小人者 亦以此也."(沙溪語錄)

고 남의 말은 듣지 않아 정적들에게 모함의 빌미를 제공하기도 하였다고 한다.[42] 또한 경연관은 임금의 얼굴을 볼 수 없냐는 김장생의 질문에 "어찌 그렇겠는가. 나의 경우는 일을 아뢸 때 임금의 얼굴을 우러러 본다"라고 대답하였다.[43] 이이에게 강하고 저돌적인 면이 있음을 알게 해주는 대목이다.

반면 성혼의 성격은 분명 이이와 달랐다. 성혼은 '임사(臨事)와 행실이 돈독하고 확고'[44]한 선비로서 규범에 어긋나는 행동은 절대로 하지 않는 전형적인 도덕군자였던 것으로 보인다. 정철의 생일잔치에 기생이 끼어 있는 것을 못마땅해 하는 것을 보고 이이가 웃으며 "물들여도 검어지지 않나니 이 또한 하나의 도리라오"라고 하자 마지못해 자리에 올랐다는 이야기나,[45] 둘이 함께 뱃놀이를 하다가 풍랑을 만났는데 이이가 태연스레 읊조림을 계속하는 것을 보고 "어찌 처변하는 도리도 듣지 못하였는가"라고 묻자 "우리 두 사람이 어찌 익사할 리가 있겠는가"라고 하였다는 이이의 대답[46]에서 두 사람의 대조적인 성격을 볼 수 있다. 성혼은 도덕적이고 모범적인 사람이었다. 그러나 바로 그렇기 때문에 때로는 너무 조심스럽고 융통성 없어 보일 수도 있었을 것이니, 성혼의 그릇이나 역량이 아무래도 이이에게 미치지는 못한다고 한 주위의 평가[47]는 이런 예화와 무관치 않을 것이다.

---

42) 위의 글. "栗谷執己見不回 此君所見超詣 故於人言多不信."(松江日記)
43) 위의 글. "臣師事李珥 嘗問之曰 經筵官俯伏不得見天顔乎 珥曰 何爲其然也 吾則言事時 仰見天顔云."(金長生「筵席問對」)
44) 위의 글. "栗谷稱牛溪操履敦確 吾所不及 此蓋以持敬功夫言耳."(農巖文集)
45) 위의 글. "先生入城日 適赴松江懸弧之會 先生及階 見紅粉在列 語主人曰 彼紅粉恐不宜於今日之會也 栗谷笑曰 涅而不緇 是亦一道也 先生遂陞座."(牛溪言行錄)
46) 위의 글. "牛溪嘗與先生泛小舟於花石亭下 忽風起浪盛 幾不能定 先生在船頭 吟眺自若 牛溪瞿然曰 豈不聞處變之道耶 先生笑謂曰 吾兩人豈有溺死之理 俄而風浪遂息."(魯西記聞)
47) 위의 글. "其實栗谷力行 最不可及 (…중략…) 若其治家御衆 一以古人爲法 閨門之內 有若朝廷 則恐牛溪亦無此力量耳."(農巖文集); 위의 글. "吾於栗谷 心悅誠服 常以爲不可尙己 而於牛溪不能無差殊觀 故牛溪門下人 頗不能平也 其後往來熟習 見

그리고 이렇게 다른 성격이 부딪쳐 때로는 두 사람 사이에 갈등을 빚기도 하였다.

숙헌이 저의 녹패(祿牌)를 가져다가 자기 하인을 보내어 녹을 받아 저의 집에 보내왔습니다. 저는 갑작스레 이 일을 당하니 놀랍고 한탄스러움을 이길 수 없습니다. 또 녹을 받은 것에 대한 내용을 보니 제가 직접 받은 것처럼 되어 있어 되돌려 보낼 도리가 없으므로 감히 문을 닫고 받지 않을 수가 없어 우선 바깥사랑채에 두었습니다. 이처럼 쓸데없는 일로 우형(友兄)이 저를 심란하고 번민하게 하니 사태를 제대로 파악하지 못하는 숙헌이 애석합니다. 제가 만약 서울에 머물면서 봉직한다면 녹을 받아먹을 수 있으나 그렇지 않고 이처럼 녹만 받아먹는 일이 있다면 어찌 대단히 도리에 위배되는 일이 아니겠습니까. 참으로 한스럽습니다. 또 저는 숙헌이 입시하기를 기다린 뒤에 계책을 결단하여 향양으로 돌아오고 굳이 얼음이 얼고 눈이 내릴 때를 기다리지 않을 것입니다.[48]

당시 성혼은 이이의 추천으로 이조참의에 제수되었으나 대궐에 나아가 사의를 표명하는 상소를 올리고 윤허를 기다리는 중이었다. 그런데 이이가 의논도 없이 성혼의 녹패를 가져다가 하인을 시켜 녹을 받아와 성혼이 당황하고 화가 났다. 당시 선조는 성혼에게 병조판서였던 이이를 도와 국사에 보탬이 되어줄 것을 권하였고, 이이 역시 자신이 진 태산과 같은 무거운 짐을 구원해주기를 간절히 원하고 있었다.[49] 이는 이이가 죽기 불과 석 달 전의 일이니 이이는 아마도 마음이 급했던 것 같다. 또 성혼을 위해 취한 조치이기도 했을 것이다. 그러나 이이에게는

其氣貌 聽其議論 然後知栗谷之以爲道義交有以也.”(沙溪語錄)

48) 「手簡」貞2. “叔獻取渾祿牌 自遣其奴 受祿送于渾 渾猝然遇之 不勝駭歎 且見受祿 之辭 如渾所自受出者 則無回納之理 不敢閉門不受 姑置外舍矣 此等閑事 右兄令我 撓閔 可惜渠見事之疏也 渾若留京供職 可以食祿 不然而有此受祿事 豈非大段悖理 乎 可恨可恨 且俟叔獻入侍後 決計歸向陽 不待氷雪之日矣.”

49) 『全書』卷11 書3 「答成浩原」. “珥入京之日 卽被引見 天語敦勉 珥雖三四懇辭 而 終不許免從 此已負泰山 豈蚊力之可堪乎 只望尊兄來救而已.”

다소 독선적인 면도 있는 듯하다. 성혼은 아직 출사를 결심하지 못하고 있는데, 그가 출사하기를 바라는 이이는 결정을 미루는 성혼을 답답하게 여기고 그러한 행동을 취한 것이다. 이런 이이의 앞서가는 행동에 성혼은 당혹하고 섭섭해 하며 노골적으로 불만을 표시한 것이다. 물론 이 경우에도 이이에게 직접 말하기보다는 송익필에게 간접적으로 표현하는 방식을 취하고 있다. 사회 현실에 관심이 많고 권위에 얽매이지 않고 민첩하고 과단성 있는 성격의 이이는 성혼과 서로 맞지 않는 부분이 있었고, 그렇기 때문에 때로는 서로 어려워하였던 것 같다.

4. 나오는 말 – 한없는 애정을 바탕으로 한 우정

앞서 살펴본 것처럼 이이와 성혼은 근본적으로 성격과 가치관이 달랐고 그렇기 때문에 갈등도 있고 비판도 있었다. 그럼에도 불구하고 이들의 교유가 한없는 애정을 바탕으로 하였다는 것은 틀림없으니 특히 성혼이 송익필에게 보낸 편지의 내용을 보면 알 수 있다. 성혼은 이이가 살아갈 방도가 없고 양식이 이미 고갈되었다,[50] 수재에 집과 식량이 쓸려가 굶주리고 있다,[51] 극심한 업무로 몸이 허해지고 어지럼증이 생기는 증세가 다시 발작하였다,[52] 사람들이 모두 이이를 버려 그가 의지할 곳이 없어질까 걱정스럽다, 이이가 남들에게 휘둘리는 수시재상(隨時

---

50) 「手簡」元17. "叔獻無事生事 資糧已竭."
51) 「手簡」亨10. "叔獻石潭家前亭舍三間 爲狂瀾所卷而去 田禾隨流者 幾五十餘石 秋間立見飢餓 天乎 何困賢者之若是乎 沈歎沈歎."
52) 「手簡」利15. "叔獻近爲公私劇務所困 虛眩復作 呈告不出云."; 「手簡」利8. "叔獻得眩疾 略如靑州時 今雖赴衙 氣亦不淸 非但身疾 朝紳間有危機敗證 恐不可收拾者."

宰相)이 되지 않도록 그를 도와주기 바란다[53]며 끊임없이 이이의 가난과 병과 학문과 처세에 대해 걱정하였다. 성혼은 이이가 학문에 깊지 못할까봐, 세상에 나가 마음을 더럽힐까봐, 또한 건강을 잃을까봐 평생을 걱정하였다.

이이에 대한 그의 애정은 다음과 같은 글에서 가장 극명하게 드러난다.

　　저는 다만 사직하고 오려 하였으므로 이제 장차 돌아가려 하였는데 숙헌의 일이 별안간 일어나니 놀라움을 이루 다 말할 수 있겠습니까. 저는 벌써 상소문을 초하여 숙헌에게 딴마음이 없음을 밝히려 하는데 (…중략…) 지금 걱정스러운 것은 화의 기미를 격발하여 숙헌으로 하여금 거듭 혹독한 화를 받게 할까 하는 점입니다. 사간원의 계사에 '법에 의거하여 죄를 내릴 것을 청한다'는 말이 있었으니 만약 군주를 무시한다는 죄목을 숙헌에게 가한다면 저는 반드시 그와 함께 죽을 것입니다. 다시 무슨 말을 하겠습니까.[54]
　　한 선비가 선생을 뵙고 율곡의 단점을 헐뜯자 선생은 천천히 말씀하기를, "나는 숙헌과 살아서는 허물을 함께 하고 죽어서는 전(傳)함을 함께 할 것이다" 하니 그 사람은 대경실색하고 떠나갔다.[55]

성혼은 만약 이이에게 무슨 일이 생긴다면 자신은 그와 함께 죽을 것이니, 살아서는 허물을 함께 하고 죽어서는 그것이 오명이라 할지라도 전함을 함께 하겠다고 천명하였다. 즉 이이와 생사고락(生死苦樂)을 함께 하겠다는 것으로 도학자답지 않은 감정적 표현이 인상적이다. 이이 역시 앞에서 살펴보았듯이 여러 차례에 걸쳐 성혼을 적극 추천하며 그가 국정에 필요한 인재임을 강조하였다. 물론 성혼은 받아들이지 않았지만

---

53)「手簡」利16. "願兄時惠警責 勿使作隨時宰相 則幸甚."
54)『牛溪集』續集 卷3「與宋雲長」. "渾只爲辭職而來 今將歸矣 而叔獻之事遽出 其爲吐舌 可勝言哉 渾今已草疏 以明叔獻之無他 (…중략…) 今所憂者 只恐激發禍機 使叔獻重受酷烈之患也 諫院啓辭 有據法請罪之說 若以無君之罪加之 則渾必與之同死矣 尚何說哉."
55)『全書』卷30「經筵日記3」. 萬曆7 8月 "有一士人見渾 毀珥之短 渾徐曰 吾與叔獻 生當同罪 死當同傳 其人失色而去."

이 역시 이이가 성혼에게 우정을 표현하는 방식이었다고 보인다.

그런데 앞서 살펴본 것처럼 이이와 성혼과의 사이를 조금만 살펴보면, 성혼이 이이에게 표현하는 관심과 애정이 그 반대의 경우보다 훨씬 크다는 것을 알 수 있다. 성혼은 물가에 내놓은 어린아이 보듯 전전긍긍하며 거의 항상 이이의 언행에 대해 언급하고 있다. 때로는 이이와의 견해차나 그에 대해 느끼는 섭섭하고 화나고 걱정스러운 마음을 드러내기도 하고, 때로는 지극한 애정을 표현하기도 하였다. 이에 반해 이이는 성혼에 대한 개인적인 감정을 좀처럼 표현하지 않고 있으니 그에게 보낸 편지의 주된 내용은 성리학이나 국사를 논한 것이 대부분이며 그 외에는 다만 성혼이 너무 퇴보적이라고만 말했을 뿐이다. 성혼과 달리 송익필에게 보내는 편지에서도 성혼에 대해 거의 언급하지 않고 있는데 어쩌면 언급하지 않은 것이 아니라 성혼의 감정이나 언행에 크게 개의치 않았던 것 같기도 하다. 다정다감한 성격의 성혼에 비해 이이는 성혼의 세심한 마음씀씀이를 읽지 못하는 무심한 친구였는지도 모른다. 이는 그가 평생을 관직에서 바쁘게 지냈던 탓일 수도 있고 다소 건조한 그의 기질이나 성격 탓이었을 수도 있다.

또한 이이와 성혼은 매우 조심스런 사이였던 것으로 보인다. 이들은 서로의 의견을 직접 나누기보다 마치 내외를 하듯 송익필에게 보내는 편지를 통해서 간접적으로 나누고 있으며 편지를 주고받을 때에도 격식을 갖추고 있다. 아마 대조적인 성격의 두 사람이 서로 부딪치지 않으려고 조심했던 듯하니, 이이의 저돌적이고 날카로운 성격이 성혼의 여리고 다감한 마음에 상처를 주지 않을까 피했던 것 같다. 또한 다정다감하고 배려 깊고 조심스러운 성격의 성혼이 국사로 바쁜 이이에게 부담을 주지 않기 위해 가급적 편지를 보내지 않았을 수도 있다. 그 대신 성혼은 상대적으로 한가한 송익필과 편지를 주고받으며 이이의 일을 의논하는 측면 지원의 방법을 택했던 것 같다. 성혼은 자신과 송익필 등을 대표하여 관직에 나간 이이를 평생 그림자같이 보좌하고 보호하는 역할을 자임한 듯하니, 그것이 성혼의 조용한 우정이었다. 때로는 이이와 같은 거물의 친구임을 두려워하는 인간적인 면모를 보이기도 하고,56) 한때 어려웠던 시절에는 그가 이이를 저버렸다는 오해를 받기도 하였지만57) 끝까지 부정하거나 변절하지 않고 조용히 그들의 우정을 지켜나갔다.

도학자들에게도 단점은 있다. 다만 그들의 인간적인 면모가 위인화(偉人化)에 가려 제대로 드러나지 않았을 뿐, 인간관계에 있어 보통 사람들과 크게 다름없는 갈등과 문제를 가지고 있다. 문제는 그들이 이런 문제에 직면했을 때 어떻게 그것을 받아들이고 해결했는가 하는 것인데 편지는 그들의 완곡한 표현 뒤에 숨은 진심을 솔직하게 드러내 보여준다. 동시에 그들이 이러한 문제에 대처해 나가는 군자적인 면모와 우정을 지속하기 위해 기울이는 노력 역시 보여준다. 이것이 수백 년의 세월이 흐른 지금도 우리가 그들의 편지를 읽는 가장 큰 이유가 아니겠는가.

---

56) 성혼은 이이의 서거를 전후로 송익필에게 여러 통의 편지를 보내 이이의 친구라는 이유로 함께 공격당하는 것을 두려워하는 심정을 피력한 바 있다. "지금은 도리어 아주 큰 일이 생겼습니다. 兩司에서 저와 율곡 그리고 朴淳이 沈義謙의 당이라고 탄핵을 하였습니다. 그 말이 너무나도 참혹합니다. (…중략…) 보내주신 편지는 돌려보냅니다. 구하고 계신 것도 이롭지 않습니다. 참으로 안타깝습니다. 친구 간에 항상 '화를 조심하라[畏禍]' 두 글자를 가지고 서로 의심하니 이것은 제가 친구들 간에 신뢰를 받지 못한 까닭입니다. 지금도 말을 해야 할 지 말아야 할 지 구분을 못하겠습니다. 어리석음이 너무 심한 것 아닐까요?[今則反有以大激事變 兩司方彈渾與栗谷, 思庵 爲沈義謙之黨 其言之慘 無所不至矣 渾不得騎馬 未能猝行 擬於明曉起程 雖得不死還家 豈能往會栗谷耶 朋友間 每以畏禍二字相疑 是渾無足取信處 然只今不知可以言可以不言之分 其爲愚蔽 不亦甚乎]"(「手簡」 利11)
   "율곡의 편이 되어 따르는 것은 형께서도 자신에게 올 수치를 돌보지 않는 것입니다. 그리고 필경 말년에는 그처럼 될 것인데 어찌 세상의 비웃음거리가 되지 않을까요? 저는 이 때문에 괴롭고 내 자신을 견디지 못하겠습니다[栗谷攀援 此兄不顧身之危辱 而畢竟晚節如此 豈不爲可世之笑耶 渾以此苦痛 不能自堪也]"(「手簡」 貞11)
57) 「手簡」 貞13의 송익필에게 보내는 편지에 그가 이이를 저버렸다고 안민학이 비난한다며 씁쓸해하는 구절이 보인다. "渠(安敏學-필자)所謂我負栗谷 亦有事段 後日相見時 當一道之 然遽執此 便待以負死者 而自謀脫禍 則豈非待人之薄耶."

서계(西溪) 박세당의 불교관과 불승(佛僧)과의 교유 양상

최윤정*

1. 서론

본고는 조선 후기 소론계 학자이자 문인으로서 주요한 위치를 점하고 있는 서계 박세당(1629, 인조 7~1703, 숙종 29)의 문학세계 중에서 불가적(佛家的) 인물들과의 교유 양상과 관련된 작품을 살펴보고자 시도되었다. 서계는 당대 여러 정쟁에 휘말리고, 사상적으로 논란이 되어 사문난적(斯文亂賊)으로까지 내몰렸던 인물이다. 서계가 생존하였던 때는 양란 이후에 집권 세력에 의해 주자학적 질서가 공고히 다져졌던 시기였기 때문에, 그가 육경(六經)에 대해 재해석을 하고, 노장(老莊)사상서에 대한 주해서를 저술한 것이나, 당대 유자들의 새로운 전범으로 표상되던 김

---

* 용인송담대 강사.

시습의 영당을 마련할 때 승려들의 도움을 받은 것 등과 같은 일련의 행동들이 비판의 대상이 되었다.

이렇게 당대 사상적 쟁점이 되었던 서계의 저술이나 행적은 그의 문학 세계와도 긴밀하게 관련되어 나타난다. 본고에서는 다소 개방적이고 유연한 사상적 특성을 지닌 서계가 산출한 문학 작품 중에 불가적 인물과 관련된 작품이 적지 않은 비중을 차지하는 것에 주목하고 연구를 진행하려고 한다. 그리하여 서계의 삶과 문학 속에서 이루어진 승려들과의 교유 양상과 그 특징 및 의미를 고찰하고자 한다.[1] 이러한 연구는 조선 후기 사대부와 승려가 교유하며 맺은 관계의 실상을 파악하고, 이들이 교유하며 산출한 문학적 성과의 의의를 밝히는데 기여하리라 예상된다.[2]

서계의 일생동안 승려와의 교유는 지속적으로 이루어졌고, 이와 관련된 시작품만도 전체 교유시 281제 410수 중에서 44제 55수로 적지 않은 비중을 차지하고 있다. 이 가운데 묘찰, 풍열, 해안 등과 같은 승려들과는 오랫동안 교분을 유지하며 개인적인 심회를 털어 놓거나 선적(禪的) 탈속의 경지를 공유하기도 하였다. 서계의 시문(詩文)에는 불교에 대한 나름의 평가가 나타나고, 여러 승려들과의 문학적 교유를 통해 속(俗)·선(禪)의 교감과 초탈적 이미지를 구현해내고 있다. 본고에서는 서계의 작품을 통해 불교에 대한 평가와 태도를 살펴보고, 불승들과의 관계를 통해 성취한 문학적 성과를 살펴보고자 한다.

---

1) 연구 대상은 『西溪集』(한국문집총간 134; 최근 권5~권10까지 번역된 『國譯 西溪集』 2(공근식·최병준 역, 민족문화추진회, 2006)이 출간되어 해당 부분을 참조하였음)에서 佛家 인물들과 관련된 詩文을 총괄하여 논의를 진행할 것이다.

2) 조선시대 사대부와 승려의 교유와 관련된 대표적인 문학 작품 연구는 다음과 같이 진행되었다. 김상일, 「조선 중기 사대부의 승려와의 교유시 연구」, 『한국어문학연구』 39, 한국어문학회, 2002; 김상일, 「동악 이안눌의 佛僧과의 교유시」, 『불교문학 연구의 모색과 전망』(동국대 한국문학연구소 편), 역락, 2005; 김상일, 「조선 중기 도학자의 대 승려 시 연구−박순과 이이의 시를 중심으로」, 『불교학보』 43, 동국대 불교문화연구소, 2005; 김상일, 「조선 전기 훈구사대부의 유불교유론과 승려와의 교유시」, 『우리어문연구』 25, 우리어문학회, 2005; 유호선, 「17C 후반~18C 전반 경화사족의 불교수용과 그 시적 형상화−김창흡, 최창대, 이덕수, 이하곤, 조귀명을 중심으로」, 고려대 박사논문, 2002.

2. 서계의 불교관과 이단에 대한 태도

서계는 주자의 학설에 얽매이지 않으면서 육경에 대해 재해석을 하였고, 노장사상에 대해서도 의미를 부여하며 다소 개방적이고 유연한 태도를 견지한 것에 비해 불교사상에 대해서는 강경하게 배척하는 입장을 취하였다. 이러한 태도는 한유와 구양수가 불교를 배척한 것에 대해 논한 글에서 잘 나타난다.

> 세상 사람들은 한유와 구양수가 불교를 배척하였으나 거친 점만 논하고 깊은 뜻을 다하지 못하였다고 문제삼으며, "그들의 식견이 지극지 못하여 이를 변론하기에 부족하였다"라고 하는데, 나는 그렇게 생각하지 않는다.
> (…중략…)
> 이단이 천하에 있음은 또한 저 악취와 같은 경우인데 그중에 불교가 특히 심하다. 불교를 좋아하는 자는 또한 악취를 좋아하여 좇는 자와 같은 부류이니, 더불어 끝까지 논쟁할 가치조차 없는 것이 분명하다. 맹자께서 양주·묵적을 배척하시되, 또한 "아비를 무시하고 임금을 무시하는 것이다"라고만 하셨지, 진실로 끝까지 논하여 정밀한 의리를 다툰 적이 없었다. 그런데도 그 공명정대함은 절로 저들을 복종시킬 수 있었으니, 또 어찌 깊이 따질 것이 있겠는가. 나는 이 때문에 "깊이 따지는 것은 곧 천근하여 미혹을 없애지 못하는 것이다"라고 하는 것이다.[3]

이 글에서 서계는 불교를 이단으로 규명함에 있어 구구하게 그 교리의 타당성을 논하지 않고, 맹자의 간단명료한 논리를 원용하여 자신의

---

3) 『西溪集』 권7 「論韓歐排浮屠」, 134면(이하 권수만 표기). "世病韓歐力排佛氏 然只論其粗而未盡其深 謂其識之未至而不足以辨之 余獨以爲不然 (…중략…) 異端之在天下 其亦猶夫臭也 而佛其甚者也 其好之者 亦逐臭之類也 不足與爲究論也明矣 孟子闢楊墨 亦不過曰無父曰無君 固未嘗爲甚究之論以爭 夫精微毫忽 而其正大自足以服彼 則又何事於深也 吾故曰深之者 乃所以爲淺而未能去 夫惑者也."

견해를 밝히고 있다. 맹자는 양주의 위아(爲我)주의는 유교의 기본 규범인 군신의 의를 부정하는 무군(無君)의 논리이며, 묵적의 겸애는 그 사랑의 무차별성으로 인해 부모를 도외시하는 무부(無父)의 논리라고 단정하며, 그들의 이론은 사람들로 하여금 인륜을 저버리게 하고 금수의 세계로 이끄는 이단사설이라고 비판하였다.[4]

서계는 불교사상이나 교리에 대해 깊이 따지는 것은 오히려 미혹됨을 없애지 못하고 더욱 혼란을 가중시킬 뿐이라고 판단하고, 유가적인 입장에서 불교 교리의 큰 허점이라 할 수 있는 '무부무군(無父無君)'이라는 맥락을 통해 여타의 논란을 일축해버리고 있다. 이러한 견해는 조선 전기 이래 유자(儒者)들이 '벽이단'으로써 표방한 불교관과 크게 다르지 않다고 할 수 있다.

이렇게 불교를 배척하는 태도는 「축교(竺敎)」에서 "불교가 처음 전해졌을 때엔 공교로움이 없었고, 오직 지옥과 천당만을 말하였네 / 대도를 훔쳐다가 선적이라 이름붙여, 영웅을 모두 그르쳐 묘망에 빠뜨렸구나"[5]라고 한 데에 나타난다. 이 작품에서는 불교의 교리나 사상이 정교해질수록 오히려 그 폐해가 심해짐을 비판하고 있다. 석가(釋家)는 적멸(寂滅)을 종지(宗旨)로 삼아서 사려적정(思慮寂靜)을 '선적(禪寂)'이라고 하였는데, 불교에서 표방하는 '선적'이 결과적으로 많은 이들을 혼란스럽게 하는 요인이 되었음을 직접적으로 언급하고 있다. 이렇게 유자의 입장에서 불교를 평가하는 입장은 다음 몇몇 작품을 통해 찾아볼 수 있다.

從渠萬劫繞須彌　만 겁 동안 수미산에 둘러싸여
秪成枯槁猿鶴姿　고고한 원학의 자태만 이루었네
若道空無是妙道　만약 공무만이 묘한 도라고 말한다면

---

4) 송갑준, 「異端─우리 도를 어지럽히는 자들」, 『조선 유학의 개념들』, 한국사상사연구회, 예문서원, 2002, 437면.

5) 권4 「石泉錄 下」, 65면. "竺敎初來無許巧 唯談地獄與天堂 穿窬大道名禪寂 盡誤英雄墮渺茫."

生香嗅取一庭梨　한 정원에서 배나무 향내만을 취하는 격이라네.
　　　—「山人萬英入妙香 學道藥泉 有詩 其師守源持示 走筆次其韻」[6]

이 작품은 제목에서 밝힌 바와 같이 산인 만영이 묘향산에 들어가 약천에게 도를 배우며 지은 시가 있었는데, 그 스승인 수원이 가져와 보여줌으로 그 시에 차운한 것이다. 1~2구에서는 개인 수양에 힘쓰는 승려의 모습을 형상화하였다. 수미산은 고대 인도의 우주관에서 세계의 중심에 있다는 상상의 산으로 불교에 도입되어 오랫동안 불설(佛說)로서 신봉되어 온 공간이고, 원학(猿鶴)은 은일지사를 뜻한다.

3~4구에서는 불교에서 표방하고 있는 사상에 대해서 서계의 개인적인 견해를 비유적으로 표현하고 있다. '공무(空無)'사상은 불교 이념의 핵심이라고도 할 수 있는데, 이것만이 절대적인 '묘도(妙道)'라고 주장하는 것은 마치 여러 나무들과 꽃과 풀이 어우러진 한 정원에서 배나무 향내만을 맡는 것과 다름이 없다고 하였다. 여기에서 서계는 불도(佛道)만이 옳다고 주장하는 것은 자칫 독선에 빠질 수 있음을 경계하였는데, 이는 우회적으로 유도(儒道)의 존재와 가치에 대한 복선을 깔고 있다고 할 수 있다.

서계는 유가에서 표방하는 '상도(常道)'의 의미를 중시하고, 이것을 기준으로 불가의 가치를 판단하는 양상을 보이는데, 승려 천륜(天倫)을 대상으로 쓴 작품에서 이러한 면모가 드러난다. 이 시의 전반부에서는 제자인 천륜의 가세가 기울어 그의 어머니가 빚에 시달리게 되자, 스승인 해안이 그 어머니를 모셔오도록 한 정황을 보여준다. 스승인 해안이 제자의 어머니에 대해 취한 태도는 비록 속세를 버리고 출가한 승려라 할지라도 고통을 겪게 된 어머니를 외면할 수는 없다는 것을 깨우쳐준다.

이러한 상황을 지켜본 서계는 다음과 같이 자신의 견해를 술회하였다. "누가 말했는가? 적공의 체에, 일상적인 도가 있을 수 없다고 / 부처

_____
6) 권4 「石泉錄 下」, 70면.

도 다같은 인성인데, 부모의 은혜를 어찌 몸의 때라고 여기겠는가? / 이 이치는 속이기 어려우니, 여래에게 시험삼아 가서 물어보리라."7) 즉, 서계는 '불도(佛道)'에서의 '상도(常道)'의 의미에 대해 되묻고 있다고 할 수 있다. 부처도 결국은 인간이었는데 '효'의 의미를 부정할 수 있겠느냐는 것이 논의의 핵심이다. 설사 불교적 이념을 지향한다 하더라도 인간 관계의 기본을 이루는 부모-자식 간의 도리에서 어느 누구도 완전히 자유로울 수 없을 것이라고 인식하고 있다. 이념적으로는 유·불의 지향점에 차이가 있는 것 같지만, 인간의 내면적인 속성까지 다를 수는 없다고 평가하였다.

한편, 다음 작품에서는 태조가 대장경을 석왕사로 옮긴 것과 잠룡 때에 일을 승려가 기록하여 전한 것에 대한 의견을 피력하고 있다.

當日藏經意　그때의 장경의 뜻이
非緣竺敎尊　불교를 높인 때문은 아니었네
應存一切法　응당 일체법을 보존하여
聊絶禍源根　재앙의 근원을 끊기 위함이었네.

聖祖潛龍跡　성조의 잠룡 때의 자취
流傳妄說多　전해 내려옴에 헛된 말이 많구나
空餘雪峯窟　설봉굴만 쓸쓸히 남아 있는데
誰見黑頭陀　누가 젊은 승려를 보았다 하는가.
　　　　　　　　　—「寺有太祖藏經記及緇徒所傳錄潛龍時事」8)

석왕사는 함경남도 안변군 석왕사면 설봉산에 있는 사찰로, 휴정(休靜)의 「설봉산석왕사기(雪峯山釋王寺記)」에 따르면 고려 말 자초(自超: 無學大師)가 이 절 근처의 토굴에서 지내다가 태조 이성계의 꿈을 해석해

---

7) 권4 「石泉錄 下」「天倫索題卷首」, 74면. "誰云寂空體 常道不可有 佛猶同人性 恩豈爲身垢 此理定難詆 如來試往叩."
8) 권3 「石泉錄 中」, 53면.

준 것을 인연으로, 이성계가 크게 절을 창건하도록 하였다[9]고 기록하고 있다. 이 절은 태조 이성계와 깊은 인연이 있었던 곳으로 조선시대 왕실로부터 상당한 보호를 받았다고 한다.

무학대사와 태조 이성계와의 관련 이야기는 야사와 정사에 혼재되어 나타나고 있는데,[10] 이 시에서 서계는 불교계에서 통용되던 설화에 대해 현실적이고 유가적인 기준으로 논평하고 있다. 1수에서는 태조가 불가와 관련된 일련의 행동을 한 것은 불교를 높이기 위해서가 아니라 재앙의 근원을 제거하기 위함이었다고 옹호하고 있다. 그리고 2수에서는 태조의 즉위 이전에 무학대사의 인연 등과 관련된 이러한 이야기들이 진실이 아니라고 평가한다. 이러한 견해는 태조의 개인적인 불교관이나 행위들을 고려한 것이라기보다는 서계가 유자의 입장에서 떠도는 낭설에 대한 주관적인 논의를 한 것으로 파악된다.

태조는 공식적으로는 숭유억불책을 표방했으면서도 개인적으로는 끊임없이 반대를 무릅쓰고 불교행사를 벌이려 노력하였다. 무엇보다 태조의 불교관을 알 수 있는 가장 주목되는 행동은 무학(無學)을 왕사로 추대한 일이었다. 태조는 임금이 국사, 왕사를 추대하는 고려의 관례를 그대로 고수하여 이 시책만은 꺾지 않았다고 한다. 석왕사와 관련된 일화는 조작일 테지만 이를 통해 대중의 정서를 만들어내는 데 한 역할을 하였을 것이고 그 대중 조작이 무학의 이름을 빌어 이루어졌다는 데 의미가 있다[11]고 평가된다.

이와 같이 서계는 불교사상이나 교리 자체에 대해서 부정적인 입장을 표명하고 유자(儒者)의 입장에서 평가하고 있지만, 이러한 이단 세력에 대해 실제적으로 어떠한 태도를 취해야 할 지에 대해서는 포용적인

9) 『한글대장경』 151 「청허당집」.
10) 두 인물에 관한 이야기는 『오산설림』·『연려실기술』과 같은 야사와 『고려사』·『태조실록』·『정종실록』·『태종실록』에 산견되는데, 구체적인 논의는 황인규, 『고려 후기, 조선 초 불교사 연구』, 2003에서 진행된 바 있다.
11) 이이화, 『역사 속의 한국불교』, 역사비평사, 2002, 255~258면.

자세를 견지한다. 이러한 태도는 당시 서인계 인사들에 의해 정신적 표상으로 추숭되던 김시습[12]의 영당을 마련하는 것과 관련된 문제에 대해 논한 다음 글에서 잘 드러난다.

> 가령 오늘날의 듣는 자들이 분연히 사람들에게 고하기를, "이 어른의 종적을 산에서 끝내 없어지게 해서는 안되는 지가 이미 오래이다. 우리들이 아무도 하지 않는 것을 승려들이 하는 것은 우리들의 수치이다"라고 하고, 재물을 모으고 힘을 합하여 그 일을 먼저 한다면 또 누가 불가하다고 하겠습니까. 만약 그렇게 하지 못하고 단지 승려들만 배척하고 말뿐이라면 이는 남이 선을 하지 못하도록 막는 것이요 이단을 물리치는 것이 아닐 것입니다. (…중략…) 어찌 일찍이 오늘날 사람들처럼 야박하고 편협하여 이단을 보기를 원수처럼 한 적이 있단 말입니까."[13]

이 글에서 서계는 당시 사대부들이 정작 자신들이 해야 할 일을 하지 않으면서도, 서계가 승려들의 도움을 받아 김시습의 영당을 마련한 것에 대해 비난을 하는 현실을 개탄하고 있다. 그리고 서계는 선(善)을 수행한다는 의미에서 승려들과 함께 일을 추진한 것은 큰 문제가 되지 않는다고 반론을 제기한다. 수행하려는 일의 근본적인 목적이나 취지는 생각하지 않고, 표면적으로 불교와 관련된 이단 논쟁을 벌이는 것은 소모적이고 편협하다는 주장이다. 이 같은 발언은 비단 이 문제만에 국한된 것이 아니라, 자기 당파의 이념이나 견해와 상이한 부류에 대해서무조건적으로 배타시했던 당대의 전반적인 상황과도 연계될 수 있는 문제이기도 할 것이다.

---

12) 이승수, 「17세기 후반 사대부의 김시습 수용 양상과 그 의미」, 『한국한문학연구』 28, 한국한문학회, 2001, 193면.

13) 권7 「答申監司翼相書」, 127면. "使今之聞者 奮然相告於衆曰 此老之跡 不可使終泯於此山也久矣 吾輩莫有爲者 而緇流爲之 是吾輩之恥也 鳩財合力 以先其事 又誰曰不可 若其未也 而只斥緇流而已 則是閉人爲善之門 非闢異端之謂也 (…중략…) 何嘗如今人迫隘褊狹視 若怨敵之爲也."

하지만, 이 문제와 관련하여 같은 소론계 문인이었던 윤증과 남구만
도 이견을 드러내고 있어 당대 사대부들의 불교 세력에 대한 평가의 일
단을 살펴볼 수 있다. 다음 글은 갑자년(1684년, 숙종 10년) 4월 27일에 명
재 윤증이 서계 아들 박태보에게 보낸 편지의 일부이다.

　　동봉 영당에 대해서 내가 의심스러운 것은 유자가 주도하면 명분은 정당하
　나 일이 어렵고, 승려가 주도하면 승려들이 어찌 알겠느냐는 것이네. 그 마음
　은 단지 허탄한 말을 보탤 뿐이니 어찌 절의의 풍교에 도움이 되겠는가? 이런
　경우를 두고 이익이 없고 손해만 있다고 말한 것이네. 그러나 어찌 꼭 옳다고
　만 할 수 없는 내 견해를 가지고 반드시 다른 사람들이 해놓은 일을 중지시킬
　수 있겠는가? 생각건대 이미 절반 가까이 일이 이루어졌을 테니 조만간 한번
　들러보면 한가로운 중에 감상거리가 더해질 것으로 여겨지네.14)

　이 글에서 윤증은 동봉 영당을 마련하는 데 있어서 유가적 명분과 실
질적으로 일을 도모하는 데 봉착한 문제를 인식하고 있다. 승려들이 실
제적인 도움을 줄 수는 있겠지만 그들의 행위는 절의의 풍교에 도움이
되지 않는다고 판단한다. 하지만, 자신의 의견을 강력하게 피력하지는
않고 이미 이루어진 일에 대해서는 나름대로 인정하고자 하는 비교적
온건한 태도를 취한다. 하지만, 편지글의 말미에서 그는 절친한 서계가
이 일을 빌미로 반대파에게 낭패를 당하지 않을까 걱정하는 마음을 솔
직하게 드러내고 있다.15)

　한편, 약천 남구만은 김시습을 서원에 봉안하는 것 자체를 근본적으
로 반대하고 있어 서계와는 대조적인 면모를 보인다. 약천은 「여서계(與

---

14) 『明齋先生遺稿』권20 「與朴泰輔士元」, 甲子 四月二十七日, 447면. "東峯影堂 鄙
　意所疑者 以爲以儒主之則名正而事難 以僧主之則僧輩何知 其心只駕其虛誕之說而
　已 有何所補於節義風敎耶 此所以謂之無益而有損也 然何可以不必眞是之吾見 必
　欲止人之成事耶 想已成就得過半 早晚一叩 閒居當添一勝賞耳."

15) 위의 글. "此中所遭唇舌 想已聞之 人皆以不早有言於長者 而私論背議爲罪 君所
　慮前日長幅之不時出者 亦明見也 愧服精義之功最難 已往無可言 而不知前頭 又致
　何等狼狽也 此爲懍惕耳."

西溪)」라는 글에서 김시습의 행적이 유가의 전범으로 삼을 만한 것이 아니라고 평가하고, 그를 사당의 제도로 대우하는 것은 가능하지만, 서원의 제도로 대하는 것은 적합하지 않다고 자신의 견해를 피력하고 있다. 그리고 자신이 지난날 삼교(三敎)에 통달했다고 평가되는 북창 정렴(1505, 연산군 11~1549, 명종 4)의 사액 제문을 저술하기를 여러 유생들에게 종용받았어도 끝내 이에 응하지 않았던 선례16)를 들어서 김시습의 서원 제향이 합당치 않은 근거로 제시한다.

그리하여 그는 "지금 동봉과 북창을 견주어 논한다면 인품의 고하가 비록 어떠한지는 모르겠으나, 그 서원에 합당하지 않음은 동봉이 더욱 심할 것이네. 내가 이미 북창의 제문을 짓지 않음은 비록 어른의 말이라도 또한 감히 따르지 않은 것이네. 지금 동봉의 일도 또한 감히 내 의견을 진실로 굴하지 않을 것이지만, 삼가 바라건대 나의 고루함을 용서하고 심하게 질책하지 않는 것이 어떻겠는가"17)라고 하며 자신의 의견을 끝내 굽히지 않는다. 이 같은 태도는 철저하게 원칙론적인 유자의 모습을 보여준다고 할 수 있다. 약천과 서계는 처남·매부 사이로 매우 친밀한 관계를 유지하며 일생 동안 학문적·문학적 유대를 지속하였던 관계이기는 했지만, 이렇게 김시습을 서원에 봉안하는 것에 대한 태도는 일치하지 않은 면이 있었다.

---

16) 『藥泉集』 권30 「與西溪」, 庚辰 十二月, 505면. "昔在庚子辛丑年間 鄭北牕有書院賜額祭文 自藝文館分差於弟 而私心以爲北牕稱以通釋三敎 於儒門未知其工夫淺深如何 而旣稱通三敎則旣駁雜 且云能他心通 在山中能知山外事 入中國能與安南琉球使臣皆相通語云 其術奇怪 似不當爲書院 故弟辭而不作祭文 同春堂時在京中 以諸生之請 力勸使之製進 弟終不得承命 因此改差 他人製進矣."

17) 위의 글. "今以東峯與北牕比而論之 則人之高下 雖未知其如何 而其不合於書院則東峯尤有甚焉 弟旣不爲製進北牕之祭文 雖有長者之言 而亦不敢從之 今於東峯 亦不敢苟屈鄙見 伏望恕其固陋勿加苛責 如何如何."

3. 서계 문학에 나타난 불승과의 교유 양상

1) 김시습 추숭(追崇)과 불승과의 공조(共助)

주지한 바와 같이 조선 후기에 와서 서인계 인사들에 의해 김시습은 백이·숙제에 비견되는 정신적인 표상으로 추숭되었다.[18] 기존 연구에서는 김시습에 대한 포양 사업이 완전하게 유가로 이첩된 것은 1658년의 일이라고 평가하였다. 이는 홍산에 부임한 권혼이 충신에 대한 승려들의 제향이 마땅치 않다고 하여 아예 사당을 향교 옆에 옮겨 세우고 향현사(鄕賢祠)와 같은 예로 제향한 사실과, 윤상거(尹商擧)가 상자 속에 진상을 모셔둔 뒤 대신 위패를 만들어 김시습을 추모하는 예를 유교적 체제로 바꾼 것을 근거로 한 것이다.[19]

그러나 서계의 「석림암기」와 「답신감사익상서」 등의 글을 통해 보면 그 후에도 여전히 김시습 포양 사업에는 승려들의 적극적이고 실제적인 도움이 있었다는 것을 알 수 있다. 서계가 김시습 영당을 마련하면서 승려들의 도움을 받은 것에 대해 비판을 받았다는 사실은 그만큼 승려들의 역할이 컸음을 반증하는 것일 수도 있다. 그러므로 서계가 석림암을 조성하고, 김시습 영당을 마련하면서 승려들과 맺었던 관계에 대해서 보다 면밀하게 살펴볼 필요가 있다.

이들은 김시습이라는 소위 '심유적불(心儒迹佛)'[20]적인 인물에 대해

---

18) 유자들의 김시습 포양 사업은 호란이 끝난 지 얼마 뒤인 1650년대 후반부터 이루어지기 시작하여 1700년 전후에 정점에 달한다. 단종과 사육신에 대한 추모 사업도 같은 흐름 속에 놓여 있다. 김시습 포양 사업은 송시열, 김수증, 윤증, 박세당 등과 같은 서인계 인물들에 의해 주도되었으며, 불의의 정권과 부조리한 세상에 강렬하게 저항하는 지식인의 표상으로 김시습이 재발견되었다. 이승수, 앞의 글, 188~211면.

19) 위의 글, 189~190면.

20) 李珥, 『栗谷全書』 권14 「金時習傳」, 雜著 1.

인격적으로 흠모하는 공감대를 갖고 있었다고 파악된다. 그리고 이러한 인식을 바탕으로 김시습을 추숭하는 여러 실제적인 역할을 담당하였던 것이다. 『서계집』 연보 병인년(1686년, 숙종 12, 선생 58세)조에 동봉사우를 세운 내력이 아래와 같이 간략하게 소개되어 있다.

> 동봉사우를 세워 영정을 봉안하고 석채례를 행하였다. 매월당 김공이 살았던 옛 터가 수락산의 동봉에 있었다. (서계) 선생이 동봉의 서쪽 석림사 옆에 사우를 세우고자 한 지가 오래였으나, 다만 힘이 될 수가 없었다. 모연문 한 통을 지어 석림사에 있는 승려에게 부쳐 재화와 양식을 얻어서 공사를 시작했는데 이에 이르러 공사가 끝났음을 알렸다. 인하여 홍산 무량사에 있던 김공의 자화상을 옮겨 이 곳에 봉안하려 하였다. 선생이 뜻을 같이 하는 선비 수십인과 석채례를 행하였다. 후에 경신년(1700년 : 숙종 26, 선생 72세)에 양주 선비가 진정을 내어 청한 것으로 인하여 조정으로부터 사액을 받아 '청절사'라고 하였다.[21]

이와 관련하여 수락산에 석림암을 조성하게 된 경위가 「석림암기」[22]에는 보다 구체적으로 나타난다. 이 글의 전반부에서는 예전에 수락산에 있었던 절을 소개하고, 현재의 상황을 서술하고 있다. 특히, 김시습이 이 산을 매우 좋아하여 '동봉'으로 자호한 유래를 설명해주고 있다. 그리고 서계 자신이 수락산 석천에 거처를 정하면서 이 곳에 어울리는 사찰이 없음을 안타깝게 여기고, 승려들에게 이를 알려 석림암을 짓게 된 경위를 밝히고 있다. 승려 석현과 그의 문도인 치흠이 일을 주도하여 진행하였고, 서계도 자신의 녹봉을 비용으로 보태어 암자가 완성된

---

21) 권22, 444~445면. "立東峯祠宇 奉安影幀 行釋菜禮 梅月堂金公所居舊址 在於水落山之東峯 先生久欲營建祠宇於東峯之西石林寺之傍 顧無以爲力 爲著慕緣文一通 書付石林寺居僧 丐得財糧 以起工役 至是工告訖 因謨移金公所自畵像之在鴻山無量寺者 奉安于此 先生與同志之士數十人 行釋菜禮 後庚辰歲 因楊州士子陳疏建請 自朝家賜額曰淸節祠."

22) 권8, 146~147면.

후에 이름까지 짓게 되었다.

세상 사람들이 가치를 알아보지 못한 수락산을 김시습이 좋아하였고, 그가 죽은 후에 그의 뜻을 계승할 방편으로 석림암이 조성되었음을 알려주고 있다. 많은 사람들이 간과한 김시습의 뜻을 석현과 치흠이 알 것이기에 안타까워할 이유도 없다고 하였다. 후반부에서는 자신과 석현, 치흠과의 관계를 혜원법사와 도연명이 교유했던 '호계삼소(虎溪三笑)'의 고사를 들어 비견하고 있다. 이는 진(晉)나라 혜원법사가 도연명과 육수정(陸修靜) 두 사람을 전송할 때에 이야기에 팔려 자기도 모르는 사이에 호계를 건너가 범 우는 소리를 듣고 비로소 정신을 차리고 세 사람이 서로 대소하였다는 고사로 사대부와 승려의 절친한 관계를 비유할 때 많이 인용되는 일화이다.

이미 주지한 바와 같이 서계가 유가적인 임무를 승려들과 함께 한 것에 대한 당대 사대부들의 비판이 거세었는데도 불구하고, 그는 더 큰 목적 달성을 위해서 이러한 비난을 감내하였던 것으로 보인다. 그리고 승려들과의 관계에 있어서도 이단 세력으로 적대시하지 않고, 그들의 인격적인 면모를 인정하고 함께 공조하는 태도를 견지하였다. 그는 기본적으로 훌륭한 인물을 추숭하는 것 자체가 중요한 것이지, 누가 그 일을 담당하느냐 하는 것은 그리 문제삼지 않았음을 알 수 있다.

사실상 석림암을 조성하는 데 직접적인 주체는 서계였지만, 그 공을 석현과 치흠에게 돌리고 있고 이들과의 관계가 매우 긴밀하였음을 보여주고 있다.[23] 그리고 표면적으로는 수락산에 어울리는 암자를 조성하

---

23) 이승수의 앞의 글에서는 서계가 이토록 김시습 영당을 마련하고 이를 서원으로까지 격상시키려 한 이유가 당시 서인계 인사들이 인격적 전범으로 추숭하던 김시습을 상징적으로 내세워 자신의 학문적 중심지를 구축하기 위해서였다고 하였다. 하지만, 직접적인 근거가 없는 상태에서 이러한 단정을 하기에는 다소 무리가 있어 보인다. 본고에서는 서계가 김시습을 추숭한 것이 개인적으로 어떤 목적이 있었는가를 파악하는 것에 주안을 두기보다는 서계와 승려들과의 共助 관계를 통해 그의 이념적 입장과 이단 세력에 대한 실질적인 포용성, 그리고 이를 통해 구현된 문학적인 성과를 포착하고자 한다.

는 것이 목적인 것처럼 표현하였지만, 김시습을 인격적으로 흠모하고 이를 많은 사람들이 알아주기를 간절히 원했던 것으로 파악된다. 다음 「매월당영당권연문(梅月堂影堂勸緣文)」에 이러한 취지가 잘 나타나 있다.

대저 정절 선생[도연명]은 일세의 고사요, 혜원은 방외의 일인(逸人)이다. 그러나 서로 형해를 벗어난 교유를 했으니, 그 경모한 뜻이 승려와 속인이라고 해서 혹시라도 틈이 있지 않았다. 하물며 빈도는 후에 선생보다 수백 년 늦게 태어났지만, 의복도 다르지 않고 성정 또한 같다. 비록 선생의 취향은 논할 만한 점이 있겠지만 선생이 지킨 떳떳한 도리는 것은 끝내 없어지지 않을 것이다. 따라서 선생을 보면 그 풍모에 망연자실할 사람이 어찌 없겠는가? 이 때문에 앙모하여 마지 않은 나머지 이 일에 힘을 다할 바를 생각한 것이다. 방외를 유람하다가 이 산에 이르는 자로 하여금 유불(儒佛)을 가리지 않고 모두 배회하고 우러러보면서 만분의 일이나마 선생의 기상을 얻어서 나약한 사람은 이를 통해 뜻을 세우고, 완악한 사람은 이를 통해 청렴해질 수 있도록 하는 바이다.[24]

이 글에서도 도연명과 혜원의 교유를 소개하면서 승려와 속인의 틈이 없는 교제가 가능함을 재삼 강조하고 있다. 그리고 김시습과 서계 자신도 시공의 차이가 있을지언정 기본적인 성정은 동일함을 확인한다. 김시습의 여러 행적에 대한 평가는 개인마다 이론(異論)이 있을 수 있겠지만, 선생이 지켜낸 '상경(常經)'은 유불(儒佛)을 가리지 않고 흠모하고 계승할 만한 가치가 있다고 평가한다. 서계는 이러한 인식을 기저에 두고 있었기에 승려들과 합세하여 김시습 추숭 사업을 추진할 수 있었고, 이에 대해 확고하게 의미 부여를 할 수 있었던 것으로 보인다.

---

24) 권8 「梅月堂影堂勸緣文」, 156~157면. "夫靖節 一世之高士 惠遠 方外之逸人 而尙能相與於形骸之外 其傾慕之意 不以緇素而或間 而況貧道 後夫子數百年而生 服不異而性亦同 雖其所存之趣 或有可論 若夫天地常經 知不可以終廢矣 觀於夫子 寧獨無爽然以自失者 所以向仰之不已而思有所致力 俾遊覽方外 得至此山者 無分儒釋 皆有以徘徊瞻望 得其氣像於萬分之一 而懦者以之立 頑者以之廉."

서계가 김시습을 흠모한 것은 그의 삶에 공감하였을 뿐 아니라, 사상적 고투에서도 깊은 감명을 받았기 때문이라는 평가[25]가 설득력이 있다. 비록 서계가 불교사상 자체에는 공감하지 않았지만, 이단 세력에 대해 우호적인 입장을 표명한 태도나, 유교 경전에 대한 탈주자적 해석이나 노장사상을 수용한 자세 등을 고려해볼 때, 사상의 회통성을 지녔던 김시습과 유사한 면이 있다.

한편, 「증법징(贈法澄)」이라는 시작품에서도 "법징 승려 절을 옮겨 가 까운 이웃 되었으니, 오고 감은 비록 드물지만 뜻은 더욱 가까워졌네 / 동봉이 오래도록 적막하여 안타까웠었는데, 매화 심고 달을 보게 한 사람은 누구인가"[26]라고 하며 동봉과 관련된 승려에 대한 연대감을 드러내고 있다. 그리고 시의 말미에 부가된 주석을 통해서 동봉 사당을 지은 때에 마침 법징이 와서 서계에게 더욱 의미있게 다가왔음을 짐작해볼 수 있다.

2) 문학적 교유를 통한 속(俗)·선(禪)의 교감(交感)

서계는 일생동안 꾸준히 승려들과 일상적·문학적인 교유를 하였는데, 이와 관련된 작품은 주로 말년에 쓰여진 것이 많다. 작품 내용을 살펴보면, 당대 사대부와 승려와의 문학적 교유는 단순히 작품을 주고받는 차원에만 머물지 않았다. 유도(儒道)에 대해 서로 담론하거나[27], 귀양이나 질병 등으로 어려운 상황에 처해 있는 상대방을 위문하기도 하

---

25) 심경호, 『김시습 평전』, 돌베개, 2003, 585면.
26) 권4 「補遺錄」, 81면. "澄師移錫近相隣 還往雖稀意更親 可惜東峯久寂寞 種梅看月是何人."
27) 서계의 아들 박태보와 승려인 의현이 유가의 도를 담론한 예가 「顗絢問道有朝聞夕死 與一貫之異其說云云 泰輔以詩答之 感而作此」(권3 「後北征錄」, 53면), 「書示絢上人」(『定齋集』 권2, 42면) 두 작품에 보인다.

고,28) 수양에 힘쓰지 않는 승려들의 행태를 비판하고, 이념을 초월하여 승려들의 인간적인 모습을 드러내기도 하는 등 다양한 주제로 표출된다.

사대부의 승려와의 접촉과 교유는 많은 경우 승려들의 구시(求詩)에서 이루어졌다. 특히 고관이나 문장으로 이름이 있는 사대부를 찾아가서 가지고 간 시축이나 시권을 보이며 지어주기를 청했는데, 이 같은 구시 행위가 조선 중기에는 하나의 풍속을 이루었다. 여러 기록을 통해 볼 때, 양반 사대부사회에서 승려들의 시축에 시를 지어주는 것이 일반적인 풍토였음을 알 수 있다.29) 이러한 상황은 승려 원택이 그의 스승인 각천의 시권을 가지고 와서 서계에게 글을 청한 것과 관련된 작품에서 잘 드러난다. 승려 원택이 서계에게 가지고 온 시축에는 원택의 스승인 각천이 교유했던 문사들의 작품이 실려 있었다. 그중에 한음(이덕형)·서경(유근)·소암(임숙영)·현옹(신흠)·월사(이정구)·동악(이안눌)·계곡(장유)과 같은 이들은 모두 세상의 명공들이었다. 서계는 승려 각천을 알지는 못하지만, 시권에 기록된 교유시를 통해 그의 사람됨을 짐작하였다.

그러나 서계는 지금 자신에게 글을 부탁하러 온 원택이 어떤 사람인지 알지 못하고, 마침 병까지 들어서 원택의 청탁을 들어주지 못한다고 하였다. 그리고 원택이 지금 어떠한 사람인 줄 알 수 없으나, 그가 어떤 인물들과 교유했는지 나중에 그의 교유시를 통해 알 수 있을 것이라 예상하였다.30) 서계가 시를 지어주지 않은 이유가 문면에 드러난 것처럼

---

28) 벽허상인이 귀양살이를 하고 있는 약천 남구만을 방문한 정황이 「碧虛上人 問藥泉 老相于謫居 藥泉贈之以詩 虛携歸見示 索和作此」(권4 「石泉錄 下」, 77면)라는 작품 에 나타난다.

29) 김상일, 「조선 중기 사대부의 승려와의 교유시 연구」, 『한국어문학연구』 39, 한국어 문학회, 2002, 220~221면.

30) 권8 「題圓澤所持詩卷」, 149면. "僧圓澤來石泉見我 持其老師覺天所得諸公詩一軸 其中如漢陰西坰疏菴玄翁月沙東岳谿谷 皆世之名公 覺天死矣 吾雖未及見之 卽其 所與游 可知其爲人矣 不知澤所交於今世者又皆何如也 能如其老師 不墜其風否 澤 意有所求於吾 故持此卷來也 余不能詩 屬又病 無以塞其望 書此以還之 蓋亦將於異 日見澤之所得 而知澤之爲人云爾."

건강이 안 좋아서일 수도 있지만, 한편으론 원택이라는 승려에 대해 잘 알지 못했기 때문에 완곡하게 사양한 것으로도 파악할 수 있겠다. 즉, 원택이 앞으로 어떤 이들과 교유할 것인지에 따라 그에 대한 품평이 달라질 수 있고, 시는 그때 가서 지어주어도 무방할 것이라는 의미가 내포되어 있다고 할 수 있다.

한편, 서계는 자신과 친분을 유지해온 승려들에게는 우호적인 태도를 보이며 다음과 같이 자신의 심회를 표출하였다.

三十年前來掛錫　30년 전에 와서 석장을 걸어두었으니
前緣多在此山中　전생의 인연이 이 산 속에 많이 있겠구나
去留初不迷眞性　가든 머물러 있든 간에 애당초 본성은 미혹되지 않았으니
喧寂曾何礙道風　시끄럽고 고요함이 어찌 도풍에 장애가 되리오
空界自將塵界異　공계는 자연 진계와 다르나
雙林應與石林同　쌍림사와 석림암은 응당 같구나
早花晚葉隨時好　이른 꽃과 늦은 잎이 계절 따라 좋으니
淸賞能招谷口翁　골짜기 늙은이를 불러 감상할 수 있겠구나.
　　　　　　―「惠平長老以獨不得贈篇爲歉 輒以一律贈焉」[31]

우선 이 시의 제목을 살펴보면 '혜평장로가 홀로 시를 받지 못한 것을 섭섭하게 여기므로 문득 율시 한 수를 지어주다'라고 하여 당시 승려들이 서계에게 시작품을 받고자 한 일이 빈번했음을 알 수 있게 한다.

1~4구에서는 출가한지 오래된 혜평장로의 상황을 서술하고, 노승의 경지가 '거류(去留)'나 '훤적(喧寂)'에 좌우되지 않을 것이라 짐작하고 있다. 5~8구에서는 노승과 자신이 처해 있는 상황이 다름을 공계(空界)와 진계(塵界)로 대비시켜 인식하면서도, 쌍림사와 석림암이 다르지 않음을 강조하였다. 그리고 계절을 따라 어김없는 자연의 순리를 통해 선(禪)과 속(俗)이 어우러져 함께 할 수 있음을 암시하였다.

---

31) 권4「石泉錄 下」, 75면.

또한, 서계는 오랜 기간 동안 교분을 나눈 풍열 승려와 같은 이에 대해서는 다음과 같이 서로의 관계에 대해 술회하기도 하였다.

山人骨露如癯鶴　산인은 야윈 학같이 뼈가 앙상하고
溪叟皮枯似老鷄　산골짜기 노인은 늙은 닭처럼 야위었네
顔鬢休嗟各凋換　얼굴과 머리털이 각각 쇠함을 한탄하지 말게나
已將彈指古今齊　손가락 튕기는 사이가 고금이 같다네.
　　　　　　　　　　　　　　　　―「正陽寺 逢豊悅上人」[32]

위 작품의 시서(詩序)에서 "상인이 일찍이 도봉산에 살았었는데 자주 왕래한 지가 지금 16년째이다. 여기에서 만났는데 나만 늙은 것이 아니라 상인도 또한 젊을 적 얼굴이 아니었다. 갑자기 올 줄은 몰랐는데 이르러서 한동안 탄식하고, 이 시를 지어서 주었다"[33]라고 하여 풍열상인과의 친밀한 관계를 구체적으로 보여준다. 오랜 기간 동안 친분을 유지하다가 한동안 보지 못한 풍열상인을 뜻밖에 정양사에서 다시 만나게 되었는데, 그 사이에 몰라보게 늙어버린 상대방을 보고 승려와 속인 모두에게 똑같이 흘러가버린 세월의 무상함을 담담하게 읊조리고 있다.

서계와 승려들과의 교유는 이념적인 차원보다는 일상적이고 인간적인 교분의 성격이 강하였다. 그는 일상적 소재와 불교의 '인연설(因緣說)'을 교묘하게 접목시켜 다음과 같은 작품을 형상화하기도 하였다.

小狸小狸兩小狸　작은 살쾡이 작은 살쾡이 두 마리 작은 살쾡이
長老爲爹狸爲兒　장로가 아비가 되고 살쾡이가 자식이 되었네
前緣後緣緣已定　전연과 후연 인연이 이미 정해졌으니
三生債負誰能知　삼생의 빚짐을 누가 능히 알리오
粥飯三分眠一團　죽밥을 삼등분하고 한데 어울려 자며

---

32) 권3 「後北征錄」, 55면.
33) "上人嘗住道峯 數與往來今十六年矣 相見於此 非但余已衰暮 上人亦不復壯顔 造次至不可識 嗟吁久之 贈以此詩."

朝暮戱嬉長老側	아침 저녁으로 장로 옆에서 장난치네
房櫳驀突去捕鼠	창에서 갑자기 뛰어내려 쥐를 잡아 가고
盤案翻倒來偸肉	책상을 뒤집어 엎어 고기를 훔쳐 오네
長老不怒人怒狸	장로는 성내지 않으나 사람들이 살쾡이에게 화내니
罵狸仍多罵長老	살쾡이를 욕하는 많은 이들이 장로를 꾸짖네
一是喜歡一是愁	한 번 기뻐하고 한 번 슬퍼하니
擒鼠偸肉兼欣惱	쥐를 잡고 고기를 훔치니 기쁘고도 괴롭네
嗚呼長老緣有兩小狸	오호라 장로가 두 마리 작은 살쾡이 때문에
纏綿一身不肯捨	한 몸으로 얽히고 설켜 버리지 않다니
縱免去對閻王問	비록 염라대왕의 물음을 면할 수 있겠지만
料不得上參諸佛成勝果	생각건대 제불들이 도달한 승과를 이루지 못할 것이네.

—「小狸歌 戱海眼長老」[34]

이 시는 해안 장로가 기르게 된 두 마리 작은 살쾡이와의 인연을 표현한 것이다. 1~4구에서는 살쾡이와 장로가 삼생의 인연으로 아비와 자식과 같은 관계가 되었음을 서술하고 있다. 5~8구에서는 이리저리 어지럽게 다니며 좋은 일과 나쁜 일을 벌이는 살쾡이들의 행동을 실감나게 묘사하였다. 9~12구에서는 살쾡이들의 존재가 장로에게는 큰 장애가 되지 않으나, 여러 가지 다른 사람에게 해를 끼쳐 문제가 됨을 지적하였다. 13~16구에서는 장로가 살쾡이들과의 인연 때문에 제불들이 이룬 훌륭한 과보는 성취할 수 없을 것이라 평가하였다.

이 시는 문면 그대로 단순하게 살쾡이와 장로의 실제 이야기를 읊은 것일 수도 있고, 살쾡이로 비유된 것과 같은 존재 때문에 장로가 과업을 달성하는데 걸림돌로 작용함을 암시한 것일 수도 있다. 이와 같이 선적(禪的) 인물에게도 세속인들과 같은 모습과 고민이 있다는 것을 간취하였기 때문에 세계가 좀 더 가깝게 그들을 대할 수 있었을 것이다.

---

34) 권4 「石泉錄 下」, 75면.

3) 인격적 흠모와 탈속적 풍취

　서계는 유가 이념에 반하는 불교의 사상적 면모에 대해서는 부정적인 태도를 취하면서도, 자신과 친분이 있는 승려들의 고매한 인품과 탈속적인 삶에 대해서는 긍정적으로 평가하고 있다. 이러한 태도는 다음과 같은 작품에서 드러난다.

石林蘭若近鼍池　석림사가 부지에 가까우니
海眼今來此住持　이번에 이 곳 주지로 해안이 왔구려
雲衲濯過千澗水　승복은 천간수에서 씻었고
布囊收得百篇詩　주머니에는 백 편의 시를 모았네
梅花故嗅工粘鬢　매화의 옛 향기가 귀밑머리에 스치는 듯하고
竹葉閑看自解頤　대나무 잎을 한가로이 보니 절로 웃음이 나네
試問西方諸佛子　서방의 여러 불자들에게 시험삼아 묻노니
幾人靈性更如師　선사와 같은 영성을 지닌 이가 몇이나 되는가?
　　　　　　　　　　　　　　　　　　　　　─「贈海眼」35)

　1~4구에서는 석림사에 주지로 해안 승려가 오게 되었고, 그도 역시 시를 모으기를 좋아하는 승려임을 알려주고 있다. 5~6구에서 시적 화자는 매화의 향기와 대나무 잎의 그윽한 정취에 흠뻑 빠져 있는 모습을 보여준다. '매화'나 '대나무' 모두 유가적인 선비를 표상하는 의미로 많이 차용되는데, 마지막 7~8구에서는 해안 선사의 '영성(靈性)'에 대해 반문하는 형식으로 그의 고아한 풍모를 찬양하고 있다. 해안 선사의 여러 면모에 대해 장황하게 서술하지 않고 간결하면서도 여운을 주며 시상을 마무리하고 있다. 다음 시에서도 품격 높은 고승의 모습을 형상화하고 있다.

---

35) 권4「石泉錄 下」, 65면.

晚識高僧心獨親　뒤늦게 고승을 알아 마음으로 가까이했는데
再遊舊寺事多新　옛절에서 다시 노니니 여러 일들이 새롭구나
莫辭巾錫頻相過　건석이 자주 찾아옴을 마다하지 마시오
風月閑尋有幾人　풍월을 한가롭게 찾는 이가 얼마나 있으리오

泛泛悠悠似衆人　한가롭게 노닒이 뭇사람들과 같으니
如來誰認是前身　여래의 전신임을 누가 알리오
空門近日談名相　요즘 불문에서 명상을 이야기하니
始覺吾師道意眞　우리 승려의 도의가 진실함을 비로소 깨닫네.
　　　　　　　　　　　　　　　　　—「寄惠智」二首[36)]

　1수에서는 서계가 뒤늦게 알게된 승려 혜지와의 인연에 대해 언급하고 있다. 3구의 '건석(巾錫)'은 두건과 석장으로 평범한 사람의 차림새를 일컫는데 여기에서는 서계 자신을 가리키는 것이다. 자신이 승려를 자주 찾아옴을 마다하지 말라는 말 속에는 그만큼 고승에 대한 두터운 흠모의 정이 배어 있음을 알 수 있다. 2수에서는 겉으로는 그다지 특별해 보이지 않는 혜지 승려를 여래(如來)의 전신(前身)으로까지 표현하고 있다. 3~4구에서는 서계가 혜지 승려와의 담론을 통해 고승의 '도의(道意)'가 진실함을 깨닫게 되었다며 속내를 드러내고 있다. '명상(名相)'은 불교 용어로 귀로 들을 수 있는 것을 '명(名)'이라 하고, 눈으로 볼 수 있는 것을 '상(相)'이라고 한다.
　다음 작품에서도 고매한 인품을 지닌 지점 노사를 소개하고 있다.

山寺林居近接連　산사 숲 속에서 살며 가까이 지내니
閑時相訪到溪邊　한가한 때 방문하여 시냇가에 이르렀네
愛師蕭散多幽意　조용하고 사려 깊은 노사를 사모하니
齋鉢慵携問爨煙　바리때를 게을리 들고서 밥짓는 때를 묻네.
　　　　　　　　　　　　　　　—「智霑老師見贈一絶 作此以謝」[37)]

---

36) 권2「石泉錄 上」, 30면.

1~2구에서는 서계와 노사가 가까운 곳에 살면서 왕래하는 정황을 보여준다. 3구에서는 서계가 노사의 '소산(蕭散)'하고 '유의(幽意)'한 인품을 사모함을 직접적으로 언급하고 있다. 4구에서는 노사가 바리때를 들고서 무심하게 밥 먹는 때를 묻는 지극히 평범한 장면을 제시하고 있다. 이 작품의 절묘한 주제는 마지막 구에 응축되어 있다고 할 수 있는데, 선도(禪道)는 고원한 저멀리에 있는 것이 아니라, 지금 여기 되풀이되는 일상 중에 있음을 득도한 노사가 은연중에 보여주고 있고, 서계도 이를 이미 터득하였음을 알 수 있다.

이상, 세 작품 모두 서계가 존경하는 승려들을 표현하고 있는데, 이들은 공통적으로 지극히 평범하여 대단할 것이 없어 보이는 모습으로 형상화되고 있다. 이러한 면모는 곧 불교에서 추구하는 도가 '일상 속에서의 깨달음'에 있는 것과 상통하는 측면을 보여준다고 할 수 있겠다.

한편, 승려들과의 교유를 통해 구현해낸 탈속적 풍취는 다음과 같은 양상으로 나타난다.

①晦雲也自一乾坤　먹구름이 절로 한 천지를 이루고
　松籟凉爭花氣溫　서늘한 솔바람 소리 따스한 꽃내음과 다투네
　只合高僧常掛錫　고승이 머무르기에 합당하니
　須教俗士遠回轅　속된 선비를 멀리 돌아가게 하리.
　　　　　　　　　　　　　　　　　　—「次藥泉韻贈信上人」[38]

②曾轉雙輪轢萬波　일찍이 수레를 타고서 온갖 세파를 헤치고
　法門龍象力偏多　법문의 용상만을 오로지 힘썼구나
　遊山不喚藍輿去　산을 노닒에 가마를 부르지 않고
　只許輕輕一背馱　단지 가벼운 보따리 하나만 지고 가네.

---

37) 권4「補遺錄」, 84면.
38) 권4「石泉錄 下」, 69면.

絶崖危磴扳緣得　절벽과 비탈길을 기어올라 가니
轉步時難不怕難　걷기가 때로 힘들지만 어려움을 두려워하지 않네
衣袂風吹疑跨鶴　옷 소매에 바람 불어 학을 탄 듯하니
王喬何似下天壇　왕교가 천단에서 내려온 것 같구나.

—「贈雪默」二首[39)]

①의 1~2구에서는 고요하고 그윽한 정취를 시각·청각·후각을 동원하여 묘사하고 있다. 3~4구에서는 '高僧'과 '俗士'를 대조적으로 제시하여 이 공간이 수도하는 승려에게 더욱 합당하다고 인식하고 있다. 혹 속된 선비가 끼어들어 청정한 세계를 흐리게 할까 하는 우려도 깔려 있다고 보여진다.

②는 서계와 승려 설묵이 같이 산을 오른 것에 대해 지은 작품이다. 1수에서는 승려가 산에 오기까지의 과정을 먼저 제시하고, 가벼운 보따리 하나를 지고 몸소 산에 오르는 모습을 보여주었다. 2수에서는 오르기 힘든 산을 승려가 묵묵하게 헤쳐가는 모습을 표현하면서 마치 천단에서 내려온 왕교와 같다고 비유하고 있다. 승려의 모습을 도인의 모습과 중첩시키면서 초탈적인 이미지를 극대화하고 있다.

또한 「장안사 차월사운 증승미(長安寺 次月沙韻 贈僧美)」[40)]라는 작품에서도 탈속적인 풍취를 드러내고 있다. 총48구인 이 시는 월사 이정구의 「숙장안사 증노승각심담유(宿長安寺 贈老僧覺心曇裕)」[41)]를 차운하여 지은 것이다. 이 작품에서는 일상인이 장엄한 자연 경관이나 山寺의 정취에 압도되어 잠시나마 탈속을 꿈꾸지만, 결국 성취하지 못하고 다시 반복되는 현실로 되돌아왔을 때 느끼는 아쉬움이나 허전함을 형상화하였다.

---

39) 권4 「石泉錄 下」, 75면.
40) 권3 「後北征錄」, 55면.
41) 『月沙集』 권17, 388면.

4. 특징 및 의의-결론을 겸하여

사대부와 승려의 교유는 고려 후기 이후부터 늘어났는데, 대개의 승려들이 세속의 사대부와 교유가 많았으며, 사대부들 중에는 불교 특히 선(禪)의 영향을 받아 작품을 쓴 경우가 많았음을 기존 연구를 통해 알 수 있다. 유불(儒佛) 사이의 격화된 이념적 대립은 왕조 교체와 함께 일어났다.

그리하여 유불간의 관계 양상에 몇 가지 변화가 일어나는데, 어색해진 유불간의 관계에서 시를 통한 문학적 교유가 대안격으로 제시된다. 이렇게 해서 문학성은 종교성으로부터의 구속을 벗어나는 길이 모색되는 결과가 되었다. 그리고 불가 문집의 가치를 높이기 위해서는 서발문도 중요시되어, 불가의 문도들은 세상에서 이름난 문인의 서발문을 얻고자 무척 노력하였다. 그 결과, 많은 유가 문인들이 불가문집의 서발문을 쓰게 되었다.42)

서계와 승려들과의 관계도 이러한 유불간의 교유 전통의 연장선상에서 이루어졌음을 알 수 있다. 특히, 서계가 생존했던 시기는 지배 세력에 의해 주자학적 질서가 더욱 공고하게 확립되어가면서도, 동시에 이에 대한 반작용으로서의 사상적 개방성이 문제시되던 때였다.

서계의 문학 작품을 통해 그가 불승들과 맺었던 관계 양상을 살펴보면, 그의 실질을 지향하는 사고와 일상성을 중시하는 태도가 반영되어 있음을 알 수 있다. 서계가 표방한 부정적 불교관과 이단 세력에 대한 우호적인 태도는 표면적으로만 평가할 때 자칫 모순되어 보일 수도 있다. 하지만, 이념적인 차원에서 불교사상을 이단시하는 것과 실생활에서 그 세력과의 관계를 형성하는 것은 서계에게 있어서 층위가 다른 문

---

42) 이진오, 『한국불교문학의 연구』, 민족사, 1997, 198~228면.

제로 인식되었음을 알 수 있다. 즉, 실질을 중시하는 사상적 태도가 불가 세력과의 공조를 가능하게 하였다고 할 수 있겠다.

이는 동시대 송시열·김수증·윤증과 같은 서인계 인사들이 김시습을 추숭하면서도 어디까지나 유가적인 차원에서 일을 도모하였던 것과 차이를 드러낸다. 이에 비해 서계는 실질적으로 사업을 추진함에 있어 어려움에 봉착하자 그리 큰 갈등 없이 승려와의 공조를 추진하였고, 이러한 방법상의 차이가 반대파의 비방을 받게 되는 요인이 되었어도 이에 크게 개의치 않았다. 비록 유불간의 이념은 다르지만 훌륭한 인물을 추숭하는 공통의 목적을 수행하기 위해 협조적 관계를 형성하였다고 할 수 있겠다.

또한, 서계가 승려들과 개인적으로 유지한 교유 양상은 대체로 일상적인 차원에서 이루어진 특성이 있다. 속세에 머무르면서도 끊임없는 정쟁과 사상 논쟁에 휘말려 현실에 안주할 수 없었던 서계에게는 승려들과의 문학적 교유를 통한 만남이 또 하나의 위안과 휴식이 되었을 것이다. 서계는 기본적으로 불교 자체에 대해서는 부정적인 태도를 취하고 있기 때문에 불교 교리나 사상에 대해 천착하는 태도를 보이지 않았다. 하지만, 그는 종교적 수양을 통해 고매한 인품을 갖춘 인물들이 지향하는 탈속적 풍취에 대해서는 공감하는 면모를 보인다.

서계가 불승과의 관계에서 보여준 인간적 교류와 일상적 면모는 '평상심(平常心)'과 관련된다고 볼 수 있다. 즉, 불가와 도가의 철인들은 일상적인 사람들의 평범한 삶을 떠나서 보다 거룩하고 완전한 세계가 따로 독립해 있다고 보지 않는다. 그러므로 선가에서는 "평상심이 곧 도[平常心是道]"라고 하며, 이 평상심을 떠나서 또 다른 진리가 시공을 달리해서 존재하는 것이 아니라고 한다.[43] 이러한 경향은 서계가 『중용』의 '상정(常情)'을 해석하는 데에도 일상성에 기초한 실천 가능한 현실을

---

43) 김항배, 『불교와 도가사상』, 동국대 출판부, 1999, 39면.

중시한44) 것과도 연계된다. 서계의 현실주의적 경험주의의 성향이 불승들과의 교유에도 일정하게 반영되었음을 알 수 있다.

서계의 불교관이나 불승과의 관계는 동시대의 몇몇 경화사족들이 지녔던 불교인식이나 불승과의 교유양상과도 관련하여 논의될 수 있는 사항이다.45) 이 가운데 서계와 같은 소론계 문인이라 할 수 있는 최창대와 이덕수·조귀명 등과의 비교 논의가 가능할 것이다. 최창대(1669~1720)는 유자관료로서 지니는 유자적 입장을 견지하면서도 유불도회통의 면모를 보인다. 그의 작품에는 유자로서의 입장과 신선세계에의 희구가 불교적 깨달음과 착종되어 보이고, 현실적 고뇌를 탈속을 통해 극복해보려는 시도가 나타난다.

또한, 서계의 제자인 이덕수(1673~1744)는 불교에 대한 방대하고 깊이 있는 탐구열의를 보인 문인으로 그는 간화선(看話禪) 중심의 공부론에 몰입했고 이해의 차원을 넘어 오경(悟境)의 획득으로 나아가려는 모습을 보이고 있다. 또한 그는 불교적 생사관을 노정하는 다수의 작품을 남기고 있다. 그리고 조귀명(1693~1737)의 시에는 자아의 각성과 자심(自心)에 대한 확신에서 우러나오는 유심론적(唯心論的) 세계관이 불가문학의 장르인 게, 찬, 송들에 녹아 있다.46)

이들은 17세기 후반에서 18세기 전반에 생존했던 인물들로 서계가 생존했던 시대와 겹쳐지면서도 그 다음 시기로 이어지는 후속 세대이기도 하다. 이들의 불교 인식은 서계보다 긍정적이고 적극적이며 이와 관련된 문학세계도 보다 이념적으로 심화되는 양상을 보인다. 서계가 일상적이고 실질적인 차원에서 이해하고 교유했던 불가와의 관계가 이

---

44) 안병걸, 「17세기 조선조 유학의 경전해석에 관한 연구－중용 해석을 둘러싼 주자학파와 반주자적 해석간의 갈등을 중심으로」, 성균관대 박사논문, 1991, 148면.

45) 유호선, 앞의 글 참조. 이 논문에서는 불교 교리에 해박하고 불교 이념을 긍정적으로 수용하고 있는 다섯 명의 경화사족－김창흡·최창대·이덕수·이하곤·조귀명－을 중심으로 논의를 진행하고 있다.

46) 위의 글, 114~167면.

시기에 오면 일부 사대부들이 불가 이념을 긍정적으로 수용하고 문학적으로 형상화하는 양상으로 변화됨을 알 수 있다.

이는 서계의 세대에서 사상적으로 불가 이념에 대해 부정적이었고, 이단 세력에 대한 태도에 있어서도 많은 논란이 제기되는 등의 경직성을 극복하지 못했던 것과는 달리 점차 사상적으로 열린 세계로 옮아가는 징후를 보여준다. 그러므로 서계의 이단 세력에 대한 태도나 이에 대한 반대파 인물들과의 논란은 보다 열린 세계로 나아가기 위한 진통 과정이었으며, 후속 세대와의 교량적 역할을 해주고 있다고 할 수 있겠다.

18세기 지식인의 우정과 교유 양상

이덕무와 박제가의 우정을 중심으로

박수밀*

1. 문제제기

인간은 사회 공동체 속에서 끊임없이 관계 맺기를 하며 살아간다. 관계를 맺는다는 것은 너와 내가 만나 우리라는 연대를 이루어가는 것이다. 이때 너와 나 사이를 조정하는 방식에 따라 건강하고 아름다운 연대가 만들어지기도 하고, 상처를 남기는 관계로 남기도 한다. 인간과 인간의 관계를 유가에서는 인륜이라 했다. 다양한 인간관계 속에서 가장 평등한 윤리를 지향하는 것이 붕우 관계다. 부부, 부자, 군신, 장유, 사제 등은 모두 어느 한쪽이 우월한 지위를 갖는 수직 관계다. 그러나 붕우는 인간과 인간이 대등한 자격에서 인격적으로 만나는 평등 관계다.

---

* 한양대 국문과 강사.

박지원은 믿음의 관계가 나머지 덕목인 친의별서(親義別序)를 포괄하다고 하여 붕우유신(朋友有信)에 대해 특별한 의미를 부여하기도 했다.

가장 역동적이고 창조적인 18세기에, 이른바 실학자들은 특별한 위치를 차지한다. 그 가운데 아정 이덕무와 초정 박제가가 있다. 두 사람은 조선 후기 지성사에서 특별한 위상을 지닌 인물들이다. 연암 그룹이라는 범주 안에서 이해되고 있지만 각자 고유한 문학세계와 개성적인 삶의 태도를 지녔던 인물들이다. 박제가는 실학자 가운데서도 가장 진보적이고 개혁적이었다. 그의 『북학의』는 부국강병의 이상주의를 역설한 역작으로 남았다. 이덕무는 온유하고 엄정한 기질의 유학자였다. 책을 너무도 좋아하여 스스로를 간서치(看書痴)라 불렀다. 그만한 박람강기(博覽强記)형 인물이 없다. 이 두 사람은 상이한 개성에도 불구하고 아주 각별한 우정을 나누었다. 둘은 서로에게 평생을 함께 하는 지기였으며, 가장 신뢰하고 마음을 터놓은 동반자였다.

우정을 나눈 수많은 인물 가운데 하필 두 사람에 주목한 이유는 이같이 두 사람의 특별한 위상과 18세기라는 특수한 사정에 말미암는다. 18세기 붕우의 문제는 개인적 문제에 국한되지 않고 이들이 살아가는 역사적 환경을 적극적으로 반영하고 있다.[1] 두 사람의 우정을 들여다보면 우정의 진정성을 발견하고, 나아가 그 시대 실학자의 내면 풍경을 엿볼 수 있다.

이제 두 사람의 교유를 살펴 그들의 삶을 조명하고 참된 우정의 의미에 대해 검토해보겠다. 인간을 이해하는데 우정만한 덕목이 없다. '우정'은 개인과 개인의 진정성으로 맺어지는 관계의 미학이자 일상의 미학이다. 미시적인 일상의 렌즈로 들여다볼 때 거대 담론이 들여다보지 못한 개인의 은밀한 자아와 행동 양식을 알게 된다. 특별한 위상을 점하는 두 인간의 각별한 우정을 통해 이덕무와 박제가라는 인물을 더 깊

---

1) 박수밀, 「우정론의 문학사회적 의미」, 『18세기 지식인의 생각과 글쓰기 전략』, 태학사, 2007 참조

이 이해하고자 한다. 나아가 이 시기 우정의 양상을 내밀한 시선으로 들여다보는 기회가 되었으면 한다.[2]

2. 아정과 초정의 상호 이해와 붕우관

이덕무와 박제가는 시인이었으며 평생을 가난하게 살다 떠나갔다. 서얼 출신인 박제가는 아버지가 돌아가시고 난 이후 곤궁한 삶을 살았다. 그의 어머니는 새벽녘까지 삯바느질로 생계를 근근이 이어가야 했다. 이덕무 역시 서얼이었으며 가난했다. 그런 점에서 둘은 통하는 점이 있었다. 백탑에서 어울린 청년 시절에는 둘은 서로 친구가 되었기에 행복할 수 있었다. 함께 밤을 지새우며 시문을 토론하고 서로의 불평지기(不平之氣)를 위로했다. 처한 사정이 같다보니 지위를 따질 필요가 없었고, 같은 근심을 갖다보니 서로의 힘든 사정을 잘 알았다. 그리하여 이들은 가난한 날의 가장 좋은 벗이 될 수 있었다.

초정은 말 수가 적었으며 자신을 드러내길 꺼리는 성격이었다. 그러나 이덕무 앞에서 만큼은 밤이 새도록 속마음을 털어 놓으며 정을 나누었다. "재선(=박제가)은 사람을 대할 적에는 언제나 말을 잘 못하였지만 나를 대해서만은 말을 잘하였으며, 나 역시 다른 사람의 말을 들으면 잘 이해하지 못하였지만 재선의 말을 들으면 이해가 잘 되었으니, 재선이 나에게 말을 하지 않으려 한들 안할 수 있겠는가"[3]라는 이덕무의 증

---

2) 박제가는 楚亭이라는 호와 在先·次修라는 자를 사용했는데 '초정'으로 통일해서 사용하기로 한다. 이덕무도 炯庵·雅亭·靑莊館이라는 호와 懋官이라는 자를 갖고 있었으며 나이와 상황에 따라 각기 다르게 불리웠다. 이 글에서는 명칭의 번잡함과 혼동을 피하기 위해 편의상 '아정'으로 통일하여 쓰기로 한다.
3) 이덕무, 『국역청장관전서』 IV 「楚亭詩稿序」, 74면.

언에서 둘의 각별한 관계를 알 수 있다. 『청비록』에서도 "함께 문예에 대해 낮이 다가고 밤이 새도록 끝없이 이야기했으나 조금의 어긋남도 없었다"[4]고 적고 있다. 아정만큼 초정을 잘 아는 사람도 없었으며 초정만큼 아정을 잘 아는 사람도 없었다. 따라서 서로에 대한 상호 평가를 통해 두 인물의 실제 면모를 잘 들여다볼 수 있다.

박제가는 이덕무를 다음과 같이 증언한다.

皎彼青莊士	깨끗하고 해맑은 청장 이덕무
終年獲飯遲	평생 끼니 잇기 어렵기만 해.
猶如信天翁	오히려 신천옹과 비슷하여서
窺波立不移	물가에 서서는 움직이잖네.
閉門三十載	30년 동안이나 문 닫아 거니
衣塵集不知	옷 위에 먼지 앉음 알지 못했지.
書中有世界	글 속에 하나의 세계가 있어
孤笑忽伸眉	외로이 웃다 홀연히 눈썹을 펴네.
繁華配高性	번화함은 높은 성품 걸맞았고
文藻合貞姿	문장은 곧은 자태 부합한다네.
前修愼名節	선현도 명절을 삼가 했으니
少忍百年飢	젊어서 평생의 주림을 참네.[5]

신체는 약하나 정신은 굳세니, 지킴이 안에 있기 때문이다. 겉모습은 차가우나 마음이 따뜻함은, 몸가짐이 반듯하기 때문이다. 지금엔 숨어 산다고 하지만, 옛날엔 절개 높다 했으리라. 사람들은 모두 그가 글을 썼다 하면 『세설신어』가 되는 줄만 알았지, 그 마음속에 가득 차 있는 『이소』는 알지 못한다.[6]

청장은 새 이름이다. 청장은 맑은 호수나 연못에 사는데 먹이를 쫓아

---

4) 『국역청장관전서』 Ⅶ 「청비록」, 권4, 217면.
5) 박제가, 『정유각시집』 권1 「述懷四首」.
6) 『정유각문집』 권3 「李懋官像贊」. "體弱神固, 守在內也. 貌冷心溫, 篤諸外也. 居今
    曰潛, 在昔伊高. 人皆見其落筆則爲世說, 不知滿腔之離騷."

다니지 않고 제 앞을 지나가는 고기만 쪼아 먹는다. 사람들은 이 새의 태도에서 세상의 부귀나 명예를 구하지 않는 욕심 없는 태도를 떠올려 신천옹이라고 불렀다. 이덕무는 이를 자신의 호로 삼았다. 박제가는 가난했음에도 욕심 없는 이덕무가 신천옹과 닮았다고 증언한다. 어쩌면 이 호는 가난의 고단함을 이겨내고 맑은 정신을 지켜가려는 외로운 자아의 모습이 투영된 것이기도 하다.

초정이 이덕무를 통해 반복해서 투영시키는 이미지는 가난함이다. 초정의 시에는 가난한 벗 아정에 대한 이야기가 많이 나온다. 검서관 시절 이덕무가 가난하여 말이 없어 도보로 숙직 나가는 것을 보고는 "봄 진창에 걸어가는 나그네를 웃노니 / 게해사에겐 술추렴해주는 이도 없구나"[7]라고 읊기도 했다. 게해사는 원나라 문종 사람으로 일찍이 규장각 각료가 되었는데 집이 너무 가난해서 말도 없이 걸어서 궐문에 들어간 인물이다. 술추렴에 참석지도 못하고 궐문으로 걸어가는 이덕무를 게해사에 빗대어 노래한 것이다. "가난한 청장관은 미끄런 길 근심하니 / 나가려도 옷이 없고 다니려도 신이 없네"[8]라고 증언하기도 했다.

그러나 초정은 청장이 굶어 죽은들 무슨 상관이겠느냐고 말한다. "청장이 굶어 죽은들 무슨 상관있을까 / 죽는다 해도 시서의 뼈 또한 향기로우리. / 적막함과 번화함이 한 이치임 알았으니 / 영화와 쇠함으로 나고 듦 묻지 말라"[9]라고 하여 설사 그가 죽어 몸은 썩는다 해도 남긴 시와 글은 영원히 향기로울 것이라 한다. 청장은 새이기도 하고 이덕무이기도 하다. 외롭게 살든 화려하게 살든 죽는 것은 똑같다. 죽고 나면 그뿐, 남는 것은 오직 글의 향기뿐이다. 그러니 영화롭게 살았는지 초라하게 살았는지를 따지지 말아라. 사라지는 건 육신이고 남는 것은 문장이

---

7) 『정유각시집』 권2 「寄懋官出直」 3~4구. "笑煞春泥徒步客, 無人釀贈揭奚斯."

8) 『정유각시집』 권1 「滯雨靑莊館示泠菴薑山」 5~6구. "靑莊貧士愁路滑, 出無衣兮行無履."

9) 위의 책, 「靑莊山人李德懋」. "靑莊饑死也何妨, 縱死詩書骨亦香. 寂寞繁華知一致, 莫將榮悴問行藏."

다. 곧 아정의 삶은 적막하고 외로울지라도 그의 시문만은 향기롭게 전해질 것이라는 것이다. 시 속에서 가난한 아정을 거듭 상기시키는 것은 초정 자신을 투영하는 것이기도 하다. 가난하지만 고고하게 자신을 지켜가는 아정의 삶을 기리는 것은 곧 초정 자신의 삶을 기리며 스스로를 위안하는 것이기도 하다. 이덕무는 인용 글 첫째 시를 자신의 문집에 싣고는, "나 역시 서로 알아줌의 깊음에 감격하였으니, 앞에서 말하였던 사리가 명백하다는 것이 헛말이 아니었다"[10]며 감격해 했다.

두 번째 글은 아정의 화상(畫像)에 초정이 찬한 것이다. 이덕무는 약간 마른 체질에 엄정한 모습의 사람이었다. 사람들에게 얼핏 나약하고 차가운 느낌을 주었다. 그러나 초정은 증언하길, 정신이 굳세고 속마음이 따스한 사람이라 한다. 겉모습 속에 담긴 벗의 인품을 증언해준다. 아정은 문장이 뛰어났다. 사람들은 그가 쓴 글에 대해 명사(名士)의 품격을 느꼈다. 그러나 초정은 글의 이면에 담긴 불평지기를 읽으라고 한다. 『이소』는 굴원이 시기를 받고 권력에서 쫓겨난 뒤 나라와 백성을 근심하는 심정을 읊은 노래이자 초정 자신의 호와도 관련 있다. 초정(楚亭)은 초나라 말로 쓴 『이소』를 좋아하는 사람이란 뜻이다. 아정의 울울함은 초정 자신의 울울함이기도 한 것이다. 초정은 아정에 대해 가난하지만 기품 있고, 냉랭해보이지만 따스하며, 품격 넘치는 글 너머에는 세상에 쓰임 받지 못하는 불평지기가 담겨 있다고 증언하고 있다.

반면 아정이 바라본 초정은 재주가 많고 말과 조리가 분명하며 시와 글씨에 드문 재주를 지닌 사람이었다.

　　그대는 나이 어린 소년으로서 성인(成人)처럼 엄전하며, 정신이 건전하고 심지가 굳으며 말이 분명하구려. 문식을 제거하고 질박함을 따르는 사람으로 옛날 기남자(奇男子)의 풍도가 있기 때문에 나는 미증유(未曾有)라고 흠탄하는 터이니 후생 가운데 수재로 추앙하지 않을 수 없거니와, 그대는 나의 허술함을

---

10) 『국역청장관전서』 Ⅶ 「청비록」, 권4, 219면.

살피지 못하고 너무 지나치게 추어올리니 감격한 마음 이루 말할 수 없소[11]

박초정(朴楚亭)은 키가 단소하나 매우 강직하고 강개한 마음을 가졌으며,
재주와 사상이 풍부하고, 초서(草書)와 예서(隸書)가 출중하며, 중국을 충심으
로 사모하고, 비범한 기상이 특출합니다.[12]

이덕무가 바라본 박제가는 기남자(奇男子), 곧 재주와 슬기가 뛰어난
사람이었다. 말이 명료했으며 매우 똑똑한 수재였다. 키가 작고 강개한
마음을 품은 사람이었다. 세상에선 박제가에 대해 고집이 세고 자존심
이 유달리 강한 사람으로 여겼으나 이덕무는 그런 그를 세상과 타협하
지 않는 곧은 사람으로 말해주고 있다. 『청비록』에서도 "초정의 시는
재주가 뛰어났을 뿐더러 기운이 강하고 사리가 명백하며 또 사실을 잘
기록하였다"고 적고 있으며, 글씨를 쓰면 기이하여 아무도 당해낼 수가
없어 근래에 드문 재주를 지닌 사람이라고 평가하였다.

두 사람은 서로에 대해 단점을 장점으로 바꾸어 소개해주고 있었다.
아정의 열등감은 너무도 가난하다는 것과 나약해보이는 외모였다. 아정
은 아주 가난했다. 오랜 굶주림을 견디다 못해 집에서 가장 값나가던
물건이었던 『맹자』를 팔아 끼니를 해결하기도 하였다.[13] 그러나 초정은
그런 이덕무를 세상에 휩쓸리지 않는 고결한 선비로서 인정해주었다.
또한 나약해보이는 외모를 따스하고 속 깊은 이미지로 바꾸어 주었다.
반면 초정의 단점은 직선적이고 고집이 세다는 것이었다. 그런 성격은
가까운 사람들에게조차 부담을 주었다. 그러나 아정은 심지가 굳고 정
신이 곧으며 말과 조리가 분명한 사람이라고 초정을 칭찬해주고 있다.
날카롭고 예민한 성격을 명료하고 똑똑한 모습으로 소개해주는 것이다.
두 사람이 서로를 평가한 글을 통해 이덕무와 박제가, 두 사람의 성

---

11) 『국역청장관전서』 Ⅳ 「간본아정유고」 권7, 203면.
12) 『국역청장관전서』 Ⅲ 「아정유고」 권11, 223면.
13) 『국역청장관전서』 Ⅳ 「간본아정유고」 권6, 191면.

품과 기질을 쉽게 들여다보게 되었다. 벗이란 가까이 두고 오래 사귄 사람이다. 그렇기에 타인은 알기 어려운 그 사람만의 내면과 성품을 잘 알고 이해할 수 있다. 가난한 시절에 만나 이해관계를 초월하여 사귐을 맺은 두 사람은 서로에 대한 깊은 이해를 바탕으로 참된 우정을 실현해 나갔다. 관습적 우정에 매몰되지 않고 우정의 진정성을 추구해 나갔다. 분명 두 사람은 기존과는 다른 붕우관을 보여주고 있었다. 그들은 벗을 이렇게 말한다.

兄弟也非氣　형제이면서 기가 다르고
夫婦而不室　부부면서 한방 쓰지를 않지.
人無一日友　사람이 하루라도 벗 없다면
如手左右失　두 손을 잃은 것과 매한가지네[14]

莫作寮寀看　관청의 동료로 여기지 말게
看若兄弟矣　모두 정다운 형제간이니.
莫作直廬看　숙직하는 곳으로 생각지 말라
看若一家裏　모두 한 집처럼 여겨야 하네.
欲修檢書職　검서의 직분을 수행하려면
請從鄙言始　이 말 따름이 시작이라네.[15]

초정은 벗을 일컬어 기가 다를 뿐인 형제요, 같은 방을 쓰지 않을 뿐 부부와 다름없다 했다. 벗을 가족의 구성원인 형제와 부부로서 비유한다. 벗을 잃은 것은 형제를 잃는 것이고 부부 중 하나를 잃는 것이다. 사람의 양손을 잃으면 아무 것도 할 수 없는 것과 같이 벗을 잃는 것은 신체의 두 손을 잃어버린 것과 매한가지인 것이다. 벗을 혈연 이상의 목숨과도 같이 소중한 존재로 바라본다.

---

14) 『정유각시집』 권1 「夜宿薑山」.
15) 『국역청장관전서』 Ⅲ, 86면 「次朴在先直廬新成韻」 21~26구.

이덕무도 초정과 벗들에게 단지 직업으로 만난 관청의 동료, 업무상 하룻밤을 보내는 숙직하는 곳으로 여기지 말아 달라고 요청한다. 한 집 안에 사는 형제이자 영원히 머무는 집으로 보자고 한다. 둘 다 동지(同志)와 동류(同類)로 파악한 기존의 관점에서 나아가 벗을 가족으로 바라 본다.

기실 붕우에 대해 동지(同志)의 개념을 넘어 가족의 차원으로 이해하는 것은 이른바 연암 그룹에 공통적으로 발견되는 관점이다. 여기에는 18세기라는 특수한 사정이 반영되어 있다. 붕우를 목숨 이상의 존재로 바라보는 양명좌파의 영향, 선교사 마테오 리치의 『교우론』의 유입, 사회 병리를 붕우도의 회복을 통해 치유하려는 실학자들의 의식 등이 복합적으로 얽혀 있다. 붕당 정치의 폐해가 극심한 상황에서 이들 지식인들은 우도를 새롭게 모색, 붕우를 모든 윤리의 기저인 가족의 차원으로까지 끌어올렸다.16) 연암의 「예덕선생전」에 나타난, "훌륭한 사귐은 꼭 얼굴을 맞대야 할 필요는 없으며, 좋은 벗은 가깝고 먼 것이 문제가 아니다. 다만 마음으로 사귀고 그 사람의 인격을 보고 사귈 뿐이다. 이를 일러 도덕과 의리의 사귐이라 한다. 그렇게 된다면 위로는 천 년 전의 벗도 사귈 수 있고, 서로 만 리 밖에 떨어져 있어도 사이가 멀다고 할 수 없는 것이다"17)라는 아정의 언급은 내면의 진실성과 인격을 우정의 제일 조건으로 생각한 이들의 우정관을 잘 보여준다 하겠다.

---

16) 박제가의 「白塔淸綠集序」에 중국인의 교유관이 나온다. 박지원도 「繪聲園集跋」에서 붕우에 대해 특별한 해석을 하였다. 이 글에 따르면 朋友에서 朋은 '羽' 자에서, 友는 手와 又에서 나온 글자이다. 곧 새에게 두 날개가 있고 사람이 양 손이 있듯 어느 한쪽이 없으면 나머지가 제 기능을 발휘할 수 없다. 까닭에 옛부터 벗에 대해 '제2의 나, 第二吾'라 일컬었다. 그런데 이 언급들은 모두 마테오 리치의 『교우론』 1장과 53장에 나오는 말이다. 마테오 리치의 붕우론에 관한 논의는 박성순, 「우정의 구조와 윤리」, 『한국문학연구』 28, 2005를 참고할 것.
17) 박지원, 『연암집』 「穢德先生傳」. "夫大交不面, 盛友不親. 但交之以心, 而友之以德, 是爲道義之交. 上友千古而不爲遙, 相居萬里而不爲疎."

3. 우정의 전개와 실현 양상

이덕무와 박제가의 첫 인연은 이덕무가 스물네 살 되던 갑신년(1764)에 이루어졌다. 두 사람의 만남은 무인 출신의 백동수를 매개로 이루어진다. 그는 이덕무의 처남이었으며 박제가와는 진작부터 잘 알고 지내던 사이였다.

이덕무가 백동수의 집에 놀러가, 현판 위에 쓰인 박제가의 글씨 '초어정(樵漁亭)'을 본 것이 인연의 발단이었다. 삼년 후 이덕무는 처남의 집을 다시 찾게 되는데 여기서 초정과 감격스런 해후를 한다. 아무 관계가 없던 두 사람의 인연이 천하의 지극한 사귐으로 맺어지게 된 것이다. 그때의 만남을 이덕무는 구체적으로 기억하며 "매우 마음에 들어 즐거움을 견딜 수 없었다"고 기록하고 있다.[18] 박제가는 매우 직선적이고 날카로운 사람이었다. 고집도 아주 세었고 키는 작달만했다. 그러나 이덕무는 그에 대해 "이마는 헌칠하고 눈은 응시하는 듯 했으며 낯빛이 부드러워 기결한 남아였다"라고 회고하였다.

이리하여 두 사람은 굳은 우정을 맺게 되었다. 문집에 보이는 서로 나눈 많은 편지글과 시문들은 이들의 각별한 우정을 잘 말해준다. 각종 자료에 나타난 두 사람의 우정 추구 모습과 실현 양상을 살펴보면 다음과 같다.

첫째, 이들은 우정을 통해 서로의 고독을 치유하고 위안하였다. 둘의 우정을 보면 참된 우정이란 지극한 고독의 자리에서 만나는 것이며 이것이 우정이 갖는 진정성임을 발견하게 된다.

마음에 꼭 드는 시절을 만나 마음에 꼭 드는 친구를 만나서 마음에 꼭 맞는

---

18) 『국역청장관전서』 IV 「楚亭詩稿序」, 74면.

말을 나누며 마음에 꼭 맞는 시문을 읽으면, 이것이 삶의 지극한 즐거움인데 그런 일이 어찌도 적은가. 일생을 통해 몇 번쯤이나 될까.[19)]

　아름다운 시절에 마음에 맞는 사람을 만나 속마음을 터놓는 일만큼 즐겁고 행복한 일이 있을까? 그러나 인생을 통틀어 그런 기회는 극히 드물다. 사람들은 겉으로는 친한 척 미소를 짓지만 속으로는 잇속을 따질 뿐이다. 아정은 그러한 세상에서 고독했고 참다운 친구가 그리웠다.

　초정 역시 늘 진정한 지기가 없음을 토로한다. 초정 시에는 고독(孤獨)이란 시어가 아주 빈번히 등장한다. 그의 『정유각시집』 전편(全篇)에는 고(孤) 자가 약 구십여 번, 독(獨) 자는 백사십여 번이나 보인다. 무려 고독(孤獨)이란 시어를 이백 개도 훨씬 넘게 끌어 썼다. 그는 구름을 보아도 외로웠고, 새를 보아도 외로웠으며, 심지어 산과 바다를 보아도 외롭다고 읊었다. 대부분 혼자 서 있거나 혼자 앉아 있었다. 또 혼자 읊거나 혼자 바라보거나 혼자 웃었다.

　고독과 우정은 동전의 양면과 같다. 고독하니까 사람이 그리운 것이다. 『정유각시집』에 보이는 박제가는 교유 인물이 많았다. 그가 지은 회인시를 보면 어마어마한 인물군에 압도된다. 국내외를 가리지 않았으며 그의 『호저집(縞紵集)』에는 무려 172명이나 되는 청나라 교유 문인들이 등장한다. 그가 지은 시 가운데서도 지인들과 차운하거나 교유를 나눈 시가 아주 빈번하다. 조선조 지식인들을 통틀어 가장 많은 외국 문사들과 교유한 인물이 초정이다. 그러나 왜 그는 이렇게 많은 국외 인사들과 교유해야만 했을까? 국내에선 알아주는 사람이 없기에 국외로 눈을 돌려야 했던 것이다. 초정도 아정과 마찬가지로 외로운 마음을 자주 내보였다. 사람은 많았지만 곁에서 마음을 나눌 지기는 없었다.

　그러나 초정이 인세나 마음을 열고 가까이 다가긴 빗이 곧 아정이었

---

19) 『청장관전서』 「선귤당농소」. "値會心時節, 逢會心友生, 作會心言語, 讀會心詩文, 此至樂, 而何其至稀也 一生凡幾許番."

다. 왕사정의 회인시를 모의한 초정의 「희방왕어양세모회인(戲倣王漁洋
歲暮懷人)」에서도 초정은 아정을 맨 처음으로 소개하고 있다. 고민이 있
다거나 외로울 때면 초정은 언제나 아정에게 찾아가 외로움을 달래곤
했다. 초정과 아정의 시에는 서로 밤새 술 마시며 놀았다거나 이불 속
에서 같이 잤다는 이야기가 종종 나타난다.

　어느 가을 저녁 이덕무는 초정의 집을 불쑥 찾는다. 둘은 술을 한껏
마셨다. 마침 비바람이 세게 내리쳤고 박제가는 이덕무를 머무르게 하
며 함께 잤다.

雨痕如沐月垂樓	목욕한 듯 비 지나고 달이 누각 드리우니
坐覺今宵萬里秋	오늘 밤 가만 앉아 만리 가을 깨닫누나.
西笑盲人多妄想	서쪽 보고 웃는 맹인 헛된 생각 많겠고
南圖鵬鳥欲何游	남명 가는 붕새는 어디 향해 가려나.
眺空仄仄星河亂	허공 보니 깜박깜박 은하수는 어지럽고
聆地溜溜木葉流	땅에선 우수수 낙엽이 구르누나.
我有幽憂君善解	내 마음 깊은 근심 그대 잘 이해하니
二人相得復何求	두 사람 우정 외에 다시 무얼 구하리.[20]

　빗기운이 꺾이고 달이 떠올랐다. 둘은 싸늘한 누각에서 다정히 앉았
다. 함께 『초사』를 읽으며 깊은 가을을 이야기한다. 어느새 머리 위엔 은
하수 어지럽고 땅 밑엔 낙엽이 우수수 쌓여 있다. 흩어진 나뭇잎을 보니
상심이 깊어간다. 초라한 처지, 가난한 삶, 막연한 미래. 그러나 친구 이
덕무는 나의 염려를 잘 이해하고 쌓인 근심을 풀어준다. 그렇구나! 나를
알아주는 이가 옆에 있는데 다시 무엇을 구하랴. 가난하고 초라해도 벗
만 곁에 있다면 내 삶은 풍요롭고 더 이상 욕심이 필요치 않은 것이다.

　이날 이때의 마음을 이덕무도 7언 절구의 4수에 담았다. 압운이 위
시와 똑같으며, 시의 제목이 '비에 막혀 재선의 추실에 있었는데 밤에

---

20) 『정유각시집』 권1 「懋官暮至適有風雨留之共宿」.

달과 별이 밝았다'인데서 같은 경험을 노래한 시임을 알 수 있었다.

寒峯戍削護虛樓   깎아지른 찬 봉우리 빈 누대 옹호하니
上有騷人善感秋   누대 위에 앉은 시인 가을 느낌 깊구나.
不是譜書評畫事   글씨 쓰고 그림을 평하는 일 뿐 아니라
也須眠石漱泉遊   돌에 눕고 샘에 양치질하며 즐겨야 하리.
酒鱗纖蹙紅加染   술거품 가늘게 이니 붉게 물들인 듯하고
飯顆均馨滑欲流   밥알들 향기로워 미끄러워 흐를 듯하네.
世味能疏方耐久   세상 맛 멀어져야 오래 견딜 수 있나니
楚亭之外我何求   초정 밖에 내가 다시 무엇을 구하랴.[21]

이날은 중양절 다음날이었다.[22] 두 시인은 누대 위에 앉아 있다. 평소에는 글씨와 그림을 이야기하지만 자연을 벗 삼아 노니는 일도 괜찮다. 데우는 술엔 거품이 일고 구수한 밥 향기 익어만 간다. 마지막 두 구절에 작가의 마음이 있다. 세상은 혼탁하여 오직 이익을 따라 속고 속인다. 세상일에서 멀찍이 떨어져야 울울한 마음에서 벗어날 수 있을 것 같다. 세상에서 찾을 것이 무엇이 있겠는가. 초정만 있다면 세상을 넉넉하게 견뎌낼 수 있는 것이다.

초정과 아정은 마지막 구에서 서로의 마음을 이와 같이 똑같이 확인하였다. 서로만 곁에 있어 주면 되는 것, 그 외의 것은 상관없을 뿐이다. 친구는 이처럼 서로의 고독을 위로해주고 세상을 견디는 힘이 되어 준다.

또 다음과 같은 장면도 있다. 달빛이 어스름한 어느 밤 초정은 자신이 가장 즐겨 읽던 『이소』를 품에 안고, 착암 유연옥의 집을 찾는다. 그는 외로웠고 친구가 생각났던 것이다. 친구는 눈길을 뚫고 찾아온 친구의 마음을 읽고 반가이 맞아들인다. 이때의 상황을 착암은 시로 지어 "ᄀ내의 불평한 마음을 알아 / 광릉산 한 곡조를 연주하노라"[23]라고 읊

---

21) 『국역청장관전서』 II, 220면.
22) 총 4수로 된 이 시의 다음 수에서 그러한 사실을 확인할 수 있었다.

었다. 광릉산(廣陵散)은 거문고 곡명이다. 죽림칠현의 한 사람인 혜강이 서쪽 지방을 유람할 때 여관에서 한 이인(異人)으로부터 전수받았다는 전설의 곡명이다. 착암은 초정의 불평지기를 들여다보았고 그를 위해 해금을 연주해주었다. 아버지를 잃고 어머니가 품팔이를 하는 초정의 불우한 처지를 잘 알았다. 그새 눈은 뜰에 가득 쌓였다. 둘은 곤히 자고 있을 벗 이덕무가 보고 싶어졌고 깜짝 방문을 결행한다. 이때의 감정을 초정은 다음과 같이 노래했다. "올 적엔 달빛 희미했는데, 취중에 눈은 깊이 쌓였네. 이러한 때 친구가 있지 않으면, 장차 무엇으로 견딜 것인가. 내게는 이소 있고 그대는 해금 켜며, 한밤중에 문을 나서 이덕무를 찾아가세."24) 이날 밤 셋은 도란도란 대화를 나누며 밤을 지새운다. 초정의 시에 전해지는 이 일화는 벗이란 외로움과 상처를 위로해주는 존재임을 보여준다.

초정과 이덕무의 교유시에는 서로의 처지를 잘 이해하고 함께 마음을 나누며 고독을 달래는 장면이 많이 나온다. 둘의 연대감은 일차적으로 삶의 행적이 거의 똑같은 데서 오는 동질감에서 비롯되었다. 비슷한 처지와 같은 세계관, 그러나 정반대인 개성은 서로를 잘 묶어주었다.

둘은 인연을 맺은 뒤로 평생을 함께 붙어 다녔다. 1793년 이덕무가 죽을 때까지 아정과 초정은 근 30년간 함께 붙어 다녔다. 박제가의 자리엔 언제나 이덕무가 있었고, 또 이덕무가 있는 곳엔 박제가가 있었다. 백탑에서 활동하던 시절 이덕무와 박제가는 유득공, 이서구와 함께 「한객건연집(韓客巾衍集)」이란 시집을 엮었는데, 유금이 연행을 갈 때 이를 청나라로 가져간다. 이덕무와 박제가가 사가(四家)로 중국에서 명성을

---

23) 『정유각시집』 권1 「附窄菴詩」. "客持離騷經, 訪我雪夜半. 知君不平心, 一彈廣陵散."
24) 위의 책, 「夜訪柳連玉六首(幷小序)」. "微月朦然, 此時不見友, 友何爲? 酒擢十錢, 抱離騷, 扣窄菴之門於古塔之北. 買濁酒喫, 連玉方隱几, 觀二幼女戲於燈下, 見我而起, 彈稽琴焉. 俄而雪下滿庭, 各賦小詩. 縱橫書之小幅, 命曰稽琴之雅. 將去驚懋官睡也, 余爰作歌曰, 來時月陰, 醉中雪深. 不有友生, 將何以堪? 我有離騷, 子挾稽琴, 夜半出門, 于李子尋. 是夜覽交睫于靑莊之館."

얻기 시작한 것은 이로부터였다.

　박제가의 1차 연행은 1778년 3월 채제공의 수행원 자격으로 이루어
지는데 이때도 역시 이덕무와 동행하였다. 이 연행의 경험과 사유를 바
탕으로 초정은 『북학의』를 저술하였다. 그러나 초정의 경우 일정은 어
떠했는지, 어떤 인물들과 교유했는지에 대한 기록을 남기지 않았다. 이
때의 자세한 여정과 견문은 동행했던 이덕무의 『입연기』를 통해 알아
낼 수 있다. 이덕무의 자리엔 박제가가 있었을 것이 확실하므로 이덕무
가 만난 인물들이 곧 박제가가 만난 인물이었고, 이덕무가 보고 들은
견문은 곧 박제가의 견문이었다.

　1779년 이덕무와 박제가는 동시에 검서관에 등용되어 십여년 간을
함께 했다. 검서관 시절에도 둘은 늘 함께 했다. 외부의 차가운 눈초리
와 잦은 숙직, 교정과 교열로 인한 힘겨운 생활에도 둘은 서로를 의지
함으로써 어려움을 극복해나갔다. 검서관으로서 수행한 창조적 성과물
에는 늘 두 사람이 함께 있었다. 정조의 명에 의해 1792년 완간된 『규장
전운』의 편찬에도 두 사람은 함께 관여하였다. 『무예도보통지』를 완성
하는 일에는 두 사람과 백동수 셋이서 함께 작업을 수행하였다.

　인간은 연약한 존재이며 고독하다. 그러나 혼자가 되었을 때야말로
진정한 친구를 만날 수 있을 때다. 우정은 고독한 존재끼리 만나 서로
를 위로하고 상처를 어루만져 준다. 초정은 아정을 만났기에 고독을 위
로받을 수 있었고, 아정은 초정을 만남으로써 가난을 이겨내는 힘을 얻
을 수 있었다. 나아가 서로에게 창조적 결실을 맺게 하는 원동력이 되
어 주었다.

　둘째, 두 사람은 망년지우로써 스스럼없는 관계를 가졌으며, 원시 경
전에서 말하는 책선(責善)의 도를 실천하였다.

　이덕무는 41년생, 박제가는 50년 생이었으니 둘의 나이 차는 9년이었
다. 아홉 살의 차이에도 두 사람은 스스럼이 없었으며 한 이불을 덮고
잘 만큼 허물이 없었다. 밤새도록 수다를 떨기도 했으며 때로는 아무 말

도 않고 오랜 시간을 가만히 있기도 했다. 이덕무는 박제가에게 관청의 동료가 아닌 정다운 형제 사이로 여겨 달라 했으며 박제가는 이덕무에 대해 천지가 생긴 이래 드문 사이라는 비유를 들기도 했다. 자부심 강한 박제가였으나 아정만큼은 감히 벗이라 못하고 스승이라 부르겠다고 할 정도로 초정은 아정에 대해 스스로를 낮추며 깊은 신뢰를 보냈다.[25]

시문을 살펴보면 박제가는 이덕무를 매우 높이거나 사우(師友)로 여기고 있다. 아무래도 아정이 아홉 살이나 많은데다 초정이 존경할 만한 인품을 갖춘 것이다. 반면 아정은 초정에 대해 적극적인 조언과 충고를 마다하지 않았다. 박제가는 젊은 시절 김성탄에 푹 빠져 있었다. 그러한 초정에게 이덕무는 다음과 같이 충고하고 있다.

> 자네는 왜 병이 생겼는지 아는가? 김성탄은 나쁜 인간이고 『서상기(西廂記)』는 재앙이 되는 책이라네. 그대는 병석에 누워 심기를 안정시켜 담박하고 조용함으로 근심과 병을 막아내는 방패로 삼지는 않고, 붓으로 적시고 눈에 닿고 마음 기울이는 바가 모두 김성탄이 아닌 것이 없네. 그러면서 의원에게 약을 처방하려 하다니 그대는 어찌하여 깊이 깨닫지 못하는가? 바라건대 그대는 붓을 들어 성탄을 죽여버리고 손수 그 책을 불살라버리게. 다시 나 같은 사람을 맞이하여 매일 논어를 강독하여야 병이 나을 것이네.[26]

병으로 누워 있는 사람에게 위로는커녕 도리어 나무라고 있다. 여간 친밀하지 않으면 오해를 살 수 있는 발언이다. 김성탄에 빠져드는 바람에 병에 걸렸다고 지적한다.[27]

18세기는 명말청초의 패관소품이 크게 유행하여 사대부들에게 금기

---

25) 『정유각문집』 권2 「雅亭集序」. "嗟乎, 余與懋官, 周旋三十年所, 其行藏本末, 大略相似, 世或有王前盧後之目, 其實師之云乎, 豈敢友之云乎哉."
26) 『국역청장관전서』 IV 「간본아정유고」 권7 「與朴在先書」, 205면.
27) 김성탄은 명말청초의 문예 비평가로서 『서상기』와 『수호전』 평비본이 조선 문단에 큰 영향을 끼쳤다. 그는 어느 설에도 구애받지 않는 독자적인 비평 정신으로 무장한 시대의 이단아였다.

의 대상이었던 소설이 궁중에서까지 몰래 읽히다 발각될 정도였다. 문체가 세상을 오염시킨다고 판단한 정조는 순정한 문체로 되돌리고자 문체파동을 일으켜 문운(文運)을 진작시키고 풍습을 교화하려 하였다. 남공철은 소품체 어휘인 '고동서화' 네 글자를 대책문(對策文)에 썼다는 이유만으로 관직을 삭탈당하고 경연에 참석하지 못하는 처지가 되었다. 불똥은 연암 그룹에게도 튀었다. 정조는 새로운 문체를 지향했던 검서관 박제가와 이덕무에 대해 큰 단점을 버리고 작은 단점을 가져다 쓴다고 혹평하였다. 이어 연암도 걸려든다. 정조는 당시 문풍의 책임이 박지원의 『열하일기』에 있다고 나무라면서 『열하일기』가 세상에 돌아다니면서 문체가 어지러워졌으므로 자송문(自訟文)을 지어 올릴 것을 명한다. 이덕무 역시 죽기 직전까지도 자송문의 압박에 시달려야 했다.

따라서 위의 글은 이덕무 자신의 입장도 반영되어 있겠지만 초정이 해를 입을 것을 염려한 친구의 진심어린 충고로 이해할 측면이 있다. 이덕무는 같은 글에서 박제가에게 곧 허물을 뉘우치고 죄과를 자인하는 뜻으로 순수하고 고아한 시문을 짓되, 자구를 쓸 때는 소설 및 명말 청초의 저속하고 경박한 말을 쓰지 말라는 간곡한 당부를 하였다. 이 글을 읽은 박제가는 이덕무의 조언을 받아들여 「비옥희음송인(比屋希音頌引)」을 바쳤다. 그러나 끝내 자송문을 쓰지는 않았다. 따라서 이덕무가 소설을 강력하게 배척하는 태도는 문면 그대로 수용하기 이전에 시대적인 정황을 고려하여 이해할 필요가 있다.[28] 이덕무 자신도 김성탄의 아류라는 평가를 받고 있는 만큼 당시의 살벌한 문체 억압의 분위기를 고려하지 않을 수는 없었을 것이다.

나아가 이덕무는 초정의 중국 벽을 단단하게 나무랐다.

---

28) 소설의 폐해와 위험성에 대해 여러 차례 강한 어조로 비판하는 것으로 보아 아정이 소설을 배척한 것은 틀림없다. 특별히 그는 소설은 인간의 심성을 해치는 음란 서적에 불과하며 심지어는 나라를 위험에 빠뜨릴 수 있다고 보았다. 다만 소설을 강하게 배척하는 이면에는 여러 가지 특수한 정황들이 고려되어 있을 것이다.

대개 세속에서 말하는 소설은 곧 『삼국지연의(三國志演義)』 같은 등속인데, 이는 음탕과 도둑질을 가르치고 인륜과 교화를 해치는 것이라, 왕정에 있어 엄격히 금지되어야 하기 때문에 우리의 무리가 통절히 배척하는 것이오 이것이 형에게 누가 되는 것은 아니나, 형의 성질이 남달리 괴벽하고 우리 예의(禮義)의 나라에 생장하여 도리어 우리와 다른 천리나 먼 중원의 풍속을 사모하는 것이 늘 한스럽게 생각되었소. 마음쓰는 것이 어찌 그처럼 한결같이 크고 넓으시오? 심지어는 만주(滿洲)의 철보(鐵保)와 옥보(玉保)의 무리를 형제처럼 보고, 서장(西藏)의 황교(黃敎)와 홍교(紅敎)의 유를 사우(士友)처럼 보니, 세속에서 말하는 소위 당벽(唐癖)·당학(唐學)·당한(唐漢)·당괴(唐魁)의 명목이 모두 형의 몸에 집중되었소 이는 모두 공통된 사실이라 형 역시 알고 있을 것이오[29)]

조선조 문사(文士)를 통틀어 초정만큼 강렬하게 중국 사랑을 외친 이도 없다. 심지어는 중국의 한어를 사용하기 위해서는 "온 나라 사람이 본래 사용하는 말을 버린다고 해도 불가할 이치는 없다"는 극단적 주장까지 함으로써 지인(知人)들에게조차 우려의 시선을 한 몸에 받았다. 그는 중국에 경도된 주장과 행동으로 당벽(唐癖), 당괴(唐魁)라는 비난에 시달려야 했다. 아정은 가장 가까운 지기가 그러한 시선을 받는 것을 염려하며 상기시키고 있다.

아정은 중국인과의 교유를 조심하라고 초정에게 당부하고 있다. 그러나 이덕무 자신도 중국에 경도되어 있었다는 점에서 이 역시 곧이곧대로 받아들이기 어려운 면이 있다. 그는 중국을 사모하여 자기 방에 고중암(古中菴)이라는 이름을 붙이기도 했다. 왜 중국을 사모하느냐는 물음에 "중국을 사모할 만함을 알지 못하는 자는 옛 사람의 글을 알지 못하는 자일뿐 아니라, 천세 이전과 만 리의 아득함을 알지 못하는 자"라고까지 말했다.[30)] 따라서 단지 중원의 풍속에 빠진 초정을 나무라는

---

29) 『국역청장관전서』 IV 「간본아정유고」 권7 「與朴在先書」, 209면.
30) 『정유각문집』 권2 「古中菴記」. "靑莊李子, 閉戶著書, 垂五十年矣. 乃喟然而歎曰, 百爾思之, 莫如古也. 名其室曰古中. 其云中者, 何也? 曰中華也, 曷爲不曰中古也?

글로만 파악할 수는 없다. 중원의 풍속을 따르는 행동이 자칫 빌미가 되어 큰 해를 입을까 걱정하는 마음이 담겨 있는 것이다.

이와 같이 두 사람 사이는 자칫 감정을 해칠 수도 있는 미묘한 문제를 편하게 주고받을 정도로 스스럼이 없었다. 심지어는 흉허물을 함부로 남에게 말할 수 있을 만큼 가까운 사이였다.

> 내가 단 것 만큼은 성성이가 술을 좋아하고 원숭이가 과일을 좋아하는 것만큼 좋아하지. 친구들도 단 것만 보면 나를 챙겨주곤 했다네. 그런데 박제가 만은 그렇지 않더라고 세 번이나 단 걸 먹으면서도 나를 전혀 생각지 않더군. 어떤 때는 누군가 내게 준 것까지 빼앗아 먹는 욕심쟁이더군. 그대가 뭐라 한마디 나무라주게.[31]

이덕무가 자신보다 열네 살 어린 이서구에게 보낸 짧은 편지글이다. 이서구는 두 사람과 절친한 사이였다. 이덕무는 초정의 욕심이 얄밉다고 이서구에게 일러바치고 있다. 아정은 단 것을 매우 좋아했다. 친구들은 단 것만 있으면 차마 먹지 못하고 아정에게 건네주곤 했다. 그러나 초정만은 반대였다. 주기는커녕 오히려 혼자만 먹고 아정의 몫까지 빼앗아 먹었다. 그러자 심술이 난 아정이 친한 후배에게 섭섭함을 토로하게 된 것이다. 평소 단아하고 기품 있기로 소문난 아정이 초정에 대해서만은 흉을 보고 있다. 상황을 곰곰 생각해보면 이 척독은 아정과 초정의 관계가 그만큼 흉허물이 없고 스스럼없었음을 보여준다.

위와 같이 스스럼없는 장면은 격식을 중시하는 사대부 글에서는 흔치 않다. 편지를 보낸 사람과 받는 사람, 제 삼자와의 관계가 매우 돈독했기에 나올 수 있는 장면이다. 제 삼자에게 흉허물을 말할 수 있을 정도로 초정과 아정의 사이는 공인된 관계였다. 자신보다 나이가 훨씬 많

避上古中古之嫌文也. 曷爲慕中華也? 曰 (…중략…) 不知中國之可慕者, 不知古人之書者也, 忽焉不知千世之往而萬里之遙也"

31) 『국역청장관전서』 IV 「간본아정유고」 권6 「이서구에게 二」, 192면.

은 사람에게 함부로 대할 만큼 아정에 대한 초정의 마음은 지기(知己) 이상이었다. 또 점잖은 아정도 초정을 말할 때는 아무 거리낌이 없었다.

맹자는 "옳은 일을 하도록 충고해주는 것이 벗 사귐의 도리다"라고 하였다.[32] 동일하게 공자도 충고로써 착하게 이끌어 주는 것을 사귐의 도리라 보았다.[33] 그렇고 보면 아정과 초정의 우정은 원시 경전의 '충고이선도지(忠告而善道之)'의 정신을 잘 실현하고 있었다.

조선 후기엔 붕당(朋黨)의 폐해로 인해 나이차와 신분을 따지고 세력과 이해관계에 따라 '끼리끼리' 뭉치는 집단 문화가 팽배해 있었다. 이에 대해 정약용은 당시의 사귐이 나이 차이를 따지고 궁달(窮達)이 다르다는 이유로 이웃하여 살아도 못 본 체하는 교유 문화를 근심스레 바라보고 있었다.[34] 당시의 현실 유가는 원시 유가 경전의 본질에서 한참을 벗어나 있었다. 아정과 초정을 비롯한 실학자들은 원시 유가의 참된 붕우도 정신으로 돌아가 서로의 내면을 치유해주며 창조적 결실을 맺고 책선(責善)의 도를 실천하는 모습을 보여주고 있었다.

4. 경계인의 삶과 벗의 죽음

이덕무와 박제가는 서얼이었다. 서얼은 경계인의 삶을 살아야 했다. 양반의 피를 이어 받았지만 신분상으로는 천민과 다름없었다. 당시 신분상 위계질서는 양반 사대부, 양민, 서얼, 천민의 순이었다. 서얼들은 양반의 자식이지만 양반이 아니고, 그렇다고 천민과 쉽사리 어울릴 수

---

32) 『맹자』 「離婁」 下. "責善, 朋友之道也."
33) 『논어』 「顔淵」. "子貢問友, 子曰, 忠告而善道之, 不可則止, 無自辱焉."
34) 정약용, 『여유당전서』 「竹蘭詩社帖序」에 이에 대한 내용이 나온다.

도 없는 경계인이었다. 그리하여 검서관 시절에도 이들 시에는 늘 고독과 비애의 정서가 짙게 드리운다. 뛰어난 능력이 있음에도 서얼이라는 신분에서 오는 사회적 개인적 한계는 비감어린 정조를 불러 왔다.35)

不信吾儕是小人　　믿음이 없다 하면 우리 바로 소인이니
茫茫心計向誰陳　　막막한 속생각을 누구 향해 풀겠는가.
初年捉鼻羞干祿　　젊어선 코를 쥐며 녹봉 구함 싫어했고
平日輕財笑買隣　　재물을 경시하여 이웃 삼을 비웃었지.
土室何山開別業　　어느 산에 토실 지어 별장을 열 것인가
水車來歲試經綸　　내년엔 수차로 경륜을 시험하리.
年年十友書同購　　해마다 열명 벗 책을 같이 구입하여
白首相期共隱淪　　늙도록 숨어 삶을 함께 기약하노라.36)

시 제목이 벗을 그리며[思友]다. 벗은 이덕무와 유득공을 말한다. 초정과 아정이 추구했던 삶의 태도와 지향이 잘 드러난다. 이들에겐 인간 사이의 '믿음'이 인간됨을 이루는 가장 중요한 조건이었다. 세상은 지위와 재물을 붙좇았으나 초정과 아정은 이를 조롱하며 오직 경세제민을 꿈꾸었다. 하지만 이들의 궁극적 귀향처는 부조리한 세상을 떠나 마음 맞는 벗들과 더불어 은자의 삶을 사는 것이었다. 초정의 시에는 젊은 시절부터 말년까지 숨어 살겠노라는 바람을 반복적으로 피력하고 있다. 화산의 역승으로 있던 이덕무에게 부친 시에서 "푸른 적삼 벗었어도 머리 아직 희잖으니 / 함께 같이 강남에서 상저로 늙어가세"37)라고 권유하는 등 반복적으로 저 너머 강호의 세계, 은자의 삶을 꿈꾸었다.

그러나 벗과 함께 은거의 삶을 꿈꾸었던 초정의 바람은 이뤄지지 못했다. 이덕무가 먼저 세상을 떠난 것이다. 1793년 1월 25일 이덕무는 53

---

35) 박수밀, 「박제가 시에 나타난 삶의 궤적과 내면의식」, 『고전문학연구』 27, 한국고전 문학회, 2005 참조.
36) 『정유각시집』 권2 「思友」.
37) 위의 책, 「三次永保亭長篇, 寄花山丞」 7~8구. "青衫脫却頭未白, 同作江南老桑苧."

세의 나이로 세상을 떠나고 말았다. 그때의 정황을 정작 초정 자신은 글로 남기지 않았다. 오히려 스승이었던 연암의 글에서 그 심정을 확인할 뿐이다.

재선은 듣자니 이미 벼슬을 그만두었다는데, 집에 돌아온 뒤 몇 번이나 서로 만났는가? 그는 이미 조강지처를 잃고 또 무관같은 훌륭한 벗을 잃어 이승에서 오래도록 외톨이로 쓸쓸히 지내게 되었으니, 그의 얼굴과 말은 만나 보지 않아도 상상할 수 있네. 그도 역시 '천지간에 의지할 만한 대상이 없는 사람이라고 할 수 있고말고.[38]

두 사람을 가장 가까이서 지켜본 스승 연암은 무관의 죽음으로 초정이 외톨이 신세가 될 것임을 잘 알았다. 이제 초정은 가장 가까운 지기를 잃었으므로 천지간에 의지할 데라고는 없는 외톨이가 되고 말았다. 벗의 죽음을 애도하는 초정의 글이 없는 것은 어찌 보면 당연했다. 차마 글로는 표현할 수 없을 만큼의 큰 충격과 슬픔을 느꼈을 것이 분명했다.

아정이 죽고 난 늦가을 초정은 그의 무덤을 찾아갔다. 아정은 광주 낙생면(樂生面) 판교 언덕에 묻혔다.

無室無官剩此身	아내 잃고 벼슬 잃고 이내 몸만 남아
黃花憔悴白頭新	국화꽃 파리한데 흰 머리만 생겼구나.
傷心自古秋冬際	가을 겨울 어름이면 예전부터 마음 상해
獨上靑山酹故人	청산에 홀로 올라 옛 벗에게 술 따른다.[39]

초정은 아내도 잃고 벼슬도 없고 친구도 없다. 남은 것이라곤 그저 자신의 몸뿐이었다. 가을이 깊어가니 상심한 마음 가눌 길 없어 친구의 무덤을 찾았다. 그는 가을이면 늘 고독과 상념에 빠지는 가을 남자였다. 하여, 초정의 시 대부분은 가을에 창작되었다. 친구의 무덤엔 국화꽃이

---

38) 박지원, 김명호 역, 『지금 조선의 시를 쓰라』, 돌베개, 2007, 348면.
39) 『정유각시집』 권3 「過懋官墓」.

시들어가건만 흰머리는 자꾸 늘어만 간다. 홀로 추억을 기리며 먼저 떠난 벗에게 한잔 술 따라준다. 아정의 죽음과 관련하여 그즈음에 초정이 지은 시는 이 시가 거의 유일하다. 그에게 아정의 죽음은 도저히 받아들이기 힘든 지극한 슬픔이었다. 한 방을 쓰지 않는 부부이자 두 손과도 같았던 벗을 잃었으니 이제 초정은 아무 힘을 쓸 수가 없었다. 그야말로 끈 떨어진 망석중이 신세였다.

아정이 죽고 나서 정조는 아정의 죽음을 안타깝게 여기고 내탕전을 주어 그의 유고를 간행하도록 명했다. 이러한 절차를 거쳐 간행된 『아정집』 서문에서 초정은 다음과 같이 아정을 추억하였다.

> 오호라. 내가 무관과 어울려 지낸지 삼십년인지라 그 행적의 본말이 대략 비슷하다. 세상에서는 우리 둘의 시문을 나란히 지목하기도 하지만, 실제로는 나의 스승이었으니 어찌 감히 벗으로 삼을 수 있겠는가. 오직 기예 한 가지 일을 담론함에는 흔연히 서로 맞음이 부절을 잡고 금과 슬을 연주함에 다른 사물이 그 사이에 끼어들지 못하는 것과 같았다. 매양 왕세정이 이반룡을 제사지내면 했던 '자네와 나는 천지가 생긴 이래 드문 사이일세'라는 말을 들어 서로 우리 둘의 관계에 비의하곤 하였다. 이제 그 문집을 보니 벗과의 사귐, 벗과의 연회, 어진 이의 등용, 모이고 헤어졌던 세월들이 낱낱이 모두 갖추어져 있다. 그러나 이 사람의 무덤에 벌써 풀이 우거졌으니 그를 위해 엎드리고 우러르며 크게 탄식함을 그칠 수가 없다.[40]

이덕무가 박제가의 '초어정' 현판 글씨를 본 것이 1764년이고, 이덕무가 죽은 해가 1793년이니 근 삼십여 년 동안 둘은 평생의 지기로 어울렸던 것이다. 젊은 시절을 함께 백탑을 중심으로 어울리고, 함께 시를

---

40)『정유각문집』권2「雅亭集序」. "嗟乎, 余與懋官, 周旋三十年所, 其行藏本末, 大略相似, 世或有王前盧後之目, 其實師之云乎, 豈敢友之云乎哉, 獨於談藝一事, 犁然相合, 若執符契, 而調琴瑟, 物無得而間焉, 每擧王元美祭李于鱗云, 惟子與我開闢所稀之語, 以相擬似, 今其集中論次交遊宴集登賢聚散日月, 歷歷俱在, 而斯人之墓草宿矣, 爲之俯仰太息, 而不能已焉."

쓰고, 함께 연행을 하고, 함께 검서관 생활을 했으니 그야말로 둘은 가족보다 더 많은 날들을 함께 하였다. 세상에선 둘의 시문에 대해 '검서체'라 말들 하며 동료로 지목했지만 초정에게 아정은 고민을 털어 놓는 유일한 벗이자 훌륭한 인품의 스승이었다. 고집 센 초정의 성격을 세심한 아정만은 잘 받아주었으며 오히려 초정이 재주가 많고 강직하다고 인정해주었다. 초정에게 아정은 벗을 넘어 진정한 스승이었다.

그러나 이제 그런 벗은 곁에 없고 그가 묻힌 무덤엔 잡초만이 우거져 있다. 그를 위해 엎드리며 통곡할 뿐이다. 어느날 자다가 깨어 지은 시에서 "마음 맞는 사람 볼 수가 없어 / 조용한 삶 천고에 혼자뿐일세"[41]라는 탄식은 이후의 초정 삶을 상징적으로 보여준다.

이후 초정은 1800년 그를 아끼고 보호해주던 정조가 죽고 나서 급격히 힘을 잃고, 1801년 사돈인 윤가기(尹可基)의 옥사에 연루되어 국토의 끝단 종성(鍾城)으로 귀양을 갔다. 1804년 유배에서 풀려난 뒤 이듬해 4월 25일 세상을 떠났다. 그가 죽었을 때는 이미 그와 가까운 지기는 대부분 세상을 떠나고 없었다. 그리하여 그와 관련한 묘비명이나 어떠한 제문도 발견할 수가 없게 되었다. 두 사람은 혼돈스러웠던 18세기를 이같이 외로이 떠나갔다.

5. 결론

"글로써 벗을 모으고, 벗으로써 인을 돕는다"는 증자의 말이 조선조 학자들에게 두루 언급되고 있듯, 우정의 도는 어느 시대를 막론하고 중

---

41) 『정유각시집』 권4 「睡起」 17~18구. "會心人不見, 端居獨千古."

요한 인간 윤리였다. 그럼에도 18세기 우정 윤리가 심각한 문제의식을 갖는 이유는 이 시기가 갖는 특수성에 말미암는다. 18세기는 당색과 신분에 따라 관계를 맺는 붕당 정치와 신분 제도의 폐해가 여실히 드러난 시기였다. 사대부들은 정치적 노선이 같거나 지연과 혈연이 같은 부류끼리 뭉치는 폐쇄적인 교유를 일삼았다. 그 가운데 실학자들을 중심으로 기존의 차별적이고 폐쇄적인 인간 윤리를 반성하고, 평등 윤리인 우정 담론을 통해 참된 인간사회를 이루고 진실한 인간관계를 맺으려는 모색을 이루어 갔던 것이다.[42]

필자는 일상의 시각으로 접근하여 18세기 실학자들이 추구한 참된 우정의 조건과 실현 양상에 대해 살펴보았다. 거시적 관점이 들여다보기 어려운 개인의 내면세계로 들어가 지식인의 우정 윤리와 실현 양상을 살펴보았다.

이덕무와 박제가의 우정을 살펴본 결과 이 시기 실학자들은 신분이나 지위에 구애받지 않는 평등의 윤리를 지향하고 있었다. 18세기 실학자들은 동지적 관점을 넘어 가족 윤리로서 붕우를 바라보고 있었다. 이들은 신분이나 지위에 구애받지 않고 위선적이지 않고 진실한 인간을 벗의 조건으로 바라보았다. "깨끗한 마음만 서로 통하면 / 진나라 월나라도 한 집에 살 수 있네. (…중략…) 차라리 소원하게 지낼망정 / 겉으로만 친한 척은 말자"는 아정의 언급이 이 점을 잘 확인해주고 있다.[43]

무엇보다 우정은 서로의 고독을 위로하고 내면의 상실감을 치유해주었다. 아정과 초정은 서얼이라는 불우한 신분, 매우 가난한 현실로 인해

---

42) 이 시기 우정 담론을 문학사의 관점에서 분석, 우정론이 동인적 결합에 의한 창조적 문학 예술을 추구케 하고 동지적 결속에 의한 창조적 행동을 불러 일으켰다는 주장과 동아시아적 윤리로 확대하여 이 시기 우정 담론이 역사인식과 국제적 감각을 확립하는 일이었다고 평가한 주장이 제기된 바 있다. 임형택, 「박연암의 우정론과 윤리의식의 방향」, 『한국한문학연구』, 한국한문학연구회, 1976; 김태준, 「18세기 교우론의 계보」, 『한국문학의 동아시아적 시각』 1, 집문당, 1999.

43) 『국역청장관전서』 III 「아정유고」, 44면.

불평지기의 삶을 살아야 했다. 그러나 이들은 서로를 위로하고 긍정해 줌으로써 불평지기를 넘어 창조적 성과물을 낳는 동반자로 나아갔다. 아홉 살이라는 나이 차이에도 불구하고 스스럼없이 흉허물을 터놓으며 책선(責善)하였다. 나아가 우정의 현장을 문학에 투영함으로써 심미적 감수성이 풍부한 작품들을 내보일 수 있었다. 두 사람의 우정을 통해 이 시기 실학자들의 내면 풍경을 들여다 볼 수 있었던 것도 소득이었다.

은둔(隱遁)과 자적(自適)의 미학

남명(南冥)과 대곡(大谷)

장원철*

1. 들어가는 말

19세기를 대표하는 실학자의 한 사람인 연경재(研經齋) 성해응(成海應)은 조선조 시대에 학식이나 덕행이 있으면서도 벼슬을 마다하고서 재야에 파묻혀 있었던 지식인 100여 명의 사적을 묶어 『일민전(逸民傳)』을 짓고 있다. 이 책에 실린 인물들 가운데 남명 조식과 관련이 있었던 인물을 꼽아 보면 성운(成運)·성제원(成悌元)·이지함(李之菡)·이희안(李希顔) 등을 들 수 있는데 이 글에서 다루고자 하는 대상의 하나인 성운의 사람됨과 학문사상에 대해서 성해응은 다음과 같이 기술하고 있다.

* 경상대 한문학과 교수.

성운의 자는 건숙(健叔)이고 호는 대곡(大谷)이다. 본관은 창녕으로 청송(聽松) 선생 성수침(成守琛)의 종제이다. 성운은 타고난 성품이 온순(溫純)하고 그 뜻이 호기롭고 뛰어났다. 그 학문은 존양정색(存養精索)에 전념했으므로 그 언행에 일정한 법도가 있었다. 그러나 끝내 세상에는 쓰이지 못했으므로 퇴계 선생 이황이 그를 일컬어 '은성(隱成)'이라고 하고 또한 세상 사람이 그가 뜻이 높다는 것을 알아주지 못했음을 안타깝게 여겼다는 것이다. (…중략…) 성운은 어려서부터 도에 뜻을 두고서 성장하여서는 더욱 함영(涵泳)하였다. 일찍이 말하기를 '성현의 책은 반드시 가슴 속에 뜻을 크게 품고 안목을 높게 하여서 그 뜻을 구하여야 하는 것이니 그렇지 않으면 구두(句讀)를 끊는 것일 뿐이다. 그러나 사물을 도외시하고서 성명(性命)의 이치만을 논하는 것 역시 학문이 아니다. 현미(顯微)와 정조(精粗)에 대해 반드시 함께 공력을 다한 뒤에라야 허공을 뜨거나 엽등(躐等)하는 폐단이 없게 되는 것이다.'라고 하였다. 또한 말하기를 '배우는 자는 우선 뜻을 세우고 난 뒤에 자신의 마음을 자세하게 살펴 사사로운 마음을 제거하게 되면 천리가 자연히 드러나게 되고 외부의 사악함은 저절로 들어오지 않게 된다'고 하였다.[1]

이 기사를 보면 평생 사람들이 자기를 칭찬하는 것을 좋아하지 않아 '따로 묘비를 세우지 말라'는 유명에 따라 사후에 당질(堂姪)인 성혼(成渾)이 간략하게 기록해 놓은 묘갈명[2]에 대해 이를 아쉬워하면서 훗날 송시열이 썼던 「대곡선생묘갈명(大谷先生墓碣銘)」의 내용을 『일민전』이 충실히 따르고 있음을 알 수 있다. 아울러 성운의 사상과 학문 성향이 '존양정색(存養精索)'의 그것으로 평가받았음을 짐작할 수 있게 한다. 그

---

1) 성해응, 『연경재전집』 권53 「일민전」, 96면. "成運字健叔號大谷 昌寧人 聽松先生守琛從弟也 運資稟溫純 志氣豪邁 其學專務存養精索故其言有物 其行有常 然終不爲世用 故退溪先生李滉謂之隱成 又惜時人不知其高云 (…중략…) 運髫年志道 長益涵揉 常曰聖賢之書 必須大着心胸 高着眼目以求之 不然則句讀而已 然外事物而談性命 非學也 顯微精粗 交致其功以後 無架虛躐等之弊 又曰學者先立志 然後細察吾心 克去己私 則自然天理昭著 外邪不自入矣" 이하 출전에서 별도의 표시가 없는 경우에는 韓國文集叢刊本을 기본으로 한다.
2) 『송자대전』 권172 「大谷先生墓碣銘」, 6면. "先生遺命勿立墓刻 牛溪先生只以寂廖數語 記其表陰矣"

러나 이때의 '존양정색(存養精索)'은 단순히 성명의 이치만을 탐구하는 데에 머무르는 것이 아니라 실천과 수행을 겸비하여야 한다는 주장에서 나타나듯이 성운의 '존양정색(存養精索)'은 남명의 '경의(敬義)'사상과도 일정 부분 맥락을 같이 하는 것임을 알 수 있는 것이다.[3]

그러나 『일민전』에 그 행적이 올라 있는 대곡이나 자신은 '유자(儒者)'가 아니라 처사(處士)라고 주장했던 남명의 삶과 그 행적은 조선조 여느 사대부 지식인의 그것과는 분명 달랐다고 하겠다.[4] 이들의 삶의 자세와 그 사상적 지향점이 자신의 것과는 분명 구별되고 따라서 대단히 문제시 될 수 있는 것임을 처음으로 분명히 지적했던 사람은 주지하다시피 퇴계 이황이었다.

성건숙(成健叔)은 청렴하게 숨어 산 탓으로 사람들의 존경심을 불러일으키기는 하였지만 애석하게도 당시 사람들이 그가 뜻이 높다는 것을 너무나 알지 못하였습니다. 그러나 세상이 알아주고 못 알아주고 하는 것이 은자의 삶에 무슨 관계가 있겠습니까? 공이 여러 차례 그 문하에 드나들었으니 얻은 바가 많을 것입니다. 그가 조건중(曹楗仲)의 사람됨을 논한 것은 대체로 실제에 부합되는 것이지만, 의리를 논한 데에서는 투철하지 못한 점이 있습니다. 이 사람들은 노장(老莊)에 병이 들어 우리 유학에 대해서는 노력하는 것이 깊지 못하여 이처럼 투철하지 못한 것이니 어찌 괴이하게 여길 것이겠습니까? 긴요한 것은 마땅히 그 장점만을 취해야 할 것입니다.[5]

여기에서 퇴계는 대곡 성운에 대해 『논어(論語)』 「미자(微子)」편의 「일민(逸民)」장에 나오는 '몸가짐이 청결[身中淸]'한 경우[6]에 빗대어 '청은

<hr />

3) 신병주, 「大谷 成運의 學風과 處世」, 『남명학연구논총』 7, 남명학연구원, 1999, 351면 참조.
4) 윤주필, 『한국의 방외인 문학』, 집문당, 1999, 134~160면 참조.
5) 『退溪全書』 권19 「答黃仲擧(戊午)」. "成健叔淸隱之致 令人起敬 可惜時人不深知 其高耳 然知不知何關於隱者事 惟公屢過其門所得想多也 其所論曹楗 之爲人 亦正 中其實矣 其於義理未透 此等人多是老莊爲崇 用工於吾學 例不深邃 何怪其未透耶 要當取所長耳"

(淸隱)'의 은자라고 규정하면서, 결과적으로 남명과 대곡 두 사람 모두가 노장을 추종함으로써 '오학(吾學)'인 유학과는 거리가 멀어졌다고 비판하고 있다. 곧 퇴계는 남명이나 대곡의 사상과 학문 성향을 자신의 경우와는 분명히 구별 짓고, 심지어 유학이 아닌 노장(老莊)과 같은 도가적 성향에까지 연결지음으로써 이들을 유학의 범위 안에 포용하려는 움직임에 반대하는 입장을 분명히 하였던 것이다.[7] 그리고 퇴계의 이러한 비판은 송시열이 "(대곡) 선생이 친하게 지내던 조남명·서화담(徐花潭)·이토정(李土亭)은 모두 여러 세대를 통하여 드물게 보는 명현들이다"[8]라는 언급에서 보듯이 다분히 개인적 대립을 넘어서 이후에 전개될 학파적 대립의 단초를 분명히 보여주는 것이라 하겠다. 아울러 이러한 퇴계의 비판은 송시열이 "대체로 은자의 경우란 때로는 넘치기도 하고 때로는 막혀있기도 하지만, 선생의 경우는 그렇지 않아서 오직 의리를 기준으로 삼으셨네"[9]라고 시비하는 데에서도 보듯이 훗날 학파의 대립을 둘러싼 첨예한 논란거리로 등장하게 되는 것이다.

이렇듯 남명과 대곡을 비롯해서 『일민전』에 등장하는 성제원이나 이희안 같은 주변 인물이나 종유 문인들 가운데 상당수가 은일적 학풍과 기상을 강하게 지니는 것도 따지고 보면 남명과 대곡의 사상과 학문 성향이 출발부터 내포하던 정통 성리학파의 갈등이라는 단초와 그에 뒤따른 현실적이고도 정치적인 부침의 결과로 나타난 하나의 자연스러운 현상이라 하겠다. 이들은 대체로 시대 자체에 대해 강한 위기감을 느끼면서 이에 대처하기 위해 유가적 수행과 학문연구를 통해 자신들의 입

---

6) 『論語』「微子」66. "逸民·伯夷·叔齊·虞仲·夷逸·朱張·柳下惠·少連. 子曰 不降其志 不辱其身 伯夷叔齊與 謂柳下惠·少連 降志辱身矣 言中倫 行中慮 其斯 而已矣 謂虞仲·夷逸 隱居放言 身中淸 廢中權 我則異於是 無可無不可"

7) 장원철, 「남명학의 역사적 평가의 한 국면」, 『남명학연구』 11, 경상대 남명학연구소, 2001, 191면.

8) 『송자대전』 권172 「大谷先生墓碣銘」, 6면. "先生所友曹南冥·徐花潭·李土亭 皆間世名賢"

9) 위의 글. "惟彼隱者兮 或蹠或閉 先生不然兮 惟義之比"

지점을 마련하는 한편 그 실천 논리를 위해 정통 성리학에서 이단시하는 영역과도 비교적 자유롭게 교섭을 가졌던 것이다. 그 결과 정통 성리학의 입장에서는 이들에 대해 유일(遺逸)·처사(處士)·일민(逸民)·청은(淸隱)·기사(奇士) 등으로 다양한 호칭을 사용하며 그 성격 규정에 혼란을 겪게 되었던 것이다.10)

2. 남명과 대곡의 삶에 있어 은일의 문제

앞서의 묘갈명에서 송시열은 남명과 대곡을 다음과 같이 비교·평가하고 있다.

> (대곡) 선생은 남명과 가장 막역한 친구였다. 대개 남명은 깎아지른 듯한 천 길 낭떠러지와 같은 기상을 지니고 있다면 선생은 순하고 부드러운 성품을 지녔다. 남명이 말하기를 '성건숙은 다듬은 금붙이나 아름다운 옥과 같아서 내가 미치지 못한다'고 하였다.11)

기질상의 이렇듯 현격한 차이에도 불구하고 두 사람은 한양에서 20세 전후의 시기에 이웃으로 처음 사귄 이래12) 가장 절친한 친구로 평생 도의교(道義交)를 맺으며 학문상으로나 처세 방법에 있어서 대체로 유사한 행적을 보이게 된다. 그러한 유사한 행적으로 가장 두드러진 것은

---

10) 윤주필, 앞의 책, 같은 곳.
11) 『송자대전』 권172 「大谷先生墓碣銘」, 6면. "先生與南冥最爲莫逆 蓋南冥壁立千仞 底氣象 而先生濟以溫厚 南冥曰 健叔如精金美玉 吾所不及也"
12) 남명은 한양에서 살았을 적에 인왕산 아래의 藏義洞에 살았던 것으로 추정되며 대곡은 북악산 인근의 聽松堂 근처에 살았던 것으로 보인다.

역시 두 사람 모두가 재야의 처사적 삶으로 일관하면서 보여준 은일(隱逸)의 태도와 그에 따른 강렬한 주체적 인격의 확립이라고 해야 할 것이다. 두 사람이 이렇듯 자신의 삶의 지향점으로 은일을 택하게 된 데에는 다른 무엇보다도 우선 시대의 정치적 위기라는 배경을 들어야 할 것이다. 일련의 정치적 갈등으로 인한 파벌적 이해와 대립의 양상은 두 사람에게도 극한적 상황으로 닥쳐왔고 그러한 극한적 현실 속에서 쌓여가는 내면적 갈등을 통해 두 사람은 점차 사람의 자세를 가다듬며 자신의 내면적이고도 주체적인 인격을 완성시켜 갔던 것이라 하겠다.

그런데 "세상에 받아들여지지 않고서야 비로소 군자임을 알 수 있다"는 식의 은일적 처사의 삶을 두 사람이 택하게 된 데에는 몇 가지 공통된 배경을 들 수 있는데, 그 가운데 하나는 대곡의 사촌형이자 남명의 선배였던 성수침의 영향과 또 다른 하나로는 대곡의 중형으로 남명과도 절친한 사이였던 성우(成遇)의 죽음을 들 수 있을 것이다.[13]

> 어느 날 조식이 한성에서 성수침(成守琛)을 찾으니 수침은 백악봉(白嶽峰) 아래에 집을 짓고 세상일을 사절하고 살았다. 그는 이것을 보고 즐겨하여 마침내 벼슬하지 아니하고 시골로 돌아가 지리산 아래에서 살면서 스스로 남명(南溟)이라 호를 지었다.[14]

이 기사에서 율곡이 언급하듯이 조광조의 문인으로 기묘사화의 참상을 보고서 당시 서울의 백악(白嶽) 산록에 청송당(聽松堂)을 짓고서 평생을 은거하며 지내던 성수침의 모습은 남명에게 깊은 영향을 주었던 것으로 보인다. 동시에 성수침을 당대 제일의 인물로 평가하던 대곡에게도 성수침의 사상적 감화는 남명에게 못잖았을 것으로 판단된다. 아울러 을사사화에 연루된 이들을 변호하다가 친형인 성우가 억울하게 죽

---

13) 강정화, 「大谷成運研究」, 경상대 교육대학원 석사논문, 1994, 10~17면.
14) 『율곡전서』 권29 「經筵日記」 선조 5년 壬申條. "一日 於漢都訪成守琛 守琛構屋白嶽峯下 謝絶世故 植樂之 遂歸鄕不仕 居智異山下 自號南冥"

임을 당한 사건은 대곡으로 하여금 본래 처가가 있던 보은 속리산에로
의 은거를 결심하게 하는 결정적 계기로 작용하였던 것으로 보인다.[15)
훗날 썼던 것으로 보이는 「앉은 자리의 벽에 쓰다[題座壁]」라는 제목의
다음의 시는 을사사화 당시 형을 비롯한 가까운 이들의 억울한 죽음에
대한 대곡의 심정을 잘 드러내 주고 있다고 하겠다.[16)

事往何嗟及	지난 일 생각하니 어찌 슬픔 미치리오
懷賢淚滿衣	어진 이들 생각하니 옷에 눈물 가득
波乾龍爛死	물결이 마르니 용이 타죽고
松倒鶴驚飛	소나무가 넘어지니 학이 놀라 날아가네
地下忘恩怨	지하에서는 은혜와 원망 잊었건만
人間說是非	인간 세상에서는 시비를 말하고 있구나
仰瞻黃道日	해 지나가는 길 바라보니
誰得掩光輝	뉘라서 밝은 빛 가리랴[17)

아울러 그러한 성우와 언제나 강한 현실적 유대감을 느끼고 있던 남
명에게도 절친한 친구의 죽음은 현실 정치로부터 자신을 절연하는 하
나의 단초로 작용하였던 것이다.[18) 그러나 이러한 사회·정치적 배경을

---

15) 『象村稿』 권52 「晴窓軟談下」. "成大谷運 生有美質 早脫世綱 其兄遇遭乙巳之難
   死於非命 自此益無於時名 遁居報恩俗理山下 年八十餘卒"
16) 지봉 이수광 역시 이 시에 나타난 감정이 을사사화에 대한 것임을 다음과 같이 지
   적하고 있다. "成大谷의 시에 '물결이 마르니 용은 타죽고, 소나무가 넘어지니 학이
   놀라 날아가네. 지하에서는 은혜와 원망 잊었건만, 인간 세상에서는 시비를 말하고 있
   구나[波乾龍爛死 松倒鶴驚飛 地下忘恩怨 人間說是非]"라고 말하였는데, 대개 을사
   사화에 죽은 여러 사람을 슬퍼한 것이다. 아래 연구는 능히 여러 어진 사람들의 심사
   를 말한 것으로 통곡할 만하다."(『芝峰類說』 권14 文章部 「哀辭」)
17) 『대곡집』 권상, 11면.
18) 「성중려에게 준다[贈成仲慮]」(『남명집』, 108면. 이하 『남명집』의 인용은 경상대 남명
   학연구소에서 옮긴 한길사 판본을 기본으로 한다)라는 다음의 시는 두 사람이 공유하던
   그러한 현실적 연대감과 아울러 절망감을 잘 보여주고 있다. "세 줄의 편지는 삼년 만
   에 본 얼굴인 듯 찬찬히 보아가니 아주 마음 안타깝게 하네. 살고 죽는 것은 아예 말
   할 것이 없지만 두 집 식구들 굶주리며 떨고 있으니 우리 둘은 뭣 하는 사람인지[三

염두에 둔다 하더라도 두 사람의 은일은 정치적으로 실각하여 하릴없이 은둔을 택하는 대부분의 경우와는 달리 출발점에서부터 확고한 인생관으로서의 은일적 삶을 택했다는 점에서 조선조 지성사에서 유독 정채를 발한다고 하겠다. 요컨대 이들의 은일적 삶의 지향이 '재야지성(在野知性)의 한 권화(權化)'로서 16세기 우리 역사에 새로이 등장하는 '유일(遺逸)'의 한 전형을 제시한다는 점에서 그 지성사적 의의는 대단히 크다고 하겠다.[19]

3. 은일의 유형과 미의식적 지향

동아시아 문화에서의 은일적 삶의 태도—서구의 경우에 은자의 삶이란 대체로 그리스도나 사도(使徒)의 생활을 모방코자 하는 종교적 성격을 지닌다는 점에서 동아시아의 경우와는 근본적으로 구별된다고 하겠다. —라는 문제에 대해 최초의 체계적인 언급은 앞서의 성해응의 『일민전』의 전범이 되었던 『후한서(後漢書)』 「일민전(逸民傳)」이라고 할 수 있다. 이 책의 모두에는 저자인 범엽(范曄)의 철학이 다음과 같이 전개되고 있다.

> 『주역』에서는 "'둔(遯)'의 현실적 의의는 참으로 크다"고 하고 또 "왕과 제후를 섬기지 않고 자기가 좋아하는 바의 도를 고결하게 지킨다"라고도 하였다. 그러므로 성인인 요 임금도 하늘을 본받는다고 하면서 소부(巢父)와 허유(許由)에 제위를 물려주지 못했고, 미덕 있는 무왕(武王)도 백이(伯夷)·숙제(叔齊)를 신하로 삼을 수는 없었던 것이다. 이로부터 그(逸民 계열의) 전통을

行信字三年面 細細看來細斷神 生活死休俱可已 兩家寒餓兩何人]

19) 이동환, 「16세기 士林에서의 出處觀의 문제」, 『'南冥과 동시대 大儒들' 발표논문집』, 경상대 남명학연구소, 2002.

잇는 이들이 점차 많아졌다. 세상을 버리고 돌아보지 않는 것은 같아도 그 동기는 여러 가지였다. 어떤 이는 숨어 살면서 자신의 고상한 뜻을 탐구하고, 어떤 이는 폭정을 피하여 자신의 도를 온전히 하였다. 또 어떤 이는 마음을 고요히 하여 불안한 성정을 억누르고자 하였고, 어떤 이는 위태로운 나라를 등지고서 일신의 안전을 꾀하였다. 또 어떤 이는 속세를 더럽다고 여기면서 자신의 절조(節操)를 수립코자 하였고, 어떤 이는 부귀를 가볍게 여기면서 청렴(淸廉)한 뜻을 고양코자 하였다. 그러나 이들이 전무(田畝)의 생활에 만족해하고 강해(江海) 근처에서 빈궁하게 사는 모습을 보노라면 이들이 반드시 어조(魚鳥)를 벗 삼고 산림에 흥취를 느껴서 은거하고 있다고는 할 수 없는 것이다. 이 또한 지니고 태어난 성정(性情)으로 인해 어쩔 수 없어 그렇게 된 것일 뿐이리라. (…중략…) 은자들 중에는 안달하며 허명(虛名)을 구하고자 하는 이도 있지만 그래도 진세(塵世)를 벗어나 세상 밖으로 탈출했다는 점에서는 저 교지(巧智)를 꾸미며 부세(浮世)의 이익을 탐하는 무리와는 저절로 다른 바가 있는 것이다. 순경(荀卿)도 "지의(志意)를 닦으면 부귀를 경멸하게 되고 도의를 중시하게 되면 왕공도 가볍게 보게 된다"라고 말하였다.[20]

이 기술에서 보듯이 『주역』의 '둔세무민(遯世無悶)'과 '불사왕후(不事王侯) 고상기사(高尙其事)'의 사상적 배경으로부터 출발하는 동아시아의 은자상(隱者像)에는 대체로 두 가지의 유형이 존재해왔다고 할 수 있다.[21] 곧 한쪽에서는 허유와 소부의 경우로 상징되듯이 어느 누구―하늘을 대신해 세상을 다스리는 요와 같은 제왕도 이 범주에 속한다.―에게도 속박 받지 않고서 삶을 즐기려는 자유지향형(自由志向型)의 은자상이 있고, 다른 한쪽에는 백이(伯夷)·숙제(叔齊)로 상징되는 유형이 있다고 하

---

20) 『후한서』 권83 「逸民列傳」. "易稱遯之時義大矣哉 又曰 不事王侯高尙其事 是以堯稱則天 不屈穎陽之高 武盡美矣 終全孤竹之絜 自玆以降 風流彌繁 長往之軌未殊而感致之數匪一 或隱居以求其志 或回避以全其道 或靜己以鎭其躁 或去危以圖其安 或垢俗以動其槩 或疵物以激其淸 然觀其甘心畎畝之中 憔悴江海之上 豈必親魚鳥樂林草哉 亦云性分所至而已 (…중략…) 彼雖硜硜有類沽名者 然而蟬蛻囂埃之中自致寰區之外 異夫飾智巧以逐浮利者乎 荀卿有言曰 志意修則驕富貴 道義重則輕王公也"
21) 井波律子, 『中國の隱者』, 文藝春秋, 2001, 8~20면 참조.

겠다. 후자의 유형은 정치·사회적인 현실의 극한적 상황을 회피할 목적으로 은둔의 길을 택하여 자신을 엄격히 규율코자 한다는 점에서 금욕형(禁慾型)의 그것이라고 할 수 있다. 그러나 이후 현실적으로 존재하는 은자상은 범엽이 열거하듯이 허유·소부의 자유지향형과 백이·숙제의 금욕형을 양 극단으로 하면서 그 중간에 절충된 형태로 다양하게 존재해왔다고 할 수 있다. 그리고 그것은 대체로 물질적으로는 금욕적이면서 정신적으로 자유롭게 해방된 은둔적 삶을 지향하는 형태로 나타난다고 할 수 있다.

이런 맥락에서 보면 앞서의 남명과 대곡이 선택한 은일적 삶은 당대의 사회·정치적 상황에 위화감을 느끼고서 그로부터 회피할 목적에서 비롯되었다는 점에서는 서로 통저(通底)하고 있으나, 이윽고 그 진행 과정에서 두 사람의 타고난 '성분(性分)'으로 인하여 일정한 차별상을 보인다고 하겠다. 그것을 범범하게 말하자면 남명의 경우가 보다 금욕형(禁慾型)에 접근하고 있다면 대곡의 그것은 자유지향형(自由志向型)의 은자상에 접근하는 것이 아닌가 하는 것이다. 이러한 차이점은 이윽고 두 사람의 일상적 삶의 태도로부터 학문·사상적 세계관이나 문학적 미의식에서도 일정한 차별상으로서 나타나게 된다. 다음의 언급은 두 사람이 기반하고 있는 그러한 유가적 방식의 은거가 본래 지니는 문제점을 요령 있게 지적하고 있다.

곤경에 처했을 때 중국의 이상주의는 두 가지 방식을 취한다. 하나는 굴원의 방식으로, 도로써 정치를 논하고 이상을 견지하면서 투쟁하며 정치를 평론하는 것이다. 이러한 방식의 종착지는 자유가 아니라 파멸이다. 둘째는 유가적 방식으로, 도를 품고서 정치할 수 있을 때를 기다리며, 이상을 견지하긴 해도 투쟁하지 않으며 평정한 마음으로 치세를 기다린다. (…중략…) 맹자 역시 '벼슬길에 나아가면 천하를 구하고, 벼슬길이 막히면 홀로 수양한다[達則兼濟天下 窮則獨善其身]'고 했다. 하지만 유가의 이상은 결국 치국평천하(治國平天下)였기 때문에 어리석음과 은거를 어디까지나 본심이 아닌 부득이한 것으로 여겼다. 그리고 부득이함도 천도(天道)의 차원에서 보면 필연적인 것일 수 있기 때문에, 유자들은 굳건히 도를 품고 정치에 나아갈 반석과도 같은 마음을 수양하기 위해 이른바 '공안(孔顏：孔子와 顏回)의 즐거움'을 만들어 냈다. (…중략…) 누추하게 살며 잘 먹해 못해도 이를 즐기며 도를 품고 정치에 참여할 때까지 기다리는 것이다. 하지만 인생의 목표는 어디까지나 정치이고 은거는 '기다림'의 수단이니, 이런 즐거움이 진정한 즐거움이 못 됨은 가히 추측할 수 있다.22)

위의 기사에서 분명히 언명하듯이 현실에서의 은거를 부득이하게 여기면서도 천도(天道)의 차원에서는 필연적인 것으로 여기는 모순적인 심리 상태에서 자신의 마음을 수양하기 위해 '공안(孔顏)의 즐거움'을 만들어 내야 했던 유가적 방식의 삶을 전형적으로 실천했던 이가 다름 아닌 남명의 경우라고 할 수 있다. 남명의 사상과 처세관을 원시유학과의 관련성에서 규명하고자 했던 선행 연구에서도 이미 지적하듯이 현실을 중시하는 원시유학의 외왕적(外王的) 세계관을 지녔으면서도 정치적 인식의 차이로 말미암아 현실로부터 절연하고자 하는 남명의 모순된 듯한 입장은 대체로 금욕적 모습을 띠면서 '자연의 인간화'라는 미의식을 보여주고 있는 것이다.23) 남명에게 있어서 '인생의 목표는 어디까지나 정치이고 은거는 기다림의 수단'이었다는 사실을 「신응사에서 글을 읽다가[讀書神凝寺]」라는 제목의 다음의 시는 잘 보여주고 있다.

瑤草春山綠滿圍　　아름다운 풀로 봄 산에 푸르름 가득한데
圍憐溪玉坐來遲　　옥 같은 시냇물 사랑스러워 늦도록 앉아 있노라
生世不能無世界　　세상을 살아가노라면 세상 얽매임 없을 수 없기에
水雲還付水雲歸　　물과 구름을 다시 물과 구름으로 돌려보낸다.24)

---

22) 장파, 『동양과 서양, 그리고 미학』, 푸른숲, 1999, 259~260면 참조.
23) 장원철, 「南冥思想과 顏淵(其一)」, 『남명학연구』 1, 경상대 남명학연구소, 1991; 장원철, 「南冥詩 세계의 한 局面」, 『남명학연구』 5, 경상대 남명학연구소, 1996.
24) 『남명집』 102면.

이 시에서 보듯이 남명의 미의식의 지향은 '세상을 살아가노라면 세상 얽매임 없을 수 없다'라는 구절로 상징되듯이 '자연의 인간화'라는 방향을 취하고 있는 것이다. 범범하게 말해 남명의 미의식의 기저를 이루는 주요한 특성의 하나는 '웅장한 아름다움'으로 지칭될 수 있는 장미(壯美)의 그것이라고 해야 할 것이다. 이러한 장미의 미의식은 범주 상으로는 숭고(崇高)와 함께 이른바 양강의 미를 나타낸다고 할 수 있다.[25] 그런데 이런 양강의 미가 대표하는 것은 개체의 도덕적 인격이 보여주는 주체적 생명력, 요컨대 "부귀도 그의 마음을 혼란케 할 수 없고, 빈천(貧賤)도 그의 마음을 움직이지 못하며, 위세나 무력도 그의 마음을 굽히게 할 수가 없다[富貴不能淫 貧賤不能移 威武不能屈]"는 맹자의 말로 상징되듯이 천지에 대해서도 부끄러워하지 않고 어떠한 권력 앞에서도 고개를 숙이지 않는 주체적인 자아 인격이라고 할 수 있는 것이다.

한편으로 이러한 양강의 미의식은 도덕적 주체가 감성적 행동을 지배하려는 강렬한 의지에서 비롯되는 것이기 때문에 외계의 어떠한 것도 그것을 억제시키거나 동요시킬 수 없는 것이다. 위의 시에서 남명이 '옥 같은 시냇물'을 사랑하면서도 '물과 구름을 다시 물과 구름으로 돌려보낼 수밖에 없는' 것은 그의 시세계를 기반을 이루는 이러한 양강의 미의식이 궁극적으로 인간관계를 지향하는, 다시 말해 '자연의 인간화'를 지향하는 방향에 서있다는 것을 말해주는 것이다. 평생 남명의 진면목을 자신의 눈으로 직접 보아 왔다고 자부했던 대곡[26]이 남명을 언급하는 다음의 평어(評語)나 시 작품은 남명의 사상이나 처세관이 지녔던 그러한 측면을 잘 보여주는 것이라고 하겠다.

---

25) 成复旺 主編, 『中國美學范疇辭典』「陽剛과 陰柔」조, 中國人民大學出版社, 1995, 377~382면 참조; 장파, 앞의 책, 340~350면 참조.
26) 『대곡집』 권하, 40면. "내가 친구인지라 어울려 논 지 가장 오래되어, 젊어서부터 노년에 이르기까지 그 덕행을 보고 들어, 사람들이 알지 못하는 바를 아는 것이 있다. 모두 눈으로 본 것이지 귀로 들은 것은 아니므로 신용이 있을 것이다[運丞在交朋之列 從遊最久 觀德行於前後 亦有人所不及知者 此皆得於目而非得於耳 可以傳信]."

세상일을 잊지 못하였고, 나랏일을 근심하고 백성들을 불쌍히 여겼다. 매양 달 밝은 밤이면 혼자 앉아 슬피 노래하다가 노래가 끝나면 눈물을 흘렸지만 곁에 있던 사람들은 그 뜻을 알지 못하였다.[27)]

心如秋月照潭明	마음은 가을달 못물을 비추이듯 맑으면서
人境紛華肯著情	어지러운 이 세상에 기꺼이 정붙이려 하였네
借問南歸何所樂	남쪽으로 돌아가면 무엇이 즐거운가 물으니
頭流山入眼中靑	두류산에 들어가면 눈이 푸르러진다 하네[28)]

　명문으로 평가 받는 남명의 묘갈명(墓碣銘)이나 남명의 사후에 그를 애도하며 지은 시 작품에서 대곡이 분명히 언급하듯이 남명은 '어지러운 이 세상에 기꺼이 정붙이려 하면서', '세상일을 잊지 못하였고, 나랏일을 근심하고 백성들을 불쌍히 여겼던' 것이다. 그러나 자신의 이상과는 너무나 거리가 먼 현실의 정치적 상황에 좌절하고 만 남명으로서는 '도를 품고서 정치할 수 있을 때가 기다리는' 유가적 방식에 입각한 은둔의 삶을 택할 수밖에 없었던 것이다. 「건중에게 부치다[寄楗仲]」라는 다음의 시는 남명이 지녔던 현실에서의 좌절감과 그가 지녔던 고고한 정치적 이상과의 거리감을 잘 형상화하여 보여주고 있다. 평생 도반(道伴)의 입장에서 누구보다도 남명을 잘 이해하던 대곡의 친구에 대한 우정이 절절히 배어 있다고 하겠다.

冥鴻矯翼向南飛	기러기 홀로 남쪽 바닷가로 높이 날아가니
正値秋風木落時	바로 가을바람에 나뭇잎 떨어지는 때이구나
滿地稻粱鷄鶩啄	땅에 가득한 곡식을 닭이나 따오기는 쪼지만
碧雲天外自忘飢	푸른 하늘 구름 밖에서 세상사를 잊고 지낸다네[29)]

---

27) 위의 글. "不能忘世 憂國傷民 每値淸宵皓月 獨坐悲歌 歌竟涕下 傍人殊未能知也."
28) 『대곡집』 권상. 「차운하여 崔孝元에게 화답하니 楗仲도 차운하였다. 이 사람을 그리워하나 만날 수 없어 또 한 絶句를 지어 저승에 회포를 부친다[次韻酬答崔孝元楗仲 亦次其韻思其人不可見又作一絶寄懷於泉壤之下]」, 13면.

그러나 남명이 '남쪽으로 돌아가' 두류산(頭流山)에 들어가 스스로 택했던 고고한 은둔의 삶을 통해 '푸른 하늘 구름 밖에서 세상사를 잊고 지내며' 누리던 즐거움도 그것이 유가적 입장에서 출발한 것이라는 점에서 대곡의 시각에서 보면 결코 진정한 즐거움이 될 수 없었음은 처음부터 이미 예정되어 있었다고 하겠다. 앞서 언급되었듯이 남명의 유가적 은둔의 삶이 '도로써 정치를 논하고 이상을 견지하면서 투쟁하며 정치를 평론하는' 굴원의 방식과 유사한 방향을 취하면서도 굴원처럼 파멸의 결말에 이르지는 않았다 하더라도, 그가 개인적 은둔의 삶을 통해 누리던 '공안(孔顔)의 즐거움'은 결국 시대의 정치적 불행이었으며, 현실을 떠받치며 추동(推動)해야 할 학문·사상의 발전에 있어서 심각한 손실이었음을 대곡은 다음과 같이 분명히 지적하고 있는 것이다.

天與之德	하늘이 이 분에게 덕을 부여하여
旣仁且直	어질고 또한 곧았다네
斂之在身	그 덕에 몸에 간직하여
自容則足	스스로 허여하면 만족하였다네
不施于人	사람들에게 베풀지 못하여
澤靡普及	은택이 널리 미치지 못했으니
時耶命耶	시대가 그러했던가, 운명이었던가?
悼民無祿	우리 백성들 복이 없도다.[30]
吾道從玆寒若灰	우리 유가의 도는 이로부터 재처럼 차갑게 식어버렸고
哲人亡矣痛山穨	철인이 사라지니 태산이 무너진 듯 애통하구나
丹霄俔望雲重隔	붉은 하늘 슬피 바라보니 구름이 겹겹이 막혀있어
靈鳳千秋更不廻	신령스런 봉새는 천년이 지나도 돌아오지 않으리."[31]

29) 『대곡집』 권상, 6면.
30) 『대곡집』 권하, 40면.
31) 『대곡집』 권상 「남명을 애도하며[悼南冥]」, 18면.

4. 은일과 자적의 삶의 태도와 그 미의식적 기반

앞서 대곡이 선택한 은일적 삶 역시 당대의 사회·정치적 상황에 위화감을 느끼고서 그로부터 회피할 목적에서 비롯되었다는 점에서는 남명의 경우와 서로 '통저(通底)하고 있으나, 이윽고 그 진행 과정에서 두 사람으로 타고난 성분(性分)'으로 인하여 일정한 차별상을 보인다는 점을 지적한 바 있다. 아울러 남명의 경우를 현실과의 밀접한 대립 관계 속에서 그 유형이 규정되는 금욕형(禁欲型)이라고 한다면 대곡은 자유지향형(自由志向型)의 은자상에 접근하는 것으로 규정한 바 있다. 그러나 대곡의 은일적 삶이 자유지향(自由志向)의 그것이었다는 점에서도 알 수 있듯이 그는 정치적으로 어지러운 난세에서 이상을 품고 살면서 진정한 마음의 평정과 즐거움을 누리고자 하는 점에서 이윽고 남명이 취했던 유가적 방식과는 사뭇 다른 방향을 택하게 된다.

대곡이 현실 정치에 대해 자신에 못잖은 능력과 안목을 지니고 있었음은 남명이 「건숙에게 부친다[寄健叔]」라는 제목의 다음의 시에서 대곡을 평하는 대목에서도 잘 드러나 있다고 하겠다.

> 之子五鳳樓手　　이 사람 오봉루의 솜씨를 가지고도
> 堯時不直一飯　　태평성대에도 밥 한 그릇 얻어먹지 못하네
> 明月或藏老蚌　　오래된 방합 조개에 명월주 감추어져 있건만
> 山龍烏可奪檀　　왕은 어찌하여 가짜만을 찾아 쓰는지?[32]

그러나 대곡은 현실의 정치적 상황으로 인한 부득이한 은둔이라 할지라도 남명과는 달리 그것을 진정한 즐거움으로 만들기 위해 유가적인 도를 근본적으로 전환시키고자 하는 방향을 택했던 것으로 보인다.

---

32) 『남명집』, 72면.

그것은 말하자면 남명이 이를 부정하면서도 끝내 벗어나려 하지 않았
던 현실에 집착하는 대신에 자연적 천성을 따르는, 문자 그대로의 천인
합일(天人合一)의 길을 택했던 것이다. 그 결과 대곡의 삶은 남명의 경우
보다도 더한 강도로 세상에서 철저히 절연된 은둔을 통한 자적(自適)의
모습을 띠게 된다. 동 시대의 율곡과 당질(堂姪)인 성혼(成渾)이 대곡의
삶을 평한 다음의 언급들에서도 그러한 사실은 거듭 확인되는 것이다.

성운은 산림에 고요히 살며 어지러운 세상을 사절한지 40여 년이었다. 집에
서 몇 리 떨어진 곳에 산수가 좋은 곳이 있어서 그곳에 작은 집을 짓고 한가
한 날이면 소를 타고 가서 홀로 앉아 가끔 거문고를 두어 곡 타며 자적(自適)
할 뿐이었다. 거문고를 듣고자 원하는 사람이 있으면 그때는 오히려 타지 않
았다. 착한 것을 즐기고 학문을 좋아하였고 남과 다투는 일이 없었다. 살림살
이의 있고 없는 것을 묻지 않으며 간혹 끼니를 굶는 일이 있어도 편안하게 생
각하였다.[33]

선생은 40년 동안 산림 속에서 사시면서 세상에 나가지 않고 자기의 뜻을
세운 데에는 반드시 그만한 학문이 있었을 것이며, 겸손하게 물러나서 지조를
확고하게 지킨 것은 반드시 그만한 소견이 있었을 것이며, 옛 책을 탐독하여
배고픔도 잊고 늙어가는 것도 몰랐던 것은 반드시 그만한 즐거움이 있었을
것이다. 그런데 사람들은 다만 그가 경치 좋은 골짜기에 취해서 집을 지어 놓
고 거문고와 책으로 자오(自娛)했던 것으로만 알고 잇지, 그의 내면에 간직된
생각에 대해서는 엿보아 헤아린 이가 적었다. 그리고 선생은 평생 사람들이
자기를 칭찬하는 것을 좋아하지 않았다.[34]

---

33) 『율곡전서』 권30 「經筵日記」 선조 12년 5월조. "運守靜山林 謝絶世紛餘四十年 距
家數里 有溪壑可玩 築小室其間 每閒日騎牛而往 蕭然獨坐 有時彈琴數曲 自適而已
人有願聽者 皆不爲彈 樂善好學 與物無競 居家不問有無 簞瓢或空 晏如也."
34) 『牛溪集』 권6, 144~145면. "先生居林下四十年 其所以杜門求知者必有其學 謙退
確守者必有其見 玩而忘飢 不知老之將至者必有其樂 人但見考槃澗谷 琴書自娛而
已 若其所存則鮮能窺測 而平生不欲人稱述."

앞서 언급했듯이 세상을 등지고서 현실과 철저히 절연한 채 금서(琴書)를 통해 '자적(自適)' 내지 '자오(自娛)'했을 뿐이라는 대곡의 삶은 '살림살이'와 '끼니' 같은 인간의 삶의 외양을 철저히 무시하고서 오직 내면의 자연적 천성을 따르려고 하는 점에서 다른 사람이 '그 내면에 간직된 생각'을 헤아려 알기는 어려운 경우였다고 하겠다. 더욱이 대곡은 그러한 현실 부정에서 더 나아가 다른 사람들이 그러한 자신을 알아주고 칭찬해주는 것조차 철저히 거부하는 태도를 취하였던 것이다. 남명이 자신은 비교가 안되는 진정한 은자의 전형으로 지적한 대곡의 삶의 자세를 평한 다음의 언급들은 그러한 점을 잘 보여준다고 하겠다.

건숙(健叔)이 자신을 드러내지 않고 학문에 잠심하여 일찍이 남에게 보증 받지 않았음을 칭탄(稱歎)하면서, 저 자신은 세상에 드러나고자 하여 군자를 크게 속였으니 이 사람을 볼 면목이 없습니다.[35]

평소 나의 몸가짐이 보잘 것 없어서 오늘날의 이런 비방을 불러 온 것이니, 공이 옥처럼 자신을 지켜 남들이 감히 이러쿵저러쿵 흠잡을 수 없게 하신 점에 더욱 머리가 숙여집니다. 더욱이 공이 일찍이 질병을 얻어 세상사에 귀를 기울이지 않고 문을 굳게 닫아 버린 것이 부럽습니다.[36]

'자신을 드러내지 않고 학문에 잠심하여 일찍이 남에게 보증 받지 않으려 했다'는 대곡의 처세는 진주 음부옥(淫婦獄) 사건의 와중에서 세상의 비방에 시달리던 남명에게는 자신의 처지와 극명하게 대비되는 것으로 절감되었던 것이다. 그리고 앞서 '성건숙(成健叔)은 다듬은 금붙이나 아름다운 옥과 같아서 내가 미치지 못한다'는 발언이나 다음의 시 작품에서도 엿보이듯이 남명은 자신이 지니지 못했던 그러한 대곡의

---

35) 『남명집』「答成聽松書(又)」, 204면. "更歎健叔之藏修不露 曾未見保於人 而愚獨自衒於世 厚誣君子 吾無以見此人矣."

36) 『남명집』「與成大谷書(又)」, 215면. "自是平日 持行無狀 以致今日之謗 益服公律 身如玉 人敢莫間焉 尤羨公曾得疢疾 耳無所聞 而機關深閉也."

유다른 처세와 고고한 표일(飄逸)의 경지를 늘 부러워했던 것이다.

> 頭欲童時雪已飛 　머리가 빠지려 할 때 희끗희끗 눈발 벌써 날리는데
> 想到君行十層危 　그대는 십 층이나 되는 높은 경지에 이르렀겠지
> 祗今未受如蘭香 　지금껏 난초 같은 선물 받지 않았더라면
> 生喫長貧太腹飢 　항상 가난하여 배가 너무나 고팠을 텐데[37)]

'청은(淸隱)'의 평을 들었던 대곡의 삶이 '남에게 보증 받(으려 하)지 않았던' 삶이었음에 반해 자신의 삶은 '세상에(이름을) 드러내고자 했던 것'이라는 발언에서도 암시되듯이 남명은 대곡이야말로 자신도 그러한 경지에 이르지 못한 은자적 삶의 전형이었음을 도처에서 강조하고 있다. 그리고 그토록 유달랐던 대곡의 은일적 처세가 그 지향하는 미의식(美意識)의 방향에서도 남명과는 일정한 차별성을 보였던 것은 사태의 당연한 귀결이라 하겠다. 다음의 일련의 시 작품들은 그러한 대곡의 미의식의 방향이 어디로 향하고 있었는가를 잘 보여준다고 하겠다.

> 獨向鍾山裏 　종산 속에 들어와 버려
> 收身臥草廬 　쓰러져 가는 초막에 몸을 뉘었네
> 天高頭肯俯 　하늘 높은데 머리 굽힐쏘냐
> 地窄膝猶舒 　땅 좁으나 무릎은 펼 만하네
> 名下誰人在 　세상 사람들 좋은 명성 좇아 다니지만
> 林間此老餘 　이 늙은이 수풀 속에 있다네
> 柴扉客自絶 　사립문에 손님 끊어지고
> 無日罷琴書 　금서를 내버려 두는 날 없다네.[38)]

> 窄窄低低築小堂 　좁고 낮은 소당을 지어
> 庭松籬竹翠成行 　뜰엔 소나무, 울타리엔 대나무 심으니 녹청색길이 생

---

37) 『남명집』 「건숙에게 화답하여[和健叔]」, 95면.
38) 『대곡집』 상 「次韻」, 24면.

제2편 지식인의 생활과 교유　347

겼네

溪心得雨魚魚喜	시내엔 고기떼 비를 만나 기뻐하고
屋角銜昵燕燕忙	처마 밑엔 제비떼 진흙 물고 둥지 짓느라 바쁘다네
新服稱身雙袖短	갓 만든 봄옷은 몸에 맞으나 두 소매가 짧고
古琴便手七絃長	오래된 칠현금은 손에 익으나 줄이 늘어졌다네.
十年嘗盡山中藥	10년 동안 산중의 약초를 다 먹었더니
客到時聞口齒香	객이 이르러 때로 입에서 나는 향기 맡아 보네.39)

改卜幽棲地	세상 동떨어진 조용한 곳으로 집을 옮기니
山圍樹木蒼	산이 빙 둘러싸고 나무 울창하다네
晨興風掃席	새벽에 일어나니 바람이 자리를 쓸어 주고
夜臥月侵床	저녁에 잠자리 드니 달빛이 잠자리를 비쳐 주네
鳥入林中沒	새는 숲 속으로 들어가 숨어버리고
魚歸水底藏	물고기는 물 밑으로 들어가 숨어버리네
勿云都省事	아무런 할 일 없다 말하지 마라
耕釣値春忙	밭 갈고 낚시질 하며 봄을 맞기에 바쁘다네.40)

첫 번째 시 작품에 대해 송계(松溪) 권응인(權應仁)은 『송계만록(松溪漫錄)』에서 다음과 같이 평하고 있다.

> 종곡(鍾谷)의 성징군(成徵君)은 의를 행함이 철저했고 문장이 당대에 다시 없이 뛰어났으나 남이 알아주기를 바라지 않았으므로 사람들은 그의 시를 볼 기회가 드물었다. 이런 시가 있다. (…중략…) 이러한 시는 옛날 사람들의 시집 속에 끼어 놓는다 해도 조금도 손색이 없다. 애석하게도 그의 시를 많이 볼 수 없는 것이 유감이다.41)

---

39) 『대곡집』 권상 「村居書事」, 8면.
40) 위의 책, 「改卜」, 9면.
41) 『松溪集』 권4 「漫錄 상」. "鍾谷成徵君 非但行義甚高 文章妙一世 而不求人知 故人罕見其詩 有曰 (…중략…) 此等作 雖置於古人集中 少無愧矣 惜乎 恨不得多見矣."

두 번째 시는 일찍이 상촌 신흠이 "시는 그 사람됨을 닮아 깨끗하고 욕심이 없으며 조용하고 차분하여 서호처사(西湖處士)의 유운(遺韻)을 지니고 있다"고 평하면서 그 대표적 예로 들었던 작품이다.[42] 이러한 신흠의 평어(評語)대로 위에 인용된 시 작품들에서 느껴지는 대곡의 시세계의 전체적인 풍격(風格)은 무엇보다도 염담(恬淡)이 세상의 그 어느 것에도 얽매이지 않는 정신적 자유의 경지인 '충담(沖澹)'의 그것이라고 해야 할 것이다. 주지하는 바와 같이 사공도(司空圖)는 일찍이 『이십사시품(二十四詩品)』에서 시세계를 형성하는 24종류의 풍격(風格) — 시(詩)의 품격(品格)으로 미의 종류를 가리킨다고 할 수 있다. — 의 하나인 '충담'에 대해 다음과 같이 묘사하고 있다.

素處以默	시인이 평소 욕심 없이 평온하게 있으면
妙機其微	오묘한 자연은 미묘하게 작용한다
飮之太和	시 안에 천지자연의 참된 기운을 들이마시면
獨鶴與飛	그것은 마치 학과 함께 하늘 높이 날아오르는 것과 같다
猶之惠風	또한 이 충담의 경지는 마치 남풍이
苒苒在衣	부드럽게 옷에 불어오는 것 같다
閱音修篁	어렴풋이 희미하게 소리 내는 대숲을 스쳐 지나면
美曰載歸	그 아름다운 음색이 고향으로 돌아가자고 속삭여 오네
遇之匪深	우연히 충담의 경지에 이르는 것은 결코 어려운 일 아니나
卽之愈稀	애써 얻으려 하면 어느덧 사라져 버리고 마는 것이라네
脫有形似	작품이 만일 그 겉모양의 묘사에 머무르고 만다면
握手以違	충담이라는 풍격은 이내 멀리 사라져 버리고 만다네.[43]

여기에서 보듯이 충담은 깨끗하고 욕심이 없으며 부드럽고 화기 있음을 뜻하는 말인데, 이는 다분히 노장적(老莊的)인 허정(虛靜)과 염담(恬

---

42) 『象村稿』 권52 「晴窓軟談下」. "詩如其人 沖澹閑雅 有西湖處士之遺韻."
43) 차주환, 『中國詩論』, 서울대 출판부, 1989, 97면.

淡에 근거하면서 세속을 초월한 정신적 경지와 연결되는 미감(美感)의 일종이라고 할 수 있다. 그러한 정신적 경지에 도달한 인물은 평정(平靜)한 심경(心境)을 기반으로 세속적인 명성이나 이익으로부터 벗어나 자연과 일체가 될 수 있다는 것이다. 사공도(司空圖)는 그러한 이상적 인물을 '고고(高古)'의 풍격에서는 '기인(畸人)', '자연(自然)'의 풍격에서는 '유인(幽人)', '표일(飄逸)'의 풍격에서는 '고인(高人)'으로 지칭하고 있다.

이와 아울러 신흠이 지적하는 대곡의 시세계가 보여주는 또 하나의 미의식의 측면인 '한아(閑雅)'와 관련하여 사공도는 그와 가장 유사하다고 할 '전아(典雅)'라는 풍격의 미감(美感)에 대해서 다음과 같이 설명하고 있다.

玉壺買春	옥병에 술을 사와서
賞雨茆屋	초가집에서 부슬부슬 내리는 비를 구경하네
座中佳士	그 자리엔 좋은 선비들이 앉아 있고
左右修竹	주위엔 푸른 대나무 길게 뻗어 있네
白雲初晴	갓 비개인 하늘엔 흰 구름이 피어오르고
幽鳥相逐	인기척 없는 그윽한 곳 새들이 서로 쫓아다니네
眼琴綠陰	녹음 속에 거문고 베고 자는데
上有飛瀑	산꼭대기에는 폭포의 물보라가 흩날리네
落花無言	떨어지는 꽃잎 말이 없고
人淡如菊	은자는 염담하기 국화와 같네
書之歲華	아름다운 시절에 이런 전아한 경지를 시로 묘사하면
其曰可讀	읽을 만하다고 할 수 있을 것이라네[44]

여기에서 사공도가 묘사하는 '전아(典雅)'의 풍격은 법도를 강조하는 유가적(儒家的)인 미감이 아니라 다분히 도가적(道家的)인 그것이라고 해야 할 것이다.[45] 따라서 이러한 미의식은 사물을 초월한 노장적인 정신

---

44) 위의 책, 100~101면 참조.

적 경지와 정밀(靜謐)하고 과욕(寡欲)한 이상적 인간성의 소유자라야 비로소 도달할 수 있는 미적 세계라고 할 수 있을 것이다. 그러한 이상적인 인간상은 사공도의 언급에서도 분명히 나타나듯이 다름 아닌 '염담(恬淡)하기 국화와 같은' 은자(隱者)의 인간상인 것이다.

이상과 같은 논의를 근거로 해보면, 다음의 시 작품들에서는 그러한 '충담한아(沖澹閑雅)'의 미의식에 입각하여 자연과 하나가 되어 살아가는 이상적인 은자로서의 대곡의 모습이 잘 드러나 있다 하겠다.

> 巖室無塵風掃庭　동굴집에는 먼지 하나 없는데 바람이 뜰을 쓸고
> 幽人獨臥掩山扃　은자는 홀로 산 입구를 막고서 누워 있네
> 閑眠盡日迷胡蝶　한가로이 꿈속에서 온종일 나비를 따라 헤매니
> 怕有啼禽喚夢醒　지저귀는 새소리에 꿈이 깰까 두렵다네[46]

> 夏日成帷晝日昏　장막처럼 드리운 녹음 속 여름의 한 낮도 침침한데
> 水聲禽語靜中喧　산 속이 하도 조용하여서 물소리 새소리 크게 울리네
> 已知路絶無人倒　세상과 인연이 끊어졌으니 여기로 찾아올 사람 없건만
> 猶倩山雲鎖洞門　그래도 구름은 경계하는 듯 산 어귀 오솔길을 가려버렸네[47]

이상의 작품에서 보듯 대곡은 남명이 시종일관 중시했던 인간과 세상의 관계를 완전히 벗어나서 인간이 순수한 본성을 회복, 자연과 일체가 되어야만 비로소 진정한 인간이 될 수 있다는 점을 강조하고 있다. 먼지 하나 없는 동굴집에 사는 은자(隱者)로서 세상과 이미 인연이 끊어졌는데도, 그것도 못미더워 다시금 산 어귀 오솔길을 가려 버리는 구름의 행위를 의인법으로 묘사하고 있는 것은 자연과 인간의 관계가 친밀의 정도를 넘어서서 일체화 되었다는 점을 상징적으로 암시하는 것이

---

45) 장파, 앞의 책, 358면 참조.
46) 『대곡집』 권상 「大谷午寢」, 13면.
47) 위의 책, 「大谷書坐偶吟」, 10면.

다. 곧 앞서 보았듯이 남명이 '자연의 인간화'라는 미의식의 기반 위에서 사람이 시종 자연의 주인이고, 주체인 사람은 항상 객체인 자연보다 우월해야 한다는 관념을 은연중에 강조하는 것에 반해서 대곡의 시세계는 무한한 자연에 유한한 인간을 선명히 대립시킴으로써 자연에의 종속을 추구하고 궁극적으로 인간과 자연의 조화와 합일을 획득코자 하였던 것이다, 요컨대 대곡은 구름이 산어귀 오솔길을 가려 버리듯 자신 역시 세상과의 교통하는 통로를 막아[閑] 버림으로써 정신적인 만족의 경지[適]에 도달할 수 있었던 것이다. 세상의 시비나 소리로부터 단절되었음을 나타내는 다음의 시구들은 그러한 자적(自適) 내지 한적(閑適)의 경지를 우회적으로 표현한 것이라고 하겠다.

人是人非聞不得　　세상 사람들 시비하는 소리 들리지 않게 되니
邇來雙耳喜全聾　　요사에 두 귀가 완전히 먹어버린 것이 기쁘다네[48]

可喜坐來雙耳靜　　앉아 있노라니 기쁘게도 두 귓가가 조용해져
不聞人境語喧囂　　세상 사람들 떠들썩한 소리가 들려오지 않네[49]

이상에서 본 것과 같이 대곡이 추구하는, 세상을 벗어나 유한자적(悠閑自適)코자 하는 인생관과 심미 의식은 그 지향점이 정신의 절대 자유를 경지의 추구한다는 형태로 나타난다는 점에서 그 기반이 노장적 세계관과 통저(通底)하고 있다 하겠다. 이렇게 보면 말년의 대곡의 작품세계가 도가사상과의 적극적인 교섭과 영향 관계를 보여준다는 사실은 사태의 당연한 귀결이라고 할 수 있다. 자신을 허수아비에 빗대어 '허수아비 찬양'이라는 뜻으로 지은 「허부찬(虛父贊)」에는 그러한 대곡의 심경이 비유적으로 표현되고 있는 것이다.

---

48) 위의 책, 「幽居遣興」, 13면.
49) 위의 책, 「冬日入大谷」, 13면.

풀을 엮어서 사람의 형태로 만든 것을 세상에서는 허수아비라고 부른다. 여러 해 전부터 나는 귀가 멀어 사람 소리를 듣지 못하고 마음은 혼미하여 인사(人事)를 알지 못하여 한갓 형체와 겉 육식만 갖추고 있을 뿐 마치 허수아비와 비슷하다. 그러므로 스스로 내 호를 '허부(虛父)'라 붙이고 이에 찬(贊)을 지었다.

그 찬은 다음과 같다.

> 내 살가죽은 볏짚이요 근육은 새끼줄이라
> 사람 모양으로 우두커니 서 있으니
> 마음도 없고 배 속도 텅 비어 있네
> 천지 속에 있으면서 보도 듣도 못하니
> 무지렁이 이 몸 누구에게 성내겠는가?[50]

이 글에서 대곡은 자신은 나이기 들어 귀가 멀고 마음은 혼미하여져서 마치 짚과 나무로 만든 허수아비와 같으므로, 자호를 허부(虛父)로 삼는다고 하고서 허수아비의 절문도(絶聞覩), 처무지(處無知), 수여노(誰與怒)의 처세술을 통해 당시의 세태를 풍자하였다고 하겠다. 이 글은 이윽고「취향기(醉鄕記)」와 함께 대곡의 도가적 성향을 드러내는 작품으로서 남명의 「계부당명」, 곧 「신명사명」과 함께 퇴계로 하여금 이들이 '노장(老莊)에 병이 들었다'라고 비판하게끔 하는 결정적 계기가 됨으로써 유명해지게 되었다. 그리고 그러한 인식과 평가는 후대로 내려오면서 점차 일반화되었다는 사실[51]을 택당 이식의 다음과 같은 기술은 잘 보여주고 있는 것이다.

> 동주(東洲) 성제원(成悌元)은 품은 뜻이 크고 큰 지략이 있었으며 경학(經

---

50)『대곡집』권중, 27면. "縛草爲人形者 俗謂之虛父 僕年來 耳聾不聞人聲 心昏不知人事 徒有形骸外完 正似虛父故以虛父自號 因而爲贊 贊曰：肌以藁筋以索 人其形塊然立 心則亡虛其腹 中天地絶聞覩 處無知誰與怒"

51) 장원철(2001), 앞의 글 참조

學)에 밝았으나 과거에 뜻을 두지 않고서 음주방탕하며 때때로 미치광이 같은
짓을 일삼으니 세상 사람이 '방성(放成)'한 성제원(成悌元)이라고 불렀다. 대
곡 성운은 산림에서 덕을 닦고 기르면서 임금이 불러도 나아오지 않으니 세
상 사람들이 그 인품의 끝을 알지 못했었다. 두 사람이 모두 호서(湖西) 지방
에 살면서 당대의 이름을 나란히 하니 사대부가 모두 그들을 숭상하였다. 오
직 퇴계만이 이들을 인정치 않으면서 대체로 이들은 모두 노장에 병이 들었
다고 평하니 정인홍 또한 이를 빌미 삼아 퇴계를 공박하였다. 아마도 정인홍
은 일찍이 보은 현감을 지낼 적에 대곡 성운에게 종유했던 정이 있어 그에 대
해 스승과 제자라고 일컬었던 것이다. 지금 『대곡집(大谷集)』을 살펴보면 「허
부찬(許父贊)」이나 「취향기(醉鄕記)」와 같은 작품은 모두 방외인(方外人)의
글이라 하겠다. 남명과 대곡은 세상에 보기 드문 고결한 선비로 (이들이 살던)
방장산(方丈山)과 속리산(俗離山)은 우리나라의 기산(箕山)과 영수(潁水)가 되
었으나, 불행히도 정인홍을 배출함으로써 고결한 풍격(風格)을 더럽히고 말았
으니 어찌 천고의 웃음거리가 되지 않겠는가?[52]

그러나 대곡의 이러한 도가적 사고가 단순한 문학적 수사에만 그치
지 않고 그 자신 현실을 바라보고 대처하는 일관된 입장이었다는 것은
그가 77세 되던 해에 선조에게 올린 사직소에서도 다음과 같이 분명히
드러나는 것이다.

신은 예정(豫政)의 흉구(凶具)입니다. 힘써 기력을 내어 산천을 두루 돌아다
니고 문석(文石)의 계단에 이르러 어찌 전하를 우러러 보고서 한 마디 말이라
도 진언할 수가 있겠습니까? 가령 제가 나아가 전하를 곁에서 모신다 하더라
도 전하께서 저를 보시는 것이 인형과 무엇이 다르겠습니까? 인형의 모습은
비록 보통 사람과 같지만 그 마음을 가지고 있지 않으며 입으로 말을 할 수가

---

52) 『택당집』「別集」권15 「雜著」「示兒代筆」. "成東洲悌元 倜儻有大略 通明經學 不
事科業 而飮酒放蕩 時作狂態 世謂之放成 成大谷運養德山林 徵辟不起 人莫敢窺其
涯際 二公皆在湖西 名並一世 士大夫皆尙之 退溪獨不之取曰 大抵此皆老莊爲崇 鄭
仁弘亦以此攻退溪 蓋仁弘嘗爲報恩縣監 從遊大谷爲素 故謂之師門 今觀大谷集 則
有虛夫贊醉鄕記 皆方外語也 南冥大谷 曠世高士 方丈俗離 爲東國箕潁不幸鑄出一
仁弘 汚衊淸風 豈不爲千古笑端乎"

없습니다. 저는 늙어서 정신을 상실해 버리고 어리석은 한 점의 고깃덩어리만 남았을 뿐이니 전하께서 물으시더라도 어찌 능히 심지(心智)를 뒤로 하고 가모(嘉謀)를 세워서 전하께서 기다리시는 대답을 할 수가 있겠습니까?53)

이상에서 보듯 대곡의 인생관과 미의식은 남명과는 대조적으로 '인간의 자연화'라는 방향에 서서 철저히 세상과의 관계를 단절하고서 절대적인 정신의 자유를 추구하는 유한자적(悠閑自適)의 경지를 지향하였다는 것을 알 수 있다. 그의 제자로서 스승에 못잖게 정신적 자유를 시세계에서 추구하였던 임제(林悌)가 스승을 평하는 다음의 언급은 그러한 대곡의 면모를 잘 보여준다고 하겠다.

그러므로 선생은 절개가 허유와 소부보다 높지만 세상에서 알아주는 사람이 없다. 세상 사람이 선생을 알아주지 않을 뿐만 아니라 선생도 세상에 알려지기를 구하지 않았다. 세상에 알려지기를 구하지 않을 뿐만 아니라 알려지게 될까 두려워하였다.54)

5. 결론에 대신하여

잘 알려져 있듯이 연암 박지원은 「해인사창수시서(海印寺唱酬詩序)」라는 글에서 남명과 대곡과 동주에 관한 다음과 같은 일화를 언급하면서

---

53) 『대곡집』 권하, 36면. "此臣預治之凶具也 其何能出力動氣 跋履山川 致身文石之陛 仰龍顔吐出一辭乎 假令臣進而得近殿下之側 殿下見之 與偶人何異 偶人形貌雖似人 其中無所有也 其口不能言也 臣老髦喪失其心神 塊然一塊肉耳 殿下雖有間焉 亦安能後心智 盡一嘉謀 以答殿下之所須耶"

54) 『林白湖集』 권4 「祭大谷先生文」, 317면. "故先生節高乎巢 許而世莫知 非獨世不知先生 而先生於世 亦不求聞知 非徒不求聞知 而唯恐其有聞知."

난세와 지식인의 처세에 관한 자신의 견해를 밝히고 있다.

> 지원(趾源)이 이공(李公)에게 이렇게 말했습니다. 옛날 남명이 고향으로 돌아가는 길에 보은(報恩) 사는 성대곡(成大谷)을 찾았더니 마침 성동주(成東洲)가 그 고을 원으로서 그 자리에 와서 있었더랍니다. 남명이 동주와 초면이었으나 농담으로 "노형은 참한 벼슬자리에 오래도 계시오 그려"라고 말하니, 동주가 대곡을 가리키고 웃으면서 "이 늙은이에게 붙잡혀 그랬소만 금년 8월 보름달 내가 해인사에 가서 달이 떠오르는 것을 기다릴 것이니 노형이 그리로 오실 수 있겠소?" 하고 대답하였답니다. 남명이 곧 승낙하였습니다. 그 날짜가 되어 남명이 소를 타고 약속한 곳으로 가는 도중 큰 비를 만나서 겨우 앞내를 건너 절문에 들어갔는데 동주는 벌써 누다락에 올라가서 막 도롱이를 벗고 있더랍니다. 아하! 그때 남명이 처사의 몸이요 동주도 이미 벼슬자리를 떠났건만 밤새도록 두 분의 이야기는 백성의 생활 문제였답니다. 이 절의 중들이 지금까지도 옛이야기로 전해오고 있습니다.[55]

이 기사에 뒤이어 자기 시대 지방 수령들의 그릇된 형태를 언급한 다음 당대 수령들의 그러한 행위가 "백성의 생활에 무슨 도움이 되겠습니까? 언제나 이 누다락에 오를 때마다 쓸쓸한 생각으로 옛 어른의 비 맞은 도롱이를 연상하지 않은 적이 없습니다"[56]라고 끝을 맺고 있다. 연암의 이 발언에서 보듯이 조선 후기에 이르러 난세에 지식인의 처세 문제가 다시 제기되자 앞서 퇴계로부터 택당 이식에게까지 이어지던 비판적 견해와는 대척적인 입장에서 남명과 대곡의 은일적인 삶의 태도와 세계관이 다시금 재평가 받기 시작하였던 것이다.

남명과 대곡과 같은 은자에게는 어쩌면 시대의 앞을 내다보는 각성

---

55) 『연암집』 권1 「海印寺唱酬詩序」, 16면. "趾源復于公曰 昔曹南冥之還山也 歷訪成大谷于報恩 時成東洲以邑倅任座 與南冥初面也 南冥蚩之曰 兄可謂耐久官也 東洲指大谷笑謝曰 正爲此老所挽 雖然 今年八月十五日當待月海印寺 兄能至否 南冥曰 諾 至期 南冥騎牛赴約 道大雨 僅渡前溪入寺門 東洲已在樓上方脫蓑 噫 南冥處士也 東洲時已去官 而盡夜相語 不離於生民休戚 寺僧至今相傳爲山中故事."
56) 위의 글. "亦何補於生民之休戚哉 每一登樓 未嘗不愀然退想于昔賢之雨簑也"

자(覺醒者)로서의 측면이 있었다고 할 수 있겠다. 그들은 그러한 각성자였기 때문에 도리어 자기 시대에 받아들여지지 않았고, 결과적으로 자신에 대한 시비와 오해를 피해 세상을 벗어나 고독한 은둔(隱遁)과 자적(自適)의 생활을 영위하게 된 경우가 적잖았을 것이다. 유일(遺逸)이라는 은일적 삶의 형태가 지식인의 처세의 유력한 한 형태로 본격 등장하는 16세기라는 시대에 남명과 대곡은 그러한 은일적 삶의 전형을 보여준 대표적 인물들이다. 그들은 자기 당대의 시류와 세태에 타협하지 않고서 강인한 정신과 신념을 견지하면서 자기의 사상과 방식대로 시대를 삶으로써 우리 정신사에서 보기 드문 강렬한 주체적 인격의 한 전형을 탄생시키기에 이르렀던 것이다.

전기(田琦), 〈매화서옥도(梅花書屋圖)〉 부분, 국립중앙박물관

조선 중기 독서경향과 『전국책(戰國策)』

남은경*

1. 여는 말-『전국책』 개관

세치의 혀로서 종횡무진하게 세상을 움직였다는 소진(蘇秦)·장의(張儀)등 유세가들의 형상이 그대로 남아 있는 책, 약육강식의 시대 속에서 생존을 위해 몸부림치던 당시 제후국들간의 각축을 가감 없이 보여주고 있는 책. 훗날 사마천에 의해 그 내용이 『사기(史記)』 속에 다량 흡수되지만, 권모술수의 내용으로 인해 많은 비난을 받았던 책. 그것이 바로 『전국책(戰國策)』이다.

과연 조선시대 문인들은 이러한 『전국책』에 대해서 어떻게 평가하였을까? 그리고 그 책은 어떻게 읽히고 또 영향을 주었을까? 본고는 조선

---

* 한국디지털대 교양과정 교수.

중기 문학에 관심을 갖고 있던 연구자가 보게 된 장유(張維)의 전국책 선집본1)을 계기로 하여, 조선 중기의 문인지식인들은 과연 궤휼(詭譎)의 책『전국책』에 대해 어떻게 생각하고, 어떻게 읽었으며, 또 어떠한 영향을 받았을지를 추적해보고자 하는 마음에서 시도되었다.

먼저『전국책』에 대해 개관을 해보도록 한다.『전국책』의 편찬자는 중국 전한(前漢) 말기 유향(劉向)이다. 유향이 천자(天子)의 서고에 있는 장서를 정리했을 때 「국책(國策)」·「국사(國事)」·「단장(短長)」·「수서(修書)」라는 제목의 죽간을 발견했는데, 이들은 모두 전국시대(戰國時代)에 유세(遊說)를 하던 선비들이 정치에 참여할 것을 계획하고 나라를 위해 수립한 책략들이었다고 한다. 유향은 이것을 나라별, 연대순으로 정리한 뒤 중복된 것은 삭제하여 1책 33편으로 만들고『전국책』이라는 이름을 붙였다. 후한의 고유(高誘)가 주해(註解)를 했으나, 북송(北宋) 초에는 거의 소실되었던 것을 증공(曾鞏)이 대부분 복원하여 동주·서주·진·제·초·조·위·한·연·송·위 중산의 12개국, 486장으로 나누어 정리하였다. 그 뒤 남송(南宋)의 요굉(姚宏)이 1146년에 책으로 펴냈다. 이와는 별도로 포표(鮑彪)는 1147년에 개개의 이야기를 연도순으로 편(篇)과 장(章)을 정리하고 자신이 주를 달아 책을 펴냈다. 요본(姚本)은 전33권, 포본(鮑本)은 전10권이다. 1365년에 간행된 포본에는 원(元)나라 오사도(吳師道)의 교주(校註)가 있다. 1973~1974년 장사(長沙)의 마왕퇴(馬王堆) 3호무덤에서 출토된 백서(帛書) 속에서 유향의 편찬 이전의『전국책』원본을 볼 수 있다.

『전국책』에 대해서 중국에서는 지속적으로 연구가 진척되었으나,2) 우리나라에서는 최근 들어 전국책에 대해 연구되기 시작했다.3) 기존연

---

1) 현재 장유의 『전국책』精選本은 국립중앙도서관본, 이화여대본, 고려대본, 경상대본, 대구가톨릭대본이 남아 있다.
2) 중국에서는『전국책』의 作者에 대해서 오랜 시간을 두고 논란을 하며 연구하고 있고, 編者와 각 註釋家에 대한 연구도 계속되고 있다. 대표적인 연구자로 潘辰, 顧廣圻, 羅根澤 등을 들 수 있다.

구에서는 『전국책』의 기본사상으로 다음 몇 가지를 지적하고 있다.[4]

첫째, 책략을 중시하는 견해
둘째, 인재를 중시하는 관점
셋째, 시기와 상황을 중시하는 시각

요약해본다면 『전국책』속에는 전국시대의 여러 제후국에서 종횡가(縱橫家)들이 문제 해결을 위한 인재로 등장하여, 다양한 책략을 시기와 상황에 맞게 구사하는 모습들이 나타나고 있다 하겠다.

2. 『전국책』에 대한 조선조 문인들의 평가

『전국책』이 언제 우리나라에 들어왔는지는 확실한 기록이 남아 있지 않다. 조선시대에 이르러서는 『전국책』의 출간·경연·수집·인용·사평·독서 등의 기록이 산견되어 당시 전국책에 대한 인식과 독서경향을 일부나마 엿볼 수 있다. 특히 조선 건국후 유학 일변도의 공맹숭상(孔孟崇尙)으로 인해 전국책이 가지고 있는 특유의 내용, 즉 궤휼(詭譎)과

---

3) 우리나라에서는 『전국책』에 나오는 한자 연구와 그 속에 담긴 사상적 특색 및 문헌적 계승 양상에 대한 연구가 진행되었다. 대표적인 연구를 소개하면 다음과 같다. 「『戰國策』 단음절의 연구」(황신애, 『중국어문연구』 19, 2004), 「古漢語'所'字研究-以『戰國策』爲主」(박상령, 『중국인문과학』 통권29, 2004), 「『韓非子』와 『戰國策』의 기본사상 비교」(김종성, 『중국어문논역총간』 13, 2004), 「『戰國策』에 나타난 重士 사상」(김종성, 『중국어문논역총간』 6, 2000), 「『戰國策』의 東周,西周論」(김종성, 『중국어문논역총간』 1, 1997), 「先秦史傳散文의 문학체재연구-『戰國策』을 중심으로」(김종성, 『중국어문논총』 9, 1995), 「秦漢史書對諺語的繼承和發展」(徐國慶, 『중국연구』 22, 2003)
4) 김종성, 「『한비자』와 『전국책』의 기본사상 비교」, 『중국어문논역총간』 13, 중국어문논역학회, 2004.

술책(術策)에 대해 상당히 부정적이었으며, 국가 경영에는 공맹지도에 위배되므로 임금이 이를 수용해서는 안 된다는 반대이론이 다수 나오고 있다.

역대『조선왕조실록』에 산견되는 전국책 관련 기록을 대략 정리해보면 다음과 같다.[5]

① 시강원 이세우(李世佑)가『전국책』을 강하려 하자, 영사 홍응(洪應)이 정치하는 도는 경학을 근본으로 해야 한다고 부정적인 의견을 펴 결국『상서(尙書)』로 대체하였다.(성종실록, 14년 12월8일, 정묘)[6]

② 행부사과(行副司果) 김흔(金訢)이 오사도(吳師道)가 중교한『전국책』1질을 바치니 마장(馬粧) 1부를 내려주도록 명하였다.(성종실록 21년 3월13일, 을축)[7]

③ 사헌부가 폐비 윤씨의 신주와 사당을 세우는 일에 대해『전국책』제책1(123장)의 제왕과 장자(章子)의 일화를 들어 반대하였다.(연산군일기 2년, 7월 4일, 을유)[8]

---

5)『전국책』에서 나온 고사를 사용한 글들이 실록에 다수 보이고 있으나, 이는 제외하고, '전국책'이란 서명이 직접 나오는 있는 부분만 찾아본 것이다.

6) 成宗 161卷, 14年(1483 癸卯 / 명 成化 19年) 12月 8日 丁卯. 丁卯 / 御經筵. 講訖, 侍講官李世佑啓曰 : "今晝講, 將講『戰國策』, 臣以爲 : '四次經筵, 不可皆以諸史.' 請講經學." 上問諸左右, 領事洪應啓曰 : "爲治之道, 實源於經學. 本之以經學, 參之以子, 史, 斯可矣. 古人云 : '博我以文, 約我以禮.' 臣意以爲 '雖博以諸史, 又約以性理之學, 於修, 齊, 治, 平, 庶有益矣.'" 上曰 : "然則當讀『尙書』." 應曰 : "『尙書』, 爲治之律令, 而君臣相戒之言, 莫善於此."

7) 成宗 238卷, 21年(1490 庚戌 / 명 弘治 3年) 3月 13日 乙丑. "行副司果金訢, 進吳師道重校『戰國策』一帙, 命賜馬粧一部."

8) 燕山 16卷, 2年(1496 丙辰 / 명 弘治 9年) 7月 4日 己酉. "彼章子者, 不過戰國智謀之臣, 而猶知恩義之輕重, 不以私恩廢大義, 不以母故負父, 大史義之, 至書於國策. 今聖上凡所施爲, 動法堯, 舜, 而至於立廟一事, 雖負遺教, 有所不恤何也?

④ 홍문관 부제학 김근사(金謹思)가 중국을 통해 서적을 수입할 것을 상차하여 재가를 얻은 기록에 『전국책』이 포함되어 있으며, 이를 뒤인 중종 10년(1515) 11월 4일 병술에 예조에 내린 전교에 『전국책』 인간하기를 허락하였다.(중종실록 10년 11월 2일, 갑신)[9]

⑤ 전쟁 중 서적을 등사하여 보관하기를 의논하면서 유몽인(柳夢寅)이 『전국책』 초책1(189장)의 몽곡(蒙穀) 일화[10]를 들어 주청하니, 윤허하였다.(선조실록 30년 3월 2일, 계유)

⑥ 부응교 이관명(李觀命)이 권상유(權尙游)와 함께 박세당의 『사변록思辨錄)』을 변파(辨破)해 보고하라는 왕명을 받고 설을 지어 바치면서, 『전국책』의 증공(曾鞏)이 쓴 서문을 인용해서 "없애지 말고 후세에 전해 그 무패(誣悖)함을 알게 하는 것이 좋겠다"고 아뢰었다.(숙종실록, 30년 8월 5일, 임신)[11]

　이상의 『조선왕조실록』의 기록을 통해 알 수 있는 것은 다음 몇 가지 것들이다. 임금을 위한 수업을 할 때 시강원에서는 『전국책』을 수업 내

---

9) 中宗 23卷, 10年(1515 乙亥 / 명 正德 10年) 11月 2日 甲申, 弘文館副提學金謹思等上箚, (…중략…) 又以館意啓曰 : "我國書籍稀貴, 秘藏所無者亦多. 如『朱文公集』,『資治通鑑』,『胡三省註』,『朱子語類』,『三國誌』,『國語』,『戰國策』,『南北史』,『隋書』,『梁書』,『遼史』,『金史』,『伊洛淵源』,『歐陽公集』,『眞西山讀書記』,『五代史』,『元史』等冊 皆於本館, 只存一件, 而如『二程全書』, 則私處所有, 而本館全無者也. 此等書冊, 視實學, 雖有間, 然若遺亡散失, 則後難得之, 請皆印出, 廣布中外. 且凡稀貴書冊, 令各道量其大小之力, 而刻木本, 使人人得皆印之, 何如?"

10) 吳나라와 楚나라가 전쟁시, 초나라가 매우 불리하였는데 이때 蒙穀이 싸움을 포기하고 도망하면서 궁궐로 들어가 중요 전적을 모아 짊어지고 떠나 운몽택으로 도망했다. 후에 초왕이 귀환하였으나 五官이 法典을 잃어버려 법을 집행할 수 없어 백성이 혼란에 빠졌다. 이때 몽곡이 法典을 바쳐 법을 집행하여 백성들이 크게 다스려졌다. 이에 왕이 큰 벼슬을 내렸는데, 그는 사양하고 숨었다,

11) 肅宗 40卷, 30年(1704 甲申. 청 康熙 43年) 8月 5日 壬申. 曾鞏『戰國策』序有曰 : '君子之禁邪說也, 固將明其說於天下, 使當世之人, 知其說之不可從, 然後以禁則齊, 使後世之人, 知其說之不可爲, 然後以戒則明. 豈必滅其籍哉?' 此說儘有見, 故朱子取之. 臣意以爲姑留此書, 使後世之人, 曉然知其說之誣悖, 恐或得宜."

용으로 다루지 않았다는 것을 우선 알 수 있다. 그렇다면 우리나라 임금들은『전국책』을 본격적으로 공부하려고 하지는 않았던 것으로 추측할 수 있다. 성종조에는『전국책』을 중간하여 임금께 바쳤고, 그 뒤 중종 때에는『전국책』을 중국에서 수입해와 인간하였다. 그런 것을 보면『전국책』을 수입해 간행해 보관하는 것은 필요한 것으로 암묵적으로 인정되었음을 알 수 있다. 그리고 신하로서 조정에서 어떤 주장을 할 때는『전국책』의 내용이 논리 주장의 근거로 이용되곤 했다.

그렇다면 조선시대 내내 전국책은 문인지식인들의 중요한 독서 대상으로 인정받았던가? 다음 장에서 조선조 문인들의 주요 독서 대상이 무엇이었는지 살펴보겠다.

3. 조선 중기 독서경향과『전국책』

독서에 대해 글을 남긴 과거의 문인들의 주독서 대상의 서적이 무엇인가를 살펴보면 다음과 같다. 특히 16세기 사림파 문인들의 독서 대상은 일정한 특징을 보이고 있다.

이황(李滉, 1501~1570)이 독서를 위해 권한 책들은『소학(小學)』·『대학(大學)』·『논어(論語)』·『맹자(孟子)』·『중용(中庸)』·『시경(詩經)』 등의 유교 경전들이었고, 이들 책 외에는 특히『심경(心經)』과 주자(朱子)의 서간문을 중요시 하였다.12) 또한 이이(李珥, 1536~1584)는 오서(五書 : 小學과 四書)와 오경(五經 : 三經과 禮經,春秋)을 돌려가며 읽고 송(宋)나라의『근사록(近思錄)』·『가례(家禮)』·『심경(心經)』·『이정전서(二程全書)』·『주자대전

---

12) 김영, 「조선시대 性理學者의 讀書論」,『조선 후기 한문학의 사회적의미』, 집문당, 1993, 178면.

『朱子大全)』・『주자어류(朱子語類)』와 같은 성리학(性理學) 관계 서적들을 정독하고 남은 힘으로 역사를 읽어 식견을 기르되, 잠시라도 이단이나 잡되고 옳지 못한 서적을 보아서는 안 된다고 하였다.[13]

사림과 문인들의 독서 대상이 주로 유교 경전, 그중 특히 성리학과 관련된 것이었고, 16세기 선비들이 이에 심취하여 독서하였던 것에 비해서, 조선 중기라 할 16세기 말~17세기 초부터는 의고주의(擬古主義) 문풍의 유행과 함께 새로운 독서경향을 보이게 된다.

『전국책』의 문장은 중국에서 이미 선진산문(先秦散文)으로 한나라 때 정리된 것으로 송대 고문운동가들과 그 이후의 명대 의고문 학자들에 의해 "문필진한 시필성당(文必秦漢 詩必盛唐)"의 기치 아래 많은 지식인들이 선진문(先秦文)을 독서대상으로 삼았고,[14] 전국책 문장이 그 텍스트로 거론된 만큼, 고문학습을 중시한 조선에서도 전국책은 읽어야할 책이라는 긍정적인 평가가 이 시대에 나오기 시작한 것이다.

허균(許筠)의 『학산초담(鶴山樵談)』에서는 다음과 같이 문장을 익히는 순서를 밝히고 있다.

> 문장을 배우려면 반드시 한퇴지(韓退之) 글을 익히 읽어, 우선 문호를 세우고, 다음으론 『좌씨전(左氏傳)』을 읽어 간결체를 배우고, 다음에는 『전국책(戰國策)』을 읽어 문장력이 종횡무진케 하고, 다음에는 『장자(莊子)』를 읽어 신출귀몰(神出鬼沒)하는 솜씨를 연구하고, 『한비(韓非)』・『여람(呂覽)』으로 지류를 통창케 하고, 『고공기(考工記)』・『단궁(檀弓)』을 읽어 뜻을 가다듬는데, 가장 중요한 것은 사마천(司馬遷)의 『사기(史記)』를 익히 읽어 자유자재롭고

---

13) 위의 글, 182면.
14) 명대 의고주의 문인중 하나인 왕세정이 편찬한 책의 내용을 보면 당시 의고주의 문풍에서 중시한 책을 알 수 있다. 王世貞(明)이 原選하고, 鍾惺(明)이 增定한 『名世文宗』의 내용은 다음과 같다. 冊1, 目錄, 左傳; 冊2, 左傳, 國語; 冊3, 國語; 冊4, 國語, 公羊傳, 穀梁傳; 冊5, 屈子, 管子, 晏子; 冊6, 卜子, 莊子, 程子; 冊7, 列子, 墨子, 荀子, 韓子, 戰國策; 冊9, 戰國策, 秦文, 呂氏春秋, 西漢文; 冊10~13, 西漢文; 冊14, 西漢文, 東漢文; 冊15, 唐文, 宋文; 冊16, 宋文, 元文; 冊17~18, 明文.

뛰어난 태를 키우는 것이다.

이제 조선 중기 문인들의『전국책』독서에 관한 인식과 그와 관련된 문학활동 양상을 살펴보려고 한다. 이를 크게 나누어 본다면,『전국책』 편찬 작업,『전국책』의 고사를 인용한 작품 창작,『전국책』을 본뜬 작품 창작 등이 있다.

1)『전국책』의 정선(精選) 및 편찬

『전국책』에 대해서 의의를 부여하고, 문장의 중요한 궤범으로 전국책 을 뽑아 편찬했던 조선 중기의 인물로는「어우야담」을 쓴 설화문학가 어우당(於于堂) 유몽인(柳夢寅, 1559~1623, 명종 14~인조 1)을 들 수 있다.

그는 16세기 말~17세기 초엽 중국으로부터 들어와 유행하던 의고주 의 문풍에 따라 '문필진한' 즉 선진, 양한시대의 글을 문장의 모범으로 삼아 창작에 임하였다. 그는 특히 임진년이후 귀한 서책이 불타 없어지 거나 함부로 취급되어서, 문장에 뜻을 둔 선비들에게 도움을 주지 못한 다고 아쉬워하면서 스스로『대가문회(大家文會)』라는 책을 만든다고 밝 혔다. 그는 총 10책 21권짜리 책을 편찬하면서「대가문회발(大家文會跋)」 에서 다음과 같이 밝혔다.

> 오늘날 문장이 심히 비루한데 서책이 매우 드물다. (…중략…) 무릇『좌전 (左傳)』4편,『국어(國語)』2편,『전국책(戰國策)』2편,『사기(史記)』3편,『한 서(漢書)』3편에 한유의 글이 4편, 유종원의 글이 3편인데 이들은 모두 내가 직접 가려 뽑은 것이다. (…중략…) 제목은『대가문회(大家文會)』라고 하였으 니 그 이유가 무엇인가? 문장을 집에 비유하자면 그 집이 큰 것도 있고 작은 것도 있다. 그중 대가를 배우면 크게 되고 소가를 배우면 작게 된다.[15]

이에 대해서 어떤 사람이 "『전국책』의 내용이 권모(權謀)에 관한 것"[16]이라 문제가 있는 것이 아니냐고 묻자, 유몽인은 다음과 같이 『전국책』의 장점을 상세히 주장하였다.

> 무엇을 꺼리겠는가? 옛날 공자(孔子)가 시경(詩經)을 산정할 때에 정위풍(鄭衛風)을 산삭하지 않았다. 『전국책』은 억양개합[抑揚闔捭]이 기굴[崛奇]하여 그 거침없이 쏟아지는 웅변(雄辯)이 문장의 기세를 키우기에 족하다. (…중략…) 후세에 이들을 익힘이 없기에 내가 이 때문에 함께 수록하는 것이다. 대저 문장은 차라리 높을지언정 낮고자 해서는 안 되고, 차라리 과할지언정 미치지 못하면 안 된다.[17]

여기서 보면 유몽인의 경우, 선진시대의 뛰어난 고문(古文)의 범주 속에 들어 있는 『전국책』을 높고 뛰어난 문장의 모범으로 보고, 문장력을 높이기 위해서는 『전국책』을 읽어야 한다고 주장했음을 알 수 있다. 풍자와 비유를 이용하며 문장의 기세가 억양개합한 것이 『전국책』의 특징으로 넘치는 힘을 보이는 문학적 기교를 보여주고 이를 통한 효과적인 설득이 가능하기에 매우 훌륭한 것이라 평가했다.

그런데 유몽인과 비슷한 시대의 인물인 소암(疏菴) 임숙영(任叔英, 1576~1623, 선조 9~인조 1)은 『전국책』을 대상으로 문장 공부를 하는 사람에게 「독전국책증이두양(讀戰國策贈李斗陽)」이라는 다음의 글을 써주었다.

> 내가 『전국책』을 읽고, 문왕 무왕의 은택이 망했음을 슬퍼한다. (…중략…) 아아. 이익을 좋아함이 이와 같으니, 비록 말하는 가운데 가이 칭할 수 있는

---

15) 柳夢寅, 『어우집』 권6 「大家文會跋」. "今之世文甚庳. 簡籍甚稀. (…중략…) 凡左傳四篇. 國語二篇. 戰國策二篇. 史記三篇. 漢書三篇. 韓文四篇. 柳文三篇. 皆余手自抄揀. (…중략…) 命其目曰大家文會. 何者. 文章有家. 家有大有小. 學其大者大. 學其小者小."

16) 위의 글. "或曰. 子之所編則善矣. 戰國策. 語多權謀"

17) 위의 글. "曰. 何傷. 昔孔子刪詩. 不刪鄭衛風. 況戰國策抑揚闔捭崛奇. 其懸河雄辯. 足以助文氣. (…중략…) 後世無沿襲. 余用是垃錄焉. 凡文章寧亢不欲庳. 寧過不欲不及.

것으로 어떤 것이 있는가? 비루하다. 당시의 습속이여. 춘추시대가 비록 심히 쇠하고 어지러웠어도, 진실로 여기까지는 이르지 않았다. 그러므로 문왕 무왕의 은택이 전국시대에 이르러서는 망한 것이다. 그런즉 이른 바『전국책』이라는 것은 진실로 백 가지 속임의 근본이다. 세상의 학사 대부들이 혹 능히 그것을 폐하지 못함은 어째서인가? 대개 그 문장의 공교로움을 취하는 것이다. 문장이 비록 공교로와도 그 이치가 공교롭지 못하니 어째야 하는가? 이치가 공교롭지 못하면 문장으로 여기기엔 부족하다. 이를 업 삼는 자는 이치를 공교롭게 함에 힘써야 하니, 문장에 오로지 공교롭지 못하더라도 가한 것이다. 이두양 군은 고문에 뜻을 두었다. 바야흐로 전국책을 읽었으니, 내가 그 호고(好古)를 가상히 여기나, 그 바름을 얻지 못함은 두려워하니, 고로 이와 같이 고하노라.[18]

임숙영은 춘추전국시대가 난세라 하나, 그중 전국시대는 서로가 서로를 속이며 자신들의 이익만을 챙기는 어지러운 시대로 문왕, 무왕의 훌륭한 도와 그 은택이 모두 사라져버린 때라고 규정하고 있다. 그리하여 그 시대의 이야기를 담고 있는『전국책』은 백 가지 속임의 근본이라고 매도하는 것이다. 그러므로 당시의 사람들이 문장의 공교함을 배우기 위해서『전국책』을 읽는다고 하나, 이는 그 내용이 바르지 못하므로 문장의 규범으로 삼아 읽어서는 안 된다는 주장이 결론이다. 임숙영의 생각에는 아무리 호고(好古)한다고 하여도 이 책을 읽어서는 안 된다는 것이다.

이렇게『전국책』을 읽는 문제에 대해서 설왕설래가 되고 있은 후, 조선 중기 한문사대가(漢文四大家) 중 한 사람인 계곡(谿谷) 장유(張維, 1587~1638, 선조 20~인조 16)는『전국책』정선본(精選本)을 편찬해내었다.[19]

---

18) 任叔英,『疏菴先生集卷』8권, 雜著「讀戰國策. 贈李斗陽」. "余讀戰國策. 而悲文武之澤亡也 (…중략…) 嗚呼. 好利如此. 則雖言語之間. 其可稱者何有. 陋哉. 當時之習也. 春秋雖甚衰亂. 固不至於此也. 故曰文武之澤. 至戰國而亡也. 然則所謂戰國策者. 誠百誕之本也. 而世之學士大夫. 或不能廢之者何也. 蓋取其文之工也. 文雖工. 其理理不工何. 理不工. 則不足以爲文矣. 業之者. 務工於理. 而不專工於文可也. 李君斗陽. 有志於古文. 方讀戰國策. 余嘉其好古. 而恐不得其正. 故告之如此"

장유는 『전국책』에 대해서 관심이 많고 자세히 읽었던 것으로 보인다. 그리하여 그는 『전국책』의 내용 중 우리 조선 문인들에게 도움이 될 만한 것을 엄선하여 새롭게 제목을 달고 편집해서 만들어냈다. 그가 취한 방식은 나라를 중심으로 한 것과 더불어서, 임금의 이름을 제목으로 잡아 나라 이름 아래 배열한 것으로 취하고 있다. 이러한 과정에서 동주와 서주는 같이 묶였고, 나라별(西周, 秦 등)로 국명이 나오면서 그 아래에 임금의 이름(昭襄王·孝文王·始皇帝·閔王·宣王·懷王·頃襄王·蕭侯 등)이 표기되었다. 그러다보니 원래의 전국책의 나라별 구성과는 다르게 위치가 달라지게 된다. 예를 들어본다면 「경양왕(頃襄王)」의 경우는 원래 초책(楚策)과 제책(齊策)·한책(韓策) 세 나라 속에 나누어서 수록되었던 여러 편의 이야기들이 한 임금의 이름 아래에 나란히 들어 있게 되는 것이다. 이러한 인물 중심의 편찬은 그 임금 당대에 어떤 일이 있었는지, 그 임금의 잘잘못을 정확히 구분하여 이해하는데 도움이 된다는 것이다. 예를 들어 어려운 일에 당면한 어느 나라 임금이 어떻게 인재를 기용하여 그 난국을 헤쳐 나갔는지를 보다 명백하게 드러낼 수 있어서 전국시대 임금에 대한 역사적 포폄이 절로 이루어진다고 할 수 있다는 것이다. 이를 통해 볼 때 장유는 인물 중심, 특히 왕(王) 중심의 세계관을 가지고 있는 것을 볼 수 있다.[20]

---

19) 장유가 편찬한 『전국책』 뒤에는 "崇禎後再度乙巳錦城刊刻"이라고 쓰여 있다. 장유가 정선한 전국책이 필사되어 남아 있는 것이 여러 편인 것으로 보아, 상당히 문인들의 관심을 끌었던 것으로 보인다.

20) 여기서 말하는 왕 중심이란, 인간 역사의 중심이 臣權보다는 王權에 의해 좌우된다는 생각을 말한다. 전국책의 내용에는 수많은 난관을 책사들이 다양한 언술과 기지로서 헤쳐나가는 모습이 나타나는데, 그러한 유능한 인재를 기용하여 잘 쓴 임금은 위기를 극복하였고, 그렇지 못한 임금은 망국으로 치닫곤 한다. 이러한 인재를 알아보고 발탁하는 것은 바로 임금으로 그 능력에 따라 왕권이 강화되고 약화되기도 한다. 장유가 굳이 임금의 이름을 강조해 앞에 제시한 것은 그만큼 임금의 역할이 인간 역사를 만드는데 중요하다는 것을 암시한다고 하겠다. 이는 송시열과 같은 노론계 성리학자들이 臣權을 강조한 것에 비해, 장유나 정두경은 강력한 왕권을 중시한 것이 그들의 다른 글에서도 보이므로 이런 생각을 하게 된다.

또한 그가 특별히 주안점을 두고 뽑은 내용들의 특성을 몇 가지로 정리해보면,

> 첫째, 인재 등용의 과감성을 강조함.
> 둘째, 위기를 당했을 때 적재적소의 인재 사용의 중요성 강조
> 셋째, 주로 비유를 통한 풍간·우언의 방식을 쓴 세객의 이야기를 다수 수록함.
> 넷째, 지나친 권모술수의 내용은 누락함.
> 다섯째, 임금이나 신하에 대한 잔인한 시해, 폐위, 상해의 내용을 누락함.

그리고 그와 함께 그가 직접 본문 문장 아래에 주석을 달아놓아 읽기 편하게 만들어 놓은 것도 주목된다. 이는 장유가 상당히 『전국책』에 깊은 관심을 가지고 문객들에게도 읽히려고 했던 의지에서 기인하며, 그러한 행동의 바탕에는 평소 그가 가지고 있던 정자, 주자의 성리학에만 매이지 않았던 사상적 개방성이 있다.

> 중국은 학술에 여러 갈래가 있는 까닭에 정학(正學)·선학(禪學)·단학(丹學) 등의 학술이 있고, 또는 정자(程子)·주자(朱子) 등을 배우는 자도 있으며 육씨(陸氏)의 학문을 배우는 자도 있다. 그렇기 때문에 중국에서는 그 학문의 길이 하나로만 되어 있지 않다. 그러나 우리나라에서는 유식하고 무식한 사람을 막론하고 하나같이 정자와 주자만 배우고 외울 뿐, 다른 학문이 있다는 말은 듣지 못했으니 이것은 어찌 우리나라가 학문을 배우고 익히는 것이 과연 중국보다 나아서 그렇단 말인가? (…중략…) 이것은 비유해 말하건대, 토지를 개간하고 씨를 뿌리며 결실도 잘한 뒤라야 곡식과 피를 가릴 수 있을 것인데 아득한 적지 위에서 무엇이 곡식인지 무엇이 피인지 가릴 여지가 있겠는가?[21]

---

21) 張維, 『谿谷集』 「谿谷漫筆」 제1권. 「我國學風硬直」. "中國學術多岐. 有正學焉. 有禪學焉. 有丹學焉. 有學程朱者. 學陸氏者. 門徑不一. 而我國則無論有識無識. 挾筴讀書者. 皆稱誦程朱. 未聞有他學焉. 豈我國士習果賢於中國耶. (…중략…) 譬猶墾土播種. 有秀有實而後五穀與稊稗可別也. 茫然赤地之上. 孰爲五穀. 孰爲稊稗者哉"

그는 중국의 지식인들처럼 다방면의 학문을 해보아야 무엇이 가장 훌륭한지 알 수 있을 것인데, 우리 조선의 선비들은 오로지 정자와 주자의 학문에만 경도되어 구속되고 경직되어 있다고 비판했다. 그런 맥락에서 장유에게는 '종횡가(縱橫家)의 학술'을 담고 있다고 할 『전국책』 역시 학문의 한 대상이 될 수 있었던 것이다.

그리고 흥미로운 것은 다음 이야기의 경우는 바로 당시 조선이 겪고 있던 문제에 대한 지적에 다르지 않고, 바로 병자호란 이후 인질로 끌려갔던 왕자들의 문제를 해결할 방법의 한 모델로 이 전국책의 내용이 쓰일 수 있었기 때문이라 보인다.

> 초나라 양왕[頃襄王]이 태자였을 때 제나라에 인질로 가 있었다. 회왕(懷王)이 죽자 태자는 제 민왕(閔王)에게 이별을 고하고 귀국하려는데 제왕이 막았다. "나에게 초나라의 동쪽 땅 500리를 주면 그대를 돌려보내 주려니와, 그대가 나에게 이를 주지 않으면 돌려보낼 수 없다." 태자가 말하길 "저의 사부가 계시니 물러나 사부에게 여쭈어보겠습니다." (…중략…) 왕은 세 대부의 계책을 스승인 신자(愼子)에게 고하였다. "자량은 과인에게 '주지 않을 수 없다. 준 다음 다시 공격하여 되찾자'라 하고, 소상은 '주어서는 안된다. 자신이 지켜내겠다'라고 하고, 경리는 '줄 수 없다. 비록 그렇기는 하나 우리 단독으로 지켜낼 수 없으니 자신이 진(秦)나라의 도움을 찾아보겠다'고 하니 과인은 이 세 사람의 계책 중에서 누구의 말을 들어야 옳습니까?" 신자가 대답했다. "왕께서는 세 사람의 말을 모두 쓰십시오."[22]

진퇴양난의 위기 상황 속에서 임금은 스승이자 유세객인 인물의 도움으로 세 신하의 계책을 합친 새로운 방법을 써서 약속을 지킨다는 명

---

22) 『戰國策』 第15 楚二. "楚襄王爲太子之時, 質于齊, 懷王薨. 太子辭于齊王而歸. 齊王陰之: "予我東地五百里, 乃歸子; 子不予我, 不得歸." 太子曰: "臣有傳, 請追而問傳" (…중략…) 王以三大夫計告愼子曰 : "子良見寡人曰 : '不可不與也, 與而復攻之'. 常見寡人曰 : '不可與也, 常請守之.' 鯉見寡人曰 : "不可與也, 雖然, 楚不能獨守也, 臣請索救于秦.' 寡人誰用于三子之計?" 愼子對曰 : "王皆用之."

분을 지키고, 또 동시에 국토를 빼앗기지 않았으며, 군사를 희생시키지 않았다. 이러한 전국책의 내용은 일촉즉발의 상황 속에서도 머리를 써서 최소한의 희생을 택하여 살아남는 생존방식을 가르쳐 주는 것으로 이는 때로 조선의 문제를 푸는데 도움을 줄 수 있는 것이다. 그러므로 장유는 단순히 문장의 규범으로서만 전국책에 관심을 가졌다기보다는 당대의 문제해결에 충분히 선용될 수 있으리라는 믿음에서 과감하게 남들의 질타를 무릅쓰고 『전국책』을 편집했으리라 생각된다.

다음은 내용은 장유가 정선한 내용 중 하나로, 성리학 중심으로 학문에 몰두한 문약(文弱)한 문인이라면 현실문제 해결에 대해 다시 한 번 생각하게 만드는 글이다. 『전국책』제20권 조책(趙策)3 중의 아래 이야기는 조나라 혜문왕(惠文王)과 정동(鄭同)이란 남방의 박사가 나눈 대화 내용이다. 병법(兵法)에 밝다는 정동을 향해 혜문왕이 별로 관심이 없다는 듯 이야기하는 것으로 이들의 대화는 시작된다.

조나라 혜문왕이 말했다. "나는 병법(兵法)에 관한 것을 좋아하지 않소"
정동은 손뼉을 치며 하늘을 쳐다보며 웃으며 말하였다. "병법이란 천하에 교활한 자가 좋아하는 것이지요. 저도 본디 임금께서 이를 좋아하지 않는다는 것을 익히 알고 있습니다. 저 역시 일찍이 이 병법을 위 소왕(魏昭王)에게 유세한 적이 있습니다. 그때 소왕 역시 '과인은 병법을 좋아하지 않는다'라고 하더군요. 이에 제가 이렇게 물었지요. '임금께서는 능히 허유(許由)와 같을 수 있습니까? 허유는 천하에 얽매이지 않겠다고 왕위를 받지 않았습니다. 그런데 지금 왕께서는 이미 선왕이 물려주신 나라를 이어받아 종묘를 안정시키려하고 국토가 깎이지 않도록 해야 하며, 사직에 혈식(血食)을 바쳐야 하겠지요? 그랬더니 그렇다고 대답하였습니다. 지금 어떤 사람이 수후지주(隨侯之珠)나 지구지환(持丘之環), 그리고 만금의 재물을 가지고 들에서 노숙해야 하는데, 안으로는 지켜줄 맹분(孟賁) 같은 역사도 없고, 성형(成荊)이나 경기(慶忌)같은 결단력 있는 용사도 없으며, 밖으로는 궁노(弓弩)의 방어무기도 없다면 아마 그날 저녁을 넘기기 전에 다른 사람이 그를 위험하게 하고 말 것입니다. 지금 강하고 탐욕 많은 나라가 대왕의 국경에 다다라 땅을 요구하는데 이치

(理致)로 설명해도 소용없고, 인의(仁義)로 설득해도 들어주지 않습니다. 이러 때 왕께서는 싸워 지켜낼 무기가 없다면 장차 이를 어떻게 대처하겠습니까? 임금께 병력이 없으면 이웃나라가 뜻대로 합니다." 조왕은 '과인은 청컨대 가르침을 받들겠소'라고 하였다.[23]

위의 내용을 보면 하나의 나라가 외국과 외교적 갈등을 겪거나 첨예한 정치적 갈등을 맞는 경우에는 아무리 이치나 인의(仁義)라는 도덕률을 가지고 잘 설명한다고 해도, 절대로 해결할 수 없다는 엄연한 현실 논리를 보여주고 있다. 이는 장유가 살면서 겪었던 당시의 어려움을 감안할 때 —인조반정(仁祖反正)·병자호란(丙子胡亂) 등— 국내외의 복잡한 현실 속에서 당면한 문제를 해결하기 위해서는 치열한 생존경쟁의 현장을 보여주는『전국책』의 내용이 실제적인 도움을 줄 것이라 장유가 여겼으리라 짐작할 수 있다. 그래서 장유는 스스로 읽는 것에만 그치지 않고, 다른 독자를 위해서 정선하고 주를 다는 작업을 기꺼이 한 것으로 보인다.

2)『전국책』고사 인용 산문 및 한시

문집을 살펴보다 보면, 전국책에서 나온 고사를 즐겨 시나 산문에 사용한 조선 중기의 문인들을 발견할 수 있다. 그 대표적인 인물로는 김

---

23)『戰國策』第20 趙三 "鄭同北見趙王, 趙王曰:"子南方之傳士也, 何以教之?" 鄭同日:"臣南方草鄙之人也, 何足問? 雖然, 王致之于前, 安敢不對乎? 臣少之時, 親嘗教以兵." 趙王曰:"寡人不好兵. 鄭同因撫手仰天而笑之, 曰:"兵固天下之狙喜也, 臣故意大王不好也. 臣亦嘗以兵說魏昭王, 昭王亦曰:'寡人不喜.' 臣曰:'王之行能如許由乎?' 許由無天下之累, 故不受也. 今王既受先王之傳, 欲宗廟之安, 壤地不削, 社稷之血食乎?' 王曰:'然' 今有人操隨侯之珠, 持丘之環, 萬金之財, 時宿于野, 內無孟賁之威, 荊慶之斷, 外無弓弩之禦, 不出宿夕, 人必危之矣. 今有强貪之國, 臨王之境, 索王之地, 告以理則不可, 說以義則不聽. 王非戰國守圉之具, 其將何以當之? 王若無兵, 鄰國得志矣." 趙王曰:"寡人請奉教."

육과 장유 등을 들 수 있다.

잠곡(潛谷) 김육(金堉, 1580~1658, 선조 13~효종 9)은 대동법(大同法)을 써서 나라 경제를 바로 잡으려고 했던 재상으로, 또한 병자호란 직후에는 왕자들을 위해 심양(瀋陽)을 다녀오고, 어려운 시대 상황 속 나라 일에 헌신하였던 인물이다. 그러한 그의 시와 산문 속에서 『전국책』 고사가 다수 발견되고 있어 주목된다. 이는 바로 그가 현실문제 해결을 다룬 『전국책』 읽기에 주력했음을 알게 하는 방증이기 때문이다. 9편의 여러 작품에서 전국책 고사 인용을 확인할 수 있는데, 다음은 「은대잡영서(銀臺雜詠序)」이다.

> 용사(龍蛇)의 해에 제공(諸公)들과 함께 승정원에서 입직하였는데, 날은 오래되고 밤은 길어 소회를 풀 방도가 없었다. 마침 어렵고 위태로운 시절을 만나 걱정과 울분 속에 나지막하게 읊조렸는데, 간간이 마음에 드는 시가 있어서 적막을 깨뜨리고 흥에 부치자, 제공들이 비루하게 여기지 않고 이어서 화답하였다. 이는 참으로 이른바 곽외(郭隗)로부터 먼저 하였다는 것이지, 양춘백설(陽春白雪)의 곡(曲)은 아니다. 권중(卷中)에 시를 적어 두어 은대의 고사(故事)로 삼았는바, 시(詩)를 덧붙여 지을 후대의 군자를 기다린다.[24]

김육은 승정원에서 모인 사람들이 함께 당대의 문제에 대해 생각하고 시로 표현했다. 그런데 그 글의 서문을 쓰면서 『전국책』에 나오는 곽외(郭隗)의 고사를 인용하고 있는 것이다.

한편 『전국책』을 정선하였던 계곡(谿谷) 장유(張維)는 11편의 한시 속에 전국책 고사를 인용하였다. 그가 주로 애용한 고사는 전국 시대 제(齊) 나라 사람 풍훤(馮諼)의 이야기로 맹상군(孟嘗君)의 식객(食客)으로 있

---

24) 金堉, 『潛谷先生遺稿』 卷9 「銀臺雜詠序」. "龍蛇之歲. 與諸公竝直政院. 日長夜永. 無以消遣. 且屬時艱危. 憂憤沈吟. 間有喜作. 叩寂寓興. 諸公不以爲鄙. 續而和之. 誠所謂先從隗始. 而非陽春白雪之曲也. 留諸卷中. 以爲銀臺故事. 如其增益. 以竢後之君子云"

으면서 재주를 인정받지 못하고 대우받지 못하자 칼 등을 두드리며 불편한 심정을 노래했던 고사(戰國策 齊策4)이다.

澆落身仍困	현실에 어두워 고달퍼진 몸
羈栖迹未安	나그네 길 떠났어도 편안치 못해
短衣隨李廣	짧은 옷 입고서 이광 따르고
長鋏和馮驩	풍환처럼 장협가나 불러 볼거나
冷雨經秋歇	가을 내내 간헐적으로 내리는 찬 비
孤燈入夜寒	밤 되자 등잔 불빛 더욱 싸늘하고녀
親朋各南北	친구들 남북으로 각각 흩어졌으니
詩就共誰看	시 지은들 누가 함께 보아 주리요 25)

이외의 시 속에서도 풍환의 고사가 여러 차례 등장하고 「첩운증중연군석이도위십수(疊韻贈仲淵君奭二都尉十首)」에서는 '교토삼굴(狡兎三窟)'의 고사가, 「송이상보학사장시영남장구(送李尙輔學士掌試嶺南長句)」에서는 '수레를 끄는 천리마(千里馬)'의 고사가 인용하였다.

그 외 신흠(申欽)·허목(許穆)과 같은 조선 중기의 문인들도 『전국책』의 내용을 자유롭게 시와 문장 속에서 인용해 쓰고 있음을 확인할 수 있다.26)

---

25) 張維, 『谿谷先生集』 권27, 五言律詩 「客裏」.
26) 민족문화추진위원회의 데이터베이스 자료검색를 이용해보면, 『전국책』의 고사를 인용한 문인으로 본논의에서 거론한 조선 중기의 문인 이외에 최치원·이규보·정약용·이덕무·박지연 등을 찾을 수 있다. 이들의 공통점은 성리학 위주의 사림파문인들과는 거리를 둔 개성적인 문학세계를 이룩한 문인들이라는 것이다. 그런데 본고에서는 특히 조선시대에는 전국책에 대한 관심과 문학적 인용이 '조선 중기'에 이르러서 특히 활발해졌음에 주목하고, 이를 강조하고자 하여 이들 문인들의 작품들을 거론하여 소개하는 것이다.

3) 문장 유형 제시로서의 『전국책』

『전국책』은 중국의 역대산문 중에 '사전산문(史傳散文)'의 유형에 속한다. 이는 곧 『전국책』이 기본적으로 춘추전국시대의 역사기록이라는 것을 말한다. 그런데 동시에 문학 작품인 것이다. 왜냐하면 『전국책』 내용에는 역사적 사실과 함께 허구적 이야기도 함께 있기 때문이다.[27] 이러한 점에서 『전국책』은 사학적 측면에서뿐 아니라 문학적 각도에서 고찰할 수 있는 여지를 제공해주고 있다. 『전국책』의 문학적 가치에 대해 논한 기존의 중국 쪽 평가를 살펴보면 다음과 같다.

> 『전국책』은 처음에 누가 지었는지 모른다. 그 문장은 아름다워 『좌전(左傳)』·『사기(史記)』 외에는 그것을 따라가기 힘들다" 그리고 "사마천(司馬遷)이 『전국책』을 본받았기 때문에 학자들이 집에 두고 읽지 않을 수 없다"(耿延禧)고 하였다. 주자(朱子)는 『전국책』을 두고 "영위(英偉)의 기풍이 있어 『국어』의 문장보다 낫다"고 높이 평가했다. 또한 "『좌전』의 문체는 매우 성대하고, 『전국책』은 변화무쌍하면서 질박하고 굳건하다. 실로 『사기』가 적절히 본받았다(張士元).[28]

『전국책』을 문장의 규범이라고 중요하게 여기며 『대가문회(大家文會)』를 편찬했던 유몽인은 실제로 자신이 『전국책』의 글 형식을 본뜬 글을 써 남에게 주기도 하였다. 「희효전국책봉증전주부윤정공행서(戲效戰國策奉贈全州府尹鄭公行序)」라는 글이 그것이다.

> 나그네가 유자에게 말하길, 벼슬아치가 조정에서 벼슬을 얻지 못하면 외읍에서 벼슬하면 될 따름입니다. 그대는 정시랑 윤전주를 보지 못했습니까? 지금 그대가 조정의 관리로서 현달하지 못하였는데, 어찌 외읍을 도모하지 않고, 절박하게 남쪽으로 합니까? 유자가 말하길, 그렇다 어떤 사람은 여기에서 호

---

27) 김학주, 『중국고전문학의 전통』, 63면. "『전국책』은 『좌전』과 『국어』에 비해서 역사적 사실과는 상당히 거리가 먼 내용도 있다."
28) 권아린, 「전국책 우언연구」, 성균관대 석사논문, 2006, 48면.

백구를 버리고 포갈을 좋아하고, 곰발바닥 요리를 버리고 부추 채소를 좋아한
다. 이는 천성에서 나와 그런 것이도다. 원래 좋아하는 것은 저기에 있고 여기
있지 않다. 그런데 귀한 것은 계속하기 어렵고 천한 것은 구하기가 쉽다. 고로
그 바라는 바를 쫓는 것이다. 지금 정시랑이 조정에서 나와 외읍으로 나가게
되었다. 그가 외읍으로 나감은 비록 정시랑에게는 잃는 것이 되더라도 내가
얻지 못한 것을 얻은 것이다.[29)]

　유몽인은 『전국책』을 본떠서 장난삼아 떠나는 사람에게 글을 써주었
다. 이 글의 내용은 조정의 높은 자리로 현달하지 못하여 외읍으로 떠
나는 정시랑에게 위로 겸 작별인사를 하고 있는 것이다. 사람마다 추구
하는 것이 다르고, 가치 있게 여기는 것이 다름이 천성이고, 이로 인해
어떤 이에게는 잃은 것처럼 보이는 것이 다른 상대에게는 부러운 것임
을 역설하여 상대적 가치를 보여주었다. 이 글 속에서 유몽인은 문답법
과 비유법을 통해 자신의 처세관에 대해 토로하는 것이다.
　『전국책』의 논리 전개에는 주로 '문답법'이 많고, 유세가가 점층법적
인 문답의 과정을 통해 제후에게 어떠한 사실을 깨닫게 하고 마음을 움
직이게 하여 목표한 바를 이루게 된다. 또한 매우 구체적이고 적절한
'비유'나 '우언(寓言)'이 등장하여,[30)] 『전국책』의 서사성과 문학성을 함
께 이루고 있다. 이러한 서술법은 『전국책』을 익숙히 읽은 문인들에게
중요한 문장기법으로 학습되게 된다.
　특히 『전국책』에서 주목할 것은 그 속에 들어 있는 우언(寓言) 형식의
글들이다. 여기서 말하는 우언이란 '작가가 나타내고자 하는 의미를 직접
말하지 않고, 줄거리를 가진 비유적인 이야기를 통해 제시하는 짧은 글'

---

29) 柳夢寅, 『於于集』後集 「戯效戰國策奉贈全州府尹鄭公行序」. "客謂柳子曰. 仕者
不得諸朝. 則外邑而已矣. 子不見鄭侍郎尹全州乎. 今子仕於朝官不達. 胡不圖之外
邑乎. 而挈挈而南爲. 柳子曰. 然. 有人於此. 舍狐腋而好布褐. 舍熊蹯而嗜韭菹. 是出
於天性然乎. 原所好. 在彼不在此. 而直貴者難繼而賤者易求. 故從其所欲焉爾. 今鄭
侍郎出朝而之外. 其之外也. 雖於鄭乎爲失. 是得之吾所不得者."
30) 권아린, 앞의 글에서는 총 44편의 우언을 찾아내 연구하였다.

이다. 우언은 전국시대의 혼란 속에서 직언(直言)의 위험성을 피하고 말하는 자와 듣는 자의 언어적 소통을 원활하게 하기 위해 생겨난 것이다.[31]

『전국책』속에 들어 있는 우언으로는 '증삼(曾參)의 살인소식 3번에 그어머니가 달아나다', '추기(鄒忌)의 미남자 여부에 대한 사람들의 대답', '사나운 호랑이 2마리가 싸우는 상태에서 바른 사냥법', '강상(江上)의 처녀', '해대어(海大魚)라는 세 마디 간언' 등등이 있다.

이렇게 문학적 허구성이 엿보이는 『전국책』의 내용은 훗날 한대(漢代)의 부(賦), 전기문학(傳記文學), 소설, 희곡 등 다양한 방면에 영향을 끼친 것으로 평가된다. 그리고 이러한 『전국책』의 특성은 조선 중기 문인들의 작품과도 연관이 된다 하겠다.

동명(東溟) 정두경(鄭斗卿, 1597~1673, 선조 30~현종 14)의 경우는 바로 「시풍(詩諷)」이란 글 속에서 임금을 설득하는 글을 남기고 있다. 중국의 본받을만한 훌륭한 임금과 징계해야 할 임금을 2가지 전형으로 나누어서 '법편(法篇)'과 '징편(懲篇)' 2가지로 분류해, 해당 임금의 이름을 밝히고 그 아래 글의 제목을 써서 내용을 전개시켰다. 그런데 바로 이 정두경의 시풍에는 『전국책』의 방식을 많이 차용한 듯 비유와 문답법이 상당히 많이 나오고 있다. 역사와 문학의 중간 형태라 할 수 있는 「시풍」은 바로 그런 면에서 『전국책』과 상당히 유사하다고 하겠다.[32]

또한 정두경이 남긴 「산군전(山君傳)」의 내용에서 등장하는 호랑이의 형상은 『전국책』의 그것도 상당히 유사하다. 이는 인간과 친근하고 때론 어리석어 골탕을 먹는 우리나라 전래의 호랑이 이미지가 아니라, 잔인하고 힘있는 권력자로서의 호랑이 이미지이다. 이는 『전국책』에서 자주 등장하는 권력자로서의 호랑이의 모습이라 흥미롭다.

이 외에도 조선시대 우언의 발달과 『전국책』과의 관련성은 보다 심

---

31) 위의 글, 118면.
32) 정두경의 「시풍」 작품 속에 참고한 서적의 출처가 나오고 있는데, 그중에 『전국책』
이 들어 있다.

도 있게 살펴볼 내용이 되겠다.

4. 맺는 말 – 시대변화에 따른 새로운 관심과 변모

본고의 분석 결과, 『전국책』에 대해 호감을 가졌던 인물들은 의고주의 문학사조의 영향에 있던 인물들임과 동시에 사상적 자유로움을 가졌던 인물들이라 요약할 수 있겠다.

유몽인 · 장유 · 정두경로 대표되는 이들 문인들의 『전국책』에 대한 관심은 시대 상황에서 비롯되었다고 할 수 있다. 어려운 현실 상황 속에서 그 상황을 타개해나갈 문학적 표현에 대한 관심은 『전국책』에 대해 호감을 갖게 하였고, 또 문장의 한 전범이 될 『전국책』은 또한 매우 매력적인 문장 교본서였다고 할 수 있는 것이다. 이를 통해 역사와 문학, 비유와 우언 등의 적절한 사용을 배울 수 있기 때문이다.

그러나 의고주의 문풍의 영향과 시대적 어려움 속에서 『전국책』에 대한 관심이 드높아지고 중시되던 조선 중기 이후 조선 후기로 가면 다시 그 책에 대한 평가가 엇갈리기 시작한다. 18세기에는 삽교(雪橋) 안석경(安錫儆, 1718~1774, 숙종 44~영조 50)의 『삽교집』에 「서강익주전국책초후(書姜翊周戰國策抄後)」가 실려 있는데, 그 내용은 다음과 같다.

> 가시나무 덤불이 황폐하고 거친 곳에서는 나무가 몇 길의 높이도 되기 어렵고, 봇도랑이 끊기고 갈리면 물이 백리의 멀리감도 어렵게 된다. 사람이 낮아 유독 가시 덤풀 같음이 없겠는가? 사람이 미미하여 봇도랑 같음이 없겠는가? 낮으면 능히 우뚝 솟아서 저절로 높아질 수 있고, 미미하면 능히 확 트여 저절로 멀리갈 수 있으니, 오히려 어려움이 되지 않는구나. 내가 학성에 도착해서

익주 강의존을 알게 되었다. 의존은 그 무리들 중에서 거의 고원하여 평범하지 않은 자라고 할 수 있었다. (…중략…) 중간에 있던 사람이 강의존이 『전국책(戰國策)』을 뽑아 편찬한 것이 얼마가 되며, 장차 이를 학습하려고 한다고 하며, 선진문(先秦文)을 배우기 위해서는 괜찮은지 아닌지를 나에게 물었다.

나는 괜찮다고 하였다. 강의존이여 힘쓰라. 나무는 능히 수 길이나 될 수 있으니 진실로 가시나무 덤풀보다 높을 것이다. 백 길의 나무줄기가 어떠할지 보라. 물은 능히 백리나 갈 수 있으니 진실로 붓도랑보다 먼 것이다. 만 리의 흐름이 어떠할지 보라. 몇 길이 십 길이 되고 십 길이 백 길이 되리니 그대는 금하지 말라. 백 리가 천 리가 되고 천 리가 만 리가 될 것이니 그대는 막지 말라. 강의존이여 힘쓰라.[33]

위의 글을 통해 볼 때 안석경은 고문 공부를 위해서 선진문 학습의 일환으로 『전국책』을 읽는 것에 대해 긍정적으로 평가하며, 고원한 문장의 경지를 이루기 위해 힘써 공부하라고 격려하고 있는 것이다. 이는 안석경 자체가 야담을 써서 기록으로 남긴 개방적인 성향을 보이므로, 그가 『전국책』을 높이 평가한 것이 자연스럽다 하겠다. 그에 반해서 해좌(海左) 정범조(丁範祖, 1723~1801, 경종 3~순조 1)는 「전국책설(戰國策說)」을 써서 다른 의견을 냈다.

대저 이른바 전국책이라는 것은 전국시대 책사의 일을 기록한 것으로 악(惡)을 기록한 바일 뿐이다. (…중략…) 전국시대의 화는 사람의 참란함 가운데에 있다. 아아. 천리(天理)가 인심(人心)에 있으면 일찍이 망하지 않았다. 때가 밝았다 어두웠다 하게 하는 것이다. 군자는 우뚝히 홀로 뭇사람의 의표로 보아야 하니, 시속이 좋아하고 미워하는 표준으로써 외람되기 굴지 말라. 그

---

33) 安錫儆, 『霅橋集』卷4 跋「書姜翊周戰國策抄後」. "榛楚之荒穢也. 而木爲數仞之高難也. 溝洫之斷裂也. 而水爲百里之遠難也. 人之卑也. 獨無榛楚乎. 人之微也. 獨無溝洫乎. 卑於能聳然有自高. 微於能決然有自遠. 顧不爲難乎哉. 余之到鶴城也. 識姜翊周義尊. 義尊於其輩流中. 殆可謂高遠不常者也. (…중략…) 間者義尊寫國策之選者若干. 將讀習焉. 學爲先秦文. 問可不可於余. 余曰可矣. 義尊勉之哉. 木能數仞. 固高於榛楚矣. 視百仞之斡何如也. 水能百里. 固遠於溝洫矣. 視萬里之流何如也. 數仞而十仞. 十仞而百仞. 莫汝禁也. 百里而千里. 千里而萬里. 莫汝沮也. 義尊勉之哉"

런 즉 천하 국가의 행복이 될 것이다.[34]

위의 글에서 알 수 있는 것은 정범조에 있어서는 『전국책』은 악을 기록한 책일 뿐이다. 문체반정(文體反正)에 주력하던 정조에 의하여 당대 문학의 제1인자로 평가되어 70이 넘은 고령에도 불구, 오랫동안 문사의 임무를 맡았던 정범조에게는 『전국책』은 올바른 문장학습을 위해 좋지 않은 영향을 끼치는 책으로 기피해야 할 책으로 규정되고 있는 것이다.

이상에서 살펴본바 우리나라 문인지식인들에게 『전국책』이란 가깝고도 먼 책이었음을 알 수 있다. 위기의 시대에는 현실적 타개책을 위해 참고할 만한 책이면서도, 그 속에 담겨진 인간군상의 악한 모습이나 권모술수 때문에 슬며시 외면하고픈 책이기도 한 것이다. 때로는 문장의 공교함을 배우기 위한 규범서로 인정되기도 하였으나, 이를 떳떳하게 밝히기는 어려웠던 듯하고, 이를 모방한 글이나 그 속에 들어 있는 촌철살인의 우언이나 비유를 글의 소재나 인용구로 인용하곤 하였다.

이렇듯이 『전국책』에 대한 평가는 수세기를 두고 엇갈리고 있고, 현재에도 마찬가지라고 할 수 있다. 국내외적 어려움을 겪고 있던 조선 중기에 『전국책』에 대한 관심이 고조되었던 것처럼 우리 현대지식인들도 현실적 어려움 속에서는 이를 찾아 읽을 것이다. 『전국책』은 과거의 책이지만 현실세계를 이해하는데 여전히 유효하므로, 이 책을 현대인들은 계속해서 찾으며 새로운 가치평가를 하게 될 것이다.

---

34) 丁範祖, 『海左先生文集』 卷37, 「戰國策說」. "夫所謂策書者. 記戰國策士之事. 而所記惡而已. 非故闕善而著惡. (…중략…) 戰國之禍所中人憯矣哉. 嗟夫. 天理之在人心者未嘗亡. 而時使之明晦. 君子卓然獨觀衆人之表. 而毋猥以時俗好惡準. 則天下國家之幸爾."

한 지식인의 독서 체험과 조선 후기 문학

『흠영』에 대하여

강명관*

1.

유만주(1755~1788)는 알려진 문인은 아니다. 조선조의 문인은 대개 관력이 있고, 또 교유관계를 통해 생평의 대강을 짐작하게 마련이지만, 유만주의 경우는 관력이 아예 없는데다가 이렇다 할 교유관계도 없다. 그가 남긴 문자를 제외하고 그를 기억하자면, 유한준의 아들이라는 것밖에 없다. 그가 주목을 받을 이유는 오로지 그의 10여 년에 걸친 방대한 일기 『흠영』의 존재 때문이다(문집 『통원고』는 별로 볼 게 없다. 상당 부분은 『흠영』에서 옮겨진 것이다).

『흠영』은 1775년(영조 51)부터 1785년(정조 9)까지의 일기다. 8년 전에

---

* 부산대 한문학과 교수.

김윤조 교수와 함께 『흠영』을 복사해보고, 언젠가 정리하여 책으로 내겠다는 마음을 먹고 일부 중요한 것을 컴퓨터에 입력해두었는데, 워낙 방대한 양이고 확인해야 할 사실들이 무수하기 때문에 이따금 논문을 쓰면서 일부를 인용했을 뿐 세월만 천연하여 왔다. 그런데 재작년인가 서울대학에서 영인본이 나왔다. 이제 한 마디 할 때가 된 것 같지만, 아직도 이 책 전체에 대해 결론적인 언급을 할 형편이 못된다.

도대체 『흠영』이란 책이 왜 문제가 되는가? 무엇보다 이 일기에 실린 그의 소상한 독서편력 때문이다. 이제 그의 독서편력에 대해 대충 정리하고 앞으로의 연구방향에 대해 간단히 언급하기로 한다. 『흠영』은 대단한 책이지만, 내가 말하고자 하는 것에는 별 내용은 없으니, 기대를 하지 않으시기를 바란다.

2.

이 일기가 국문학연구에 갖는 의의는 10년에 걸친 한 문인의 독서편력이라는 데 있다. 유만주의 일생 소업은 오로지 책읽기로, 그는 책읽기에 미친 사람이었다. "을유년(1765년, 유만주 11세)부터 1780년까지 읽은 책이 아직 1천 권이 안되어 박식하지 못함이 마땅하다"[1]고 자탄하는 것이나, 서울 시내 사대부가의 서적을 모두 모은다면 몇 만 권 이상이 될 것이니, 갖추어지지 아니함이 없을 것이라는 발언,[2] 우리가 책 읽기를 너무 좋아하는 것도 하나의 벽(癖)이라는 발언[3] 등은 모두 책읽기에 광

---

1) "計余乙酉以後所閱書, 尙未盈千卷, 宜乎不能博也."(1780.7.28)
2) "括閱漢城士大夫家所藏圖籍, 則當不下鉅萬卷, 幾無不備."(1784.8.13)
3) "我輩酷嗜閱書, 亦一癖也. 至若无問緊漫平奇雅俗, 都要注眼則癖之大同

분했던 18세기 지식인의 한 단면인 것이다.

『흠영』은 이런 광적인 독서의 흔적이다. 그중에서 그의 독서물의 대부분을 차지하는 것은 명청(明淸)의 저작들이다. 명청의 저작이 각별히 중요한 것은 이 저작들이 실제 18세기 지식인들의 대뇌를 지배했던 것이기 때문이다. 문체반정에서 각별히 문제가 된 것은 명청의 문집이며 잡서와 소설이 아니었던가? 먼저 명청대의 저명 문인들부터 간단히 언급해보자.

명대 문인 중 조선문단에 거대한 영향력을 행사했던 인물들은 무어라 해도 전후칠자이다. 그는 왕세정의 『엄주시부(弇州詩部)』(1775.1.2), 『엄산별집(弇山別集)』(1777.7.2), 『사부고(四部藁)』(1781.11.1), 이창명의 『창명문선(滄溟文選)』(1779.8.26) 등을 보고 있다.4) 물론 이들은 뒤에 당송파, 공안파와 전겸익에 의해 신랄하게 비판을 받기 때문인지 별로 감동(?)한 눈치는 없다. 이것은 16세기 말 17세기 초의 문인들과는 사뭇 다른 현상이다. 당송파의 경우, 귀유광의 『귀진천집(歸震川集)』(1777.5.8), 당순지의 『형천전집(荊川全集)』(1780.10.9), 『사찬좌편(史纂左編)』(1782.6.4)를 보고 있다. 모곤에 대해서도 물론 언급이 없을 수 없는데, 『팔대가문초』에 대해서는 따로 소상히 소개하고 있다.5) 이 역시 김창협이 열광했던 것과는 달리 별다른 무게가 실리지 않는다.

이 일기에서 각별히 눈에 띄는 것은 양명학과 양명좌파, 공안파 등 양명학의 영향 아래 수립된 이단적 사상과 문학에 대한 정보다. 그는 양명

也."(1784.11.5)

4) 그 외의 전후칠자에 대해서는 여러 기록이 있다. 何景明에 대해서는 "何景明曰: '文靡於隋, 韓力振之, 而古文亡于韓; 詩弱于陶, 謝力振之, 而古詩亡于謝.' 人以爲知言"(1779.7.12)라고 소개하고 있다. 또 이몽양에 대해서도 소개하는데 다음과 같다. "茅坤曰. '弘正間, 李夢陽崛起北地, 豪傑輻湊, 已振詩聲, 復揭文軌而曰吾左吾史與漢矣, 已而又曰吾黃初建安矣. 以余觀之, 特所謂詞林之雄耳. 其於古六藝之遺, 豈不湛淫滌濫而互相慓殺已乎?"(1778.9.19) 뿐만 아니라, 康海 王敬夫(九思)도 인용하고 있다.

5) "『八大家』出於萬曆己卯(當宜廟十二年), 以後至今, 爲端的二百年其乎家習而戶誦, 遠勝白華樓全集則傳後之要道, 無出於編撰一部書."(1778.9.19)

의 생애와 양지설을 소개하고 있으며, 그의 학문이 어떻게 전파되었는지와 양명좌파의 탄생까지 소개하고 있다(1779.10.22 / 1779.11.3). 1784년(7.3)에는 "淵"(실명은 미상)이 『신건백전집(新建伯全集)』(20책)을 보내고 있는데, "或言陽明者是爲眞英雄, 雖謂三不朽兼而有之, 未爲不可, 但其學術不正與朱子背耳"라고 하여 그의 학문이 주자와 다름을 지적하고 있다.

무엇보다 흥미로운 것은 양명좌파와 관련된 것이다. 양명좌파에 대한 정보가 중요한 것은 실로 조선 후기 지식인 사이에 양명좌파에 대한 독서의 흔적이 거의 남아 있지 않기 때문이다. 그는 1777년(5.8)에 초횡(焦竑)이 평한 『도덕경(道德經)』을 읽는 것을 시작으로 하여 「양웅시말변(揚雄始末辨)」(1778.윤6.6), 『초씨필승(焦氏筆乘)』(1779.8.28)을 읽고 있으며, 초횡의 문학론이 가장 잘 나타나 있는 「여우인논문(與友人論文)」을 전재하고 있다(1779.6.23). 이 외에 어떤 책을 보았는지는 알 수 없으나, 양명의 제자였던 담약수(湛若水)·추수익(鄒守益)·왕간(王艮)의 생애와 학문에 대해서도 길게 소개하고 있다(1779.7.15). 이건 극도로 희귀한 자료다. 이탁오와 같은 양명좌파의 괴걸도 독서의 범위에 들지 않을 수 없다.[6] 1779년(7.7)에 『속장서(續藏書)』 9책을 읽는 것을 시작으로 하여 1781년(11.28)에는 『이온릉전서(李溫陵全書)』(61책)를 읽었다. 1782년(3.14)에는 "李卓吾以始皇爲聖帝, 則天爲聖后, 馮道爲聖相, 反賊林道乾爲二十分膽二十分識, 邪說橫(?), 凌蔑準繩, 致殺其身"이라 하고 있다. 이탁오는 이 외에도 가끔 인용된다.

문학과 결정적으로 관련되는 사람은 공안파의 원굉도인데, 1778년(4.28)에는 원굉도의 「숭유기(嵩遊記)」·「우혈기(禹穴記)」·「오설기(五泄記)」가, 1779년(6.26)에는 「독도화원기(讀桃花源記)」가 전재되어 있다. 1782년(4.6)에는 『원중랑문초(袁中郎文抄)』를 보았다 하고, 뇌사패의 서문을 그대로 옮겨 적고 있다. 이 기록에 이어 "'『金甁梅』從何得來, 伏枕累觀, 雲

---

6) 이탁오에 관한 독서의 흔적을 찾기란 매우 어렵다. 아시는 분은 좀 알려주시기 바란다.

霞滿地. 勝於枚生七(?)多矣.' 觀此則董玄宰·袁中郎之世, 已有此書矣"
라 하면서『금병매』의 출현 시기를 추측하고 있다. 1779년(6.26)에는 "袁
曰: '文章佳處政在不同古人, 若同古人, 又作此文, 何用? 誠然"이라고
하여 원굉도 문학론의 핵심을 옮겨 적고 있다.

이 외에 공안파의 선배였던 서위(徐渭)(원굉도가 그 문집의 서문을 썼다)를
광범위하게 인용하고(1779.11.16), 장백기(張伯起)의 「홍불기전(紅拂奇傳)」에
대해 비평하고 있으며, 탕현조에 대해서는 방대한 지면으로 인용하고
소개하고 있다. 특히 탕현조의『목단정』에 대한 언급은 극히 자세하다
(탕현조는 이탁오를 존경했으며, 그의 문학이론은 공안파와 상통한다). 경릉파의
경우, 1781년(10.12)에는 종성이 정정(訂正)한『자치강감(資治綱鑑)』(48책)을
보고 있으며, 1778년(5.17)에는 종성·담원춘이 공편한『명시귀(明詩歸)』4
책을 보고 있다.

1777년(정조 원년) 그는 전겸익(錢謙益)의『초학집』·『유학집』을 보는데
(「欽英丁酉序」), 깊은 영향을 받은 것으로 보인다. 알다시피 전겸익은 조
선 후기 문학에 거대한 영향력을 행사한 문인이다. 그는 전겸익의 반의
고적 창작론에 깊이 경도하여『흠영』전체에 걸쳐 곳곳에서 전겸익을
인용하고 있다.[7] 특히 전겸익의 문장은 읽는 사람으로 하여금 탕혹(蕩惑)
하여 돌아갈 줄을 모르고 잠시라도 좌우에서 떼놓지 못하게 할 정도라
고 깊이 매혹되었던 것이다.[8] 전겸익의 비평 중에서 가장 유명한 것은,
의고파와 경릉파에 대한 비판인 바, 그는 그것을 그대로 전재하고 있
다.[9] 그는『전목재문초(錢牧齋文抄)』에 서문을 쓰는가 하면(1782.1.23)『초
학집』·『유학집』에 평비(評批)를 하고 싶다(1783.11.19)고 할 정도였던 것
이다.

---

7) "謙益, 明季文章也. 其文與王李之撫襲秦漢者絶異, 盖其立言纂辭婉篤深切, 使讀
之者箚心着骨, 不自聊賴. 而天716遺文故事亦多有可徵者, 故不厭其累取."
8) "錢牧齋之文章, 令讀之者蕩惑而不知返, 不得暫離左右."(1778.10.30)
9) "牧齋謂鍾伯敬少負才藻, 擢第之後, 思別出手眼, 另立深幽孤峭之宗, 以驅駕古人
之上, 而同里有譚生元春爲之應和, 海內稱詩者靡然從之, 以爲鍾譚體 ……."(1780.7.7)

여기서 군이 언급할 필요는 없는 것이겠지만, 지면이 남아서(?) 서양에 대한 저작도 간단히 정리해둔다. 1775년(1.3)에 "利瑪竇, 號太西, 死於江淮間. 今江淮間. 盖有利太西塚"이라는 마테오리치에 관한 기록을 시작으로 하여 「기하원본인(幾何原本引)」(1776.12.27), 『곤여도(坤輿圖)』(1779.5.11)을 보았다는 기록이 있다. 이 뿐 아니라 리치의 「교우론」을 베껴서 적어두고 있으며(1779.6.28), '지동설'도 요약해두고 있다(1779.11.1).

1781년(12.13)에는 서양에 관한 장문의 기록이 보이는데, 남회인(南懷仁)의 『서양기』를 보고 쓴 것으로 짐작된다(특히 리치와 그 후계자들에 대한 이야기가 자세하다). 1784년(윤3.8)에는 청(淸)나라에 갔다온 사람의 말을 몇 번 쓰고 나서 서양과 조선과의 관계, 북경의 천주교당에 관한 기록을 남기고 있다. 그의 숙부 집에는 서양사람이 그린 『여도(輿圖)』가 있었던 모양이고(1785.6.7), 유한준의 「석농화첩발」로 유명한 '석농'은 러시아의 정보까지 그에게 소개하고 있다(1786.1.25). 그리고 그는 1786년(2.5)에 석농이 보낸 『여도(輿圖)』를 통해 그것을 확인한다. 다만 그에게 서양의 '천주학'은 '무부무군(無父無君)'의 설이었다(1785.4.7).

이 외에 1781년(5.5)에는 이어(李漁)의 『한정우기(閑情偶寄)』(6책)을 보고 있다. 이어는 『흠영』에서 자주 인용된다. 요컨대 그는 명대 후반기에서 자신이 살던 시기까지의 중국문인들에 대해 거의 남김 없는 독서를 했던 것이며, 이것은 그의 문학관념에 심각한 영향력을 행사했던 것으로 보인다. 이에 대해서는 후술한다.

3.

1)

『흠영』에서 가장 눈길을 끄는 것은 소설에 관한 자료다. 우선 그의 소설 독서 기록을 간단히 훑어보자.

1775.3.4　『虞初新志』.

1778.5.25　『玉嬌記』明時演戲本也.

1778.7.8　『石珠演義』30회. 8책.

1778.12.5　『精忠綠』1책.

1780.10.20　『鏡月綠』6책, 12회. 稱醒世其觀.

1781.3.13　夜聞新刻小說, 有『桃花影』, 說出傷倫. 亦可以觀世變也.

1781.5.20　『昆明演義』(소설인지?).

1781.7.25　『名覺夢雷』10회, 6책. 木鐸道人新編. 嗜臥老人題序.

1782.6.1　『英雄記』.

1782.7.27　『俠香亭』.

1782.8.9　夜閱滄洲小說. 通篇純是鄕野. 盖傳奇亦中原人能爲之.

1782.10.24　『鳳儀亭』.

1782.11.6　『桃花扇』一書. 演稗說作優戲.

1782.11.7　『春苑記』12회.

1783.1.22　『新鐫濃情小部』(三十回). 稱餐花主人編次. 西湖鸚鵡居士評閱.

1783.4.24　李漁, 『覺世名言』. 十二種.

1783.9.4　『催曉夢』20회.

1784.1.2　『西冷韻蹟』.

1784.1.21　『綠錦碎玉』.

1784.3.13　『梁伯之傳』19책.

1784.4.2　夜聞『勝嬌紅(?)傳奇』. 心無主宰. 胡至於斯?

1784.5.5   水西閒『定異奇聞』(4卷. 編二冊). 凡二十二回. 或言『梅玉傳奇』
           二匣. 淸人丁耀亢爲續第一奇書而撰.
1786.1.16   『錦香亭』 3책. 古吳素菴主人編云.
1786.9.28   應書示『聊齋志異』(十六冊)試閱之(云云別部).
1786.10.11 始專閱『志異』.

　물론 이것은 전부가 아니고, 소설로 보아야 할 것을 대충 정리한 것
이다. 또 이러한 자료들은 단순한 독서기록이 아니라, 그 소설의 서문이
나 내용 요약, 그리고 비평을 같이 수록하고 있다. 뿐만 아니라, 친구들
사이에서 소설을 서로 주고받는 등의 행태가 있기도 하다.

　국문소설을 본 것도 흥밋거리인데, 1779년(3.19)에는 『창선감의록』을
보았으며, 1781년(6.12)에는 "從伯女가 읽은 內文을 들었는데, 『興陽鄭
氏借魂記』다"라고 하였다. 국문소설은 주로 남(여성)이 읽는 것을 들었
던 모양이다. 1784년(1.10)의 "東閣에서 東俗演義를 교정했는데 『玉獜』
이 『石行』보다 낫고 『石行』이 『玩月』보다 낫다"고 했으니, 『옥린몽』과
『완월회맹연』을 본 모양이다(『석행』은 무엇인지 미상). 1786년 1월 9일 / 8일
에 밤에 『사씨남정기』의 내문을 계속 들었는데, "悲歡苦樂, 推遷乘除,
雖眞亦假, 雖假亦眞"이라 하고 있다. 이날 "내문 소설은 우리나라 사람
이 지은 것인데 전부 거두어 태워버린다면 일대 쾌사가 될 것"이라고
하고 있다. 1786년(1.17)에는 국문본 『창선감의록』을 보았는데, 첫머리에
"戊辰年 堂箚" 한 통과 숙종의 "溫批"가 붙어 있다고 하였다. 그의 국
문소설에 대한 견해는 복잡하다. 부정적 견해를 보이는가 하면[10] 한문
으로 옮겨서 전하면 좋을 것이라는 견해를 피력하기도 하고,[11] 또 그것
이 국문으로 쓰여졌다고 무시하면 안 된다는 견해도 보이고 있다.[12]

---

10) "內無東文小說之耽看. 外絶碁象浪技之好着. 則猶革可之一端耳."(1785.5.29)
11) "或曰: '聞東國傳奇異說, 凡數萬段, 而非逑者則無由綴輯成文以傳于世. 若能文章
　　者, 其肯捨此乎."(1780.10.17)
12) "毋論華蕃, 皆有本國之字. 今諺文卽東國之字. 以東國之字, 作爲小說, 散在國中,

소설에 있어서 무엇보다 그의 주요한 독서대상은 『서유기』·『삼국지』·『금병매』·『삼국지』의 사대 기서와 『서상기』였던 것으로 보인다. 『서상기』에 대한 기록은 1775년(1.22)의 "혹자는 『서상기』 1부는 鏡花水月 鴻爪雪痕의 문장이라고 한다"는 데서 시작된다. 이후 1778년(윤6.3)에 『西廂記』 1匣 8책을 보았고, 1780년(5.28)에는 『서상기』의 소제(小題)를 썼으며, 1784년(9.24)에는 이탁오가 평한 『서상기』 3책을 보았다고 기록하고 있다. 『서상기』에 관한 기록은 매우 광범위한데, 『서상기』의 작자가 관한공(關漢公)인지 왕실부(王實父)인지를 따지거나(1781.11.8), 작품의 평해를 다시 비평하는 등 매우 다양하다.13) 1784년(10.7)에는 아침에 쌍문소상(雙文小像)(?)과 『서상기(西廂記)』의 상(像) 20매를 보았는데 관화(貫華)의 예(例)(?)보다 훨씬 낫다고 하고 있다. 이 외에도 『서상기』에 관한 기록이 허다하다.

가장 열렬히 탐독한 것은 김성탄이 평비(評批)한 『수호지』이다. 1776년(3.16)에 "제1서를 다 보았다"는 기록 아래의 내용은 대개 『수호지』를 읽은 것을 말하는 것으로 보인다. 1778년(5.1)에는 "東垞"에서 "杏·諿·畵·燈" 4종의 소설을 읽었다는 기록 아래 『수호후전(水滸後傳)』 44회를 읽었다는 기록이 보인다(古宋遺民著. 雁岩山樵評遺民之序라 하고 서문을 인용하고 있다). 소설사에 관한 지식도 풍부했던 모양으로 그 작자에 대해 김성탄의 70회본이 나오자 시내암의 가짜 서문을 얹은 이래 시내암의 작품이 되어 버렸다고 하고 있다(1779.6.10). 1780년(10.9)에는 『충의전전(忠義全傳)』을 다 읽었다고 하고, 사대기서 중 이처럼 상쾌한 책은 없다고 극찬한다. 그는 『수호지』에 아주 매료된 모양으로, 1780년(11.27)에는 명(明)나라 장원장(張元長)이 전겸익에게 했다는 "장자, 소동파 이후 읽을 만한

合而計之, 無慮累萬卷. 其名目幾數十百種, 雖純駁不齊, 托寄非一, 要皆東藩稗官之書也. 後世撰藝文志者, 不可以謬文之陋, 略而不錄也."(1779.10.23)

13) 1782.7.24에는 『서상기』의 評解에 "淚落如豆"란 것이 있는데, 4글자의 형용이 절묘하다고 평가하고 있다.

책은 나관중(羅貫中)의 『수호전(水滸傳)』와 탕현조의 『목단정(牧丹亭)』뿐이다"라는 말을 소개하고 있다.

『수호지』에 관한 가장 길고 자세한 기록은 1984년(윤3월 5일)에서 시작하여 같은 해 5월 10일까지 나타난다. 윤3월 5일에 『관화당제오재자서(貫華堂第五才子書)』(20책)을 읽기 시작하여 서문과 각종 평비를 전재하여 인용하고 있다. 이 책은 원래 수서(水西)(?)에게서 빌린 것으로 5월 10일에 돌려주고 있다. 그 사이의 일기는 거의 이 책에서 인용한 것이다. 예컨대 이런 식이다.

二十五回批云: "天聞若雷, 豈必眞哉! 蒼蒼神目如電, 豈必眞哉! 冥冥, 可不畏哉?"
二十五回摠批云: "登泰山, 不登日觀, 不知泰山之高; 觀黃河, 不觀龍門, 不知黃河之深. 讀水滸, 不讀設祭, 不知水滸之奇. 盖七十回中, 快極爽極, 眼醉心醉, 无如此回."
三十回摠批云: "跨而往, 掣而出, 飛而起, 劈而落, 頭斷血洒, 命絶寃拔."

그는 『수호지』가 엮어 내는 총체성에 매료된 것으로 보인다. 좀 길지만 이렇다. "『水滸』는 大俠・豪傑・名士・烈士・名將・孝子・義僕・奸雄・謀士・勇士・眞人・道士・名醫・釋子・老人・小兒・書生・平民・胥役・士卒・工匠・水戶・漁人・獵戶・店子・屠兒・光棍・昏君・奸臣・臟官・汚吏・淫女・奸夫・偸兒・强盜 등 각자가 가지고 있는 身分과 性格이 색색이 용출해 나타나니 才子가 아니고서야 어떻게 이렇게 그려낼 수 있겠는가?" 더욱이 그는 1784년(4.23)에는 "『수호』는 權(?)謀機詐의 글이며, 人情世態의 글이며 混沌을 開鑿하는 글이다. 이는 둘이 있을 수 없는 책이다"라 하고 있다.

『삼국지』는 1781년(12.22)에 『대본삼국지통속연의(大本三國志通俗演義)』를 본 이래 다수의 평문을 남기고 있으며, 『금병매』와 『서유기』도 마찬가지이다. 여기서 일일이 다 언급하기 어렵다.

이렇게 소설을 읽어댔다면 당연히 소설 비평도 있게 마련이다. 예컨
대 이렇다.

> 盖嘗就四大奇而斷之. 三國, 戰爭之奇也, 故其書長於機變; 水滸, 衰亂之
> 奇也, 故其書長於氣義; 西廂, 幽艶之奇也, 故其書長於情懷, 第一炎凉之奇
> 也, 故其書長於人情物態.(1776.12.30)

물론 이것은 대표적인 경우만을 들어본 것이다. 여기서 그의 소설관
에 대해서는 말할 계제가 아니다. 소설의 기원, 역사, 문체적 특징과 가
치 등을 둘러싼 담론이 매우 풍부하다.[14]

유만주의 소설 독서는 그 개인의 특수한 사례로 그치는 것인가? 이것
은 절대 다수가 중국에서 수입된 것이며, 소설 독서는 18세기 이래 경
화세족의 중요한 오락이었던 것으로 짐작된다. 아울러 중국 소설의 독
서는 창작에 심대한 영향력을 행사했던 것으로 보인다. 아울러 조선 후
기의 소설 연구는 소설을 둘러싼 담론의 부족으로 인해 허다한 장애를
겪어 왔다. 『흠영』의 풍부한 소설 관련 자료는 소설 연구에 기여를 하
리라 생각된다.

2)

문체반정 때 특별히 문제가 된 것은 잡서인데, 이런 책에 대한 기록
은 너무나 광범위하기 때문에 짧게 정리할 수가 없을 정도이고, 또 그

---

14) 예컨대 다음과 같은 것을 보라. 『묘법연화경』을 읽고 다음과 같은 말을 하고 있다.
"余始知『西廂』是一部內典體格. 內典以偈間長行, 『西廂』以詞雜記文, 而 『西廂』讀
法與內典說經同, 而其表立名號, 演其意趣. 又開『金甁』諸書之淵源. 內典小說實相
表裏."(1778.9.9) 또 이런 기록도 있다. "演義小說之類, 能解識能善觀, 則其於時文,
可以裕如. 盖時文者不過程式書札題覆而已, 而通暢委曲陶削生新宜於時而不宜古
也."(1778.7.11)

책이 어떤 책인지 지금 짐작하기도 어렵다. 1775년부터 1780년까지만
간단히 정리해보자.

1775.2.16　　閱李槃『鋼鑑新意』

1776.5.10　　見『美人書』五冊. 明蓮溪居士周公輔選.

1777.5.8　　見『明義錄』

1777.7.3　　借『百家類纂』三十冊于鑄洞.

1777.9.7　　見『西湖遊覽志』餘編安逸豫二編. 明錢唐田叔禾輯凡十冊.

1777.9.15　　閱『湖餘藝文賞鑑』

1778.3.23　　閱『唐詩別裁集』(六冊). 康熙末. 長洲沈德潛.

1778.6.18　　見『啓禎野乘』十二冊.

1778.6.22　　閱『滿漢縉紳全書』二冊. 見『說文廣義』十二冊.

1778.윤6.6　　閱『鴻書』貞字匣.

1778.윤6.16　　閱鄒, 『明季遺聞』凡四冊.

1778.7.2　　閱『萬寶全書』稱乾隆三年初刻. 其書信稱呼類先生曰.

1778.7.21　　見『諸子奇賞』. 凡十二冊. 原編六十卷. 古吳陳仁錫評選.

1778.8.10　　見『廿一史約』編八冊 淸人鄭元慶述.

1779.1.28　　見『古文奇艷』二冊.

1779.5.18　　閱『因樹屋書影』凡八冊. 康熙己亥 周亮工在請室中詮次見聞.

1779.6.17　　閱『小窓艶紀』(六冊) 延陵吳從先批選.

1779.9.15　　閱『續文獻』. 凡七十五冊. 原編三百五十四卷. 萬曆丙戌湖廣
　　　　　　　提學王(?)續而增之.

1779.11.9　　『唐詩類苑』凡二百卷. 編七十五冊. 明萬曆中雲間張之象纂輯.

1779.11.22　　閱『燕超薈言』一冊云云.

1779.12.17　　閱『吳從先自記』. 凡四冊. 萬曆甲寅(立秋日). 蕉弱侯序之.

1780.2.14　　閱『明文奇賞』(二十冊) 天啓癸亥陳仁錫評選.

1780.6.13　　閱『古今法書苑』(七十六卷. 編四十冊) 弇州編定.

1780.6.20　　見『米襄陽志林』(三冊). 明范明泰編. 尙古堂增輯. 卷首四序幷
　　　　　　　李匡師書云.

이건 물론 대충 뽑아낸 것이다. 1781년부터 1785년까지의 것은 정리조차 하지 않았다. 이 책들에 대해서는 아직 뭐라고 말하기 어렵다. 다만 이런 역사서, 필기류 산문, 총집류, 비평서, 지리서들은 성경현전(聖經賢傳)에 골몰하던 조선시대 지식인들의 독서 행태에 일대 변화를 불러 일으켰으며, 지식의 범위를 확장시켰던 것으로 보인다.

4.

명청대의 서적을 중심으로 하는 독서 범위의 확대는 창작과 관련이 없을 수 없다. 18세기 후반이면, 중국으로부터 전후칠자, 양명좌파, 공안파, 경릉파, 전겸익, 그리고 청대의 주요작가, 예컨대 원매, 왕어양까지 수용되어 있었다. 조선의 작가들은 이런 창작이론의 홍수 속에서 자신의 창작론을 세우지 않으면 안 되었다.

말하기 편하게 유만주의 아버지 유한준부터 꼽아보자. 유한준은 의고적 창작으로 연암의 비평을 받고 척이 져서 산송까지 일으킨 사람이다(1802년). 그렇다고 해서 유한준이 자신의 의고적 창작론을 포기했던 것은 아니었다. 그런데 아들 유만주의 경우는 아버지와는 견해를 달리했던 것으로 보인다. 이미 그는 공안파와 전겸익 등의 독서를 통해 의고적 창작론을 청산하고 있다.

1777년(2.5)에 "夕聞文章家緊寫之法" 이후 2조의 기사가 나오는데, 그중 둘째 번의 것을 들면 다음과 같다.

> 所謂文章嫌今時而語必襲秦漢之古, 舍東俗而名必倣中國之雅, 其野大矣.
> 苟得其理, 雖記東方之事, 書東方之物, 用東方之言, 而自不害爲必傳之治

文, 則所謂今者未必不古, 而所謂俗者未必不雅矣. 使如此而傳之蜀, 蜀人一
見便知其爲東方之文 : 傳之閩, 閩人一見便知其爲東方之文, 然後斯可謂之
眞文章云.

창작에 있어서 의고주의를 거부하고, 현재를 중시한다는 것, 그리고
우리말을 사용해도 무방하다는 견해는 약간은 진부하다. 이것은 연암과
그 주변의 작가들을 중심으로 하여 허다히 언급되었기 때문에 사실 지
루한 것이다. 이 부분은 연암과의 관련도 생각할 수 있으나,15) 이전에
이미 다음과 같은 주장이 나타나고 있다.

左氏, 楚人也. 所見多矣而其書皆楚人之詞. 公羊, 齊人也, 所聞多矣而其
書皆齊人之語. 今之居東邦而必欲循中國之稱者, 終覺淺陋(1775.3.9)

지방에 따라 언어가 다르며, 조선이 중국을 억지로 본받으려고 하면
그것이 도리어 천박 누추하다는 발언은 민족문학론을 연상케 한다. 그
는 의고적 작풍에 대해 극도로 비판적인 견해를 피력했던 바, 황경원의
문장을 두고 "옛것이라면 옛것이겠지만, 진실되지 못함이 우려스럽다"
고 지적하고 있으며,16) 사마천과 반고의 인용은 사마천 반고가 싫은 것
이 아니라, 그것을 사용할 경우 진부한 언어가 되는 것이 싫다고 할 정
도로 의고에 비판적이었다.17)

---

15) 이건 연암과 관련이 있을 법도 하다. 위의 인용은 1777.1.15에 「自笑集序」 등 연암
글을 본 기록에 이어 나타난 것이다. 『연암집』의 「答蒼崖」 4에 "昨日, 令胤來, 問爲
文, 告之曰 : '非禮勿視, 非禮勿聽, 非禮勿動, 非禮勿言.' 頗不悅而去. 不審, 定省之
際, 言告否?"라고 하는 기록이 있는데, 과연 이것과 관련이 있는지는 알 길이 없다.
16) "閱黃老江漢之書三匣, 至自蓮州(別部), 其文章古則古矣. 終患不眞的矣."(1786.윤
7.24)
17) "馬字班句殊厭看, 非馬字班句之是厭也, 厭其襲馬字班句而爲陳言者也."(1781.윤
5.15) 다음과 같은 부분도 주목할 만한 것이다. "作文不當先置秦漢唐宋元明之界限體
裁於胸中, 而廓然大公, 只□廣其識高其見, 則文字不期從順而自從自順
矣."(1779.11.11)

유만주가 제기하고 있는 담론은 '법고(法古)'와 '창신(創新)'으로 수렴되는 바 이것은 이 시기 창작에 있어서 최대의 문제였다. 그리고 한국어를 사용할 것인가 하는 문제는 이 대립 속에서 파생된 것이었다. 그것은 중국어에서는 '속어'가 되겠지만, "언어와 문자는 둘로 구분되어 있는 동방[東方言語文字. 分爲二途]."(1776.6.17)에서는 한국의 언어로 귀결된 것이었다. 고전에 등장하지 않는 언어를 '속(俗)'이라 하여 경멸하는 풍조가 있었던 바, 그는 차라리 속(俗)을 택하겠다고 말한다.18) 다음 인용을 보자.

> 文字間方言俚語, 不宜甚避. 古人之文章, 皆當時方言俚語也. 自今見之. 古莫古. 爲今人, 若善用方俚, 則安知後世不爲至古之文也?(世以方言俚語爲賤俗, 不用於文字與政, 狹陋之見也. 程朱之書, 臺朝之史, 韓杜之詩, 未嘗不用當時之語方俗之字. 今人見其出自程朱韓杜列朝史冊, 便(?)得高古, 奉而承之, 無敢議其爲方言時語, 殊不知今之方言俗語, 用之文字, 過數百年後, 則便化爲古, 如先民之書. 夫然, 故余以爲東國之方言時俗, 亦不可賤夷之也)(1777.12.17) *( ) 속은 원래 삭제된 부분이다.

이런 과정을 통해 그는 문학적 언어의 본질을, 독자와의 관계 속에서 정경(正經)이나 소설이나 불경을 가릴 것 없이 진정성으로 사람을 감동시키는 것이라고 갈파하고 있다.19) 어쨌거나 여기서 그의 창작론을 낱낱이 따지기란 실로 어렵다. 대충 그의 문장관이 창신으로 경도했다는 것을 밝히는 선에서 그친다. 다만 이런 결론에 도달하게 된 과정은 약간 음미해볼 가치가 있는 것이다. 그는 풍부한 독서를 통하여 언어와 문학사에 관한 지식이 있었던 바, 원(元)과 명(明)은 소설의 시대에 도달했다는 것을 표명하고 있으며, 소설의 언어가 기존의 산문 언어와는 구별된다는 점을 인식하고 있었던 것이다.20) 이것은 오로지 그가 골방에

---

18) "一今而俗. 一古而俗. 與其古而俗也. 毋寧今而俗."(1780.6.12)
19) "毋論正經小說番書竺典, 其文章之眞切情理, 讀之, 能使人感動者, 不害爲奇文."(1784.3.8)

서 혼자 사유했던 것인가?

5.

이미 언급한 바와 같이 이 일기를 간단히 말한다는 것은 거의 불가능하다. 이 일기는 문화적 사건이다. 이 일기에 나타나는 굉박한 독서는 어떤 의미를 지니는 것인가. 다량의 서적을 보는 것이 과연 유만주 1인의 특수한 사정인가. 그가 독서 기록을 남기고 있음은 분명히 남다른 것이다. 그러나 박학의 추구 자체는 18세기 지식인들 사이에 유행처럼 번졌다. 그 대표적인 예로 이덕무와 서유구를 들 수 있다. 『청장관전서』와 『임원십륙지』는 참으로 굉박한 개인 독서의 역사를 보여주고 있다. 기록을 남기느냐 아니냐에 따라 정도의 차이는 있겠지만, 대량의 독서는 이 시대의 풍조였던 것이다.

대량의 독서가 가능했던 외적 요인은 중국 쪽에서 제공했다. 이 점 각별히 중요하다. 명말부터 중국에서는 출판업이 발달하고 있었고 18세기에 접어들면서 청 체제의 안정과 문화 사업으로 유리창의 서사(書肆)가 폭발적으로 확장된다(『사고전서』 등 호한한 서적의 편찬과도 관련이 있다). 18세기 조선 지식인들을 사로잡은 것은 국내의 서적이 아니라, 바로 유리창에서 수입된 중국 서적이었다. 문체반정은 중국 서적의 수입으로 인해 일어난 것이 아닌가. 책의 수입에는 입연(入燕)의 기회와 자금이 필요한 바, 이것을 충족시킬 수 있는 것은 경화세족이다. 유만주의 기계유

---

20) "唐虞三代, 經之世也; 周末, 子之世也; 漢魏, 古文之世也; 唐宋, 時文之世也; 元及皇明, 小說之世也."(1778.11.27) "十三經疏說全類明末小說, 盖其言甚細而文甚俗故也."(1776.10.24)

씨는 조선 후기의 대표적인 경화세족이었던 바, 그의 방대한 독서는 경화세족이었기 때문에 가능했던 것으로 여겨진다.

그렇다면 무엇이 문제인가? 명청의 문집과 잡서, 소설은 한 문인에게 어떻게 기능했던가? 그는 『수호지』를 읽고 이렇게 말하고 있다.

> 『수호전(水滸傳)』의 단사(斷辭)는 극히 신묘하다. 무릇 문자를 험난하게 쓴 것을 성탄(聖嘆)이 이에 용이하게 펼쳐주어 그것을 읽어보면 문장가(文章家)의 활법(活法)을 깨달을 수 있다.[21]

단사(斷辭)가 무엇인지는 알 길이 없다. 그러나 김성탄이 평비한 『수호지』가 어떤 영향을 행사했는지는 충분히 알 만하다. 김성탄 평비본 『수호지』는 소설 중간에 자신의 비평을 가하고 있는데, 작자의 의도, 등장인물의 심리, 문체적 특징까지 세밀히 분석하고 있다. 김성탄의 평비로 말미암아 저급한 것으로 여겨졌던 소설의 수사학적 우월성이 밝혀졌던 것이다. 이것은 선진양한고문이건, 당송고문이건 간에 고문의 문체에 몰입해 있던 작가들에게 엄청난 충격이 아닐 수 없었다.

그가 김성탄의 저작에 깊은 영향을 받았음은 다음 인용에서도 확인된다.

> ① 1787.2.17 續閱『貫華』(云云別部). 云 : "摠之, 世間妙文原是萬世人公共之寶, 決不是一人自己文集. 若世間又有不妙之文, 此則非天下萬世之有也, 便可聽其爲一人自己文集也. 因此而想千古以來, 絶好文字豈古之作者可得以自專之, 都是我的文章耳. 讀古人之文, 便是我文我讀; 評古人之文, 便是我文我評, 其必以古人之文章. 看作他所有而却另製自己文字. 號曰此我之文章也. 如是也焉. 或喜其善做古文. 或惡其不及古文. 皆非知者也.
> ② 1787.2.18 月, 文章極忙處帶了閑筆, 極閑處帶了忙筆, 然後始變化,

---

21) "『水滸傳』斷辭極神. 凡文字(之)之險難寫處, (聖)嘆乃能容易展拓之. 讀之, 可以悟文章家活法."(1779.11.11)

③ 1787.2.20 閱『貫華』四之一以上.

내가 각별히 주목하는 것은 ②이다. 하나의 수사법인데, 이것의 소유는 어디인가? 물론 김성탄의 것이겠지만, 동시에 유만주의 것이기도 하다. 그는 실로 김성탄으로부터 창작 방법의 세례를 받았던 것이다.

물론 김성탄의 평비 뿐만이 아니다. 1780년(10.20)에는 『등월록(鐙月錄)』 6책, 12회(『醒世奇觀』이라는 것)을 보고 조천(粗淺)한 소설일지라도 한두 단(段)의 좋아할 만한 행문(行文)이 있다면서, 폐서(廢墅)의 경치를 묘사한 다음 부분을 들고 있다. "但見亂蕭蕭, 艸盈石砌, 窓圍蛛網, 壁綉苔文. 池內萍多, 不見金魚, 徑邊籬破, 全無翠竹. 愴然歎息, 延佇久之." 이 문장은 사람을 처삽(悽澀)하게 만드니, 서술자의 오묘함이라는 것이다.22) 1786년(11.22)에는 『요재지이』를 읽고, 자신이 깨달은 바가 많다고 고백하고 있다. 정도(正道)의 도리로 논할 수는 없지만 체고(滯枯)를 깨트리고 고치는 데는 남음이 있다는 것이다.23) 요컨대 그의 사유는 그가 읽은 책으로 교직(交織)되어 있는 것이다. 그의 창신의 논리 역시 타자의 논리를 빌어 재구성된 것으로 보인다는 것이다.

문체를 예로 들었지만, 문체 문제는 결코 간단한 것이 아니다. 문체 반정이란 곧 문체를 변화시킬 것을 명령한 것인데, 정조는 왜 민간의 문체에 대해 이렇게 과격하게 반응했던 것인가? 문체반정이 일어나게 된 최초의 계기는 천주교에 있지만, 그가 문제의 핵심을 문체로 귀결시킨 것은 나름대로의 충분한 이유가 있다. 소설·소품의 문체는 문체 이상의 의미를 가진다. 그것은 마이크로한 접근으로 가시적 대상의 다양성과 인간의 저 복잡 미묘한 감정까지 남김없이 언어로 구체화하는 것이다. 그 결과는 이제까지 관념적으로 알려졌던 세계와는 전혀 다른 것

---

22) "雖粗淺之小說, 亦有一二段行文可喜處. 如說廢墅之景, 云: '但見亂蕭蕭, 艸盈石砌, 窓圍蛛網, 壁綉苔文. 池內萍多, 不見金魚, 徑邊籬破, 全無翠竹. 愴然歎息, 延佇久之.' 讀來, 亦令人悽澀. 是述者之妙也."

23) "『志異』文字, 吾因而有悟者, 多矣. 是雖不可論以正經道理, 而破滯醫枯則有餘."

이다. 연암이 "하늘 天" 자에는 푸르고 푸른 것이 없다고 한 것이 바로 적실한 예가 될 것이다. 요컨대 문체의 변화는 인식론적 변화를 동반하는 것이며, 그것은 기존의 지배적 세계관에 대한 회의와 배신으로 나타날 수 있다. 이를 이해하기 위해 성리학이 거시적 시각으로 대상의 다양성과 정감의 미묘함을 극도로 추상화한다는 것을 생각해보라. 성리학은 오로지 극도로 추상화된 언어로 이루어져 있다. 문체반정과 함께 정조에 의해 주자서(朱子書)의 수집, 정리와 인쇄가 진행되었던 것은 바로 이 때문이다. 비록 낡은 방법이기는 하지만, 이 중세의 군주가 할 일은 그것밖에 없었다.

물론 나는 여기서 문체에 대해 말하고자 하는 것은 아니다. 문제는 조선 후기의 신문체로 대표되는 새로운 경향의 기원과 형성 과정에 대해서이다. 연암과 청장관, 혜환(惠寰)과 금대(錦帶)는 이른바 신문체를 개발한 공효로 평가되고 있다. 특히 연암과 청장관의 경우는 '민족문학론'과 관련이 없을 수 없다. 연암을 민족문학론의 정점으로 파악하는 것은, 곧 조선 후기의 문학에서 '근대의 징후' 곧 민족적 주체를 찾아내려는 노력과 직접 연관되어 있는 바, 그것은 사실 이전에 시각—내재적 발전론으로부터 나온 것이다. 주체를 찾는 내재적 발전론은 모든 타자를 배제해왔다. 한문학에 이것을 대입하면, 조선 후기의 '한국적' 한문학은 주체 밖에 있다고 생각되는 '외부'의 모든 타자(구체적으로 말하자면 중국)을 배제했던 것이다. 더욱이 연암의 경우는 영리하게도 자신이 읽은 책의 이름을 유만주나 이덕무처럼 구질스럽게 열거하지 않아 20세기의 연구자들이 '주체'를 외치기에 너무나 편리했던 것이다.

그러나 냉정하게 생각해보자. 주체란 무엇인가? 타자가 없는 주체는 존재하지 않는다. '나'라고 말했을 때 나는 벌써 '남'—타자를 의식하고 있는 것이다. 18세기의 새로운 문체—주체 속에는 벌써 타자가 개입되어 있는 것이다. 『흠영』에는 연암의 문자를 읽은 기록이 상당수 나타나는데, 그는 1784년(7.6)에 이렇게 말하고 있다.

美公文章, 固外道異端, 而此亦因才過而悟深故然耳. 近代文章有奇正二家. 正則唐宋八家循軌邊轍是已, 奇則施金四書透玄竊妙是已. 唐宋餘波流而爲士大夫文章, 施金餘波流爲南庶輩文章. [則如今世]南黃(不過)傚倣唐宋之軌轍, 二李〔惠寰‧懋官〕(不過)摹擬施金之玄妙. (…중략…) 而或謂法四書者, 必其才强者也; 師八家者, 必其才弱者也. 才强者必欲其奇而脫乎曰, 以其奇而反以之正則甚易, 才弱者不得不正而昧乎妙, 故以其正而反以之奇也極難.

다른 것은 논할 계제가 아니다. 이용휴와 이덕무의 문체가 시내암 김성탄의 현묘(玄妙)를 의방했다는 것이다. 물론 유만주 자신은 연암에 대해서는 이렇다 할 문체의 원류를 밝히지 않고 있다. 그러나 연암의 문체가 이용휴‧이덕무의 그것과 동일한 것임은 쉽게 짐작이 간다. 1785년(11.13)에는 연암과 금대의 문장을 극히 찬상하면서, 어느 쪽인지는 모르나, 서문의 평제(評題)가 김성탄의 『서상기』를 배운 것이라고 지적하고 있다.24)

요컨대 조선 후기의 새로운 문학 속에는 타자가 깊숙이 스며 있는 것이다. 물론 우리가 주목하는 것은 사유의 결과물이다. 그러나 그것은 과정 없이 형성되지 않는다. 연암을 두고 말하자면 연암의 사유 속에는 양명좌파와 공안파의 흔적이 역력히 보인다. 물론 연암은 용의주도한 사람이라 이덕무처럼 순진하게 자신이 읽은 책의 목록을 제시하지는 않았다. 모든 것은 자신이 스스로 깨달은 것처럼 되어 있다. 왜 연암은 자신이 읽었던 것―타자를 문집에서 지워버렸던가? 어쨌건 우리가 탐구해야 할 것은 '결과로서의 연암'이 아니라, 그 결과를 얻게 된 '과정으로서의 연암'이다. 과정 없이 결과는 존재하지 않으며, 과정을 생략한 결과는 존재하지 않는다.

---

24) "月極明極寒, 侍議燕錦之文. 文則絶杰, 人則絶雜, 殊可惋惜也. 出閱詩本, 序一序二及評題純學貫華『西廂』, 而半啞不成. 仍侍閱『放瓊閣外傳』(云云別部)議是一奇文字也. 雜取中庶閭巷異聞奇蹟, 論次而形容之, 如是逼眞, 自成古文, 非天授之奇才而能之乎?

『흠영』은 한 개인의 사유가 어떤 타자로 교직되어 있는가를 보여주는 동시에 조선 후기 지식인들의 대뇌 속이 어떻게 구성되어 있는가를 보여주는 예이다. 주체는 실로 타자로 구성되어 있다. 타자를 복구하지 않는 한 조선 후기 문학은 그 상을 제대로 구성하지 못할 것이다. 그렇다면, 주체는 사라지고 말았는가? 우리가 찾아야 할 주체는 타자와의 관계 속에서 정립되어야 할 것이다. 타자를 수용하고 다시 타자와 비교되는 주체를 말한다. 조선 후기 문학에서 각별히 중국 문학에 유의해야 할 이유가 여기에 있는 것이다. 다만 과거의 예처럼 단순한 영향사적 논법은 곤란하다.

6.

8년 전 처음 『흠영』을 보았을 때 나는 큰 충격을 받았다. 한 인간의 독서편력이 놀랍기도 했거니와, 이 일기로 인해 조선 후기의 문학과 문화를 다시 보아야 할 필요를 느꼈던 것이다.

사실 알다시피 한국한문학사에서 가장 중요한 부분은 조선 후기이며, 그중에서도 핵심은 18세기다. 그런데 이 시기 지식인들의 사유를 지배했던 것은 북경에서 흘러 들어온 서적이었다. 다산의 "요즘 젊은 축들은 우리나라 선배의 문집을 보지 않고 중국 책에 빠져 있다"는 말은 액면 그대로 사실이다. 다산의 말은 물론 음미해야 할 부분이 있지만, 중국으로부터 수입된 지식을 제외하고서는 조선 후기의 문학을 읽어내기란 불가능하다. 『흠영』을 통해 조선 후기 지식인들을 지배하고 있었던 지식의 범위와 사유의 방식을 다시 검토해야 할 필요를 한없이 느낀다.

홍석주(洪奭周) 가문(家門)의 독서 문화

진재교*

1. 머리말

전근대 지식인의 일상에서 가장 중요한 분야 중의 하나가 독서다. 독서는 사대부의 존재방식과도 밀접한 관련을 지닌다. 연암(燕巖) 박지원(朴趾源)은 "讀書曰士, 從政曰大夫"라고 사대부를 규정한 바 있다. 벼슬하지 않은 '사(士)'가 가장 치력해야 할 부분이 독서다. 독서는 곧 사대부 삶의 일부분이다. 우리는 이러한 '사'의 모습을 이미 「허생전(許生傳)」의 허생(許生)에서 익히 보아왔던 터다. 사대부들의 독서는 지식과 정보를 섭취하기 위해서는 물론 벼슬을 위해서도 필요하다. 뿐만 아니라, 독서는 일상의 생활공간이나 유흥의 마당에서 글을 짓고 시를 읊조리거나,

---

* 성균관대 한문교육과 교수.

상호 교유하면서 문예를 소통하기 위해서도 반드시 필요하다. 이처럼 전근대 지식인과 독서는 불가분의 관계에 있다.

그런데 전근대사회에서 서적은 지식과 정보를 제공하는 데 큰 몫을 담당한다. 당시 지식인들이 서적을 구해 독서한다는 것은 학술과 지식 정보의 동향을 선취한다는 점에서 중요한 의미를 지닌다. 누구나 손쉽게 지식과 정보에 접근하고, 이를 서로 공유할 수 없는 사회적 분위기와 지식과 정보를 보편화와 제도적 장치가 없는 시기에 새로운 서적을 구입하여 그것을 독서하는 자체는 가문과 자신의 학문적 역량, 그리고 사회적 위상을 드러내는 구실을 한다. 하지만 새로운 정보를 담고 있는 서적의 구입은 경제력과 지적 수준이 뒷받침되지 않으면 불가능하다. 외국으로부터의 서적의 구입은 더욱 그러하다.

조선조에 국가가 출판과 서적의 유통을 장악하여 지식과 정보를 독점하는 상황에서 중국이나 일본으로부터 서적을 구입하는 것을 제외하면, 다른 길을 통한 서적의 수입은 막혀 있었다. 대체로 조선조의 출판 문화는 국가의 통제 하에 있었기 때문이다. 따라서 이 시기 새로운 서적의 구입과 독서는 지식의 생성과 유통구조를 만들어 낸다는 점에서 의미가 적지 않다.

그런 점에서 여기서는 18~19세기 홍석주가의 사례를 통해 이 시기 경화세족의 독서 문화의 실상을 살펴보고자 한다.[1] 홍석주(洪奭周, 1774~1842) · 홍길주(洪吉周, 1786~1841) · 홍현주(洪顯周, 1793~1865) 형제와 이들과 재종간인 홍한주(洪翰周, 1798~1868) 등은 모두 홍석주 가문의 대표적 인물들이다. 홍석주 가문은 풍부한 경제력과 정치적 배경을 바탕으로 다

---

1) 경화세족의 일원이었던 홍길주의 독서와 관련한 문제는 정민, 「중세적 인식론의 전환과 새로운 담론의 모색─항해 홍길주의 독서론과 문장론」, 『대동문화연구』 41, 성균관대 대동문화연구원, 2002, 87~123면 참조. 그리고 홍길주 산문과 학술 성향에 대해서는 최식, 「항해 홍길주 산문 연구」, 성균관대 박사논문, 2005와 「연천 홍석주가의 학술과 문예─항해의 현실인식과 『춘추묵송』」, 『한문학보』 15, 우리한문학회, 2006, 105~136면 참조.

양한 서적을 구입하여, 서로 돌려보면서 당대 학술과 문화의 흐름을 꿰뚫고 새로운 문화의 흐름을 선취하여 주도한 바 있다.[2] 이들은 새로운 지식과 정보를 통해 연경(燕京)의 학예(學藝)는 물론, 서구의 동향과 세계사의 흐름도 감지하였다. 이 점에서 경화세족의 독서 문화는 18~19세기 문화를 이해하는 유효한 코드로 이해할 수도 있다.

2. 홍석주가(洪奭周家)의 장서(藏書)와 독서목록(讀書目錄)

조선조 지식인들은 임진전쟁을 계기로 명나라 문인의 문집 등 다양한 서적을 손쉽게 접함으로써 중국 학계의 동향과 서적의 정보를 알 수 있었다. 이 외에 사행(使行)과 연경 학예 인사들과의 교유를 통해, 중국의 최신 학술정보는 물론 다양한 분야의 서적을 구해보기도 한다. 허균(許筠, 1569~1618)과 도곡(陶谷) 이의현(李宜顯, 1669~1745)의 사례에서 확인할 수 있다. 허균은 두 차례 사행(使行)에서 4천 여 권의 중국 서적을 수집해왔고, 이의현 역시 두 차례의 연행에서 1,416권의 서적을 수집한 바 있다. 이들은 다양한 서적의 수집과 함께 독서를 통해 지적 욕구를 충족시켰다. 허균이 『성소부부고(惺所覆瓿藁)』에서 자신이 독서한 문헌을 활용하여 문예에 대한 의견을 개진한 것은 이를 말하거니와, 이러한 학술과 문화의 비평의식은 곧 자신이 소장한 서적과 관련이 깊다. 요컨대 이들은 다양한 독서체험을 바탕으로 전 시기와 다른 학술과 문예의 신경지를 열 수 있었던 것이다.

서적의 유입은 18세기와 19세기에 오면 더욱 다양하게 나타난다. 서

---

2) 홍석주 가문의 독서와 문예 비평에 대해서는 진재교, 「홍석주가의 독서체험과 문예비평」, 『한국문학연구』 4, 고려대 한국문화연구소, 2003, 235~288면 참조.

적의 유통은 물론 지식인이 독서한 서적의 종류도 다양해지고 서로 베껴보거나, 일부 출판을 함으로써 서적의 양도 급격하게 늘어난다. 정조대에 활발하게 일어났던 활자의 주조와 서적의 보급, 중국으로부터의 서적 수입, 감영판의 보급, 일부 개인 출판업자들의 출판 활동 등은 서적의 보급과 유통 상황을 잘 보여주는 양상이다. 특히 정조는 중국서적에 남다른 관심을 보였던 인물로, 그는 당대 최고의 장서가이기도 하였다. 정조는 중국서적을 비롯하여 다양한 종류나 고가(高價)의 서적을 소유하였을 뿐만 아니라, 당시 '컬렉션'을 조성할 정도로 서적의 수집에 남다른 관심을 기울인 인물이다. 그는 국왕이라는 지위를 배경으로 국가적 차원에서 다양한 종류의 서적을 수집 소장하고, 많은 양의 서적을 출판함으로써 문화군주로 자임할 수 있었다.3)

이처럼 조선조 후기는 영·정조의 문화정책에 힘입어 출판문화의 활황과 서적의 유통이 진행됨으로써 서적의 종류와 양은 더욱 확대된 바 있다. 구체적 사례를 들면 24사(史)의 역사류 저술, 고염무(顧炎武, 1613~1682)와 모기령(毛奇齡, 1623~1716)의 경학저술, 귀유광(歸有光, 1506~1571)이나 원굉도(袁宏道, 1568~1610)와 같은 명말청초(明末淸初) 문인들의 시문집, 이 외에도 다양한 총서류와 총집류, 백과사전류는 말할 것도 없고, 소설류에 이르기까지 다종의 문헌이 대량 수입·유통된다. 하지만 이 시기 이러한 출판문화의 활황은 사회적 문제를 불러일으키기도 하거니와, 정조가 다종 다기한 서적의 수입과 유통의 문제점을 제기한 것은 그 예다. 정조는 중국으로부터 들어오는 일부 서적을 겨냥하여 언급할 가치가 없는 것으로 비판하였다. 그는 "학문이 정도(正道)에 무익하면 학문이 없는 것만 못하고 문장이 '실용(實用)'과 관계없는 것이라면 문장이 없는 것만 못하다"

---

3) 정조가 21세(1772년)부터 1800년 사망할 때까지 편찬한 문헌을 잘 보여주는 목록이 『群書標記』다. 이는 문화군주로서의 정조의 진면목을 여실히 보여주는 징표다. 그는 89종 2,490권에 이르는 책을 편찬하였고, 정조가 직접 편찬에 간여하지 않고, 신하들에게 편찬을 명한 문헌도 64종 1,501권에 이른다.

고 하여 비실용적 글을 문제 삼는다.[4] 여기에 그치지 않고 그는 패관비어(稗官俚語)를 담은 서적의 경우, 실용에 무익할 뿐만 아니라 그 내용은 사람의 마음까지 방탕하게 만든다고 비난하기까지 한 바 있다.[5] 당시 정조는 중국에서 들여 온 비실용서를 비난의 대상으로 삼았다.

> 근래 연경에서 새로 구입해온 책들을 보건대, 예악(禮樂)·병형(兵刑)·전곡(錢穀)·갑병(甲兵) 등 '실용(實用)'에 관계되는 것은 하나도 볼 수가 없고, 단지 비리(鄙俚)·불경(不經)·용쇄(冗瑣)하고 가소로운 일로 한때 눈만 기쁘게 하려는 것이었다.[6]

연경에서 수입된 일부 서적을 직접 겨냥하여 비실용적인 것으로 비판한 대목이다. 반면에 정조가 언급한 실용적 서적은 예악·병형·전곡·갑병과 같은 국가의 문물제도, 이용후생에 대한 경제적 조건, 그리고 이러한 조건의 개선과 관련한 서적을 말한다. 실용서는 현실에 직접 사용할 수 있는 효용성이 있지만, 반면에 비실용서의 수입과 유통은 단순히 일시적 눈요기에 불과하고, 현실에 아무런 도움이 없기 때문에 무익하다고 언급하고 있다. 정조가 비실용적 서적의 예로 패관잡서와 비리한 내용의 서적을 지목한 것이나, 중국 판본의 경전조차도 수입을 금지한 것 등은 다분히 정치적 의도의 소산이지만, '한편으로는 실용'의 기준을 내세우며 자신이 원하는 서적을 읽도록 강제하는 측면도 없지 않다.

사실 정조가 국왕의 지위로 국가권력을 동원하여 서적의 수입을 금지하는 것은 일종의 검열 정책의 하나로 지식과 정보를 통제하는 폭력

---

4) 정조, 「일득록」, 『한국문집총간』 267, 195면. "學無益於正道, 不如無學; 文無當於實用, 不如無文."

5) 위의 글, 146면. "予雅不好聲色, 萬機之餘, 所消遣者, 惟是墳典而已. 而至於稗官俚語, 自幼至今, 一未嘗經眼. 蓋此等文字, 非但無益於實用, 其流之害, 移心蕩志, 有不可勝言. 世之不務實學而務外馳者, 予甚惜之."

6) 위의 글, 181면. "近看燕中新購之書, 如禮樂兵刑錢穀甲兵等, 有實用者, 一不槪見, 只以鄙俚不經冗瑣可笑之事, 苟求一時之悅眼."

성을 담고 있다. 이는 국가적 차원에서 출판문화를 통제함으로써 비실
용적인 곳으로 쏠리는 학술 성향을 다른 방향으로 전환하고자 하는 의
도를 담고 있기 때문에, 일종 국가적 차원의 문화정책의 일단인 셈이
다.[7] 정조가 취한 문체반정(文體反正)도 지금의 관점에서 보자면, 본질적
으로 국가 차원의 검열정책의 하나이다. 정조가 시행한 문체반정은 그
이면에는 왕권을 강화하려는 정치적 복선을 깔고 있지만, 문체책의 시
행과 함께 지식인의 자기검열로 나타나기도 한다는 현상에 주의할 필
요가 있다. 이는 곧 신문체를 통해 새로운 사유나 의식을 드러내려는
공간을 차단함으로써 결국 지식인의 사유의 폭과 깊이를 일방적으로
국가의 정책에 순종하도록 강요하는 역기능도 없지 않다는 점이다.

정조의 출판문화에 대한 비판과 국가권력을 통한 검열과 통제에도
불구하고, 서울학예계에는 18세기 내내 외국으로부터의 서적 유입과 보
급, 이를 통한 새로운 지식의 생성과 확산은 지속된다. 지식인 사이에서
도 새로운 서적을 서로 베끼고 돌려봄으로써 서적의 유통과 보급 또한
점차 확대되어 간다. 이처럼 다양한 서적의 보급과 유통은 지식인의 독
서체험을 넓히는 계기를 만들어 준 바 있다. 지식인들 역시 다양한 문
헌을 독서함으로써 새로운 지식과 정보를 취득하고 인식의 지평을 넓
히거나 새로운 사유로의 전환을 통해 또한 최신 학예(學藝)의 동향과 시
대조류를 이해하기도 하였다.

그런데 19세기에 오면 앞서 정조가 우려했던 무분별한 서적의 유입
과 확대는 현실화되어 나타난다.

천하에 서적이 번다(繁多)하고 풍부하기가 지금 같을 때가 없었다. 대개 예
전과 지금 사람들 가운데 조금이라도 문자를 아는 자 치고 저술로 자신을 뻐

---

7) 이는 1799년 정조가 進賀副使로 청나라를 방문하는 서형수(1749~1842)에게 『주자
대전』과 『주자어류』 선본을 구해보라고 명한 諭文에 잘 나타나 있다. 상세한 내용은
『일성록』 정조 23년 7월 16일조에 보인다.

기지 않은 이가 없어서, 이른바 아무 문집이니 무슨 책이니 하는 것이 거의 집을 가득 채우고 우마(馬牛)를 땀을 흘리게 할 지경이다. 또한 지리한 말, 쓸데없는 이야기로 아무 도움 될 것은 없이 도리를 해치는 것들과, 요망하고 괴이하며 사악하고 편벽된 불경스러운 서적이 열에 일곱 여덟이니, 이런 것들은 모두 진시황이 서적을 불태웠던 것과 같은 계기가 또 있다면 마땅히 빨리 불태워버려야 할 것이다.[8]

홍한주(洪翰周)의 언급이다. 하찮은 문집, 요망하고 불경스러운 서적, 무익한 전적 등 실용과 무관하고 분서(焚書)할 만한 서적이 열에 일곱 이상이나 되는 출판 상황을 지적하고 있다. 19세기는 그야말로 책의 홍수를 이룰 정도로 수많은 종류의 서적이 유통하고 있음을 알 수 있는 대목이다. 대개 이러한 서적 유통의 배후에는 여전히 중국에서의 서적 수입과 유통이 자리 잡고 있었다. 홍석주만 하더라도 1803년 서장관으로, 1831년에는 정사(正使)로 연행하면서 중국 문인들의 서적을 두루 탐문하고 이를 구해 읽은 바 있다.[9] 19세기 중반에 이르기까지 연경(燕京)은 여전히 서적 유입의 유력한 루트였다. 서적인 너무 많이 존재하는 것을 비판한 홍한주의 언급에도 불구하고, 문헌의 유통은 지속되었고 중국으로부터의 서적 유입 또한 지속적으로 이루어진다.

이를 배경으로 18~19세기에 이르면 많은 책을 수장한 장서가가 출현한다. 그 중심에 경화세족이 존재한다. 경화세족들은 자신의 경제력을 기반으로 많은 장서는 물론 서화나 골동을 수장하고, 이를 감상하는 등 문예취향의 문화적 성향을 보여준다. 이러한 취향은 새로운 정보의 취득과 경제력, 그리고 일정한 안목이 없으면 가능하지 않을 터이다. 이

---

8) 홍한주, 『지수염필』 권1(국립도서관본). "天下書籍之繁富, 莫今日如, 蓋古今人狗解文字者, 莫不以著述自命, 凡所謂某集某書, 殆充棟宇汗牛馬. 又其枝辭蔓語, 無益而害道者, 及妖怪邪辟不經之書, 十居七八, 此皆有秦火, 則所當亟焚也."

9) 이러한 정황은 연경의 학자 費蘭墀와 주고받은 일련의 편지글에서 확인할 수 있다. 홍석주, 『연천집』 권16(『한국문집총간』 293)을 보면 서로 주고받은 편지가 다수 실려 있다.

시기 경화세족 중에는 개인 장서루를 만들어 서적을 소유한 사람도 적지 않았다.

비록 좁고 작은 우리나라에서도 심두실공(沈斗室公)의 적당(積堂)은 거의 4만 권이 넘었고, 유하(遊荷) 조병구(趙秉龜), 석취(石醉) 윤치정(尹致定) 두 분의 집 역시 3~4만 권 이하는 아니다. 기타 진천현 초평리의 화곡(華谷) 정승 이경억(李慶億)의 만권루(萬卷樓)와 풍석(楓石) 서유구(徐有榘)의 두릉리(斗陵里)에 있는 8천 권이 또 그 다음이다. 대개 서울에 있는 오래된 집안으로서 천 권이나 만 권의 서적을 소유하고 있는 자는 손가락으로 이루 다 꼽을 수가 없다.10)

18세기에 이하곤(李夏坤, 1677~1724)의 '만권루(萬卷樓)'와 홍양호(洪良浩, 1724~1802)의 '사의당(四宜堂)' 등이 알려진 바 있다. 19세기에는 서유구(徐有榘, 1764~1845)와 심상규(沈象奎, 1766~1838) 등의 장서가가 나왔음을 언급하고 있다. 그런데 위에 제시한 서유구와 심상규는 당시 대표적 경화세족이다. 19세기의 홍석주 가문 역시 예외가 아니다. 홍석주 가문은 서유구 가문과 연비가 있을 뿐만 아니라, 서로 돈독한 관계를 유지한 바 있다. 이를 배경으로 두 가문은 서적을 빌려 보거나 지식과 정보를 교환하면서 인식과 지식의 폭을 넓혀 나갔다.

특히 홍석주 가문은 당시 많은 서적을 소장하였다. 홍길주는 한 편의 기문(記文)에서 자신의 장서와 장서루를 언급하고 있다.

"표롱각의 장서는 위로는 육경으로부터 아래로는 백가를 망라하니, 대개 천하에 읽을 만한 책은 모두 수장되어 있다. 커다란 장서각의 깊은 처마는 그 덕을 넓혀 주는 것이요, 비단과 자수로 호화롭게 장정한 것은 그 문장을 아름

---

10) 홍한주, 『지수염필』권1(국립도서관본). "雖以我國之編小, 沈斗室公之績堂, 太過四萬, 趙遊荷秉龜・尹石醉致定二公之家, 亦不下三四萬卷, 其他鎭川縣草坪里華谷李相慶億之萬卷樓, 徐楓石有榘斗陵里之八千卷, 又其下也. 盖京師故家, 有書之至千萬卷者, 指不勝摟."

답게 하는 것이며, 서가로 구분하고 첨축을 표지(標識)한 것은 그 분변을 위한 것이다. 경부(經部)를 존숭하고 사부(史部)를 보좌하도록 하며, 자부(子部)와 집부(集部)를 그 다음의 순서로 놓았는데, 그 등급을 밝힌 것이다. (…중략…) 어떤 방문객이 표롱각의 장서에 대해 "천하에 장서각(藏書閣)은 많으나 그 권질이 이곳보다 풍부하고 장축(裝軸)이 이곳보다 호화스러운 곳이 몇 곳이 있는 모르겠다"고 하였다.[11]

장서를 모은 서실의 규모와 모양, 여기에다 서적의 종류와 풍부한 장서를 언급하고 있다. 홍길주가 언급한 '표롱각'이 실제 있었던 지 여부를 구체적으로 확인할 수는 없다. 하지만 홍석주 가문의 형제들이 남긴 독서록을 보면 이들 형제들은 모두 상당한 장서를 보유한 것만은 확인할 수 있다. 여기서 주목할 점은 홍석주가의 인사들이 다양하게 독서한 체험을 독서록의 형태로 남기고 있다는 사실이다. 당시 많은 문헌과 다양한 종류의 글을 독서한 경우, 독서한 서적의 감회를 글로 남기거나 독서한 내용을 밝히는 경우가 더러 있지만, 자신이 읽은 서적을 목록으로 남겨 체계적으로 기록한 경우는 매우 드물다.[12]

홍석주가 『홍씨독서록(洪氏讀書錄)』이라는 서목(書目)을 저술하여 자신이 읽은 책을 목록으로 남긴 것은 독특한 사례에 속한다. 이 서목은 서적의 서지 사항과 편저자 그리고 서적의 내용과 이를 비평한 글을 정리

---

11) 洪吉周, 『孰遂念』, 제1觀 '爰居念 上' 「縹礱閣記」. "縹礱是閣之藏, 上自六經, 下徧百家, 凡天下可讀之書, 無不在. 大屋深檐, 宏其德也. 綺匣繡裝, 斐其文也. 架庋以別之, 籤軸以識之, 謹其辨也. 尊經佐史, 次以子集, 昭其等也. (…중략…) 其人曰, 藏書之屋, 天下多矣. 其卷袠之富於是, 裝軸之奢 於是, 又不知有幾所也." 『숙수념』의 체재로 보자면, '縹礱閣'의 경우 홍길주가 상상의 나래 속에서 자신이 이상적으로 추구하려 한 藏書閣으로 볼 수도 있다. 하지만 그 역시 수많은 문헌을 독서한 데다, 도서목록을 남겼고, 홍석주 홍현주 등도 실제 많은 서적을 소장하고 있었다. 더욱이 홍현주는 부마로 책 모으기를 좋아하였고, 『海居書目』이라는 도서목록을 남긴 바 있다. 때문에 실제 장서각이 존재했던 가의 유무를 떠나 자신의 집안이 소장한 장서가 매우 많았기 때문에 이러한 상상도 가능하였을 것이다.
12) 유만주의 『흠영』을 보면 자신이 읽은 서적을 곳곳에 기록해두고 있다. 『흠영』은 일기 형태로 되어 있어 정식 도서목록의 형태는 아니다.

한 글이다.[13] 홍길주 또한 1월부터 12월까지 날짜별로 적당한 고사나 시문을 찾아 일력으로 편찬한 『서림일위(書林日緯)』[14]라는 저술을 남기고 있다. 홍길주가 남긴 이 책은 비록 일력(日曆)이지만, 읽은 책을 근거로 일력의 형태로 남겼기 때문에 독서 목록집의 면모를 아울러 보여준다. 홍현주 역시 장서목록으로 『해거서목(海居書目)』을 남기고 있어, 우리는 이를 통해 홍석주 가문 인사들의 독서 범위와 장서의 규모를 가늠해 볼 수 있다.[15]

여기서 홍석주 가문의 대표적 독서록인 『홍씨독서록』을 검토할 필요가 있다. 이 저술은 홍석주가 37세 때까지 읽은 것을 독서록의 형태로 남겨 놓은 것이다. 여기에 실려 있는 서적만 보더라도 그가 독서한 양이 방대함을 알 수 있다. 이 책의 서문을 보면, 책에 소개된 것들은 자신이 읽은 것이 대부분이지만, 읽기를 희망한 서적의 목록도 함께 실었음을 언급하고 있다. 하지만 『홍씨독서록』을 꼼꼼하게 읽으면, 홍석주가 서지사항을 밝혀 놓고, 서적의 내용을 비평한 구체적인 언급을 감안하면 읽은 토대 위에서 기술한 경우가 많고, 그렇지 않은 것은 적다는 사실을 알 수 있다. 더욱이 당시 읽지 않은 서적들도 홍석주 가문의 경제력과 정치적 위상, 그리고 그의 지적인 역량을 고려하면, 그가 『홍씨독서록』을 저술한 이후에도 희망하던 서적들을 지속적으로 읽었을 가능성은 충분히 있을 수 있다. 어쨌거나 여기서 젊은 시절 홍석주가 독서한 양과 소장한 서적의 규모를 우선 주목할 필요가 있는 것이다.

사실 홍석주 가문의 인사들이 남긴 독서록은 자신들의 독서체험을 도

---

13) 홍석주의 『홍씨독서록』의 서지학적 성과에 대해서는 리상용, 「'홍씨독서록' 수록 서적의 선정기준에 대한 연구」, 『서지학연구』 30, 서지학회, 2005, 247~281면 참조.

14) 이 책은 홍길주가 春集, 夏集, 秋集, 冬集으로 나누어 자신이 일 년 동안 날짜와 관련이 있는 구절을 기존에 읽었던 문헌에서 찾아 일력을 만들어 놓았고 상단에 월령을 기술하고 있다. 읽은 책의 내용을 근거로 하였기 때문에 간단한 독서록의 역할도 한다. 이 책은 연세대와 고려대 도서관에 각기 소장되어 있다.

15) 洪吉周의 『峴首甲藁』에 「海居書目序」가 있다. 이를 보면 그가 읽었던 책의 종류와 양을 추측할 수 있다. 하지만 「海居書目」의 존재 여부는 알 수 없다.

서 목록의 형태로 표출한 것이다. 게다가 이들은 독서록 외에도 문고나 목록 등에 서문을 쓴 글을 적지 않게 남기고 있다.[16] 우리는 홍석주 가문의 인사들이 남긴 이러한 글을 통하여 이들 가문의 자부심과 학술적 위상, 그리고 가학(家學)의 에토스를 엿볼 수 있다. 이 점은 특히 홍길주가 홍석주의 『홍씨독서록(洪氏讀書錄)』을 두고 언급한 것에서 잘 드러난다.

> 이것을 '홍씨독서록'이라 표제로 한 것은 이 책을 우리 형제가 지었기 때문에 이렇게 적은 것이다. 참으로 우리 형제가 여기에 힘을 쏟아 이루어 얻은 바가 있으니, 후세에 학문에 뜻을 둔 자는 모두 이것을 모범으로 삼고, 천하의 유자들도 이 독서록을 다투어 베껴 집안에 전하지 않을 이가 없을 것이다. 따라서 이는 홍씨 집안을 위하는 독서록에 그치지 않을 것이다.[17]

홍석주의 『홍씨독서록』을 여타 것들과 사뭇 다른 것으로 보고 있다. 기실 『홍씨독서록』은 홍석주가 젊은 시절 읽었던 도서목록의 성격을 지닌 데다, 자신이 읽은 책의 내용을 비롯하여 향후 읽어야 할 서적을 학술적 안목으로 요약하고 이를 비평하고 있다. 마치 학술사를 꿰뚫고 각 저술의 특장을 선명하게 드러낸 수준 높은 해제집을 연상시키는 바 있다. 홍길주가 가문의 학술적 자랑거리로 이 『홍씨독서록』을 든 다음 독서록의 전형으로 세상에 유통될 것으로 확신하는 것은 이 때문이다. 이는 독서 문화의 가학적 전통과 이에 대한 강한 자부심으로 읽혀진다.

요컨대 홍석주 가문의 인사들은 가문의 일상적 독서 체험을 독서록으로 정리하고 이를 학술의 차원으로 끌어 올렸을 뿐만 아니라, 서적과 관련한 지식의 재배치를 통해 당대 학술과 독서 문화의 가늠자 역할까지 기대하고 있는 것이다. 이는 가문의 학술적 전통은 물론 그들 가문

---

16) 洪吉周의 『峴首甲藁』에 「舍弟世叔文稿序」나 「明文選」과 그 「目錄」의 序文을 쓴 것에서 알 수 있다.
17) 홍길주, 『峴首甲藁』 권3 「雜文記 三」. '題洪氏讀書錄後' "題之曰, 洪氏讀書錄者, 書由吾兄弟作也. 苟吾兄弟用力於斯, 因以獲有所造, 則后之志於學者, 咸以是爲則, 而天下之儒, 莫不爭寫是錄而家傳之, 又不獨爲洪氏之錄也."

특유의 독서 문화와 그 에토스를 의미한다.

사실 이 시기 경화세족들의 저술태도 중의 하나가 자신이 소장한 서적을 열람하고, 이를 정신적 아취(雅趣)로 여기거나 이를 통해 다기한 필기류 저술을 저술하는 경향에 있다는 점이다. 이는 경화세족 고유의 문화적 에토스이기도 하다. 이 시기 경화세족들은 정치적 위상과 경제력을 바탕으로 문화적 자부심과 함께 그 자부심을 더러 저술의 형태로 드러냈던 것이다. 홍석주 가문의 인사들이 많은 장서를 소장하고 이를 근거로 폭넓게 독서하여 지식과 정보를 획득하는 한편, 일련의 필기류 저술을 통해 지적 면모를 드러낸 것 역시 같은 맥락으로 이해할 수 있다. 그런 점에서 홍석주 가문의 인사들은 다양한 서적의 소장과 폭넓은 독서로 일국적 시각을 넘어 학술과 문예를 비평하는 것은 주목을 요한다.

3. 다독(多讀)과 박학(博學) 그리고 고증학(考證學)

많은 문헌의 출현과 유통은 독서가들의 호기심을 자극하기에 충분하다. 경제적 조건과 지적 능력만 되면 다양한 지식의 섭취를 위해 독서는 필요하다. 정치적으로나 학문적 위상을 지닌 홍석주 가문의 인사들 역시 다독을 선호한다. 홍석주의 언급이다.

> 나는 여섯 살 때부터 책을 읽어 이제 30여 년이 되었다. 대체로 일찍이 널리 배우고 많이 듣는 것에 뜻을 두었으나, 그 요령을 얻지 못하여 무릇 제자 백가, 술수서에서 패관잡기와 황당무계하고 쓸데없고 자질구레하며 불경스러운 이야기에 이르기까지 때때로 넘나들면서 모두 닥치는 대로 마구 읽었다. 하지만 옛날을 상고할 경전이나 세상을 다스리는 임무는 도리어 미칠 겨를이

없었다.[18]

홍석주가 책을 '닥치는 대로 마구 읽었다'고 언급한 것은 다독을 의미한다. 닥치는 대로 마구 읽을 수 있다는 것은 책을 많이 소유하거나, 아니면 다양한 책을 사들일 만큼의 경제적 능력이 있어야 가능하다. 당시 홍석주 가문은 이미 이러한 조건을 두루 갖추고 있었다. 젊은 시절 홍석주의 독서는 '닥치는 대로 마구 읽'는 다독의 독서 방식을 추구한 바 있었다. 이는 박학(博學)과 새로운 지식을 추구할 때 흔히 볼 수 있는 독서 방식이다.

위에서 홍석주는 젊은 시절에 보여준 다독의 독서 방식을 반성하고 동생들이 책을 정선해서 읽도록 안내하기 위하여 『홍씨독서록』을 저술한다고 언급하고 있지만, 사실 다독을 통한 박학의 추구는 홍길주나 홍현주 그리고 홍한주에게 두루 보이는 현상이다. 특히 해거재(海居齋) 홍현주(洪顯周)는 정조의 부마로 많은 서적을 수집하여 이를 읽고 감상한 인물로 알려졌거니와, 그는 누구보다 서적수집과 독서에 관심이 많았다. 『해거서목』을 남긴 것도 이를 반영한다.

이처럼 홍석주 가문의 인사들은 문벌과 문한을 기반으로 남에 앞서 새로운 서적을 수집하거나 이를 빌려 보는 등, 최신의 학술 정보와 서적을 누구보다 먼저 취득한 바 있었다. 이미 홍현주로부터 그 사례를 확인할 수 있다. 당시 홍현주는 국왕인 익종에게 중국에서 들여온 『고금도서집성』을 볼 수 있도록 요청하여 열람의 기회를 가졌다. 이때 홍한주는 홍현주 집에서 『고금도서집성』을 보고 남다른 감회를 술회하기도 한다.[19]

---

18) 홍석주, 『淵泉全書』 권6 「洪氏讀書錄」, 오성사, 1982, 87면. "余生六歲而知讀書, 今三十餘年矣. 蓋嘗有志於博學多聞之事, 而不得其要, 凡諸子百氏, 術數之書, 以及乎稗官雜記, 譏誕鬼瑣不經之談, 亦時時氾濫出入, 而稽古之典, 經世之務, 顧反不暇及者."
19) 홍한주, 『智水拈筆』 권1(국립도서관본). "向在丁亥夏, 翼宗代理時, 余再從兄海居公, 以禁臠, 嘗私侍, 公伏地奏曰, "臣旣非閣臣, 『圖書集成』, 一生未見, 願乞一借."

홍현주가 정조의 부마가 아니라면 저 호한한 거질의『고금도서집성』을 본다는 것은 불가능 했을 것이다. 그런 점에서 홍현주가 서적과 서화를 수집하고 문예에 지대한 관심을 보이는 것은 부마라는 처지와 무관하지 않다. 홍석주 가문의 인사들이 청조 문화의 대표적 출판문화의 성과인『고금도서집성』을 열람한 것 역시 홍현주가 부마의 위치에 있었기 때문일 터이다.

당시『고금도서집성』은 정조의 후원 아래 반입되어 극소수의 관료에게 열람이 허용될 정도로 왕실의 귀중본이었다. 그래서 각신(閣臣)이 아니면 볼 수조차 없었다. 더욱이『고금도서집성』은 풍부한 학술과 문예의 정보를 담고 있기 때문에, 홍석주 가문의 인사들이 이를 독서한 체험과 감회는 남달랐을 터다.『고금도서집성』을 열람하였다는 자체야말로 학술적 안목과 출판문화의 시선을 넓히는 계기가 되었을 법 하다.『고금도서집성』은 그 규모가 방대하지만, 역상·방여·명륜·이학·방물·경제에 대한 내용과, 그림과 내용을 교직한 것, 원류(源流)와 연기(緣起)를 다룬 방식, 여기에다 시문이며 논설류까지 두루 총집하는 등 지식을 새롭게 분류하고 재배치한 백과전서와 같은 총집류이다. 말하자면 새로운 방식의 출판문화와 지식의 분류와 체계를 보여주고 있다. 사실 이러한 총집류를 독서할 경우, 독자는 지적인 충격을 받기에 충분하다. 요컨대 홍석주 가문의 형제들은 국가가 소장한 거질의 귀중본을 비롯하여 독서한 종류와 내용 또한 실로 다양하고 방대하였던 것이다.

그런데 이러한 다독의 성향과 박학의 추구는 동 시기 경화세족이었던 서유구를 통해서도 확인할 수 있다. 서유구 역시 다독을 통해 박학

翼宗笑許之, 仍命披隷, 領送公第, 公招余同閱. 故, 余亦一再往, 見其綱領矣. 盖淸聖祖康熙中, 命太學士蔣文肅公廷錫, 摠裁是書, 至雍正九年, 書始成, 曆象·方輿·明倫·理學·方物·經濟凡六集編, 三十二典, 部爲一千幾百幾十幾, 而每一物, 必先圖形, 次以源流緣起, 次以詩文論說, 名目極繁, 而凡例纖悉精詳, 玫閱甚易, 且繪事神妙, 前古所未有之一大類書也. 如以『山堂肆考』·『事文類聚』·『玉海類函』等書觀之, 不啻如河伯之望洋, 楓石云云, 非過語也."

을 추구하였으며, 그 역시 당대 최고 장서가 중의 한 사람이었다.

> 공은 젊어서 수천만 권이나 되는 책을 읽었으며, 찬술한 『임원경제지』와 『소화총서』는 모두 몇 백 권에 이른다. 올해 이른 여섯인데 관직에서 물러나 교외에 살면서도 부지런하게 책을 수집하고 보충하는 일을 멈추지 않고 있다. (…중략…) 또 읽은 수 천 만이나 되는 책들 외에 사고(四庫)에 치고 넘치는 책은 몇 배에 달하는가를 홀연히 생각하기도 한다. 또한 홀연히 『임원경제지』와 『소화총서』가 미처 싣지 못한 몇 십 몇 백가지를 떠올리시기도 한다.[20]

서유구가 읽은 책이 수천만이나 된다는 홍길주의 언급은 과장에 가깝다. 하지만 서유구 자신이 노년까지 책을 수집하고 보충한 것을 감안하면, 그가 젊어 독서한 양과 수장한 책 수를 미루어 짐작할 수 있다. 서유구와 같은 경화세족이 다양한 책을 다독한 것은 소장한 장서 덕택임은 두말할 나위 없다.

여기서 잠시 독서방법과 학문태도와 관련하여 『홍씨독서록』을 재음미할 필요가 있다. 이 저술은 경사자집(經史子集) 4분류법을 근간으로 부(部)·문(門)·목(目)을 사용하여 그 아래에 책을 배치시키고 있다. 일차적으로 저자와 책수, 내용 소개와 이를 비평하는 것은 해제집의 성격을 보여준다. 하지만 여기에 그치지 않고, 책을 분류하고 내용에 따라 지식을 재배치한 사실, 단순한 내용 소개를 넘어 특정 사안을 비평한 점에서 저자의 학술적 성격과 성취를 뚜렷하게 보여준다. 특히 이 저술은 보기 편하게 서지사항을 기술하고, 책에 따른 전체 내용을 이해하기 쉽도록 구성하고 있다. 이 점을 고려하면, 『홍씨독서록』은 다양한 문헌을 체계적으로 읽으려 할 경우, 매우 편리하게 이용할 수 있을 뿐만 아니라, 박학(博學)을 위한 훌륭한 입문서 역할도 하는 셈이다.

---

20) 홍길주, 『沆瀣丙函』「雜著」「曠如樓記」. "公少讀書累千萬卷, 所纂述林園志, 小華叢書, 總累百卷. 今年七十有六, 致事郊居, 猶矻矻不休乎蒐補. (…중략…) 忽而思所讀書累千萬卷之外, 四庫之所充溢幾倍簏, 忽而思林園志, 小華叢書之所未賅幾什百."

실제 『홍씨독서록』을 보면 홍석주가 독서한 범위와 어떤 종류의 문헌을 읽었는지 잘 알 수 있다. 그는 역경류(易經類) 128권, 서경류(書經類) 55권119편, 시경류(詩經類) 95권, 예기류(禮記類) 1,188권, 춘추류(春秋類) 281권, 사서류(四書類) 207권, 효경류(孝經類) 4권, 소학류(小學類) 145권, 악류(樂類) 207권, 역사류(歷史類) 4,486권,[21] 야사류(野史類) 242권,[22] 패사류(稗史類) 513권,[23] 지류(志類) 2,996권,[24] 유가류(儒家類) 1,006권, 농가류(農家類) 31권, 의가류(醫家流) 460권, 병가류(兵家類) 105권,[25] 노가류(老家類) 33권, 법가류(法家類) 51권, 잡가류(雜家類) 66권,[26] 천문가류(天文家類) 245권, 수술가류(數術學類) 34권, 예술가류(藝術家類) 111권, 설가류(說家類) 461권,[27] 소설가류(小說家類) 50권, 석가류(釋家類) 23권, 문집류(文集類) 3,237권[28] 등, 472종 16,000여 권에 달할 정도의 다양한 종류와 많은 양의 책을 읽고 있다.

구체적으로 살펴보면, 산학서(算學書)와 천문(天文)·의서(醫書)을 비롯하여, 명청(明淸)대 유수의 학자 및 문사인 왕수인(王守仁)·귀유광(歸有光)·왕사진(王士禛)·방효유(方孝孺)·고염무(顧炎武) 등의 문집, 왕세정(王世貞)이 편찬한 『예원치언(藝苑巵言)』 등과 같은 문예물 저작까지 두루 섭

---

21) 여기에는 중국 謝陞가 지은 『季漢書』의 권수가 표시되어 있지 않고, 또한 林象德의 『東史會綱』과 安鼎福의 『東史綱目』과 『삼국사기』와 『고려사』 등의 권수가 포함되지 않아 포함시키지 않았다. 이를 포함하면 홍석주가 역사류를 독서한 양은 훨씬 많아진다.
22) 여기에도 卷數가 표시되지 않은 尹衡聖의 『朝野僉載』와 『燃藜室記述』, 『朝野會通』, 『國朝編年』 등을 포함시키지 않았다.
23) 여기에도 李喜朝의 『東賢奏議』 그리고 『闕里廣誌』, 王懋竑의 『朱子年譜』, 宋成明이 편찬한 『國朝名臣錄』, 『龍飛御天歌』, 柳成龍의 『懲毖錄』 그리고 『莊陵誌』 등도 권수가 표시되어 있지 않아 포함시키지 않았다.
24) 여기에도 卷數가 표시되지 않은 『輿地勝覽』 등은 포함시키지 않았다.
25) 여기에도 중국의 茅元儀가 찬한 『武備志』는 권수가 적혀 있지 않아 포함시키지 않았다.
26) 여기에도 陳繼儒의 『福壽全書』도 卷數가 표시되어 있지 않아 포함시키지 않았다.
27) 여기에도 성현의 『용재총화』도 권수가 표시되어 있지 않아 포함시키지 않았다.
28) 여기에는 卷數가 표시되지 않은 『동문선』을 비롯하여 우리나라 문인들의 역대 문집과 고염무의 『亭林集』 등의 독서물을 포함시키지 않았다.

렵하고 있다. 여기에 그치지 않고 홍석주는 경학저술을 위시하여, 소학(小學)과 야사류(野史類)와 패사류(稗史類), 사전류 등도 읽고 있다. 이 외에도 그는 유가서와 제자백가류·농서류·병가류·지리서·수술학·예술가·잡가류·번역류를 비롯하여, 한국과 중국 문인들의 문집을 읽고 있다. 여기서 흥미로운 사실은 석가(釋家) 항목을 따로 두어 불교 저술까지 읽었다는 점이다. 여기서 그의 폭넓은 독서범위와 박학적 성향을 다시 확인할 수 있다.

이 외에도 홍석주는 설가(說家)의 하위에 고증(考證)의 항목을 따로 설정한 다음, 홍매(洪邁, 1123~1202)의 『용재수필(容齋隨筆)』74권, 왕응린(王應麟, 1223~1296)의 『곤학기문(困學紀聞)』20권, 그리고 청나라 방중리(方中履)의 『고금석의(古今釋義)』12권을 제시해두고 있다. 여기에 그치지 않고, 그는 유서(類書) 항목을 따로 설정하여 『예문유취(藝文類聚)』와 『삼재도회(三才圖會)』각 100권을 언급하고 있는 바, 이는 박학과 고증학적 그의 학문 성향을 엿볼 수 있는 대목이다.

그런데 우리가 여기서 주목할 사실은 홍석주가 37세까지 이러한 방대한 양을 어떻게 독서하였던가하는 점이다. 우선 독서방법과 독서를 둘러싼 독서환경과의 관련을 잠시 언급하고자 한다. 대체로 독서하는 방법은 소장한 장서의 숫자, 책을 읽는 사람의 지적인 능력과 안목, 책을 바라보는 시각에 큰 영향을 받는다. 많은 양의 문헌을 읽을 경우, 정치하게 따지고 그 의미와 행간을 독법 하는 것보다, 오히려 중요한 내용과 필요한 부분만을 찾아 읽거나, 훑어보듯이 읽는 경우가 많다. 때문에 이 경우, 한 구절을 정확하게 이해하려는 정독의 방식을 대신하여 서적을 두루 읽고 섭렵하며 필요한 지식을 습득하는 다독의 성향을 보인다. 사실 이러한 다독의 독서방식은 박학의 경향과 긴밀한 관련을 지닐 수밖에 없다. 또한 다독의 독서 방식과 박학의 배후에는 다양한 서적의 유통과 많은 장서를 소장한 장서가들의 출현과도 일정한 관련을 지닌다는 사실도 상기할 필요가 있다.

이 점에서 풍부한 출판물, 서적 출판의 광범위한 유통, 손쉽게 구해볼 수 있는 출판문화의 활황 등은 모두 정독(精讀)에서 다독(多讀)으로의 이행을 가능하도록 한 요인들임을 알 수 있다. 더욱이 조선조 후기 다양한 문헌의 대량 유통과 백과전서류 총서나 총집류·사전류와 참고서적의 등장과 유통은 다독을 촉진시킨다. 그리고 다양한 종류의 참고서적과 같은 문헌의 유통은 지식을 전문화하는 계기를 만들어 줌으로써 박학에 기초한 고증학의 발달에 적지 않은 영향을 주기도 한다. 홍석주 가문의 인사들이 남긴 필기류 저술에서 박학과 고증학적 성향을 볼 수 있는 것은 이러한 정황을 반영하고 있다.29) 우리는 이 점에서 조선조 후기 박학과 고증적 학문의 관계를 이해할 수 있을 것이다.

한편 홍석주가 명·청 학예(學藝)를 소상하게 이해할 수 있는 중요한 명청 문인들의 문집류를 적지 않게 읽었다는 사실을 고려할 필요가 있다. 그는 전후칠자(前後七子)를 반대하고 진한고문의 회복을 주창한 당송파 이론가인 귀유광(歸有光, 1506~1571)의 『진천집(震川集)』을 통독하였으며, 왕세정(王世貞)의 『사승고오(史乘考誤)』도 읽었다. 왕세정은 후칠자의 한 사람으로 조선조 후기 문단에 많은 영향을 끼친 인물로 알려져 있다. 홍석주가 청언소품(淸言小品)을 창작한 진계유의 글과 유의경(劉義慶)의 『세설신어(世說新語)』 등을 읽은 것 역시 흥미롭다. 『세설신어』는 청담(淸談)과 청언(淸言)의 연수(淵藪)로 일컬어진 소설류로, 만명(晚明)의 중국 문인도 애독하였을 뿐만 아니라, 허균(許筠)을 비롯하여, 조선조 후기 문인과 학인들에게도 적지 않은 영향을 끼친 서적이다.

홍석주가 중국 고대의 대표적 산학서인 『주비산경(周髀算經)』과 『구장산술(九章籌術)』 그리고 청나라 강희제때 수학을 집대성한 『수리정온(數

---

29) 홍석주의 학술 성향과 그 지향에 대해서는 최석기, 「연천 홍석주가의 학술과 문예-연천 홍석주의 학문성향과 『대학』 해석의 특징」, 『한문학보』 15, 우리한문학회, 2006, 39~82면과 허권수, 「연천 홍석주가의 학술과 문예-연천 홍석주의 가문적 문학 환경과 문학성향」, 같은 책, 5~38면 참조.

理精蘊』을 비롯하여, 명나라 때 서구의 산학서를 부연 설명한『동문주지(同文籌指)』를 읽은 것이나, 청나라를 통해 들여온 서구의 과학 기술의 서적에도 남다른 관심을 보인 점도 주목할 점이다. 특히 서광계가 서구의 기하학을 번역한『기하원본(幾何原本)』을 읽은 것은 다독과 박학을 추구한 홍석주 독서관의 산물임을 확인할 필요가 있다.

위의 사례에서 보듯이 홍석주가 독서한 서적을 두루 거론하면『홍씨독서록』에서 거론한 범위를 훨씬 상회한다. 이는 홍석주가『학강산필』에서 인용한 저작들을 보면 알 수 있다.『학강산필』을 보면,『홍씨독서록』에 기록되지 않은 명말청초의 문집이나 잡저, 필기류 등도 눈에 자주 보이기 때문이다. 그런 점에서,『홍씨독서록』이 홍석주가 독서한 양의 전부를 말하는 것은 아님을 알 수 있다.

홍길주나 홍한주 또한 다양한 서적을 독서한 바 있다. 홍길주는 중국의 단편 지괴소설집인 포송령(蒲松齡, 1640~1715)의『요재지이(聊齋志異)』[30]를 비롯하여『삼국지연의』와 잡다한 필기류를 두루 읽고 있다.[31] 그가『소림광기』와『태평광기』등의 문헌을 읽은 것도 이러한 사례에 속한다.[32] 홍한주 역시 포송령의『요재지이』, 간보(干寶)의『수신기(搜神記)』, 장독(張讀)의『선실지(宣室志)』, 기윤(紀昀)의『고망청지(姑妄聽之)』・『괴서잡지(槐西襍志)』・『초당필기(草堂筆記)』등을 두루 읽고 있다.[33] 홍한주는『지수염필』에서 소설에 대해 비판적 시각을 보여주기도 하지만, 그는『삼

---

30) 청나라 포송령의 저서로 신선과 여우, 귀신, 도깨비의 일을 자세히 묘사한 책으로 총8권이며, 16권으로 더 상세히 나누기도 한다.

31) 홍길주,『縹礱乙懺』권11「睡餘放筆 上」. "近世中國人所撰小說, 如聊齋志異, 新齊諧艸堂筆記之類, 寔繁其目而無非志怪談幻, 可詫可駭" 그리고 다른 글에서 그는 어릴 적에『삼국지연의』를 독서하였음을 밝힌 바 있다. 이는『縹礱乙懺』권14「睡餘演筆」上의 "少時閱三國志演義, 至曹操, 敗於赤壁, 奔至華容, 大笑, '瑜亮無謀', 且曰, 若吾用兵時, 則當設伏於此云云"에 잘 나타나 있다.

32)『수여연필』上에 이러한 기록들이 두루 산재되어 있다.

33) 홍한주,『지수염필』권5(국립도서관본). "妖狐怪鬼, 其說荒誕, 君子不道, 而古今所傳, 不無其事. 故小說中聊齋誌異一書, 太半狐惑也, 干寶之搜神記, 張讀之宣室志, 近世紀文達之姑妄聽之槐西襍志草堂筆記等書, 皆非狐則鬼也."

국지연의』를 비롯하여 『금병매』·『수호지』·『열국지』·『서상기』 등과 같은 명·청 시대의 대표적인 소설도 읽은 바 있다. 홍한주의 언급이다.

세상에 전하기를, 『수호전』을 지은 자는 3대가 벙어리가 되었다 하는데,[34] 정말 그런지는 알 수 없다. 그러나 대개 원나라 말엽 사람 시내암(施耐菴)이 지은 바라고들 한다. 북송 휘종 때 양요·방랍 등 여러 도적이 양자강과 회수(淮水) 사이에서 난을 일으키고 또 양산박의 여러 도적이 있어서 장숙야가 토벌, 평정하여 극악한 도적 송강(宋江) 등 36명을 베고 잡은 것이 그 일의 대강인데, 이를 연의하여 『수호지』로 만들었다. 그러나 그 의장(意匠)은 볼만한 것이 있으니, 문장에 능하지 않고는 이렇게 지을 수가 없다. 『수호지』의 이른바 급시우(송강)니 흑선풍(이규)이니 하는 등 108명의 별호는 마침내 명나라 말 틈적(闖賊)이 빌리는 바 되었으니, 팔금강이니 노회회니 하는 이름들이 모두 해괴하였다. 또 이로써 동림군자를 지목하여 섭상고를 급시우라 하고 이삼재를 탁탑천왕이라 한 것은 더욱 놀라운 일이다. 대개 연의의 책은 모두 난세의 요망한 글이다. 『열국지(列國志)』[35]와 『삼국지연의(三國志演義)』는 누가 지은 것인지 알 수 없지만, 『서유기』는 구장춘이 지은 것이고 『서상기』는 원미지의 『회진기(會眞記)』를 바탕으로 부연하여 지은 것인데, 이는 왕실보·관한경 두 사람의 공동 작품이다. 원나라 때 시문으로는 사곡(詞曲)이 매우 성행하였으므로 이런 작품들이 생겨났는데, 모두 불살라야 할 것들이다. 『수당연의』[36] 및 『여선외사』[37] 등의 책은 또 누구에게서 나왔는지 알지 못하고 『금병매』라는 한 작품은 음탕하고 더럽기가 더욱 심한데, 세상에 전하기로는 왕엄주(王弇州)가 지은 것이라 한다. 문인은 비록 한묵을 유희한다고는 하지만, 엄주는 그 부친이 당한 재앙 때문에 다시는 나가 벼슬하지 않았지만 관직이 남경의 형부상서에 이르렀고 만력 연간의 원로 학자로서 명성이 천하에 무거웠는데, 어찌 이런 불경한 작품을 짓는 데까지 이르렀을까? 몹시 한탄스러운 일이다.[38]

---

34) 澤堂 李植이 『홍길동전』의 작자 허균을 비판적으로 평가하면서 이와 같은 말을 한 적이 있다.
35) 『列國志』는 『좌전』과 『사기』를 저본으로 삼고 『국어』·『전국책』·『吳越春秋』 등의 책을 포괄하고 있지만 실세 기록은 이들 책과 상당히 다르다.
36) 『隋唐演義』은 소설인데, 처음 이름은 『隋唐志傳』이었다.
37) 『女仙外史』는 청의 呂熊의 작품이다.

홍한주는 소설류가 담고 있는 내용과 소설 작가들이 문한(文翰)에 유희(遊戲)한 태도를 싸잡아 비난하고, 이를 매우 부정적인 시각으로 바라보고 있다. 하지만 다시 생각하면 이러한 시각은 문면 그대로만 이해기보다 의도적인 언술로 보아야 할 것이다. 실제 경화세족의 일부 문인들은 중국과 우리나라에서 나온 소설류를 즐겨 읽는 바, 읽은 후에 으레 상투적으로 비판의 시선을 드러내고 있다. 따라서 이 비판적 언급은 소설의 독서를 합리화하기 위한 상투적 언사이자, 자신들에게 향하는 비판적 시선을 무화시키기 위한 장치에 지나지 않는 것으로 이해할 필요가 있을 것이다.

더욱이 위의 글에서 당대 문제적 소설류를 두루 거론한 점이나 그 내용을 비교적 소상하게 언급하고 있는 것을 감안하면, 홍한주는 소설류를 매우 정치하게 읽었음을 보여준다. 그런 점에서 이 시기 경화세족들이 소설류를 읽고 비평을 한 것이야말로 경화세족의 독서체험 속에는 소설류가 중요한 위치를 점한다는 사실을 기억할 필요가 있다.

이미 홍석주의 언급에서 확인한 바도 있지만, 홍한주 역시 소설류 외에도 청나라 초기의 문인들 문집과 저작을 상당수 읽고 있다.

> 육농기(陸隴其)·고염무(顧炎武)·왕완(汪琬)·왕사정(王士禎) 등 사대가 외에 용촌(榕村) 이광지(李光地)·청상(靑箱) 왕숭간(王崇簡)·죽타(竹垞) 주이준

---

38) 홍한주, 『지수염필』 권1(국립도서관본). "世傳作『水滸傳』者, 三代爲啞, 未知信然. 然, 盖元末人施耐菴所撰云, 而北宋徽宗時, 楊么·方臘等諸盜, 作亂江淮間, 又有梁山泊諸賊, 張叔夜, 討平之, 斬獲劇賊宋江等三十六人, 卽其事之大槩, 而演義爲『水滸志』. 然, 其意匠, 有可觀, 非能文, 不能爲此也. 其所謂及時雨·黑旋風等一百八號, 遂爲明末闖賊之藉手, 如八金剛·老犭回犭回, 名號皆怪駭. 又以是目之東林君子, 葉向高爲及時雨, 李三才爲托塔天王, 尤可駭也. 大抵演義之書, 是皆亂世之文妖也. 『列國志』『三國志演義』, 未知誰作, 而『西遊記』則邱長春所作, 『西廂記』則因元微之『會眞記』, 演而爲之, 是王實甫·關漢卿兩人共作. 元代詩文, 詞曲極盛. 故, 亦有此等文字, 皆當付之焚如者也. 『隋唐演義』及『女仙外史』等書, 又未知出於何人, 而『金瓶梅』一書, 淫媒尤甚. 世傳爲弇州所作, 文人, 雖曰'遊戲翰墨', 弇州以父禍, 更不出仕, 位至南京刑部尙書, 爲萬曆間耆宿, 名重天下, 何至作此等不經文字? 殊可歎也."

(朱彛尊)·부자, 유재(裕齋) 위희(魏禧) 형제의 글, 염약거(閻若璩)의 『석지(釋地)』, 소장형(邵長衡)의 『변음(辨音)』과 이도량(李都梁)의 사서에 관한 저서 서상서(徐尙書)와 진학사(秦學士)의 오례에 관한 저서 등은 제가 일찍부터 몰래 그 한 점을 엿보았습니다. 이후로 혹 명성을 떨치고, 문채를 드날리고 있는데도 제가 혹 보지 못한 사람이 있는지요? 기이한 뜻을 품고 암혈에서 울적하게 늙어 죽어가면서도 이름이 알려지지 않은 사람이 있는지요? 제가 이런 사람들을 귀 기울여 알기를 바라는 분들입니다.[39]

홍석주가 연경의 학자 비란지(費蘭墀)에게 청조의 이름난 학자들 중에 자신이 미처 읽어 보지 못한 서적을 알려주기를 부탁한 편지다. 이미 자신이 읽은 것으로 제시한 내용도 명청시대 다양한 저술이지만, 부탁하는 언사의 행간을 자세히 들여다보면 학술적 자부심이 짙게 베어 나옴을 간취할 수 있다. 이는 당대 청조 학술 문예의 흐름과 그 공과를 비롯하여 학예계를 주도한 인물에 정통하지 않으면 나올 수 없는 발언이다.

홍한주 역시 명청 시대 학자와 문인들을 비평한 글을 남긴 바 있다.[40] 홍한주는 홍석주가 앞에서 언급한 저술을 포함하면서도 더욱 상세하게 기술하고 있다. 홍한주는 홍석주의 학술적 성취를 토대로 더욱 확산시킨 것으로 보인다. 홍한주가 언급한 청조 문인들 중에는 연경학

39) 홍석주, 『淵泉集』 권16, 『한국문집총간』 293 「答費秀才書」. "自陸顧汪王四家以外, 如李榕村光地, 王青箱崇簡, 朱竹垞 之父子, 魏叔子之兄弟, 以及乎閻伯詩之釋地), 邵子湘之辨音, 汪武曹李都梁之四書, 徐尙書秦學士之五禮, 僕亦嘗竊窺其一斑矣. 繼此以往, 儻亦有蜚聲揚彩, 而僕之所不及聞乎至如懷奇抱異, 鬱鬱老死於嵁巖之間, 而名湮沒乎無聞者, 尤僕之所傾耳而企也"

40) 홍한주, 『지수염필』(국립도서관본) 권4. '淸初人文' "世稱明熹宗天啓間, 五星聚奎, 故淸初人文甚多, 如湯潛菴斌·陸三魚隴其·李榕村光地·朱竹垞彛尊·王阮亭士禎·陳檢討維崧·施愚山閏章·徐健菴乾學·方望溪苞·毛檢討奇齡·侯壯悔方域·宋荔裳琬·兼濟堂魏裔介·熊澴川賜履·宋商丘犖·吳蓮洋雯·魏勺庭禧·葉方藹子吉·汪鈍翁琬·汪舟次楫·邵青門長蘅·趙秋谷執信諸人, 皆以詩文名天下, 其中亦有宏儒鉅工, 彬彬然盛矣, 而是天啓以後, 明季人物之及於興旺之初者也. 如錢牧齋·顧亭林·吳梅村, 生於天啓以前, 故不錄. 然余每見諸人文辭, 無一人有忍痛含寃之意, 有若初不知逆順者然, 雖使能文章談義理, 終不能釋然也. 惟顧寧人·魏永叔, 卓然自立, 不啻若鸞鳳之運於寥廓者, 二人而已, 錢受之·吳駿公輩, 能不泚顙乎?"

예(燕京學藝)에서 이름난 인물도 있지만, 그렇지 않은 문인도 많다. 연경 학예계 문사들의 문집과 글을 다양하게 읽었다는 사실은 청조 문인들의 다양한 저술과 관련한 문헌 등이 거의 시차 없이 국내에 들어왔음을 의미한다. 홍석주 가문의 인사들이 명청 학예계 인사들의 저술을 두루 수집하여 읽지 않았다면 이러한 학술적 비평은 불가능할 터, 이 역시 주목할 만한 사안이다. 특히 학술적 안목으로 연경 학예의 문예적 성과를 비평하고 있다는 점과 이러한 비평의 배경이 되는 서적을 수집하고 읽을 수 있는 가문적 배경 또한 특기할 사안임에 틀림없다.

당시 경화세족들은 연경학예 학인들의 저술을 수시로 들여와 이를 서로 돌려보았을 뿐만 아니라, 그들의 저작에 대해 나름의 안목과 시각으로 학술과 문예의 저술을 평하기도 한다. 이는 경화세족이 연경 학예의 학술과 문화적 성과를 시차 없이 섭취하고 흐름을 파악한 지적 능력과 그들의 학술적 능력을 보여준다. 더욱이 연경 학예의 최신 학술·문화적 동향과 지식 정보를 신속하게 파악하여 비평한다는 것은, 그들이 문헌을 폭넓고 깊이 있게 읽은 체험에서 우러나온 결과임은 두말할 나위 없다.

이처럼 이 시기 경화세족은 다양한 서적의 수집과 다독, 그리고 깊은 독서체험을 통해 특유의 문화적 에토스를 드러내는 바, 이러한 문화적 에토스는 그들의 경제력과 정치적 위상 그리고 연경에 수시로 드나들었던 기회를 가졌기에 가능하였다.

사실 홍석주 가문의 독서 문화는 여기에 그치지 않는다. 그들은 한글로 된 언해본까지도 독서하기도 한다. 이에 대한 홍석주의 언급이다.

> 내가 어렸을 때 돌아가신 할머니 곁에 있을 때 할머니께서는 항상 한글로 번역된 『여사서(女四書)』[41]와 『자경편(自警編)』[42] 보기를 좋아하셨다. 내가

---

41) 4종의 女訓書를 總稱한 것으로 淸 康熙때 王晉升이 편집하였다. 漢 班昭의 『女誠』 7편과 唐 宋若昭의 『女論語』 20편, 明 盛祖 仁孝皇后의 『內訓』 20편, 晉升의 어머니

처음으로 한글을 배우고 나서도 때때로 몰래 그것을 보았다.[43]

한글을 배운 뒤, 언해본을 두루 탐독하고 독서의 외연을 넓혀 나간 사실을 언급하고 있다. 사실 다양한 서적의 독서는 개인적 취향도 있지만, 가학의 전통과 장서, 이를 서로 공유할 수 있는 공간, 독서 체험을 상호 소통할 수 있는 인물이 존재 할 때 가능하다. 요컨대 홍석주·홍길주·홍현주를 비롯 홍한주 등은 이처럼 상호간의 교류를 통해, 자신들이 섭취한 최신 지식이나 정보, 수집한 서적을 서로 돌려보면서 독서의 폭을 넓혀 갔다. 홍석주 가문은 이를 통해 가문 고유의 독서 문화와 에토스를 형성한 것이다.

여기서 홍석주의 독서관을 통해 홍석주 가문의 독서관의 일단을 언급해보고자 한다. 홍석주의 독서관은 다독을 근거로 한 박학과 밀접한 연관이 있다. 홍석주는 저술과 독서하는 방법에 다섯 가지가 있다고 제기한다. 독서하는 데 가장 중요한 것은 어떠한 책인가 하는 것이 아니라, 자신의 마음을 반성하고 실제에 힘을 쏟는 방향이 중요하다고 제시한다. 자신의 마음을 반성하고 실제에 힘을 쏟아 읽는다면 비록 소설(小說)과 쇄기(瑣記)라 하더라도 치용(致用)할 수 있으며, 그렇지 않으면 육경(六經)이라 할지라도 파한(破閑)에 지나지 않을 것이라 주장한다.[44] 이러

劉氏가 지은 『女範』 11편을 포함한다.

42) 宋의 趙善嶚가 言行錄의 體例를 모방하여 宋代 名臣·儒者들의 言行 중 모범으로 삼을 만한 것을 모은 것이다. 學問·操修·齊家·接物·出處·事君·政事·補遺 등으로 나누어 놓고 있는데, 모두 8類 55子目으로 구성되어 있다.

43) 홍석주, 『鶴岡散筆』 권2. "余幼時, 在先祖妣側, 祖妣, 常喜觀諺翻女四書, 及自警編. 余始學諺字, 亦時時竊覽之"

44) 위의 책. "古之著書者, 其高下, 大率有五等也. 世之讀書者, 亦然. 太上, 明道以正德, 六經四書, 群聖賢之言, 是也. 其次, 經世以致用, 聖人之經, 兼乎是者也, 而歷代史乘, 禮樂兵刑之典籍, 亦與焉. 其次, 修辭以美觀, 其次, 稽物以治聞, 文章之富, 未有尙于六經者也. 禹貢之山川, 詩之鳥獸草木, 禮樂之器械名數, 亦學者之所宜究心也. 雖然, 專以是而已, 則亦外且末矣. 又其下 則小說瑣記游談, 以破閑而已. 若謠媟之辭, 譎怪之談, 蕩人心志, 而惑人視聽, 則名教之罪人也. 又不足以與于著書之數矣. 古之著書者, 率有是五等, 其高與下, 固居可知矣. 繇讀書者, 言之, 則又當先觀其用

한 관점에 서면, 독서의 요처는 어떠한 책을 읽는지 여부 보다 독서하는 자의 마음가짐이 매우 중요하게 된다. 그래서 그는 책은 읽는 사람의 마음가짐과 문헌을 실제로 치용할 수 있는 여부에 따라 소설류도 육경이 되고, 육경도 소설류처럼 파한이 된다고 제시하는 것이다.

이 독서관은 홍석주가 앞서 제시한 다독의 논리적 근거와 상통하는 측면을 보여준다. 기왕에 가치 없는 것으로 인식된 서적이라 하더라도 현실에 쓸 수 있는 것으로 독법하고 실제에 적용하면, 그러한 독서는 얼마든지 의미가 있다는 것이다.

그런데 홍석주 가문의 독서 성향과 독서관은 가문의 인사들이 남긴 필기류 저작과도 관련이 있다. 예컨대 그들은 『학상산필』・『지수염필』・『수여방필』・『수여연필』・『수여난필』 등과 같은 필기류 저작을 남긴 바 있다. 사실 그들이 남긴 다양한 필기 저작은 독서 문화를 반영한 것이기도 하지만, 한편으로 이 저술은 그들의 학예(學藝)의 성취와 지적 역량을 드러내는 것이라는 사실도 아울러 주목할 필요가 있다. 당시 이러한 필기류 저술은 기왕의 텍스트를 개관적 거리두기를 통해 비판적으로 읽어 지식을 새롭게 제시할 뿐만 아니라, 서울의 학예계에도 널리 퍼져 지식의 생성과 소통, 나아가 새로운 지식의 확산에도 적지 않게 기여하였다. 홍길주가 저술한 필기를 서유구가 빌려 자신의 저술에 활용한 것 역시 같은 맥락에서 이해할 수 있다.

풍석 서유구가 내가 지은 『수여방필』과 『수여연필』이 있다는 소문을 듣고 빌려 달라고 청하여, 그것을 구해 소매 속에 넣어 가지고 갔는데, 자신이 수집한 『동국총서』에 수록하려고 하였다. 『숙수념(孰遂念)』 또한 이 어른 눈에 보이는 바 되고 말았다. 내 평생 스스로 숨겨두고자 한 고심이 무너졌도다. 한스럽도다.[45]

心, 苟其心在於反己而務實也, 則雖小說瑣記, 亦有可以正德而致用者. 苟其心之泛泛而無所主也, 則雖六經, 亦不過爲破閑而止矣."

45) 홍길주, 『沆瀣丙函』, 『睡餘瀾筆』 下. "楓石聞余有方演兩筆, 求見之, 袖而去, 將錄入

풍석 서유구가 새로운 형태의 총서류를 만들기 위해 홍길주의 필기 저술인『수여방필』과『수여연필』을 빌려가고, 또한 숨겨 둔『숙수념』도 빌려갔음을 언급한다. 홍길주가 평소 자신의 저술을 보여주지 않기 위하여 고심한 것으로 표현하고 있으나, 이는 어디까지나 겸양의 표현에 지나지 않는다. 조선조 후기 지식인들은 자신의 저술을 빌려주거나, 반대로 남의 저술을 빌리는 것은 흔히 있으며, 이들은 서술의 상호 교환을 통해 자신의 저작에 십분 활용하기도 한다.

이를테면 홍한주의『지수염필』은 홍석주와 홍길주의 필기류 저작을 비롯하여, 이덕무의『청장관전서』, 서유구(徐有榘, 1764~1845)의『임원십육지(林園十六志)』등을 두루 활용한 바 있으며, 홍길주 역시 홍석주의『학강산필』을 인용한 것이 단적인 예다. 이처럼 경화세족의 지식인들은 다양한 당시 유통하던 다양한 총집류와 총서류와 같은 필기류 문헌을 독서하고, 이를 근거로 자신의 지식을 넓히고 학술과 문예의 동향을 이해하여 안목을 넓혀 나간 바 있다.46)

경화세족의 일원이었던 서유구의『임원십육지』역시 같은 맥락으로 볼 수 있다. 이 필기류는 19세기 중반의 사대부들의 생활문화와 교양, 지식에 관련한 정보를 다양하게 담고 있는 일종의 생활과학서이자 백과사전의 성격을 지닌 저술이다. 서유구는『임원십육지』를 저술하면서 900여 종의 방대한 문헌을 참고하고, 그 체제를 16개 부분으로 나누어 저술하였다. 뿐만 아니라, 조부인 서명응(徐命膺, 1716~1787)의『고사신서(攷事新書)』와 같은 가학(家學)의 저술(著述)과 중국의 서적도 다양하게 인

於所蒐東國叢書. 孰邃念, 亦爲此丈所覯見, 余平生自秘之苦心, 未免壞破了. 可恨.”
46) 당시 총집류의 필기류 저작은 일대 유행이었던 것 같다.『지수염필』권1을 보면 다음과 같은 내용이 나온다. “楓石은 만년에『林園十六誌』를 편찬하였는데, 대개 近世에 유행한『山林經濟』를 따라 만든 것이다. 매우 많은 자료를 모아 지극히 많이 갖추어 풍부하니, 山居經濟의 서적이 될 만하다. 또 일찍이 우리나라 사람들의 筆錄과 漫記 수백 종을 모아 편집하여『小華叢書』라 이름 붙였다. 沆瀣의『孰邃念』같은 책이 모두 그 속에 들어 있었는데 미처 베껴 써서 책으로 완성되지 아니하여 풍석이 세상을 떠났으니 한탄할 일이다.”

용하고 있다. 그는 당대에 이용할 수 있는 저작과 견문한 정보를 모두 동원하여 여러 방면의 지식을 체계적으로 재분류하여 총집해 놓았다.

이처럼 책을 빌려 보고 유통시키고, 이를 근거로 지식을 재배치하거나 다양한 지식을 종합한 총집류의 저술이 탄생하는 것 역시 18~19세기적 현상이다. 이처럼 새로운 문헌과 지식은 다양한 서적의 유통과 유통한 서적을 근거로 탄생한다. 한편 지식을 재생산하거나 지식을 분류하고 재배치하는 방식을 통해 새로운 서적도 탄생기도 한다. 서적과 지식의 유통 및 생성에 경화세족의 장서와 필기류 저작은 중요한 몫을 담당하고, 이 몫은 조선조 후기 문화의 한 특징으로 볼 수 있다.

특히 다양한 서적의 소통과 필기류 저술은 국가 주도의 지식체계 틀을 해체시키는 방향으로 일정한 역할을 하기도 한다. 이는 국가가 문헌의 소통과 지식과 정보를 독점하고 일종의 검열방식을 동원하여 통제하는 것에서 벗어나고, 한편에서는 자신들의 저술 의도와 관계없이 국가 주도의 지식체계 틀을 해체하는 데 일조한다는 것을 의미한다.

4. 맺음말

조선조 후기 경화세족은 장서와 장서루를 소유하고 지식과 정보, 서적 등을 쉽게 습득함으로써 당대의 독서 문화를 주도한 바 있다. 홍석주 가문의 인사들이 보여준 독서 문화와 저술 역시 같은 맥락으로 읽을 수 있다. 홍석주 가문은 19세기 문한세족(文翰世族)의 위세를 유지한 경화세족의 대표적 가문 중의 하나다. 홍석주·홍길주·홍현주 형제와 이들과 재종간인 홍한주 등은 당시 누구보다 많은 서적을 소장하고 폭넓게 독서한 결과를 독서목록으로 남긴 바 있다. 그들은 이를 통해 가문의 위상을 높이는 한편, 가문의 에토스를 보여주기도 한다. 또한 그들은 가문의 장서를 바탕으로 다독의 독서방법을 지향한 바 있는데, 이러한 다독은 박학이나 고증학과도 밀접한 연관을 지닌다.

흔히 많은 서적을 읽을 경우, 소장하는 서적을 정독하여 내용을 정치하게 따지기보다, 필요한 지식과 정보를 발췌해서 읽거나 통독하는 방식으로 읽는 경우가 많다. 지식과 정보의 양이 방대하거나 서적의 수가 많을 경우 흔히 이러한 방식으로 독서한다. 그런데 이 다독의 방식은 박학을 추구하는 토대가 되는 한편, 이러한 다독과 박학은 고증학의 토대가 되기도 한다. 요컨데 이러한 독서 문화를 기반으로 홍석주 가문의 인사들은 고금의 문예는 물론, 당대의 여러 가지 학문 성향과 시대조류 등을 대상으로 삼아 두루 비평할 뿐만 아니라 비평의 시각또한 넓혀 나갔던 것이다.

사실 일국적 시각을 넘어서는 이러한 비평의 이면에는 폭넓은 독서와 이를 통한 다양한 정보의 섭취가 자리 잡고 있는 셈이다. 이는 국가가 지식과 정보를 통제하는 관료적 지식체계를 흔들어 지식과 정보를 확산하고 이를 통제로부터 해방시키는 데 일조하기도 한다.

또한 홍석주 가문 인사들의 독서 문화는 자신들이 지은 일련의 필기 저작을 통해 표현되고 있다. 그런 점에서 이들이 저술한 필기류는 일종의 비판적 텍스트 읽기를 보여주기도 하지만, 한편으로는 제한된 공간을 넘어 지식을 전파하고 널리 퍼뜨리는 데도 기여하는 바 있다.

대체로 서적의 수입과 유통, 이를 기반으로 한 다양한 서적의 독서는 새로운 지식의 습득과 생성에 일조한다. 또한 독서 문화는 다양한 지식을 재생산하거나 지식을 분류하고 재배치하는 방식을 통해 새로운 서적을 탄생시키는 데도 기여한다. 특히 서적과 지식의 유통 및 생성에 경화세족의 장서와 필기류 저작은 중요한 몫을 담당하거니와, 이 몫은 경화세족의 에토스이자 조선조 후기 문화의 한 특징이기도 하다.

하지만 홍석주 가문의 독서 문화는 단순히 경화세족의 에토스를 드러내는 데 국한되고 만다. 이들은 독서 체험을 토대로 저술한 필기류나 저술의 방향을 체재 내부에서 일어났던 민들의 삶, 새로운 문화동향, 그리고 자신들이 기대고 선 사회와 현실의 문제를 진지하게 바라보는 데 눈을 감고 만다. 요컨대 경화세족은 다양한 독서와 이를 통해 새로운 지적 역량을 발산시켰지만, 그들은 저술의 방향과 시선을 경세 쪽에 두지 않음으로써 다분히 지적 추구에 함몰될 여지가 많았다. 이는 권력의 중심에 있었던 경화세족의 독서 문화와 비평 의식이 일국적 시각을 넘어서는 지적 세련미와 고도의 지식추구로 나아가 동아시아적 시각으로 당대 문예를 비평하는 긍정적인 측면도 있지만, 이러한 지적추구의 방향이 그야말로 지적추구 자체에 함몰하는 문화적 에토스를 보여주는 한계도 아울러 가지고 있다.

자기성찰과 세계인식의 통로로서의 독서

김 영*

1. 머리말

중국 송(宋)나라 때의 학자 왕안석(王安石)은 그의 유명한 「왕형공권학문(王荊公勸學文)」에서 독서는 많은 비용이 들지 않으면서도 만 배의 이익을 가져온다고 하면서 젊은이들에게 책을 읽을 것을 다음과 같이 권했다.

가난한 사람은 책을 읽음으로써 부자가 되고, 부자는 책을 읽음으로써 귀하게 되며, 어리석은 사람은 책을 읽음으로써 현명하게 되고, 현명한 사람은 책을 읽음으로써 이롭게 된다. 나는 독서를 해서 영화로워지는 것은 보았지만 독서 때문에 해를 입는 것은 보지 못했다.[1)]

---

* 인하대 국어교육과 교수.

독서를 하면 자기의 재능을 계발할 수도 있고 부귀현달(富貴顯達)할 수도 있다는 것이다. 우리나라 선인들도 독서의 효용에 대해서 중국지식인과 같은 인식을 갖고 있었는데, 그 대표적인 사례를 박규수(朴珪壽)의 글에서 확인할 수 있다.

> 전답을 사면 뱃속을 배부르게 하는 데 그치지만, 책을 사면 마음과 몸이 살찐다. 전답을 사면 배부름이 제 몸에 그치지만, 책을 사면 나의 자손과 후학, 일가붙이와 마을 사람, 나아가 독서하기를 좋아하는 천하 사람들이 모두 배를 불리게 된다.[2]

사람들이 자기 배를 불리기 위해 전답을 사는 데 열을 올리지만, 자신과 이웃의 마음을 살찌운 책을 사는 것이 더욱 현명하다는 말이다.

옛날의 과거공부나 요즘의 각종 고시를 위한 공부는 다 자신의 이익이나 입신출세(立身出世)를 위해 독서가 유용한 수단이라는 것을 인식했다. 그러나 독서의 목적이 단지 현재의 이득을 얻는 데 머문다만 진정한 의미의 독서라고는 할 수 없을 것이다.

그렇다면 참된 독서는 어떠한 독서일까. 우리는 참다운 독서의 목적과 방법을 알아보기 위해 우리나라의 중세의 대표적인 지성이라 할 퇴계(退溪) 이황(李滉)과 율곡(栗谷) 이이(李珥), 근세의 대표적 지성인 연암(燕巖) 박지원(朴趾源)과 담헌(湛軒) 홍대용(洪大容)과 다산(茶山) 정약용(丁若鏞)의 독서론을 살펴보기로 한다.

이 분들은 한결같이 당시 사대부들이 훌륭한 성현들의 가르침이 담긴 책을 읽지 않고 과거공부를 하는 것을 개탄하면서[3] 참된 도와 현실

---

1) 『古文眞寶』 권1 「王荊公勸學文」. "貧者因書富, 富者因書貴, 愚者得書賢, 賢者因書利. 只書讀書榮, 不見得書墜."
2) 朴珪壽, 『尙古圖會文義例』; 안대회, 『선비답게 산다는 것』, 푸른역사, 2007, 243면에서 재인용.
3) 退溪의 『言行錄』에서는 사대부들이 성현의 가르침을 배우려하지 않고, 과거의 이익만 추구하고 있는 당시 독서경향을 비판하고 있고, 茶山은 온 세상을 거느리고 온 천

의 변화를 추구하는 '자기성찰과 세계인식의 통로'로서의 독서를 주장하였다. 감산선사(憨山禪師)가 도에 뜻을 두고 공부하다보면 이름이 나고 공적이 쌓이는 것이라고 말한 것처럼[4] 입신출세나 부귀현달은 독서의 자연스러운 결과이어야지, 처음부터 그런 목적만을 위한 독서는 참된 독서를 해치는 것이라고 보았다.

2. 자기성찰로서의 독서

우리가 학문을 할 때에는 진리탐구를 목표로 하고, 사람되는 공부를 할 때에는 훌륭한 인격이 되는 것을 목표로 하게 되는데, 이것은 대개 독서를 통해서 이루어진다. 연암(燕巖) 박지원(朴趾源)이 그의 「양반전(兩班傳)」에서 "독서를 하는 사람을 선비(讀書曰士)"[5]라고 정의한 것도 바로 선비가 선비답게 학문과 인격을 동시에 갖출 수 있게 되는 것은 독서를 통해서 이루어짐을 말하는 것이다.

책은 인류의 지혜와 경험이 가장 체계적으로 담겨 있는 문화유산이므로 우리의 배움은 책을 통해서 이루어지는 것은 당연하다 할 수 있다. 그리하여 우리는 책을 통해 인류의 위대한 스승과 인격적 만남을 이룰 수 있게 된다. 이런 의미에서 독서행위는 훌륭한 인격과의 창조적 만남이며, 상상력을 통해 독자와 저자 간에 이루어지는 무궁무진한 대화라고 할 수 있다. 우리는 이러한 창조적 만남과 대화를 통해서 자기를 가

하를 몰아서 광대와 연극놀음을 하게 하는 것이 과거의 학이라고 비판하고 있다. 이러한 과거지학에 대한 퇴계와 다산의 비판에 대해서는 김영, 『조선 후기 한문학의 사회적 의미』, 집문당, 1993, 174·253면 참조.
4) "唯有道者, 不期於功而功自大, 不期於名而名不朽." 장일순, 『노자이야기』(상), 다산글방, 1993, 222면 재인용.
5) 『燕巖集』 권8 「兩班傳」. "讀書曰士, 從政爲大夫, 有德爲君子."

다듬고 성찰할 수 있는 시간을 갖게 된다.

이러한 자기성찰을 위한 독서를 강조한 분으로 먼저 꼽을 수 있는 학자로 우리는 먼저 퇴계(退溪) 이황(李滉)을 들 수 있을 것이다. 퇴계는 학문을 할 때에는 도(道)를 목표로 하고 사람되는 공부를 할 때에는 성현을 본받아야 한다는 주자(朱子)의 가르침을 본받으려고 했다. 그래서 책을 읽을 때 먼저 성현이 남긴 경전을 읽고 자기를 되돌아보아야 하고, 그러다가 혹시 깨닫지 못할 곳이 있거든 모름지기 성인이 내린 가르침이란 반드시 사람이 알 수 있고 행할 수 있는 것에 대해서 말을 하신 것임을 생각해야 한다. 또 성현의 말씀과 나의 소견이 다르다면 이것은 나의 힘씀이 정하지 못하기 때문이다. 성현이 알기 어렵고 행하기 어려운 것으로 글 읽는 사람을 속일 리가 없다는 것이다. 다시 말하면 독서는 모름지기 경전을 위주로 성현의 말씀에 자기의 언행을 비추어보아 자기를 성찰해야 한다는 것이다.

이러한 자기성찰을 목표로 한 독서를 추구했던 퇴계는 독서의 방법으로 비판적인 글읽기나 창의적인 생각을 유도하는 글읽기를 권하지 않고, 성현들의 글을 자세하고 깊이 이해하고 체득하기 위한 글읽기, 즉 숙독(熟讀)과 정독(精讀)을 권하게 된다.

> 독서의 방법은 그저 익숙하게 읽는 것뿐이다. 글을 읽는 사람이 비록 글의 뜻을 알았으나 만약 익숙하지 못하면 읽자마자 곧 잊어버리게 되어 마음에 간직할 수 없을 것은 틀림없다. 이미 알고 난 뒤에 또 거기에 자세하고 익숙해질 공부를 더한 뒤에라야 비로서 마음에 간직할 수 있으며 또 흐뭇한 맛도 있을 것이다.6)

글을 읽는 가장 중요한 목적이 성현의 말과 행동을 마음에 본받아서

---

6) 『退溪集』「言行錄 1」, 讀書. "問讀書之法, 先生曰, 止是熟, 凡讀書者, 雖曉文義, 若未熟則旋讀旋忘, 未能存之於心, 必也旣學而又加溫熟之功, 然後方能存之於心, 而有浹洽之味矣."

조용히 찾고 가만히 익힌 뒤에라야 비로서 학문으로 나아갈 수 있다고 생각한 퇴계는 글을 읽을 때 바쁘게 책장을 넘기고 예사로 외기만 하는 것은 제일 독서에 있어서 가장 나쁜 버릇이라고 하면서, 이렇게 해서는 머리가 희도록 경서를 공부해도 아무런 이익도 없다고 했다. 그래서 퇴계 자신이 독서를 할 때 매우 진지하고 엄숙한 자세로 글의 깊은 뜻을 이해하려고 노력하였던 것 같다.

> 선생님이 책을 읽을 때에는 바로 앉아 엄숙하게 외웠다. 글자와 글구에서는 그 뜻을 찾아 한 자 한 획의 미세한 곳까지도 예사로 지나쳐 버리지 않았다. 그래서 어로시해(魚魯豕亥)같이 잘못 알기 쉬운 것도 반드시 분별해내고야 말았다. 그러나 일찍이 한 번도 기왕에 있는 글자를 함부로 지우거나 고치지 않고 그 글줄 위에다가 주를 붙이기를 "아무 글자는 마땅히 아무 글자로 해야 하지 않을까"라고 했으니 그 자세하고 정밀함이 이와 같다.[7]

이러한 퇴계의 독서관은 옛 글을 존숭하고 쓸 데 없이 새로운 글을 짓지 않는다는 술이부작(述而不作)의 호고주의적(好古主義的) 학문자세에서 비롯된 것으로 보인다. 옛 경전에 절대적 권위를 부여하고 오늘의 가치보다 과거의 가치가 더 우월하다는 생각이 전제된 이러한 호고주의적 학문자세는 자연히 독서를 하는 데도 영향을 미쳐, 새로운 문제제기나 창의적 발상을 전개하는 것을 막고 과거로부터 전해내려 온 옛 문헌을 믿고 성현들의 말씀을 깊이 이해하여 따를 것을 강조하게 된다. 퇴계는 이런 입장에서 공부하는 사람을 경(敬)으로 근본을 삼고 궁리하고 치지하여 자신을 반성하여야 하는데[8], 독서는 이런 것을 하기 위한 필수적인 과정이라는 것이다.

---

7) 위의 글, 같은 곳. "先生讀書, 正坐莊誦, 字求其訓, 句尋其義, 雖一字一畫之微, 不爲放過, 魚魯豕亥之訛, 必辨乃已, 然未嘗割改舊字, 必旁註紙頭, 曰某字疑當作某字, 其詳愼精密如此"
8) 『退溪集』 권6 「戊辰六條疏」. "敬以爲本, 而窮理以致知, 反窮以踐實."

우리 유학사상사에서 퇴계와 쌍벽을 이루는 율곡(栗谷) 이이(李珥)도 이러한 자기성찰을 위한 독서를 강조하였다. 율곡은 도(道)에 들어가는 데는 이치를 궁구하는 것 보다 먼저 할 것이 없으며 이치를 궁구하는 데 있어 가장 먼저 해야 할 것이 독서라고 하여, 독서의 중요성을 강조하였다. 율곡이 이렇게 독서의 중요성을 강조한 까닭은 책에는 바로 성현의 마음을 쓴 자취와 선악의 본받을 만한 것과 경계할 만한 것이 모두 담겨져 있기 때문이라는 것이다. 이런 생각은 주자나 퇴계와 동궤의 것으로 도학주의적(道學主義的)인 것이라 할 수 있다. 입도궁리(入道窮理)하기 위해서는 독서를 하되, 책을 읽을 때에는 반드시 단정하게 손을 모으고 무릎을 꿇고 바르게 앉아 삼가 공경하는 자세로 책을 대하되, 마음을 다하고 뜻을 극진히 하여 생각을 가려 정밀히 하며, 숙독하고 깊이 생각하여 그 의미를 깊이 풀이해내어, 구절마다 반드시 그 실천할 방법을 구해야 한다. 만일 입으로만 읽고 마음으로 체득하지 못하고 몸으로 행하지도 못한다면, 글은 저대로 글일 뿐이요 또한 나는 나대로 나일 뿐으로 아무런 이익이 없게 된다고 하였다.9)

율곡도 독서의 방법으로 역시 퇴계와 마찬가지로 정독과 숙독10)을 권하고 있는데, 한 권의 책을 선택하면 숙독하여서 뜻을 모두 통달하여 의심이 없게 된 연후에 다른 책으로 바꿔 읽을 것이요, 다독(多讀)에만 힘써서 이것저것 바삐 읽어서는 안 된다고 하였다. 글을 읽을 때에는 반드시 얼굴을 정숙하게 가지고 단정히 앉아서 마음을 오롯이 하여 한 가지 글이 익숙해진 다음에 비로서 다른 글을 읽어야 하고, 닥치는 대로 많이만 보는 것을 능사로 여겨서는 안 된다는 것이다. 율곡은 이러한 책을 익고 토론하기에는 밤이 제일 좋다고 하면서11) 젊은이들에게 야독(夜讀)

---

9) 『栗谷集』 권27 「擊蒙要訣」, 讀書章. "凡讀書者, 必端拱跪坐, 敬對方冊, 專心致志, 精思涵泳, 深解義趣, 而每句必求踐履之方, 若口讀而心不體身不行, 則書自書我自我, 何益之有."
10) 위의 글. "五書五經, 循環熟讀."
11) 『栗谷集』 권29 「經筵日記」. "珥曰 古人以夜對爲勝於晝講者."

을 권했고, 공부하는 사람은 삼경(三庚)까지 책을 봐야 한다고 했다.

이러한 퇴계와 율곡의 독서론은 세상을 바로잡기 위해서는 먼저 자기 자신을 바로잡아야 한다는 유가의 수기치인(修己治人)사상에 바탕을 둔 것으로 독서가 자기성찰의 필수적인 통로임을 말해주는 것이다.

3. 세계인식의 통로로서의 독서

책은 이와 같이 자기성찰의 계기를 마련해줄 뿐만 아니라 세상을 바로 인식하고 인간다운 사회의 건설을 위한 세계인식의 통로로서의 역할도 한다. 세계인식으로서의 독서의 역할을 대표적으로 강조한 문인들로서는 조선 후기의 실학파를 들 수 있을 것이다. 우리에게 「허생전」과 「양반전」의 작가로 알려진 실학파 문인 연암 박지원은 선비와 독서에 대해 특별한 관심을 가졌다. 당시 조선 후기의 혼란한 현실을 바로 잡을 수 있는 사람이 바로 실학을 하는 선비라고 생각한 연암은 선비가 하루라도 독서를 하지 아니하면 면목과 말이 우아하지 않게 되며 심신이 갈 길을 잃어 기댈 바가 없어지기 때문에 군자가 평생토록 그만두어서 안 되는 것이 독서12)라고 하였다.

그러나 연암을 비롯한 조선 후기 실학자들은 독서가 단지 자기수양이나 입신양명을 하기 위한 목적으로 한정되어서는 안 된다고 생각했다. 자기의 출세만을 위한 과거공부나 도를 추구하느라고 현실세계의 문제를 도외시한 성리학은 오히려 비판받아야 한다는 것이다. 조선봉건체제가 해체되는 와중에 피폐해진 당시의 현실을 바로 잡는데 관심을

---

12) 『燕巖集』 권10 「原士」. "士一日而不讀書, 面目不雅, 語言不雅, 倀倀乎身無所依, 佁佁乎心無所適."

가졌던 실학자들이 당시의 사변적인 학문풍토와 개인의 입신영달을 위한 공부를 비판한 것은 당연하다고 하겠다. 그래서 연암은 선비가 독서를 해서 이론탐구한 성과가 자기의 입신출세나 명예 같은 자기욕망의 충족에만 머물러서는 안 되며, 그 혜택이 온 세상에 미치고 그 공이 만세에 드리워지도록 해야 한다[13]고 생각했다. 연암은 무엇을 위해 독서를 해야 하는가에 대해서 다음과 같이 말하고 있다.

> 무릇 독서는 장차 무엇을 위해서 하는 것인가. 문장 기술을 풍부하게 하기 위함인가, 글 잘한다는 명예를 넓히기 위함인가. 학문을 강구(講究)하고 도(道)를 논하는 것은 독서의 사(事)요, 효제(孝悌)하고 충신(忠信)하는 것은 강학(講學)의 실(實)이며, 예악형정(禮樂刑政)은 강학의 용(用)이다. 독서를 하면서도 실용할 줄을 모르면 참된 강학이 아니며, 강학에서 귀하게 여기는 점은 그 실용을 행하는 데 있다.[14]

이와 같은 실천적 독서관을 가진 연암은 자연히 역사상 인물 가운데 그 당시의 역사적 과제를 해결하는 데 적절한 대응력을 갖는 실용지학을 한 사람들을 주목하게 되었고, 그런 사람을 "선독서자(善讀書者)"[15]라고 하였다. 연암은 그런 예로 공자(孔子)와 맹자(孟子)를 들고, 옛날 성인의 책을 읽으면서 그 책에 담겨 있는 지극한 공평과 피나는 정성을 이해하고, 그들의 고심한 자취를 헤아리는 사람은 드물다고 하였다. 연암은 책을 읽되, 그 책을 쓴 사람의 마음까지 읽도록 해야 한다고 말했다. 말하자면 책을 읽는 과정에서 저자와 독자의 상호 소통을 강조한 것이다.

연암이 말하는 선독서(善讀書)는 흥미를 위주로 하거나 수박 겉핥기식으로 많이만 읽는 것이 아니라, 그 책을 쓴 사람의 고심한 자취를 헤아

---

13) 위의 글. "一士讀書, 澤及四海, 功垂萬世."
14) 위의 글. "夫讀書者, 將以何爲也, 將以富文術乎, 將以博文譽乎, 講學論道, 讀書之事也, 孝悌忠信, 講學之實也, 禮樂刑政, 講學之用也, 讀書而不知實用者, 非講學也, 所貴乎講學者, 爲其實用也."
15) 위의 글.

리는 데까지 나아가는 책읽기를 말한다. 그러니까 연암이 말하는 "선독 서자(善讀書者)"는 우리가 보통 책을 잘 읽는다고 하는 사람, 예컨대 소리를 잘 내거나 구두를 잘 찍거나 지의(旨義)를 잘 해독하거나 담설(談說)을 잘하는 사람을 말하는 것이 아니고, 실천적 문제의식을 가지고 그 책을 쓴 사람의 정신을 읽을 줄 알고, 거기에서 얻은 지혜를 그가 살고 있는 현실의 여러 문제를 해결하는데 응용할 줄 아는 독서인을 말한다.

이렇게 실천적 문제의식을 갖고 독서할 것을 강조한 연암은 이러한 문제의식으로 경서(經書)를 새로 읽고 농·공·상의 복리증진을 위한 이용후생(利用厚生)의 학문과 기술을 연구하였다. 그는 먼저 자기가 하고자 하는 실용의 學을 전개할 수 있는 논리적인 바탕을 마련하기 위해 경서를 실천적인 각도에서 재해석한다. 그가 특히 주목한 경서는 서경인데, 그 가운데서도 선정(善政)과 양민(養民)을 강조한 『서경(書經)』의 「대우모(大禹謨)」를 이런 각도에서 되새겨 보았다. 이 「대우모」는 양민의 근본은 수(水)·화(火)·금(金)·목(木)·토(土)·곡(穀)을 잘 다스리는 데 있으며, 정덕(正德)·이용(利用)·후생(厚生)을 잘 조화시키는 것이 선정의 요체라는 내용을 담고 있는데, 연암은 이 대목이 가지고 있는 실천적 성격에 주목하여 수·화·금·목·토의 오행(五行)을 합리적으로 이용할 것을 강조하고, 정덕·이용·후생 가운데서 이용후생에 강조점을 두어 자연을 잘 이용한 뒤에 백성들의 생활이 넉넉해지며, 백성들의 생활이 넉넉해진 뒤에 덕이 바로 잡혀진다[16]는 논리를 마련하였다. 이러한 논리적 바탕을 마련한 연암은 당시의 성리학자들이나 위정자들이 그들의 중심문제로 생각하지 않았던 농지경영의 개선과 토지재분배문제 화폐정책과 유통경제론, 그리고 공업기술의 향상문제 등에 깊은 관심을 갖고, 그 문제들의 해결을 위한 이론적 탐구와 실험을 강조하였다. 연암은 고고한 사대부들처럼 돈 문제나 농사일, 기술개량 등에 대해 얘기하기를 꺼

---

16) 『燕巖集』 권1 「洪範羽翼書」. "利用然後, 可以厚生, 厚生然後, 德可以正矣."

리기는커녕, 바로 이러한 농·공·상의 편리를 위해 그 이치를 밝히는 것이 선비의 사명이라고까지 하였다. 그리고 연암은 이러한 실천적 이론탐구를 위한 독서뿐만 아니라 사실주의적인 정신과 경험론적인 사고를 가지고 자연을 관찰, 이용하고, 발달한 선진문물을 진취적 개방성을 갖고 구체적으로 수용할 것을 주장하였다.[17]

독서는 인간이 할 수 있는 일 가운데 가장 깨끗한 일[18]이라고 생각한 다산도 역시 실천적 문제의식을 갖고 책을 읽으라고 한 면에서는 연암과 같다.

> (공부할 때에는) 반드시 경전에 대한 공부를 하여 밑바탕을 확고하게 한 후에 옛날의 역사책을 섭렵하여 정치의 득실과 잘 다스려지고 못 다스려지는 이유의 근원을 알아야 하며, 또 반드시 실용의 학문에 뜻을 두어서 옛 사람들이 나라를 다스리고 세상을 구했던 글들을 즐겨 읽어야 한다. 이러한 마음을 늘 갖고 있으면서, 만민을 윤택하게 하고 만물을 번성하게 자라게 해야겠다는 뜻을 가진 뒤에라야 비로소 올바른 독서군자가 될 것이다.[19]

이 글은 다산이 강진(康津)에 귀양가 있던 임술년(1802) 12월 22일에 두 아들에게 보낸 편지 가운데 일부분이다. 우리는 이 글을 통해서 다산학의 실천적 성격을 다시 한 번 확인할 수 있는 동시에 다산은 독서의 목적을 현학적인 지식의 습득이나 입신출세에 두고 있는 것이 아니라 자기의 삶의 문제와 역사현실의 문제를 해결하는 데 두고 있음을 알 수 있다.

다산은 공부하는 사람은 먼저 경전에 대한 공부를 하여 밑바탕을 확고하게 한 후에 옛날의 역사책을 섭렵하여 정치의 득실과 잘 다스려지고 못 다스려지는 이유의 근원을 알아야 하며, 또 반드시 실용의 학에

---

17) 이러한 연암의 사상에 대해서는 金容燮, 『朝鮮後期農業史研究增』 증보판, 지식산업사, 1995 참조

18) 『與猶堂全書』 권21 「寄二兒」. "讀書, 是人間第一件淸事."

19) 위의 글. "必先以經學立著其址, 然後涉獵前史, 知其得失理亂之源, 又須留心實用之學, 樂觀古人經濟文學. 此心常存, 澤萬民育萬物底意思, 然後方做得讀書君子."

뜻을 두어서 옛 사람들이 세상을 경륜하고 민중을 구제했던 글들을 즐겨 읽어야 한다고 하였다. 다산은 이와 같이 세상을 바로 잡고 만민을 윤택하게 하고 만물을 번성하게 자라게 해야겠다는 뜻을 가진 뒤에야 비로소 올바른 독서군자가 될 수 있다고 생각했다. 실학자들은 이와 같이 친애민중적 관점에서 현실에 대한 올바른 인식과 이를 개혁하기 위한 방안 마련을 위한 독서를 강조했다.

4. 자기성찰과 세계인식을 위한 독서법

우리가 책 속에서 자기를 발전시킬 수 있는 지혜를 얻고, 나아가 남을 편안히 하며 현실을 타개할 수 있는 진리를 얻기 위해서는 과연 어떠한 방법으로 책을 읽어야 하는가.

책을 제대로 읽기 위해서는 첫째, 무엇 보다 먼저 올바른 문제의식을 가져야 한다. 고기를 잡기 위해 그물을 치는 것과 마찬가지로, 우리는 책을 읽기 전에 올바른 시각과 문제의식이라는 그물망을 만들어 지혜의 바다로 던져야 한다. 그래야만 우리가 필요로 하는 경험과 지혜라는 고기가 잡힐 것이다. 우리가 몽둥이나 엉성한 그물을 가지고는 고기를 잡을 수 없는 것과 마찬가지로, 문제의식이 희미하거나 왜곡된 시각을 가지고서는 책 속에 담긴 의미를 제대로 파악하기 어렵다. 다산 정약용이 책을 읽는 사람은 먼저 나름대로의 주견(主見)을 가져야 한다고 할 때[20] 그것은 바로 우리가 말하는 문제의식과 다름 아닐 것이다. 실학자들이 독서의 적은 사사로운 마음[私意]을 갖는 것이라고 하거나,[21] 공부

---

20) 위의 글. "鈔書之法, 必先定己志."
21) 『燕巖集』 권10 「原士」. "讀書而求有爲者, 皆私意也. 終歲讀書而學不進者, 私意害

하는 사람은 백성을 이롭게 하고 만물을 윤택하게 하겠다[22]는 지공무사(至公無私)한 마음을 가져야 한다는 한 말은 다 이러한 문맥에서 이해될 수 있다.

둘째로 독서를 효과적으로 하기 위해서는 정신을 집중시키는 정독(精讀)의 방법을 쓰는 것이 좋다. 정신이 한 곳으로 집중될 때 책이 깊게 읽혀지며 독서의 능률이 오르는 법인데, 우리가 책을 읽어도 그 내용이 잘 파악되지 않고 남는 것이 없는 것은 바로 마음이 전일하지 않기 때문이다. 독서의 능률을 떨어뜨리는 것은 바로 이러한 들뜬 마음이다. 그런데 이러한 들뜬 마음은 없애기란 쉽지 않아서 억지로 없애려고 하면 도리어 한 생각이 덧붙어서 더욱 어지럽게 되기 쉽다. 담헌(湛軒) 홍대용(洪大容)은 이러한 잡념을 없애기 위해서는 차분한 마음으로 등을 곧게 세우고 의취를 진작 발동시켜 한 글자 한 구절에 마음과 입이 서로 응하게 하면 들뜬 생각이 저도 모르는 사이에 자연스레 흩어지게 된다고 했다. 이렇게 해도 마음이 전일해지지 않고 불평한 기운이 얽혀 있을 때는 책을 덮고 묵묵히 앉아서 눈을 감고, 마음을 배꼽의 중심에 집중하여 정신을 제자리에 돌아가도록 안정시킨다면 들뜬 생각이 그제야 복종하여 물러가게 된다는 것이다.[23] 이와 같이 책을 함부로 대강대강 읽는 남독(濫讀)의 방법을 취하지 않고 정독의 방법으로 책을 읽으면, 공부가 점점 무르익어 학문과 인격이 날로 나아갈 뿐만 아니라 마음까지 화평해지고 하는 일도 정밀하게 될 것이다.

셋째로 책을 읽을 때에는 이치를 생각하는 궁구완색법(窮究玩索法)을 사용하는 것이 바람직하다. 공자는 일찍이 "배우되 생각하지 않으면 없어지기 쉽고, 생각만 하고 보편적인 학문체계를 배우지 않으면 독단에 빠져 위태로워지게 된다"[24]고 하여 공부와 사색의 조화를 강조한 바가

之也."

22) 『燕巖集』 권17 「限民名田議」에 나오는 "利民澤物之志"라는 말에서 따옴.
23) 『湛軒書』 外集 권1 「與梅軒書」. "默坐闔眼, 注心臍腹, 神明歸舍, 浮忌退聽."

있거니와 독서에 있어서도 사색은 매우 중요하다.[25] 책을 읽고 나서는 그것으로 모든 것이 끝났다고 자만해서는 안 되고, 책에서 얻은 지혜를 점점 발전시켜 나가고 자신과 현실의 제문제의 해결하는 데 활용할 수 있도록 궁리하고 생각을 해야 한다. 의리는 무궁무진한 것이기 때문에 한 가지 책으로 만족해서는 안 되며, 끊임없는 탐구정신으로 하나의 이치를 현실 속에 실천 적용시킬 뿐만 아니라 다른 문제를 해결하는 데에도 발전 적용시켜야 하는데, 그러기 위해서는 반드시 책의 이치를 깊이 완색해서 완전히 자기의 것으로 소화할 뿐만 아니라 여러가지로 궁구해서 활용할 방안을 모색해야 한다. 담헌 홍대용은 보통 책을 거칠게 읽은 자는 자만에 빠져 의문이라는 것이 없는데, 이것은 사실 의문이나 문제가 없어서가 아니라 이치를 철저하게 궁구하고 사색하지 않는 탓이라고 하여, 궁구완색의 중요성을 피력하였는데, 이는 독서에서 뿐만이 아니고 생활에서도 마찬가지라고 하였다. 담헌은 독서의 본령은 옛 글들을 읽어 거기에서 얻은 지혜를 어떻게 현실에 적용하고 변통하느냐에 달려 있다고 하였다.

나는 일찍이 맹자의 '이의역지(以意逆志 : 내 뜻으로 남의 뜻을 생각해봄)'란 네 글자를 가지고 독서의 비결로 삼았다. 옛 사람의 지은 글이 다만 의리나 일에 있어서만이 아니고 편법과 서두와 결어 등의 말단에 속하는 기법마저도 각각 그 뜻이 담겨지지 않은 것이 없으니, 이제 나의 뜻으로 옛 사람의 뜻을 맞아들여서 융합하여 사이가 없고, 서로 기뻐하여 마음이 풀리면, 이것은 옛 사람의 정신과 견식이 나의 마음을 통해 들어온 것이다. 비유컨대 굿거리를 하는 데 있어서 신이 내려서 영(靈)이 몸에 붙으면 무당은 갑자기 환하게 깨달아져 그것이 어디로 온 것인지 알지 못하는 것과 같다. 이와 같이 문장 구절과 주석에 의지하거나 묵은 자취를 답습하지 않고 모든 변화를 자유

---

24) 『論語』「爲政」. "學而不思則罔, 思而不學則殆"

25) 程子도 학문의 방법으로 博學, 審問, 愼思, 明辯, 篤行의 다섯 가지를 들어 넓고 정확하게 배우고 깊이 그것을 생각하여 실천할 것을 강조한 바가 있다. 『論語集註』「爲政」편 제15장 주석 참조

자재로 처리해 나가게 된다면 나도 또한 옛 사람처럼 되는 것이다. 이와 같이 책을 읽은 뒤에야 천교(天巧)를 얻을 수 있다.[26]

요컨대 책을 읽을 때 자기의 주체적 시각과 문제의식으로 정신을 집중하는 정독의 방법으로 글 쓴 사람의 뜻을 완전히 파악해서 그 책에 담겨 있는 정신과 지혜를 자기의 것으로 소화하는 독서법을 사용하는 것이 바람직하다는 것이다. 이것은 독서가 단지 책에 있는 지식과 정보를 이해하는 데 그치는 것이 아니라, 자기의 생각을 확장하고 현실세계를 변화시키는 힘으로 작동하는 데까지 이르러야 함을 말하는 것이다. 이러한 독서야말로 '수동적 독서'가 아니라 '창의적인 독서'라 할 것이다. 이러한 독서법을 사용할 때 책 속에 담긴 진리로 자기가 자유로워질 수 있고, 현실의 제문제를 해결하는 힘이 될 수 있을 것이다.

5. 자기성찰과 세계인식을 위한 책

그러면 자기성찰과 세계인식을 위해서는 어떤 책을 읽어야 하며, 좋은 책을 어떻게 선택할 것인가 하는 문제를 검토해보기로 한다. 사실 인류가 남긴 최대의 문화유산인 수많은 서적 가운데서 어떤 책을 고르고 먼저 읽을 것인가 하는 문제는 한마디로 쉽게 말할 수 있는 것은 아니다. 그러나 일반적으로 말한다면, 좋은 책이란 인간과 사회와 자연에

---

26)『湛軒書』外集 권1「與梅軒書」. "余嘗以孟子以意逆志四字, 爲讀書符訣, 古人作書, 不惟義理事功, 雖篇法起結文辭之末技, 莫不各有其志, 今以吾之意, 逆古人之志, 融合無間, 相說以解, 是古人之精神見識, 透按我心, 譬如占神降附靈, 巫分外超悟, 不知自何而來能, 如是不得依樣章句, 蹈襲陳跡, 而酬酢萬變左右逢原, 我亦古人而已矣. 如是讀書然後, 可以奪天巧."

대해 풍부한 지식을 제공해주고 우리의 눈과 마음을 밝고 깨끗하게 해주는 책이라고 할 수 있을 것이며, 책의 선택은 독자가 처한 객관적 상황과 주관적 인식관심에 의해 결정된다고 할 수 있을 것이다.

먼저 자기성찰을 위한 책으로는 자기 자신을 포함한 인간을 깊이 이해하고, 삶의 방향을 설정하는 데 도움을 줄 수 있는 책을 말할 것이다. 인류의 성현들이 남긴 경전이나 종교서적, 철학서적, 심리학 서적, 전기와 소설 등이 그것이다. 인류의 스승으로 하늘의 진리를 궁구하고 자비를 실천했던 불교 경전, 신구약성서, 유가경전 등과 같은 경전들과 그들의 가르침을 알기 쉽게 정리해 놓은 주석서와 안내서들은 우리들이 무엇을 위해 어떻게 살아야 하는지를 가르쳐 줄 수 있을 것이다. 동서양의 철인과 학자들이 남겨 놓은 철학사상서들은 우리에게 올바른 진리 터득의 방법과 삶의 지혜를 풍부하게 전해 줄 것이다. 심리학 관계의 책은 우리 인간의 의식세계와 마음의 상태 그리고 자기를 이해하고 남을 이해하는 데 도움을 주는 지식을 제공해 줄 수 있다. 그리고 위대한 생애를 살다간 인물들의 전기는 우리들의 인생살이에 중요한 지표가 될 수 있으며, 소설 속에 등장하는 다채로운 인물들은 바로 우리가 살아가면서 만나는 인물들, 아니 우리 자신 속에 존재하는 다양한 모습들이라고 할 수 있을 것이다.

전통시대에 살았던 퇴계와 율곡은 자아성찰을 위한 책으로『소학(小學)』·『대학(大學)』·『논어(論語)』·『맹자(孟子)』·『중용(中庸)』·『시경(詩經)』·『서경(書經)』·『주역(周易)』·『예기(禮記)』·『춘추(春秋)』 같은 유가의 기본서와 『주자대전(朱子大全)』·『이정전서(二程全書)』·『심경(心經)』 등을 권하고 있는데, 퇴계는『주자대전』 가운데 서간집(書簡集)이 특히 좋다고 말했다.27)

다음으로 현실세계를 올바로 인식하고 세상을 바로 잡는 데 도움을

---

27) 퇴계와 율곡이 추천한 책에 대해서는 김영, 「조선시대 성리학자의 독서론」,『한국한문학연구』 12, 1989, 218~222면 참조.

주는 경세치용의 책들로는 역사서, 정치 경제학 저술, 사회학 저술을 들 수 있을 것이다. 이 분야의 책은 역사의 법칙과 교훈, 바람직한 정치철학, 인간중심의 경제발전, 자유롭고 평등하며 따뜻한 기운이 감도는 사회의 건설 등과 같은 제문제에 대한 해결방향과 전략전술에 대한 논리를 제공해 줄 것이다. 간디가 선이든 악이든 그것이 강하지 않으면 안 된다고 말한 것처럼, 우리가 아무리 자기성찰에 힘을 써 선한 마음을 가졌다 하더라도 현실분석의 논리와 역사를 발전시킬 힘이 없다면 아무런 소용이 없는 것이다. 이런 사회과학 방면의 책은 바로 현실을 정확하게 진단하고 바로잡아 궁극적으로 인간다운 사회를 만드는 데 필요한 지식과 힘을 제공해 줄 것이다.

　실학의 집대성자 다산은 당시 현실을 이해하는 데 도움이 되는 역사책과 우리나라 문인들의 문집을 대거 추천했다. 먼저 역사서류로는『삼국사기(三國史記)』·『고려사(高麗史)』·『여지승람(輿地勝覽)』·『연려실기술(燃藜室記述)』·『징비록(懲毖錄)』등을 들고, 옛 문헌과 문집류로는『문헌통고(文獻通考)』·『퇴계집(退溪集)』·『율곡집(栗谷集)』·『서애집(西厓集)』·『백사집(白沙集)』·『오리집(梧里集)』·『이충무공전서(李忠武公全書)』·『반계수록(磻溪隨錄)』·『성호사설(星湖僿說)』등을 읽으라고 했다. 물론 중국의 유가경전이나 역사서, 두보시(杜甫詩) 같은 문학서도 빠트리지 않았다.[28] 그런데 여기에서 우리가 주목해야 할 것은 당시의 양반사대부들이 책이라고 하면 으레 중국책만을 거론하는 데 비해, 다산은 우리의 역사서와 문집, 특히 임진왜란 때의 기록인『징비록(懲毖錄)』과『이충무공전서(李忠武公全書)』, 선대 실학자의 저작인『반계수록(磻溪隨錄)』과『성호사설(星湖僿說)』을 들었다는 사실이다. 당시의 피폐한 현실세계를 개혁하려 했던 다산이 우리의 역사체험이 담긴 책과 경세치용의 치열한 구상이 담긴 선대 실학자들의 저작들을 권한 것은 당연하다고 할 수 있으나, 당시의

---

28) 다산이 권한 구체적인 도서목록에 대해서는 김영,「정약용의 현실인식과 독서론」, 위의 책, 256면 참조.

역사발전 단계나 상황에서 이해한다면 획기적인 의미를 지닌다고 하지 않을 수 없을 것이다.

6. 맺음말

우리는 지금까지 자기를 올바로 성찰하고 세상을 바르게 인식하기 위한 독서론을 모색하기 위해 우리나라의 대표적인 성리학자 퇴계, 율곡과 대표적인 실학자 연암과 담헌과 다산을 중심으로 논의를 진행해 왔다. 이제 그 논의를 요약하고 앞으로의 과제에 대해 언급하고자 한다.

독서는 우리에게 자기성찰의 계기를 마련해줌을 지적하였다. 책은 무엇보다 먼저 인간이 한 인간으로서의 품위를 유지하며 살아갈 수 있는 지혜를 가르쳐주기 때문이다. 책은 선현들의 말과 행적을 담아 우리에게 전해줌으로써 우리를 되돌아보게 하는 시간을 갖게 하며 어떻게 살 것인가 하는 문제를 생각하는 데 도움을 준다. 독서를 통해 우리는 인류의 위대한 스승들과 정신적 교류를 할 수 있고, 이런 만남을 통해 지적 도덕적 계몽을 받아 자기의 가능성을 계발하고 보다 높은 수준으로 자기를 절차탁마하는 계기를 제공해 준다.

또한 독서는 역사와 현실을 올바로 인식하고 바람직한 세상, 인간적인 사회를 만드는데 기여할 수 있는 논리와 힘을 제공해준다. 과거의 역사적 경험을 알려주는 역사서나 인류의 지혜를 담고 있는 사상서들은 그 시대에 주어진 과제를 해결하는 데 많은 시사점과 교훈을 전해준다. 그런 의미에서 독서는 자기성찰과 세계인식의 통로라고 할 수 있다.

우리나라의 전통적인 지식인들은 이와 같이 뜻을 참되게 하고 마음을 바로 하며 사물의 이치를 궁구하고 지혜를 확장하는 방법으로 자신을 갈고 닦았으며, 이를 바탕으로 세상을 올바로 경륜하고 민중들을 구제하려고 하였다. 그러기 위해서 먼저 사서삼경과 같은 유가경전을 읽어 자기를 바로 성찰해야 한다고 생각했다. 현실세계를 올바로 인식하기 위해서는 역사서 특히 우리나라의 역사서와 현실개혁의 의지와 경세제민의 구상이 담긴 저작들을 읽으라고 권했다.

자기성찰과 세계인식을 위한 독서법으로는 올바른 문제의식의 설정과 정독과 숙독 같은 집중적인 독서법, 그리고 책을 읽으면서 그것의 이치와 활용법을 생각하는 궁구완색법, '이의역지'의 방법을 통한 독자와 저자간의 상호소통을 제론하였다.

이 글은 물론 전통시대 지식인들의 견해를 중심으로 자기성찰과 세계인식을 위한 독서론을 탐색하였기 때문에 오늘날의 관점에서 바라보면 분명 시대적인 시차가 있겠지만, 이러한 논의가 이 시대의 바람직한 독서 문화를 형성하는 데 일정한 참고가 되리라 믿으며, 앞으로 한국의 독서 문화를 제대로 해명하기 위해서는 각 시대의 주류적 경향과 비주류적 경향 그리고 인쇄매체와 독자층의 확대, 서적의 유통과 독서풍토에 대해서는 앞으로 보다 구체적인 연구가 더욱 요청된다 하겠다.

18~19세기 문인지식인층의 원예 취미

정 민*

1. 머리말

이 글은 18세기 중반 이후 급속도로 확산된 문인지식인층의 원예취미에 대해 살펴본 것이다. 18~19세기는 우리 문화사에서 단연 이채를 발한 시기였다. 정쟁으로 분화된 지식인 집단은 내적 결속을 다지며 문화적 교류를 강화하였고, 당시 활발한 도시 문화를 배경으로 한 청나라 문물의 수입과 출판문화의 보급 등 제반 분위기의 변화는 경화사족을 중심으로 생활 패턴에 큰 변화를 가져왔다. 유흥적 소비적 형태를 띤 문화활동이 활성화되었고, 전 같으면 완물상지라 하여 금기시 되던 골동서화 수집이나 원예 취미 같은 것들이 문인의 아취로 여겨져 적극 애

* 한양대 국문과 교수.

호되었다. 서울 도시 지역을 중심으로 삶의 질을 더 높이려는 일종의
웰빙 현상이 나타난 것이다.

논자는 그간 이 시기 문인지식인층에게 나타나는 지적 경향과 다양
한 문화 현상들을 검토해왔다.[1] 생활 속의 예술을 추구하는 이러한 경
향은 서책과 골동 서화에 대한 취미를 부추기는 한편으로, 원림과 정원
을 꾸며 갖가지 진기한 화훼와 수목을 심는 원예에 대한 관심을 증폭시
켰다. 18세기 각종 문집 속에 수록되어 있는 원기(園記)나 원예 관련 언
급들을 보면 이 시기에 이러한 분위기가 얼마나 널리 확산되고 있는지
잘 알 수 있다.[2]

지금껏 한국 한문학의 연구는 작가 중심 또는 작품 중심으로만 이루
어져 그 시대의 입체성을 획득하는 데는 큰 성과를 거두지 못하였다.
이런 의미에서 18~19세기 문인지식인층의 원예 취미에 관한 자료들을
체계적으로 정리하고, 그 의미를 살피는 작업은 이 시기 지식인의 내면
의식을 살펴보는데 유용할 뿐 아니라, 문학과 원예, 조경 화훼 분야와
넘나드는 학제간 작업에도 도움이 될 것으로 생각한다. 이를 위해 본고
에서는 앞선 연구를 바탕으로 이 시기 문인지식인층에게서 발견되는
다양한 원예취미의 저변과 화훼 관련 저술, 화훼의 유통과 취향, 화원의
풍경 및 국화 재배와 조화(造花) 취미 등을 거칠게나마 살펴보려 한다.

---

1) 정민, 「18세기 산수유기의 새로운 경향」, 『18세기연구』 4, 한국18세기학회, 2001, 95
　~125면; 「18세기 조선 지식인의 '癖'과 '癡' 추구 경향」, 『18세기연구』 5, 한국18세기
　학회, 2002, 5~29면; 「18세기 지식인의 玩物 취미와 지적 경향」, 『고전문학연구』 23,
　한국고전문학회, 2003, 327~354면; 「화암구곡의 작가 柳璞(1730~1787)과 화암수록」,
　『한국시가연구』 14, 한국시가학회, 2003, 101~133면 참조.
2) 관련 연구에 심경호, 「화원에서 얻은 단상-조선 후기의 화원기」, 『한문산문의 내면
　풍경』, 소명출판, 2001, 89~132면; 고연희, 「정약용의 화훼에 대한 관심과 화훼시 고찰」,
　『동방학』 7, 한서대 부설 동양고전연구소, 2001, 39~57면; 고연희, 「19세기에 꽃 핀 화
　훼의 詩·書」, 『한국시가연구』 11, 한국시가학회, 2002, 102~125면, 안대회, 「한국 蟲魚
　草木花卉詩의 전개와 특징」, 『한국문학연구』 2, 고려대 한국문학연구소, 2001, 147~
　173면, 안대회, 「18~19세기의 주거문화와 상상의 정원」, 『진단학보』 97, 진단학회, 2004,
　111~138면 참조.

2. 원예 취미의 저변과 정원 경영

1) 꽃에 미친 사람들

이 시기에는 이른 바 꽃에 대한 탐닉이 마니아적 수준에 이른 이들의 존재와 관련 저술들이 여럿 보인다. 이전 시기에도 물론 강희안의 『양화소록』을 비롯하여 이황의 매화 시 같은 화훼 관련 저술과 시문이 적지 않았다. 다만 화훼에 대한 태도는 사뭇 다르다. 한쪽이 사물에 철리를 투영한 관물론(觀物論)적 자세를 견지하고 있다면, 18~19세기의 화훼에 대한 관심은 사물 그 자체의 아름다움에 집중된다.

몇 예를 들어본다. 가장 주목되는 인물은 백화암(百花菴) 주인 유박(柳璞, 1730~1787)이다. 그가 지은 화훼에 관한 다채로운 내용을 담고 있는 『화암수록(花菴隨錄)』은 그간 송타(宋柁, 1567~1597)의 저작으로 엉뚱하게 알려져 왔다.3) 유박은 유득공의 7촌 당숙이 되는 인물로 황해도 배천에 백화암을 지어두고 온갖 꽃을 길렀다. 채제공은 유박의 거처인 우화재(寓花齋)에 써준 기문에서, 그가 꽃에 벽이 있으며, 세상의 어지러움을 사절하고 날마다 꽃 심는 것으로 일을 삼았다고 했다. 그의 집에는 없는 꽃이 없고, 사계절 꽃 피지 않는 때가 없어, 좁은 울타리 안은 바로 중향국(衆香國)이라고 칭송했다.4)

그의 백화암을 위해 이용휴 · 정범조 · 유득공 · 이헌경 · 채제공 · 목만중 등 쟁쟁한 문인들이 기문과 시를 남겼다. 그는 자신의 화훼 재배 체험을 정리하여 『화암수록』을 남겼는데, 이 중에는 「화목구등품제(花木

---

3) 『화암수록』에 대한 자세한 내용은 정민 앞의 글을 참조할 것. 최근 안대회의 「꽃의 달인, 유박」, 『신동아』(2004.11)에서도 유박에 관한 본격적인 소개가 이루어졌다.

4) 채제공, 『樊巖集』(한국문집총간 236-114면) 「寓花齋記」. "柳斯文樸癖於花. 家百川之金谷. 謝遣世紛, 日以蒔花爲調度. 蓋花無不蓄, 時無不花. 五畝環堵, 馥馥然衆香國矣. 君忻然自多, 名其齋曰寓花."

九等品第)」와 「화품평론(花品評論)」, 「이십팔우총목(二十八友摠目)」, 「화개월령(花開月令)」 등의 글과 연작시조 「화암구곡(花菴九曲)」 9수, 그리고 「화암만어(花菴謾語)」, 「화암기(花庵記)」, 「매설(梅說)」 등 다양한 내용을 수록하고 있다.

꽃을 9가지 등급으로 분류한 「화목구등품제」에서는 1등에 매화·국화·연꽃·대나무·소나무를 꼽고 그 높은 품격과 빼어난 운치를 취한다고 했고, 2등에는 모란·작약·왜홍(倭紅)·해류(海榴)·파초(芭蕉) 등을 꼽아 그 부귀를 취하는 뜻을 밝혔다. 이렇게 9등까지 각각 5가지의 화훼를 선정하여 각각의 의미를 부여했다. 또 각각의 꽃마다 특성과 재배 방법, 품종 등에 대한 설명을 덧붙여 놓았다. 이 가운데 2등의 왜홍(倭紅)조를 옮기면 다음과 같다.

> 세우(勢友). ○왜철쭉과 영산홍은 가지와 잎, 꽃의 빛깔이 거의 비슷하다. 영산홍은 흰꽃이 또한 귀하다. 당영산홍(唐暎山紅)과 당철쭉은 왜산만 못하다. 세종대왕 즉위 23년 봄에 일본에서 철쭉 몇 화분을 진상하였다. 궁궐 안뜰에 두게 하여 씨를 받게 했다. 꽃 떨기가 몹시 크고, 밑둥이 묵직하고 겹꽃이어서 오래되어도 시들지 않았다. 그 가지를 굽혀 땅에 접지하면 된다. ○습기를 싫어하므로 보관할 때 덥게 해서는 안 된다. 물을 줄 때도 너무 많이 주면 안 된다.[5]

그런가 하면 「화품평론(花品評論)」에서는 4자 또는 8자로 각각의 꽃에 대한 평어를 남겼다. 예를 들어 매화는 "강산의 정신이요, 태고의 면목[江山精神, 太古面目]"이라 했고, 작약은 "온갖 꽃 중 으뜸이요, 홍백의 우두머리[卓冠群芳, 爭伯紅白]"라 했다. 치자꽃을 두고는 "비쩍 마른 학과 구름 속의 기러기가 곡기를 끊고 세상을 피하는 듯[瘦鶴雲鴻, 絶粒逃世]"

---

5) 유박, 『화암수록』, 8면. "勢友○倭躑躅暎山紅枝葉花色, 大同小異. 暎山白亦貴. 唐暎山紅唐躑躅, 不及倭産○我世宗大王卽祚二十有三年春, 日本國進躑躅數盆. 命置內庭取種, 花瓣甚大, 重跗疊蕚, 久而不衰○屈其枝宜地接○惡濕, 收藏勿暖, 澆水勿濕."

하다고 했다. 패랭이꽃은 "울지 않는 어린아이[不哭孩兒]", 옥잠화는 "영리한 사미승[伶俐沙彌]", 전추사(剪秋紗)는 "문 열어주는 동자[應門童子]"에 각각 견주었다.

유박에 대해 그의 친구 안사형(安士亨)은 "가령 꽃으로 하여금 능히 말을 하게 한다면 모두 '우리 주인, 우리 주인!'이라고 말할 것"이라고 칭송했고, 「매설(梅說)」 같은 글은 꿈에 매화의 정령과 만나 나눈 대화를 옮겨 적은 것이다. 「화암기(花庵記)」를 보면 유박은 4계절의 화훼를 백가지 구해다가 큰 것은 땅에 심고, 작은 것은 화분에 담아 기르면서 세상을 잊고 늙음이 장차 이르는지 조차 알지 못했다고 술회했다.

유득공은 「금곡백화암상량문」에서, "다른 사람의 집에 기이한 꽃이 있단 말을 들으면 천금을 주고서라도 반드시 구했고, 외국 배가 정박함을 살펴 만리 밖에 있는 것도 또한 가져왔다. 여름엔 석류꽃, 겨울엔 매화, 봄에는 복사꽃, 가을엔 국화, 네 계절 어느 때고 꽃이 끊어지는 날이 없었다. 치자꽃은 희고, 난초꽃은 푸르며, 아욱꽃은 붉고, 원추리는 노랗다. 오색에서 검은 색이 빠진 것을 애석해 했다"고 그의 생활을 적었다. 그의 화훼 취미는 외국 배가 들어왔다는 말을 들으면 거기로 달려가 외국 품종을 구해올 정도였고, 이웃의 어부들은 먼 곳에 갔다가 기이한 꽃을 보면 화분에 담아 배에 싣고 와 귀한 재물을 바치듯 그에게 바쳤다. 유득공은 그의 화훼 수집벽에 대해, 아예 달나라까지 가서 계수나무를 꺾어올 기세라고 너스레를 떨었다. 그가 여행으로 집을 비우게 되면 가족들이 대신 꽃을 돌보았고, 이웃들도 그의 꽃밭을 함께 가꾸는 수고를 아끼지 않았다. 다른 글에 보면 중국에 가는 사람 편에 중국 해당화를 구해오려는 노력을 기울이기까지 했다.[6] 이렇듯 유박과 그의 『화암수록』은 당시 문인지식인층의 원예 취미를 가장 적극적으로 보여준다.

---

6) 자세한 내용은 정민과 안대회의 앞의 글을 참조할 것.

최근 김영진 선생이 발굴 소개한 이옥(李鈺, 1760~1815)의 『백운필(白雲筆)』 또한 이 시기 지식인층의 지적 경향을 이해하는 데 간과치 못할 중요한 저술이다.7) 상편 89칙, 하편 75칙으로 이루어진 이 저술은 1803년에 지어졌다. 담조(談鳥) 21칙, 담어(談魚) 17칙, 담수(談獸) 17칙, 담충(談蟲) 19칙, 담화(談花) 15칙, 담곡(談穀) 12칙, 담과(談果) 17칙, 담채(談菜) 15칙, 담목(談木) 17칙, 담초(談艸) 14칙 등을 수록하였다. 이 가운데 꽃과 나무, 풀에 관한 내용이 적지 않은 비중을 차지한다.

꽃에 관한 내용 중에는 화훼의 유통에 관한 내용에서부터, 국화의 다양한 종류와 각종 화훼의 재배와 관련된 다양한 기사들이 수록되어 있다. 이 가운데 특히 이옥의 꽃에 대한 벽(癖)을 엿볼 수 있는 흥미로운 내용이 있다. 그가 지었다는 『화국삼사(花國三史)』란 책을 소개한 항목이다.

신축년(1781) 5월, 내가 『화국삼사(花國三史)』를 지었다. 상편은 「화전(花典)」·「화모(花謨)」·「화명(花命)」·「화고(花誥)」를, 중편은 「화사강목부록(花史綱目附錄)」을, 하편은 「화왕본기(花王本紀)」·「매비죽부인열전(梅妃竹夫人列傳)」·「상소화열전(尙昭華列傳)」·「삼용화열전(三容華列傳)」·「종실열전(宗室列傳)」·「연락공세가(蓮濼公世家)」·「매공공세가(梅公公世家)」·「작피공세가(芍陂公世家)」·「도림공세가(桃林公世家)」·「행성공세가(杏城公世家)」·「이원공세가(梨園公世家)」·「초현공세가(蕉縣公世家)」·「지현공난정공세가(芝縣公蘭亭公世家)」·「기국공세가(杞國公世家)」·「규구공당현공계령공세가(葵邱公棠縣公桂嶺公世家)」·「류장군열전(柳將軍列傳)」·「신이미자숙열전(辛夷微子叔列傳)」·「명협선영열전(冥莢宣嬰列傳)」·「결명견우서대금전열전(決明牽牛書帶金錢列傳)」·「국담공열전(菊潭公列傳)」·「죽계선생열전(竹溪先生列傳)」·「저선생록외번열전(楮先生錄外蕃列傳)」을 실었다. 대개 「모영전(毛穎傳)」과 「육길전(陸吉傳)」 등과 왕세정의 『예원치언(藝苑卮言)』에 수록된 「화왕본기(花王本紀)」, 조귀명의 「화왕본기」 등의 문체로 지은 것이다. 서문과 범례와 연기(緣起)가 있다.8)

7) 김영진, 「이옥 문학과 명청 소품」, 『고전문학연구』 23, 한국고전문학회, 2003, 355~387면과 김영진, 「조선 후기의 명청소품 수용과 소품문의 전개 양상」, 고려대 박사논문, 2003을 참조할 것.

『화국삼사(花國三史)』는 1781년, 즉 이옥이 21세 때 지은 책이다. 상편은 전(典) · 모(謨) · 명(命) · 고(誥)의 『서경(書經)』의 체재를 따랐고, 중편은 『강목(綱目)』의 체재로, 그리고 하편은 본기와 열전으로 나눈 『사기(史記)』의 형식을 빌어온 3부작이었다. 한 권 책 속에 편년체 · 강목체 · 기전체의 체재를 다 갖추었다. 특히 3부 하편은 가전체의 형식을 빌어, 각종 화훼의 열전을 수록하고 있다. 예를 들어 「명협선영열전(冥莢宣嬰列傳)」은 명협(冥莢)과 훤초(萱草), 그리고 앵도(櫻桃)를 입전대상으로 했고, 「신이미자숙열전(辛夷微子菽列傳)」은 신이(辛夷)와 장미(薔薇), 숙(菽)을 대상으로하는 식이다. 상중하 3편의 앞에는 전체 서문과 범례, 그리고 연기(緣起)를 갖춘 전작이었던 것으로 보인다. 이 책은 현재 전하지 않으나, 만약 『백운필』처럼 새롭게 발굴된다면 우리 가전문학사를 다시 써야할 규모로 방대 호한한 자료다. 그는 누군가 가져다 준 『화사(花史)』를 보고 성에 차지 않아 사흘 만에 『화국삼사』를 지었다고 했다.

이옥은 별호로 매화외사(梅花外史) · 매암(梅庵) · 도화유수관주인(桃花流水館主人) 등의 별호를 즐겨 썼을 만큼 꽃에 대한 관심이 높았던 인물이다. 흰봉선화를 노래한 「백봉선부(白鳳仙賦)」, 포도를 읊은 「초룡부(草龍賦)」, 진달래 만발한 꽃동산을 노닌 이야기를 적은 「삼유홍보동기(三游紅寶洞記)」, 접시꽃의 종류와 성질을 논한 「촉규화설(蜀葵花說)」, 꽃에 대한 애호의 변을 담은 「화설(花說)」 등의 글을 따로 남겼다.[9]

---

8) 이옥, 『백운필』, 81면. "辛丑仲夏, 余嘗作花國三史, 上編曰花典 · 花謨 · 花命 · 花誥, 中編曰花史綱目附錄), 下編曰花王本紀 · 梅妃竹夫人列傳 · 尙昭華列傳 · 三容華列傳 · 宗室列傳 · 蓮灤公世家 · 梅公公世家 · 芍陂公世家 · 桃林公世家 · 杏城公世家 · 梨園公世家 · 蕉縣公世家 · 芝縣公蘭亭公世家 · 杞國公世家 · 葵邱公棠縣公桂嶺公世家 · 柳將軍列傳 · 辛夷微子菽列傳 · 冥莢宣嬰列傳 · 決明牽牛書帶金錢列傳 · 菊潭公列傳 · 竹溪先生列傳 · 楮先生錄外番列傳. 皆依倣毛穎陸吉傳及鳳洲卮言所載花王本紀, 趙東谿花王本紀等體而作矣. 有序文有凡例有緣起. 而其時適有以近世人所作花史來視者. 其史用通鑑例, 而以梅牧丹蓮菊, 分爲四代. 莽懿代出於花官, 齊梁迭起於香城. 故余竊非之. 退而凡三日成是書."

9) 해당 작품의 원문과 번역은 실시학사 고전문학연구회에서 역주한 『이옥전집』 3책, 소명출판, 2001을 참고할 것.

삼양재(三養齋) 김덕형(金德亨)은 꽃을 사랑하다 못해, 꽃 그림에 미쳤던 사람이다. 그는 틈만 나면 꽃밭으로 달려가 꽃을 사생하는 것이 취미였다. 꽃을 그린 사생첩에 『백화보(百花譜)』란 제목을 붙였는데, 이 책에 박제가와 유득공이 서문을 써준 것이 남아 있다. 『이향견문록』에는 "화훼 그림에 더욱 솜씨가 뛰어나 그림 한 폭이 완성될 때마다 사람들이 다투어 소장했고, 표암 강세황도 귀중한 보배인 양 여겼다. 『백화첩(百花帖)』이 그의 집에 간직되어 있다"고 적었다.[10]

박제가는 「백화보서(百花譜序)」에서 김덕형의 그림 그리는 모습을 이렇게 그려 보인다.

바야흐로 김군은 꽃밭으로 서둘러 달려가서 눈은 꽃을 주목하며 하루 종일 눈도 깜빡이지 않고, 가만히 그 아래에 자리를 깔고 눕는다. 손님이 와도 한 마디 말도 나누지 않는다. 이를 보는 사람들은 반드시 미친 사람 아니면 바보라고 생각하여, 손가락질 하며 비웃고 욕하기를 그치지 않는다. 그러나 비웃는 자들의 웃음소리가 채 끊어지기도 전에 생동하는 뜻은 이미 다해 버리고 만다. 김군은 마음으로 만물을 스승 삼고, 기술은 천고에 으뜸이다. 그가 그린 『백화보(百花譜)』는 병사(甁史), 즉 꽃병의 역사에 그 공훈이 기록될 만하고, 향국(香國) 곧 향기의 나라에서 제사 올릴 만 하다. 벽의 공이 진실로 거짓되지 않음을 알겠다. 아아! 저 별 볼일 없이 천하의 큰일을 그르치면서도 스스로는 지나친 병통이 없다고 생각하는 자들이 이 첩을 본다면 경계로 삼을 만하다.[11]

이 글의 인용되지 않은 앞부분은 당시 지식인들에게 유행처럼 번졌던 벽(癖)에 대한 추구를 밝힌 내용이다.[12] 박제가에 따르면 김군은 하

---

10) 유재건 편, 이상진 역, 『이향견문록』 상권, 자유문고, 1996, 313면 참조.
11) 朴齊家, 『楚亭全書』「百花譜序」. "方金君之徑造花園也, 目注於花, 終日不瞬, 兀兀乎寢臥其下, 客主不交一語. 觀之者, 必以爲非狂則癡. 嗤點笑罵之不休矣. 然而笑之者笑聲未絶, 而生意已盡, 金君則心師萬物, 技足千古, 所畵百花譜, 足以冊勳甁史, 配食香國. 癖之功, 信不誣矣. 嗚呼! 彼伈伈泄泄誤天下大事, 自以爲無病之偏者, 觀此帖, 可以警矣."
12) 관련 내용은 정민, 「18세기 조선지식인의 '벽'과 '치' 추구경향」을 참고할 것.

루 종일 꽃밭에서 살면서 꽃의 모습만 관찰하고, 그것을 그림으로 그린다. 사람들이 그를 아무리 바보라고 놀려도 그는 미친 듯이 꽃에만 몰두한다. 그러면서 박제가는 세상에 미치지 않고 이룰 수 있는 일이 무엇이겠느냐고 반문한다.

유득공(柳得恭, 1748~1807)도 「제삼십이화첩(題三十二花帖)」에서, 김덕형의 그림책에 대해 초목의 꽃이나 공작새 비취새의 깃털, 저녁 노을빛, 아름다운 여인보다도 더 어여쁜 꽃들이 언제나 시들지 않고 오색 영롱한 자태를 뽐내고 있음을 칭찬했다.

이덕무(李德懋, 1741~1793)는 자신의 학문이 보잘 것 없다는 겸양의 뜻에서이긴 해도 거처에 충어(蟲魚)에 주를 달고 초목(草木)의 이름을 배우는 집이라 하여 '주충어재(注蟲魚齋)'·'학초목실(學草木室)'이란 편액을 달아 걸었을 만큼 초충화훼에 조예가 깊었다. 유득공의 「춘성유기(春城遊記)」를 보면 경인년(1770) 3월 3일 박지원·이덕무와 함께 삼청동에 봄나들이 간 내용을 적고 있는데, "이덕무는 풀의 이름을 많이 알아, 내가 손으로 뽑아 물어보면 대답 못하는 것이 없었다. 이를 적어 놓은 것이 수십종이니, 이덕무의 박아(博雅)함은 알아줄 만 하다"[13]고 했다. 이름 모를 풀꽃을 하나 하나 뽑아 책 갈피에 꽂아 이름을 적어가며 배우던 풍경이 눈에 선하다.

이덕무는 여기서 더 나아가 밀랍으로 만든 조매(造梅)인 윤회매(輪回梅)를 만들어 보급한 일로 더 유명하다. 『청장관전서』 제 62권에는 윤회매 만드는 법을 도상과 함께 상세히 기록한 「윤회매십전(輪回梅十箋)」이 실려 있다. 그는 벌이 꽃에서 꿀을 따고, 꿀에서 밀랍이 생기는데, 이 밀랍으로 다시 매화를 만들었으므로 윤회매라 이름 지었다고 했다. 속장(俗匠)들이 장사 속으로 종이를 잘라 만드는 조화(造花)는 운치와 격을 몰라 여종을 부인으로 꾸며놓은 것 같아 자신이 직접 옛 문헌에 근거하여

---

13) 유득공, 『영재집』(한국문집총간 260-140면) 「춘성유기」. "靑莊多識榮名, 余擷而問之, 無不對者, 錄之數十種. 有是哉靑莊之博雅也."

법식을 새로 만들었다고 했다.

그의 윤회매는 금세 박지원과 유득공 등에게 전수되어, 『연암집』에도 자신이 만든 매화를 사라고 벗에게 보낸 익살맞은 편지가 실려 있고, 유득공도 이 기술을 배워 아예 거처 위에 '납매관(蠟梅館)'이란 편액을 내걸기에 이르렀다.14)

이들과 함께 어울렸던 이서구(李書九, 1754~1825)는 젊은 날 『소완정금충초목권(素玩亭禽蟲艸木卷)』이란 소책자를 꾸미고 있다. 그 내용은 자신의 뜨락에서 직접 관찰한 것을 하나 하나 시로 읊은 것이었다. 새가 16종, 벌레가 10종, 풀이 9종, 나무가 9종 등 모두 44종의 사물을 노래했다. 선비가 어찌 이런 무용한 것들에 정신을 허비하느냐는 객의 나무람에 대해 그는 이렇게 대답한다.

저 새가 날고, 벌레가 꿈틀대며, 풀이 싹터나고, 나무가 올라오는 것은 만 가지가 다 다르고, 제각기 그 자태가 지극하다. 대저 이를 보는 사람들은 또한 단지 나는 것은 새이고 꿈틀대는 것은 벌레며, 싹트는 것은 풀이고, 올라오는 것은 나무인 줄만 안다. 어째서 그런가? 저들의 가슴 속에는 단지 '금충초목(禽蟲艸木)' 네 글자만 들어 있기 때문일 뿐이다. 만약 이 네 글자를 옛날에 만들지 못하게 했더라면 반드시 그 이름을 함께 불러 이를 알지 못했을 터이다. 대저 금충초목이란 것은 하늘과 땅의 문장이다. 문장이란 사람이 꾸미는 것인데, 사람이 그 문장을 꾸미려 하면서 어찌 천지에서 문장을 빌려오지 않을 수 있겠는가?15)

박지원의 문하를 출입하면서 자연스럽게 싹튼 사물에 대한 관심의

---

14) 이덕무, 『국역청장관전서』 제10책, 214~226면에 관련 내용이 모두 실려 있다.

15) 이서구, 『自問是何人言』「素玩亭禽蟲艸木卷序」. "彼禽翔而蟲蠕, 艸秀而木挺, 有萬不同, 各極其態. 凡夫人之見之者, 亦但知翔爲禽而蠕爲蟲, 秀者謂之艸, 而挺者謂之木者, 何也? 彼其胸中, 只有禽蟲艸木四字存焉而已. 若使四字者, 不製於古, 則必幷其名, 而不之知也. 夫禽蟲艸木者, 天地之文章也. 文章者, 人之飾也, 人之欲飾其文章者, 安得不假文章於天地也哉."

일단을 나름대로 논리를 세워 피력한 내용이다. 조수초목의 이름을 많이 알아야 한다고 한 공자의 말을 인용하면서 뒷 글을 마무리 하고 있다. 하지만 정작 이 책은 훗날 그의 문집 속에는 실리지 못했다. 역시 완물상지의 나무람을 꺼렸던 것이다.

이밖에도 김석손(金祏孫) 같은 이는 매화벽(梅花癖)이 있어, 집에 매화나무 수십 그루를 심어 놓고 그 사이에서 시를 읊조리고, 존비귀천을 가리지 않고 수천 명의 시인을 찾아다니며 매화시를 지어 달라고 하여 매화시광(梅花詩狂)으로 불리기까지 했다. 매화시를 적은 두루마리가 소의 허리 두께보다 더 굵었다 하니, 매화시에 대한 벽이 어지간했다.16) 승지 박사해(朴師海, 1711~1778)의 매벽(梅癖)도 유명했다. 한번은 내실에서 자는데 큰 눈보라가 몰아쳤다. 부인을 깨워 일어나게 하고는 서로 옷을 잡고 이불로 매화를 보호한 이야기는 널리 회자되었다.17)

또 화가 김홍도가 그림을 팔아 얻은 돈 삼천 푼 중 2천푼을 떼어 기이하게 생긴 매화를 사고, 남은 돈 중 800푼으로 술 몇 말을 사서 동인들과 함께 매화음(梅花飮)을 열고, 남은 돈 200푼으로 쌀과 땔감을 샀는데, 하루 먹을 거리도 못되었더란 이야기는 당시 문인의 아사(雅事)로 회자되던 이야기였다.18) 위항문인이었던 오창렬(吳昌烈) 같은 이는 「간화편(看花篇)」에서, "나는 어린 꽃 기르길 어린 아이 기르듯 했고, 이름난 꽃 아끼기를 명사(名士)을 아끼듯 했다[我養穉花如穉子, 我愛名花如名士]"라고까지 말해 꽃에 대한 유별난 애호를 피력한 바 있다.19)

이렇듯 18~19세기 문인지식인층에서 화훼에 관한 취미가 단순한 애호의 차원을 넘어 벽(癖)의 단계로까지 접어든 경우는 적지 않다. 이전

---

16) 유재건 편, 이상진 역, 앞의 책(상권), 304면 참조.
17) 신위, 『경수당전고』14책(한국문집총간 291-315면) 「移梅入煥閣吟成二絶」. "朴蒼巖承旨師海, 有梅癖. 嘗內齋夜遇大風雪, 蹴夫人起, 相與攬衣, 以衾護梅曰 : '得無寒乎?'" 조희룡 같은 이도 스스로 梅癖이 있다고 말한 적이 있다.
18) 유재건 편, 이상진 역, 앞의 책(하권), 433면 참조.
19) 오창렬, 『大山詩艸』 권1.

시기 완물상지로 꺼리던 화훼에 대한 관심은 이제 무슨 열풍이 분 것처럼 상호 상승작용을 일으키며 문인들의 취미로 자리잡게 된 것이다.

2) 화원의 풍경

이 시기 문집에는 전에 없이 각종 정원의 구체적인 이름이 많이 등장한다. 구체적으로 보면 조원(曹園)·오원(吳園)·이원(李園)·서씨원(徐氏園)·남씨원(南氏園)·양원(梁園)·최씨원(崔氏園)·윤씨원(尹氏園)·남원(南園)·홍원(洪園)·강씨원(姜氏園)·유씨원(劉氏園)·안씨원(安氏園)·정원(鄭園)·허원(許園)·장씨원(張氏園)·김원(金園)·백씨원(白氏園)·상씨원(尙氏園) 등 주인의 성씨를 딴 정원의 이름이 각종 문집에 빈번하게 등장한다. 이 외에도 매죽원(梅竹園)·삼송원(三松園)·난원(蘭園)·이원(梨園)·율원(栗園)·칠송원(七松園)·백류원(百榴園)·오송원(五松園)·행원(杏園)·송석원(松石園) 등 대표하는 화목의 이름을 딴 정원과, 낙원(駱園)·동원(東園)·남원(南園) 등 위치를 나타내는 정원, 화비원(和肥園)·솔경원(率更園)·진령원(眞泠園)·일섭원(日涉園)·소요원(逍遙園)·적취원(積翠園)·화개원(花開園) 등 의미를 딴 정원 등이 보인다. 이는 전에 볼 수 없던 현상으로, 이 시기 정원 조성이 얼마나 경쟁적으로 갑작스레 붐을 이루었는지 잘 보여준다.[20] 직접 정원을 가꾸기 힘든 경우, 이미 조성된 정원을 사들이기도 했다.[21]

---

20) 제시한 정원의 명칭은 18세기 중반 이후 19세기 중반까지 문집 총간에 실려 있는 작가들의 문집 속에 보이는 것들만 뽑은 것이다. 이 중에는 園記도 적지 않은데, 이에 대해서는 심경호, 「화원에서 얻은 단상—조선 후기의 화원기」, 『한문산문의 내면풍경』, 소명출판, 2001, 89~132면이 참고가 된다.

21) 신위의 『경수당전고』 28책(한국문집총간 291-618면)에는 徐稚賢이 새로 홍씨 성을 가진 이의 정원을 새로 구입해서 자신을 불러 감상회를 연 일을 적은 시가 실려 있다. 시의 첫 구가 "둥근 창에 뵈는 풍물 사방이 꼭같다. 圓窓風物四望同"인 것으로 볼 때, 洪園에는 중국식으로 지은 건물이 있었음을 알 수 있다.

이들 정원의 꽃밭은 어떻게 꾸며지고 있었을까? 문인들의 글에 보이는 정원에 대한 묘사를 몇 가지 추려본다. 먼저 이이엄(而已广) 장혼(張混, 1759~1828)의 「평생지(平生志)」에 나오는 이상적인 정원의 모습이다.

초록 홰나무 한 그루를 문 앞에 심어 그늘을 드리운다. 벽오동 한 그루는 바깥 사랑 서쪽에 심어 달빛을 받는다. 포도 시렁은 그 곁에 세워 햇볕을 받는다. 잣나무 병풍 한 채는 바깥 채 오른쪽에 심어 문을 막는다. 파초 한 그루를 그 왼편에 심어 빗소리를 듣는다. 뽕나무는 울타리 아래 심고, 사이사이에 무궁화와 매괴를 심어 빠진 곳을 채운다. 구기자와 장미는 담모롱이에 기대 심는다. 매화는 바깥채에 심고, 작약과 월계화와 사계화는 안뜰에 둔다. 석류와 국화 같은 것은 안채와 바깥채에 나눠 기른다. 패랭이꽃과 맨드라미는 안채 섬돌에 흩어 심는다. 진달래와 철쭉, 목필 등은 동산에 교대로 심는다. 해아국과 고의 같은 것은 언덕에 여기저기 심는다. 자죽은 마땅한 흙을 골라 심고, 양함도는 안채 서남쪽 모퉁이에 둘러 심는다. 그 바깥 쪽에는 복숭아와 살구나무를 심는다. 볕드는 곳에는 임금과 단나, 잣나무와 밤나무를 주욱 심는다.[22]

한 눈에도 집 안팎으로 적재적소에 쓸모에 따라 화목을 규모 있게 배치하고 있음을 볼 수 있다. 벽오동이 달빛을 받으면, 포도 시렁은 햇볕을 받는다. 잣나무를 병풍처럼 세워 대문이 바로 보이지 않도록 차단하고, 빗소리를 듣자고 파초도 심어둔다. 그런가 하면 꽃도 아무렇게나 심는 것이 아니라 의미를 따져 위치를 정하고 있다. 장수를 염원하는 의미가 담긴 석죽화와 벼슬길의 승승장구를 비는 계관화는 바로 안채 섬돌 곁에 심고, 부귀가 늘 함께 하라는 의미를 담아 작약과 월계화와 사계화를 안뜰에 심었다. 다산(多産)의 의미를 지닌 석류와 장수를 상징하

22) 張混, 『而已广集』 권14(한국문집총간 270-578면) 「平生志」. "綠槐一樹植門前, 以蔭; 碧梧一樹樹外軒西, 受月影; 葡萄架架其側, 以承陽; 柏屛一曲樹外舍之右, 以塞門; 芭蕉一本種其左, 以聽雨; 桑樹籬下, 間之木槿玫瑰, 以補缺; 枸杞薔薇靠牆角, 梅花藏外舍, 芍藥月桂四季置內庭, 若榴及菊, 分畜內外舍. 石竹鷄冠散種內舍墶除. 杜鵑躑躅木筆交栽于園. 孩兒菊苦薏之屬, 紛拔于岸. 慈竹占宜土, 而養含桃遍內舍西南隅. 植桃杏其外, 其陽處林禽丹柰柏樹栗樹羅植之."

는 국화도 안팎으로 나누어 심었다.

서울 명례방의 큰 길가에 살았던 정약용(1762~1836)은 「죽란화목기(竹欄花木記)」란 글에서 자신이 꾸민 정원을 이렇게 소개하고 있다.

> 안석류는 잎이 살지고 크며 열매가 단 것을 해석류 또는 왜석류라 한다. 왜석류가 네 그루다. 줄기가 곧게 한 길 남짓 오르도록 곁가지가 없고, 위에 쟁반처럼 둥근 것을 만든 것(속칭 능장류다)이 한 쌍이다. 꽃만 피고 열매 맺지 않는 석류는 꽃석류라 하는데, 이것이 한 그루다. 매화는 두 그루다. 그런데 세상 사람들이 좋아하는 것은 묵은 복숭아나 살구나무 뿌리가 썩어 골격만 남은 것을 가져다가 괴석처럼 조각해 놓고, 매화는 겨우 작은 가지 하나만 그 곁에 붙여두는 것을 기이하게 여긴다. 나는 뿌리와 줄기가 실하고 가지가 무성한 것을 가품으로 친다. 꽃이 좋기 때문이다. 치자가 두 그루다. 두보는 "치자를 여러 나무에 견주면, 인간에 진실로 많지가 않네"라고 했다. 대개 또한 희귀한 품종이다. 산다화가 한 그루다. 금잔은대, 즉 수선화 네 포기를 한 화분에 같이 심은 것이 하나 있다. 파초는 크기가 방석만한 것이 한 그루다. 벽오동은 두 살짜리가 두 그루다. 만향이 한 그루요, 국화는 종류별로 18개 화분이 있다. 부용화 화분이 한 개다.[23]

정약용은 이렇게 좁은 뜰에다 마음이 가는 화초와 과실 나무를 심어 놓고, 대나무로 울타리를 설치해 퇴근 후에는 건을 비스듬히 쓰고 울타리 가를 거닐며 달빛 아래 술 마시고 시를 지었다. 국화가 다른 종류로 18개 화분이 있었고, 그밖에 부용화와 수선화를 심은 화분이 하나씩 있어 좁은 뜨락에 무려 20개의 화분이 놓여 있었다. 여기에 석류 · 매화 ·

---

23) 정약용, 『여유당전서』 1집 권14(한국문집총간 281-299면) 「竹欄花木記」. "安石榴葉肥大而實甘者曰海榴, 亦曰倭榴. 倭榴四本; 幹直上一丈許, 旁無附枝, 上作盤團然者俗名棱杖榴, 一雙; 榴有花而不實者曰花石榴, 花石榴一本; 梅二本, 而世所尙, 取古桃杏之根朽敗骨立者, 雕之爲怪石形, 而梅僅一小枝附其旁, 以爲奇. 余取根幹堅實, 枝條榮暢者爲佳, 以善花也; 梔二本. 杜工部云, 梔子比衆木, 人間誠未多. 盖亦稀品也; 山茶一本; 金盞銀臺四本共一盆者一; 芭蕉大如席者一本; 碧梧桐生二歲者一本; 蔓香一本; 菊各種共十八盆; 芙蓉一盆."

치자·산다화·파초·벽오동·만향 등이 13그루나 심어져 있었다. 정약용은 꽃밭에 꽃이 피면 벗들을 불러 놓고 밤중에 술 마시며 놀았다. 이 시절 지은 시에서는 "한 해가 늦어가매 쌀이 외려 귀하지만, 집이야 가난해도 꽃은 더욱 많다네"24)라 하였다. 그는 강진 유배시절에도 다산(茶山)의 초당 둘레에 대나무와 매화·모란·작약·수국·해석류·치자·자미·월계화·촉규화·국화·석죽화·포도 등을 심어 두고 이를 노래한 연작시 20수를 남긴 바 있다.25)

유박(柳璞, 1730~1787)은 또 자신의 정원인 백화암(百花庵)의 풍경을 이렇게 소개한다.

네 계절의 화훼를 모두 백 가지 구했다. 큰 것은 재배하고, 작은 것은 화분에 담아 둑을 쌓아 백화암 가운데 두었다. 몸을 그 사이에 두고 소견하면서 세상을 잊고 기쁘게 자득하였다. 분매(粉梅)와 금취(禁醉: 국화의 품종명)는 찬찬히 정신을 살피고, 왜철쭉과 영산홍은 멀리서 형세를 보며 웅위(雄偉)함을 취한다. 단약(丹藥)과 계도(桂桃)는 마치 새 여인을 얻은 것 같다. 치자와 동백은 큰 손님을 마주한 듯 아리따운 모습이 손에 잡힐 듯하다. 석류는 생각이 시원스럽다. 파초와 괴석은 마당 가에 두어 명산으로 삼는다. 유송(瘦松)에서 태고의 모습을 얻고, 풍죽(風竹)은 전국(戰國)의 기상을 띠고 있다. 섞어 심어 시자로 삼는다. 연꽃은 마치 주무숙(周茂叔)을 마주한 듯 공경스럽다. 기이한 것, 옛스런 것을 취해 스승으로 삼고, 맑고 깨끗한 것은 벗으로 삼는다. 번화한 것은 손님으로 삼는다.26)

---

24) 정약용, 『여유당전서』 1집 권3(한국문집총간 281-253면) 「竹欄菊花盛開, 同數子夜吟」. "歲熟米還貴, 家貧花更多." 다산의 화훼에 대한 관심은 고연희, 「정약용의 화훼에 대한 관심과 화훼시 고찰」, 『동방학』 7, 한서대부설 동양고전연구소, 2001.12, 39~57면을 참조할 수 있다.

25) 자세한 내용은 고연희, 앞의 글, 47~50면 참조.

26) 유박, 『화암수록』 「花庵記」, 41면 "余賦性栖, 自分無用, 所居山水, 重濁鮮游覽之勝. 席門窮巷, 終歲絶長者車近. 求四時花卉總百本, 大者栽培, 小者瓷瓦, 塢而藏之蕃之中, 而身在其間, 消遣與世相忘, 怡然自得. 粉梅禁醉, 細察精神; 倭躅映山紅, 遠觀形勢雄偉取; 丹藥桂桃, 如卜新姬; 梔栢若對大賓, 嬌容可挹; 石榴意思軒豁; 芭蕉怪石, 爲庭除名山; 瘦松得太古顏面; 風竹帶戰國氣像, 雜種爲侍者. 蓮花若敬對茂叔.

큰 것은 땅에 심고 작은 것은 화분에 담아 구획을 지어 재배했다. 매화와 국화는 가까이서 그 정신을 음미하고, 철쭉과 영산홍은 멀리 떨어져 그 빛깔과 형세를 음미한다고 했다. 그밖의 화목(花木) 또한 각각 스승과 벗, 그리고 손님으로 의미를 부여하여 짜임새 있게 배치하였다.

심능숙(1782~1840)의 「합매기(閤梅記)」에도 보면, 장미가 핀 길을 따라 무궁화 언덕에 이르고, 다시 섬돌가에는 정향화가 피어 있고, 그밖에 희고 붉은 진달래와 복숭아와 살구, 수단과 철쭉, 모란과 장미, 해당화와 산단화, 신이와 자형, 왜만, 속옥, 그리고 매화가 가꿔진 정원의 모습이 잘 묘사되어 있다.[27]

이 시기 문집에서 유독 이렇듯 자신들이 가꾸던 정원의 세부 묘사와 만나는 것은 그다지 어렵지 않다. 이옥은 『백운필(白雲筆)』에서 또 이런 기록을 남기고 있다.

내가 백문(白門)의 조애(照厓)에 있을 때 예전 남상서(南尙書)의 담용정(淡容亭)에 머물렀다. 상서가 늙어 한가롭게 되자 꽃나무를 많이 심어 사시사철 꽃이 끊이지 않았다. 하지만 집은 여러 번 주인이 바뀌었다. 그 진품(珍品)과 희귀종은 이미 모두 흩어지고 없어져서 남은 것이 없다. 남아 있는 것 중에는 그래도 정향화·산수유화·옥매화·흰철쭉꽃 등이 있었다. 배꽃이나 살구꽃, 복사꽃·앵두꽃·오얏꽃과 내금화(來禽花)·영춘화(迎春花)·두견화 같은 것은 이미 늙었지만 새싹이 터서 꽃을 피운 것이 바위 언덕 사이에 또한 많았다. 풀꽃의 기이한 것들이 황양목이나 단풍나무의 초록빛과 붉은 빛과 어우러져, 매년 늦봄이면 꽃향기가 끼쳐오고, 진 꽃이 땅에 가득하였다. 그래서 사람으로 하여금 성시 안에 살고 있다는 사실도 깨닫지 못하게 했었다.[28]

取其奇者古者爲師, 淸者潔者爲友, 繁者華者爲客."

27) 심능숙, 『後吾知可』 권4 「閤梅記」.

28) 이옥, 『백운필』, 77면. "余在白門照厓時, 宅舊南尙書之淡容亭也. 尙書老閑, 多蒔花木, 能四時不絶, 而宅屢易主, 其珍品稀種, 則已皆散佚無餘矣. 而所餘存者猶有丁香花山茱萸花玉梅花白躑躅花, 若梨花杏花桃花櫻花李花來禽花迎春花杜鵑花者, 已老矣. 且由蘗而花矣, 岩阿之間亦多. 艸花之奇者, 兼以黃楊丹楓雪綠霜紅, 每春晚, 花香撲人, 落紅滿地, 令人不覺在城市中矣."

주인이 몇 번 바뀌어 진품과 희귀종은 다 흩어졌다고 했는데 그저 꼽는 것만으로도 10여 가지를 훌쩍 넘어선다. 심노숭의 「신산종수기」에는 집이 낡아 꽃나무 가꾸기를 게을리 하자, 그의 아내가 "다른 집을 보면 남편들이 꽃과 나무에 대한 벽이 심하여 어떤 이는 방에 들어와 비녀와 팔찌를 찾아 팔기까지 하는데, 당신은 어째서 집이 낡았다고 꽃과 나무마저 폐하여 두시나요? 집은 비록 낡았어도 꽃과 나무를 폐하여 두지 않으면 또한 집의 볼거리가 되지 않겠어요?"라고 말하는 대목이 있다.[29]

심상규(沈象奎, 1766~1838)의 호화저택 가성각(嘉聲閣) 앞에는 별채의 온실까지 꾸며 각종 명화(名花)·이훼(異卉)를 진열해 놓았고, 마당에는 귀한 종려나무와 능소화 등이 심어져 있었다.[30] 그는 멀리 동래산의 이종(異種) 국화나 떨기가 유난히 큰 일본산 국화를 일부러 구해다 울타리가에 심고, 가을날 자신의 동산에 핀 봉선화·옥잠화·원추리·패랭이꽃·나팔꽃·맨드라미·추해당·접시꽃·국화·연꽃·창포·파초 등의 각종 화훼를 노래한 연작을 남기기도 하였다.[31]

정원을 가꿀 형편이 안 되는 경우, 아예 상상 속의 정원을 꾸며 글로 남기는 것도 유행했다.[32] 이 가운데 유경종(柳慶種, 1714~1784)의 「의원지(意園誌)」가 특이하다. 의원(意園)은 말 그대로 생각 속의 정원이다. 그는 이곳에 소나무, 녹나무, 느릅나무, 버드나무, 두충나무, 적목나무, 박달나무, 회나무, 비자나무, 대나무와 파초, 매화, 오동나무, 무궁화, 석류, 느티나무, 살구나무, 복숭아나무, 오얏나무, 앵두나무, 배나무, 밤나무, 감나무, 대추나무, 구기자나무, 포도, 난초, 국화, 뽕나무 등 온갖 화목들

---

29) 심노숭의 「신산종수기」를 비롯한 여러 글은 김영진, 『눈물이란 무엇인가』, 태학사, 2001에 실려 있다.

30) 안대희, 앞의 글과 박철상, 「정주와 경하세족의 장서인」, 『문헌과해석』 23, 문헌과해석사, 2003년 여름, 67~78면 참조.

31) 심상규, 『斗室存稿』 권4의 「雜咏秋園花卉」 30수와, 권3의 「詠大瓣和菊」 등의 작품 참조.

32) 상상 속의 정원에 관한 논의는 안대회, 앞의 글, 111~138면에 자세하다.

과 각종 채소를 심겠다고 하면서, 그 속에서 아침이면 꽃에 물 주고, 저녁에는 오이밭을 김매며 살고 싶은 소망을 피력하고 있다.[33)]

이렇듯 18세기 중반 이후 원예 취미와 정원 조성은 서울 근기지역의 문인지식인층을 중심으로 갑작스런 붐이 일었다. 정원을 가꾸지 않고, 화분 몇 종류 갖추지 않고는 문인의 아취를 모르는 몰취미로 몰릴 분위기로까지 바뀌었는데, 도시문화의 발달과 궤를 같이하여 삶의 질을 향상시키고, 자연과 가까이 하고픈 열망이 가져온 변화였다.

3. 18~19세기 원예문화의 실상

1) 화훼의 유통과 분재의 성행

원예에 대한 갑작스런 관심의 증대는 수요의 폭발적 증가를 불러왔을 것이 당연하다. 폭발적으로 증가한 화훼의 공급은 어떻게 이루어졌을까? 강이천(姜彝天, ?~1801)은 18세기 후반 서울의 생활상을 노래한 「한경사(漢京詞)」 연작 제42수에서 이렇게 적고 있다.

城北城南業賣花　　성북과 성남에선 꽃 팔아 먹고 사니
祗應相續四時開　　다만 서로 이어 응해 네 계절에 꽃 피우네.
誰人不惜金錢取　　금전을 아끼잖코 누구든 취해가니
送着朱欄將相家　　붉은 난간 장상가로 보내어지는도다.

---

33) 관련 내용은 김동준, 「해암 유경종의 시문학 연구」, 서울대 박사논문, 2003, 162~172면을 참조할 것.

한양의 남쪽과 북쪽에서 꽃 파는 것을 직업으로 삼는 사람들이 있었고, 네 계절의 이런저런 수요에 맞추어 각종 화목들을 공급했음을 알 수 있다. 사람들은 돈을 아끼지 않고 이들에게 꽃나무를 사들여 으리으리한 장상(將相)의 집안에 가져다 바친다고 했다.

또 제78수에서 이렇게 적었다.

京江南米萬艘來   경강으로 남쪽 쌀이 만척 배에 실려 오자
戶部尚書點檢回   호부상서 나와서 점검하고 돌아가네.
梔子石榴冬柏樹   치자와 석류와 동백나무 같은 것도
種盆分入好樓臺   화분에 심어다가 좋은 집에 나눠 든다.

가을철 호남에서 조운선(漕運船)이 쌀을 싣고 올라올 때, 치자와 석류, 그리고 동백과 같은 남쪽의 화훼들도 화분에 심겨 함께 올라와 부잣집에 다투어 팔려 나가는 정황을 설명한 것이다.

이옥의 『백운필』에는 이러한 사정이 좀 더 상세하게 설명되었다.

우리나라에는 꽃 시장이 없다. 그래서 일찍이 꽃 파는 사람이 없었다. 다만 필운대 아래 누각동과 도화동 청풍계 등에는 혹 가다가 이서배(吏胥輩)로 늙어 일 없고 가난한 자가 꽃 기르는 일에 종사하는 수가 많다. 그 즐거움에 맛을 들이다 보니 아예 이것으로 먹고 살게 된 것이다. 그래서 매화를 기이한 등걸에 붙인 것이나, 화분 하나에 세 빛깔의 국화를 피운 것, 높은 곳에 열매가 주렁주렁 달리게 한 석류, 화분에 담은 대나무나 소나무, 그리고 복숭아 나무 종류가 이따금씩 나와서 거래되곤 한다. 값 또한 그다지 높지 않다. 동백이나 치자, 영산홍과 백일홍, 종려와 왜철쭉, 유자 같은 것은 남방 사람들이 지고 오거나 배로 실어와 권세 있는 집안에 대주어서, 시장이 아니어도 얻을 수 있다.[34]

---

34) 이옥, 『백운필』 75면. "我國無花市. 故不曾有賣花者. 而惟弼雲臺下樓閣洞及桃花洞淸風溪等處, 或有吏胥之老而閒且貧者, 多從事於花. 旣寓其樂, 仍作生涯, 故若梅花之托奇查者, 菊花之三色一盆者, 石榴之高而繁結者, 盆竹盆松桃之類, 往往出而貨之, 價亦不甚高. 如冬栢梔子映山紅百日紅棕櫚倭躑躅柚子之屬, 南方之民, 擔負船運, 灌輸乎權貴之門, 非市而可得者也."

공식적인 꽃 시장은 없지만, 필운대 밑 누각동과 도화동, 그리고 청풍계 등지에 현직에서 은퇴한 아전들이 원예로 생계를 유지하는 이들이 있다고 했다. 이들은 분재(盆栽)를 주로 취급했던 듯한데, 기이한 등걸에 매화를 접붙인 것, 화분 하나에 세 종류의 국화를 피운 것, 맨 줄기가 주욱 올라와 높은 곳에 가지를 틀어 올린 석류, 소나무나 대나무 분재 등을 주로 팔았다. 그밖에 동백이나 치자 같은 따뜻한 지역에서 나는 꽃나무들은 남쪽에서 아예 지고 오거나 배로 실어와 권세가에 공급해주었다. 공식적인 시장은 형성되지 않았지만, 수요에 따른 공급활동은 아무 문제없이 원활하게 이루어지고 있었던 것이다.

유박의 연작시조 「화암구곡(花菴九曲)」의 첫 수를 보자.

> 꼬아 자란 층석류(層石榴)요 틀어지은 고사매(古楂梅)라
> 삼봉(三峰) 괴석에 달린 솔이 늙었으니
> 아마도 화암풍경이 너뿐인가 하노라.

꼬아 자란 층석류는 앞서 정약용이 자신의 집에 길렀다는 줄기가 곧게 한 길 남짓 오르도록 곁가지가 없고 위에 쟁반처럼 둥글게 만든 속칭 능장류(棱杖榴)나, 이옥이 말한 높은 곳에 열매가 주렁주렁 달리게 한 석류를 말한다. 틀어지은 고사매와 괴석에 뿌리를 내린 소나무도 모두 이옥의 글에 나오는 분재의 모습과 같다. 대개 이러한 품목들이 당시에 상당히 유행한 인기 있는 품목이었던 것이 분명하다.

이런 분재들은 주로 어디로 팔려나갔던 것일까? 이옥의 『백운필』에는 이와 관련된 에피소드가 하나 실려 있다.

한 무인이 있었다. 당시 재상과 새로 연분을 맺어보려고 힘을 쏟았지만 가져다 바쳐 총애를 입을 만한 것이 없었다. 그때 마침 재상이 매화에 대해 물어 보았다. 즉시 집에 매화가 있으니 바로 가져오겠노라고 말했다. 마침내 나와서 온 성중을 다 다녀 보았지만 살만한 것이 없었다. 저녁 때가 되어서야

서성(西城)의 궁벽진 골목에 이씨 성을 가진 사람이 있는데, 늙어 매화를 기른 단 말을 들었다. 찾아가 문을 두드리고는 매화에 고벽(苦癖)이 있음을 누누이 말하며, 구경 좀 하자고 졸랐다. 문을 열자 분매 두 그루가 있는데 모두 희귀한 품종이었다. 그중 하나를 달라고 하자, 늙은이는 한참을 뚫어지게 쳐다보더니, "잘 가져나 가시오 그대가 어찌 매화를 보려는 사람이겠는가?" 하더니만 두 종을 시켜 손수레로 큰 길까지 운반해주게 하였다. 그러면서 이렇게 말했다. "꽃이 간 곳을 내가 알게 하지 마시오 알게 되면 생각날 거외다." 재상이 청한(淸閑)을 하려 한 것이 또한 그 꽃을 보전하지 못하게 했고, 또한 담을 뛰어 넘어 꽃을 훔친 자가 있게 만들었다.[35]

서성(西城)이라 한 것으로 보아 도화동 어귀인 듯하다. 늙어 매화를 기르는 이씨 성을 가진 사람은 앞서 말한 이서배(吏胥輩)로 은퇴한 사람의 하나였고, 그가 아껴 기르던 분매 두 그루는 이렇게 벼슬길에 연줄을 대기 위해 재상에게 바치는 뇌물로 팔려갔던 것이다. 이렇듯 분재를 길러 판매하는 것으로 직업을 삼는 존재는 조수삼의 「매분송자설(賣盆松者說)」이란 글에도 보인다.

화분에 심은 소나무를 파는 자가 있었다. 규룡 같은 늙은 줄기는 울퉁불퉁하고, 덮은 잎은 비스듬하게 아래로 이어졌다. 껍질은 붉은 데 비늘은 푸르다. 푸른 이끼가 군데군데 찍혀 있고, 편편하게 심어 놓았다. 바라보면 백년 십년 된 물건임을 알 수가 있다. 포개어 섬돌과 뜨락에 늘어 놓고서 20금이니 30금이니 한다. 부자 집에서는 값을 아끼지 않고 다투어 사간다. 하지만 한 달이 지나지 않아 그루터기는 벌써 땔감이 되고 만다. 그러면 다시 돈을 싸들고 와서 그 문을 들락거린다. 대개 솔은 나무이다. 마른 것을 능히 오래 견디는 까닭에 여러 날과 달이 되어도 누렇게 되거나 붉게 되지 않는지라, 사람들이 쉬

35) 이옥, 『백운필』, 75면. "有一武人新結時宰, 竭其力無以媒寵. 適宰問梅, 卽自言家有梅, 可卽致. 遂出而訪之遍城中, 無可貨者. 至夕聞西城僻巷, 有姓李者, 老而畜梅. 往叩之, 盛言有苦癖於梅, 請玩之. 旣開閣, 有二盆, 皆稀品也. 請其一, 老者熟視良久曰 : '善持去. 子豈觀梅花者也乎?' 使二奴輩運於街曰 : '不可使我知之. 知則有戀.' 宰相之所欲淸閑者, 亦不得保其花卉矣. 亦有踰墻之偸花者矣."

알아채지 못한다.36)

또한 분재 소나무를 전문으로 취급하는 사람의 이야기를 적었다. 마당에 분재들을 주욱 놓아두고 가격을 매기면 부잣집에서 값을 아끼지 않고 사간다고 했다. 하지만 제대로 기를 줄을 몰라 금방 죽이고, 죽으면 다시 와 사간다고 했다.

조수삼은 「기이(紀異)」에서 소나무 분재에 특별한 취미를 가진 애송노인(愛松老人)을 따로 소개하고 있다.

> 白華山中趙八龍　백화산 속에 사는 늙은이 조팔룡은
> 平生不羨祿千鍾　평생토록 천종록은 부러워도 않았다네.
> 問渠自足緣何事　묻노라 어찌하여 그토록 자족하뇨
> 家有三盤九曲松　세 번 서려 아홉 번 굽은 소나무가 있기 때문.

조씨 늙은이는 어릴 적 이름이 팔룡이었다. 늘 스스로 팔룡이라 불렀으므로 인하여 이로써 세상에 행세하였다. 소나무를 몹시 아껴, 백화산을 십 여 년이나 두루 찾아 다녀 세 번 서리고 아홉 번 굽은 소나무를 얻었다. 이것을 큰 화분에 심어 놓았다. 규룡처럼 늙은 줄기와 이끼 낀 거죽을 객과 마주해 스스로 자랑하며 이렇게 말했다. "조팔룡은 재상의 록이나 의도(猗陶)의 부도 부럽지가 않다."37)

이렇듯 이 시기 분재 시장은 매우 활성화 되어 있었고, 개중에는 조팔룡의 경우처럼 아예 분재 취미가 단순히 장사 목적이 아니라, 삶의

---

36) 조수삼, 『추재집』(한국문집총간 271-532면). 「賣盆松者說」. "有賣盆松者, 虯枝老幹, 磊砢擁腫. 蓋偃而承亞, 甲赤而鱗蒼. 艾納點綴, 封殖块圠. 望之可知爲百十年物也. 纍纍然列于階庭, 曰二十金, 曰三十金. 豪富之家, 競售之不惜, 而不過時月, 孼已薪之, 乃復摻金而踵其門. 蓋松樹木也. 雖槁能耐久, 故非累日月而黃而赤, 人未易驗也."

37) 위의 책(한국문집총간 271-490면) 「愛松老人」. "趙老小字八龍, 常自號八龍. 故仍以行於世. 愛松甚, 遍求華山十餘年, 得三盤九曲松, 樹之大盆. 虯龍老幹, 苔蘚其皮. 對客自咤曰 : '趙八龍不羨卿相之祿, 漪陶之富'云."

의미 자체로 변해간 경우도 있었다.

2) 국화 재배를 통해 본 원예의 성행

이 시기 화훼 재배에서 특히 주목되는 것은 단연 국화다. 국화는 신
품종 개량이 비교적 용이하다. 화훼 붐을 타고 국화 재배는 특히 인기
가 높았다. 유한준(兪漢雋, 1732~1811)의 「창하종국기(蒼下種菊記)」에 흥미
로운 이야기가 실려 있다. 누가 국화 수 십 그루를 주기에 집 울타리를
따라 심어, 몇 해만에 수백 그루가 되었는데, 하루는 객이 와서 왜 이렇
게 이름 없는 국화를 심었느냐고 하면서 이렇게 말했다.

　　국화에는 품종이 있고, 품종에는 높고 낮음과 좋고 나쁨이 있다. 경대부나
　　공자왕손(子王孫)들은 날마다 애를 쓰며 이른바 도구(桃毬)·산경(散輕)·조
　　라(調羅)·영연(鈴妍)·학령(鶴翎) 따위를 구해다가 수레로 실어와 화분에 담
　　아 길러 그 거처를 꾸미고 경관을 화려하게 한다.[38]

당시 서울의 부귀가에서 각종의 기이한 품종의 국화를 다투어 구해
경쟁적으로 집을 장식했음을 보여주는 내용이다. 신위(申緯, 1769~1845)의
「영국육절구(詠菊六絶句)」에도 흥미로운 내용이 보인다.

黃花叫賣遍街聲	국화꽃 파는 소리 온 거리 가득한데
樣樣年增譜外名	해마다 다른 모습 『국보』 밖의 이름일세.
是菊皆陶籬下物	국화 모두 도연명의 울타리 밑 물건인데
就中何獨喚淵明	개중에 어이 홀로 연명이라 불리는가?

---

38) 유한준, 『自著』(한국문집총간 249-520면) 「蒼下種菊記」. "菊有品, 品有高下好不好.
　　卿大夫公子王孫, 日役役以求所謂桃毬散輕調羅鈴妍鶴翎之屬, 輦以致之, 盆以養之,
　　以飾其居, 以侈其觀."

翠盆朱欄鬪品形 　푸른 화분 붉은 난간 품형을 다투거니
不堪紅紫濫芳馨 　붉은 빛 자주 색 짙은 향기 대단해라.
竟知純潔偏多忌 　순결함을 꺼림 많음 마침내 알겠구나
天亦慳成白鶴翎 　하늘 또한 백학령을 간신히 만들었네.[39]

여섯 수 연작 가운데 둘째 수와 셋째 수다. 둘째 수는 국화 품종 중에
연명국(淵明菊)이란 것이 있어 장난으로 한 말이다. 아예 국화꽃을 거리
에서 소리 치며 팔았고, 그것도 보통 국화가 아니라 『국보(菊譜)』에 이름
조차 없는 새로운 품종들이 속속 출시되는 정황을 설명하였다. 또 셋째
수에서는 화분 또한 호사스럽기 짝이 없어 푸른색 도자기로 구워 만든
화분에 온갖 빛깔의 국화를 심어 경쟁하듯 진열해둔 정황을 설명했다.
백학령 같은 품종은 특이나 기르기가 까다로워 잘못 기르면 모두 붉은
빛의 꽃이 되고 만다는 각주가 달려 있다.

　유득공의 아들 유본학(柳本學)은 「양국설(養菊說)」에서 또 이렇게 적었다.

　서울의 풍속이 국화 기르기를 좋아한다. 국화 중에 품종이 좋은 것은 모두
　화분에 심는다. 좋은 국화를 기르기도 어렵지만 화분에 심은 국화는 특이나
　기르기가 어렵다. 진실로 기르는 요령을 얻으면 줄기가 높고 꽃이 화려하지만,
　요령을 못 얻으면 좋은 국화도 쑥처럼 볼품 없게 된다. 기르는 방법은 심을
　때 먼저 기름진 흙을 골라 거친 모래를 제거하고 부드럽고 가늘게 부수어 화
　분에 넣는다. 또 국화 뿌리를 먹어치우는 지렁이나 좀벌레를 제거해야 한다.
　토품(土品)으로는 훈련원의 배추밭에서 나는 색이 검은 것을 으뜸으로 친다.
　다른 흙 또한 가늘게 체를 쳐서 쓸 수 있다.[40]

---

39) 신위, 『警修堂全藁』 책14(한국문집총간 291-312면) 「詠菊六絶句」. "菊品中有名淵
　　明菊者. 白鶴不善培灌者, 皆化紅."
40) 유본학, 『問庵文藁』 건책 「養菊說」. "京師俗喜養菊. 菊之品佳者, 皆盆種. 養佳菊
　　爲難, 而盆菊尤難. 苟養得其方, 莖高花繁, 而不得其方, 佳菊化作艾蕭矣. 其法栽, 種
　　時先揀肥土, 去其麤沙, 按令柔細入於盆. 又去蚯蚓蠐蟲食菊根者. 土品以訓鍊院菘
　　菜田色黑者爲第一. 他土亦可篩細以用."

대부분 국화를 화분에 심어 길렀고, 토산의 국화 중에는 훈련원 배추 밭 한켠에서 기르는 검은 색 국화를 가장 으뜸으로 쳤음을 알 수 있다. 또 강이천(姜彝天, 1769~1801)의 「이화관총화(梨花館叢話)」에 실려 있는 한 단락의 이야기는 당시 국화 재배가 어떤 수준에 이르렀는지를 잘 보여 준다.

  옛날 여항에는 김노인이란 사람이 있었다. 국화를 잘 심어, 꽃을 일찍 피우 기도 하고 늦게 피게도 했다. 몇 치 크기로 짧게 키워 꽃은 작기가 손톱만한 데, 빛깔은 선명하고 자태는 아리땁게 하기도 했다. 한 자 남짓 길게 하고 꽃 도 엄청 크게 하기도 했고, 또 꽃빛깔이 옻칠한 것처럼 검은 것도 있었으며, 또 한 줄기에서 여러 색깔의 꽃을 섞어 피울 수도 있었다. 공자와 귀족들이 다투어 이를 사가, 노인은 이것으로 먹고 살았다. 방법은 비밀에 부쳐, 후에는 이를 전하는 자가 없다.[41]

거의 신기(神技)에 가까운 국화 재배술이라 할 만하다. 심지어 검은 색 국화까지 피워냈다고 하고, 그 크기도 손톱만한 것에서 엄청 큰 것 까지 자유자재로 했다는 것이다. 여기서 검은색 국화와 한 줄기에서 여 러 색깔의 꽃을 섞어 피웠다는 대목이 흥미롭다. 꽃을 염색하는 기술이 있었던 것이다. 실제 신위(申緯)의 문집에는 '착색국(著色菊)'이란 제목의 시가 있다. 또 서유구(徐有榘)의 『예원지(藝畹志)』에 「환화법(幻花法)」이란 항목이 있는데, 여기에는 꽃몽우리가 벌기 전에 꽃잎의 빛깔을 염색하 는 방법이 자세히 나와 있다.[42] 국화 재배에 관한 보고는 이옥의 『백운

---

41) 강이천, 「이화관총서」. "中古閭巷有金老翁者, 善種菊. 能使早開, 能使晚開. 能使 短才數寸, 而花小如爪, 色鮮姿嬌. 能使長過丈餘, 而花絶大. 又能花色有如柒者, 又 於一莖花雜開衆色. 公子貴宰爭買之. 老以此資生. 方秘, 後無有傳之者." 안대회, 「강 이천의 소품문」, 『현대시학』 2004년 11월호, 215면 재인용.

42) 유황을 태운 연기를 꽃받침에 쐬면 붉은 꽃을 희게 할 수 있다. 검은 꽃을 만들려면 흰 꽃이 막 피려할 때 진한 먹에 기름 한 두 방울을 떨구거나 젖에 적어 칫솔로 뿌려 먹물이 꽃잎에 스며들게 한다. 이슬에 적신 뒤 밤이 지나 마르면 다시 서너 번 물들이 면 꽃이 먹빛으로 변한다. 5색으로 꽃잎을 물들이는 방법이 자세히 소개되어 있다.

필』에 더 자세하다.

  국화는 종류가 몹시 많다. 유몽(劉蒙)의 『국보(菊譜)』에 35종, 『석호보(石湖
譜)』에 35종, 『사정지보(史正志譜)』에 또 28종이 있다. 간혹 중복되어 나오는
것이 있으니, 대개 백 종에 가깝다. 내가 꽃을 품평하는 데는 몹시 어둡다. 하
지만 예전 서울에 있을 적에 집에 심은 것과 다른 집에서 본 것을 헤아려 봐
도 취양비(醉楊妃)·자원황(紫苑黃)·삼색학령(三色鶴翎)·통주황(通州黃)·
연경백(燕京白)·대설백(待雪白)·소설백(笑雪白)·오홍(烏紅) 등의 종류가
또한 십여 종이 넘었다. 그러나 이름이 높고 품종이 희귀한 것은 그 기르는
방법이 보통 국화보다 열배는 어렵다. 뜨거운 해와 갑작스런 비가 모두 사람
의 심력을 쓰게 만드니, 번식시켜 무성하게 하는 것은 오히려 울타리 사이에
내버려 두는 것만 같지 못하다. 산가에서 심는 것은 마땅히 강성황(江城黃)
중 일찍 피는 것을 한가한 땅에 많이 심어야 한다. 봄에는 그 싹을 채소 삼아
먹고, 여름에는 그 잎을 고기에 넣고 국 끓이며, 가을에는 그 꽃을 먹거나 술
잔에 띄우거나 떡에 섞는다. 그 쓰임새가 다만 꽃 구경하고 향기 맡는 것만이
아니다.[43]

  알려진 1백 종 국화 가운데 10여 종 국화의 품명이 제시되고 있다.
이 가운데 삼색학령은 황학령(黃鶴翎)·홍학령(紅鶴翎)·백학령(白鶴翎)으
로 비교적 많이 재배되었던 품종인 듯하다.[44] 또 김정희(金正喜, 1786~
1856)가 이웃에 국화를 나눠 달라는 시를 두 수 지어 보내자, 이웃에서

---

 43) 이옥, 『백운필』 「談花 1」. "菊之種甚多. 劉蒙譜三十五種, 石湖譜三十五種, 史正志
    譜又二十八種. 或有疊出者, 而盖近百種矣. 余甚固於品花, 而曾在洛下, 通計家植與
    見於人者, 則如醉楊妃·紫苑黃·三色鶴翎·通州黃·燕京白·待雪白·笑雪白·烏
    紅之類, 亦過十餘種. 然而名高品稀者, 則其培養之道, 十難於凡菊. 烈日急雨, 皆費
    人心力, 而繁衍茂盛, 猶不若抛棄籬間者, 則山家所種, 當以江城黃早開者, 多植閒地.
    春食其苗, 以爲菜; 夏食其葉, 以毛魚; 秋食其花, 以之泛觴而拌餻, 其用不特看花而
    嗅香矣."
 44) 徐命膺(1716~1787)의 『保晚齋集』 권1(한국문집총간 233-292면)에 실린 「和家兒瀅
    修菊花詩韻三首」는 黃鶴翎과 紅鶴翎, 醉楊妃 등 세 품종의 국화를 따로 한 수씩 노
    래하고 있다.

국화를 보내준 일이 있었다. 사례로 다시 시를 두 수 지어 보냈는데, 그 첫수에도 백학령 이야기가 나온다.

百六十三多品第　　일백 육십 삼종이라 등급도 하많은데
鶴翎終竟出群雄　　백학령이 마침내 군웅 중에 우뚝하다.
頹垣破壁生顔色　　무너진 담 부서진 벽 안색이 살아나니
得意金風玉露中　　가을 바람 옥 이슬에 득의겨워 하노라.45)

이 시에서는 국화의 품종이 163종에 달한다고 했다. 그중에서도 백학령을 으뜸으로 꼽았다. 이밖에도 국화 재배는 보편화되어 남공철(南公轍, 1760~1840)의 「성동이원좌소원기(城東李元佐小園記)」를 보면 이원좌가 그 정원에 오색국(五色菊)을 기른다는 내용이 있다.46) 심능숙(沈能淑, 1782~1840)도 국화에 애호벽이 대단했던 인물이다. 그는 특히 일본에서 들여온 백운타(白雲朵)라는 흰 국화 품종을 아껴, 이에 대한 글을 몇 편 남겼다.

　우리나라는 국화를 높인다. 삼학(三鶴)을 높게 치는데 삼학 중에서도 백학령을 높이 쳐서 으뜸으로 여긴다. 그러나 삼학은 해당(海棠)의 여한(餘恨)이 있다. 근세에 일본 국화가 많이 흘러 나오는데, 북실북실하여 볼만한 것이 없다. 갑오년(1834)에 일본에서 처음으로 한 종을 구입해왔는데, 줄기가 자줏빛으로 길고 잎이 도톰한 것이 오대국(五臺菊)과 비슷했다. 삼학령과 같은 시기에 핀다. 꽃 모양은 크기가 모란만 한데 둥글고 평평하면서 두터웠다. 백 겹천 겹으로 쌓은 것이 마치 자개를 깎아 비단에 싸놓은 것 같았다. 꽃 빛깔은 수정이나 옥처럼 환하고, 푸른빛 무리가 은은하면서도 선명하여, 아주 희지도 않으면서 푸른 빛을 띠었다.47)

---

45) 김정희, 『阮堂全集』 권10(한국문집총간 301-184면) 「謝菊」.
46) 남공철, 『金陵集』 권12(한국문집총간 272-220면) 「城東李元佐小園記」 참조.
47) 沈能淑, 『後吾知可』 권4 「白雲朵記」. "我東尙菊. 三鶴爲之尤, 鶴中又推白鶴而宗之. 然三菊類海棠之餘恨焉. 近世倭菊多流出, 而氋氃然無可稱. 歲甲午, 從日本始購一種而至. 莖紫而長葉肥, 而類五臺菊. 與三鶴幷時而發, 花形大如牧丹, 圓平而厚. 百束千重, 若削貝而裹帛然. 花色明如晶玉, 碧暈隱鮮, 不太素而生碧也."

꽃술이 북실북실한 일본 국화 품종이 다량 국내에 반입되고 있었고, 백운타 또한 그 가운데 하나였던 모양이다. 심능숙은 백운타를 몹시 사랑하여, 꽃이 피었을 때는 국화를 감상하는 모임까지 열고, 또 「백운제일회서(白雲第一會序)」를 따로 남겨, 이 꽃의 아름다움을 찬탄하기까지 했다. 또 「국서(菊序)」는 국화의 여러 가지 미덕을 찬양한 글이니, 자신의 국화 애호의 변을 밝힌 내용이다. 이래저래 그는 국화를 몹시 사랑했던 인물이었다.[48]

이렇듯 당시 서울 지역을 중심으로 번져간 국화 재배 붐은 경쟁적으로 가속화 되어, 앞서 본 대로 정약용은 명례방 집 뜨락에 종류별로 18종의 국화분을 소유하고 있었다. 또 정약용은 제자 황상(黃裳)을 위해 써준 은자의 이상적인 거처의 모습을 그린 「제황상유인첩(題黃裳幽人帖)」에서 정원의 풍경을 이렇게 묘사하고 있다.

> 뜰 앞에는 높이가 몇 자 가량 되는 울림벽을 하나 둘러둔다. 벽 안쪽에는 온갖 종류의 화분을 놓아둔다. 석류·치자·만타지 등을 각각 품격을 갖추어 마련하되, 국화를 가장 많이 갖추어야 한다. 모름지기 48가지 종류는 되어야 하니, 그래야만 겨우 구색을 갖추었다 할 만하다.[49]

국화를 48종이나 갖추어야 한다는 말이 인상적인데, 여기서 48종의 국화를 말한 것은 까닭이 있다. 그의 「미원은사가(薇原隱士歌)」에 관련 내용이 있다. 이 작품은 32구 224자에 달하는 장시다. 정약용이 장기로 유배가 있을 때 교리 윤영희(尹永僖)에게서 들은 경기도 광주 인근 미원촌에 은거한 심씨의 이야기를 시로 옮긴 것이다. 작품을 보면 경화세족의 한 사람으로 벼슬길에 포부를 지녔던 심씨가 하루 아침에 집을 팔고

---

48) 그의 국화 애호에 대해서는 강혜선, 「국화를 즐기는 법」, 『문헌과해석』 25, 문헌과해석사, 2003년 겨울, 35~52면을 참조할 것.

49) 정약용, 「題黃裳幽人帖」, "庭前起響墙一帶, 高可數尺. 墻內安百種花盆, 若石榴梔子曼陀之等, 各具品格. 而菊最備, 須有四十八般名色, 方是僅具也."

한 조각 배를 타고 궁벽한 미원 땅에 은거한 이야기를 상세히 적고 있
다. 후반부에 48종 국화와 관련된 내용이 있다.

子壯克家翁乃老   자식 자라 집 일 맡자 옹은 이제 늙어서
栽花接果度朝昏   꽃 심고 접 붙이며 하루하루 보낸다네.
菊花之叢尤絶世   국화꽃 덤불은 특히 세상 드물거니
四十八種標格尊   마흔 여덟 종류 국화 그 자태 우뚝하다.
每到花開醉不醒   국화꽃 필 때 오면 취한 술 깨지 않고
陶然白髮臨淸樽   거나하게 흰 머리로 맑은 술잔 잡는다네.50)

그는 자급자족의 삶을 이루어 무릉도원과 같은 유토피아를 일구어
나갔고, 서울서의 국화 재배 경험을 살려, 무려 48종이나 되는 국화를
재배했던 것으로 유명했다. 뒷날 강진에 귀양가 있던 정약용은 이 이야
기를 기억해두었다가 제자인 황상에게 국화를 기르려면 적어도 48종은
되어야 한다는 이야기를 들려주었던 것이다.

이런 일련의 자료를 통해 볼 때 당시 문인지식인층이 국화 재배에 얼
마나 경쟁적으로 열을 올렸는지 알 수 있다. 이밖에도 화분 하나에 삼
색 국화를 피운다던지, 혹은 4색 국화를 피워내는 재주를 부려가며 원
예의 기술도 하루가 다르게 발전해갔다.51) 또한 앞서 심능숙이 백운타
가 피었을 때 감상 모임을 열었던 것처럼, 정약용 또한 국화꽃 화분을
등불 앞에 비춰 그 그림자를 감상하는 인상적인 모임의 내용을 기록한

---

50) 정약용, 『여유당전서』(총서 281-77) 「미원은사가」 참조 시 전문의 분석은 정민 외, 「한
   국문학에 나타난 유토피아 의식 연구」, 『한국학논집』 28, 한양대 한국학연구소, 1996.2,
   167~170면을 참조할 것.
51) 앞서 본 이옥의 『백운필』에 '三色共一盆'의 국화를 말한 것이 보이고, 朴齊家(1750
   ~1805)의 「院畵花卉襟題應令」 중 「雙蓬蜘蟵」조에 '一拳石三品菊'의 내용이 있고,
   丁範祖(1723~1801)의 『海左集』 권14에도 「一盆四種菊盛開」란 작품이 보인다. 네 종
   류 국화가 한 화분에 동시에 피어나 마치 영롱한 비단과 같았는데, 그 향기 또한 제각
   기 다르다고 했다. 세 종류 국화 분재가 성행하자 경쟁적으로 가짓수를 늘여 네 종류
   로 늘어난 것이다.

것도 있다.52) 재배가 단순히 재배로 그치지 않고, 선비들의 아회(雅會)와 아집(雅集)으로 이어져 문인아사(文人雅士)의 청한(淸閑)과 흥취를 돋우는 구실로까지 이어진 것이다.

3) 원예 기술의 확산과 조화(造花) 취미의 등장

박지원의 척독 가운데 "나무 심고 꽃 심는 것은 마땅히 왕희지의 글씨가 글자가 구차하게 배열되지 않아 행간이 절로 성글면서 곧은 것 같이 해야지요"라고 한 것이 있다.53) 왕희지의 초서가 글자의 배열이 기계적으로 일정하지 않은 가운데 성글면서도 반듯한 것처럼 꽃나무를 여백을 두고 자연스럽게 심으라는 말이다. 정원의 화목을 운치 있게 심는 방법을 넌지시 일러준 내용이다.

이렇듯 원예에 대한 관심이 확산되면서 기이한 품종의 화훼를 선물하거나,54) 나무 심고 접붙이는 법에 관한 시문도 심심찮게 나타난다. 원예의 각종 방법을 소상히 소개한 것은 서유구(徐有榘, 1764~1845)의 『임원경제지(林園經濟志)』중「예원지(藝畹志)」이다. 모두 5권으로 이루어져 있고, 주요 목차는 다음과 같다.

---

52) 정약용의 국화꽃 감상과 관련된 글은 「菊影詩序」이다. 관련 내용은 정민의 「그림자 놀이」, 『미쳐야미친다』, 푸른역사, 2004, 263~280면을 참조할 것.

53) 박지원, 『연암집』 권5(한국문집총간 252-297면) 「答蒼厓之八」. "種樹蒔花, 當如晋人之筆, 字不苟排, 而行自疎直."

54) 신위의 『경수당전고』만 보더라도, 「謝徐篠齋史部分餉水仙花十本」 4수(한국문집총간 291-389면)나, 「黄山分贈秋牧丹奇品題此爲謝」(한국문집총간 291-513면)나 「新得牧丹花栽大一本口占」(한국문집총간 291-421면), 「朴子山送來單葉紅梅喜用牧丹韻」(한국문집총간 291-422면)처럼 수선화 10뿌리를 받거나, 귀한 품종의 秋牧丹 또는 단엽홍매 등을 선물 받고 지은 시가 실려 있다.

제목만 보더라도, 씨 뿌리고 접붙이는 법에서, 물 주고 흙 북돋우며, 화분에 앉히는 법, 굽은 나무 펴는 법과 병충해 방지법에 이르기까지 화훼 재배에 관한 내용은 빠진 것이 없다. 심지어는 접붙이는 시기와 꽃을 빨리 피우는 법, 꽃을 염색하는 법까지 나와 있다. 또 모두 65종의 화훼를 각각 명품(名品)·토의(土宜)·시후(時候)·종예(種藝)·요옹(澆壅)· 호양(護養)·의치(醫治)·의기(宜忌)·수채(收採)·쇄언(瑣言) 등으로 세절하 여 상세하게 논하였다. 서유구의 이 『예원지』야 말로 18~19세기 원예

문화를 집대성한 저술이다.

  서유구는 나무 재배에 특별한 관심을 가져 『임원경제지』속에 따로 나무 재배와 관리에 관한 내용을 담은 『만학지(晚學志)』를 남겼고, 이와는 별도로 나무 심는 법에 대해 자세히 서술한 7언 100구에 달하는 장편 「종수가(種樹歌)」를 지었다. 이 가운데 나무와 토양의 관계에 대해 논한 부분은 다음과 같다.

天時旣得次辨壤	천시를 얻었거든 그 다음은 땅 가리니
管子地員是先覺	『관자』의 지원편 선각이라 할 만하다.
五施五沃各異宜	오시와 오옥이 마땅함 각각 달라
稚登木叫音中角	나무에서 꿩이 울면 각성에 맞는다네.
鹵濕坂埴一失所	짠 습지와 비탈 진뻘 한번 잘못 심게 되면
縱然不死終樸樕	죽지는 않는대도 마침내는 잡목 되리.
一切花果多畏風	꽃나무 과일나무 모두 바람 겁내거니
所以平原勝高皐	평원이 언덕보단 훨씬 나은 까닭이라.
嘉慶子獨不喜肥	오얏나무 특히나 거름을 싫어하고
百盆紅能任旱澇	가뭄과 홍수에도 대추는 끄떡없네.
種梨先觀西北障	배나무는 서북쪽을 막혔는지 먼저 보고
栽栗還以沙白勝	밤나무는 흰 모래밭 도리어 훨씬 낫네.
杏喜爨煙依人家	불 땐 연기 살구 좋아 인가가 마침 맞고
梅好照水傍溪逕	매화는 물 좋아해 시냇가에 심는다네.
東桃西楡問何義	복숭아 동쪽 심고 느릅나무 서쪽 심는 까닭 묻자
陰陽家言愼勿聽	음양가의 말일랑은 듣지 말라 하는구나.
最是桑柘無不宜	뽕나무는 아무데나 안 되는 곳 없으니
龍堆狐塞皆可藝	높은 언덕 꽉 막힌 곳 어디든 상관 없네.
天與之時地與利	하늘은 때를 주고 이로움을 주시나니
嗟汝人工豈泄泄	어이해 인위로 함부로 할 것인가?

  나무의 수종에 따라 적절한 토양과 방향, 속성 등을 설명한 대목이다.

이어지는 내용에서는 씨앗 심기와 꺾꽂이 방법, 접붙이기와 옮겨 심기에 이르기까지 친절하고 자세한 설명이 이어진다.55) 이헌경(李獻慶, 1719~1791)의 「영접목(詠接木)」 또한 5언 120구의 장시로, 화과목(花菓木)의 접붙이기 방법을 상세하게 설명하고 있다.56)

또한 화훼와 수목의 재배 외에 조화(造花) 취미도 상당히 성행했던 듯하다. 조화는 종이 또는 밀랍으로 만들었는데, 전문적인 기능인이 만든 것이 아니라 문인지식인층이 직접 만들고, 만드는 방법까지 상세하게 기록해두었다. 앞서 잠깐 언급한 바 있는 이덕무의 윤회매(輪回梅)가 대표적이다. 이덕무는 「윤회매십전(輪回梅十箋)」에서 ① 원(原), ② 꽃잎[瓣], ③ 꽃받침[蕚], ④ 꽃술[藥], ⑤ 꽃[花], ⑥ 가지[條], ⑦ 꽃꽂이[植], ⑧ 첩(帖), ⑨ 권(券), ⑩ 사(事)의 10항목을 두어 도상까지 곁들여 윤회매 제작법을 상세히 설명하고 있다. 이 가운데 그 스스로 창안했다고 한 지화법(紙花法) 한 대목을 소개하면 다음과 같다.

도장석(圖章石) 또는 연석(硯石)에다 매화 꽃잎 하나를 너무 깊거나 얕지 않게 파 매끄럽게 한 다음, 분지(粉紙)를 나비 날개 크기로 찢어 혀끝으로 침을 발라 오목 파인 돌에다 덮고 깨끗한 솜으로 누르면, 젖은 종이가 오목한 속에 찰싹 붙는다. 그것을 거꾸로 잡고 불에다 구우면 금방 바싹 마르는데, 예리한 칼끝으로 꽃잎 가를 따라 오린 다음 꼬리를 슬쩍 치켜들면 꽃잎이 된다. 꽃술을 꽂고 꽃받침을 대고 거꾸로 잡고 칠을 하는 순서로 매화를 만든다.57)

전 과정을 더듬어 보면, 그 과정이 복잡하기 짝이 없다. 꽃 잎 하나를 얻기 위해 돌을 파서 틀을 만들고 종이를 넣어 누르고 불에 구워서 오리고, 그것을 다시 모아 꽃 한 송이를 겨우 만들었다. 글 읽는 선비의

---

55) 전체 시의 내용은 조창록, 「풍석 서유구에 대한 한 연구」, 성균관대 박사논문, 2003, 124~131면을 참조할 것.

56) 이헌경, 『艮翁集』 권8(한국문집총간 234-159면) 참조

57) 이덕무, 『국역청장관전서』 10, 솔, 1997, 219면.

할 짓이 아니다. 이전 같으면 상상할 수도 없던 일이었는데, 저술로 만들어 널리 읽혔다. 이렇게 만든 매화를 돈을 받고 팔았고, 매화가 시덥지 않으면 돈을 도로 물려주겠다는 문건까지 만들었다.

　조수삼은 「가화(假花)」란 제목의 5언배율 한 수를 남겨, 묵은 등걸에 피어난 매화의 생동하는 모습을 노래했다. 오창렬도 「가화」 시를 남기는 등 이 시기 문집 속에 조화(造花)를 노래한 시들이 심심찮게 등장하는 것으로 보아, 조화를 만들어 탁자 위에 놓고 시절을 잊고 감상하는 것도 당시 문인들의 한 취미로 등장한 형편을 알 수 있다.[58]

4. 맺음말

　이상 18~19세기 문인지식인층의 원예 취미에 대해 살펴보았다. 이 시기의 화훼 취미는 그 어느 때보다 활발했고, 이것은 이들의 문화의식을 특징 지워주는 한 현상으로 이해해도 큰 무리가 없겠다. 한편으로 이러한 취미는 국화의 예에서 보았듯 상당한 파급력을 가지고 문인층에 확산되었다.

　19세기로 접어들면서는 수선화와 파초 재배 붐이 갑작스레 일어난다. 중국에서 구해온 수선화 구근(球根)을 서로 나누는 것이 문인의 운사(韻事)로 치부되었다.[59] 해마다 중국에서 들여오는 수선화의 양이 엄청나게 증가하자, 조정에서는 아예 수선화의 수입을 금지하는 조처를 취해

---

58) 조수삼의 『秋齋集』(한국문집총간 271-410면)과 오창렬의 『大山集』 권5에 수록되어 있다.
59) 수선화와 관련된 내용은 고연희, 「19세기 詩畵의 새로운 소재 수선화」, 2003.3.14, 문헌과해석 발표문을 참조할 것.

야 했을 정도였다.[60] 남방 식물인 파초도 정원마다 경쟁적으로 심었다. 이 시기 문인들의 아집도(雅集圖)나 정원을 그린 그림을 보면, 마당 한 구석에 으레 파초가 서 있다. 이런 것들은 또 다른 층위가 존재하므로 이 글에서 다 말하기는 어렵다. 계속되는 작업으로 미룬다.

확실히 이런 분위기는 전 시기에는 결코 찾아볼 수 없던 것이었다. 완물상지로 금기시 되던 화훼에 대한 애호와 조화(造花) 취미들이 서울 지역을 중심으로 활발하게 성행했다. 18~19세기 도시문화의 활성화가 가져온 일종의 웰빙 현상이었다.

---

60) 김정희의 『완당전집』 권10(한국문집총간 301-190면)에 「年前禁水仙花」란 시가 실려 있다.

미인도(美人圖)의 감상코드

고연희*

1. 머리말-'문방(文房)의 미인도(美人圖)'

미인도(美人圖)란 아름다운 용모의 여인 즉 미인(美人)을 그린 그림이다.[1] 조선시대 문헌을 살펴보면 실로 많은 미인도들이 제작되고 감상되었던 것을 알 수 있다. 조선시대 회화 중 여성을 주제로 한 장르로 열녀도(烈女圖)가 있지만 미인도(美人圖)와 기능이 대별된다. 열녀도는 여성교육용이라면, 미인도는 남성감상용이었다고 할 수 있다.

---

* 시카고대 동양미술연구소 객원연구원.
1) 조선시대 문헌에 '美人圖'의 용어가 주로 사용된다. 이는 중국에서 '仕女圖'(혹은 '士女圖')가 널리 사용된 것과 다르다. '미인'과 '사녀'는 회화장르나 제목에 사용될 때 유사한 의미를 내포한다. 조선시대 문헌의 용례들은 본고 본문의 그림목록에 제시되어 있다. 사녀와 미인이 동일한 개념으로 전개되었다는 점에 대하여는, 單國强,『中國歷代仕女畵集』「古代仕女畵槪論」, 天津人民美術出版社, 1998, 1면.

남성문인들의 미인도 감상은 대개 그들의 문방(文房)에서 이루어졌다. 문방이란 공부방으로 우주(宇宙)와 치세(治世)의 이치를 고민하며 독서하고 집필하는 곳이었지만, 또한 남성의 사적(私的) 공간(空間)이었다. 조선 문인들의 글을 살피면 왕에게서 받아 문방에 건 미인도, 벗의 방에 걸렸던 미인도, 병풍으로 펼쳐진 미인도 등 문방의 미인도 감상문화를 쉽게 만나볼 수 있다

색(色)을 좋아하듯 도(道)를 구하라는 경구나 아름다운 미인은 모든 남성이 좋아한다는 경전구절을 떠올리면, 남성의 미인도 감상은 자연스런 문화활동으로 여겨졌을 듯도 하다. 그러나 북송(北宋)의 미불(米芾)이 '여인 혹은 오랑캐를 그린 그림이라면 비록 정묘하게 그려졌더라도 문방(文房)에서 감상하기에 좋지 않다'는 원칙을 제시하였고 이 글이 다시 조선 후기의 문인들에게 읽을거리로 꼽힌 점이나[2] 조선 후기 이덕무가 자리 옆에 미인 그린 장자를 걸지 말라고 당부하였던 기록을[3] 함께 보면, 미인도 감상의 '즐거움'과 이에 대한 그들 스스로의 '경계'는 오래 전부터 공존하며 갈등을 일으켜왔던 것을 알 수 있다.

동아시아 중세를 지배한 철학과 유교사회의 인격관리가 미인도 감상과 갖는 관계, 자기표현의 욕구와 시대적 한계의 굴레 등은 남성들의 미인도 감상 안팎에서 다소 교묘하게 작용하였을 것이다. 아울러, 그들이 남겨준 공식적 글의 내용과 문방에서 이루어진 내밀의 감상실상을 따져 논하기란 녹녹한 작업이 아니란 점도 짐작할 수 있다.

이러한 거점에서 본고는 조선시대의 미인도 전개상을 파악해가면서 남성문인들의 미인도 감상시문을 살피고자 한다. 조선시대 미인도에 대한 연구가 최근에 와서 관심을 끌고 있는데,[4] 중국과 일본의 미인도 연

---

2) 湯垕『畵論』, "若士女蕃族, 雖精妙, 非文房所可玩者. 此元章之論也"; 徐有榘, 『林園經濟志』「怡雲志」에 동일 내용 수록.
3) 李德懋(1741~1793), 『국역청장관전서』 Ⅵ, 민족문화추진회, 1978, 108면.
4) 조선시대 미인도의 전반상을 다룬 글로는, 홍선표, 「花容月態의 表象-한국 미인화의 신체이미지」, 『한국문화연구』 6, 이화여대 한국문화연구원, 2004, 33~62면은 韓·

구 성과가 풍성한 것에 비할 때 조선시대 미인도 연구는 부진한 실정이다. 전하는 미인도 작품이 대개 조선 후기작들이어서, 미인도에 대한 역사적 논의가 이루어지기 어려웠을 것이다. 이에 본고에서는 문헌의 자료를 수집하고 이를 시각자료와 비교하여 미인도의 전개상을 살피면서, 문인들의 감상양태를 고찰해보도록 하겠다.

2. 낭만적 감상에서 감계(鑑戒)의 요구

15세기 문헌에서 「미인도」에 부친 제찬시문을 찾아보면, 선초(鮮初) 문사들이 가장 즐겨 감상한 미인도는 양귀비(楊貴妃) 혹은 전형화된 궁녀(宮女) 이미지가 주를 이룬다.

> 姜希顔(1417~1464),「麗人圖」──『晋山世稿』卷3「用松雪體麗人圖詩韻」
> 徐居正(1420~1488),「美人圖」,「麗人圖」,「月中姮娥圖」,「姮娥圖」,「美人遇
> 　　　　　　醜丈夫圖」,「醜丈夫邀飮美人圖」,「美人避暑圖」,「美人
> 　　　　　　賞春圖」,「杏花美人圖」,──(위 그림순대로)『四佳集』
> 　　　　　　卷2, 卷4, 卷13, 卷14, 卷44, 卷44, 卷52, 卷52, 補遺 卷1.
> 李承召(1422~1484),「美人圖」──『三灘集』卷9「美人圖」5首
> 崔淑精(1433~1480),「美人騎牛圖」──『逍遙齋集』卷1「美人騎牛圖二首」
> 李婷(1439~1504),「桃花美人圖」──『風月亭集』補遺 卷2「詠桃花美人畵」
> 許琮(1434~1494),「楊貴妃春睡圖」──『尙友堂集』「楊貴妃春睡韻」[5]

中의 미인도 및 미인표현의 이미지 전개 및 그 당시 '미인'의 요건을 살폈다. 그 과정에 조선시대 미인도의 전개를 간략히 개괄하였다; 문선주,「조선시대 중국 仕女圖의 수용과 변화」,『미술사학보』25, 미술사학연구회, 2005, 71~104면.
5) 이 글에서 정리한 조선시대 문헌소재 美人圖 題畵의 목록은, 진홍섭 편저,『한국미술사자료집성』(2)・(4)・(6)・(8), 일지사, 1991・1996・1998・2002 및 민족문화추진회

도1. 북송대(모본), 당나라 장훤 〈괵국부인 유춘도〉

양귀비도(楊貴妃圖)의 그림제목은 다양하다. 감상기록이 유난히 많은 서거정(徐居正)의 경우 제목은 다르나 대개 양귀비 혹은 그 관련 이미지를 읊은 것이다. 『사가집(四佳集)』권2의 「미인도(美人圖)」는 삼삼오오 짝지어가는 미인들의 모습에서 시인은 "春遊春遊樂復樂"이라는 구절로 봄날의 유락(遊樂)을 노래하였다. 이는 그의 절구시 「여인도(麗人圖)」와 함께 양귀비 자매들의 화려한 행차를 보여준다. 「미인피서도(美人避暑圖)」는 여름날 피서의 상큼한 만족감 속에서 "한가롭게 금슬로 예상우의곡을 뜯누라[閑調錦瑟和霓裳]"로 읊었다. '예상우의곡'은 현종과 양귀비의 테마곡이니,[6] 이 제화시는 그림에서 느끼는 우아하고 흡족한 사

의 웹사이트 한국문집총간 색인에 크게 도움받았다.

랑을 주제로 한다. 서거정이 읊은 「행화미인도(杏花美人圖)」는 미인, 살
구꽃 그리고 봄바람이 서로 미소짓는 행복감을, 「항아도」는 선궁(仙宮)
에서 당황(唐皇)을 기다린다는 구절로 양귀비가 선인(仙人)이 되어 당현
종을 기다리는 모습을 연상케 한다. 역사의 비운을 넘어선 영원한 사랑
과 불멸의 미인에 대한 환상이다. 「미인상춘도(美人賞春圖)」는 낮잠에서
깨어나 봄날을 완상하는 나른한 미인으로, 위 목록 중 허종(許琮)이 읊
은 「양귀비춘수도(楊貴妃春睡圖)」와 함께 사랑에 도취된 양귀비의 모습

---

6) 霓裳羽衣曲은 당 현종이 道敎方士와 함께 月宮에 놀러갔다가 仙女들의 가무를 듣
고 짓게 한 곡이다. 白居易, 「長恨夢」에서는, '霓裳羽衣曲'의 곡이 멈추어지면서 현
종과 양귀비가 불행으로 치닫는 순간에 이 曲이 언급되었는데, 서거정은 이 曲이 울
리는 행복한 시공을 노래하였다.

이다. 환락의 봄밤은 짧으니 봄날이 나른할 수밖에 없었다.

이러한 그림들이 중국에서 곧장 전해진 그림이었는지 조선 초기 화가들이 그린 중국미인도였는지 알 수 없지만,[7] 조선 전기에 원대(元代)의 여인 그림이 감상되었던 사정에 미루어,[8] 북송 때 여러 차례 모사되었던 양귀비 자매의 행락장면에서 선초문인들이 감상하였던 미인도의 분위기를 엿볼 수 있을 것이다(圖 1). 위 목록 중 최숙정이 보았던 「미인기우도(美人騎牛圖)」나 훗날 기록에 조선 초 강희안(姜希顔)이 그린 「려인도(麗人圖)」는 이렇듯 풍만한 자매의 양귀비 자녀들이 그려진 것으로 추정된다.[9]

선초의 미인도 제화시 중에는 또한 그리움 속의 궁녀이미지가 적지 않다. 다음은 이승소(李承召)가 감상하고 읊은 「미인도(美人圖)」 5수 중 둘째 수이다.

> 畫閣南頭細柳陰　화려한 누각 남쪽 끝에 가느다란 버드나무 그늘지고,
> 美人相對話春心　미인은 이를 대하며 님 그리는 춘심을 말하네.
> 一雙鸂鷘花前落　한 쌍의 원앙새 꽃 앞으로 내려드니,
> 惹起閑愁自不禁　그윽한 그리움 문득 일어 걷잡지 못하네.

그리움에 사무친 여인상이다. 궁실에서 외롭게 지내는 궁녀(宮女)이미지는 이미 중국 육조(六朝)시대에 전형화(典型化)되어 당나라 여성화자(女性話者)의 애정시(愛情詩)로 읊어져온 여인이미지이다. 미인들은 밀폐된 화려한 공간에서 외로움을 안고 산다.[10] 위에서 읊은 그림 속 박명한

---

7) 徐居正, 『四佳集』 권2 「美人圖」. "내가 지금 그림 보니 어쩔하도록 표현을 잘 하였구나. 나도 모르게 세 번이나 소리쳤지 진짜로다 진짜로다[我今見圖怳傳神, 三叫不覺呼眞眞]." 서거정이 그림의 화려함을 묘사하고 감탄하는데 치중한 것으로 보아, 이 그림들은 채색화였을 것으로 보인다.

8) 문선주, 앞의 글 참조

9) 강희안의 「여인도」는 李肯翊, 『燃藜室記述』 別集 卷14, 文藝典故 참조

10) Anne Birrell, "The Dusty Mirror : Courtly Potraits of Woman in Southern Dynasties Love

궁녀상은 조선 전기 악부시(樂府詩)의 주제가 되었던 규원(閨怨)과 첩박명(妾薄命) 등이 시각적으로 정제된 이미지였으리라.

이승소가 읊은 「미인도(美人圖)」에는 예외적으로 독서(讀書)와 념필(拈筆)의 세련된 미인상이 등장하는데, 이는 이승소가 중국을 다녀오며 입수한 명대(明代) 사녀도(仕女圖)로 보인다. 또한 서거정이 읊은 미녀와 추부의 만남장면은 무척 특이한 해학성을 보여주는데,11) 이는 중국에서 종규(鐘馗)를 희화화시킨 화면이었던 것으로 추정된다.12) 이들은 당시 신선하고 즐거운 감상거리였을 것이다.

요컨대, 선초 문사들이 향유한 미인도는 탈시공의 초현실적 미인상이 주를 이루었다. 양귀비의 나른한 도취와 박명한 궁녀는 모두 화려한 황실 속에서 끝없이 사랑을 갈구하는 미인상이라는 데 공통점이 있다. 화사한 날씨·화려한 공간의 미인상들은 선초문사들의 현실을 더욱 풍요롭게 해주는 몽환적 즐거움이었던 것으로 보인다.

이러한 낭만적 향유는, 1441년 가을 세종(世宗)이 내린 감계(鑑戒)의 교시(敎示)로 변화를 맞이하게 된다.

> "옛 사람 중에 당 명황과 양귀비의 일을 그린 자가 퍽 많으나 희롱하고 구경하는 그림에 불과하다. 나는 개원·천보 연간의 성공과 실패의 사적을 모아 그림으로 그려 두고 보려 한다." (…중략…) 이에 유신(儒臣)에게 명하여 편집

Poetry", Robert Hegel & Richard Hessney eds., *Express of Self in Chinese Literature*, Columbia Univ. Press, 1985, pp.33~69은 이미 육조시대에 전형화된 미인상을 분석하였다, 기대하는 사랑과 경험하는 사랑의 절대갈등 속에서 불만 표현, 도피는 꿈꾸지 못하는 일차원 계에 갇혀, 쓸쓸·눈물·황폐·무력으로 대응할 뿐이라고 하였다.

11) 이의 해학성 분석은 박영민, 『한국 한시와 여성인식의 구도』, 소명출판, 2003, 94~102면 참조.

12) 徐居正, 「題醜丈夫邀飮美人圖」의 '추장부'는 "매눈에 규룡수염 검은 얼굴을 한 놈이 / 큰 잔 들고 다시 두 술병을 두드린다[鷹眼虯髥黑面奴, 擧觥時復雙壺]"로 묘사되어 있다. 이는 험악한 얼굴에 수염 가득하고 코믹한 표정과 행위로 그려지는 '鐘馗'의 모습을 떠올리게 한다. 『夢溪補筆談·雜志』를 보면, 종규가 당현종의 꿈에 들어 양귀비의 紫香囊과 당현종의 玉笛을 훔치는데 종규는 당현종 앞에서 자신의 행위를 호탕하게 밝혔다. 후세 사람들은 종규를 그려 붙혀 악귀를 물리쳤다.

하도록 하였다. 먼저 형상을 그림으로 그리고 뒤에 사실을 기록하였으며, 혹은 선유(先儒)가 논한 것을 기록하고 혹은 고금(古今)의 시(詩)를 넣었다. 서(書)가 다 만들어지자 (세종은) '명황계감(明皇誡鑑)'이라 이름을 내렸다.[13]

현종과 양귀비의 비극을 교훈삼자는 것이 세종의 새로운 발상은 아니지만, 미인도를 즐기던 선초문인들에게 국왕이 보여준 단호한 의지였고, 『삼강행실도(三綱行實圖)』 제작을 주도한 세종왕실의 일관된 방침이었다. 삼강행실의 제작목적이 양반가 부녀자들의 방일함을 다잡고자 한 것이었다면, '명황계감'의 어명(御命)은 선비들의 미인도 향유를 제지하고자 한 것이었다. 앞에서 살핀 바 15세기 중후반의 몇몇 제화시들이 여전히 양귀비의 아름다움을 읊은 것으로 보아 세종의 어명이 당시 문사들의 감상태도를 일시에 쇄신시킨 것은 아닌 듯하지만, 세종의 교시는 새로 선 왕조의 기강을 바로 잡고 유교적 대원칙을 굳게 세우려는 역사적 과업으로 받아들여졌

도 2. 곽후, 〈동산휴기도〉, 명대, 지본수묵, 대만고궁박물원

고,[14] 이후 미인도 감상에 절대적 영향력을 행사하게 되었다.

---

13) 『세종실록』 권93, 23년(1441년), 9월 壬戌 30일조
14) 세종이 治世의 방편으로 회화를 '적극 활용'한 양상에 대하여, 김남이, 『집현전 학사의 삶과 문학』, 태학사, 2004, 220~224면 참조; 明皇誡鑑의 내용은 鄭夏英, 「明黃誡

그 영향력은 많은 문인들의 미인도 제화시에서 선명하게 드러난다. 성종(成宗, 재위 1470~1495)이 적극적으로 세종의 교시를 받아들이면서 그 효력은 더욱 강하여졌다. 아래 열거된 15세기 후반부 미인그림 제화시들은 앞에서 소개된 제화시들과 매우 다른 양상을 보여준다.

成俔(1439~1504), 「綵女圖」 「東山携妓圖」——『虛白堂集』 卷8 「題麗人圖跋」

洪應(1428~1492), 「楊妃倚欄圖」——『성종실록』 卷122(1480.10.14)

柳洵(1441~1517), 「美人圖」——『國朝名臣言行錄』 全集 卷8; 『練藜室記述』 卷6

李荇(1478~1534), 「東山携妓圖」——『慵齋集』 권1 「屏風十詠」 第2폭.

 * 「謝安携妓東山圖」 20폭——『연산군일기』 권48(1503.9)

성현(成俔)이 기록한 「채녀도(綵女圖)」와 「동산휴기도(東山携妓圖)」는 성종(成宗)이 내린 세화(歲畵)였다. 성현이 받은 그림은 「채녀도」였다. 성현의 기록에 의하면 좌중에서 미인도라 웃으며 놀렸다고 한다. 그러나 성현은 왕께서 미인도를 내린 뜻이 '관미(觀美)'에 있지 않고 '성색(聲色)으로 인한 불행'의 경계에 있는 것을 어찌 모르겠느냐고 강조하였다. 그리하여 해마다 정초가 되면 이 그림을 자신의 문방(文房)에 걸었다. 성현은 '관미'에 대한 무관심을 보여주듯이 글에서 채녀도 화면의 묘사를 남겨주지 않았는데, '채녀(綵女)'란 차려입은 궁중의 후궁을 뜻하니, 중국에서 당나라 이래 널리 그려진 궁녀그림이었을 듯하다. 16세기 후반에 기록된 「채녀도」의 그림묘사를 참조하면,[15] 채녀도란 비단 옷과 화장한 얼굴을 그린 완연한 미인도였던 것을 확인할 수 있다. 한편 성현

鑑諺解의 敍事文學的 性格」,『한국고전연구』 6, 한국고전연구학회, 2000, 243~276면. 참조. 미인도 감상을 유난스레 즐긴 서거정도 「讀明皇戒鑑有感」으로 이를 받아들였다. 서거정의 이러한 태도에 관하여는 김기림, 「서거정, 여성의 삶 자유에서 규제 속으로」,『우리 한문학사의 여성인식』(이혜순 외), 집문당, 2003, 103~135면 참조

15) 朴瀰,『汾西集』 권14 「丙子亂後集家藏屏障記」; 『六家雜詠』 「綵女圖」 참조

과 함께 「동산휴기도」를 받은 채수(蔡壽, 1449~1515)의 문집에는 이 일에 대한 아무런 언급이 남아 있지 않다.

유사한 이야기로, 성종이 유순(柳洵)에게 미인도(美人圖)를 보였을 때 당시 부제학인 유순이 '군왕께서 스스로 성색을 멀리하시어, 그림을 펼쳐 보시고 얼굴을 한쪽으로 찡그리셨네'라 시를 지어 올렸다는 일화가 있다. 성종이 이 시에 흐뭇하여 그림을 표구하였다고 한다. 성종대 적지 않은 미인도들이 제작되었던 실상과 함께 이들은 일체 감계표명으로 처리되는 분위기가 공식화되었던 상황을 보여준다. 유순의 이야기는 인구에 회자되었는지 후대에 거듭 기록되었다.

위 목록에서 거듭 등장하는 「동산휴기도」는, 동진(東晉)의 사안(謝安)이 동산(東山 혹은 東園)에서 노닐 때 반드시 기생을 데리고 갔지만 사안은 정치를 잘 하였고 기생과의 어울림에 절제를 잊지 않았다는 고사를 바탕으로 한다. 덕목의 감계용 고사이다. 이행(李荇)이 본 「동산휴기도」는 10폭 병풍 중 한 면으로, 나머지 9폭이 주렴계·도연명·임포·맹호연 등 역대의 고

도3. 김홍도 〈동산휴기〉, 지본담채 111.9x52.6cm 국립중앙박물관

사(高士)들인 점이 이를 증명한다. 16세기가 지나면 「동산휴기도」에 대한 문인들의 제화시문이 별로 등장하지 않는다. 그러나 인물고사(人物故事)의 화제(畫題) 중 하나로 정착되었는지, 18세기 후반의 궁중화가 김홍도(金弘道)의 고사인물병풍에 「동산휴기」가 거듭 들어 있다. 김홍도의 인물구성이 현전하는 명대(明代) 「동산휴기도」와 유사하여, 동산휴기의 일정한 도상이 오래 유지되었던 것을 알 수 있고(圖 2, 3),16) 따라서 조선의 15세기에도 이와 유사한 화면이 감상되었을 것이라 추정할 수 있다.

1503년 연산군(燕山君)은 도화서(圖畫署)에 명하여 「사안휴기동산도」를 자그마치 20폭이나 제작하게 하였다고 하니,17) 미인도 향유를 위하여 동산휴기의 명분(名分)을 내세웠던 시대 분위기를 엿볼 수 있다.18)

위 목록 중 홍응(洪應)이 양귀비도에 부친 시는, 1480년 성종(成宗)이 내린 12폭 병풍의 한 폭에 제화한 것이다. 성종은 병풍을 펼쳐 문인들의 시작을 권하였다. 12폭 화면에는 수양제(隋煬帝)·한유(韓愈)·채옹(蔡邕)·아황여영(娥皇女英) 등이 주제인데, 홍응은 그중 제1폭 「양비의란도(楊妃倚欄圖)」에 시를 붙였다. 병풍의 명시적 목적은 역사에 대한 감계이다. 홍응은 그림 속 양귀비의 미소와 교태가 애간장을 끊일 만큼 아름답다고 칭송한 후 곧장 다음 같이 결론맺었다.

> 樂極由來悲亦至　즐거움이 극에 달한 데서 비운이 이르나니,
> 畫圖披處恨明皇　그림을 펼쳐 보며 명황을 한탄하노라 !

---

16) 국립중앙박물관 소장의 김홍도필(고사인물) 팔폭병풍 중 「東山雅襟」(유물번호; 덕-2036)도 같은 도상의 '동산휴기'이다.

17) 『燕山君日記』권48, 9년 2월(음력1503.2) "이날에 앞서(연산군이) 圖畫署에 命하여 謝安石이 東山으로 기생을 데리고 다닌 그림 20폭을 베껴 그리라 하였다. 이날에 이르러 提調이던 李昌臣이 화공들에게 명하여 완성시킨 것을 올렸다."

18) 홍선표, 위의 글, 38면에 성종대의 참판 申從濩(1456~1497)이 늙은 기생 上林春의 젊은 모습을 그리게 한 일이 소개되었다. 이는 '異例'的 逸話로『稗官雜記』卷4에 실려있다.

15세기 후반기 미인도제작은 계속 이루어졌으되, 조선왕실을 중심으로 그 감상방향은 감계의 내용으로 맞추어지고 있었다. 이 노력이 16세기로 이어지면서 미인도에 대한 경색은 실제화되었다. 16세기 초반에 활동한 문인들의 문집에서는 미인도에 대한 기록을 찾아보기 힘들게 되어, 미인도 감상의 기록에는 약 40여 년의 공백기가 생겨나게 된다. 성종조를 거치며 공고해진 미인도에 대한 감계의 언표행위는 일종의 미인도 언급 기피현상으로 이어졌다.

3. 도리(道理)의 강조에서 존정(尊情)의 주장으로

金　淨(1489~1521), 「御屏褒姒圖」——『沖庵集』卷1「御屏褒姒圖」
周世鵬(1495~1554), 「明妃出塞圖」「東山携妓圖」——『武陵集』別集 卷4 「明妃出塞圖」「東山携妓圖」
崔　演(1503~1549), 「楊貴妃吸露圖」——『艮齋集』卷2「楊貴妃吸露」 「美人春睡圖」「美人夏睡圖」——『艮齋集』卷10(西行 錄)「題美人春睡圖」「題美人夏睡圖」
金麟厚(1510~1560), 「潘妃步蓮圖」——『河書集』卷10「潘妃步蓮圖」
李洪男(1515~1572), 「明妃出塞圖」——『汲古遺稿』中「明妃出塞圖」二首
白光勳(1537~1582), 「昭君按琵圖」——『五峯集』卷1「沙河舖人家壁上有 昭君按琵圖」

16세기에 감상되었던 미인도 관련 제화시문은 위의 목록으로 그친다. ㄱ 양이 현저하게 줄었을 뿐 아니라, 그림제목만을 보더라도, 최연(崔演)의 문집에 소개된 몇 폭을 제외한다면, 모두가 '순수'한 미인도의 범주에 들지 않는 고사인물도(故事人物圖)류이다.

위의 그림목록에서 가장 많은 양을 차지하는 것은 왕소군(王昭君)을 주제로 한 '명비출새(明妃出塞)'·'소군출새(昭君出塞)'·'소군안비(昭君按琵)' 등의 제목이다. 한나(漢)라 왕소군(이름 王嬙)은 흉노에게 화친용 선물로 주어진 후궁으로, '소군출새화친(昭君出塞和親)'의 공적이『한서(漢書)』에 기록된 여인이다. 이후『서경잡기(西京雜記)』에서, 소군이 뛰어난 미인이나 궁전화가에게 뇌물을 주지 않아 화가가 그녀를 못나게 그려 황제에게 발탁받지 못하고 외롭게 지내다가 흉노에게 시집보내졌으며 흉노의 오랑캐땅에 죽어 묻혔다는 사연이 소개되었다. 이후 왕소군은 중국시문에서 수없이 다루어졌다.[19)]

위에 열거한 16세기 제화시들은 대개 왕소군이 겪은 고생과 비운의 종말을 읊는데 주력하여 화면의 구체묘사에는 소홀한 편이다. 그러나 17세기 말 임수간(任守幹)이 수십 년 전 잃어버렸다는 「명비출새도」 화면을 소개하고 상세하게 묘사하였다. 이에서 16세기 학자들이 보았던 「명비출새도」의 이미지를 엿볼 수 있다.

> 명비가 구름머리가 숙이고 눈물 맺혀 말고삐 붙들고 천천히 가는데 멀리 관산(關山)을 건널 때 모래바람에 고생하는 모습이 완연히 살아 있는 듯하다. 말 타고 깃발 들고 앞선 이 한 사람이요, 말 타고 따르는 여시종 세 사람인데 그중 하나는 비파를 안고 왕소군이 말 위에서 하는 출새지곡 연주를 듣는다. 따르는 오랑캐가 십여 인으로 말을 탔다. 따르는 말 여러 필이요, 전대낙타는 한 마리다.[20)]

임수간은 이 그림이 조맹부(趙孟頫) 작이라 하였으나, 송원대에 제작된 중국그림이었을 것으로 보인다. 오사카시립미술관에 중국 13세기 작

---

19) 전보옥, 「중국서사시의 고사성립 배경 고찰(II)-‘昭君出塞’故事를 중심으로」, 『중어중문학연구논집』 15, 중어중문학회, 2003, 29~53면; 이창숙, 「왕소군, 외로운 궁녀에서 구국의 영웅으로」, 『문헌과해석』, 문헌과해석사, 2005, 124~151면 참조.

20) 任守幹(1665~1721), 『遯窩遺稿』 卷2 「題子昂明妃出塞圖跋」; 진홍섭, 『한국미술사자료집성』(4), 487~488면 및 『한국문집총간』 180, 303면.

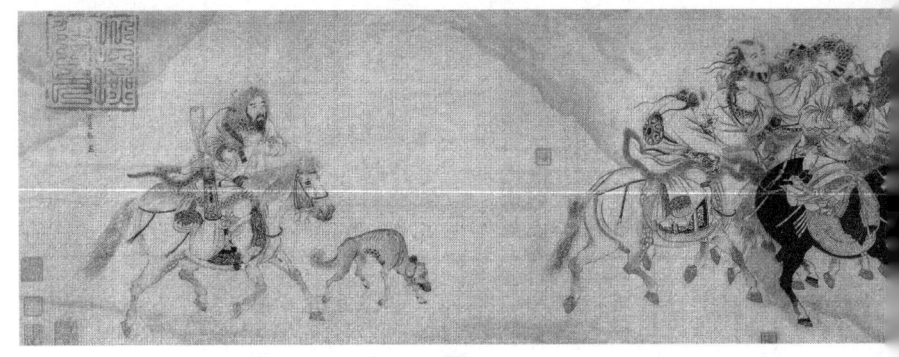

도 4. 宮素然 〈명비출새도〉, 남송대, 지본 장권, 담설색 30,2 x 160,2 cm 일본오사카미술관

품으로 「명비출새도」가 있어 비견할 만하다(圖 4).21) 이 그림이 위의 묘
사와 일치하지는 않지만, 깃발 들고 앞선 인물, 말 위의 왕소군, 그 뒤를
따르는 무리의 기본 구성이 상통한다. 출새(出塞)의 명비그림이 송대에
거듭 그려지고 그 틀이 조선으로 전래되었던 점, 그림에 표명되는 주제
는 미인의 자태가 아니라 북쪽 땅으로 가는 행렬이었던 것을 알 수 있
다. 임수간은 그림묘사 후 다음과 같은 해설을 붙였다.

한(漢) 이래 중국에서 멀리 흉노족에게 시집간 이가 한두 명이 아니거늘, 예
부터 시인들이 명기(明妃)의 원망을 유독 애달파한 이유는 어디에 있는가. 명
비가 절세미인이나 화가의 붓질아래 예쁘고 추한 것이 뒤집혀 이역땅으로 잘
못 시집가게 되었으니 슬퍼하기 족해서라. 뜻있는 선비로 때를 잘못 만나 참
언에 걸려 멀리 추방당한 자, 왕소군의 일에 빌어 뜻을 표현하며 노래를 지어
부른 자가 몇이나 될지 헤아릴 수 없도다.22)

---

21) 大阪市立美術館소장 「明妃出塞圖」는 그동안 南宋代의 作으로 알려졌으나, 『중국
  회화전집』제3권의 도판설명 20면에서 李凱가 宮素然이 金나라 인물임을 밝혔다.
22) 任守幹, 앞의 글. "自漢以來, 天家帝子之遠嫁匈奴者, 非一二計, 自古詩人偏傷明
  妃之怨者, 其意安在. 盖明妃以絶世之姿, 丹靑之下, 妍媸反覆, 誤嫁絶域, 有足悲者.
  而志士之不遇於世, 羅讒遠放者, 託意明君之事, 發爲歌詠者, 不知幾人."

    조선 초 문사들은 명비(明妃)의 비운(悲運)을 애절하게 읊은 일이나,[23] 위 목록의 16세기 초 「명비출새」 제화시들이 고생스런 행렬상과 여인의 원망을 주로 감상한 일이, 모두 왕소군의 슬픈 운명과 지사의 불운이 상통하기 때문이었다는 해설이다.[24] 소군의 미모는 지사의 능력으로 등가시되면서 감상의 명분을 얻고 있다.

    위 목록 중, 김정 제화시의 포사(褒姒)와 김인후 시의 반비(潘妃)는 모두 악덕한 여인들이다. 포사는 주(周) 유왕(幽王)의 총애를 받아 결국 주(周)를 망하게 한 여자화국(女子禍國)의 주인공이다. 김정의 제화시는 포사의 요망과 왕의 어리석음, 그리고 주나라의 문무대업이 무너진 것을 탄하였

---

23) 이혜순, 「여성화자시의 한시전통」, 『고전문학과 여성화자 그 글쓰기의 전략』(한국고전여성문학회 편), 월인, 2003, 52~25면. 이 연구는 17세기 이전 남성문인들의 女性話者詩에서 가장 많이 읊어진 대상이 明妃였으며, 權近이 「王明妃」에서 知音의 不在를 읊었듯이 문인들은 과거보다 현실에 비추어 명비의 목소리로 시를 지었던 사실을 밝혀주고 있다.

24) 明妃出塞의 그림은 중국에서도 仕女圖로 분류되고 또한 忠節·敎化로 감상하는 대표예로 꼽힌다. 중국의 회화이미지를 조선 중기에 그대로 사용한 것은 이 주제가 한·중에 공통된 정서로 감상된 사실을 말해준다. 단 16세기에 명비출새도에 편중된 조선문인들의 감상태도는 조선 중기 문화의 특색이라 할 수 있다. 중국 仕女畵의 題畵에 대하여는, 鄭文惠, 『詩情畵意－明代題畵詩的詩畵對應內涵』, 東大出判有限公社, 1995, 302~314면 참조.

牧丹庭院又春深一寸
光陰萬兩金掃曙起來
人解只緣雞放惜花心
唐寅

도 5. 당인, 〈사녀도〉, 지본설색, 125.9 x 57.8 cm, 상해박물관

다. 반비는 제(齊)의 명제(明帝) 둘째 아들이 사랑하여 반비가 가는 길에 금연꽃을 뿌려준 일이 유명하다. 아름다운 외모로 남성을 망신시키고 망국을 초래한 미인의 그림은, 성색경계의 감계용이었다.

최연(崔演)이 감상한 순수미인도들은 사실 중국사행(中國使行)의 덕분이었다. 「양비흡로도(楊妃吸露圖)」는 "천천히 걸어 온갖 꽃 무리진 곳을 돌아, 섬섬옥수로 이슬을 받아 때로 삼키는구나[徐行繞百花叢, 纖纖玉手時嚼露]"로 묘사되는 화사한 화면이며, 그린 이는 이방(李昉)이라 하였다. 중국화가사전에서 없는 이름이니, 아마도 중국에서 만난 무명화가의 그림인 듯하다. 최연은 미인의 피부와 자태를 읊다가는, 요염함이 "군왕 마음을 분탕질했지[蕩君心]"라는 구절로 마무리하고 '미인이 사람마음을 다

른 데로 옮겨놓는 걸 알겠나니, 이 일은 감히 후세에 보일 만하도다'라 하여, 견고한 감계의 태도를 견지하였다. 「미인춘수도」와 「미인하면도」는 그의 두 번째 사행(1534년) 기록 '서행록(西行錄)'에 실려 있으며, 미인의 의복과 공간의 묘사가 화려하고 '눈에 띄는 석류꽃 밝은 색 선명하다'는 시구도 있어, 이 그림들이 명대의 채색사녀도(彩色仕女圖)였던 것을 알 수

502   우리 한문학과 일상문화

있다. 다만 최연은 오직 여인의 '원(怨)'·'한(恨)'을 감상하였고, 수사(愁思)와 수면(愁眠)를 부각하였다. "이 안의 서러움 알 사람 별로 없으리[此中愁思少人知]"라는 마지막 구절은 화려한 그림과 시인이 감상이 부합하지 않는 사실을 암시한다. 최연은 모처럼 만난 애정 넘치는 미인도 앞에서 16세기 문인의 절제력을 잃지 않았다.

이러한 절제된 감상태도는 16세기 후반에 커다란 변화를 맞게 된다. 17세기 제화시에서 미인도에 부친 시문의 양이 급작스레 늘어났고, 그 내용도 다양해졌다.

朴　瀰(1592~1648),「(李興孝)綵女圖」「(李楨)綵女圖」──『汾西集』卷14「丙子亂後集家藏屛障記」

李恒福(1556~1618),「(李興孝)美人圖」3폭──『白沙集』卷1「題李興孝美人圖」

許　筠(1569~1618),「(李澄)二女洗兒圖」──『惺所覆瓿藁』卷13「李澄畵帖跋」「(唐寅)美人圖」──『國朝詩刪』卷2「美人圖」. "批,(…중략…)大逼唐人"

尹根壽(1537~1616),「(唐寅)美人半像」──『月汀漫筆』

鄭文孚(1565~1624),「西施圖」「巫女神女圖」──『農圃續集』卷4「西施圖」「巫女神女圖」

金興國(1557~1623),「美人圖」「昭君出塞圖」「宋高宗劉妃圖」──『水北亭集』

金尙憲(1570~1652),「美人圖」──『淸陰集』卷9「題王之麟所畵美人圖」

李敬輿(1585~1657),「明妃出塞圖」──『白江集』卷4「詠明妃出塞圖」

李　植(1584~1647),「(仇英)女俠圖」──『澤堂集』卷9「九十洲女俠圖」

張　維(1587~1638),「(仇英)女俠圖」──『谿谷集』卷3「九十洲女俠圖跋」

李明漢(1595~1645),「(仇英)女俠圖」──『白洲集』卷16「九十洲女俠圖跋」

宋時烈(1607~1689),「(趙孟頫)文姬別子圖」──『宋子大全』卷147「趙孟頫文姬別子圖跋」

李玄錫(1647~1703),「(仇英)美人圖」──『游齋集』「十洲美人圖, 次東洲先生韻」

任相元(1638~1697),「美人圖」──『恬軒集』卷10「爲子夏題美人圖」

* 肅宗(재위 1674~1720),「唐女回姐圖」「西施圖」「王嬙圖」──『列聖御
製』卷10「唐女回姐圖」, 卷11「題吳王行西施圖」,
卷12「王嬙圖」

변화는 16세기 후반부터 일고 있었다. 조선 중기의 대표화가들 이흥
효(李興孝, 1537~1593)와 이정(李楨, 1578~1607)이 이미 본격적 미인도를 제
작하였고, 명대의 사녀화가(仕女畵家) 당인(唐寅, 1470~1523)과 구영(仇英,
1494~1561)의 미인도들이 유입되고 있었다. 이에 대한 시문제작과 기록
이 17세기의 문을 열었고, 이전에 볼 수 없던 서시(西施), 무산신녀(巫山
神女) 등의 절대적 미인도 출현을 문인들은 반겼다. 국왕인 숙종(肅宗)도
미인도 제작과 감상을 꺼리지 않았다.

「이흥효미인도」에 부친 이항복(李恒福)의 시를 예로 보면, 감계와 거
리가 멀다. 3폭 그림에는 각각 나뭇잎에 시작(詩作), 섬섬옥수로 탄금(彈
琴), 춤옷 지어 사랑받으려는 완사(浣紗)의 미인이다. 주제는 애정표현(愛
情表現)이다. 그 가운데 제2수에서 '미풍 서늘하여 얇은 여름적삼에 스
며들고 / 저물녘 바람에 매미날개 가벼운 치마 절로 흔들거리네 // 향그
런 기름 발라 섬섬옥수 매끄러우니 / 거문고줄이 미끄러져 잘 타지질 않
네'라는 그림 속 미인묘사에서,[25] 미인의 얇은 옷 속으로 스며드는 미
풍에 몰두하며 매끄러운 미인의 손끝을 매만져보는 시인의 상상이 은
근하다.

명대 강남에서 선풍적 인기를 누렸던 당인과 구영의 미인도에 조선의
문인들도 몹시 흥미를 느꼈다. 윤근수(尹根壽)는 16세기 중엽 장인이 왜
구의 배에서 얻어다 준 당인의 「미인반상(美人半象)」을 잃어버린 일을 아
쉬워하면서, 그 그림은 꽃을 들고 향을 맡는 미인의 반신상이었다고 회

---

25) 이항복, "微涼透肌暑衫薄, 暗風自搖蟬裙帶. 蘭膏膩着玉纖柔, 滑弄琴徽彈不得."

고하였고 그림 위에 얹혀있는 당인의 시를 기록하였다. 당인의 이 시를, 허균(許筠)은 우리시 모음집 『국조시산(國朝詩刪)』에 실었고 "중국시와 아주 유사하다"고 평하였으니, 당인의 시가 조선문인들 사이에서는 흥미롭게 읽히며 흘러다녔던 것을 짐작할 수 있다. 당인의 이 시는, 자신의 미인도를 반영한 것이었다. "잠 깨니 겹문에 서늘한 한기 / 구름머리 둘둘 감고 비단 두루마리 홑겹이라 // 그윽한 정에 봄이 늦게 올까 저어하며 / 매화 꺾어 들고 제 홀로 보나니."[26] 꽃이나 비단부채를 들고 다소곳이 선 미인상은 당인 사녀도의 특색이다(圖 5). 김상헌(金尙憲)이 읊은 「미인도」도 이러한 명대미인도의 이미지를 잘 표현하였다.

結伴尋幽靜裏行　짝 맺고 그윽한 곳 찾아 들어 고요한 가운데 걷노라니
輕衫薄扇小香纓　가벼운 두루마기 얇은 부채 작은 끈 매달렸네.
相看斂笑凝眸處　서로 보고 웃음 머금고 응시하는 곳에,
無限風流無限情　끝없는 풍류에 끝없는 정이로다.[27]

　이러한 명대미인상은 명대소설(明代小說)의 삽도(揷圖)로 반영되었고, 조선 후기 미인도제작에도 영향을 깊숙이 미치어, 김홍도의 「사녀도」(圖 6)로 드러났다.

　한편 이식(李植)·장유(張維)·이명한(李命漢) 등이 구영(仇英)의 「여협도(女俠圖)」를 보며 글을 남겼는데,[28] 막상 중국회화사에서는 구영의 '여협도'는 그 기록조차 찾아볼 수 없다. 이들은 무슨 그림을 보았던 것일까. 명대에 낙신(洛神)이나 신녀(神女)의 제목으로 물결이나 구름 위에서 옷을 너울거리는 여인들이 많이 그려졌고 구영이 특히 이를 잘 그렸다는 점으

---

26) 당인, "睡起重門念念寒, 鬢雲繚繚練袍單. 閑情只恐春將晚, 折得梅花獨自看."
27) 이 시제는 위 목록에서 소개한 바, 「題王之麟所畫美人圖」.
28) 뛰어난 작자들이 짧지 않는 글을 남겨주었으나, 그림해설은 선명하지 못하다. 그림의 畵格에는 모두 칭송했지만, 주제인 '여협' 및 '여협도'의 의미에 담 내기를 저어했다. 張維와 李明漢은 俠客은 남자도 하기 어려운 일이라 하였다. 李植만이 '무기력한 남성(無義氣丈夫)을 놀래키기 족하다'고 하였다.

도6. 김홍도, 〈사녀도〉, 1781년, 지본담채, 121.8×55.7cm, 국립중앙박물관

도7. 청대 여성 작, 〈낙신도〉(부채), 홍콩미술관 소장(명대 낙신도의 흐름 반영)

로 미루어,[29] 이러한 그림이 '여협'으로 해석되었던 것이 아닐까 추정된다(圖 7). 남성보다 용감하고 호전적인 '여협'에의 상상은 동시대 문인 정두경(鄭斗卿, 1597~1673)이 「동해유용부(東海有勇婦)」에서 묘사한 허리에 찬 비수를 휘두르는 바다 위의 여인상과 유사하다.[30] 신비롭고 수려한

---

29) 仇英의 神女 및 洛神圖에 관하여는, Ellen J. Liang, "Erotic Themes and Romantic Heroines Depicted by Ch'iu Ying", *Archives of Asian Art XLIX*, Asia Society, 1996, pp.68~91.

30) 남은경, 「정두경－勇婦에 대한 찬미」, 『우리 한문학사의 여성인식』(이혜순 외), 집문

이미지의 구영 미인도 혹은 전칭 구영작 미인도가 여협으로 감상되고 또한 이후 우리 회화사에 여러 폭의 여협도가 그려지게 된 것은,[31] 전쟁 후 유협의 숭상 및 여협 및 여장군소설 등장과[32] 관련성을 추정하게 한다는 점에서 의미 있는 현상이다.

활기 넘치는 미인상은 임상원(任相元)이 읊은 미인도에서 다시 만나볼 수 있다.

琵琶初撥舞腰輕　　비파 울리기 시작하니 춤추는 허리 가벼워라.
竹裏仍飛玉笛聲　　대나무 속 이내 나는 옥피리 소리
恐是隔窓歸鳳意　　창을 사이에 두고 봉새가 돌아오는 뜻인가
畫中嬌騃自多情　　그림 중 교태로운 보조개에 절로 情이 넘치도다.

춤추는 미인이다. 후대의 명대소설 『모단정(牡丹亭)』이나 『완사기(浣紗記)』의 한 장면을 연상케 하는 화면이다. 중국의 출판문화의 극성과 함께 중국판화도의 영향은 다양하게 나타났다. 허균(許筠)이 본 「아이 씻기는 두 여인[洗兒二女圖]」은, 중국의 『고씨화보(顧氏畫譜)』 한 면을,[33] 조선화가 이징(李澄)이 회화적으로 형상화한 그림이었다. 또한 중국에 사행을 갔다가 중국그림을 구해오는 경우도 적지 않았다. 위 목록 중 송시열의 글은 김상헌(金尙憲)이 심양에서 「문희별자도」를 구해온 일을 기록하였다.

미인도 감상의 변화는 묘사에 그치지 않았다. 허균이 이녀(二女, 두 여

당, 2003, 225~241면.

31) 李夏坤(1667~1724), 『頭陀草』 冊17 「恭愍王畫帖跋」 중에 申範華(1647~?)의 「女俠圖」 족자를 언급하였고; 국립박물관소장 신범화, 「여협도」(부채)가 전한다. 『한국회화대관』, 圖 166 참조. 이 그림 속 여성은 화사한 옷을 입고 다소곳이 앉은 상이라, 와전된 제목이 아닐까 추정된다.

32) 박희병, 「조선 후기 민간의 유협 숭상과 유협전의 성립」, 『한국고전인물전연구』, 한길사, 1992; 조혜란, 「조선의 女俠·劒女」, 『한국고전여성문학연구』 12, 한국고전여성문학회, 2006, 265~285면 참조.

33) 김홍대, 「조선시대 방작회화 연구」, 홍익대 석사논문, 2002, 51~52면.

인)의 요염한 피부와 자태에 스스로 밤잠을 설칠까 우려하여 그림을 접어두노라 하였는데,[34] 이는 미인도로 인한 욕정(欲情)의 직접적 고백이라는 점에서 주목할 만하다. 중국에서 당나라 이래 끊이지 않았던 사녀도(仕女圖)의 마력(魔力)이야기와 그 내면이 다르지 않기 때문이다.[35] 남성적 나약성과 외설스러움의 본능을 주제로 한 환상서사물이 조선에서는 형성될 수 없는 분위기이기에, 이 같은 허균의 표현은 조선시대 미인도 감상전개에서 괄목할 만한 변화였다고 할 수 있다.

「무산신녀도(巫山神女圖)」에 붙인 정문부(鄭文孚)의 제화시는, 실제 형상이 없는 신녀를 화가가 잘 그렸다고 찬탄하면서 "꿈속 사람 꿈속에서 만나리"라고 읊었다. 무산신녀와의 꿈속 만남은 만남에 그치지 않는 일이니, 표현이 은근할 뿐이다. 절세 미인 서시(西施)가 그려졌고,[36] 미인도는 아니지만 「채련도(採蓮圖)」가 그려지며 감상된 것이 모두 17세기의 변화이다.[37] 「채련도」의 감상에는 하얀 발을 드러낸 젊은 여인의 자태가 즐겨 제화되었다.

17세기의 미인도 감상의 변화는 문학사상의 변화와 함께 이해할 수 있다. 16세기 중후반의 삼당시인(三唐詩人)을 거치며 당시풍(唐詩風)의 애정시(愛情詩)가 유행하였고, 17세기 벽두에서 허균은 당돌하게 정(情)을 강조하는 시론을 펼쳤으며, 17세기 후반의 김만중(金萬重, 1637~1692)이 애정표현을 이론화했던[38] 문학사상의 변화과정과 상통하기 때문이다.

---

34) 허균, 『惺所覆瓿藁』 권13 「李澄畵帖跋」. "而細看, 則豊媚肌笑, 逞其妖嬌. 咄咄之逼眞. 亦妙品也, 不欲久展. 久則恐敗蒲團之上工夫也."

35) 仕女圖에 홀린다는 내용의 중국서사물들은 Wu Hung 저, 서성 역, 『그림 속의 그림－중국화의 매체와 표현』, 이상, 1999, 129~135면 참조. 이 서사물들은 사녀도의 여성이 실제 인물로 살아나면서 이를 접하는 남성이 결과적으로 불행에 빠진다는 스토리이다.

36) 17세기 西施그림으로는 金興國, 『水北亭集』의 「吳王納涼圖」와 「吳王野宴圖」가 또한 해당된다.

37) 洪萬迪(肅宗조 문신), 『臨湖遺稿』 「題採蓮圖; 朴瀰(1592~1645), 『汾西集』 卷16 「具斂樞仁基所藏劉松年畵」; 李縡(1689~1746), 『陶庵集』 卷24 「家藏採蓮圖小屛跋」 등 참조

「채련도」 감상은 채련곡(採蓮曲) 악부시(樂府詩)의 분위기와39) 또한 관련을 보여준다.

4. 세속화(世俗化)의 진행과 탈속화(脫俗化)의 추구

18세기와 19세기에 걸친 미인도 관련 시문과 기록은 양이나 내용에서 풍성해졌다.40)

金昌業(1658~1721), 「美人圖」——『燕行日記』卷4(1713年)

崔錫恒(1654~1724), 「美人圍棋圖」——『損窩遺稿』卷1「美人圍棋圖」

李夏坤(1667~1724), 「仕女圖」「女俠圖」——『頭陀草』冊8「題仕女障子」,
　　　　　　　　　　　　　　　冊17, 「恭愍王畵帖跋」

尹斗緖(1668~1715), 「(金鎭圭 1658~1716) 綵女圖」——『燃藜室記述』別
　　　　　　　　　　　集 卷1

崔成大(1669~?), 「美人圖」6폭——『崑崙集』권14「屛畵六疊美人贊」

金道洙(?~1742), 「西施圖」——『春洲集』卷1「西施圖」

趙泰億(1675~1728), 「美人圖」——『謙齋集』卷20「雜畵」

李器之(1690~1722), 「漢宮春曉圖」——『一庵集』卷1「痘後無事,謾題畵軸」

姜　樸(1690~1742), 「美人圖」——『菊圃集』卷1「美人圖」

趙顯命(1690~1752), 「美人圖」——『歸鹿集』券4「題主人壁上美人圖」

趙龜命(1693~1737), 「美人圖」——『東谿集』卷12「題美人圖」二首

---

38) 정민, 「16~17세기 學唐風의 性格과 風情」, 『목릉문단과 석주권필』, 태학사, 1999, 63~100면; 안대회, 「17세기 비평사의 시각에서 본 金萬重의 復古主義 문학론」, 『민족문학사연구』20, 2002, 8~20면.

39) 박영민, 「採蓮曲 濃艶과 綺麗」, 『한국 한시의 여성 인식의 구도』, 124~153면 참조

40) 17세기 목록화까지는 목록화작업을 가능한 자세히 하였으나, 18~19세기의 목록화는 의도적으로 간략화하여 대체적 흐름을 볼 수 있도록 조정하였다.

申光洙(1712~1775),「美人障子」「美人圖」──『石北集』卷5「丹浦主人
　　　　　　　　　索美人障子詩」, 卷10「美人圖」

朴來五(1713~1785),「美人圖」「美人圖」──『尼溪集』卷3「戲次成仲應
　　　　　　　　　題美人圖」「次許惺翁題美人圖跋」

姜世晃(1713~1791),「(姜熙彦　1710~1784) 昭君出塞圖」── 姜熙彦,「昭
　　　　　　　　　君出塞圖 上」

周命新(18세기),「美人圖」──『玉振齋詩稿』「金友房中長掛美人圖 求詩
　　　　　　　　　於余 遂呼一律」

李　瀷(1725~1779),「竹下美人圖」──『含光軒稿』卷3「和李上舍思質叔,
　　　　　　　　　竹下美人圖」

金光國(1727~1797),「(申漢平) 美女圖」──『石農畫苑』

朴趾源(1737~1805),「美人圖」──『燕巖集』

李德懋(1741~1793),「美人圖」「文姬別子圖」──『국역청장관전서』Ⅵ・Ⅺ

朴齊家(1750~?),「美人圖」「詩姬」(小扇)──『貞蕤集』卷3「春園(院)美人
　　　　　　　　　圖」, 卷4「題詩姬小扇」

金汝振(18세기 후반),「美人圖」──『三愚圖』卷4 「美人圖」

李奎象(18세기 후반),「竹下美人圖」──『一夢集』卷20「題竹下美人圖」

南公轍(1760~1840),「美人蝴蝶圖」「金弘道美人障」──『歸恩堂集』卷1,

徐直修(1735~?),「美人圖」──『十友軒集抄』「美人圖」

申　緯(1769~1847),「(唐寅)讀書仕女圖」「(周昉)昭君出塞圖」「仕女讀書圖」
　　　　　　　　　「仕女倦睡圖」「碧梧仕女圖」「仕女倚倦圖」『十二名媛
　　　　　　　　　圖』──『警修堂全藁』冊69「題四畫幀」冊2,「集周昉
　　　　　　　　　美人・趙子昂馬・孟永光松根憩寂圖」 冊28,「新收無
　　　　　　　　　名氏古畫二幀各系一絶句」 冊29,「再題所藏讀書仕女
　　　　　　　　　圖」冊3,「題碧梧仕女圖」 冊3,「爲李魯卿文學題仕女
　　　　　　　　　倚倦圖」冊22,「題十二名媛圖－命衍白描」

韓在濂(1775~1818),「芭蕉美人圖」──『西原家稿』蕙畹詩抄, 卷1「題芭
　　　　　　　　　蕉美人圖」十首

金正喜(1786~1856),「(錢選)文姬歸漢圖」──『阮堂集』3「與權彛齋」

18세기 문사들의 미인도감상은 한결 자유로워졌다. 벽에 길게 걸린 미인도를 읊노라는 내용이 시의 제목으로 쓰였다. 선비들 문방에 미인도를 걸지 말라는 이덕무의 당부는, 그의 소설독서 우려와 마찬가지로 그 당시의 문화적 대유행을 반증하는 기록일 뿐이다.

미인도가 널리 감상되면서 정형화된 미인화 이미지를 객관화시켜 지적하는 새로운 시문도 등장하였다. 다음은 조귀명(趙龜命)의 시 전문이다.

何如是畵中景	그림 속 경치는 어떠한가?
新莎牛岸細如霧	새 풀 언덕에 반이라 곱기가 안개 같고
芳樹千枝濃欲花	꽃나무 모든 가지 꽃이 피려 하는구나.
何如是景中人	경치 속 사람은 어떠한가?
纖腰裊裊蓮生步	가는 허리 하늘하늘 걸음걸이 사뿐사뿐
美貌盈盈月助輝	예쁜 모습 환하니 달이 비추듯 하네.
何如是人中意	사람 속 마음은 어떠한가?
綠蕉闊展依微詠	푸른 파초 활짝 핀 데 가늘게 노래하고
斑管輕撩黯淡思	죽피리 어루만지는 암담한 마음이라.
何如是意中詩	그 마음 속 시는 어떠할까?
春色一年駒隙駛	"봄색은 말 달리듯 쉬이 갈 터인데
良人萬里雁書稀	낭군은 만리 길에 소식이 없네요."

美人折花	미인이 꽃을 꺾어
看惜春也	봄을 아쉬어 하는구나.
惜春而折花	봄이 아쉽다며 꽃을 꺾은 것은,
豈不轉賞春	도리어 봄을 손상시킴이 어찌 아닌가.
是顧未知惜春法	가만 보니, 봄 아끼는 방법을 모르는군
何如妨在枝頭看	가지 끝에 그냥 두고 보는 것이 어떠할지.

조귀명은 그림의 배경·인물상·주제를 체계적으로 살피는 방법으로 미인도의 전형적 화면을 재구하였는데, 어조에는 빈정거림이 담겼다. 삽입된 여성화자의 목소리는 앵무새처럼 반복되어온 어리석음으로 노

출될 뿐, 그리움의 심각성이 없다. 게다가 불쑥 내뱉는 시인의 말이, 꽃은 왜 꺾어들었냐는 핀잔이다. 전통 속 미인도의 이미지와 의미가 모두 멀쑥해진다.

전형화된 미인도 이미지와 함께 새롭고 다양한 이미지도 구가되었다. 여인들이 여가활동을 즐기는 모습이 증가하여 바둑 두고, 독서 하고, 금(琴)을 연주하는 미인 등이 미인도 속을 활보한다. 최석항(崔錫恒)은 「미인위기도(美人圍棋圖)」 앞에서 미인들의 승부욕을 읽었다.

> 日暖風淸花影移　　날은 따뜻하고 바람 맑고 꽃 그림자 옮겨가는 데,
> 半揎春碧點瑤棊　　소매 반쯤 걷고 봄돌에 구슬 바둑알 놓네.
> 藏奇不肯輸先着　　기이한 재주 숨기며 먼저 놓는 것을 마다하니
> 勝算由來下子遲　　이로 하여 승부가름이 더디어 지는구나.

『서원가고(西原家稿)』에 묘사된 「파초미인도(芭蕉美人圖)」 10수에도 파초 아래 다양한 미인들이 등장한다. 명대 문인화들이 파초 아래 사색하는 남성문인의 모습을 자화상처럼 그렸던 것에 비할 때, 이러한 미인도들은 여성인 남성의 공간과 행위를 누리게 된 장면들이라 할 수 있다.

중국에서는 명대에 접어들어 글을 읽고 쓰는 문식(文識)의 여성상이 화면에 등장하였다. 실제로 명청대의 여성예인(女性藝人)의 활동이 활발해지면서 이러한 이미지 창출은 활기를 띠게 되었다. 조선 후기에도 이러한 문사형 여성이미지들을 회화의 화면에 받아들일 수 있는 상황이 마련되고 있었던 것으로 보인다. 조선 후기 윤두서(尹斗緖)와 윤덕희(尹德熙, 1685~1766)가 모두 파초 아래 독서하는 여인상을 그렸다. 박제가(朴齊家)는 시 짓는 모습의 여인이 그려진 작은 부채를 보았으며, 이를 감상하여 읊은 「제시희소선(題詩姬小扇)」의 첫 구절에서 "나는 술 취한 유학자요 협인인데, 그대는 시 짓는 여인이요 선녀로다[我酒儒而俠, 君詩女更仙]"라 하였다. 짐짓 술주정인양 들리지만, 화면 속 여인이미지를 인

도 8. 윤덕희, 〈독서여인도〉, 견본담채, 20 X 14.3 cm, 서울대박물관

도 9. 費以耕, 〈미인박접도〉, 청대 91 x 38.9 cm, 절강성박물관

정해주는 어조는 미인도 감상의 새로운 차원이라 할 수 있다.

조선 후기 중국출판물들의 유입은 더욱 다양한 미인상을 조선에 제 공하고 있었다. 특히 소설삽도(小說揷圖)의 장면을 연상케 하는 미인상들에 대하여 조선 후기 문인들은 지극한 관심을 보여주었다. 애정의 서사물 속에 온갖 사연을 담고 등장하는 미인상들은 색다른 즐거움을 주었기 때문일 것이다. 나비와 희롱하는 미인, 연애의 꿈을 꾸는 행복한 미인, 춤추는 여인, 연애 중인 여인 등 다양하다. 남공철이 「미인호접도」에 부친 시는 나비와 희롱하는 미인의 모습이다.

春園萬花開	봄정원에 꽃이 가득
蛺蝶日來近	나비가 날로 가까이 온다.
美人紅羅扇	미인은 붉은 비단 부채로
巧摺一雙粉	교묘히 한 쌍의 나비의 지분을 희롱한다.

미인과 나비의 희롱장면은 명말(明末) 무림(武林)에서 출간된 『오소집 (吳騷集)』의 삽도 외 명청대 판화와 회화에 널리 그려진 장면이다.[41] 봄 꽃이 피거나 봄버들 늘어진 정경을 배경으로 부채를 든 여인이 한 쌍의 나비를 잡으려듯 희롱하는 장면이다(圖 9).

박지원(朴趾源)은 미인의 모습만 보고 그 내심의 의상을 파악할 수 있어야 한다고 하였다. 그가 열거한 미인들의 모습은, 창틀에 턱을 괴거나, 난간에 기대거나, 수심어려 앉은 등 대개 명대 소설 삽화 여성주인공의 사념적 표상들이다. 이러한 소설 속 이미지는 애틋한 로맨틱 소설의 서사적 줄거리를 배경으로 하고 있다는 공통성을 가지며, 다양한 서

---

41) 중국 撲蝶(나비희롱) 이미지는, Ellen Johnston Laing, "Notes on Ladies Wearing Flowers in their Hair," *Orientations*, 1990, pp.32~39. 참조. Ellen Laing은 중국 황실과 민간의 풍습에 나타나는 봄날 여성과 남성의 짝찾기 의미를 담은 박접놀이와 중국회화사의 박접이미지 연관성을 논하였다. 단, 우리 회화사의 박접이미지는 명대소설 및 명대회화의 박접미인상에서 직접 영향 받은 것으로 보인다.

사 속 여인의 무궁한 마음을 헤아리는 남성의 감상태도가 이와 수반되
었던 것을 엿볼 수 있다.

미인도를 보면서 남녀간 정사(情事)를 갈망하는 태도는 더욱 노골적
으로 표현되고 있었다. 서직수(徐直修)는 미인도를 보면서 아예 운우지
정(雲雨之情)의 몽상에 빠져들었다.

> 含嬌含態雲爲雨   교태로운 자태로, 구름 되고 비가 되어,
> 夜夜陽臺夢幾思   밤이면 밤마다 양대에서 운우지정을 꿈꾸노라.

신윤복(申潤福)의 미인도(圖 10)는 옷고름을 풀어내리는 순간을 포착하
고 있다. 얌전한 모습으로 그려져 있어 묘미를 더하는 이 그림에서, "님
의 눈초리가 짓궂고 날카로와요 이 몸의 허리에서 떠나질 않네요[郎眸
俏以利, 不離儂腰身]"라고 여성화자의 목소리로 읊은42) 조선 후기 남성시
인의 시선(視線)을 읽을 수 있다. 그림 속 여인은 바로 그 눈길 앞에 세
워져 있다.43)

일본의 에도시대 판화물 중에는 미인도가 당시 일본남성의 문방에서
어떤 기능을 하였는지 보여주는 장면이 적지 않다.44) 이 판화물의 내용
이 매우 충격적이라, 조선의 문인에 대입할 일은 아니지만, 조선 후기
시문이나 미인도 이미지의 애욕노출을 고려하면 미인도들이 남성문인
의 사적 공간에 초대되어 그들의 성적 상상을 자극하고 환상을 제공했

---

42) 崔成大(1691~1761), 『杜機詩集』「追補儒州雜曲二絶(補下)」 1首 중, 안대회, 「18세
기 여성화자시 창작의 활성화와 그 문학사적 의의」,『고전문학과 여성화자, 그 글쓰기
의 전략』, 117면에서 재인용.

43) 홍선표, 앞의 글, 59면, 신윤복 「미인도」에서 미인이 비스듬하게 서 시선을 하향하고
있어 관자=남성의 시선을 유인하고 향유케 한다고 해설하였다.

44) Timon Screech, *Sex and the Floating World, Erotic Images in Japan 1700~1820*, Peaktion Books,
1999, pp.13~38. 단정하게 차려 입고 선 '문제가 없어 보이는' 미인도를, 남성들이 벽
에 걸거나 혹은 이불 밑에 깔고 자위를 하는 장면, 춘화를 펼쳐놓고 그를 쫓아 성행위
를 하는 장면의 판화도들이 이 책에 소개되어 있다. 저자는 이 판화도들이 미인도와
춘화를 어리석게 '사용'하는 풍습을 조롱하고 있다고 해석하였다.

을 가능성은 의심되지 않는다.

이러한 조선 후기 미인이미지의 전개 속에서 가장 의미 있는 변화라면, 미인도의 주인공들이 조선화(朝鮮化)되었다는 점이다.[45] 윤덕희의 「독서여인도」는 문사형 미인의 조선화라면,[46] 신윤복 「미인도」는 교태로운 미인의 조선화이다. 조선여성이 등장하고 애정이 좀 더 자유롭게 표현된 미인도의 감상은, 백여 년 전 양귀비나 왕소군을 어루만지던 모호한 감상에 비할 때 커다란 변화이다. 이러한 변화는 조선여인의 체취가 물씬 풍기는 애정한시가 18세기에 널리 시도되었다는 문학사 지형도와 연관을 보여준다.[47] 애정 표현과 주관적 감상, 그리고 조선화(朝鮮化)의 모든 양상은 미인도 감상의 세속화(世俗化)로 범주될 수 있다고 본다. 다양한 여인상을 담은 풍속화(風俗畵)와 춘화(春畵)의 범람은 미인도 감상의 세속화에서도 이해될 수 있다.

도10. 신윤복, 〈미인도〉, 조선, 19세기초, 113.9×45.6cm, 간송미술관

미인도의 세속화가 극에 이를 즈음 고상한 경지의 탈속적(脫俗的) 미학(美學)으로 미인도 향유와 감상으로 방향을 돌리고 있는 문인들이 있었다. 19세기 초 신위(申緯)가 보여준 미인도

45) 이미림, 「근세 미인화의 형성과 성립과정에 대하여— 18세기 한·일 미인도를 중심으로」, 『미술사학보』 25, 2005에서 朝鮮化와 和樣化 등 18세기 한·일 미인도의 自國化를 논하였다.
46) 윤덕희의 「여인독서도」는, 尹斗緖가 중국본을 그린 「美人讀書圖」의 조선화변안물로 해석된다.
47) 안대회, 앞의 글 참조

에 대한 관심과 그의 아들 신명연(申命衍)이 그린 미인도들이 그 예가 될 것이다.

신위는 당위의 미인도 중에서 유독 독서미인(讀書美人)을 골라 보고 거듭 시를 지으며, 그 풍모가 관부인(管夫人. 조맹부의 부인으로 시화에 뛰어남) 같다고 읊었으니, 풍류(風流)의 정(情)을 감상한 존정(尊情)의 감상법과 그 방향이 다르다. 신위가 아껴 소장하고 제화시를 붙인 미인도들은 일체 중국그림이었다. 주방(周昉)이 그렸다고 전하는 미인도(왕소군출새도)는 위작임에 분명하지만, 신위는 그것이 고화(古畵)라는 점과 그림 속 여성 표현의 품격이 높은 점에 가치를 두었다. 신위가 아끼며 시로 읊은 여러 점의 작자미상 고화들은 대개 청대(淸代) 사녀도(仕女圖)였던 것으로 판단된다. 청대사녀도의 특색은 '병태미(病態美)'로 지적되듯 수척한 여성상이 특징이다.[48] 신위는 이 미인들의 힘없는 모습을 묘사하지만, 신위의 감상방향은 초월적(超越的) 고아(高雅)를 향하고 있다. 신위가 장편의 시문으로 「명원도(名媛圖)」를 소개한 것도, 이 명원도가 중국고전의 미인을 주제로 하였고 백묘법(白描法)으로 그려졌다는 점에서 이유를 찾을 수 있다. 백묘법은 채색이 없는 먹선의 기법으로, 북송대 이래 줄곧 고전적 스타일로 문인화법으로 인정받고 있으며, 백묘미인화는 명청대 유행한 문화인스런 미인도였다. 신위는 아들 신명연에게 이를 옮겨 그리도록 하였다.[49] 신위의 이러한 미인도 감상경향은 탈속적 탐미를 지향한 신위의 미의식을 반영하며, 서권기(書卷氣)의 지향을 표방하는 19세기 문인들의 회화미학에 부합한다. 아울러 조선 후기 미인도 감상의

---

48) 청대미인도의 쇠약함의 특성은 중국회화연구자들이 거듭 인정한 바이나, 그 내용에 대한 논의는 미비하였다. 최근의 연구에서, 문학과 희곡에서 만연하였던 여성유령이야기와 연관성을 시도하였다. Judith T. Zeitlin, "The Life and Death of the Image", *Body and Face in Chinese Visual Culture*, 2005, pp.229~256. 이 연구는, 상사병으로 죽어가는 여인초상이 사후 유령재생의 결정적 매개체가 되는 스토리 속에서 미인도는 곧 유령이미지와 상통하고 있음을 밝혔다.

49) 신위의 미인도 감상에 관한 자세한 논의는, 고연희, 「申緯의 繪畵觀과 19세기 회화」 『19세기 문화지형도』, 한양대 출판부, 2006, 1~18면.

세속화로부터 벗어나 미인도를 향유할 수 있는 탈속의 감상코드를 마련하였다는 점에서 의미를 가진다.

5. 맺음말 – 미인도 감상의 안과 밖

이상으로 조선시대 문인들의 미인도 감상의 전개상을 살폈다. 각 시기마다 미인도 감상의 원칙과 담론이 이루어졌고 이에 의거하여 미인도 이미지가 해석되고 감상되었다. 또한 각 시기별 제화된 미인도의 화면 또한 유행이 달라지는 것을 볼 수 있었다.

대체적 흐름을 요약하면 다음과 같다; 선초의 관각문사들은 긍정적 세계관으로 이상적이고 몽상적 미인상을 즐겨 감상하였다. 그러다가 15세기 중반 세종의 어명은 양귀비도를 교훈적으로 받아들이라 하고 이가 성종으로 이어지면서, 미인도 그림에 관련한 시문들은 교훈적 감계를 보여주는 데 주력하였다. 16세기에 미인도 감상의 시문은 현저하게 줄면서 사림학자들은 명비출새의 행렬장면으로 미인화 감상을 대신하였다. 감상의 주제도 왕소군의 억울하고 슬픈 사연이었다. 전란을 거치면서 16세기 말부터 순수한 미인을 그린 미인도에 대한 기록이 갑작스레 터져 나오고 감계의 과거사는 잊은 듯 미인의 애정과 문인 자신의 욕정을 드러내는 감상시문을 짓기 시작하였다. 이러한 미인도 감상의 변화는 18세기로 이어지면서 문사형 미인, 호색적 미인, 또한 조선의 미인으로 다양화되면서 미인도 감상의 세속화가 진행되었고, 한편 19세기로 접어들 무렵 탈속의 탐미를 지향하는 일부 문인들이 고아한 중국의 옛 미인이미지로 관심을 돌리고, 청나라 사녀화의 청수한 이미지를 감상하는 경향을 보여주었다.

감상코드의 변화는 뜻 외로 선명하게 드러나는 것을 볼 수 있었다. 그것은 잘 알려져 있는 조선시대 문학사상사의 흐름과도 대체로 부합하였다. 이러한 결과는 감상의 흐름을 크게 살핀 소치일 수도 있겠지만, 조선시대 문사들의 미인도 감상시문이 각 시기 마다 일정한 코드에 의해 조준되었던 것은 명백한 사실로 보인다. 미인도란, 일정한 시대적 코드를 넘어선 개인감상의 차이, 즉 표명된 글과 내면 감상의 격차가 큰 회화이기에, 코드의 변화가 오히려 정확했던 것이 아닐까 사료된다. 거칠게 말하자면, 미인도는 남성을 혼미하게 하는 그림이기에 감상문을 쓰기 위하여 그들은 정신을 단속하고 코드에 맞추는 과정을 거쳤을 것이란 뜻이다.

논의를 마치며 남는 글을 더하자면, 미인도 감상의 본질적인 안과 밖은 화가의 제작과 문인의 감상과 그 표현의 거리에 놓이는 것을 고려하게 된다. 예컨대 「명비출새도」를 좋아하였던 문인들은 그녀의 의리와 비운에 대한 절감을 내세웠지만, 화가는 문인들의 감상 안목에 들 왕소군의 얼굴과 신체에 심혈을 기울여 고운 자태로 그려야 했을 것이다. 마찬가지로 성종이 하사한 미인도들이 관미(觀美)가 아닌 성색의 경계(警戒)로 표방되기 위하여 그 미인도에는 경계할 만한 아름다움이 정성스럽게 그려져야 했을 것이다. 그리하여 기본적으로 미인을 경계삼노라고 미인도를 바라볼 때조차도 미인의 고운 자태를 바라보는 지극한 관심과 시선이 그 안에 도사릴 수밖에 없었을 것이다. 이것이 본질적 안과 밖을 이루리라 본다.

따라서, 문방에서 미인도를 펼치는 욕망과 미인도를 문방에 걸지 말라는 거듭된 경계심은 남성의 내면에서 벌어진 진실한 갈등이었던 것으로 판단된다. 양귀비의 농염함을 보면서 교훈만을 주제로 표명할 때, 17세기 미인도를 보며 애정중시의 글짓기를 감행할 때, 다시 미인도 세속화에 제동을 걸고 고상한 미인상들만 중시할 때의 갈등이다. 이는, 남성문인들이 실제로 체험한 여성상과 글로 남긴 여성상 사이의 간극 및 갈등의 구조와[50] 유사하다. 그런 한편 실제 여성과 그림 속 미인은 그 존재상이 달라서 여협도을 펼쳐놓고 "남자도 하기 어려운 일을 여자가 어찌"라는 생각에 이르는 순간 여협이라는 주제의 미인도의 해설은 방향을 찾지 못했다.

본고를 마치며 남은 아쉬움은, 조선시대 전체의 감상 전개상을 살피느라 세밀한 부분을 놓친 점이다. 예컨대 조선시대 전반에 걸친 양귀비와 왕소군에 대한 관련된 갈등과 정치성, 조선 후기 풍속적 미인도와 결부된 다양한 관점들은 좀 더 심도 있는 고찰이 가능하기 때문이다.

---

50) 남성문인들이 여성인식 및 표현에 나타나는 본질적 갈등구조는, 남성문인학자들의 시문을 대상으로 분석한 『우리 한문학사의 여성인식』(이혜순 외), 집문당, 2003에서 전반적으로 발견된다.

김홍도(金弘道), 『병진년화첩(丙辰年畫帖)』 중 〈도선도(渡船圖)〉 부분, 삼성리움

이안눌 한시에 나타난 인문지리적 인식

배주연*

1. 머리말

　동악 이안눌(1571~1637)은 16세기 후반에서 17세기 전반기를 살았던 문인으로 이 시기는 이른바 목릉성세로 일컬어지며 다수의 걸출한 인물들이 활동하였던 시대였다. 목릉(선조)의 시대에는 수많은 문인들이 배출되었으며, 이 가운데에서도 특히 이달·최경창·백광훈 등을 이어 권필과 이안눌·이식 등이 최고의 시인[1]으로 칭도되었다.[2]

* 이화여대 국문과 강사.
1) 임숙영이 동악을 대상으로 716운의 장편시인 「述懷」를 쓴 사실에서도 당대의 문인들 사이에서 이안눌의 문력은 크게 인정받았음을 짐작할 수 있다.
2) 金萬重, 『西浦漫筆』. "權汝章以布衣之雄起矯之 採拾唐宋 融冶雅俗 磨礱刷冶 號稱盡美 東岳和之 加以富有 澤堂嗣興 理致尤密 遂使殘膏剩馥 沾丐至今 可謂盛矣", 또 동악은 권필과 정두경 그 우열이 논해지기도 하였다. 같은 책. "近來洲岳溟三家

이안눌은 덕수 이씨 가학의 전통을 받아 증조 이행과 재종질인 이식을 잇는 가교의 역할을 하였으며, 율곡 이이 또한 덕수 이씨로 동악에게는 삼종숙이 된다. 또한 교유한 인물들과 관계되는 차운시·증별시 등이 전체 시 중에서 천여 수로 등장하는 인물도 200여 명에 이른다. 관직에 나가기 전, 동악시단을 만들어 그가 거처하였던 청학동 낙선방의 묵사동 동원에서 당대의 명사들과 시문을 수창하며 우의를 다졌는데, 특히 권필은 두 살 위였지만 동악과 등제 이전부터 가장 막역한 벗이었다. 석주와 동악이 서로를 생각하며 지은 시가『석주집(石洲集)』에는 39수,『동악집(東岳集)』에는 83수가 수록되어 있다.

『동악집』3)의 편차방식은 작자가 외직이나 지방에서 일을 보는 임시직을 맡은 기간에 쓴 시를 한 권으로 묶어 그것을 시대 순으로 합한 방식을 택하고 있다. 창작의 시공간을 중심으로 합한 방식을 취한 이안눌의 자편고는 철저한 '일관일록(一官一錄)'의 원칙하에 만들어진 문집이라는 점에서 주목된다. 이와 같은『동악집』의 연대별·시간별 체제는4) 작

相繼而興 談藝者 各有所主"

3) 본고는 민족문화추진회에서 영인한『東岳集』(『韓國文集叢刊』 78)을 논의의 대상으로 하며, 이하 출전을 밝힐 때 문집의 권수, 권명, 면수(原集의 면수)를 적기로 한다. 한시의 번역은 이안눌, 이필영 역, 김종섭 교열,『국역 동악 선생집』 Ⅰ~Ⅳ, 덕수이씨 문혜공파종회, 2003을 참고하였다.
　　『東岳集』의 권1에서 권21까지는 그가 외직으로 나가 있을 때와 유배시에 지은 시작품들을 권별로 묶은 것이고, 권22와 권23은 벼슬에서 잠시 물러나 있거나 내직에 있을 때 지은 시작품들을 수습한 것이다. 권24는 集子體이고, 권25는 賦鈔이며 권26은 산문모음집인 雜著鈔이다. 「續集」은 벼슬하기 전 작품이 수록된 未釋褐時의 시편과 그에 대한 동시대인들의 輓詞와 祭文을 모은 별록과 행장, 신도비명, 지명 등을 모은 부록으로 되어 있다. 이상 이안눌의 詩作은 권23까지의 시와 속집의 未釋褐時의 시편을 합해 모두 2913題 4379首이다.
4) 이안눌은 전라도의 錦山郡守로 있을 때(1611~1613) 증조인 용재 이행의 문집인『容齋集』을 중간하였는데, 이러한 구성은 이때 익혔던 방식인 듯하다. 이행의『容齋集』은 원집 10권과 外集으로 이루어져 있는데, 권3까지는 시작품을 시체별로, 권4에서 권8까지는 仕宦時와 謫居時에 지은 시작을 시대순으로 권10까지는 散文碑誌類를 모아 편찬하였다. 이중 권1~3과 권9~10은 이안눌의 父인 李洞이 수집 편성하였고, 권4~8은 이행 자신이 편성한 것이다(『韓國文集叢刊』 20의『容齋集』해제 참고).

자의 행적을 쉽게 알 수 있게 하는데, 이러한 체재는 전 시대는 물론이
거니와 동시대의 문인인 권필이나 신흠·장유의 문집 체제가 모두 시
체별로 묶였던 것과 비교해보면 그 특징이 더욱 두드러진다.[5]

이에 본 연구는 각 지역의 부임지(赴任地)에서 겪은 체험을 근거로 하
여 창작된 동악 이안눌 한시의 인문지리적 특성을 주목하여 그의 시세
계를 살펴보고자 한다.『동악집』의 특이한 편차방식으로 인하여, 각 권
에 실린 작품에 대한 면밀한 고찰을 통해 그가 경험하였던 부임지의 풍
토와 인물·역사·풍속 등 그 지역의 생활 문화적 특색을 살펴 볼 수
있을 것이다.

이안눌은 평생 변방지역의 지방관과 두 번의 명나라 사신행, 5년여의
유배생활 등, 넓은 지역에서의 다양한 체험을 하였으며, 이를 바탕으로
각 지역의 기후와 풍토, 지형을 노래한 시편과 역사·풍속을 시화한 작
품도 상당수이다. 따라서 본고에서는 그의 한시가 지역과 관련된 토풍
민물을 서정화하여, 당시 생활 문화의 일면을 보여주는 인문지리적 인
식을 보여준다는 점에 주목하여 그 특성을 고찰하고자 한다.

---

5) 정사룡의『湖陰雜稿』는「玉堂錄」·「觀省錄」·「宜春日錄」·「北上錄」·「朝天錄」·
「新安日錄」·「雜錄」·「洪陽錄」·「省墓錄」·「庚子錄」·「癸卯酬唱錄」등과 같이 시
간 배경과 공간 배경을 섞어 창작시기 순으로 배열되어 있으며, 이정구는 자신의 시를
「戊戌朝天錄」·「甲辰朝天錄」·「丙辰朝天錄」·「庚申朝天錄」·「三槎酬唱錄」·「東
槎錄」·「儐接錄」·「廢逐錄」·「倦應錄」으로 나누어 주로 사행과 빈접을 중심으로 편
차하였다.
　『韓國文集叢刊』의 문집 자료를 대상으로 볼 때, 유몽인의『於于集』은 창작 배경으
로 나뉜 듯하지만 편찬 시기를 알 수 없어 제외한다면 당시까지는 이 두 문집만이 유
사한 편차이다. 그러나 그 대상 지역의 다양성과 대상 작품의 방대한 양에 있어서『東
岳集』의 의미는 단연 탁월하다 할 수 있다.

2. 인문지리적 인식의 배경

한시 작품을 통한 고찰에 앞서, 이 장에서는 이안눌의 시세계에서 보이는 인문지리적 성격을 설명할 수 있는 배경적인 측면을 몇 가지로 나누어 살펴보고자 한다.

첫째, 다른 문인과는 변별되는 이안눌 자신의 삶과 관련된 특수한 경력을 들 수 있다. 그의 생은 등제 이후 거의 외직으로 전전했던 관리의 삶으로, 관할지의 지방관을 수행하거나 어사로 지역을 순찰하거나 감독하는 벼슬을 역임하였다. 재임하였던 지역을 구체적으로 살피면, 함경도의 단천, 경성, 함흥, 경상도의 동래, 경주, 전라도의 금산, 담양, 경기도의 강화, 그리고 충청도의 홍주의 지방관과 관찰사와 평안도의 재산안핵어사를 역임하였고 유배지로 강원도 홍천에서 생활하였다.

신경준의 『도로고』에 따르면 조선 팔도는 6대로로 연결되었는데, 이는 의주 제1로(서울~창성), 경흥 제2로(서울~삼수), 평해 제3로(서울~정선), 동래 제4로(서울~기장), 제주 제5로(서울~남해~제주), 강화 제6로(서울~교동)의 여섯6)이다. 이를 근거로 한다면, 이안눌은 두 번의 사행 중에 의주로를 거쳐 중국에 간 것을 포함하여 제주도를 제외하고 대로로 연결된 전국의 각 지역에 걸쳐 지방관을 역임하였음을 알 수 있다. 이는 전국의 8도7) 중, 황해도를 제외한 7곳의 관리를 맡은 것으로, 지방관으로서 가진 각 지역에서의 다양한 경험은 당시가 16세기 후기였음을 고려할 때, 매우 특수한 상황이었음에 틀림없다. 이러한 점은 문학 전반에 반영되

---

6) 심경호, 『한시기행』, 이가서, 2005, 21면.

7) 조선 초기 1413년(태종 13년)에 전국을 경기·충청·전라·경상·강원·황해·평안·함경도의 8도로 나누었다. 훗날 1896년(고종 33년)에 13도로 개편하였다. 조선 팔도는 驛路와 水路로 연결되었다. 조선시대에는 특히 역이 발달하였다. 『세종실록』 지리지에는 480여 개, 『경국대전』 吏典 外官職에는 540여 개로 나타난다. 심경호의 앞의 글 참고

어 작자가 경험한 다양한 부임지(赴任地)체험과 관련된 작품의 저작 배경을 고려하여 범주화할 수 있는 가능성8)을 열어주었다.

둘째, 전란 후 국토 산하와 민족의 역사에 대한 관심의 고조를 들 수 있는데, 이는 그 시대적 상황과 연결되어 장편고시의 확대, 차천로의 『악부신성』을 비롯한 악부시집의 편찬, 연이은 사서의 간행과 그 맥락을 같이 하는 것으로 볼 수 있다. 미증유의 전란 체험으로 인하여 더욱 촉발된 민족사와 국토에 대한 의식이 더욱 강화되어 이 시기는 지식인들 사이에서 민족사와 인문지리에 대한 관심이 고조되었던 때였다. 임·병 양란의 체험, 광해의 폭정과 인조반정 등 지속되는 국내외의 불안한 정세 속에서 이제 단순한 관심의 차원을 넘어 비판적인 의식 하에서 역사를 주목하게 되었다. 이전 시대의 사찬 사서가 주로 훈육적인 목적 하에서 『동국통감』의 내용을 요약하는 사략(史略)형으로 이루어졌던 것에 비하여 17세기에는 사론을 확장함으로써 편찬자의 시각에 따라 역사를 재편성하려는 노력이 강조되었다.

이러한 사회적 배경 속에서 이안눌이 22세의 나이로 겪었던 전란으로 전국에 걸쳐 황폐화된 국토 산하를 대하는 태도는 남다를 수밖에 없었을 것이다. 유린된 산하를 바라보는 비장한 시선은 예리하였으며, 민족의 생활공간에 대한 애착은 그것이 지닌 역사적 의미까지도 되새기게 하였던 것이다.

셋째, 지지(地志)를 치정의 한 방편으로 인식한 관인문학으로서의 자각을 들 수 있다. 조선의 지리지(地理志)의 편찬은 세종 때부터 시작되었다고 할 수 있다. 『세종실록』의 지리지 편은 행정·경제·군사·사회·예속·자연환경 등을 대상으로 하였으나 그중에서도 행정·경제·군사

---

8) 관할지의 민풍에 대한 관심은 주로 「홍양록」·「내산록」·「담주록」·「강도록」 등을 중심으로, 민족 역사에 대한 회고 등을 통한 고유지명·인명의 차용은 주로 「금계록」·「월성록」·「동사록」을 중심으로 살필 수 있었다. 체험과 관련된 창작의 시·공간과 연계하여 인문지리적 특성을 파악하고, 나아가 한시에 차용된 각 지역의 명소와 관련된 인문지도의 작성을 시도해보는 것도 의미 있는 작업일 것이다.

면에 큰 비중을 두어 왕조 초기의 통치 질서 확립의 기초 작업으로서 국가적 현실 파악에 역점을 두었다. 이어 성종 8년에 편찬된『팔도지리지』와 성종 12년과 16년에 편찬된『동국여지승람』은 연산군 5년에 개선되고 중종 26년 증보되어 전해지는데, 이안눌의 이러한 지지(地志)에 대한 관심은『증보동국여지승람』[9]의 찬수를 맡았던 증조 이행이 끼친 가학의 전통과도 연결된다고 하겠다.

이후, 17세기 전반에는 이수광이『승평지(昇平志)』를 통해『승람』류의 편목에 세종대 지지류의 것을 크게 보강하는 형태의 지방지를 만들었다. 이외에도 이준의『일선지(一善志)』, 정구의『함주지(咸州志)』등도 그 대표적인 예로서 이들은 현전하는 조선조 지방지 가운데서 가장 내용이 충실한 것이라 할 수 있다.

또 이 시기까지 축적되어온 농촌의 생활고와 법제의 폐단 역시 이러한 관심 고조의 배경으로 지적된다. 왜란으로 유린된 국토를 보고 한백겸(1550~1613)은『동국지리지(東國地理志)』에서 고대로부터 고려시대에 걸쳐 강역과 군사적 요충지인 관방의 소재, 대외적 전투의 격전장 등에 대하여 연구를 하였는데, 역사와 지리에 대한 관심이 결합된 형태인 역사지리서가 비로소 등장하게 되었던 것이다.

넷째, 여러 시화에서 기한범두(基韓範杜)의 시학과 두시(杜詩)를 만 삼천독 했다는 이안눌에게 있어 두시의 영향은 결코 간과할 수 없을 것이다. "안사의 난을 겪은 두보는 성당풍의 변격으로 전통적인 시가의 울타리를 벗어나 널리 취하고자 하여 민간의 속어와 민가풍을 시 속에 넣는 시도를 하였다. 경사(經史)의 전문서적, 제자백가서, 도장불전, 잡설필기에 보이는 제재, 일상생활, 민간 풍속, 시정잡희, 종교 신화 중에서 사람이 겪지 못했던 의상, 변문과 속창의 변려문과 산문으로 엇섞인 기자

---

9) 그러나 이러한 與地志類는 人文面에서의 자료를 확충하였으나 경제와 군사 관련 내용이 상대적으로 격감한 단점을 드러내었으며, 이는 貢賦·課役 체계의 문란을 예고하는 것이기도 하였다.

경구, 연구창화, 보운수답에 이르기까지 모두를 시가창작 속에 귀납하였다[10]"라고 한 기록에서 보이는 두보 시의 특징은 그의 시를 전범으로 삼았던 이안눌에게도 큰 영향을 끼쳤음을 짐작할 수 있다.

또 이와 관련하여 명 복고파들은 두보의 웅장한 시를 흉내 내 기세를 강하게 하려하였으니 그때 가장 손쉬운 방안이 인명과 지명을 시어로 구사하는 것이었다. 성당(盛唐)의 시인들이 지명의 구사를 즐겨해 시의 기상을 높였는데, 명 의고파들이 성당의 시를 배울 때 이를 첩경으로 여겼던 것으로 이른 바 '여지지지(輿地之志)'가 이러한 시풍의 단적인 예이다.[11] 우리나라에서도 명대의 복고파를 배운 시인들은 고유명사를 적극 구사하고 있음을 알 수 있는데,[12] 이러한 여러 복합적 요인들이 작용하여 이안눌의 인문지리적 관심이 촉발되었던 것으로 볼 수 있다.

3. 인문지리적 인식의 전개 양상–생활 문화에 대한 여지지적(輿地志的) 기록

각 지방의 경관은 지방민의 삶과 더불어 끊임없이 변모되어왔다. 하지만 그 경관을 한시로 표현하는 일은 중앙의 관리로서 지방에 부임하거나 여정 행로상 경류한 시인들, 혹은 유배된 시인에 의하여 '발견'되

---

10) 陳伯海, 이종진 역, 『唐詩의 이해』, 2001, 236면 참조 이 책의 저자는 두보를 안사의 난을 기준으로 그 이후 활동하였던 시인으로 보아 중당기에 속한 작가로 분류하여 논의하였다.

11) 이러한 설명은 錢鍾書의 『談藝錄』, 중화서국, 1986 도처에 보인다. 특히 「七律杜樣」·「詩中用人地名」 부분에 자세하다. 이종묵, 「16~17세기 漢詩史 연구–詩風의 변화 양상을 중심으로」, 2000, 91면 참조

12) 전종서의 앞의 책에 따르면 강서시파는 이 같은 지명을 시어로 즐겨 구사하지 않았다고 했는데, 우리나라에서 강서시를 배운 해동강서시파는 지명이나 인명·관명 등 고유명사를 즐겨 구사해 새로움을 추구했다는 점에서 차이가 있다.

는 일이 많았다.[13]

이안눌은 등제 이후 거의 외직으로 전전했던 특수한 관력으로 인하여 그 당시의 다른 문인과는 변별되는 각 지역에서의 다양한 문화 체험을 할 수 있었다. 지방관을 수행하거나 어사로 지역을 순찰하거나 감독하는 벼슬을 역임하여, 등제 이후 서울에서 기거하였던 기간을 모두 합하여도 겨우 2년 정도밖에 안 된다. 앞서 살펴본 바와 같이[14] 그는 전국의 8도[15] 중, 황해도를 제외한 7곳의 걸쳐 관리를 맡았는데, 지방관으로서 가진 각 지역에서의 다양한 경험은 당시로서는 매우 특수한 경우였다. 정치적인 연유를 무시할 수 없지만 인조반정 이후 중앙의 내직이 아닌 제주목사를 자청하였던 점[16]도 각지에 대한 특수한 문화 체험에 대한 관심의 반영이라 할 수 있다. 그는 지형과 기후·역사 등에 대하여 특별한 관심을 가지고 이를 상세히 시화하면서 여지(輿地)에 관한 각별한 관심을 시로써 표출하고 있으며, 스스로도 이를 "여지지체(輿地志體)"[17]라고 언급하였다.

따라서 본고에서는 이안눌 시세계의 한 특징을 여러 지역의 부임지

---

13) 심경호, 「한시와 국토산하」, 『한국 한시의 이해』, 태학사, 2000, 70면.
14) 재임하였던 지역은 함경도의 단천, 경성, 함흥, 경상도의 동래, 경주, 전라도의 금산, 담양, 경기도의 강화, 그리고 충청도의 홍주 지방관과 관찰사와 평안도의 재산안핵어사를 역임하였고 유배지로 함경도 경성과 강원도 홍천에서 생활하였다.
15) 조선 초기 1413년(태종 13년)에 전국을 경기·충청·전라·경상·강원·황해·평안·함경도의 8도로 나누었다. 훗날 1896년(고종 33년)에 13도로 개편하였다. 조선 팔도는 驛路와 水路로 연결되었다. 심경호의 앞의 글 참고
16) 「行狀」. "당초 공은(인조반정의) 원훈들의 밀모를 미리 들었으나 접반사의 임무를 이유로 사양하였고 조정에 돌아와서는 공도 없으면서 원훈에 빌붙는 것이 껄끄러워 다시 병을 핑계로 사직하고 한가롭게 지냈다. 마침 제주목사의 결원이 생기자 공은 이조의 전랑에게 "이러한 새로운 정치를 맞이하여 일도 없이 녹을 받을 수 없으니 제주도의 목민관을 맡아 피폐한 백성들을 회생시키는데 최선을 다하겠다"라고 말했는데 이조의 관원들은 공이 내직에 불만이 있어서 이러한 말을 낸 것이 아닌가 하고 의심을 하게 되었고, 비방이 이로부터 일어나게 되었다."
17) 「次使相韻效輿地志體」. "龍灣館裏逢寒食 鴨綠江邊多北風 忽憶去年痲浦月 一樽留醉廣陵翁"

(赴任地) 체험을 통한 생활 문화에 대한 기록이라는 점으로 보고, 그 전개 양상을 살펴보고자 한다. 본 논의에서 지리에[18] 대한 개념 규정은 동양적 의미의 개념이며 이는 "지리란 땅의 높낮이, 넓고 좁음의 상태, 인간이 거주하는 땅의 위치와 모양, 강과 바다와 산악의 소재, 도읍의 배치 등을 연구하는 학문"이라고 한 범주를 따른 것이다. 따라서 인문지리적 인식이란 인간의 생활 문화와 관련된 각 지역의 역사와 지리적 특성, 풍토, 토지 이용 등과 관련된 제반사항을 다룬 것으로 볼 수 있다.

---

18) 서양의 지리학은 자연지리학과 인문지리학으로 대별되는데, 인문지리학 사전을 보면 "인문지리학이란 인간에 의해 창조된 환경을 연구하는 학문으로서, 그 연구 분야에 따라 사회지리학, 인구지리학, 도시지리학 · 경제지리학 · 정치지리학 · 문화지리학 · 역사지리학 등으로 세분된다"고 정의하고 있다(Johnston, R. J. et al., *dictionary of Human Geography*, New York The Free Press, 1981, pp.153~155; 일본지리연구소, 『지리학사전』, 이궁서점, 1981, 354~355면). 그러나 동양의 전통지리사상은 일찍이 천문학과 함께 고대 중국에서 발달해왔다. 중국인들은 "지리란 땅의 높낮이, 넓고 좁음의 상태, 인간이 거주하는 땅의 위치와 모양, 강과 바다와 산악의 소재, 도읍의 배치 등을 연구하는 학문"이라고 하였다. 한편 이중환은 택리지 卜居總論의 절 하나를 '지리'라 하여 "지리란 주로 지형을 연구하는 것임을 밝히고 있다[何以論地理 先看水口 次看野勢 次看山形 次看土色 次看水理 次看朝山朝水]." 다시 말하면 지리란 땅의 이치를 깨닫고 인간 생활과 관련된 주변 자연인 지형 · 토색 · 수리를 살펴 실생활에 도움을 얻을 수 있는 분야로 보았다. 그러므로 동양의 지리학에서는 자연지리와 인문지리를 명확하게 구분 짓는 경우가 드물었다. 서양인들과 달리 우리 선조들은 땅을 생적 및 동적인 존재로 인식하고 인간을 땅으로 대표되는 자연의 일부라고 생각해왔던 것이다. 따라서 이를 통하여, 인간 생활과 관련된 각 지역의 지형, 풍토, 역사 등에 관한 정보를 얻었으며, 인간과 자연환경과의 상관성을 어떻게 연결시키는지 파악할 수 있었던 것이다.
　　조선시대에 『세종실록지리지』 · 『동국여지승람』 · 『도별지리지』 등 비교적 많은 수의 지리서가 편찬되고, 조선 후기 실학사상이 발달되면서 지리학에 관한 저서가 많이 출판되었는데, 대표적인 것인 『택리지』이다. 이 책은 지역의 역사와 지리적 특성, 토지 이용, 인간과 환경과의 상호작용 등 여러 가지 지리적 현상 들을 종합적으로 정리, 설명한 것으로 대표적 인문지리서로 볼 수 있다. 최영준, 「擇里志－한국적 인문지리서」, 『진단학보』 69, 1990, 169면.

1) 토풍민물(土風民物)에 대한 관심

동래에 부임한 다음 해인 1609년 3월 11일, 비가 많이 오고 세찬 바람이 샘물까지 얼어버릴 정도로 갑자기 추워지고 이틀간 낮에 해를 보지 못할 정도의 악천후 속에서 지은 다음 작품에는 지역의 기후에 대한 묘사가 자세하다.

嶺南風土本炎蒸	영남의 풍토는 본디 무더운데
瘴毒凌冬海霧凝	장독은 겨울이 지나도 바다 안개 엉기네
初怪仲春天大雪	처음에는 중춘 하늘 눈 오는 것을 괴이하게 여겼는데
却驚三月水徵氷	도리어 삼월에도 얇은 얼음 어는 것이 놀랍네
青陽慘凜乖常序	봄날 추위 혹독하니 계절의 질서에 어긋나고
白日幽陰表咎徵	한낮에도 어둑하니 천벌의 징조 나타나네
憂國感時心緒亂	나라와 시대를 근심하니 마음이 심란하여
小齋癡坐似寒蠅	작은 서재에 멍하게 앉았으니 겨울날 파리 같구나[19]

동래부사 재임시에 쓰인 작품으로 남단 끝에 위치한 동래에서 겨울이 지나 중춘이 되어 닥쳐온 추위에 대한 놀라움을 표현한 시이다. 수련과 함련에서는 본래 무더운 영남이지만 중춘의 하늘에도 눈이 오고 삼월에도 얇은 얼음이 어는 동래의 기후에 대하여 묘사하였다. 추운 날씨에 관한 작자의 근심은 이에 그치지 않고 경련과 미련에서 인간사에 대한 근심으로 이어진다. 봄날이 따뜻하지 않고 추운 것이 계절의 질서에 어긋나는 것처럼 나라의 상황도 평화롭지 못하고 이에 따른 목민관으로서 백성을 근심하는 마음으로 이어져 편하지 않은 심정이 된 것이다. 결국 어찌할 수 없는 자신의 나약한 처지를 돌아보고 "사한승(似寒蠅)"이라 표현하고 있다.

---

19) 『동악집』 권8 「萊山錄」 「三月十一日曉大雨 及午乍晴 北風振地 徹夜不止 十二日朝 天氣凜冽 泉水徵凍 至十三十四日 雲陰晝暗 不得見日」.

전체가 두 부분으로 나뉘어 수련과 함련은 남방의 풍토와 특이한 기후에 대한 묘사이고 경련과 미련은 이러한 자연의 질서와 연관된 인간 세상에 대한 근심을 표현하고 있다. 동래의 풍토를 다루고 있으나 시상의 전개를 볼 때, 그가 단순히 동래 기후에 대한 기록 자체만을 의도한 것은 아니다. 전반부의 풍토경과 특이한 계절적 현상은 후반부에서 작자가 표현하고자 하는 우국의 심란한 마음과 자연스럽게 연결되는 것이다. 즉, 이러한 시상의 연결은 수련과 함련에서 보인 풍토경에 대한 기록이 단순한 서경에 그치는 것이 아니라 경련과 미련의 시사에 대한 예리한 비판을 드러내기 위한 작가의 의도에서 비롯된 것이라 하겠다. 특히 이와 같이 관할지의 인문지리에 관한 제반사항을 자신의 시정과 정치하게 연결시킨 짜여진 시상의 구도는 젊은 시절 쓰여진 작품에서 더욱 돋보인다. 다음의 「영영남풍토(詠嶺南風土)」에서도 영남의 풍토와 기질적 성향에 대하여 언급한 후, 같은 기법으로 자신이 표현하고자 하는 시상을 전개하고 있다.

嶺南文獻地	영남은 문화의 땅이라
民朴土風淳	백성 소박하고 풍토도 순하네
篁竹村村碧	대나무는 마을마다 푸르고
叢梅岸岸新	매화는 강 언덕마다 새롭네
野氓崇俎豆	농부는 제사를 받들고
鄕塾盛簪紳	시골 서당에선 사대부가 가득하네
曾擬閑居賦	「한거부」를 지을 만하나니
移家托里仁	집을 옮겨 인의로운 마을에 기탁하리[20]

1607년 2월 동래부사로 부임하면서 지은 첫인상을 읊은 시로, 동래 지역의 풍토·문화·풍습에 대한 관심을 시화하고 있다. 수련에서는 영남지역이 문화의 땅이며 풍토가 순박하고 백성이 질박하다고 하면서

20) 권8 「萊山錄」, 「詠嶺南風土」, 5면.

사람들의 기질적 성향에 대하여 묘사하였다. 함련은 자연 경물에 대한 묘사로 푸른 대나무와 붉은 매화의 선명한 색채를 대비시키고 있다. 경련과 미련에서는 다시 제례를 중시하고 향학열 높은 고을서당 분위기를 '이인(里仁)'[21]의 고사를 써서 그 곳의 인후한 풍속을 묘사하고 있다.

이 시도 역시 전반부에서 영남을 "문헌지(文獻地)"라거나 "토풍순(土風淳)"이라 묘사한 것이나 죽, 매에 대하여 묘사한 것은 후반부의 「한거부」를 지을 만하니 집을 옮겨 인의로운 마을에 기탁하고 싶다는 자신의 심정을 더욱 효과적으로 형상화하는 수법으로 작용하고 있다.

「식왜귤(食倭橘)」은 동래 지역의 풍물에 관한 것으로 귤이 자라는 과정과 그 유래에 대하여 언급한 작품으로 쉽게 접할 수 없는 남방 기후의 정취를 느끼게 한다.

金橘冬初熟	금귤이 겨울에 처음으로 익으니
垂珠蠻顆黃	구슬을 드리운 듯 만 가지 알갱이 누렇네
遠隨蠻子舶	멀리 오랑캐의 배를 따라와
寒着洞庭霜	추위에 동정의 서리를 맞네
帶葉疑新摘	잎 달려 있어 새로 딴 것 같은데
開筩認異香	꼭지 여니 색다른 향기 알겠네
平生陵績意	평생 능적의 뜻
海上愧先嘗	바닷가에서 부끄러이 먼저 맛보네[22]

동래부사로 재임 중 쓴 작품으로, 귤이 자라는 과정과 그 향기로움에 대하여 말하고 있어 남쪽 기후의 특색을 보여준다. 귤을 먹으면서 느끼는 신비감과 함께 귤의 외형·색깔·익는 시기·가져온 장소 등을 상세히 설명하고 있다. 금귤이 처음으로 익는 시기는 10월 중순으로 절기

---

21) 『論語』의 「里仁」편에 "공자가 말씀하시길 마을이 어짊이 아름다움이 된다고 하니, 가려서 어진 데에 갈지 아니하면 어찌 지혜를 얻겠느냐[子曰 里仁爲美 擇不處仁 焉得知]"라는 말이 있다.
22) 권8 「萊山錄」, 「食倭橘」, 22면.

상 겨울에 속한다. 수련에서는 나무에 귤이 맺힌 모습을 묘사하고 함련에서는 '원수만자박(遠隨蠻子舶)'이라 하여 귤이 일본에서 유래했음을 알수 있다. 이는 해안지역의 특색을 나타내며, 또 일본과 인접한 지형적 특징으로 인해 접할 수 있는 새로운 경험이었을 것이다. 경련에서는 금귤의 모양을 자세히 살피며 껍질을 벗겨 귤의 향기에 처음으로 경험하고 놀라는 모습을 상상할 수 있다. 다른 지역에서는 볼 수 없었던 금귤을 접하고, 색다른 산물을 맛보는 것에 대한 작자의 기쁨과 놀라움이 배어 있다. 동래 지방이 해안에 인접한 지형적 조건으로 일본과 교류하였고 그로 인해 당시 다른 지방과는 다른 특이한 토산품이 있음을 보여주는 자료로서의 가치를 지닌다 하겠다. 동래 인근의 자연풍토와 생활풍속을 담은 작품으로 그 지역이 갖는 특수한 배경 및 지방의 색채가 두드러진다.

四塞千重巇	사방이 천 겹 산자락으로 막혀있고
中開百里郊	가운데 백 리의 들판이 열려 있네
水田皆種稻	논밭은 모두 벼를 심었고
山店半編茅	산 주막은 반 쯤 띠를 얽었네
異服同于越	특이한 복장은 우월족과 같고
淳風近有巢	순박한 풍속은 유소씨와 가깝네
向來輿地錄	예전의 여지의 기록에서
遺俗未曾鈔	이러한 유속을 적어두지 않았다네[23]

금산군수 재임 초에 지어진 이 시는 군내의 사창이 있는 안성에 묵으며 쓴 작품이다. 안성 근처의 세세한 풍토를 기록하고 앞에 긴 서문을 두어서[24] 지리적 위치와 지역적 특성, 풍속 등 작자의 지지적(地之的) 관

---

23) 권10 「錦溪錄」, 「題安城倉」 二首, 6면.
24) "안성소는 군의 社倉이다. 군의 동남쪽 90리 남짓에 있으며, 영남 우도의 거창, 안음 등의 현과 접해 있으면서 경계가 나뉜다. 높은 등성이 우뚝 솟았고 겹겹의 산마루가 에워싸고 있고 산골이 깊고 길이 험한데, 가운데 평야가 있어 넓고 평탄하며, 논밭은

심 사항을 두루 기록하였다. 그 곳 지역의 사람들을 도연명의 「도화원기(桃花園記)」의 피진민(避秦民)으로 비유한 것이 인상적인데, 작자가 살던 시대와 관련 속에서 표현된 것으로 여겨진다.

1수에서는 안성에 대하여 촌성(村姓)은 주씨와 진씨로 풍속이 질박하고 의상도 고풍스러우며 조세가 평등하다는 점을 들어 '횡천리(橫川里)'를 진의 학정을 피한 백성들이 사는 곳으로 비유하였다.25) 2수의 수련에서는 안성의 지형적 형세를 묘사하여 이곳은 '사방이 막힌 첩첩 산중의 판 가운데 들판이 열린 지역'이라는 점을 언급한다. 함련과 경련에서는 이와 같이 사방으로 막힌 궁벽한 지형 탓에 백성들은 순박한 풍속을 간직하며 산다는 점을 서술한다. 임란으로 국토가 모두 피폐화 되었기에 전쟁의 피해를 입지 않은 궁벽한 그 곳이 작자에겐 퍽 인상적이었던 것 같다. 경련에서는 예전의 여지(輿地)의 기록에도 안성의 이러한 풍속에 대한 언급은 없었다는 점을 강조하며 끝맺는다. 이안눌이 이러한 시상을 다루는 것은 바로 여지에도 기록되지 않은 민생과 풍속을 알리고자 함이다. 전체의 시가 감정의 개입 없이 사실의 전달에 치중하고26) 있으며, 이는 풍속이나 민간의 삶에 대한 관심을 드러내고 시로써 담고자 하는 의도에서 비롯된 것이다.

───────────

관개가 많아 홍수나 가뭄의 재해가 드물다. 백성들이 농업과 잠업에 힘써서 배고픔의 걱정이 없다. 땅이 비옥하고 세금이 가벼우며, 지역이 고요하고 토속이 순박하니 실로 호남과 영남 사이의 한 오지이다. 횡천리는 또 안성창의 동북쪽 30리쯤에 있는데, 땅은 같은 모양이지만 골짝이 더욱 외지고 백성이 더욱 순박한데 세상 사람들 가운데 아직 아는 사람이 없다[安城所 郡之社倉也. 在郡東南九十餘里 與嶺南右道居昌安陰等縣 接壤分疆 崇岡峭堅 疊嶂環擁 山谷深邃 道里幽險 中有原野 平曠夷衍 田多灌漑 罕水旱之災 民務農桑 無凍餒之患 土沃而稅輕 境閴而俗淳 實湖嶺之間一奧區也 橫川里 又在倉東北三十里許 地皆一狀 洞益僻 民益朴 世未嘗知焉].」

25) "村姓認朱陳 俗朴衣裳古 徭平畎畝新 橫川里更僻 眞作避秦民."

26) 권10 「錦溪錄」,「三月十六日 與石陽正灘隱 聯轡而行自召爾津 乘小舠 沿流而下 宿反浦村 翌日遊羊嶺 宿南島 又翌日 至圓山 騎馬還郡 舟中紀行五首」, 16면)」에도 4백여 자에 이르는 서문과 7언 율시와 5언 율시가 각 1수, 7언 절구 3수의 연작으로 구성되어 있는데, 서문에는 각 지역간의 거리와 지리적 위치, 지역명칭과 細注에 그 당시 우리말로 부르던 명칭을 밝혀 표시하고 있어 그의 이러한 의식을 보여준다.

이안눌은 새로운 부임지에 도착할 때마다 동헌의 벽에 제(題)하는 형식으로 그 고을의 지리적 특징을 확인하는 습관을 보인다. 이러한 작품은 그 지역의 형세를 조감하듯 펼쳐 보이고, 지방관으로서의 다짐을 기록하는 형식을 취하고 있다. 「제부관동헌벽상(題府館東軒壁上)」는 강화부사로 부임하여 동헌벽에 제한 7언 율시로 강화의 지리적 특성과 역사적인 내력을 적고, 전고를 써서 교훈을 이끌어 내어 작자의 다짐을 웅대하게 드러내고 있다. "기내의 관방으로 섬위의 고을 / 해문과 강구로 싸인 고리의 형세 / 고려가 도읍 옮겨 사십년 (…중략…) 청평검을 손에 쥐며 옛 누각에 기댄다"27)라고 하면서 강화의 지형과 이에 관리로 임하는 마음 자세와 다짐을 시화하고 있다. 특히 미련에서 한 고을의 수장으로서 직임에 나아가는 이의 겸손함과 아울러 검을 당겨 쥐며 정자에 기대서서 강화를 내려다보는 화자의 굳센 의지와 웅혼한 모습을 연상할 수 있다. 강화도의 국가 요충지로서의 특징적인 면을 부각시키며, 수세(守勢)의지를 담아 웅건한 기상을 느끼게 한다.

다음의 「희영금중풍토(戲詠錦中風土)」에서도 금산 고을의 명칭·경치·풍물 등에 관하여 자세히 서술하고 있다.

錦名山水已堪誇	이름에 금자가 있는 산수는 이미 자랑할 만한데
公舍還如峒客家	관청은 오히려 산골 나그네의 집과 같구나
野圃日供蘆葍菜	들녘의 채소밭에선 날마다 무나물을 공급하고
邑田秋課木綿花	고을 밭에서 가을 과세라야 목면이로구나
漁丁護槮呈新簿	어부들은 어망을 지켜 공물을 내고
蜜戶收筩趁早衙	꿀 키우는 집에선 통을 거두어 일찍 바치네
松菌蕨芽蒸更美	송이와 고사리는 찌면 더욱 맛나니
不嫌高臥度年華	높이 누워 좋은 시절 보내도 괜찮으리28)

---

27) 권12 「江都錄」, 『題府館東軒壁上』, 2면. "畿內關防島上州 海門江口勢環周 國朝置鎭三千戶 王氏移都四十秋 (…중략…) 手握靑萍倚古樓."

28) 권10 「錦溪錄」, 「戲詠錦中風土」, 66면.

위의 시 서문에서 "금산이라는 고을은 비록 호남에 예속되어 있어도 땅은 영남에 접하고 깊은 산골짜기 속에 끼어 있어 고을이 쓸쓸하고 관청의 사정도 박하다. 기뻐할 만한 것은 오직 천내(川內)[29]의 무와 관전(官田)[30]의 목화, 둥지를 넣어[31] 고기 잡기, 벌통에 꿀 담기, 송이 고사리 등이 있을 뿐이다[32]"라고 하여 금산의 지리적 위치를 설명하고 토산품을 일일이 나열하고 세주를 붙여 채취하는 방법이나 나는 시기 어원 등을 해설하고 본 시에서도 각주를 붙여 전적을 인용해서 그 어원을 설명하고 있다.

수련에서는 지명의 '금(錦)' 자에 주목하여 산수가 자랑할 만하며 공사(公舍)는 오히려 산골 나그네의 집과 같다고 하였다. 함련과 경련은 그곳의 특산물에 대한 언급으로 들에서는 복채(蔔菜)를 공급하고 고을 밭에서는 가을 과세로 면화(綿花)를 걷으며, 어정(漁丁)은 어망을 지켜 공물을 내고 밀호(蜜戶)는 통을 거두어 바치는 형세에 대하여 언급한다. 미련에서는 송균(松菌)과 궐아(蕨芽)는 찌면 더욱 맛있다고 하면서 한가로이 누워 좋은 시절을 보내도 좋을 듯하다고 한다. 이 시에서도 금산의 토산물을 제재로 하여 그곳에서의 여유롭고 자락적인 자신의 심회를 읊고 있다.

또, 이안눌은 단오, 한식, 중양절, 추석 등 민족 고유의 세시풍속을 소재로 한 작품을 상당수 남기고 있는데, 다음은 임진왜란의 혼란 중에

---

29) 川內 : 천내는 지명으로 군의 동쪽에 있고 땅이 무 재배에 알맞다[川內地名 在郡東面 土宜蕪菁].
30) 官田 : 관청의 둔전이 고을 안에 있는데 목면의 재배에 알맞다[官屯田在邑中 宜種木棉].
31) 沈巢 : 냇가의 주민들은 가을에서 겨울로 옮겨 갈 때 땔감을 물속에 쌓아두었다가 물고기를 잡아 관청에 바치는데 '침소'라 하며 관청에 장부가 있다. 그 물이 얕아 고기가 춥기 때문에 땔갑 안으로 무여들어 숨어 쉬는데 토속에선 '둥지'라 한다. 「爾雅」에서 말하길 槮을 涔이라고 하는데 바로 이것이다. 또 「小爾雅」에서 말하길 물고기가 쉬는 곳은 '木替'라 하는데, 木替는 槮인 것이다.
32) "錦之爲郡 雖隷湖南而地接嶺右 介於深山窮峽之中 邑居蕭然 官況甚薄 所可喜者 惟川內菁根 官田木花 沈巢촉捉魚 蜂桶納蜜 及松菌蕨芽等物而已"

정월 대보름을 맞아 느끼는 감회를 적은 「상원(上元)」이다.

元夕人間節本嘉　대보름은 세상에서 본디 좋은 명절이라
海東風俗最繁華　해동의 풍속에서 제일 번화하였지
醫聲酒味偏宜冷　귀밝이 술은 오로지 차게 해야 제 맛인법
賣暑兒曹譁自譁　더위 파는 아이들 소리는 요란하다네
糯飯乞來知幾處　나반을 빌어 오는 것이 몇 집이던가
紙鳶飛去落誰家　종이연이 날아가 누구 집엔가 떨어졌지
可憐今日干戈裏　슬프다 오늘 난리 통에
往事凄凉只獨嗟　처량히 지난 일을 탄식하노라

大東千載泰階平　동방은 천년토록 태평한 시절이면
元夜年年樂事幷　정월 보름밤은 해마다 즐거웠네
望歲老農占月出　풍년 바라는 늙은 농부 월출을 점치고
及時遊客踏橋行　때맞춰 놀러온 사람들 다리 밟고 가는구나
香凝紫陌羅紈過　향기 어린 붉은 거리 때때옷 지나가고
響徹丹霄鼓笛鳴　소리 뚫는 붉은 하늘에 북 피리 우는구나
節序不殊人事改　계절은 다르지 않은데 인사만 변하니
萬方豹虎尙縱橫　온갖 승냥이 호랑이가 아직도 발호하네[33]

　임진란 중이던 1593년 정월 대보름날 지은 것으로 명절을 맞아 지난
날 태평시절의 때를 떠올린다. 어른들이 귀밝이술을 마시고 아이들이
더위사라며 소리치던 풍습, 그리고 병자가 병을 낫게 하려고 나반을 빌
려오는 습속과 연날리기 풍속 등 대보름의 민속이 소상하게 그려져 있
다. 정월 대보름을 맞아 행하는 풍속을 세주를 달아 자세히 보충 설명
하고 있다.

　1수 함련에서는 귀밝이술에 대하여 "세상의 처방에 찬 술을 마시면
귀머거리를 고칠 수 있다"[34]라고 하고, "아이들이 이날 나의 더위를 사

────────────────
33) 「續集」, 「上元」, 6면.

가라고 서로 외친다"35)는 풍습을, 경련에서는 정월 대보름날에 찰밥을 먹는 풍습에 대하여 "찰밥은 신라에서 유래되었는데 병든 사람이 스물 한 집의 찰밥을 얻어먹으면 병이 낫는다"36)라고 하고, "세상에서 종이로 연을 만들어 실을 매달아 바람의 형세에 따라 날림으로써 오락으로 삼는다"37)라고 하여 정월 대보름의 고유 풍습에 대하여 상세히 설명하고 있다. 미련은 지금 병화의 난리를 맞아 지난 때를 떠올리며 탄식하는 안타까운 심정을 토로한다. 전란의 어지러운 와중에 시대를 탄식하며 시를 읊고 있는 자신의 모습은 평안했던 과거 정월 대보름을 맞아 여러 민간의 풍습을 행하였던 정겨운 모습과 대비되어 더욱 처량하게 느껴진다.

2수에서도 농부들이 달을 보며 풍년이 들 것인가를 점치던 풍속과 일년의 재앙을 물리치기 위해 십이석교(十二石橋)를 밟던 풍속을 묘사하고 있다. 함련에서는 "이날 저녁 농가에서는 월출을 보고 홍수 가뭄 풍년 흉년을 점친다"38)라고 하고, "세상에 전해지길 열 두 개의 돌다리를 밟으면 1년 12개월의 재앙을 떨쳐버린다 했다"39)라는 세주를 달아 고유의 명절을 맞아 행하는 풍습을 자세히 그리고 있다. 역시 2수에서도 미련은 전구의 시상과 달리 계절은 다르지 않은데 인사만 변한다고 하면서 만방에 표호가 발호하는 현재의 상황을 개탄하는 것으로 끝맺고 있다.

1수와 2수 모두 수·함·경련에서는 상원(上元)을 맞아 행하는 고유의 여러 풍속을 제재로 하여 상세히 시화하고, 미련에서는 과거의 모습과는 판이하게 다른 현재 전란의 와중에 맞는 참담한 자신의 심정을 읊고 있다. 이러한 대비적 시상 전개는 철저히 의도된 것으로, 시간의 흐름에

---

34) "俗方飮冷酒則可治耳聾"
35) "兒輩是日相呼曰 買我暑"
36) "糯飯出新羅 病者乞三七家糯飯 喫則瘳"
37) "俚俗以紙爲鳶 以絲繫之 因風勢放之 以爲戲"
38) "是夕田家觀月出 卜水旱豊凶"
39) "俗傳踏十二石橋 則可禳一年十二朔之災"

따라 반복되어 돌아오는 명절이지만 미증유의 전란을 겪고 있는 인사(人事)의 특수성으로 인하여 과거의 명절을 떠올리는 작자의 처량한 심회는 더욱 부각된다.

南指伽藍海北滸	남쪽에서 절을 향해 북쪽 물가에 오니
紫霞飛散碧嶙峋	검붉은 안개 흩어지고 푸르름이 깊구나
三韓俗節流頭日	삼한의 세속절기로 유두일인데
萬卷書床刺股人	만권의 책을 놓고 송곳으로 정강이를 찌르네
舊醅剩燒消瘴毒	묵은 술 거른 김에 습한 독 제거하고
小鷄初炙備時珍	어린 닭을 막 구웠으니 때에 맞는 별미이리
未能相訪徒相問	방문하여 그저 안부를 물을 수 없으니
符竹深慙誤此身	수령이라 이 몸 그르친 게 무척 부끄럽구나[40]

강화 부사 재직시에 지은 시로 삼한의 세속 절기인 유두일을 맞아 절에서 공부하는 최유연의 동생에게 닭을 주면서 읊은 시이다. 수련은 자·청의 색채 대비로 주변 경물을 묘사하고 함련은 유두일인 명절에도 송곳으로 정강이를 찔러 가면서 만권의 책과 씨름하는 최진사 동생의 모습을 생동감 있게 묘사하였다. 경련에서는 유두일에 닭과 술을 먹는 습속을 시화하고 어린 닭을 막 구웠기에 때에 맞는 별미라고 하였다. 미련에서는 방문하여 안부를 물으며 담소를 나누고 싶지만 수령의 몸으로 공인인 까닭에 쉽게 내방하지 못하는 아쉬움을 표출하였다. 유두일을 맞아 닭을 구워 온 배경과 특히 '만권의 책을 쌓아 놓고 정강이를 찌른다'는 구어적 표현을 사용한 기발한 묘사로 시상의 전개가 더욱 생동감 있고 자연스럽게 느껴진다.

---

40) 권12 「江都錄」, 「六月十五日寄崔進士(有淵)弟」, 47면.

2) 조선의 용사(用事)를 통한 국토의 주체적 인식

보통 한시에서는 인명이나 지명 등 조선의 고유명사를 중국의 것으로 바꾸어 부르는 경우가 많았다. 자국의 고유한 관직명이나 지명을 중국 것으로 대치하는 관행에서 판서(判書)라 부르는 것을 상서(尙書)로 바꾸고 서울을 장안으로 표현하는 따위로 방언의 사용을 금기시한 규범 때문이기도 하지만 우리의 것은 속되다고 느낀 까닭이기도 하였다. 이안눌과 비슷한 시기에 활동하던 삼당시인들은 전라도 강진을 '금릉(金陵)'으로, 황해도 백천(白川)을 '백제(白帝)'로, 강원도 강릉을 '예주(蘂珠)'로 충청도 충주를 '예성(蘂城)'으로, 경기도 광주를 '광릉(廣陵)'으로 바꾸어 부른다든지, 환락적인 지역이나 다시는 돌아오지 못하는 한스러운 곳의 대명사로 '강남(江南)' 등의 지명을 자주 차용하였다. 조선의 고유명사를 중국의 것으로 바꾸어 부른 이유는 "우리나라 지명은 중국에 미치지 못하기 때문에", "중국의 지명은 모두 문자여서 시에 들어가면 모두 아름답지만", "우리 동방은 모두 방언으로 지명이 되어 있어 시에 들어가면 우아하지 못하다"는 것이었다.[41] 즉, 우리의 지명은 속되기 때문에 한시에서는 생경한 우리의 지명 대신 자주 쓰여 왔던 중국의 지명을 씀으로써 시의 분위기를 아화(雅化)시킬 수 있다는 것이다. 여기에는 음운의 평측과 같은 한시의 격식과 관련된 문제도 있을 것이나 그것은 어디까지 운용의 문제로 역시 하나의 편견임을 부인할 수 없을 것이다.[42]

---

41) 『鶴山樵談』 "崔孤竹輩嘗曰 我國地名 不及中原 故作詩不得使地名 每以爲恨"; 『惺叟詩話』 "趙持世常曰 我國地名 入詩不雅"; 『小華詩評』 "世謂中國地名皆文字 入詩便佳 (…중략…) 我東皆以方言成地名不合於詩."

42) 19세기 정약용은 우리가 일상으로 쓰는 말인데도 중국 측에 일단 기록이 되어 말하자면 한자문학권 종주국에 인정을 받아야만 하는 것에 대하여 비판하고 "十語임지라도 雅한 말은 골라서 써야 한다"(『雅言覺非』 권2「水出兩峽條」, 『與猶堂全書』 1집, 권24, 장20)라고 하였다. 박지원도 이런 식의 표현법에 대해 "땔나무를 지고 '소금사려!' 외치는 격이니 그러고는 종일 돌아다녀봤자 나무 한 단도 못 팔 것이다"라고 신랄하게 비판하고, 사물의 객관적 실정에 부합하는 언어를 선택해서 표현해야 옳으며

이안눌의 작품에서 보이는 조선의 지명이나 인명을 차용한 고유명사 활용은 지금 이 땅에서 불리는 그 명칭 그대로 사실에 입각하여 불러야 한다는 생각에서 비롯되었던 듯하다. 사실을 충실히 기술하려는 의미로 홍취유발이라든가 기발하고 생경한 인상과는 거리가 있다. 그는 실재하는 경물을 실답게 표현하는 것이 중요하다고 생각했던 까닭에[43] 산과 강, 마을의 이름을 포함한 고유 지명을 비롯하여 호나 벼슬 이름 등 사람을 지칭하는 고유명사 등을 거리낌 없이 시 속에 삽입하였던 것이다. 이는 앞 선 시대의 해동강서시파에서 보여주었던 시에 있어서 어떠한 시적 기교나 단련에서 비롯된 것이 아닌 사실 그대로를 묘사하고자하는 '기실(紀實)'의 의도에서인 것이다. 따라서 이안눌의 이러한 태도는 생경한 어감이라든가 시의 홍취라기보다는 내용상 사실성과 구체성 확보의 차원으로 해석될 수 있다.

실제로 그는 작품에 자신의 이름을 비롯한 지명·인명·날짜 등을 구체적으로 명시하는 작법을 자주 구사하고 있다. 이러한 작품들을 통해 알 수 있듯이 작자가 처한 장소의 고유명사와 그 곳과 연고가 있는 사람들의 성씨나 호 벼슬이름을 과감하게 용사하여 지역의 향토적 특색을 구체적으로 드러낸다.

命新州號設高麗　　금주로 새로 명한 것은 고려 때라 하는데
參政榮生畫錦時　　참정어른 주금의 영광에서 생긴 것
郡本濟疆傳進乃　　군은 본래 백제의 진내 땅이었다 하고

"그런고로 글을 쓰는 사람은 더럽다고 그 이름을 숨기지 않으며 속되다고 실제의 자취를 덮어버리지 않는다"(『燕巖集』 권5 「答蒼厓」 장4)라고 하였다. 임형택, 「실학사상과 현실주의문학」,『한국문학사의 논리와 체계』, 창작과비평사, 2002, 382면.
43) 해동강서시파 시인들도 조선의 고유명사를 수용하여 시를 지었는데, 그들의 시는 조선의 고유명사가 실제 경물의 묘사와 어우러져 홍취를 유발하거나, 생경하고 기이한 느낌을 주어 참신한 의경을 창출함으로써 진부한 시어와 의경에 식상해있던 독자들에게 신선한 충격을 주는 양상을 띠고 있다. 이종묵,『해동강서시파 연구』, 태학사 1995, 308~309면.

縣幷羅代廢尸伊　　신라 땐 시이현을 폐해서 부속시켰네
栗亭冶隱先賢里　　율정·야은 두 선현의 옛 마을로
直學監門孝子碑　　직학·감문 두 분의 효자비가 서 있네
荒峽一區多古蹟　　황량한 골짜기 한 구석에 옛 자취 많은데
兩峯忠血最堪悲　　제봉·중봉 두 어른 충혈이 슬프기만 하네[44]

　　이 시는 금산군수로 명을 받아 금산군에 부임하는 날 지은 것으로 금산의 역사를 시대별 인물의 활동에 따라 시화하고 있다. 새로 부임하는 목민관으로서 치정을 다짐하는 주제를 담은 시편이다. 구마다 뒤에 작은 주를 붙여 사용된 고유명사를 설명하고 있는데, 출전은 밝히지 않고 있지만 금산의 군지나 『동국여지승람』 등을 인용한 흔적이 역력하다. 이렇게 주를 붙인 것은 글자 수에 제한을 받는 형식에 시적대상과 관련된 고유명사를 다 넣을 수 없는 경우를 보충하기 위함이고, 또 그 고유명사만으로는 시적 문맥이 정확하게 전달되지 않는 우려 때문이었을 것이다. 여덟 줄 중 한 줄에만 고유명사가 빠졌을 뿐인 이 시는 종결구가 아니라면 하나의 기술물에 불과한 시라 하겠다.

　　그러나 지명뿐만 아니라 조대명(祖代名), 유명인의 호, 벼슬이름 등을 다양하게 사용하여 금산의 명칭 변화와 그곳 출신이거나 관련 인물들의 활약을 56자안에 넣어 금산의 역사적 특수성을 살리려고 한 점이 특별히 주목된다. 이렇듯 한 고을의 지리적 여건이나 특산물 등 제반 사항을 자세히 기록한 것은 그가 향토적 특색을 시화하는데 남다른 관심이 있었음을 의미하는 것이며, 특히 지명과 그리고 그곳에 사는 이들의 성씨를 기록한 것은 바로 시적 지지화(地志化)가 극대화 된 것이라 할 수 있다. 노정이나 새로 부임한 지역의 새로운 풍물과 관련 지역의 풍토를 주목하고 그곳에 사는 이들, 특히 백성들의 삶에 관심을 보였다. 따라서 각 지역에서의 특수한 여정과 풍토, 풍물, 습속 등을 형상화한 그의 이

---

44) 권10 「錦溪錄」, 「十月二十日 入錦山郡作」, 4면.

러한 시편은 시를 통한 '여지지화(輿地志化)'라고 할 수 있을 것이다.[45]

또한 작품의 서두에 제작의 날짜를 적은 것은 이루 열거하기 어려울 정도이다. 예를 들어 "대명천계 6년 봄, 달은 경인월이요 해는 병인년이라 덕수이씨 늙은이가 성세를 만났는데 화산의 궁벽한 골짜기에서 거추장스런 신하 되었구나",[46] "임진년 여름에는 솔가하여 도적을 피했고 기해년 가을에는 왕명으로 갑옷을 입었노라"[47] 등이다. 이러한 구체적 열거의 수법은 성씨에도 나타나는데, 다음의 작품에서도 볼 수 있다.

座中無主亦無賓	좌중에 주인도 없고 손님도 없으니
北陌東阡左右隣	북쪽 거리 동쪽 거리 좌우가 이웃일세
崔李徐姜車馬姓	최씨 이씨 서시 강씨 차씨 마씨요
祖孫兄弟舅甥親	조손에 형제에다 외삼촌과 외조카일세
時平頗怪人情冷	시대 태평한데 인정이 차가워 의아했는데
塞遠偏憐里俗淳	변방 멀어 마을의 풍속 순박하니 애틋하구나
爛醉欲歸頻被肘	거나하게 취하여 돌아가고자 하여도 자주 덜미 잡히니
便忘孤客寄天垠	곧 외로운 객이 하늘가에 깃들임을 잊는구나[48]

제목은 「칠월초사일(七月初四日) 리중제인요음초산동대(中諸人邀飮草山東臺)」로 성씨의 나열로 별다를 것 없는 일상을 술회하고 있는 시이다. 이러한 작법은 바로 두시(杜詩)에서 배운 것[49]으로 이안눌은 이러한 구법을 애용하여 "삼백일 아침 저녁 한 해는 저물었는데 일찍이 스물 네 명의 사람 집에 거처했었지 할아비와 손자, 아버지와 아들에다 동생들,

---

45) 김상일, 『東岳 李安訥 詩研究』 보고사, 2000, 140~143면 참고.

46) "大明天啓六年春 月建庚寅歲丙寅 德水老翁遭聖世 花山窮谷作累臣" 권17 「東遷錄 下」, 「正朝贈片雲上人」, 1면.

47) 권6 「端州錄」, 「奉贈德源姜府使」, 2면. "携家避賊壬辰夏 草檄從戎己亥秋."

48) 「北竄錄」, 「七月初四日 里中諸人邀飮草山東臺」, 16면.

49) 이종묵은 두보의 「橋陵詩三十韻因呈縣內諸官」에서 "王劉美竹潤 裵李春蘭馨 鄭氏才振古 啖侯筆不停"라고 한 부분을 예로 들어 설명하였다. 이종묵, 앞의 글, 211면 참조

최씨 박씨 강씨 지씨 이씨 서씨까지. 동서남북 거리가 아직도 생각나는
데, 다시 차씨 송씨 마씨 홍씨 노씨를 보게 되었네"⁵⁰⁾라 하여 성을 11종
이나 들고 있다. 이안눌이 두시의 전례를 이렇게 활용한 것은 실제의
현장성을 확보하는 의미로 사실을 구체적으로 그대로 적기 위한 것임
을 알 수 있다.

그리고 자신의 일생을 숫자와 지명을 넣어 회고하는 형식도 자주 취
하고 있는데, 다음은 「제풍패관벽상(題豊沛館壁上)」으로 생애에 대한 전
기적 회고로 이루어진 시이다.

二十二歲老書生	22세엔 나이든 서생이었는데
磨雲嶺下來避兵	마운령 아래로 병난을 피했었네
二十九歲新釋褐	29세에 겨우 갈옷을 벗고
豆滿江上從軍行	두만강 가에서 군무에 종사했었지
三十三歲守端郡	33세에 단천군수 되었다가
五十四歲流鏡城	54세에 경성으로 유배왔었지
擁節如今六十一	부절을 가지고 온 지금은 61세
仰天大笑天日明	우러러 하늘의 해가 밝다고 크게 웃네⁵¹⁾

이 시의 구체적 상황에 대하여 서(序)에서 설명을 덧붙여 자신의 이력
을 자세히 쓰고 있다.⁵²⁾ 자신의 관력이나 이력을 열거하여 서술하면서

---

50) "三百朝昌歲一除 曾低四十四君居 祖孫父子兄兼弟 崔朴姜池李及徐 尙記東西南
北巷 更瞻車宋馬洪盧" 권17 「東遷錄 下」, 「寄簡鏡城漁郎里中諸君」, 25면.

51) 권19 「咸營錄」, 「題豊沛館壁上」, 5면.

52) "만력 임진년 여름 바다의 도적이 난리를 치니 우리집안은 달아나 利城에 깃들어
살았다. 당시 내 나이 22세였다. 기해년(1599) 여름에 과거에 급제하고 가을에 北道評
事에 임명되었는데 당시 내 나이 29세였다. 임인년 겨울에 단천군수에 임명되었고 계
묘년 봄에 부임하니 당시 내 나이 33세였다. 뜻게 갑자년 봄에 경성으로 귀양 오니 당
시 내 나이 54세였다. 지금은 내 나이 61세이다. 그러므로 장난삼아 56자를 엮어 이를
기록한다.[萬曆壬辰夏 海賊之亂 余家奔竄 來寓利城 時余年二十二歲 己亥夏擢第
秋拜北道評事 時余年二十九歲 壬寅冬 除端川郡守 癸卯春 上任 時余年三十三歲
天啓甲子春 竄鏡城 時余年五十四歲 今則余年六十一歲 故戲綴五十六字而志之]"

시상을 전개하는 성향은 이 외에도 이안눌 시에서 자주 쓰이는 작법으로 숫자를 시어로 차용하여 이력을 나타내고 있다. 이십이, 이십구병, 삼십삼난, 오십사, 육십일, 마운령, 두만강, 종군, 수단군 등 숫자와 지명, 직명 등의 나열로 시 전체를 구성하고 미련에서 자신의 심정을 간단히 밝히고 있다. 61세의 나이로 부절을 가지고 온 자신의 심회를 드러내는 마지막 미련을 제외하면 나이와 관력에 대한 구체적 언급으로 점철되어 있는 작품이다. 시에서 구체적 지명과 숫자로 비교적 자세히 밝힌 자신의 생애에 관한 전기적이고 회고적인 표현에도 만족스럽지 못했는지 작자는 더욱 자세한 사항들을 시서를 통해 더욱 상세하게 밝히고 있다. 이와 같이 동악은 고유명사와 숫자, 간지 등을 직접 시어로 차용하는 방식으로 현장감을 살려 사실성과 구체성을 확보하려 하였음을 알 수 있다.

땅은 사람이 태어나고 살아가는 공간이며, 걸어가는 길이다. 그것은 '자리[空間]'이며, '지리(地理)'이다. 이 자리와 지리를 얻어서 문학은 자기의 세계를 해석하고, 무한한 우주와 호흡한다. 지리는 '내'가 선 이 자리(實地)에서 가장 현실적이다. 그것은 사실의 땅이며 사건의 현장이다. 이 땅에 정착하여 땅을 일구는 사람들, 국토를 유람하고 순례라는 사람들, 국경을 넘어 해외를 체험하는 사람들, 절도(絶島)와 피지(僻地)에 유배되고 타국에 유랑하여 떠도는 사람들, 우리 국토와 해외의 땅에 수없이 각인된 사람들의 숨결은 더 나은 삶을 향한 간절한 염원을 이 땅에서 실현하고 문학에 염원을 담는다. 이러한 삶의 현장에서 자기의 숨결을 확인하는 문학이야말로 참 문학이며 이야말로 실지(實地)의 학문이라 할 수 있다.53)

이러한 점에서, 이안눌이 현장 견문 중심의 묘사를 통해 자신의 체험을 문학적으로 형상화하고자 한 것은 실지(實地)에 대한 각별한 인식이

---

53) 김태준 외, 『문학지리·한국인의 심상 공간』, 논형, 2005, 5면.

며 삶에 대한 남다른 관심이다. 시의 형식으로 날짜와 기후 여건, 지형, 풍속 등의 토풍민물을 세세히 묘사하거나, 과거의 역사 혹은 개인적 경험을 회억하는 장소에서 공간의 현장성을 확보하고자 하는 태도는 모두 실제를 시상 전개의 실마리로서 중시하는 데에서 비롯된 것이다. 다시 말하면, 의고풍의 단순한 모방에서 벗어나 자신의 특수한 경험을 기반으로 한 현실에 뿌리를 둔 서정을 추구함으로써 당대 삶을 핍진한 시어로 표현하고자 하였던 것이다.

4. 맺는말

이제까지 본고에서 살펴 본 논의를 요약·정리하는 것으로 결론을 대신하고자 한다.

동악 이안눌은 1571년 태어나 1637년까지 살았던 인물로 목릉성세의 시대에 시에 있어서 권필과 이재(二才)로 병칭되었던 문인이다. 그가 남긴 2,913제의 한시는『동악집』의 체재가 작자의 다양한 임지(任地)체험에 따라 그 시기에 지어진 작품을 한 권으로 묶고, 이를 시대 순으로 합하는 편차방식을 택하고 있어 저작 시기의 추정이 용이하다. 창작의 시공간을 중심으로 엮은 이안눌의 자편고는 연대별·시간별 체제를 가지고 있다는 점에서 특히 주목된다. 이에 본 연구는 동악 이안눌의 한시가 여러 지역의 목민관을 역임하였던 작자의 임지 체험을 바탕으로 각 지방과 관련된 구체적 정보를 상세히 기록하여 보충하는 인문지리적 특성을 가진다는 점에 주목하여 그의 시세계를 고찰하였다.

먼저 인문지리적 인식의 배경을 네 가지 측면으로 나누어 고찰하였다. 첫째, 전국의 8도 중에서 황해도를 제외한 7곳의 걸친 넓은 지역의 지방관을 역임하였던 특수한 관력을 들 수 있으며, 둘째, 임·병란 등의 전란을 겪은 후 국토 산하와 민족의 역사에 대한 관심이 고조된 것, 셋째, 지지(地志)를 치정의 한 방편으로 인식한 관인문학으로서의 자각, 넷째, 이안눌이 기한범두(基韓範杜)의 시학을 기초로 하였다는 점으로 이는 그가 두시를 만 삼천독 했다는 시화의 기록에서도 확인된다.

다음으로, 이안눌 한시의 인문지리적 인식의 전개 양상을 몇 가지 측면으로 나누어 살펴보았다. 첫째, 관할지의 생활 문화에 대한 각별한 의식을 토대로 기후, 풍물, 풍속 등을 시어로 수용하여 현장감 있는 묘사로 형상화하였다는 점이다. 이안눌은 각 지역의 향토적 특색을 시화하는데 남다른 식견을 가지고 새로운 풍물, 관련 지역의 풍토, 그곳에 사는 이들의 삶에 관심을 보인다. 관할지의 구체적인 사항을 담은 지지(地志)에 관심을 가지고 그것을 시의 형식으로 드러내는 것이다. 따라서 전국에 걸친 다양한 임지에서의 체험을 바탕으로 그 지역의 풍토, 풍습 등을 생동감 있게 형상화한 이러한 시편들은 여지지(輿地志)로서의 특별한 의미를 가진다고 하겠다.

둘째, 이안눌은 조선 중기의 문인으로서는 드물게 조선의 산과 강, 마을의 이름을 포함한 고유 지명이나, 호, 벼슬 이름 등 사람을 지칭하는 고유명사 등을 거리낌 없이 시 속에 삽입하였다. 조선의 고유지명·인명 등을 비롯한 관할지의 인문지리에 관한 제반사항을 用事로 활용하여 시어화한 이러한 태도는 생경한 어감의 추구라든지 시의 흥취라기보다는, 생활을 영위하는 공간으로서의 현장을 중시하여 사실성과 구체성을 확보하려는 것으로 해석된다.

이러한 점에서, 관할지에서의 견문을 중심으로 한 묘사를 통해 자신의 체험을 문학적으로 형상화하고자 한 것은 실지(實地)에 대한 각별한 인식이며 삶에 대한 남다른 관심이다. 시의 형식으로 날짜와 기후 여건, 지형, 풍속 등의 토풍민물을 세세히 묘사하거나, 과거의 역사 혹은 개인적 경험을 회억하는 장소에서 공간의 현장성을 확보하려는 태도는 모두 실제를 시상 전개의 실마리로서 중시하는 데에서 비롯된 것이라 하겠다. 의고풍의 단순한 모방에서 벗어나 자신의 특수한 경험을 기반으로 한 현실에 뿌리를 둔 서정을 추구함으로써 당대 삶을 핍진한 시어로 표현하고자 하였던 것이다.

지금까지 본고에서 다룬, 조선 중기 이안눌 한시의 인문지리적 인식에 대한 논의는 후대 조선 후기의 지방 풍물을 기록한 기속시(紀俗詩) 등의 출현과 관련하여 함께 살펴볼 수 있을 것이며, 이에 대한 지속적 관심과 연구는 후일의 과제로 남긴다.

청량산 유산과 도덕적 주체의 웅혼미 추구

박영민*

1. 문제제기

본고는 조선시대 청량산 유산기의 미적 특질을 고찰하여 유산기 양식에 대한 이해를 높일 뿐만 아니라, 조선시대의 사대부가 청량산 유산을 통하여 추구하고자 했던 바가 무엇이었던가를 구체적으로 밝혀보고자 한다.

유산기는 여행기록일 뿐만 아니라 여행에 동행한 인물과 도중에 만난 사람들, 여행을 하며 경험한 사건, 여행지의 전설, 자연에 대한 인식과 감상, 여행 중의 음식·잠자리·놀이 등을 사실적으로 기록한 글이다. 따라서 우리는 유산기를 통해 조선시대 사대부 문인의 일상에 관한

---

* 고려대 민족문화연구원 연구교수.

다양한 정보를 살필 수 있다. 뿐만 아니라 청량산 유산기는 안동·예안·봉화 등을 세거지로 하며 청량산을 주로 올랐던 영남 문인들뿐만 아니라 청량산을 오른 사대부의 유산 의식과 사유 양식을 구체적으로 보여준다.

주지하듯이 청량산 유산기는 1544년 주세붕의 「유청량산록(遊淸凉山錄)」[1)]에서 시작되었다. 그 후 1552년 이황이 주세붕의 글을 읽고 「주경유유청량산록발(周景遊遊淸凉山錄跋)」이라는 발문을 붙인 이래, 주세붕의 「유청량산록」은 내용적·형식적인 측면에서 청량산 유산기의 전범의 역할을 하였다. 특히 청량산 유산과 유산기의 전통에서 이황의 영향력은 지대하였다. 19세기의 이제영이 청량산 유산기에서 "내가 약관 때부터 화산(花山)과 선성(宣城) 사이를 왕래하며 멀리서 청량산 여러 봉우리들을 바라보니, 아스라이 구름 너머에 있는 것이 마치 부용꽃이 수면 위로 나와 있는 것 같았으니, 곧 영남의 큰 명승지이다. 옛 역사에서 살펴보면 이름난 재상, 사리에 통달한 선비들로 이 산을 유람한 이들이 지팡이와 발자취를 이어 진실로 손가락으로 헤아릴 수가 없다. 그러나 우리 퇴계(退溪) 선생께서 향기를 퍼뜨리신 이후로, 골짜기 하나 언덕 하나가 모두 이름을 얻어 회옹(晦翁)의 무이산(武夷山)과 같이 되었으니 참으로 이 산도 퇴계를 만나서 이름이 더욱 드러났도다"[2)]고 하였듯이 청량산, 퇴계, 유가의 관계는 19세기 후반은 물론 20세기 초까지도 끊어지지 않고 매우 긴밀하게 이어졌다.

또한 주세붕과 이황은 두 작가의 학문적 위상과 긴밀하게 연결되어,

---

1) 조선시대의 사대부들은 유산을 주로 錄과 記 양식으로 기록하였다. 그런데 청량산 유산의 경우, 주세붕이 '록'으로 기록한 이후 '록'체를 많이 사용하였다. 그러나 '기'체도 상당한 비중을 차지한다. 청량산 유산기에서 '록'체와 '기'체의 특징과 차이, 시대적 구분, 작가 성향의 차이 등에 대해서는 추후의 과제로 남긴다.

2) 李濟永, 『東阿集』. "余自弱冠時, 往來花宣間, 遙望淸凉諸峯, 縹緲在雲外, 如芙蓉出水面, 卽嶺以南一大名勝也. 攷諸往乘, 名公達士之游覽玆山者, 連笻接武, 固不勝指僂, 而惟吾退陶夫子播馥之後, 一丘一壑, 盡入品題, 有若晦翁之武夷山水, 則信乎, 玆山得夫子, 而名益彰也."

청량산뿐만 아니라 다른 유산기 작가와 작품에도 큰 영향을 끼쳤다. 따라서 청량산 유산기의 내용적·형식적 측면에 대한 고찰은 청량산 유산기에 대한 이해를 높여줄 뿐만 아니라, 조선시대의 대표적인 산문 양식의 하나인 유산기에 대한 이해를 높일 수 있다.

지금까지 청량산 유산기에 대한 연구[3]는 주로 주세붕 및 조선 중기까지의 관련 작가의 몇몇 작품을 주요 대상으로 하였다. 그 결과 청량산 유산기의 초기 양상, 초기에 형성된 전범의 형태를 밝히는 데에 큰 기여를 하였다. 그러나 조선 후기 청량산 유산기에 대한 후속 연구가 이어지지 않아 주세붕 및 조선 중기까지의 청량산 유산기가 이후 어떠한 지속과 변화를 거쳤는가, 그 의미는 무엇인가를 밝힐 수가 없었다. 따라서 본고는 조선 중기에 형성된 청량산 유산기가 조선 후기에 어떻게 지속하고 변화되는지를 다양한 미적 특질과 의미 분석을 통해 밝혀보고자 한다. 특히 문집 소재 청량산 유산기를 조사하여 현재까지 수집한 60여 편[4] 중, 18세기의 작품을 중심으로 그 미적 특질을 밝혀보고자 한다. 조선시대의 다른 유산기와의 비교,[5] 산문 양식과 문화사 전반에

---

3) 김청주, 「겨울 청량산」, 『시와 시학』, 시와시학사, 1995년 여름; 심경호, 「퇴계의 산수유기」, 『퇴계학연구』 10, 단국대 퇴계학연구소, 1996; 주승택, 「청량산의 문학적 위상」, 『대동한문학』 12, 대동한문학회, 1997; 이혜순 외, 『조선 중기의 유산기문학』, 집문당, 2000; 우응순, 「山水遊記의 전통과 주세붕의 遊清凉山錄」, 『우리문학연구』 14, 우리문학회, 2001; 이종묵, 「퇴계학파와 청량산」, 『정신문화연구』 24, 한국정신문화연구원, 2001; 정치영, 「유산기로 본 조선시대 사대부의 청량산 여행」, 『한국지역지리학회지』, 한국지역지리학회, 2005 등 참조.

4) 안동대 안동문화연구소에서 2000년에 간행한 『청량산 문화유적 학술조사 보고서』에 50여 편의 목록과 자료 일부가 소개되어 있다. 이 외에 한국국학진흥원 소장 자료 등 기타 문집 자료를 포함하여 현재 60여 편의 자료를 수집하였다.

5) 고연희, 『조선 후기 산수기행예술연구―정선과 농연그룹을 중심으로』, 일지사, 2001; 김대현, 「20세기 무등산 유산기 연구」, 『한국언어문학』, 한국언어문학회, 2001; 김동협, 「유학자의 자연이해의 한 국면―주세붕의 「유청량록」과 소위 이황의 「청량산가」에 대하여」, 『대동한문학』 15, 대동한문학회, 2001; 김주미, 「조선 후기 산수유기의 전개와 특징」, 성균관대 석사논문, 1994; 박영민, 「유산기의 시공간적 추이와 그 의미」, 『민족문화연구』 40, 고려대 민족문화연구소, 2004; 박희병, 「한국산수기연구」, 『고전문학연구』 8, 고전문학연구회, 1993; 심경호, 『한문산문의 미학』, 고려대 출판부, 1998; 심경호,

대한 연구와 서로 조응하여 살펴보는 것은 앞으로의 과제로 남긴다.

2. 청량산 유산의 시기와 그 의미

18세기에 청량산 유산 및 유산기를 남긴 작가를 지역별로 구분해보면, 안동을 중심으로 한 영남 문인이 중심이었고 기호지방 문인들이 다음으로 많았다. 18세기에 청량산 유산기를 남긴 작가는 현재 약 18명 정도 찾아볼 수 있다. 이 외에 이광정(李光庭, 1674~1756)의 「제백운암당실도(題白雲庵堂室圖)」, 이세택(李世澤, 1716~1777)의 『청량지(淸凉志)』가 남아 있다.6)

『한문산문의 내면풍경』, 소명출판, 2001; 정치영, 「유산기를 통한 조선시대 지리산지의 촌락경관 복원」, 『문화역사지리』 15권 2호, 한국문화역사지리학회, 2006; 안득용, 「17세기 후반~18세기 초반 산수유기 연구」, 고려대 석사논문, 2005; 윤채근, 「조선 전기 누정기의 사적 개관과 16세기 변모양상」, 『어문논집』 35, 민족어문학회, 1996; 이종묵, 「遊山의 풍속과 遊記流의 전통」, 『고전문학연구』 12, 한국고전문학회, 1997; 최강현 편, 『한국기행문학작품연구』, 국학자료원, 1996; 최석기, 「어우 유몽인의 「유두유산록」에 대하여」, 『한문학보』, 우리한문학회, 2000; 허홍식, 『眞靜國史와 湖山錄』, 민족사, 1995; 강혜선, 「17~18세기 금강산의 문학적 형상화에 대한 연구」, 『관악어문연구』 17, 서울대, 1997; 홍성욱, 「조선 전기 유두류록의 지리산 형상화 연구」, 『한국학논집』 19, 1999; 홍성욱, 「유몽인의 두류기행록연구」, 『계명한문학연구』 15, 계명한문학회, 2000; 유정선, 「19세기 기행가사 작자층의 성격변화 연구─「금강별곡」과 「금강산유산록」을 중심으로」, 『한국시가연구』 6, 한국시가학회, 2001.

6) 18세기의 작품을 유산시기 및 유산기 창작시기를 기준으로 나열해보면 權聖矩(1642~1708, 1706년 유산, 65세)·李瀷(1681~1763, 1709년 유산, 26세)·姜在恒(1689~1756, 1712년 유산, 24세)·權以鎭(1668~1734, 1719년 유산, 50세)·李瀰(1669~1742, 1725년 유산, 57세)·權正忱(1710~1767년, 1746년 유산, 37세)·趙運道(1718~1796, 1761년 유산, 44세)·宋煥箕(1728~1807, 1761년 유산, 34세)·任必大(1709~1773, 1763년 유산, 55세)·朴忠源(1763년 유산)·丁範祖(1723~1806, 1775년 유산, 53세)·朴琮(1735~1793, 1780년 유산, 46세)·成大中(1732~1812, 1784년 유산, 53세)·蔡濟恭(1720~1799, 1784년 유산, 65세)·南龍燮(1734~1817, 1786년 유산, 53세)·權萬(1688~1749)·金夢

권성구·권정침·임필대·박충원·강재항·이유·조운도·권만·
김몽화·남용섭 등은 안동·예안·의성·봉화 등 그 주변 지역 출신이
다. 또한 이세택과 이광정도 안동 지역 출신이다. 한편 이익·정범조·
송환기·성대중·권이진·채제공·성해응 등 기호·충청·강원 지방
등 다양한 지역의 문인 학자들도 청량산에 올라 유산기를 남겼다.

하지만 청량산 유산은 특히 청량산 주변 지역 사대부의 지역문화에
대한 귀속성, 연대의식, 자부심을 배경으로 이루어졌다. 안동·봉화·
의성을 중심으로 세거해온 문인들은 자신의 고향산에 퇴계의 발자취가
남아 있다는 점에서 청량산을 매우 의미 있는 공간, 즉 명산으로 인식
하며 적극적으로 유산을 하였다. 조선시대의 유산자들은 "명현(名賢)의
자취가 남아 있어야 고산앙지자(高山仰止者)이며, 다만 유상(遊賞)의 흥취
만 있는 곳은 명산이 아니다"는 인식을 널리 공유하고 있었던 것이다.
이익은 1709년 청량산 유산에 동행했던 사람들이 안중암에서 퇴계가
제명한 부분에는 붓을 덧대지 않는 모습을 보고 안동 지방 유자들의 퇴
계에 대한 존모태도를 언급하며, "승려들까지도 '노선생'이라 부르고
성명을 거론하지 않았다. 영남 사람들이 퇴계 선생을 존모하는 것을 여
기서 알 수 있다"[7]라고 하였다.

그리하여 청량산 주변 향촌사회의 유자들에게 청량산 유산은 특별한
의식(儀式)의 연장으로 이해되기도 하였다. 18세기의 권성구가 도산서원
에서 퇴계 선생 문집의 교정을 끝낸 뒤 한 두질을 독파하고 나서 곧바
로 청량산 유산을 떠난 것[8]이나, 19세기의 이제영이 퇴계의 기제를 마
치고 난 뒤 대규모의 인원과 함께 청량산을 유산한 경우[9] 등이 그 예를

華(1723~1792)·成海應(1760~1839) 등을 들 수 있다.
7) 李瀷, 『星湖全集』「遊淸凉山記」. "復前至安中菴, 鉤懸一板, 以籠壁上, 乃老先生
題名處云. 而剝落今無筆蹟可尋. 遊乎此者亦爭記名姓於棟楹楣桷, 無少空缺, 而人
猶不敢墨汚其旁, 嶺人之尊慕先生, 於斯可見. 而至于僧徒之無知, 亦皆稱老先生而
不擧姓號."
8) 權聖矩, 『鳩巢集』 권3 「遊淸凉山錄」.

잘 보여준다. 퇴계 사후 청량산 유산은 퇴계를 추모하고 그의 뜻을 기리는 의식의 연장으로 실행되기도 했다. 한편 청량산 주변에 세거하던 사대부들에게 고향의 산은 벼슬살이와 거리가 멀었던 탓에 향촌사회를 벗어나 새로운 경험을 할 겨를이 없었거나, 명승지를 찾아다닐 경제적·심리적 여유가 없었던 향촌사회 사대부에게는 "보고 들으며 풍부한 견문을 쌓아야 한다"는 가르침의 압박감을 해소시켜주는 대상이 되기도 하였다. 또한 벼슬자리에서 물러나 귀향한 이들에게는 속세에 나아갔다가 지친 심신을 말끔하게 씻어주는 성산(聖山)의 역할을 하기도 하였다. 또한 유산의 의미를 인정은 하지만 먼 지방의 명산대천을 찾아가 유산을 하며 회포를 넓히는 일이 그리 쉽게 할 수 있는 것은 아니라는 현실적인 측면도 사대부가 고향 주변의 산을 중시하며 찾는 계기가 되었다.

이러한 경향은 19세기에도 이어진다. 19세기의 청량산 유산기 작가들[10]도 대부분 청량산 주변에서 세거해온 문인·학자들이거나 영남지방의 문인·학자들이었다.[11] 이들 외에 기호지방과 충청지방의 이재영과 송환기가 청량산 유산기를 남겼다. 하지만 19세기에는 18세기에 비해 안동을 중심으로 하는 영남지방 문인 학자들의 수가 훨씬 더 증가했다. 여기서 성리학의 강고한 지배력이 점점 이완되고 새로운 사상과 문

---

9) 李濟永,『東阿集』권4「遊清凉山錄」.

10) 한편, 19세기에 청량산 유산기를 남긴 문인 학자들을 살펴보면, 安德文(1747~1811, 1803년 유산, 57세), 李海德(1779~1858), 琴書術(1791~1872), 金道赫(1794~1839, 1819~20, 23세 즈음), 李濟永(1799~1871), 金道明(1803~1873, 1825년 유산, 1828년~9년 유산, 26~7세), 李在永(1804~92, 1864년 유산, 61세), 李晚淑(1810~51, 1832년 유산, 23세), 宋秉璿(1836~1905, 19세기), 柳欽睦(1843~1910), 崔憲植(1846~1915), 李相龍(1858~1932, 1882년 유산, 25세), 李晚興(1861~1904), 李猷獻(1870~1900) 등이 있다.

11) 김도혁과 김도명은 광산 김씨로 안동 가야현 출신이다. 이상룡·이만숙·이만여는 진성 이씨로 안동 출신이다. 특히 이상룡은 독립운동가로도 이름을 알렸다. 유흠목은 豊山 유씨로 16세기에 유산기를 남긴 유진의 후손이다. 최헌식은 善山 출생이고, 琴書述은 봉화 금씨로 안동에서 세거했다. 한편 안덕문·이제영은 각각 의령, 밀양에 세거해온 영남지방 문인, 학자 출신이다.

예 사조가 활발하게 생성·이입되면서, 청량산과 청량산 유산기는 점점 안동지방을 중심으로 한 사대부들의 지역적 공간으로 그 세력과 의미가 축소되었음을 알 수 있다.[12]

18세기의 청량산 유산기를 작가가 유산할 당시의 연령별로 분류하여 보면 20대 중반부터 60대 중반까지 다양하게 고루 분포되어 있음을 볼 수 있다. 이는 18세기 사대부의 청량산 유산 및 유산기 창작이 특정 연령을 불문하고 성사된 것이었음을 말해준다. 그런데 50대의 유산기가 6편 정도 되어 다른 연령대의 2~3편보다 배 이상 많음을 알 수 있다. 50대의 유산기가 20, 30, 40대의 그것보다 훨씬 많은 이유는 무엇일까?

우선, 주세붕이 청량산을 유산한 나이가 50세였고, 이황이 주세붕의 유산기에 감탄을 하며 발문을 붙인 나이가 53세였음을 생각하면, 유산자들이 시기적으로 50대의 청량산 유산이 가장 적합하다고 인지하였음을 추측할 수 있다. 또한, 조선시대 사대부의 유산 인식과 깊이 연결되어 있음을 지적할 수 있다. 청량산 유산인들은 "유산은 독서, 학문, 수양 이후에 해야 할 일"이라는 점을 특히 강조하였다. 그들은 청량산 유산기에서 빈번하게 정자(程子)의 "산을 보고 물을 완상하는 것 또한 마음을 풀어 놓는 것이다"는 말이나, 남명(南溟) 조식(曺植)의 "명산(名山)에 들어간 사람 중에 누가 마음을 깨끗이 씻지 않겠는가마는 결국 군자는 군자가 되고 소인은 소인이 될 뿐이다"[13]는 말을 인용하며 이 말을 반우(盤盂)와 궤장(几杖)의 명(銘)으로 삼아야 한다고 강조하였다. 이 말은 학문, 독서, 수양을 우선시하지 않고 유산을 먼저 할 경우 오히려 유산의 본뜻을 잃게 될 수 있고, 그렇게 된다면 산과 바다를 보고 의기를 기르고 마음을 씻어 내고자 하여도 군자는 그저 군자가 될 뿐이고 소인은

---

12) 19세기의 유산기는 약 14편 정도이다. 18세기보다 유산 및 유산기 작품 수도 다소 줄어들었음을 알 수 있다.

13) 金道明, 『畏庵文集』 권2 「遊淸凉山錄」. "嘗聞程夫子曰, 看山翫水, 亦是放心. 曺南溟先生書頭流遊錄曰, 入名山者, 誰不洗濯其心, 而畢竟君子爲君子, 小人爲小人. 嗚呼. 此可以爲盤盂几杖之銘也夫."

다시 소인이 될 뿐 인격 함양에는 변화가 없으니, 유산보다는 독서와 학문 연마를 우선해야 한다는 뜻이다. 그리하여 산수(山水)에서 노니는 것이 완물상지(玩物喪志)가 되는 것을 경계한 것이다.[14) 여기서 특히 청량산 유산기가 학문·독서에 열중하여야 할 20~30대보다 50대 이후에 풍부하게 남아 있는 이유를 유추할 수 있다.

청량산 유산 및 유산기 창작은 다양한 상황에서 이루어졌다. 지방관으로 있을 때, 벼슬길에 나아갔다가 잠시 혹은 오랫동안 물러나 있을 때, 과거나 벼슬길을 포기하고 향촌사회에서 학문과 수양에 정진할 때 주로 이루어졌다. 권이진은 정언, 홍문관 수찬, 동래부사 등을 역임하였으나 이후 당론으로 인해 벼슬길이 순탄하지 못했다. 그 뒤 1721년(경종 1) 좌의정 이광좌(李光佐)의 천거로 승지에 올랐으며, 이듬해 사은부사로 청나라에 다녀왔다.[15) 그의 청량산 유산은 1719년 50세의 나이로 벼슬길에서 물러나 있을 때의 작품이다. 17세기의 김영조(金榮祖)는 광해군 때에 문과에 병과로 급제하여 벼슬길에 나아갔다가 정치의 혼탁함을 보고 10여 년간을 은거하였다가 인조반정 뒤 다시 정계에 나아갔다. 그의 청량산 유산은 그 은거시에 이루어진 것이다.[16) 임필대(任必大)의 경우 과거를 보긴 하였으나 벼슬길에 별로 유념하지 않았고, 오히려 사의계(四儀契)를 설립하여 문중과 향촌에서 교화를 펼치는데 주력하였다. 그는『심경(心經)』·『근사록(近思錄)』·『퇴계집(退溪集)』 등의 성리서를 초록하고 연구하여 여러 차례 향리의 추천을 받았으나 끝까지 사양하고 강학에 전념하였다. 또한 김락행(金樂行)·권렴(權濂)·최흥원(崔興遠) 등 당시의

---

14) 金道明,『畏庵文集』권2「遊淸涼山錄」. "山水之遊, 固不如靜坐看書. 而古人亦以觀山水不失己, 爲第一義矣. 每欲着謝氏之木屐, 訪子長之名山, 以發我胸中磈磊之累滯, 而關東楓嶽, 則雲霞夐隔. 徒付珉嶺之想. 仇池之夢而已. 惟淸涼一區, 實爲楓嶽之次. 而今日幸得來賞于十二峯, 洞天靈籟, 庵臺勝狀, 森然眼界, 豁然胸次, 在吾足償宿債矣. 然人生於世, 無有無事底人. 若好動而不知靜, 役物而不勤學, 則又安知山水之遊. 適足爲翫物喪志之具也哉."

15) 權以鎭,『有懷堂集』권8「遊淸涼山記」.

16) 金榮祖,『忘窩先生全集』권5「遊淸涼山錄」.

저명한 선비들과 교유하며 학문을 토론하며 지내다가 영남 사인들과 함께 청량산을 유산했다. 임필대의 유산은 30여 명 정도가 동행을 한 성대한 행사였다.[17] 그들에게 청량산 유산은 학문과 수양, 교육의 연장이었음을 알 수 있다. 그래서 20대~30대에 청량산을 유산하는 이들은 자신들의 유산 동기를 자세히 밝히며 학문을 독려하는 부모의 명에 따라 이루어졌다거나, 스승을 모시고 다녀왔다거나, 벗들과 학문연마의 한 방편으로 다녀왔음을 표명하였다. 자신들이 이른 나이에 청량산을 유산하는 것이 주세붕·이황 등의 선현들의 길을 일찍부터 밟아가고자 한 의도였음을 강조한 것이다.

3. 유산(遊山)과 도덕적 주체의 심미 체험

유산자들의 청량산에 대한 유가적·도학적 의미 부여는 이미 16세기부터 20세기까지 매우 일관되게 선명하게 나타난다. 조선 후기의 다른 유산기들이 산에서 정신미(精神美) 추구의 대상에서 자연미(自然美) 감상의 대상으로 인식전환을 하고 있었음에도 불구하고, 청량산 유산기는 여전히 정신미 추구를 보여주었다. 그래서 18세기 청량산 유산기의 가장 큰 특징 역시 청량산을 도덕적 공간으로 승화시키는 작업의 지속에서 찾을 수 있다.

그 구불구불 서린 충만한 기운을 맺고 모았다가 빼어내니 벌려서 12 봉우리가 되었다. 골짜기는 몹시 깊거나 넓지 않고, 굳게 잡은 터는 몹시 멀거나 크지 않으며, 첩첩 쌓인 산봉우리는 모두 옥을 깎고 圭를 이은 듯하며, 위태로

---

17) 任必大, 『剛窩集』 권5 「遊淸凉山錄」.

운 바위와 끊어진 골짜기는 귀신이 쪼개고 당겼으니, 바라보면 단정하고 엄숙하며 기이하고 상쾌하여 구름과 노을 너머에서 빼어나게 우뚝하여 참으로 공경하되 친압할 수가 없다.[18]

봉우리는 모두 돌로 이루어졌고 사면이 깎여서 우뚝 늘어서 있는데 높은 봉우리는 낮은 봉우리를 해치지 않고, 낮은 봉우리는 높은 봉우리에 대항하지 않으며, 정화(精華)를 안으로 온축하고 기상을 차분히 하며, 우뚝하면서도 어그러지지 않고, 장엄하면서도 거만하지 않아, 덕이 순수한 자와 같으니, 퇴계 선생이 이 산을 좋아한 것은 마땅한 것이요 다른 산들은 바라지 못하는 바이다.[19]

권정침은 청량산의 봉우리를 '충만한 기운을 맺고 모았다가 빼어낸, 옥을 깎고 규(圭)를 이은 듯한, 단정하고 엄숙하며 기이하고 상쾌한' 모습으로 묘사하여 마치 준엄하고 단정한 선비의 모습을 연상케 한다. 성대중은 높고 낮은 위계가 질서정연한 사대부 사회의 모습, 정화를 온축하고 기상을 차분히 하여 순수한 덕을 지닌 선비의 정신에 청량산을 조응한다. 청량산의 도덕적 공간으로의 승화는 주세붕·이황에게서 이미 비롯되었다. 이 경향은 19세기와 20세기에도 이어진다. 그런데 주세붕·퇴계 이후에는 이들이 거쳐간 곳이므로 명산이라는 의미가 덧붙는다. 성대중은 "명현(名賢)이 거처했던 곳이므로 명산(名山)"이라고 하였고 김도명은 "우뚝 솟고 울창한 모습이 비록 혹 금강산의 웅장함에는 미치지 못하지만, 이 산은 일찍이 우리 노선생(老先生)의 지팡이와 신이 거쳐간 곳이라 어떤 봉우리 어떤 골짜기도 그리고 한 포기의 풀 한 그루의 나무도 모두 도덕(道德)의 여광(餘光)을 입었으니, 이는 또한 금강산이 가

---

18) 權正忱, 『平庵先生文集』「淸凉遊錄」. "其蜿蟺磅礴之氣, 結攢抽發, 列以爲十二峰. 洞府不甚邃曠, 盤據不甚遠人, 而層巒疊嶂, 削工聯土, 危巖絶壑, 鬼擘神搴, 望之端嚴奇爽, 傑卓於烟霞之外, 信可敬而不可狎也."

19) 成大中, 『靑城集』 권6 「淸凉山記」. "峰皆石成, 四削離峙, 峻不暴下, 卑不亢上, 精華內蘊, 氣象下濟, 卓而不詭, 莊而不倨, 有似乎德之粹者, 宜退陶之愛之, 而他山莫之尙也."

지지 못한 것이다"20)라고 하여 청량산이 이황의 도덕의 여광을 입어 금
강산도 지니지 못한 특별한 것을 지닌 산이 되었다고 하였다.21) 남용섭
도 "퇴계 선생께서 주신재의『유청량산록(遊淸凉山錄)』에 발문을 쓰신 것
을 보면 '산의 여러 봉우리들이 불경(佛經)의 황망한 말과 여러 불가의
음탕하고 흐릿한 이름을 덮어 썼으니, 신선이 사는 곳을 욕되게 한 것
이다. 선생께서 지금의 이름으로 두루 고쳐서 산신령을 위로하고 산의
정채를 빛나게 하였으니 얼마나 훌륭한 일인가?'라고 하였다"22)고 하여
퇴계가 도학적 이상과 청량산을 조응시킨 말을 되새기며 청량산이 도
덕적 공간으로 승화하게 된 계기를 되새기고 있다. 주세붕과 이황의 청
량산에 대한 도덕적 승화 작업과 이를 계승한 청량산 유산기 작가들에
의해 청량산의 정신미가 구축되었으며 청량산 유산기의 주요한 내용을
구성하였다.

그런데 퇴계는 청량산을 두고 도산에 거처를 정하였다. 퇴계는 「도산
잡영기(陶山雜詠記)」에서 '왜 청량산에 거하지 않고 도산에 거처하는가'

---

20) 金道明,『畏庵文集』卷2「遊淸凉山遊錄」. "其巍巍然蒼蒼然者, 雖或不及於金剛之
雄壯. 而玆山也, 曾經我老先生之杖屨, 凡某峯某堅, 一草一木, 衣被道德之餘光, 此
又金剛之所未有者也."

21) 조선시대의 영남지방의 문인·학자들도 "매번 謝靈運의 나막신을 신고, 사마천이 다
닌 명산을 찾아가, 나의 마음속에 쌓여 있는 근심 덩어리를 발산하고 싶었으나, 관동지
역의 楓嶽山이 구름과 안개로 가려져 멀리 떨어져 있으니, 珉嶺을 떠올리고 仇池를 꿈
꾸듯 상상과 꿈에나 부칠 따름이다. 오직 청량산 일대만이 풍악산에 버금가는데 오늘
다행히 열두 봉우리를 와서 감상하니 (…후략…)[每欲着謝氏之木屐, 訪子長之名山,
以發我胸中磈磊之累滯, 而關東楓嶽, 則雲霞皇隔, 徒付珉嶺之想, 仇池之夢而已. 惟
淸凉一區, 實爲楓嶽之次, 而今日幸得來賞于十二峯, 洞天靈籟, 庵臺勝狀, 森然眼界,
豁然胸次, 在吾足償宿債矣]"(金道明,『畏庵文集』권2「遊淸凉山錄」)라고 하여 금강
산에 대한 선망을 숨기지 않았다. 또한 금강산, 속리산, 묘향산, 지리산 등을 4대 명산으
로 꼽는 데에도 주저하지 않았다. 그리고 금강산에 비하여 청량산의 승경이 떨어짐을
인정하였다. 그러나 영남지방의 문인 학자들이 금강산에 버금가는 소금강이라는 이름
으로 청량산에 대한 자부심을 대신할 수 있었던 것은 곧 이황의 발자취가 남아 있는
곳이라는 점에 기인한다.

22) 南龍燮,『松陰集』권2「淸凉山遊錄」. "然嘗觀退陶老先生, 跋周愼齋遊淸凉錄曰,
山之諸峯, 冒以竺書荒茫之語, 諸佛淫昏之號, 爲仙區之汙辱也. 先生歷改今名, 其所
以慰山靈而煥精彩, 何如哉."

를 묻는 이에게 '청량산은 절벽이 만 길이나 서 있고 낭떠러지가 위태로워, 늙고 병든 이가 편안히 여길 곳이 아니다. 또한 요산요수(樂山樂水) 중 하나라도 없어서는 안 되는데, 지금 낙천이 비록 청량을 지나기는 하나, 산중에 물이 있는 곳을 모른다. 내가 진실로 청량에서 살고 싶었으나 그곳을 뒤로 제치고 도산을 앞세운 까닭은 (도산이) 산수를 겸했고 늙고 병든 이를 편하게 해주기 때문이다'23)라 하여 청량산의 자연적·지리적 한계를 지적하기도 하였다. 그런데 퇴계 이후의 청량산 유산자들은 절벽·낭떠러지 등의 기이함을 말하면서 물이 부족한 산속의 상황을 언급하는 경우가 거의 없다. 오히려 청량산을 흐르는 낙동강의 물을 강조하며 묘사하기도 한다. 심지어 이제영은 퇴계의 후손들을 돌아보며, "도산의 농운정사(隴雲精舍)는 한사(寒士)가 거처하며 즐길 수 있는 곳이니 참으로 아름답습니다만, 선생의 가르침은 이미 청량으로써 '오가지산(吾家之山)'을 삼았으니 이곳을 버리고 저곳에서 살면 어찌하겠습니까?"라고 묻기도 한다. 청량산이 자연적·지리적·환경적으로 거처하기 어려운 곳임을 스스로 체험하였음에도 불구하고, 이황이 오로지 '오가지산'이라 한 데에 기대어 이러한 주장을 한 것이다. 이제영은 퇴계의 후손들이 청량산의 단점을 지적한 퇴계의 말을 상기시킨 뒤에야 "그말이 맞습니다"라고 수긍하였다.24) 이렇게 퇴계는 이미 청량산의 자연적 한계에 대해서도 언급을 하였지만 후대에 청량산을 유산하는 이들은 이에 대해 거의 언급하지 않았을 뿐만 아니라 지리적 환경적 한계를

---

23) 李滉, 『退溪先生文集』 권3 「陶山雜詠幷記」. "或曰, 古之愛山者, 必得名山以自託, 子之不居淸凉, 而居此何記也. 曰, 淸凉壁立萬仞, 而危臨絶壑, 老病者所不能安, 且樂山樂水, 缺一不可, 今洛川雖過淸凉, 而山中不知有水焉. 余固有淸凉之願矣. 然而後彼而先此者, 凡以兼山水, 而逸老病也."

24) 李濟永, 『東阿集』 권4 「遊淸凉山錄」. "同遊諸友. 皆夫子賢孫也. 余顧而難之曰. 陶山之隴雲精舍. 寒棲玩樂. 信美矣. 而夫子之訓. 旣以淸凉爲吾家山. 則捨此而居彼. 何也. 僉曰. 子不見陶山雜詠記乎. 先生答或人之問. 曰淸凉壁立萬仞. 而危臨絶壑. 老病者固不能安. 且樂山樂水. 缺一不可. 今洛川雖過淸凉. 而山中不知有水焉. 余固有淸凉之願矣. 然而後彼先此者. 凡而兼山水而逸老病云. 余曰. 然."

감수할 것을 권하기도 하였다. 충청도에서 유산 온 송환기가 "대저 이 산은 실로 봉우리의 기이함은 있으나 석천(泉石)의 뛰어남은 부족하고 올라 보는 홍취는 많으나 누각(樓閣)에 기대어 완상하는 운치는 적다. 내 관점으로 보면 청량산은 화양(華陽)이 완전히 갖추고 있는 것에는 훨씬 못 미친다. 이것이 퇴계가 요산요수(樂山樂水) 중 하나가 부족해서도 안 되는데 (…중략…) 라는 탄식을 하게 된 까닭이다"라고 청량산의 단점 을 지적하였지만 송환기의 지적도 퇴계의 말에 기대어 나올 수 있었던 것이다.[25] 송병선은 청량산 열두 봉우리의 이름과 형세를 간략하지만 감탄의 어조로 묘사한 뒤 "다만 돌 색깔은 푸르고 검었다"고 하였다. 송 병선은 청량산에서 청량산의 돌 빛깔이 아름답지 못하다고 느꼈으나 간략하게 매우 조심스럽게 언급하는 정도에서 그쳤다.[26] 이렇게 하여 청량산 유산기는 여정의 객관적 경험적 사실을 기록한다는 유산기 문 체의 특징을 넘어서게 되었다. 송병선은 청량산에서 돌의 빛깔이 아름 답지 않다고 느꼈으나 매우 조심스럽게 간략하게 이 점을 언급하였던 것이다.

이렇게 구축된 청량산의 정신미는 유가의 이상적 인물과 교차·비교 되었다.

> 나는 이 산에 대하여 이에 느낀 바가 있다. 높고 첩첩 쌓인 봉우리가 천 길 로 우뚝 서 있으니 이는 군자의 기상이 아니겠는가? 외로운 소나무가 우뚝 서 서 꼿꼿하게 푸른 것은 군자의 절의가 아니겠는가? 푸른 산과 푸른 나무에 비 가 개이고 구름이 걷혀 바람과 달이 맑고 깨끗하여 티끌 한 점 먼지가 없는 것은 군자의 회포가 아니겠는가? 이 몇 가지를 겸하여 지니고 있는 이로는 오

---

25) 宋煥箕, 『性潭集』 권11 「淸凉山遊覽錄」. "大抵此山實有峯巒之奇, 而獨欠泉石之 勝, 登臨之趣則多, 而倚樓而賞則未也. 以吾觀之, 其不及於華陽之全備者遠矣. 此退 翁所以有樂山樂水缺一不可之歎, 而謂不如陶山之兼山水而逸老病也."
26) 宋秉璿, 『淵齋集』 「自太白至淸凉山記」. "十二石峯, 簇立環擁, 勢若星拱. 問其名, 則曰蓮花·金塔·仙鶴·祝融·卓立·香爐·紫鸞·擎日·紫霄·丈人·卓筆·硯滴. ──奇拔峭聳, 或如抽筍立笏, 或如懸磬覆鍾, 可以當金剛一面. 已但石色蒼黑矣."

직 우리 노선생 한 분이 계실 뿐이다.[27]

퇴계도 "청량산은 백이와 같구나![清凉似伯夷]"라고 하였는데, 이러한 산세의 도덕적 아름다움의 묘사는 산을 오른 이의 도덕적 실천을 강조하는 것으로 이어진다. 성대중 역시 청량산의 산세를 매우 추상적·도덕적·인격적으로 형상화하고 있다. 그는 특히 안찰사 이행부와 봉화군수 심저(沈著), 영양군수 김명진(金明鎭), 하양현감 힘희택(任希澤), 안기찰방 김홍도(金弘道) 등이 함께한 지방 수령들의 유산행차를 맑고 우아한 모습으로 형상화한다.[28] 성대중은 또한 함께 산을 올랐던 안찰사 이행부(李行部)에 대해 "안찰사 이공은 수행하는 종이 배고플까 염려하여 지장암을 떠나며 가마에 대고 하산(下山)을 하라고 하였다. 무거운 근심거리를 나누어준 자는 즐거움을 취함이 밝은 자이고, 높은 자리에 있는 자가 간절하게 아랫사람을 염려함이 진실로 군자의 상도(常道)이다"라고 하여 도덕적 기풍이 어떻게 실천되는지를 아주 간략한 일화로 보여준다. 함께 유산한 김홍도가 부는 퉁소 소리를 듣고 "산은 고요하고 달빛은 영롱한데 계곡 주변 돌 위에 흩어져 앉았다. 김홍도가 퉁소를 잘 불어 한 곡을 권하니 성조(聲調)가 맑게 퍼지며 위로 올라 나무 끝에서 울리니 뭇 소리가 모두 숨을 멈추어 여운이 더욱 양양하였다. 멀리서 그 소리를 들으면 반드시 학이 내려오는 것이라 하였을 것이다. 대저 멀리하면 신선이고 가까이하면 사람인 것이니, 옛날에 이른바 신선이라는 것은 이와 같은 것에 불과할 따름이다"[29]라고 하여 신선 같은 풍모를

---

27) 權正忱, 『平庵先生文集』「淸凉遊南錄」. "余於此山, 又有所感者焉. 高峯疊嶂, 壁立千仞者, 此非君子之氣像乎. 孤松特立, 亭亭四時者, 此非君子之節義乎. 靑山綠樹, 雨歇雲消, 光風霽月, 淨無氛埃者, 此非君子之襟懷乎. 兼此數者, 而有之者, 惟我老先生是已."

28) 成大中, 『靑城集』 권6 「淸凉山記」. "按使公念徒御之午飢, 幷與地藏而捨之, 命駕下山, 分憂重者, 取樂也蠲, 處位高者, 慮下也懇, 固君子之常也."

29) 위의 글. "山靜月朗, 散坐溪石. 金丞善簫, 勸之一弄, 聲調淸越, 上振林抄, 衆籟俱息, 餘韻猶颺. 遠而聆之, 必謂之笙鶴降也. 夫惟遠之則仙, 近之則人, 古之所謂仙者,

지닌 삶이 멀리 있는 것이 아님을 강조했다.

이렇게 주세붕·이황에 의해 구축된 청량산의 정신미는 이후 청량산 유산자들이 청량산 유산을 '정신미의 표상'을 체험·학습·수양하는 과정으로 여기게 하였다. 유가적·성리학적 색채를 입고 있는 청량산에서 유산자들은 새로운 지형적 자질이나 승경을 발견한다거나, 새로운 경로를 찾아 모험을 한다거나, 새로운 일화나 전설을 만들어가는 일에 별반 관심을 두지 않는다. 그들이 관념의 옷을 두텁게 입고 있는 청량산에서 새로이 만들어가는 역사는 "이 유가의 산에 누가, 새로이 유산을 하였다"는 사실 정도가 아닐까 하는 생각이 들 정도로 청량산 유산의 저변에는 체험·재현·모방·답습 그리고 이를 향유하는 유자의 미학이 깊게 자리하고 있다. 청량산 유산기의 재현·모방·답습·향유는 청량산 유산기의 내용을 구성하는 몇몇 요소가 반복되는 것으로 나타난다.

첫번째 예는 힘겹게 높은 곳을 오르는 모습으로 나타난다. 청량산은 정신미의 보고이므로 유산자들은 힘써 높은 곳까지 오르려 하였다. 그리하여 유자들은 청량산 유산에서 힘든 여정을 마다하지 않고 올라가는 것을 미덕으로 여기며 육체적 고통을 감수하고 극복하는 모습을 보여주었다. 이제영은 "도중의 힘든 길을 지나 절벽을 잡고 벼랑을 따라 나아갔다. 골짜기는 그윽이 깊고 돌길은 험하여 열 걸음에 아홉 번은 쉬어야 했다"[30]고 하여 청량산 유산의 힘든 여정을 강조하였다. 힘든 길을 감내하는 것은 신재와 퇴계가 그 길을 그렇게 올랐기 때문이며, 또한 퇴계와 그 후학인 자신의 조상들의 발길이 닿았던 곳이기 때문이다. 또한 "산을 오르는 고통은 곧 학문의 길에 나아가는 고통과 상통하고, 이에 비해 산을 내려가는 쉬움은 악을 따르기가 쉬움과 상통한다"는 선현들의 경구를 되새길 수 있기 때문이다. 또한 주자가 「운곡기」에

　不過如是而已."

　30) 李齋永, 『東阿集』 권4 「遊淸凉山錄」. "仰見丈人峰, 偃蹇如高人迎揖之像, 跋涉間關, 挤壁緣崖, 而進洞府幽邃, 石逕崎嶇, 十步九休."

서 "내 몸이 높은 곳, 먼 곳에 떨어져 있는 줄을 모르겠으니 다만 해와 달을 곁에 하고 바람과 비에 임할 수가 있다"[31]고 한 경지를 체험하며 대자연과 함께 할 수 있는 즐거움을 체험할 수 있고, 높고 험한 곳을 오르는 어려움을 감당하고 난 뒤에야 볼 수 있는 아름다운 경관은 끝까지 오르지 못한 자는 알 수가 없기 때문이다.

1786년 53세의 나이로 청량산을 유산한 김몽화도 동행한 김선장(金善章)과 함께 직접 지팡이를 짚고 짚신을 신고 걸어서 청량산에 올랐다. 그는 주자가 백장산(百丈山)에 올라 "노력하며 한 번 부여잡고 올라보니 앞길에 기이한 경관이 있다[努力一躋扮. 前行有奇觀]"고 읊은 시를 다시 읊조리며 높고 험한 곳을 찾아 어려움을 감내하는 이유를 설명했다. 그 어려움과 고통을 감내하지 않으면 산에 올라 그 아름다운 경관을 경험할 수가 없는 것이다. 조선시대의 사대부가 험한 산행을 감내하는 의미도 이렇게 고된 노력을 거친 뒤라야 아름다운 경관을 볼 수 있다는 점을 중시하기 때문이다.

그리하여 청량산 유산기에는 높은 산을 오를 수 있는 선비의 건강한 육체에 대한 동경과 존숭이 잘 나타난다. 사마천이 향산을 다니면서 견여 타는 것을 달가와 하지 않고 지팡이를 짚고 갔다, 허연이 유산을 하며 좋은 경치를 즐기는 것뿐만 아니라 튼튼한 다리가 있음을 즐거워했다, 다리로 직접 걸어가지 않는다면 와유(臥遊)하는 것만 못하다, 조목은 82세대의 고령에도 불구하고 견여나 가마를 이용하지 않으려 했다는 내용이 청량사 유산기에서 반복되는 것은 그들이 얼마나 건강한 육체를 얼마나 중시했는지를 보여주었다.

유자들의 도덕적 승화로서의 청량산 체험은 곳곳의 봉우리와 지형과 건축물을 찾아보고, 하나하나 가리키며 그 이름을 불러보는 것으로 나타난다. 그 이름은 주세붕과 퇴계가 청량산의 불교적 색채를 벗겨내고

---

31) 南龍燮, 『松陰集』 권2 「淸凉山遊錄」. "朱夫子雲谷記所謂, 不自知其身之高地之迥, 直可以蒭日月而臨風雨也."

유교적 색채로 개명한 이름들이거나 그들의 안목을 거친 것들이다. 따라서 이 이름을 호명하는 것은 명명한 이들의 정신을 계승하는 것이라고 생각하였기 때문이다.

열두 석봉(石峯)이 떨기지어 빙 둘러 옹호하고 있으니 형세가 마치 별들이 북두성을 향한 것과 같았다. 그 이름을 물어보니 연화봉(蓮花峯), 금탑봉(金塔峯), 선학봉(仙鶴峯), 축융봉(祝融峯), 탁립봉(卓立峯), 향로봉(香爐峯), 자란봉(紫鸞峯), 경일봉(擎日峯), 자소봉(紫霄峯), 장인봉(丈人峯), 연적봉(硯滴峯)이라고 한다. 하나하나가 기이하고 빼어나며 가파르게 솟아 있어 혹은 죽순이 솟아 있는 듯하고, 홀(笏)을 세운 것 같기도 하며, 혹은 경쇠를 달아놓은 듯하고 종을 엎어 놓은 것 같기도 하였으니 금강의 한 측면을 감당할 만 하였다.”[32]

또 돌아서 동쪽으로 가서 화음대(華陰臺), 칠성대(七星臺), 송풍대(松風臺) 등 세 대를 지나 영산암(靈山巖)에 이르니 이른바 외청량이다. 골짜기는 수려하고 절간은 소쇄하며, 바위 위에는 석벽이 우뚝 서 있고, 그 위에는 큰 바위가 떨어질 듯이 매달려 있는데 한 사람이 움직여도 충분히 흔들리고 백 사람이 움직여도 더 이상 흔들리지 않는 흔들바위이다.[33]

위 내용은 청량산 유산기가 가장 일반적으로 빈번하게 보여주는 구절이다. 이름을 하나하나 불러보는 이들의 모습이 마치 엄숙하거나 충만한 의식을 치르는 것처럼 보인다. 유산자들은 청량산의 자연적 지형적 자질에서 심미 인식을 하거나 감흥을 일으키기보다 유가적 이름을 부여받은 봉우리, 대 등을 하나하나 불러보며 감흥을 일으키는 듯이 보인다. 그리하여 그들은 청량산에서 새로운 승경을 찾거나 사건을 만들

---

32) 宋炳璿, 『淵齋集』「遊嶠南記」중 自太白至清涼山記, “十二石峯, 簇立環擁, 勢若星拱. 問其名, 則曰蓮花·金塔·仙鶴·祝融·卓立·香爐·紫鸞·擎日·紫霄·丈人·卓筆·硯滴. 一一奇拔峭聳, 或如抽筍立笏, 或如懸磬覆鍾, 可以當金剛一面.”

33) 李齋永, 『東阿集』권4「遊清涼山錄」. “又轉而東, 歷華陰七星松風三臺, 到靈山巖, 所謂外清涼也. 洞壑秀麗, 佛宇蕭灑, 巖之上, 石壁峯崔, 上有巨石, 架壓如墜, 一人動之有餘, 百人動之無加者, 動石也.”

려고 하지 않는다. 이미 단단한 의미를 부여받고 있는 청량산의 명소들을 재확인할 뿐이다. 또한 청량산에 오르면서도 승경 감상과 묘사에 대한 부담을 거의 느끼지 않는다. 앞선 선배들이 이미 모범을 만들어 놓았기 때문이다. 그 다음에 봉우리·대 그리고 암자 등에 퍼져 있는 전설과 사건들을 하나하나 되집어 갔다. 유산기 작가들은 청량산의 자연적·지형적 자질에 대하여 다른 사물과 비교하며 적확하고 단순하게 그리고 사실적으로 묘사한다. 여기에 청량산에서 자신만의 독창적 심미인식, 개성적 감상을 구가하는 것은 크게 의미를 두지 않는다. 또한 유산 체험은 여정의 반복으로 나타난다. 조선 후기 사대부의 청량산 유산은 대부분 짧은 일정으로 이루어졌고 그 경로는 주신재가 거쳤던 길과 매우 흡사하였다. 이러한 여정은 19세기 후반에서 20세기 초반까지의 유산자들의 경로에도 이어진다. 그리하여 조선시대 청량산 유산 경로는 매우 단순하다. 이렇게 18세기 청량산 유산기는 내용적 측면에서 전대의 전통을 충실하게 계승하고 있었다.

4. 호상(豪爽)한 기운(氣運)과 웅혼(雄渾)한 풍격(風格) 추구

이때부터 신비스러운 산의 모습이 눈앞에 어른거려 마음속에서 버릴 수가 없었다. 매번 다시 나의 나막신을 반들반들하게 닦고 온 산의 전 모습을 보고자 하였으나 세속의 인연을 벗어나기 힘들고 마음은 일에 빼앗겨 해마다 속된 몸으로 옮겨 다니다가 늙게 되었으니 마치 새장 속의 학이 날개를 움츠리고 길게 울며 부질없이 허공의 구름을 안고 하늘에 날개를 치려는 마음 같았으니 다만 다른 사람에게 말하며 불평을 그칠 수가 없었다.34)

---

34) 권성구, 『鳩巢集』 권3 「遊淸凉山錄」. "自是神山在眼, 不能遣于中. 每欲再蠟吾屐,

권성구는 1682년 증광문과에 병과로 급제하고 승문원에 배속되었다가 1686년 안동 교양관으로 나가 청량산 유산을 하였다. 그러나 그 당시 일이 있어 연대사, 어풍대 정도만 둘러보고 돌아왔다. 권성구는 20년 후에 다시 청량산을 유산하게 되기까지 자신이 얼마나 청량산을 그리워하였는지를 묘사하였다. "새장 속의 학처럼 날개를 움츠리고 길게 울며 부질없이 허공의 구름을 안고 하늘에 날개를 치려는 마음을 가지게 되었다"는 표현은 청량산을 유산하지 못하고 벼슬길에 있는 자신의 답답한 마음을 비유한 것이다. 권성구가 청량산에 대한 그리움을 다소의 과장법과 감상적 어조로 그리고 있음을 알 수 있다. 그런데 청량산 유산기의 과장법과 감상성은 산에 대한 그리움, 퇴계에 대한 그리움, 청량산 유산에서 깨달은 이치나 세속적 삶의 하찮음 등의 모티브를 묘사할 때에 주로 나타난다. 작가는 청량산에서 퇴계와 도덕적 주체의 감흥을 표출할 수 있을 때에야 비로소 자신의 감흥을 마음껏 드러내 보인 것이다. 특히 청량산 유산기의 작가들은 산행에서 만난 경치의 아름다움에 대한 감흥을 직접 표현하는 것을 경계하였다. 이는 완물상지(玩物喪志)에 빠지는 것을 경계하는 태도이다. 그래서 유산의 여정과 승경을 있는 그대로 간략하게 비유하고 묘사하며 의도적으로 감상을 배제하였다. 남용익은 승경에 대한 마음의 동요와 감상이 일어나면 주자나 퇴계의 시구를 읊조리는 것으로 대신 표현하여 감상을 절제하고 도덕적 주체의 현현을 강조하였다.

그런데 청량산 유산기를 읽다보면 유자들의 언사가 매우 비판적·논쟁적인 장면을 종종 만난다. 특히 청량산을 유산하는 길이나 묵었던 절에서 만난 중과 대화를 할 때의 태도, 청량산에 퍼져 있는 불교 관련 설화를 대할 때의 태도, 유가적 이념·도덕과 배치되는 인물들의 행동을 대할 때 비판적, 논쟁적 어조와 문체가 확연히 드러난다. 청량산 곳곳의

以見一山全面目, 而塵緣難脫, 情由事奪, 歲以俗驅, 推遷至老. 如籠裏之鶴, 戢羽長鳴, 空抱冲雲, 撤天之心. 只自向人語, 剌剌不能已."

설화나 전설이 유가의 이념과 규범에 맞지 않을 경우, 퇴계가 오가지산(吾家之山)으로 부른 곳에서 중들이 불교 관련 설화를 퍼트리며 살고 있는 것을 보면 유자들은 날카로운 비판을 던진다.

김생의 필법은 실로 볼 만한 점이 있다. 고운 또한 신라 말기의 호걸스런 선비이다. 그러나 성현의 학문으로 그들을 재어보면 나는 두려워 쉽게 말하지 못하겠다. 아아! 예전에 고운으로 하여금 도(道)로 들어가는 문을 알아 석가(釋迦)와 노자(老子)를 배척하고 우리나라 사람을 위해 창도하게 하였다면 우리의 도(道) 한줄기가 민멸되어 징험할 수 없는 지경에 이르지는 않았을 텐데 애석하게도 방외(方外)에 자신의 자취를 맡기고 파란(波瀾)을 더욱 부추겨 불교가 멋대로 성행하도록 하였으니, 이는 실로 천고의 개탄할 만한 일이다. 또한 지리지와 국사(國史)에서 모두 이르기를 '고운의 청량사는 합천(陜川) 가야산(伽倻山)의 월류봉(月留峰) 아래에 있다'라고 하였으니, 이 산에는 고운에 대해 전하는 것이 없는데, 어찌 뒷사람들은 이 산을 높이고자 거짓으로 치원과 김생을 끌어다가 여기에서 살았다고 하는가? 이는 참으로 신재(愼齋) 주세붕(周世鵬)의 말과 같도다. 삼각우(三角牛)와 안중 노파 등의 일은 비루하여 말할 가치도 없다. 또한 자네같이 평범한 승려는 도리(道理)를 알지 못하니, 자네는 청량산이 바로 우리 노 선생(퇴계)께서 계시던 청량산이란 사실을 듣지 못하였는가? 저 김생이 또한 어찌 이 산을 중하거나 가볍게 할 수 있단 말인가? 비록 그러하나 이러한 사실은 지자(知者)와 함께 이야기할 수 있을 뿐이지 자네와 같은 승려와는 이야기할 수 없는 것이네."[35]

권정침은 중들이 김생의 필법과 최치원의 면모를 칭찬하자 그 점을 인정은 한다. 그들이 성현의 학문에 비추어보아도 과연 인정할 만한 존

---

35) 권정침, 『平庵先生文集』 권6 「淸凉遊錄」. "金生筆法, 誠有可觀者. 孤雲, 亦羅末豪傑之士也. 然, 律之以聖賢之學, 則吾恐未易言也. 噫, 向使孤雲, 識得入道門路, 觝排釋老, 爲東人倡, 吾道一脉, 猶不至泯泯無徵, 而惜乎托跡方外, 推波助瀾, 使佛氏肆行, 是誠千古之一慨也. 且地誌及國史, 皆云, 孤雲淸凉寺, 在於陜川伽倻山之月留峰下, 此山, 則無傳焉, 豈後人欲尊此山, 誣引致遠金生住此. 誠如愼齋之說也. 角牛安嫗等事, 陋矣, 不足道也. 且汝庸僧, 不識道理, 汝不聞淸凉是我老先生之淸凉乎. 彼哉金生, 又奚足爲玆山之輕重哉. 雖然, 此可與知者道, 不足與爾僧說也."

재인지에 대한 평가는 유보한다. 그리고 바로 김생과 고운이 유가의 세계를 듣지 못하고 알지 못한 것에 대해 안타까워한다. 그리고 최치원과 김생이 유가를 알지 못하고 불가와 도가에 자취를 맡겨 파란을 일으키고 불가가 멋대로 횡행하게 한 것에 대해 개탄할 만한 일이라고 하여 매우 강한 어조로 비판을 한다. 또한 권정침은 청량산의 승려들이 퇴계에 대한 이야기를 하지 않고 김생, 최치원, 안중노파, 삼가우 등의 허탄한 이야기만을 하는 것에 대해 어느 누구보다도 혹독하게 조목조목 비판을 한다. 이렇게 청량산 유산자들은 유가와 다른 사상의 소유자들을 대할 때면 어느 유산기보다 두드러지게 냉소적 언사와 태도를 나타낸다. 그들의 불교와 승려에 대한 비판적 시각은 혹심하다는 생각이 들 정도이다.

　도가적·불교적 색채로 물든 청량산을 개조하여 유자의 산으로 채색하는 과정의 완성은 호상(豪爽)한 기운과 웅혼(雄渾)한 풍격 추구로 나타났다. 대표적인 것이 주세붕의 글이다. 청량산 유산기 작가들은 거의 대부분 주세붕의 「청량산유록」을 유산기의 전범으로 인식하였다. 권정침은 "가정(嘉靖) 연간에 재상 주신재(周愼齋)가 비로소 기성(箕城)에서 와서 이 산을 유람하였는데, 그 유산록을 살펴보면, 웅혼(雄渾)하고 아건(雅健)하며 곡진(曲盡)하고 기묘(奇妙)하니 진실로 이 산의 행운이로다", "신재의 청량사시를 읽어보고 그 기운의 웅장함과 관람한 것의 풍부함에 감탄하며 마음속으로 우리들의 유람이 촉박하였음을 한스럽게 여겼다"[36]고 하였다. 주세붕이 10일 동안 청량산과 그 일대를 다니며 풍부하게 보고 듣고 느낀 점을 기록한 것과 불가적 색채로 물들었던 산을 당당하고 호탕한 태도로 유가적 색채로 바꾼 것에 대한 경탄의 표현이다. 이는 청량산 유산기가 추구하는 이상적인 문체와 미학을 잘 보여준다. 박종[37] 또한 주세붕의 유산기를 보고 "힘이 크고 시원(豪爽)하다"고 평을

---

36) 위의 글. "淸夜, 呼燈鼎坐, 佔畢詩句, 得十餘篇. 旣而出愼齋淸凉詩讀之, 歎其詞氣之雄觀覽之富. 而窃恨我輩遊歷之恩卒."

하였다. 그는 "경치를 그린 글이 그림과 같으니 참으로 젊은 아낙을 그린 것처럼 생동감(生動感)이 넘친다"고도 하였다. 좋은 유산기란 어떤 것인가에 대한 인식을 보여준 것이다. 그들은 웅혼(雄渾), 생동감(生動感) 등을 청량산 유산기의 이상적인 문체로 생각하였음을 알 수 있다.

그런데 18세기 청량산 유산기는 자신들이 추구하던 웅혼, 아건, 곡진, 진정성, 생동감을 많이 잃어버리고 말았던 듯하다. 남용섭은 "청량지(淸凉志)가 절에 보관되어 있다는 말을 듣고서도 산을 오르기 전에 먼저 펼쳐 보지 못한 탓에, 문득 그윽하고 깊고 은밀한 경치를 혹 찾아서 두루 다니는 가운데 빠뜨리지나 않았는지 걱정스러웠다. 또한 안내하는 중이 미욱하고 용렬한 자여서 여러 봉우리를 물어볼 때에 혹 착각을 하여 그릇되게 대답하였거나 혹 잘못 전하고 그릇되게 가리킨 경우도 있었을 것이다. 36개의 봉우리와 12개의 암자를 일일이 찾아다니지 못하였으니 젊은이나 늙은이들 모두가 내가 산의 진면목을 보지 못한 것을 비웃을지도 모르겠다"38)고 걱정을 하였다. 또한 주세붕이 청량산 봉우리의 명칭을 바꾼 것을 두고 "산을 보고 이름을 돌아보며 형상을 찾으면 문득 더욱 아름답고 더욱 절묘한 것을 깨달을 수 있다. 아아, 보고 난 것은 무한한 아름다운 경치이며 가슴에 느낀 것은 무한한 맑은 흥취이니, 마음에 얻은 것은 자유(子由)가 숭산(嵩山)을 구경하고 느낀 것 그 이상일 것이다"39)라고 하여 주세붕의 명명 행위를 따라 청량산을 감상하며 그 결과 무한한 흥취를 찾을 수 있음을 보여준다.

조선 후기에는 승경을 발견하고 독창적이고 개성적으로 표현하여 진

---

37) 당시 金元行은 박종의 청량산 유산기에 대해 "그의 문장은 宏麗하여 송시열 이후에 처음 본다"고 극찬하였을 정도로 박종의 유산기는 긴 편폭이다.

38) 남용섭, 앞의 책, "聞淸凉志在寺藏, 而未得先敀於上山前, 卻恐幽深隱奧之景, 或漏於探搜歷徧之中. 且値指僧之迷劣, 所詢諸峯, 或錯認而誤答, 或訛傳而謬指. 峯之六六, 庵之十二, 猶未能一一探悉, 則翠鬌屛顏, 必笑我未覩眞面."

39) 위의 책, "觀此而顧名尋象, 便覺尤絶尤奇也. 噫, 觀盡無限勝槩, 胞得無限淸興, 此腹果然不翅若子由嵩山之見, 而略記所賞如此. 竊恐筆萎辭陋. 不能摸寫其萬一. 而反爲仙境之所累也."

부합을 벗어난 유산과 유산기를 좋은 것, 잘한 것으로 평가하는 이론들이 제출되었다. 일반적으로 조선 후기 유산기는 사건의 서사와 승경의 묘사 외에 유산자의 감상을 부각시킨다. 자연에서 도덕적 가치를 추체험하기보다 자연미 자체를 찾아 감상하고 묘사하는 경향이 확대되었던 것이다. 그런데 청량산 유산기는 18세기에 들어서도 자연미 자체에 대한 감상을 절제하고 여전히 자연에 대한 감상을 주자나 퇴계의 시로 대신 읊거나 주체의 도덕적 체현으로 승화시켜 표현하는 경향이 지속되었다. 18세기의 청량산 유산은 대부분 산에 처음 올라서도 봉우리 이름을 모두 알아 맞출 정도로 평소 선배들의 유산록을 교과서처럼 마주하고 난 뒤에 이루어졌다. 그리고 그들은 여전히 여정·감상 등 제 측면에서 선현들이 밟았던 길에 미치지 못하였을까, 선현들이 본 것을 보지 못하였을까 걱정하는 어조를 선명하게 지속하였다. 그 결과, 청량산 유산기는 점점 그 생동감과 웅혼함을 상실해갔다. 모방 혹은 재현의 미학을 추구하고, 개성적 형상을 적극 취하지 않으면서, 왕성한 생명력을 얻기는 어려운 일이었다.

이러한 점은 유산기의 형식적 측면에서도 드러난다. 조선시대의 사대부들은 유산을 하고 난 뒤 유산기를 기록하는 것을 매우 당연하고도 의무적인 일로 받아들였다. "돌아올 때에 모두 말하기를 '이번 유람에 기록이 없어서는 안 된다'라고 하면서 나에게 쓰라고 부탁하기에 나는 사양했지만 받아들여지지 않아 대략 기억에 남는 일 가운데 한두 가지를 서술했다"[40]는 조운도의 언급은 이를 단적으로 보여준다. 유산과 유산기를 분리하지 않는 조선시대 사대부의 의식은 유산기 양식을 성립하기에 이른다. 물론 중국에서 수립한 유산과 유산기를 전형으로 받아들였지만, 조선시대에도 역사적 전개과정을 거치며 그 시대만의 특징을 수립하였다. 특히 유산기의 종결부분을 살펴보면, 18세기의 청량산 유

---

40) "臨歸, 僉曰, 玆遊不可無記, 屬余識之, 辭不獲, 略叙遊賞之一二."

산기는 글 마지막 부분을 "대략 본 것을 기록하다", "기억에 남는 일 한 두 가지를 서술했다", "유람의 순서를 기록했다", "유력의 차례를 잊지 않으려한다"는 내용이나, "말 위에서 읊조린 것을 모두 얻을 수 없었다. 정순공이 호산에서 장단구를 읊은 것이 많은 것에 부끄럽다. 마칠 때까지 미자 운을 사용하여 한 편을 구성하였다. 이것으로 유람의 순서를 기록하였다"(송환기)는 것으로 마무리한다. 이렇게 동일한 종결부가 반복되는 것은 18세기 청량산 유산기가 형식적으로 정형화되어 갔음을 보여준다.

이러한 현상은 19세기 유산기의 형식에도 나타난다. 18세기 청량산 유산기의 종결 부분이 대부분 "대략 본 것을 순서대로 기록하다"와 같은 양식으로 구성되었다면, 19세기 청량산 유산기의 종결 부분은 간략하게 "언제 누가 쓰다"의 형식으로 거의 비슷하게 구성되었음을 알 수 있다. "모일 유산인은 기록한다"(김도혁), "5일이 지나 광성 후인은 쓰다"(김도명), "임진년 3월 6일에 쓰다"(이만숙), "병자가 들어간 해 사월 상순에 쓴다"(이제영), "아이를 불러 종이를 가져오라 하여 마침내 청량산유록을 지었으니 그날은 윤 6월 7일 계미일이다"(박용규) 등의 유산기는 모두 같은 종결형식을 취하고 있음을 볼 수 있다. 뿐만 아니라 이재영·송병선·최헌식 등은 아예 특별한 종결형식을 생략하고 있다. 19세기 유산기의 종결부분이 이렇게 단순화되는 것은 무엇 때문일까? 이미 18세기에 보편화된 종결형식의 내용적·형식적 의미를 그대로 따르면서 동시에 너무나 보편적으로 정형화된 형식이므로 이마저 간략하게 생략하고 누가 언제 쓰다는 형식으로 마무리하는 것이 아닐까 한다. 19세기의 보다 더 단순하게 변한 종결형식은 18세기의 종결양식을 형식적, 내용적인 측면에서 함축적으로 따르고 있음을 유추하게 한다. 그렇다면 19세기 비판적·냉소적 어조의 감소는 어떤 형식으로 변화하였을까? 이에 대해서도 과제로 남긴다.

청량산 유산은 일반적으로 3일 정도의 짧은 일정으로 이루어졌다. 그 일정에 비해 청량산 유산기는 비교적 장편으로 구성되었다. 처음 주세붕이 10여 일간의 일정을 5,400여 자의 장편 유산록으로 기록한 이래 권호문·김득연·권성구 등이 5,000여 자가 넘는 장편의 청량산 유산기를 창작하였다. 이들뿐만 아니라 권우·권정침·김중청·김영조·유진·배유장·김도명·유흠목 등도 3,000~4,000여 자의 장편 유산기를 창작하였다. 신지제·황서·권경·배응경·신후재·송환기·이제영 등도 2,000여 자가 넘는 유산기를 창작하였다. 청량산 유산기는 유산의 일정에 비해 장편으로 기록되었다는 점이 특징이다. 장편의 청량산 유산록을 지은 작가들은 거의 대부분 영남의 사대부들로 도학적 기풍의 체현과 표현에 충실하였다. 특히 권호문·김득연·권성구·권우·권정침·김중청·김영조·김도명·유흠목 등이 그러하다.41) 그런데 18세기에 들어오면서 성대중(成大中)의 청량산기(淸凉山記), 성해응(成海應)의 청량산(淸凉山)와 청량산산수기(淸凉山山水記), 김몽화(金夢華)의 유청량산서(遊淸凉山序), 이만숙(李晩淑)의 유청량산록(遊淸凉山錄), 체재공(蔡濟恭)의 등연적봉기(登硯滴峯記), 송병선(宋秉璿)의 청량산유람록(淸凉山遊覽錄) 등의 300자에서 500여 자의 편폭이 짧은 작품이 다수 창작되었다. 이전 시기에서는 청량산 유산기를 짧은 편폭으로 지은 경우를 찾아보기 어렵다.

그렇지만 이 작품들 역시 주세붕의 「유청량산록」과 이 글에 대한 이황의 발문의 형식과 내용을 간략하지만 매우 충실하게 따르고 있다. 짧은 편폭의 대부분은 퇴계의 고산경행(高山景行), 인지(仁智) 등을 홍기하

---

41) 권호문과 김득연은 평생 벼슬하지 않고 안동에서 처사로 지내면서 독서와 학문으로 물외의 삶을 즐겼으며, 권우도 과거에 나아가지 않고 학문을 연마하고자 하였던 인물이고, 권정침은 영조가 사도세자를 뒤주에 가두어 죽이려하자 끝까지 반대를 하다가 형장에까지 끌려갔던 인물이다. 다행히 영조에 의해 풀려나기는 하였지만 이후 벼슬길에서 물러나 뒤에 정조가 불렀으나 끝까지 나아가지 않은 인물이다. 김중청은 광해군때 폐모론을 반대하는 李元翼을 탄핵하라는 大北派 鄭仁弘의 부탁을 거절하여 파면되었던 인물이다. 김영조는 광해군때 문과에 병과로 급제해 承文院正字를 거쳐, 典籍에 승진하였다. 그러나 당시 혼란한 정치를 보고 10여 년 동안 은거 생활을 하였던 인물이다.

는 것으로 구성되었다. 또한 청량산의 위치, 각 봉우리와 암자와 굴 등의 이름과 위치와 모양 등을 매우 사실적으로 간략하게 서술하고, 주세붕이 명명한 봉우리들과 그 봉우리 곳곳에 자리하고 있는 암자나 누대 등의 이름을 호명하는 것에서 느낀 감흥을 서술하였다. 따라서 이 작품들은 매우 짧은 편폭이지만 조선 후기에 성행하였던 소품적 경향과는 거리가 멀다. 청량산 유산기는 개인적 경험을 거의 드러내지 않는다. 동행인이 누구인가에 따라 그들과 어우러지는 모습이 드러나기도 하지만 매우 간략하게 언급될 뿐이다. 청량산 유산의 에피소드는 거의 정형화된 특징을 가지고 있다. 다른 금강산 유산기나 여행기에 비해 개인적 개성은 많이 보이지 않는다. 뿐만 아니라 구성이나 서술의 면에서도 그러하다. 18세기의 청량산 유산기는 내용적 측면뿐만 아니라 형식적 측면도 전대의 양식을 계승하는 것을 주요한 특징으로 한다.

5. 마무리

청량산 유산기의 비판적·논쟁적 어조도 시대에 따라 작가에 따라 변화를 하였다. 즉 18세기에 비해 19세기 청량산 유산기 작가들은 청량산에 퍼져 있는 설화나 전설에 크게 반응을 보이지 않았다. 19세기의 유산기는 사찰이나 중, 불교나 도교 관련 설화 등에 대한 이야기도 전해오는 그대로 재현할 뿐, 가치평가를 내리지 않는 경우가 많았다. 이상룡은 도산서원에 들러 사당에 배알하고 퇴계의 유품을 보고 삼회에 섯으며 "여러 가지 눈을 즐겁게 하고 정신을 온화하게 하는 것이 손가락으로 헤아릴 수 없을 만큼 많다"라고 하여 감회를 숨기지 않았다. 그런데 청량사에서는 "유리전(琉璃殿)에 들어가 이른바 여래불(如來佛)이란 것을 보았다. 금색눈 가사를 입은 몸은 길이가 수 십 척이나 되는데 마치 살아 있는 것 같이 움직여서 두려워 오래 쳐다볼 수가 없다. 자리를 나누어 앉아 조용히 불가의 이치에 대해 이야기를 나눴다"[42]고 하여 여래불에서 느낀 위엄과 압도감을 그대로 표현하고, 불교 이치에 대해서도 자유롭게 토론을 한다. 청량산에서 유자들은 대부분 주세붕을 따라 의상봉을 자소봉으로 바꾸어 불렀으나 그는 의상봉으로 썼다. 이러한 인식은 최치원의 행적, 총명수, 김생굴 등에 대한 평에서도 전해오는 사실을 그대로 재현할 뿐 비판적 시선을 나타내지 않는 태도로 이어진다. 다만 삼각우에 대해서만은 "그 말이 거짓되고 망령되어 기록할 만하지 않다"고 한다. 이러한 특징은 송병선·최헌식·이만숙·유흠목의 유청량산록에도 나타난다.

이러한 19세기의 변화가 모방과 재현을 미학으로 삼던 청량산 유산기에 어떤 변화를 가져왔을까? 이는 앞으로의 과제로 남긴다. 20세기는 더 이상 의식 있는 유자가 명산대천을 유산하며 유산기를 남길 수 있는 시대가 아니었다. 그리하여 유산기는 지식인뿐만 아니라 대중의 관심에서 멀어졌다. 명산대천에서 성리학, 퇴계 등을 언급하는 것만으로는 그들이 유산록에서 추구하던 생명력, 힘 있는 미학을 생성할 수 없는 시대였던 것이다.

한편, 청량산 주변 지역에서 온 문인들과 다른 지방에서 온 문인들의 유산에서도 그 차이가 확연하게 드러난다. 우선, 청량산 주변 문인들은 청량산 승경에 대한 평가, 경치를 완상하는 태도, 청량산에 오를 때의 마음가짐뿐만 아니라, 산에서 가마나 견여를 이용하는 태도, 청량산에 퍼져 있는 일화나 전설 등을 대하는 태도 등에서 책임감·소속감 등에 따른 긴장감을 느끼고 있다. 충청도에서 청량산을 유산하러 온 송환기

---

42) 李相龍, 『石洲遺稿』 「遊淸凉山錄」. "入琉璃殿. 取所謂如來佛者. 目之金色, 身着袈裟衣, 長可數十尺, 活動如生, 凜凜不可久視. 分席坐, 蕭然話佛理."

와 춘양 출신이면서 청량산을 유산한 권정침은 둘 다 비슷한 나이에 유산을 하였고 성리학적 배경을 가진 학자 출신이라는 점 등이 흡사하지만 그들의 청량산에 대한 모방과 재현의 태도에서는 매우 큰 차이가 보인다. 한편, 18세기에 기호지방과 충청도의 이익과 송환기가 청량산 유산을 하였던 것처럼 그들의 후손인 이재영과 송병선도 청량산을 유산하고 유산기를 남겼다. 그런데 남인과 노론 출신으로 당색을 달리하는 이들의 유산기를 비교하여 보면 이익과 이재영의 유산기가 송환기와 송병선의 유산기보다 훨씬 더 깊게 퇴계나 도산서원에 대한 존모의 마음을 그렸으며, 송환기와 송병선은 청량산의 자연적인 한계를 더 자유롭게 드러내고 있음을 볼 수 있다. 조선 후기의 당색이 청량산 유산기의 묘사에서도 드러난다고 할 수 있다. 청량산 유산기와 지역문화의 연대가 점점 강화되어가는 것을 여러 가지 측면에서 확인할 수 있다. 이 점에 대한 고찰은 앞으로의 과제로 남긴다.

글과 그림으로 노니는 산수

조선 후기 와유도와 와유록

이종묵*

1. 서론

예나 지금이나 산수 자연을 즐기는 방법에는 두 가지가 있다. 하나는 직접 대자연을 찾아가 산에 오르고 물에 임하는 것이다. 현대인보다야 옛사람이 이름난 산과 물을 찾을 기회가 잦았겠지만, 그들 역시 대부분 벼슬에 매인 신세인지라 늘 산속에 들어가 있거나 물가에 살 수 있었던 것은 아니다. 어렵사리 시간을 내어 산수를 찾아 한때의 흥겨움을 누리고, 그 추억이 사라질까 염려하여 시로 그 흥감을 표현하고 글로 자세한 여정을 기록하였다. 현대인들이 남는 것은 사진 밖에 없다고 하면서 연신 카메라 셔터를 눌러대는 것도, 옛 사람들의 기행시와 기행문이 문

---

* 서울대 국문과 교수.

명의 도구로 탈바꿈한 결과라 하겠다.

그러나 직접 대자연으로 달려가 산과 물을 즐기는 것은 쉬운 일이 아니다. 그저 마음 뿐, 시간의 여유를 낼 수 없는 것이 가장 큰 이유다. 뿐만 아니라 현대인들은 늘 전원주택을 구하여 뜰에 꽃나무를 심고 텃밭에 채소를 키우는 생활을 꿈꾸면서도, 생활의 편리함을 포기할 수 없어 아파트에 살면서 베란다에서 화초를 키우는 것으로 만족한다. 이렇게 대자연의 일부를 자신의 집 안으로 끌어들여 즐기는 것이 산수 자연을 즐기는 두 번째 방식이다.

옛사람들도 마찬가지다. 벼슬에 매여 도성 안에 살아야 하므로 직접 산수를 찾기 어려운 경우가 많았다. 이럴 때에는 어떠한 방법으로 산수 자연을 즐겼을까? 이들은 도성 가까운 곳 산 아래 물가에 조그만 정자가 딸린 전장을 마련해두었다가, 기회 있을 때마다 문서더미에서 몸을 빼내어 단숨에 달려가 짧은 시간이나마 은자처럼 살고자 하였다. 한강가에 즐비하던 누정들은 그러한 목적으로 세워진 것이다. 그러나 한강가에 있던 누정은 대부분 비어 있었다. 은자처럼 살고자 하는 꿈으로 다투어 강가에 누정을 세웠지만 정작 그곳에서 진득이 산수 자연을 즐길 수 있었던 시간은 많지 않았다. 도성 안에 머물러 살 수밖에 없는 현실 때문이었다.

이러한 이유로 어느 정도의 경제력을 갖춘 문인들은 도성 안에 있는 자신의 집을 원림으로 꾸미고, 공무를 마치고 돌아오면 각건야복(角巾野服)으로 은자처럼 살았다. 그러나 원림의 경영만으로는 산수 자연의 흥을 대신하기 어렵다. 그래서 옛사람들은 산수화를 걸어두고 보거나 산수를 유람한 기록을 읽으며 누워서 산수에서 노닐기도 하였다. 이러한 행위를 '와유(臥遊)'라 한다. '와유'라는 말은 종병(宗炳)이 늙고 병들면 명산을 두루 보지 못하게 될 것이라 생각하고, 노년에 누워서 보기 위하여 유람하였던 곳을 모두 그림으로 그려 방에 걸어두었다는 『송사(宋史)』 「종병전(宗炳傳)」의 일화에 연원을 두고 있다. 고려 말 이색(李穡)과 이숭인(李崇仁)

등의 시에도 '와유'라는 용어가 보이지만, 우리 문화사에서 '와유'는 개념은 15세기 후반에 이르러서야 본격적으로 등장한다. 이때부터 우리 문화사에서 그림이나 시문을 통하여 와유를 즐긴다는 의식이 등장한 듯하다. 본고에서는 이러한 실상을 고려하여 조선시대 가장 대표적인 와유의 풍속을 반영한 와유도와 와유록에 대해 살피고자 한다.

2. 산수 유람의 동경과 와유도

조선 전기의 문인들은 구체적인 장소를 알 수 없는 청산백운도(青山白雲圖)나 사시도(四時圖), 혹은 중국 남방의 풍광을 그린 소상팔경도(瀟湘八景圖)나 서호도(西湖圖)를 벽에 걸어두고 산수의 흥을 대신하였다.[1] 전원을 노래한 중국 한시의 의취를 상상하여 그림으로 그리기도 하였다. 도연명(陶淵明)의 은거를 따르고자 하여 귀거래도(歸去來圖)를 걸어 놓거나 자신의 집을 왕유(王維)의 그것에 비겨 망천도(輞川圖)를 걸어 놓는 것도 일반적인 행태였다. 성리학적 정신세계를 동경하는 학자들은 무이정사도(武夷精舍圖)나 무이구곡도(武夷九曲圖) 등을 바라보면서 선현이 노닌 산수를 늘 마주하고자 하였다. 그런데 산수를 그린 그림이 어떻게 와유를 가능하게 하는가? 먼저 이익(李瀷)의 글을 살펴보도록 한다.

'와유'란 몸은 누워있으나 정신이 노니는 것이다. 정신은 마음의 영(靈)이요 영은 이르지 못하는 곳이 없다. 불빛처럼 순식간에 만 리를 갈 수 있기에 사물에 기대지 않아도 될 듯하다. 하지만 맹인은 꿈을 꾸지 않는다. 사물의 모습

---

1) 산수기행과 관련한 회화사는 고연희, 『조선 후기 산수기행예술연구』, 일지사, 2001을 주로 참조하였다.

과 빛깔은 시각기관에서 관장한다. 볼 수 있는 것이 없다면 생각도 말미암아 일어날 수 없다. 이 때문에 실제와 방불한 것은 모두 눈으로 얻는 법이다. 천하의 빼어난 볼거리가 어찌 끝이 있겠는가마는 옛 문인과 시인들이 거의 다 시와 문으로 묘사하였다. 사람들은 이를 읽고서 그 기이하고 빼어나며 넓고 밝으며 지극히 괴이하고 놀라우며 바람과 구름이 나오고 귀신이 들어오는 것을 입안으로 거두어들일 수 있다. 그러나 직접 보지 못한 것이기 때문에 반드시 상상에 근거하여야 하므로 오히려 실체를 드러내지 않은 것을 한하게 된다. 이제 이 첩은 먼저 그 모습을 그림으로 그리고 다음에 글을 썼으니, 사실과 사물이 서로 방증이 되어 마음과 눈에 도장이 찍히듯 유감이 없게 된다. 이에 앉은 자리에서 감상하더라도 마음이 가지 못하는 바가 없다.[2]

이익은 그림이 상상력을 촉발하는 매개물이라 하였다. 그림 속의 풍경을 찾아가는 것이 아니라 그림을 통해 마음의 유람을 즐긴다는 뜻이다. 이러한 매개물로서의 그림은 이른 시기부터 와유의 자료로 이용되었다. 그러나 조선 초기의 그림들은 대부분 관념화되어 있어 실제의 산수를 마주 대하는 듯한 핍진한 흥취를 얻기는 어렵다. 따라서 자신이 가보았거나 가보고 싶은 조선의 아름다운 풍광을 그린 그림에 대한 수요가 생겨났다. 이러한 이유로 17세기 무렵부터 와유의 수단으로서 실재의 산수를 그린 그림이 유행하게 된 것으로 보이며, 문인의 실제 전장을 대상으로 한 그림이 먼저 유행하였다.

1618년(광해 10) 이정귀(李廷龜)는 이항복 등과 함께 폐비 문제에 연루되어 서울에서 물러나 살게 되었다. 마침 정충신(鄭忠信)이 함께 섬강(蟾江) 가에 은거하기를 권하였으나 뜻을 이루지 못하였다. 4년 후 정충신은 이정귀를 만나 섬강의 풍광을 이야기하고, 화가로 하여금 그 경관을 그리게 하여 보여주었다. 이정귀는 이를 보고, "아, 강산은 공물(公物)이라 누가 주인이고 누가 손이랴, 어느 것이 진짜고 어느 것이 가짜랴. 나로 하여금 매일 이를 마주하게 하니 종병의 와유에 해당할 만하다. 어

---

2) 이익, 「臥遊帖跋」(『星湖全集』199-536).

찌 반드시 초가를 짓고 은거하여 내가 있는 자리에서 차지할 수 있는 물건이라야 되겠는가?"라 하였다. 그리고 그 화첩에다 "비 내리는 대숲 안개속의 배가 눈앞에 가득한데, 종일 누워서 노니노라니 그 또한 내 집이로다[雨竹煙帆森在眼, 臥遊終日亦吾廬]"라는 시를 붙였다.[3] 이정귀가 섬강의 그림을 통해 와유를 즐긴 일은 당대에 널리 알려졌다. 광양(光陽)의 도원촌(桃源村)에 세거하던 심광세(沈光世)는 이정귀의 시가 붙은 이 그림을 보고 "죽리모옥(竹籬茅屋)이 비록 예전에 본 것은 아니지만 강산의 풍물을 뚜렷이 가리킬 수 있으니 그곳이 예전에 노닐던 곳임을 알 수 있었다"라 하였다.[4]

당대 문인들에게 널리 유행하였던 「사천팔경도(斜川莊八景圖)」 역시 와유도로 기능하였다. 이정귀는 이를 두고 "그림을 뒤적이며 손가락으로 가리키니 완전히 예전에 본 것인 듯하다. 종병의 와유에 모자람이 없을 뿐만이 아니다"라 평하였다.[5] 김수항(金壽恒)이 조세걸(曺世傑)로 하여금 「곡운구곡도(谷雲九曲圖)」를 그리게 한 것도 귀거래의 흥취를 대신하고자 한 것이었다. 김창협(金昌協)이 이 그림에 붙인 다음 글에는 와유의 논리가 상세히 제시되어 있다.

세상에서 좋은 그림을 보면 꼭 핍진하다고 한다. 그림이란 핍진하면 그만이니, 고개지(顧愷之)와 육탐미(陸探微)라도 더할 것이 없다. 사람은 오직 진짜만 구하다가 얻지 못한 다음에야 물러나 그림에서 구한다. 종소문과 산수의 관계도 이와 같다. 하지만 당시 그린 것이 핍진한지 여부도 알지 못하고 저들은 '늙마와 병이 함께 이르러 명산을 두루 볼 수 없으니 형상이 비슷한 것이라도 없는 것보다야 낫다'고 한다. 우리 백부께서 곡운에 계실 적에 전후 십몇 년간 먹고 마시고 기거하여 잠자리와 신발이 구곡에서 벗어난 적이 없다. 깊은 산과 계곡, 울창한 초목은 그의 폐부와 모발이고, 안개와 구름과 산빛이

---

3) 이정귀, 「書蟾江圖」(『月沙集』 69-414).
4) 심광세, 「次月沙相公蟾江圖韻 贈鄭防禦可行幷序」(『休翁集』 84-335).
5) 이정귀, 「斜川莊八景圖詩序」(『月沙集』 70-152).

모두 그의 숨결과 호흡이며, 물고기와 새와 사슴이 모두 그의 벗이었다. 어찌 구해서 얻지 못할 것이 있겠으며 구차하게 가짜 솜씨를 빌어 종소문[종병]처럼 그림으로 그리겠는가? 이는 정말 몰라서는 아니 되는 것이다. 그러나 지극하게 좋아한다면 깊이 즐기게 되는 법이다. 그림을 그린 이는 평양의 조세걸이다. 선생이 손수 이끌고 다니면서 직접 명하여 구곡마다 나아가 그림을 그리게 하였다. 마치 거울을 보고 그 모습을 취하듯 하였으므로 층층의 산봉우리와 겹겹의 협곡, 기이한 바위와 급한 여울, 초가의 위치와 농장에서 농사짓고 우물을 파는 일, 닭 울음 개 짖는 소리, 노새가 가고 소가 자는 것 등 모두 다 갖추어져 작은 것도 빠뜨리지 않았다. 한번 펼쳐보면 문득 망천의 별서를 두루 다니고 도원(桃源)의 나루를 찾는 듯하여 절로 시장이나 조정에서 멀어진 듯한 느낌이 든다.6)

「곡운구곡도」는 1682년 김수항이 곡운을 떠나 있을 때 보기 위해 그린 와유도이다. 이어지는 후지(後志)에서 김수항은 "내가 이 그림을 그리게 한 것은 내 두 다리가 종종 산을 벗어나는 일을 면치 못하기 때문이다. 이 구곡은 늘 눈 안에 있지 않으므로 때때로 이것을 가지고서 보고자 한 것이다"라는 제작의도를 밝혔다.

이후에도 자신의 전장을 그린 그림을 그려 두고 와유의 자료로 삼는 예를 찾아볼 수 있다. 이식(李植)이 지평 백아곡(白鴉谷)의 전장을 그림으로 그려둔 일이나, 남공철(南公轍)이 청계산 금토동(金土洞)의 전장을 그림으로 그려 산수를 즐기지 못할 때를 대비한 것이 이러한 예이다.

문인들이 산수 유람을 하면서 직접 본 광경을 그림으로 그려와 훗날 와유의 자료로 삼는 것도 조선 후기 일반화된 것으로 보인다. 이승소(李承召)·김종직(金宗直) 등의 시에 박연폭포도(朴淵瀑布圖)가 보이지만 실경을 그린 것인지 확실하지 않다. 와유의 자료로 실경산수가 그려졌다는 분명한 기록은 17세기 무렵부터 나타난다. 1605년 강원도 관찰사 한덕원(韓德遠)이 관동의 빼어난 경관을 유람하고 화공으로 하여금 병풍 그

---

6) 金昌協, 「谷雲九曲圖跋」(『農巖集』162-198).

림으로 그리게 하여 늘 금강산이 곁에 있도록 하였으며,[7] 정두경(鄭斗卿)은 「제박연도(題朴淵圖)」에서 "주인의 호사 취미 세상에 짝할 이 없으니, 이름난 산을 와유함이 진정한 풍류라. 날마다 늘 이 그림을 마주하고 있노라면, 어찌 노산을 노니는 것보다 못함이 있으랴[主人好事世無儔, 名山臥遊眞風流. 日日長對此圖畵, 何遽不若廬山遊]"라 노래하였다.[8] 신흠(申欽)은 「관동도(關東圖)」를 보고 "누워서 노닐면서도 문득 날아가는 신선을 좇을 수 있네[臥遊端可躡飛仙]"라 하였으며,[9] 신익상(申翼相)이 본 「최락당팔경병풍도(最樂堂八景屛風圖)」는 박연폭포・구담・한벽당・청량산・월파루・금강산・연광정・국도 등 조선 팔도의 경관을 두루 묘사하였으니, 이 역시 가장 가고 싶고 또 잊혀지지 않는 곳을 그린 와유도라 할 만하다.[10]

이러한 와유도의 제작은 18세기 들어 김창협과 김창흡 그리고 그 문하에 노닐었던, 이병연(李秉淵)・정선(鄭敾) 등에 의하여 더욱 활성화되었다. 신정하(申靖夏)는 이병연이 소장한 정선이 그린 금강산 그림을 보고 다음과 같이 말하였다.

'그저 요즘 들어 상상력이 지나쳐 문득 진면목을 보면 소문보다 못할까 근심하노라' 하였는데 이는 금강산으로 들어가는 사람들을 보낼 때 내가 지어준 시다. 이때 나는 금강산을 보지 못하고 농암(農巖)의 유기(遊記)와 삼연(三淵)의 여러 시를 읽고 있었으므로 이렇게 말한 것이다. 이제 이 시를 지은 지 6년이 되었는데도 한 번도 보지 못하였다. 이제 원백(元伯, 정선)의 이 화첩을 보고 어루만지며 상상하니, 깊고 높은 물과 산에서 정신이 노니는 듯하고, 또(삼연의) 시와(농암의) 기문으로 나아가게 되었다. 훗날 금강산으로 들어가 진면목을 보게 된다면 그림을 보았을 때에 비해 손색이 없을지는 알지 못하겠다.[11]

7) 崔岦, 「關東勝賞錄跋」(『簡易集』 49-307).
8) 정두경, 「題朴淵圖」(『東溟先生集』 100-500).
9) 신흠, 「題金生關東圖」(『象村稿』 71-499).
10) 신익상, 「題最樂堂八景屛風圖後」(『醒齋遺稿』 146-101).
11) 신정하, 「李一源所藏鄭生敾金剛圖帖跋」(『恕菴集』 197-393).

속화로 이름을 얻은 김홍도(金弘道) 역시 실경을 바탕으로 한 와유도를 제작하였다. 김홍도가 그린 9책의 「오헌와유첩(寤軒臥遊帖)」은 70폭의 그림에 매 폭마다 기문을 하나씩 붙이고 시문 161수를 수록한 것이다. 철원의 북관정(北寬亭)에서 시작하여 여주 청심루(淸心樓)로 배를 돌리기까지 50일 동안 2,400리를 유람한 광경을 그리고 시문을 덧붙여 와유의 자료로 삼은 것이다.12) 이와 같은 종류의 와유도는 18세기 무렵 왕성하게 제작되었으니, 『관서명구첩(關西名區帖)』·『함흥내외십경도(咸興內外十景圖)』·『관동십경첩(關東十景帖)』·『교남명승첩(嶠南名勝帖)』·『영남명승삼십오경첩(嶺南名勝三十五景帖)』 등도 이러한 풍조를 반영한 것이다.13)

조선의 뛰어난 학자들의 유적지를 그린 그림도 일종의 와유도로 볼 수 있다. 선현들의 유적지를 그림으로 그린 의도는 "매번 조용히 앉아 잠심하여 완상하노라면, 문득 정신이 황홀해지고 마치 구곡 사이를 개울 따라 오르내리는 듯해진다. 황간(黃榦)과 채원정(蔡元定) 같은 여러 현인들이 함장(函丈)의 곁에 앞뒤로 서 있으니 어찌 평생의 통쾌함이 아니겠는가?"라는 이익구(李翊九)의 언급에서 그 근거를 찾을 수 있다.14) 1566년(명종 21), 화공을 시켜 이황(李滉)이 살던 도산을 그려오게 하였을 때, 송인(宋寅)이 그 책임을 맡았는데, 『임하필기』에는 임금이 송인이 그린 「도산정사도(陶山精舍圖)」를 침전에 두고 보았다는 기록이 있다. 그후 허목(許穆)·이익 등 정통 남인 학맥을 계승한 이들이 도산도를 통하여 성지에

---

12) 이만수, 「寤軒臥遊帖序」(『屐園遺稿』 268-400). 吳淵常의 「寤軒臥遊帖序」(『約庵集』, 국립중앙서관)도 같은 자료에 대한 기록이다. 이에 따르면 9질을 만들었다고 한다.

13) 『관서명구첩』에 대해서는 이원복, 「이정의 두 진경화첩에 대한 시고」(『미술자료』 34, 1984), 『함흥내외십경도첩』에 대해서는 이수민, 「함흥내외십경도첩에 보이는 17세기 실경산수도의 구도」(『미술사학연구』 233·234 합본호, 2000), 『교남명승첩』은 최완수, 「겸재진경산수회고」(『간송문화』 35, 59면) 등을 참조할 수 있다.『영남명승산십오경첩』은 유재빈, 「도산도 연구」(서울대 석사논문, 2004)의 논문에서 간략하게 언급된 바 있다.

14) 이익구, 「小屛風武夷九曲圖跋」(『恒齋集』 권6), 윤진영의 「조선시대 구곡도 연구」 (한국정신문화연구원 석사논문, 1997)의 것을 재인용하였다.

참배하였으니, 이 역시 와유의 또 다른 양상이라 할 만하다. 이익은 「도산도발」에서 「도산도」를 통하여 퇴계 선생의 거동과 유식(遊息)을 상세하게 알 수 있으며 바위 하나 물가 하나도 더듬어 상상할 수 있다고 하였다.15) 『영조실록』에 따르면 1733년 11월 19일, 영조는 이황이 살던 도산의 그림을 그려 올리게 한 명종의 고사에 근거하여 도산의 고택을 그림으로 그려 올리게 하였다.16) 정선·강세황 등이 그린 「도산도」는 이러한 맥락에서 이해될 수 있다.

이언적(李彦迪)의 옥산서원(玉山書院)과 조식(曺植)의 덕산서원(德川書院)도 그림으로 그려져 '와유'의 대상이 되었다.17) 선현들의 유적지를 그림으로 보고 그 글을 읽으면 굳이 직접 유람할 필요가 없겠지만, 그림에도 직접 유람한 후에 다시 그림과 글을 보는 것이 더욱 유용하다 하였으니, 늘 곁에 두어 기억에 사라지지 않게 하기 위해 그림이 필요하였던 것이다. 이이(李珥)의 석담서원(石潭書院)도 그림으로 그려져 와유의 자료가 되었다. 영조는 1761년 10월 24일 석담서원의 그림을 그려오라는 명을 내렸으며, 1763년 8월 25일에는 이언적의 옥산서원을 도산서원의 예에 의거하여 그림으로 그려서 올리게 한 바 있다. 이와 같은 왕실의 움직임에 앞서, 이미 17세기 무렵부터 지식인 사이에 석담서원 그림이 널리 유통된 바 있다. 이이의 현손 이석[李碩]이 석담서원의 그림을 그린 바 있고 이를 송시열의 주관 하에 조세걸이 모사한 것이 시원이 되어, 현재 상당수의 석담서원 그림이 전하게 된 것이다.18)

송시열이 살던 화양동(華楊洞)의 그림은 1751년 송시열의 제자 김진옥(金鎭玉)이 초본을 그리고 권신응(權信應)이 완성하였다. 김녹휴(金祿休)의 「제화양산수병(題華陽山水屛)」에 따르면 "예전에 화양의 그림이 있었는

---

15) 이익, 「陶山圖跋」(『성호집』 199-533).
16) 이하 날짜를 명기한 자료는 『국역조선왕조실록』 CD-ROM을 참조하였다.
17) 유재빈, 앞의 글에 따르면 1803년 安德文이 쓴 「題安障仲三山院序後」에 이 세 서원이 그림으로 그려졌다고 한다.
18) 윤진영, 앞의 글.

데 누구에게서 비롯하였는가? 나는 곽씨(郭氏)에게 얻었고, 곽씨는 안씨(安氏)에게서 모사하여 세 성씨에게 유전되었네. 한 솜씨로 모사한 것이 아니니 그 진면목을 잃지 않았다고 할 수 있겠는가? 그 글씨를 보고 그 뜻을 얻고 그 그림에 접하여 그 맛을 얻는다면 그림과 글씨는 이미 수단일 뿐이다"라 하였다.[19] 송시열의 제자 권상하(權尙夏)가 살던 황강(黃江面) 역시 선현의 덕을 살필 수 있는 와유도로 제작되었는데, 권섭(權燮)의 손자 권신응이 모사하고 정선이 완성하였다. 권섭(權燮)은「무이구곡도」와 함께「고산구곡도」·「황강구곡도」를 나란히 걸어두었다.[20]

이처럼 문인들은 그림을 걸어두어 방안에서 산수의 흥을 붙이고, 다른 한편 선현들의 자취를 흠모하였다. 그러나 그림은 그림일 뿐, 진짜를 대신할 수는 없다. 임숙영(任叔英)은 김시(金禔)가 그린 산수도를 보고 그 핍진함에 감탄하면서도 그 한계를 이렇게 지적하였다.

아깝다, 소장공(蘇長公)으로 하여금 이를 보게 하지 못하였으니. 그가 보았더라면 2경(頃)의 밭 속에 두려 하였을 것인데. 소장공은 2경(頃)의 땅을 사서 그림 속의 경치를 구현하려 하였지만 나는 이와 다르다. 그처럼 빼어난 곳이라면 그저 한번 찾아볼 뿐, 감히 그 속에 2경(頃)의 밭을 바라지 않는다. 부득이하여 초가를 짓고 은거할 계책을 하게 된다면 바위에 의지하고 숲에 바짝 붙어서 담장 하나를 세우리라. 그 넓이는 무릎을 넣을 수 있으면 족할 것이요, 그저 죽실과 솔방울, 고사리나 따먹고 목마르면 개울물을 마시는데 그칠 것이니, 이 밖에 내가 다시 무엇을 구하겠는가? (…중략…) 아, 내가 어찌 이러한 땅을 얻어서 차지할 수 있으랴. 내가 정말 즐겨서 근심을 잊고 연하를 베개로 삼고 계곡을 침상으로 삼는다면 어찌 지켜울 것이 있으랴. 내가 산수를 본 것이 또한 많다. 으슥하고 깊숙한 곳을 두루 찾아 빼어나게 아름다운 곳을 왕왕 보았지만 내가 그곳에서 늘그막을 보내겠다고 생각한 적은 없다. 그저 돌아보면서 그림 속에 연연해한다면 섭공(葉公)이 용을 좋아하는 것에 가깝지 않겠는가? 천하에서 이와 같이 진짜를 버려두고 비슷한 것을 취하는 것이 적지 않

19) 윤진영, 앞의 글.
20) 권섭,「黃江九曲圖記」(『玉所集』 권9); 윤진영, 위의 글, 94면.

다. 내가 감히 이 그림을 보고 경계로 삼지 않을 수 있겠는가?[21]

그림으로 즐기는 와유는 한계가 있다. 그림을 보고 누워서 노닐면 흥취가 일지만, 실제 산수를 찾아보면 그러한 흥취가 일지 않는다는 것이다. 조귀명(趙龜命) 역시 비슷한 논지로 와유도의 허상을 비판하였다.

　　매번 산촌의 으슥하고 빼어난 곳을 지날 때마다 말을 멈추고 머뭇거리며 그곳에 사는 사람이 그림 속의 사람 같다고 부러워하였다. 하지만 찾아가 물어보면 스스로 즐겁다고 하는 이가 없었다. 그러니 그림 속의 사람을 불러일으켜 그 즐거움을 묻는다면 또한 내가 알고 있는 것과는 같지 않을 것이다. 대갓집의 담과 벽에는 산촌의 시골집, 가난한 어부나 나무꾼 그림이 걸려 있는 경우가 많다. 눈으로 보면 즐겁지만 직접 살아보면 근심스럽다. 어찌 어리석지 않은가? 천지는 큰 그림이요 조물주는 큰 화가라는 것을 알지 못한다. 꽃과 잎으로 붉고 푸르게 칠하고 서리와 눈으로 수묵을 대신한다. 고금의 세계는 그저 한 폭의 살아 있는 그림병풍이다. 큰 눈을 가지고서 옆에서 감상하게 한다면 높은 수레, 네 필의 말과 짧은 도롱이, 보잘것없는 지팡이의 고하를 비교하는 것이 무슨 의미가 있겠는가?[22]

가짜가 아닌 진짜 산수를 즐기겠다는 것이 조귀명의 생각이다. 진짜 산수에 대한 생각, 이것이 조선 후기 수많은 문인들을 산수간에 내몰았다.

3. 산수유기의 성행과 와유록

산수 유람은 그림으로 대신할 수 없다. 그렇다고 늘 산과 물을 마주

---

21) 임숙영, 「山水圖記」(『疎菴集』83-436).
22) 조귀명, 「題畵帖」(『東谿集』215-127).

할 수 있는 것도 아니다. 이 때문에 자신이 직접 유람한 산수를 글로 남겨 훗날 와유의 자료로 삼고자 하였다. 일찍이 이규보(李奎報)가 「남행일월기(南行月日記)」에서 젊어서 사방을 유람하는 것은 노년을 위함이라 하고, 평소 유람한 곳은 바로 시로 적어내고 그렇지 못할 때는 방언과 속어를 섞어 간단히 기록해둔다고 하였으니,23) 비록 와유라는 용어는 사용하지 않았지만 이미 오랜 예전부터 자신이 지은 글을 훗날 와유의 자료로 삼았다는 사실을 확인할 수 있다.

와유의 자료로 삼기 위해 병풍에 그림 대신 유람할 때 지은 자신의 시문을 적어 두는 행위도 17세기 무렵 크게 유행하였다. 이보다 앞서 최현(崔晛)은 동해 낙산(洛山)을 유람한 기록을 병풍에 적어두어 와유의 자료로 삼았거니와,24) 17세기에는 이러한 현상이 더욱 빈번해진다. 한성우(韓聖佑)라는 이는 우리나라의 명산을 두루 유람하고 나서 가장 잊기 어려운 열 곳을 병풍에 적어 와유하였다.25) 임영(林泳)은 「백운봉유기(白雲峯登遊記)」를 지은 이유를 훗날의 와유를 위한 것이라 밝혔으며,26) 이민구(李敏求)도 「동유록(東遊錄)」에서 금강산을 유람하고 돌아오니 이미 나이가 들고 머리가 세어 다시 선경에 이르기 어려울 것이라 여겨, 두루 다닌 수많은 산수를 기록하여 늘그막의 와유의 계책으로 삼는다고 하였다. 박장원(朴長源)도 「유두류산기(遊頭流山記)」를 지은 뜻이 훗날의 와유에 있음을 밝힌 바 있다.27)

이렇게 제작된 산수유기는 작자 자신뿐만 아니라 다른 사람에게도 와유의 자료가 되었다. 강백년(姜栢年)은 의현(義賢)이라는 승려의 글을 보고, 멀리 떨어진 금강산과 태백산을 한꺼번에 노닐 수 있다고 하였고,28)

23) 이규보, 「南行月日記」(『東國李相國集』 1-529).
24) 최현, 「洛山山水屛記」(『訒齋集』 67-360).
25) 權尙夏, 「參判韓公聖佑神道碑銘幷序」(『寒水齋集』 150-461).
26) 임영, 「白雲峯登遊記」(『滄溪集』 159-368).
27) 박장원, 「遊頭流山記」(『久堂先生集』 121-330).
28) 강백년, 「有僧自嶺南大乘寺而來云云」(『雪峯遺稿』 103-080).

윤증(尹拯)은 윤동원(孫東源)이라는 이가 변산으로 유람을 떠날 때 유산록을 지어 자기도 와유할 수 있게 해달라고 부탁하였다.[29] 18세기 초 송징은(宋徵殷)은 민계기(閔季基)의 『동유일록(東遊日錄)』을 두고 "와유명산(臥遊名山)"의 자료가 된다고 하였다.[30] 17세기 이래 산수유기가 폭발적으로 생산되는 이유 중 하나가 바로 '와유'에 있음이 입증된다 하겠다.

물론 앞서 살핀 대로 와유의 자료로 널리 애용된 것은 산수화였지만, 글이 그림의 한계를 뛰어넘는 경우도 있다. 박세당(朴世堂)은 와유도 대신 와유록이 필요한 이유를 이렇게 설명하였다.

천하의 산수 중에 기이하고 빼어나고 아름다워 사람의 마음과 눈을 놀라게 하는 것이 헤아릴 수 없이 많다. 사람의 다리로 두루 다닐 수도 없고 눈으로 다 볼 수도 없다. (…중략…) 다리힘이 감당할 수 없는 것을 걱정하여, 명산을 그림으로 그려 자리에 펼쳐놓고 눈으로 보며 흥취를 부치는데 이를 와유라 한다. 그 또한 스스로 편의를 도모한 것이다. 그러나 산 하나 물 하나도 그 깊고 얕음과 높고 낮음을 논하자면 변태가 무궁하니, 고개지와 육탐미가 평생 문을 닫아걸고 교묘한 재주를 다하여도 끝내 그 모습을 다 전할 수가 없을 것이다. 게다가 고개지와 육탐미는 다시 살려낼 수 없고, 세상에 그림에 능한 자 또한 적다. 그러니 어찌 외형이 비슷한 것을 만에 하나라도 바랄 수 있겠는가? (…중략…) 남학명은 기이한 것을 좋아하는 벽이 심하고 특히 산수를 좋아하여 그 발과 눈으로 미친 바가 온 나라의 거의 반이나 된다. 참으로 속세를 벗어난 사람이니 고금의 누추함을 씻을 만하다. 또 옛사람의 산수기를 많이 수집하여 와유록이라 하고, 아침저녁 펼쳐보면서 높은 곳에 오르는 수고를 대신하며 힘으로 다할 수 없는 바를 모두 얻게 되었다. 이것은 그림을 글로 바꾼 것인데 와유라는 명칭을 그대로 썼으니, 과연 글이 그림보다 나은 것인가? 어떤 이는 산수의 정신을 전하는 데 글이 그림보다 못하다고 하지만, 나는 그렇지 않다고 생각한다. 그림이라도 산수의 아름다움을 다하기에 부족하다는 것은 사람들이 다 아는 사실이다. 그림에 능한 자 또한 반드시 이 산을 직접 볼

29) 윤증, 「與孫東源己卯三月」(『明齋先生遺稿』 136-109).
30) 宋徵殷, 「題閔永叔東遊日錄後」(『藥軒集』 164-177).

수 있는 것은 아니다. 이 산을 본 자라 하더라도 그림 솜씨가 다 뛰어나지 못하니, 그 형상을 그려내는 기술을 다하기에는 부족하다. 더욱이 뛰어나지도 못한 무리들이 보지도 못한 산을 그려서 정신을 전하려 하니 우원하다. 글은 이와 다르다. 무릇 산수기는 반드시 그 땅을 밟고 그 모습을 보아서 마음으로 그 실체를 터득한 다음에아 붓을 잡고 갖추어 쓸 수 있다. 높은 것은 높게, 낮은 것은 낮게, 깊은 것은 깊게, 얕은 것은 얕게, 조금이라도 놓치지 않고 그 변화를 다한다. 또 그 사람이 모두 속세의 먼지에서 벗어나 있는 사람들이요 문장을 하는 선비들인지라 현명하고 재주 있음이 이와 같으니, 그가 직접 밟고 본 것과 마음으로 느낀 바를 적게 된다면, 세상에서 용과 매와 표범의 외모를 묘사하고 천리마를 그리더라도 고기를 그리고 가죽을 그리는 데 그치는 자들이나 고개지·육탐미가 직접 가보지 못한 지 못한 바를 그려낼 수 없는 것과 장단을 비교한다면 그 득실을 어찌 함께 논할 수 있겠는가?[31]

대부분의 산수화가 산수를 직접 보지 못하고 그린 것이라는 점, 실경을 그린다 하더라도 기술에 제한이 있다는 점, 그리고 산수 유람에 대한 흥감을 그림이 충분히 반영하지 못한다는 점을 지적한 것이다. 비록 조선 후기 정선의 산수화를 위시한 진경산수가 널리 유행하였지만, 문인들의 상상력은 그림보다 글에 의하여 더욱 활성화되었다. 19세기 후반의 인물인 한성리(韓星履)는 「종병와유도서(宗炳臥遊圖序)」에서 종병의 와유도와 사마천(司馬遷)의 『사기(史記)』를 비교하면서, 종병의 유람이 눈으로 얻어서 그 밖에서 노닌 것이라면 사마천의 유람은 마음에서 깨달아 그 안에 노닌 것이니, 안에서 노닌 것은 내가 노닌 것이라 하였다.[32] 그림이라는 시각적인 감각을 통하여 천리 먼 곳으로 나가야 하는 수고로움을 덜지만, 글을 읽노라면 상상력을 통하여 산수에서 노니는 흥취를 대리충족할 수 있다는 말이다.

17세기 산수유기가 와유의 자료로 관심을 끌게 된 것은 1차적으로는

---

31) 朴世堂, 「臥遊錄序」(『西溪集』 134-143).
32) 이 자료 연세대 도서관에 소장되어 있다. 본고에서는 연세대 국학연구원의 해제를 참고하였다.

중국 문학의 영향이다. 명대 문학을 수입하는 데 앞장섰던 허균(許筠)은 주지번(朱之蕃)으로부터 여조겸(呂祖謙)이 지은 것으로 알려져 있는 『와유록(臥遊錄)』을 받아왔다. 허균의 『한정록(閑情錄)』의 상당 부분이 여조겸의 『와유록』에서 가져온 것이다. 『한정록』 자체가 '한일(閑逸)', 곧 산수간에 한가하게 숨어사는 흥취를 말한 중국 시문을 모든 것이기도 하다.[33]

이와 함께 명나라의 『명산승개기(名山勝槩記)』가 조선으로 유입되는데, 이 책은 하당(何鏜) 등이 편찬한 『고금유명산기(古今遊名山記)』와 신몽(愼蒙)이 속편으로 만든 『고금천하명산제승일람기(古今天下名山諸勝一覽記)』 등을 합하여 편찬한 것으로 46권 50책의 방대한 규모다. 『명산기(名山記)』로 약칭되는 『명산승개기(名山勝槩記)』의 경우, 17세기 후반 김수증이 열람한 기록이 있거니와, 그후 김창협 등도 이 책을 읽었다는 사실이 확인된다.[34] 명나라 유사린(劉士鏻)이 편찬한 『문치(文致)』 역시 국내에 전하는 것으로 보아 제법 읽힌 .책으로 추정된다.[35]

대부분의 문인에게 중국은 갈 수 없는 나라다. 따라서 중국을 사모하는 마음에 가보고 싶은 땅을 그림으로 그리거나 그에 대한 정보가 담긴 책을 읽고 와유하였다. 16~17세기 무렵 문인들의 동경의 대상은 서호(西湖)였다. 문인들 사이에서는 서호도나 항주도를 벽에 걸어두는 것이 유행이었으며, 명나라 전여성(田汝成)이 편찬한 『서호지(西湖志)』도 널리 읽혔다.[36] 『삼재도회(三才圖會)』 등에 수록된 관련 자료들도 유입되었다. 그러다가 관심이 중국 전역으로 넓혀지면서 중국 전국토를 대상으로 한 유기 총서류들이 수입되기에 이른 것이다. 원굉도(袁宏道)를 비롯한 명대 문인의 산수유기도 개별적인 형태로 읽혔다. 신정하는 "(원굉도가) 유람한 여러 곳의 승경이 종종 눈에 있는 듯하여 한 걸음도 수고롭게

---

33) 허균, 「閑情錄序」(『성소부부고』 74-184).
34) 김영진, 「스승의 뜻이 담긴 책 文趣」, 『문헌과해석』 24, 2003년 가을.
35) 위의 글.
36) 정민, 「16,7세기 조선 문인지식인층의 강남열과 서호도」, 『고전문학연구』 22, 2002.

하지 않고 하인 한 명을 시키지 않고서도 동남방 수만 리의 신령한 경치를 모두 앉아서 얻을 수 있다"고 하고, 산수 문장의 벗으로는 오직 원굉도를 따라야 한다고 말했다.[37] 또 묘적사와 같이 아름다운 승경을 유람할 때는 많은 사람이나 장비가 필요하지 않고, 원굉도의 산수유기와 원굉도와 같은 산수의 취향을 가진 벗 둘만 있으면 된다고 하였다.[38]

이와 같은 중국 산수유기의 대유행으로, 조선에서 자체적으로 중국 산수유기를 선발한 책자가 편찬되기에 이른다. 이와 관련하여 주목되는 책이 신흠의 『와유청상(臥遊淸賞)』이다. 1594년 신흠은 중국에 사신 갔다가 『서호지』를 구해보았는데, 그 책에는 사적뿐만 아니라 산천의 아름다운 볼거리, 유람하면서 지은 노래들이 모두 수습되어 있어 귀국할 때 이 책을 사가지고 왔다. 그리고 한가할 때 들여다보면서 즐기다가 1606년 해직되어 있을 때 좋은 구절을 골라 『와유청상』을 만들었고 나중에 보충하여 『남전유벽(藍田遺璧)』이라 이름하였다.[39]

『남전유벽』이 서호만을 대상으로 한 것임에 비하여 김창협이 만년에 편찬한 『문취(文趣)』는 한대부터 명말까지의 산수의 취향과 관련한 기문이나 서문, 서간 등을 모든 것이라는 점에서 본격적인 산수유기 모음집이라 할 만하다.[40] 이로서 산수유기가 문인들의 본격적인 문예취향의 독서물로 자리하게 된 것이다. 김창집(金昌緝)도 1681년 비슷한 성격의 『징회록(澄懷錄)』을 엮었는데, 그 서문에 따르면 와유의 수단으로 삼기 위하여 고대의 『산해경(山海經)』으로부터 명대까지의 문장을 선발하여 이 책을 만들었다고 하였다.[41] 김창집은 이와 함께 『명산기』 등에서 취록한 『명산최승(名山最勝)』도 편찬하였다.[42] 1747년 이윤영(李胤永)이

---

37) 신정하, 「與愼敬所兄」(『서암집』 197-324).
38) 신정하, 「與愼敬所兄」(『서암집』 197-325).
39) 신흠, 「藍田遺璧跋」(『상촌고』 72-221).
40) 『문취』의 편찬 경위에 대해서는 김영진의 앞의 글에 자세하다.
41) 김창집, 「澄懷錄序」(『포음집』 176-450). 김영진의 앞의 글에 따르면 이 책이 국립중앙도서관에 필사본 2책으로 전한다고 한다.

편찬한 『명산기(名山紀)』도 와유를 위한 산수유기 선집이다. 이인상(李麟祥)의 서문에 따르면 이윤영(李胤永)이 원유(遠遊)를 할 수 없어 중국의 오악(五嶽)부터 명산대천에 대한 문장을 두루 실은 이 책에 마음을 붙였다고 한다.[43)]

명대 산수유기류에 대한 적극적인 관심과 함께 조선의 산수를 대상으로 한 산수유기 총집의 편찬도 17세기 무렵부터 활발히 이루어졌다. 현재 확인되는 최초의 산수유기 총집은 김수증에 의한 것으로 보인다. 지금은 전하지 않지만 김수증은 현종 5년(1664) 『와유록(臥遊錄)』을 편찬하였는데, 송시열의 서문에 따르면 당송으로부터 우리나라의 기문을 모은 것이며, 조부인 김상헌이 모은 자료에 바탕하였다고 한다.[44)] 이로 보아 와유록의 편찬은 17세기 초반부터 시작되었다고 할 수 있다. 김창협의 「풍악기(楓嶽記)」에는 『와유록』을 가지고 갔다는 기록이 있는데, 이 책을 가리키는 듯하다. 또 1662년 금강산을 유람한 윤증이 『와유록』을 보았다고 적고 있는데, 이 책 역시 김수증의 것일 가능성이 있다.[45)]

그로부터 멀지 않은 시기에 남학명(南鶴鳴)이 다시 같은 이름의 책을 만들었다. 남학명의 고모부인 박세당이 서문을 썼는데, 박세당이 1703년 죽었고 남학명이 1654년생임을 고려한다면 이 책이 편찬된 시기는 17세기 말엽으로 보인다. 국립중앙도서관에 소장되어 있는 『명산기영(名山記詠)』도 남학명이 편찬한 『와유록』과 관련이 깊은 것으로 추정된다.[46)] 이

---

42) 김영진의 앞의 글에서 이 책에 대해 서술하고 있으며, 국립중앙도서관에 영본 1책이 전한다고 하였다.

43) 이인상, 「名山紀序」(『凌壺集』 225-520)

44) 宋時烈, 「書金延之臥遊錄後」(『宋子大全』 113-144). 「與金延之癸卯十月晦日」(109-515)에도 관련 기록이 실려 있다.

45) 윤증의 「遊九龍淵歸題彌勒石上」(『明齋先生遺稿』 135-56)의 주석에 "東洲笑仙, 有夢遊九龍淵之說, 其事甚奇. 今見臥遊錄, 洪生名漢仁, 嘗遊此山, 耽賞深淵, 溺死不還, 有詩才, 好遊山水. 嘗有詩曰, 朝上白雲峯頂觀, 暮投峯下孤庵宿. 夜深僧定客無眠, 杜宇一聲山月落. 見淸江小說"이라 되어 있다.

46) 印記에 '宜春世家', '南鶴鳴印', '子聞藏書'라 되어 있으므로 남학명이 이 책을 소장하였음이 틀림없다. 여기에는 1565년 眞實居士가 지었다는 『東國名山洞天志』라는

책은 고려시대 문인의 글부터 17세기 중엽의 글을 3책으로 묶은 것인데, 장서각본『와유록』은 이 책을 바탕으로 증보한 것으로 추정된다. 기문 이외에 시와 서문 등도 수록하고 있어 체제가 유사하거니와, 앞서 든 진실거사의 글과 같이 다른 책자에서 보기 어려운 일문들이 장서각본과 일치한다. 장서각본은 허목이 1672년에 제작한 글이 실려 있으므로, 그 이후 편찬된 것으로 추정된다. 남학명이『명산기영(名山記詠)』을 편찬하고 이를 증보하여 장서각본『와유록』을 만들었을 가능성이 높다.

신익황(申益愰)의『동국승경와유록(東國勝景臥遊錄)』도 이 두 책자와 연관이 있다. 이 책은 1712년 편찬된 것인데, 기문을 위주로 하되 지지(地誌)와 시도 선발하였다는 점에서『명산기영』이나 장서각본『와유록』과 그 체재를 같이하고 있다. 다만 그 서문에 따르면 팔도로 나누어 편집하였다고 하였는데,[47] 장서각본은 일정하게 지역에 따라 구분하였으나, 팔도를 분명하게 나누지 않았고, 개성 등의 지역은 두 곳에 나누어 편집되어 있으므로, 그 체재에서 다소 차이가 난다. 또 그 규모가 5~6책 이었는데 나중에 보충하였다고 하였으며,[48] 연보에는 거질이었다고 하였지만 12권이 되기에는 다소 부족하다.

이 외에도 여러 종류의 산수유기를 모은 책이 상당하다. 신정하(申靖夏)는『동국명산승기(東國名山勝記)』를 편찬하기 위하여 범례를 만들었는데, 그 조카인 신방(申昉)이 비슷한 시기『속동문선(續東文選)』과 함께『속여지승람(續輿志勝覽)』을 만들려 한다는 이야기를 듣고 합쳐서 하나의 책으로 만들려고 하였다.[49] 유만주(兪晩柱)의『흠영』에는 유척기(兪拓

책의 서문과 발문이 수록되어 있는데, 남학명의 아들 南克寬은 許筠이 이름을 숨기고 이 책을 지었으며 서문과 발문 모두 그가 지은 것이라 고증하였다. 남극관, 「題東國名山洞天志」(『夢囈集』 209 302). 정민, 『초월의 상상』, 휴머니스트, 2002에서 이 문제를 다룬 바 있다.

47) 申益愰, 「東國勝境臥遊錄跋」(『克齋集』 185-471).

48) 申益愰, 「與丁聖功」(『克齋集』 185-360).

49) 申暻, 「叔父恕菴先生遺事」(『直菴集』 216-500).

基)가『와유록』10여 권을 만들었다는 말을 부친으로부터 들었다는 기록이 있는데, 이 책이 규장각본『와유록』이나 개인 소장『와유록』과 관련이 있을 것으로 추정된다.50)

규장각본보다 좀 더 온전한 것이 편자 미상의 15권『와유록』이다.51) 규장각본에 수록된 것은 대부분 수용하고 있으면서 권섭 등의 글을 대거 보충하였다. 서명응(徐命膺)이 1766년 지은 「유백두산기(遊白頭山記)」가 포함되어 있으므로, 18세기 후반에 편찬된 것으로 추정된다. 유척기의 몰년을 생각한다면 유척기가 말년에 편찬한 것이 취암문고본 혹은 규장각본『와유록』이거나, 혹은 유척기의 초고를 후인이 증보한 것일 가능성도 있다. 비슷한 시기 남하행(南夏行)도『와유록』을 편찬하였다는 기록이 있다52). 남하행은 산수 유람을 좋아하였으나 우리나라의 산천을 두루 다닐 수 없어서 이 책을 만들었다고 하지만 지금 전하지 않아 자세한 것을 알 수 없다.53) 그밖에 동국대학교에 소장되어 있는 2권 2책 편자 미상의『와유록』, 김경연(金敬淵), 김정희(金正喜), 김유근(金逌根) 등이 관여한『동리우담(東籬藕談)』과 이를 재편집한『조선산수기(朝鮮山水記)』혹은『동국명승기(東國名勝記)』등도 발견된다.54)

이처럼 와유록이 성행하면서 여러 사람의 산수유기를 묶은 것뿐만 아

---

50) 그런데『흠영』에는 10여 책이라 하였지만 규장각본은 7책이다. 그러나 규장각본이 송도, 관동, 관북 지역을 대상으로 한 것만 있는데, 호남과 영남의 명산들이 빠질 수 없다는 점에서 지금 전하는 것이 영본일 가능성이 높으며, 그렇다면, 나머지 2~3책은 영호남의 명산을 대상으로 한 것이었을 수 있다.

51) 취암문고 소장. 이 책에 대해서는 황위주의「翠庵文庫所藏 漢詩文選集 資料에 대하여」(『영남학』 3, 영남문화연구원, 2003)에서 소개한 바 있다.

52) 安鼎福,「處士潛翁南公墓誌銘」(『順菴集』 권24).

53) 버클리대학에도 두 종의『와유록』이 있다. 하나는 목록만 있는데 淺見倫太郎이 필사한 것으로, 원래는 13책으로 되어 있음을 확인할 수 있다. 다른 한 종은 10책의 필사본이다. 두 종 모두 기존의 와유록과 다르다. 이에 대해서는 후고를 기약한다.

54) 윤호진,「추사 김정희의 조선산수기」(『한국한문학연구』 23, 1999) 및 박현규,「東籬藕談의 편저자 문제」(『대동한문학』 12, 2000)에서 다룬 바 있다. 박현규에 따르면『동리우담』은 청 趙之謙의『學齋叢書』등에 수록되어 있으며,『조선산수기』혹은『동국명승기』는 이를 재편한 것이라 하였다.

니라 자신이 직접 제작한 기문을 모은 책도 성행하였다. 이러한 유형의 와유록 중 가장 이른 시기의 것은 송남수(宋枏壽)의『해동산천록(海東山川錄)』이다. 송남수는 만년에 피운암(披雲菴)을 짓고 스스로 송담청일(松潭淸逸)이라 이름하며 살았는데『해동산천록』을 지어 와유의 도구로 삼았다.55) 조선 팔도의 명승을 나누고 각각의 장소에 대해 저술한 기문을 수록하였다.56) 1737년 씌어진 홍백창(洪百昌)의『동유기실(東遊記實)』은 금강산에 대한 저술로는 가장 방대한 책이다. 일반적인 유산기처럼 일기체로 되어 있지만 특정한 장소에 대해서는 시와 기문을 따로 붙였다. 금강산의 사찰·누정·풍속·식물·폭포 등 다방면에 걸쳐 박물지로서의 성격까지 띠고 있다.『명산기(名山紀)』를 편찬한 이윤영(李胤英)은 1751년『산사(山史)』를 엮었는데, 이 책은 그가 단양 일대의 유람하면서 지은 일련의 유기류를 모은 책이다.57) 강후진(姜侯晉)이 편찬한『와유록』,58) 성해응(成海應)의『동국명산기(東國名山記)』, 김노겸(金魯謙)의『와유편(臥遊篇)』(규장각본)도 이와 유사하다.

4. 결론

조선시대 와유문화는 이것으로 그치지 않는다. 승경도(升卿圖)처럼 주사위를 던지면서 시문을 통하여 조선팔도를 유람하는 놀이도 나타났

---

55) 송시열,「松潭宋公墓誌」(『宋子大全』 114-278).
56) 이 책은 송창준이 번역하여 향지문화사에서 1995년 간행한 바 있다.
57) 이인상,「名山紀序」(『능호집』 225-520). 이에 대해서는 박경남,「丹陵 李胤永의 山史 연구」(『국문학연구』 157, 서울대대학원, 2001)에 다룬 바 있다.
58) 이 책에 대해서는 허홍식,「강후진─민초가 대변한 우리 역사의 성찰」(『63인의 역사 학자가 쓴 한국사 인물 열전』, 돌베개, 2003에서 자세히 다루었다.

다.59) 중국 명대 문학의 영향과 함께 상상 속에 정원을 구축하는 일도 빈번하였다.60) 와유당(臥遊堂)·와유암(臥遊菴)·와유정(臥遊亭)처럼 자신이 사는 집 이름 자체에 '와유'를 붙이는 것도 유행하였다.61)

이처럼 조선 후기는 산수를 그린 글과 그림을 보고 누워서 산수를 유람하는 것이 조선 후기 한 유행이 되었다. 지금은 산과 물이 더욱 멀어진 시대다. 그러나 누워서 산과 물을 누릴 수 있는 방법 자체가 달라진 것은 아니다. 현대식 건물 안에서 물기가 마르지 않은 수석을 두거나 화분을 놓고 완상하기도 하고, 그럴 듯한 산수화를 걸어두기도 한다. 그러나 상상을 통하여 산수유람의 흥을 가장 잘 누릴 수 있는 글을 읽는 사람은 많지 않다. 본고에서는 옛사람의 글을 통하여 갈 수 없는 아름다운 땅 뿐만 아니라 이미 사라져버린 산과 물까지 함께 즐길 수 있다는 점을 환기하고자 하였다.

---

59) 규장각에 소장되어 있는 『八仙臥遊圖』에 수록된 「八仙臥遊圖記」에 覽勝圖, 혹은 觴詠圖의 연원과 놀이 방법에 대한 자세한 기록이 있다. 이 글에 따르면, 覽勝圖는 본디 王世貞이 만든 것으로, 중국의 명승을 판 위에 늘어 놓고 구획을 나누어 詞, 酒, 緇, 美, 漁, 羽, 劍, 琴, 歌, 客 등 아홉 가지 종류로 제비를 뽑아 편을 나눈다. 그리고 明瓊을 던져 점수의 많고 적음을 계산하여 유람하는 길을 정하는데, 가는 곳에 따라 술을 마시기도 하고 시를 짓기도 한다. 이러한 놀이는 조선에 전해져서 여러 가지로 변형된 모습으로 전해졌다고 한다. 『八仙臥遊圖』는 杜甫의 「飮中八仙歌」에서 명칭을 빌고 宗少文 와유도의 뜻을 따른 것으로, 柳本正과 李祐燮이 범례를 만들어 詩, 文, 筆, 畵, 酒, 棋, 琴, 劍을 八仙이라 하고, 우리나라의 명승 81개소를 판 위에 배열하였다. 『八仙臥遊圖』는 柳本正의 거처인 蘘葭秋水亭을 출발하여 백두산과 한라산까지 전국을 일주하는데, 명승마다 다양한 문체의 시문을 즐기게 되어 있으니, 그야말로 산천을 와유하면서 마치 산중에서 노니는 것처럼 술을 마시고 시문을 즐길 수 있게 된 것이다.

60) 안대회, 「18~19세기의 주거문화와 상상의 정원-조선 후기 산문가의 記文을 중심으로」, 『진단학보』 97, 2004.

61) 집에서 누워 아름다운 산천을 구경한다는 뜻으로, 蔡彭胤은 "강산은 와유할 수 있는가? 산에 오르고 물에 배를 띄워야 하니 강산은 와유하는 것이 아니다. 강산이 와유하는 것이 아닌데 옛사람이 어찌 그렇게 하였나? 내가 일찍이 들으니 그림으로 그려 자리에 두고서 본다고 한다. 그렇다면 몇 폭의 그림은 모습이 비슷할 뿐이다. 저를 일러 와유라 말하면서 유연하게 마음에 절로 얻는다. 하물며 진짜임에 있어서랴? (…중략…) 내가 돌아보고 웃으면서 말하였다. 이것이 정말 와유로다. 이에 지금 배를 끌고 오르내리거나 지팡이를 짚고 오르내리는 것이 수고로움과 졸렬함을 알게 되었다."(『希菴集』 182-421 「臥遊亭記」)라 하여, 이것이 진짜 와유라 하였다.

성시(城市)와 산수(山水)

윤재민*

1. 문학과 산수

산수(山水)가 문학의 제재로 사용되고 또 일정하게 심미적(審美的)으로 향수(享受)된 것은 이미 『시경(詩經)』의 작품들로부터도 확인할 수 있는 바 그 연원이 무척 오래다. 그러나 문화사적 의미에서 산수가 문학의 주요 주제로 등장하여 본격적으로 심미정취(審美情趣)의 표현 대상이 되기 시작한 것은 동진(東晉, 317~420)과 유송(劉宋, 420~479) 연간이다. 이에 대해 유협(劉勰)은 『문심조룡(文心雕龍)』「명시(明詩)」편에서 다음과 같은 인상적인 기술을 남겼다.

---

* 고려대 한문학과 교수.

유송(劉宋) 초년의 시는 문체에 계승과 함께 혁신이 일어나, 노장이 퇴조를
고하고 산수가 성행하기 시작했다.[1]

유협의 위의 언명은 다각도로 해석될 수 있겠지만, 적어도 한시사(漢
詩史)의 측면에서, 산수시(山水詩)가 노장적(老莊的)인 현리의 표현을 중심
주제로 하는 현언시(玄言詩)[2]를 계승하고 혁신하면서 새로이 시단의 전
면에 등장하였음을 명확하게 지적하고 있다. 여기서 계승은 산수시가,
산수경물(山水景物)의 생동적인 형상을 빌어 현리(玄理)를 천명(闡明)하고
자 하였던 현언시의 일부 경향 중 산수경물의 형상적 표현 방식을 잇고
있음을 가리키는 것이다. 혁신은 산수시가, 산수경물의 형상적 표현을
단지 현리를 천명하기 위한 재료로만 이용하였던 현언시(玄言詩)에서 이
제 산수가 주요 제재가 되고 산수미(山水美)의 표현이 중심 주제가 되는
독립적인 산수시로 환골탈태(換骨奪胎)하게 되었음을 가리키는 것이다.[3]
시기적인 선후에서 이견이 있을 수는 있겠지만, 유협의 위의 언명은 산
수시뿐만 아니라 산수문(山水文)에 대해서도 적용할 수 있는 주장이다.

2. 성시와 산수의 일반적 이미지

한편, 성시(城市)는 관부(官府)가 위치하고 있는 곳으로서, 관인(官人)이
나 관부에 기생하는 사람들이 살아가는 세속적인 생활의 공간이었다.
출처(出處)의 문제가 늘 주요 관심사가 될 수밖에 없었던 전근대 전통시

---

1) 劉勰, 『文心雕龍』 권2 「明詩」(郭晋稀, 『文心雕龍注譯』, 甘肅人民出版社, 1984), 59
   면. "宋初文詠, 體有因革, 莊老告退, 而山水方滋."
2) 丁成泉의 용어를 따랐다. 丁成泉, 『中國山水詩史』, 文津出版社, 1994 참조.
3) 위의 책, 23~25면 참조.

대의 문인지식인들에게 성시는 주로 사환(仕宦)을 위해 잠시 머무는 곳
이 되기 십상이었다. 문인지식인들은 대부분 사환하는 경우보다 사환하
지 못하는 경우가 많았고, 또 사환하지 않을 경우 그들이 생활을 영위
한 장소는 주로 향촌(鄕村)에 위치한 전원이나 산림이었기 때문이다.[4]
향촌은 보통 산수로 둘러싸여 있게 마련이다. 고향을 그리워할 때 고향
산천(故鄕山川)이 떠오르는 것이 자연스런 것처럼, 향촌의 산수가 향촌의
이미지와 혼연일체를 이루는 것은 극히 자연스런 일이다. 산수 자체야
성시에도 있을 수 있지만, 성시의 산수는 성시의 이미지에서 예외적인
것일 수밖에 없다.

　　여기서 나아가 성시와 산수는 각기 속(俗)과 아(雅)라는, 전통적으로
대립적인 가치 지향을 대표하는 이미지로 종종 사용되었다.[5]

　　가령, 한말(漢末)의 은자(隱者) 방덕공(龐德公)은 현산(峴山)의 남쪽에 살
면서 일찍이 성부(城府)에 들어간 적이 없었다. 나중에는 아예 처자(妻子)
를 이끌고 약초를 캔다는 명목으로 녹문산(鹿門山)으로 들어가서는 끝내
종적을 감추어 버리고 말았다.[6] 성부를 부정적 가치가 지배하는 속된
세상으로 간주하고 이러한 속세에 대한 거부를 방외(方外)의 산중은둔(山
中隱遁)이라는 행동으로 실천한 것이다.

---

4) 여기서 田園과 山林은 '상대적'인 표현으로 사용한다. 곧 상대적으로 田園은 생활
　의 경제적 기반을 강조하는 표현이며, 山林은 隱居의 장소를 강조하는 표현이다. 당
　연히 실제로는 전원이 산림을 포함하기도 하고 산림이 전원을 포함하기도 할 것인바
　이에 대해서는 엄밀히 구별하지 않기로 한다.

5) 엄밀하게 따지면, 俗은 사람들이 사회를 이루어 살아가는 세상으로서의 世俗, 무식
　한 피지배계급의 문화 및 그 풍격으로서의 民俗, 高雅하지 못한 부정적인 가치 및 그
　지향으로서의 低俗이 각기 구별될 터이지만, 이 세 가지 개념이 한 데 뒤섞이면서 단
　일한 '低俗'의 이미지를 형성하는 것이 보통이었다. 오늘날에도 여전히 강고하게 남아
　있는 이른바 '속된 것'에 대한 부정적 관념은 바로 여기서 유래한 것이다. 雅 또한 유
　식한 지배계급의 문화 및 그 풍격으로서의 典雅와 低俗하지 않은 긍정적인 가치 및
　그 지향으로서의 高雅가 서로 구별될 수 있지만, 이 두 가지 개념이 한 데 뒤섞이면서
　단일한 '高雅'의 이미지를 형성하는 것이 보통이었다.

6) 范曄, 『後漢書』卷83 「逸民列傳」. "龐公者, 南郡襄陽人也. 居峴山之南, 未嘗入城
　府. (…중략…) 後遂携其妻子登鹿門山, 因采藥不反."

도연명(陶淵明) 또한 관료사회에 염증을 느끼고 전원에 은거하면서, 자신은 본래 어려서부터 세속에 맞는 기질이 없었고 성품이 본디 구산(丘山)을 사랑했노라고 하여 자신의 탈속적(脫俗的) 산수 취향을 분명하게 표명하였다.[7] 물론 도연명이 은거한 그 전원은 속세(俗世)를 거부하는 방외의 그것이 아니라 사람들이 부대끼며 살아가는 이 현실세계 안에 위치한 것이었다. 도연명은 오히려 농민들의 삶을 긍정함으로써 민속(民俗)의 문화에 대한 이해를 보여주기도 하였다. 도연명이 자신의 기질과 맞지 않는다고 한 그 속(俗) 또한 공도(公道)가 실현되지 못하는 추악한 정치 현실이거나 관료들의 명리 추구와 같은 부정적인 정신 지향이었지 세속 일반이 아니었다. 훗날 도연명이 겸선천하(兼善天下)가 어려운 자리에서 독선기신(獨善其身)한 유자(儒者)의 한 전범으로, 특히 주자(朱子)를 포함하여 후세 유자들의 귀감으로 추앙될 수 있었던 이유도 바로 이 점에 있었다. 그러나 역시 도연명의 전원은 관료사회를 대표하는 성시와는 동떨어진 농촌에 위치하는 것이었다.

3. 성시에서의 탈속적 산수 취향

그런데 이러한 산림이나 전원에서의 산수 취향과 달리 성시에서의 산수 취향이라고 부를 만한 또 다른 경향이 있어 주목된다. 곧 성시에서 거주하면서 동시에 탈속적 산수 취향을 추구하는 일단의 부류들의 경우가 그것이다.

조선 초기의 인물인 박팽년(朴彭年, 1417~1456)의 다음의 글에서 이를

---

7) 陶淵明, 『陶淵明全集』「歸園田居」(李成鎬 譯, 문자향, 2001), 68면. "少無適俗韻, 性本愛丘山."

확인할 수 있다.

　산수지취(山水之趣)는 때를 만나지 못한 소인(騷人)과 은사(隱士)들이 좋아
하는 바이니, 임금에게서 지우를 입고 당세에 등용된 대장부라면 달갑게 여기
지 않는 면이 있다. 지금 공(公 : 姜希顏)은 은대(銀臺 : 承政院)에서 후설(喉
舌)의 자리에 있는 중신으로서, 청직과 요직을 아울러 맡아 임금의 지우를 듬
뿍 받고 있다. 그러면서도 스스로 만족스러워 하지 아니하고 마치 일개 서생
인 듯, 매번 퇴근하고 나면 반드시 깊숙한 집에서 향을 사르고 왼쪽에는 그림
을 걸어두고 오른쪽에는 책을 펼쳐두고는 그 가운데 처한다. 그러노라면 조각
배 타고 물놀이 하며 나막신 신고서 산에 오르는 흥이 절로 일어 누르지 못하
고, 빙호(氷壺) 같은 아량은 한 점 티끌이 없어 세상의 분잡이 일찍이 이목에
접하지 못한다. 지극한 본성에서 나온 것이 아니라면 그럴 수 있겠는가?『논
어』에 이르기를, "인자(仁者)는 산을 좋아하고 지자(智者)는 물을 좋아한다"라
고 했다. 공의 덕과 그 좋아하는 바가 바로 이 말에 딱 부합한다고 하겠다.[8]

　박팽년이 15세기 전반 아직 관료로서 미래에 대한 낙관적인 전망을
잃지 않았던 시절에 쓴 글이다. '때를 만나지 못한 소인(騷人)과 은사(隱
士)'들의 산수지취는 산림(山林)에서의 탈속적 산수 취향(趣向)을 가리키
는 것이다. 성시의 고위 관료라면 이러한 산림에서의 탈속적 산수 취향
을 굳이 좋아하지 않아도 무방하다. 오히려 달갑게 여기지 않는 게 정
상일지도 모른다. 그러나 윗글의 주인공 강희안(姜希顏, 1417~1465)은 청
요직(淸要職)이라 할 승정원(承政院) 좌승지(左承旨)로 있으면서도 일개 서
생처럼 탈속적인 산수지취에, 비록 와유(臥遊)로서나마, 흠뻑 빠져들곤
한다. 이러한 강희안에 대해 박팽년은 '인자요산(仁者樂山), 지자요수(智

　8) 朴彭年,『朴先生遺稿』「三絶詩序」(『韓國文集叢刊』9), 464면. "山水之趣, 乃騷人
　　隱士不遇於時者之所好也. 若大丈夫遇知於其君, 見用於當世, 則有不屑焉者也. 今
　　公位乎銀臺, 爲喉舌重臣, 淸要幷融, 魚水之歡方洽, 而自視欿然, 若介書生然. 每公
　　退之暇, 必焚香幽廬, 左圖右書而中處焉. 扁舟蠟屐之興, 自不能勝, 氷壺雅量, 無一
　　點塵, 世上紛華, 未嘗接乎耳目. 非出於至性, 其能然乎? 傳曰 : '仁者樂山, 智者樂水.'
　　公之德與其所好, 可謂協矣."

者樂水)'로 칭송했지만, 우리는 여기서 산림에서의 산수 취향을 성시에서 구현하고자 하는 성시에서의 산수 취향의 한 전형을 확인할 수 있다.

물론 산림에서의 산수 취향을 성시에 구현하고자 하는 순간 산수 취향은 그 성격이 일정하게 변질될 수밖에 없을 것이다. 성시와 산수의 관계가 산림의 산수 취향에서는 서로 대립적인 관계로 나타나는 반면에 성시의 산수 취향에서는 화해로운 관계로 나타나기 쉬울 것이기 때문이다.[9] 그러나 역시 산수지취 하면 대개는 산림의 인사들에게 어울린다고 보는 것이 전근대의 보편적인 관념이었다. 성시와 산수는, 산림의 인물에게서든 성시의 인물에게서든, 대립적인 이미지로 주로 사용되던 것이다. 성시와 산수가 화해로운 관계로 나타나는 경우조차도 그 화해는 이미 대립을 함축하거나 전제로 하는 것이다.[10]

---

9) 김흥규는 조선 초기 집권사대부층의 일원이었던 孟思誠(1359~1431)의 「江湖四時歌」와 16세기 초기 士林의 일원이었던 李賢輔(1467~1555)의 「漁父歌」를 비교 분석하면서, 江湖自然과 政治現實의 두 세계가 전자에서는 和諧로운 관계로 나타나는 데 반해 후자에서는 분열 모순의 관계로 나타난다고 하였다. 김흥규, 「江湖自然과 정치현실」, 『욕망과 형식의 詩學』, 태학사, 1999, 135~160면 참조. 여기서 김흥규가 제시한 정치현실과 강호자연의 관계는 일정하게 성시와 산수의 관계에 원용해도 무방하다고 생각한다.

10) 김흥규는 16~17세기의 사대부 시조에 나타나는 일련의 변화 추이를 검증하는 일종의 '리트머스 시험지'로 "二分法的 世界像:江湖와 세속적 삶(정치현실)을 단절적으로 보는 사고 구조", "世俗에의 對立 의식:세속적 榮達과 현실정치에 대한 거부 또는 비판 의식", "典範的 자연관:자연 현상의 구체성보다는 그 전체상과 典範性, 상징성을 중시하는 태도", "感興의 절제:江湖 생활의 심미적 화려함과 흥취·逸樂의 절제", "脫生活的 觀照性:日常의 구체적 생활 체험으로부터 거리를 둔 관조적 태도" 등의 검증 항목을 제시하고, 이에 의거하여 16세기 전반부터 17세기 후반 사이의 시조 작가와 작품을 분석하여, 士林 세력이 중앙 정계를 장악한 이후 시가에서는 江湖─世俗의 배타적 이분법이라는 16세기적 전형이 점차 약화되어 가는 추세를 보인다고 한 바 있다. 김흥규, 「16~17세기 江湖時調의 변모와 田家時調의 형성」, 위의 책, 171~201면 참조. 여기서도 강호자연과 정치현실(또는 세속)은 대립적인 이미지가 보다 보편화된 관념임을 확인할 수 있다. 이 두 세계의 화해나 이분법적 세계상의 약화 또한 이미 이분법적 인식을 전제로 하는 것이기 때문이다.

4. 성시에서의 산수 취향의 새 조류

성시에서의 산수 취향은 중국의 경우 명말청초 이래, 우리나라의 경우 조선 후기 17세기 말 이래 성시의 도시적 발전을 배경으로 새로이 집중적으로 출현한다.

먼저 조선 후기 17세기 말 18세기 초의 인물인 홍세태(洪世泰, 1653~1725)의 다음의 글을 보자.

> 예전에 학림정(鶴林正)[11]은 그림으로 일세에 이름이 났다. (···중략···) 그 필의를 보니 고아하고 소산하여 전혀 누속기가 없어, 학림의 풍류와 표치가 절로 상상이 간다. 나는 성품이 산수를 사랑하면서도 찾아가지는 못하고, 요사이는 성시간에 처하여 날마다 괴롭게 속인들을 상대하고 있다. 그러다가 지금 이 그림을 보니 곧 흔연히 마음에 맞는 바가 있다.[12]

한학관(漢學官)·이문학관(吏文學官)·제술관(製述官)·둔전장(屯田長)·인의(引儀)·찰방(察訪)·의영고주부(義盈庫主簿)·울산감목관(蔚山監牧官) 등 주로 하급관리로서 생활을 영위했던 중인층(中人層) 인물인 홍세태에게 성시는 생활의 공간일 수밖에 없다. 그러나 또한 성시는 '괴롭게 속인들을 상대'해야 하는 '속된' 공간으로서, 현재 자신의 형편상 벗어날 수는 없지만 가능하다면 잠시라도 벗어나고픈 그러한 공간이다. 성시와 상대적으로 산수는 그의 성품에 맞는 찾아가고픈 공간이다. 성시에 거

---

11) 鶴林正은 李慶胤(1545~1611)의 封號이다. 이경윤은 成宗의 제11子로 그림에 뛰어났던 利城君 李慣(1489~1552)의 從曾孫으로 山水와 人物을 특히 잘 그린 것으로 알려져 있다. 역시 화가로 이름난 李澄(1581~1645 이후?)은 그의 庶子이다.

12) 洪世泰,『柳下集』卷10(『여항문학총서』1), 驪江出版社, 1986. 「趙伯心所有鶴林正畵識」, 327~328면. "曩時, 鶴林正, 以畵名一世. (···중략···) 見其筆意, 古雅蕭散, 絶無陋俗氣, 鶴林之風流標致, 盖可想矣. 余性愛山水, 而未能往, 邇來處城市間, 苦與俗人日相對. 今見此畵, 輒欣然會心."

주하거나 관직에 종사하는 사람이 산수를 찾아가는 방법에는 여러 가지가 있다. 첫째, 잠시 짬을 내 산수를 찾는 것이다. 공무(公務)의 여가에 잠시 산수를 들러보는 것도 여기에 해당할 것이다. 둘째, 한동안 성시를 떠나 산수간(山水間)에서 지내는 것이다. 벼슬을 그만두고 다음 벼슬을 다시 시작하기까지 한동안 산수간에서 지내는 것도 여기에 해당할 것이다. 셋째, 성시를 아주 떠나 산수간에서 지내는 것이다. 벼슬을 버리고 산수간으로 아예 장왕(長往)하는 것도 여기에 해당할 것이다. 이 중 어느 것도 선택할 수 없는, 윗글의 현재 처지에서 홍세태는, 이경윤(李慶胤)의 그림을 보고, 비록 와유(臥遊)로서나마, 곧 흔연히 탈속적인 산수 취향에 푹 젖어들어 보는 것이다.

다음은 명(明)나라의 16세기 말 17세기 초 인물인 원굉도(袁宏道, 1568~1610)의 글이다.

> 이 아우는 서호에서 꽃을 보고 천목산에서 도를 찾으며, 오와 월 지역을 가고 오는 데 어느덧 넉 달이나 걸렸습니다. 발로 밟은 길이 수천 여 리요, 눈으로 본 것이 수백 여 산이며, 그밖에 등람하며 짓거나 남에게 부쳐준 작품이 또한 거의 한 질을 이루었습니다. 구학이 나날이 가까워지고 이도가 나날이 멀어지니, 이 아우의 마음은 거의 미친 듯, 어리석은 듯했습니다!13)

원굉도는 1595년(28세) 3월에 오현(吳縣 : 지금의 蘇州에 있음)의 지현(知縣)으로 첫 사환(仕宦)을 시작하여 2년 뒤인 1597년(30세) 2월에 사직했다. 이후 강남(江南) 일대를 유람하다가 다음 해인 1598년 4월에 순천부교수(順天府教授)로 다시 사환(仕宦)에 나섰다. 윗글은 지현을 사직하고 강남 일대를 유람하던 무렵 무석(無錫)의 지현으로 있던 조응원(趙應元)에게

---

13) 袁宏道, 『解脱集』 卷4 「趙無錫」(『역주 원중랑집』 4), 58면. "弟看花西湖, 訪道天目, 往返吳越間, 四閱月. 足之所踏, 幾千餘里, 目之所見, 幾百餘山, 其他登覽贈寄之作, 亦幾成帙. 丘壑日近, 吏道日遠, 弟之心近狂矣! 痴矣!" 이하 袁宏道 작품의 인용은 심경호 외, 『역주 원중랑집』, 소명출판, 2004을 따르되, 표점과 번역을 일부 수정했다.

부친 척독(尺牘)이다. 관리 생활을 그만두고 산수 유람을 다니며 문학 창작에 몰두하는 기쁨이 얼마나 큰지 "구학(丘壑)이 나날이 가까워지고 이도(吏道)가 나날이 멀어지니" 자신의 마음이 '거의 미친 듯, 어리석은 듯'하다고 하였다. 원굉도에게서 구학(丘壑), 곧 산수간에서 노니는 삶과 이도(吏道), 곧 성시에서 관리로서 살아가는 길은 아주 선명하게, 한쪽이 가까워지면 다른 쪽은 멀어지는, 서로 조화로울 수 없는 대립 관계로 표현되고 있다. 심지어 원굉도는 다음과 같이 "나는 성(城)에 들어가는 것을 가장 두려워한다"라고 하여 성시에 대한 혐오를 분명하게 표현하기도 하였다.

> 나는 성에 들어가는 것을 가장 두려워한다. 오산은 성내에 있다. 그래서 두루 관람하지 못하고 고작 총총히 한 번 자양궁을 들러보았을 따름이다. 자양궁의 바위는 영롱하고 그윽하며 변태가 횡출하여 서호의 바위가 비할 바가 못 되니, 매화도인(梅花道人 : 吳鎭)의 한 폭 살아 있는 수묵화다. 어찌하여 고을 성곽 안에서 욕을 당하며 산림의 편벽되고 게으른 사람을 가까이하지 못하게 하는가? 탄식할 일이로다!14)

원굉도는 자신의 입장을 '산림의 편벽되고 게으른 사람[山林僻懶之人]'과 일정하게 동일시하면서 오산(吳山 : 지금의 浙江 杭州市 西湖 東南쪽에 있음)이 성시 안에 있는 것을 안타까워한다. 여기서 원굉도의 성시에 대한 혐오는, 일찍이 성부에 들어간 적이 없었다고 하는 저 한말(漢末)의 은자(隱者) 방덕공(龐德公)을 상기시킨다. 그러나 원굉도의 성시에 대한 혐오를 저 방덕공의 경우와 동일이논(同日而論)할 수는 없다. 이 유기(遊記) 작품 「오산(吳山)」은 앞의 조응원(趙應元)에게 부친 척독(尺牘)과 마찬가지로 원굉도가 오현(吳縣)의 지현(知縣)을 사직하고 강남 일대를 유람하던 무렵

---

14) 袁宏道,『解脫集』卷3「吳山」(『역주 원중랑집』3), 320면. "余最怕入城. 吳山在城內. 以是不得遍觀, 僅匆匆一過紫陽宮耳. 紫陽宮石, 玲瓏窈窕, 變態橫出, 湖石不足方比, 梅花道人一幅活水墨也. 奈何辱之郡郭之內, 使山林僻懶之人, 親近不得? 可嘆哉!"

지은 작품이다. 그런데 원굉도는 이 이듬해에 다시 성시에서의 벼슬길에 나서고 있기 때문이다. 이 시기 원굉도의 강남 일대 유람은 그 성격상 "벼슬을 그만두고 다음 벼슬을 다시 시작하기까지 한동안 산수간에서 지내는" 경우에 속하는 것이다.15) 따라서 원굉도의 성시에 대한 혐오는 성시 일반에 대한 혐오가 아니라 성시의 모종 특성에 대한 혐오라고 해야 할 것이다. 여기서 '성시의 모종 특성'은 '성시' 하면 떠오르는 전통적이면서도 일반적인 이미지, 곧 '속(俗)됨'이나 '분잡(紛雜)' 따위와 연관되는 그러한 성격의 것이다. 이 작품 「오산(吳山)」의 제목을 「유오산기(遊吳山記)」라고 하고 있는 다른 판본에서는, 위의 "나는 성(城)에 들어가는 것을 가장 두려워한다[余最怕入城]"라고 한 문장을 "객들을 피하려고 자주 성에 들어가지 않았다[避客, 不數入城]"라고 하고 있다.16) 여기서도 원굉도가 혐오한 것이 성시 일반이 아니라 성시에서의 인간관계에서 오는 '분잡'임을 확인할 수 있다.

이처럼 성시의 분잡을 싫어하는 태도는 조선 후기의 김창흡(金昌翕, 1653~1722)에게서도 찾아볼 수 있다.

불행히도 이 자식에게는 시끄러운 것을 싫어하고 조용한 것을 좋아하는 소경과 같은 병통이 있습니다. 이 병은 어려서부터 더욱 심해져서 매번 마음이 일면 곧장 어디론가 떠나가기를 마치 무엇인가가 그렇게 시키는 것 같습니다. 그럴 때면 곧 이로운 일인지 해로운 일인지 의리에 맞는지 맞지 않는지도 모르면서 반드시 그렇게 행하고 난 뒤에야 그만두니, 종전에 잘못하여 걱정을 끼친 일들은 태반이 이 일로 인한 것들입니다. 나이가 좀 들어서는 자못 뜻을

---

15) 물론 벼슬을 그만두고 다음 벼슬을 다시 시작하기까지의 기간이 무척 길 경우를 포함하여 벼슬을 '잠시' 그만둔 경우와 '아예' 그만둔 경우는 모두 결과론적 분석일 뿐, 벼슬을 그만둔 그 시점에서는 훗날 다시 벼슬하게 될 지 여부에 대해 알 수 없기는 마찬가지가 아닌가 하는 의문이 제기될 수 있다. 당연히 그렇다. 그러나 그렇다 하더라도 '잠시'와 '아예' 사이의 거리는 역시 自在하고, 특히 이 둘 사이의 성시와 산수에 대한 태도는 일정하게 구별될 수 있으리라고 생각한다.

16) 심경호 외, 袁宏道, 『解脫集』 卷3 「吳山」 箋校(『역주 원중랑집』 3), 320면 참조.

껶고 억지로나마 절제하고자 하였으나 역시 자신을 이기지 못하고 때때로 예전처럼 끝내 광태를 부리곤 하였습니다. 이 곳 삼부연을 얻고 나서는 탐하고 그리워함이 더욱 심하여 길이 장수(藏修)할 장소로 삼기로 맹세하였으니, 이로부터 예전의 아무데나 놀러 다니던 버릇은 태반이나 줄어든 듯합니다. 이는 미치 방탕하게 기생들과 노니는 사람이 금지할 수 없을 지경에 빠졌을 때 혹 집안에 기생 하나를 들이도록 권하는 것과 같으니, 이 자식에게 삼부연은 저와 다를 바 없습니다. 그러나 부모님께서 이미 서울에 계시니. 저 또한 멀리 떨어져 있을 수 없음을 압니다. 당초에 이곳에 머물면서도 진실로 감히 오래도록 머물러 살 계획을 세우지는 않았습니다.[17]

삼연(三淵) 김창흡이 1683년(31세) 철원(鐵原)의 삼부연(三釜淵)에 일시 우거(寓居)하면서 부모에게 올린 편지이다. 그가 이 삼부연에 처음 복거(卜居)를 마련한 것은 위의 편지를 쓰기 4년 전인 1679년(27세) 7월 무렵이다. 김창흡의 부친 김수항(金壽恒, 1629~1689)은 1680년에 경신(庚申) 환국(換局)으로 유배에서 풀려나고 곧 이어서 영의정에 제수되어, 김창흡이 이 편지를 올릴 때에는 서울에 있었다.

원굉도가 "구학(丘壑)이 나날이 가까워지고 이도(吏道)가 나날이 멀어지니" 자신의 마음이 '거의 미친 듯, 어리석은 듯'하다고 한 것처럼, 김창흡 또한 자신의 산수 취향을 '광태(狂態)', '탐하고 그리워함[貪戀]', 호색(好色)에의 비유 등으로 표현하면서, '시끄러운 것을 싫어하고 조용한 것을 좋아하는[厭喧愛靜]' 것이 자신의 어려서부터의 고질(痼疾)이라고 하였다. 여기서 '시끄러운 것[喧]'은 바로 성시의 분잡과 연관되며 '조용한 것[靜]'은 저 성시의 분잡으로부터 떨어진 산수간과 연관됨을 이해하

---

17) 金昌翕, 『三淵集』 拾遺 卷13 「上親庭(癸亥)」(『韓國文集叢刊』 166), 454면. "不幸子有瞽盲之疾, 厭喧愛靜. 自少而甚, 每有會意, 徑然而往, 若有物使之者. 當爾時, 輒不知事之利害, 義之當否, 必行而後已. 從前貽憂見過者, 太半由於此事. 年旣長矣, 稍欲拗意剛制, 而亦不自克, 有時卒發狂態如昨. 自得玆區, 貪戀已甚, 永矢爲藏修之所, 而向之走作於浪遊者, 則似覺減半. 此如冶遊花柳之人, 甚至於不可禁止, 則或勸以家畜一物, 子之有此, 與彼無異. 然親庭旣已在京, 則亦知其不可遠離, 當初落留, 固不敢作久住之計."

기는 어렵지 않다. "이 곳 삼부연(三釜淵)을 얻고 나서는 탐하고 그리워함이 더욱 심하여 길이 장수(藏修)할 장소로 삼기로 맹세하였으니, 이로부터 예전의 아무데나 놀러 다니던 버릇은 태반이나 줄어든 듯합니다"라고 한 데에서 이를 잘 확인할 수 있다. 그러나 김창흡이 '장수(藏修)할 장소로 삼기로 맹세'하기도 했던 그 산수간은 당초에 '오래도록 머물러 살 계획'에 의한 것은 아니었다. 이것은 위의 편지 내용처럼 그의 '부모님께서 이미 서울에 계시'기 때문이기도 하겠지만, 그러나 그의 부친이 사사(賜死)된 1689년(37세) 이후나 모친상을 당한 1703년(51세) 이후에도 그는 서울을 떠나 산수간으로 아예 장왕하는 선택을 하지는 않았다. 김창흡은 여러 차례 제수된 관직을 사양하며 평생 사환에 나서지 않았다. 그렇다고 그가 중앙 정계의 움직임에 대해 무관심했던 것은 아니다. 김창흡이 사환하지 않은 것은 그 자신이 처한 미묘한 정치적 여건과 이와 관련하여 그 스스로 세운 자신의 출처관(出處觀)에 따른 것이다. 오히려 그는 늘 중앙 정계의 움직임을 예의주시하면서 문학(文學)과 도학(道學) 방면에서 나름의 역할을 하고자 하였다. 조선 후기 당대에 문학과 도학은 정사(政事)와 마찬가지로 세도(世道)와 직결되는 것이기도 하다. 그의 삶이 서울을 중심으로 하면서 서울과 근기(近畿) 일대의 향촌 사이를 오가며 주로 이루어졌던 것은 그의 생활근거지가 거기에 있었기 때문이기도 하지만 다른 한편 그 자신의 중앙 정계에 대한 관심사와도 무관하지 않다. 위의 편지의 배경이 되는 철원(鐵原)의 삼부연 또한 그가 서울을 떠나 종종 머물던 곳 중의 하나이다.

5. 산수 취향과 삶의 예술적 고양

 홍세태·원굉도·김창흡 등은 모두 성시를 속된 공간으로 여기고 산수를 탈속적(脫俗的)인 공간으로 여겼다. 그러나 그들은 성시 일반을 부정하지는 않았다. 그들의 일상적 삶은 오히려 성시와 성시의 영향권 아래에 있는 그 주변을 중심으로 이루어졌다고 할 수 있다. 따라서 이들에게 산수는 일상적 삶과 구별되는 고양된 삶, 곧 낭만적인 예술적 삶의 성격이 강하다. 곧 이들의 산수에 대한 추구는 그 성격 상 낭만적인 예술적 삶에 대한 추구 바로 그것과 다를 바가 없다고 하겠다.

 조선 후기 17세기 말 18세기 초의 인물인 이하곤(李夏坤, 1677~1724)[18]의 다음의 글은 낭만적인 예술적 삶의 한 표현으로서의 산수의 이미지를 잘 보여준다.

> 예로부터 고인(高人)과 운사(韻士)들은 산수로 성명(性命)을 삼고 서화로 다반(茶飯)을 삼았으니, 대개 그 청령(淸泠)하고 수윤(秀潤)한 기를 빌어 나의 소산(蕭散)하고 한원(閑遠)한 흥취를 부치고자 한 것이다. 그러므로 밝은 창 아래 깨끗한 안석에서 향을 사르고 차를 끓이며 마음에 맞는 사람과 거리낌 없이 산수를 담론하고 법서와 명화를 품평하는 것, 이것이야말로 인생의 제일가는 즐거움이니, 무릇 이렇게 할 수 있는 자는 반드시 고인 운사일 것이요, 고인 운사가 아니라면 또한 이러한 즐거움을 알 수 없을 것이다.[19]

---

18) 이하곤은 김창흡과 마찬가지로 몇 차례 제수된 관직을 사양하며 평생 仕宦에 나서지 않았다. 그러나 그 또한 김창흡과 마찬가지로 중앙 정계에 대한 관심을 놓아본 적이 없었다. 1711년(35세) 서울을 떠나 그의 부친이 마련한 향촌의 근거지 충청도 鎭川으로 移居한 뒤에도 그의 삶은 진천과 서울을 오가며 주로 이루어졌다.

19) 李夏坤,『頭陀草』册18「題一源爛芳焦光帖」(『韓國文集叢刊』191), 562면. "自古高人韻士, 以山水爲性命, 以書畫爲茶飯, 盖欲資其淸泠秀潤之氣, 以寄吾蕭散閑遠之趣耳. 故明囱淨几, 焚香淪茗, 与意中人縱談山水, 評品法書名畫, 此爲人生第一至樂, 凡爲此者, 必高人韻士, 而非高人韻士, 亦不能知此樂也."

산수의 청령(淸泠)한 기(氣)를 빌어 나의 소산(蕭散)한 흥취를 부치고, 서화의 수윤(秀潤)한 기를 빌어 나의 한원(閑遠)한 흥취를 부치고자 한다고 하는 데에서 알 수 있듯이, 이하곤에게 산수와 서화는 고인(高人) 운사(韻士)들이 자신들의 낭만적인 예술적 기질을 유감없이 발산케 하는 주요한 매개물이다. 나아가 "산수를 담론하고 법서와 명화를 품평하는 것" 또한 이들의 낭만적인 예술적 삶의 일부이며, 이러한 낭만적인 예술적 삶은 '인생의 제일가는 즐거움'이기도 하다. 물론 "산수로 성명(性命)을 삼는다"라고 하는 표현은 "서화(書畫)로 다반(茶飯)을 삼는다"라고 하는 표현과 마찬가지로 일상적 삶 전부가 바로 그러하다는 의미로 볼 수는 없다. 그러나 여기서 우리는 삶과 예술을 일치시키고자 하는 이하곤의 고양된 낭만적 예술정신을 찾아볼 수 있다. 비록 특정한 때 특정한 장소에서나마 삶과 예술을 일치시킬 수 있는 사람들, 이하곤이 볼 때 이들이야말로 진정 고인(高人) 운사(韻士)라고 할 수 있다는 것이다.

이하곤보다 27년 앞서 태어난 청나라의 장조(張潮, 1650~?)는 성시에서의 산수 취향이 낭만적인 예술적 삶의 추구와 관련되는 양상을 더욱 선명하게 그리고 다양하게 잘 보여준다.

소리 높여 산림을 떠드는 자는 으레 시정과 조정의 일을 말하기 좋아하지 않는다. 그러나 진실로 그와 같이 하기로 한다면, 마땅히 『사기』 · 『한서』 같은 여러 책들도 아울러 밀쳐두고 읽지 말아야 할 것이다. 대개 이들 책에 실려 있는 것은 모두 옛날 시정과 조정의 이야기들이기 때문이다.[20]

산림과 은일의 즐거움이 있어도 누릴 줄 모르는 자는 어부와 나무꾼, 농사꾼, 그리고 승려와 도사들이다. 원정과 회첩의 즐거움이 있어도 누리지 못하

---

20) 張潮, 『幽夢影』(정민 역, 『내가 사랑하는 삶－幽夢影 · 幽夢續影』), 63면. "高語山林者, 輒不喜談市朝事. 審若此, 則當幷廢史漢諸書而不讀矣. 盖諸書所載者, 皆古之市朝也." 이하 『幽夢影』의 인용은 정민 역, 『내가 사랑하는 삶－幽夢影 · 幽夢續影』, 태학사, 2001을 따르되, 표점과 번역을 일부 수정했다.

거나 잘 누리지 않는 자는 부유한 상인과 높은 벼슬아치들이다.[21]

위의 두 글은 언뜻 서로 모순되는 언명처럼 보인다. 한편에선 '소리 높여 산림을 떠드는 자'를 비판하고 다른 한편에선 '산림과 은일(隱逸)의 즐거움'을 말하고 있기 때문이다. 그러나 장조 자신의 논리에서 이 둘은 전혀 모순이 아니다. '소리 높여 산림을 떠드는 자'에 대한 비판이야말로 장조의 관점을 선명하게 보여주는 언명이다. 장조가 볼 때 '소리 높여 산림을 떠드는 자'는 입으로만 '산림에서의 산수 취향'을 주장하거나 '성시에서의 산수 취향'을 이해하지 못하는 자이다. 장조에게 '산림과 은일(隱逸)의 즐거움'은 그것을 의식적으로 누릴 줄 아는 사람이라면 누구나 누릴 수 있는 것이다. 산림에서 살거나 성시에서 살거나 차이가 없다. 중요한 것은 가슴에 품고 있는 심미정취이다. 그야말로 "가슴이 구학(邱壑)을 품으니 성시도 산림과 다르지 않고, 흥을 연하(烟霞)에 부치니 인간세상도 봉래섬과 같음이 있다"[22]라고 할 것이다. "성시에서 살 때에는 마땅히 화폭(畵幅)으로 산수를 대신하고, 분경(盆景)으로 원유(苑囿)를 대신하고, 서적(書籍)으로 붕우(朋友)를 대신해야 한다"[23]라고 한 것도 같은 맥락에서 이해되는 언명이다.

나아가 다음의 언명들에서 살펴볼 수 있듯이, 장조에게서 산수와 문장(文章)·서사(書史)·시주(詩酒)·화월(花月) 등은 모두 그의 낭만적인 예술적 삶을 표현해주는 등가물(等價物)들이다.

문장은 책상 위의 산수요, 산수는 땅 위의 문장이다.[24]

---

21) 위의 책, 130면. "有山林隱逸之樂而不知享者, 漁樵也, 農圃也, 緇黃也. 有園亭姬妾之樂, 而不能享不善享者, 富商也, 大僚也."
22) 위의 책, 143면. "胸藏邱壑, 城市不異山林. 興寄烟霞, 間浮有如蓬島."
23) 위의 책, 194~195면. "居城市中, 當以畵幅當山水, 以盆景當苑囿, 以書籍當朋友."
24) 위의 책, 96~97면. "文章是案頭之山水, 山水是地上之文章."

책을 잘 읽는 사람은 어디에 간들 책이 아닌 게 없다. 산수도 책이요, 기주(棋酒)도 책이요, 화월(花月)도 책이다. 산수 유람을 잘 하는 사람은 어디에 간들 산수가 아닌 게 없다. 서사(書史)도 산수요, 시주(詩酒)도 산수요, 화월도 산수이다.25)

장조(張潮)에게서 산수는 그의 낭만적인 예술적 삶의 한 표현이라는 점에서만 의미가 있는 것이다. "만약 시와 술이 없다면 산수도 구색만 갖춘 알맹이 없는 글이 되고, 만약 고운 짝이 없다면 꽃과 달은 있으나 마나이다"26)라고 한 언명에서 이를 확인할 수 있다. 산수 그 자체는 아무것도 아니라고 할 수 있다. 중요한 것은 산수를 바라보는 그 심미정취인 것이다. 여기서 '시와 술'은 심미정취를 '자극적'으로 강조하여 표현한 용어로 보아도 무방할 것이다.

낭만적인 예술적 삶에서 가장 기본적인 계기라고 할 이 심미정취를 장조는 다음과 같이 '한가로움[閒]'으로 표현하기도 하였다.

세인들이 바삐 여기는 바에 한가로울 수 있는 사람이라야 바야흐로 세인들이 한가롭게 여기는 바에 바쁠 수가 있다.27)

사람은 한가로운 것보다 더 즐거운 것이 없으니, 한가로움은 아무 할 일이 없는 것을 말하는 것이 아니다. 한가로우면 책을 읽을 수 있고, 명승지를 유람할 수 있고, 좋은 벗을 사귈 수 있고, 술을 마실 수 있고, 책을 지을 수 있으니, 천하의 즐거움이 이보다 큰 것이 무엇이겠는가?28)

장조가 여기서 말하는 '한가로움[閒]'이야말로 일상적 삶과 구별되는

---

25) 위의 책, 139면. "善讀書者, 無之而非書, 山水亦書也, 棋酒亦書也, 花月亦書也. 善遊山水者, 無之而非山水, 書史亦山水也, 詩酒亦山水也, 花月亦山水也."
26) 위의 책, 173면. "若無詩酒, 則山水爲具文, 若無佳麗, 則花月皆虛設."
27) 위의 책, 193면. "能閒世人之所忙者, 方能忙世人之所閒."
28) 위의 책, 95~96면. "人莫樂於閒, 非無所事事之謂也. 閒則能讀書, 閒則能遊名勝, 閒則能交益友, 閒則能飮酒, 閒則能著書. 天下之樂, 孰大於是?"

예술적으로 고양된 삶의 본질적 특성이라고 할 수 있다. 앞의 홍세태, 원굉도, 김창흡, 이하곤 등은 자신들의 산수 취향을 생래적인 성품에서 기인한 것으로 간주하거나 또는 고인(高人)과 운사(韻士)의 아취(雅趣)로 여겼다. 그러나 장조는 위에서와 같이 자신의 산수 취향을 일상적 삶과 구별되는 예술적으로 고양된 낭만적인 삶과 관련되는 것으로 분명하게 표명하고 있다. 장조의 산수 취향은 이 시기 '성시에서의 산수 취향'의 성격을 전형적으로 잘 보여주는바, 홍세태·원굉도·김창흡·이하곤 등의 산수 취향 또한 장조를 시금석으로 할 때 더욱 잘 이해될 수 있다고 본다.

6. 맺음말

성시에서의 산수 취향(趣向)은, 그 연원을 거슬러 올라가면 동진(東晉)의 사안(謝安, 320~385), 왕희지(王羲之, 307~365) 등에게서도 확인할 수 있겠지만, 이 글에서 특히 주목한 것은 중국의 경우 명말청초 이래, 우리나라의 경우 조선 후기 17세기 말 이래 집중적으로 출현하는바, 성시의 도시적 발전을 배경으로 등장한 새로운 조류(潮流)이다. 최근의 산수유기(山水遊記)를 비롯한 산수 시문(詩文)에 대한 학계의 점증하는 관심도 바로 이 새로운 조류와 주로 관련되는 것이라고 할 수 있다.[29]

29) 박희병, 「한국산수기 연구─장르적 특성을 중심으로」, 『고전문학연구』 8, 한국고전문학회, 1993; 호승희, 「조선 전기 유산록 연구」, 『한국한문학연구』 18, 한국한문학회, 1995; 이혜순·정하영·호승희·김경미, 『조선 중기의 유산기 문학』, 집문당, 1997; 高蓮姬, 「조선 후기 山水紀行文學과 紀遊圖의 비교연구─農淵그룹과 鄭敾을 중심으로」, 이화여대 박사논문, 2000; 정민, 「18세기 산수유기의 새로운 경향」, 『18세기연구』 4, 한국18세기학회, 2001; 노경희, 「17세기 전반기 관료문인의 산수유기 연구」, 서

이 새로운 조류의 성행 원인과 배경에 대해 최근의 연구들은,[30] 연구자들에 따라 논점의 맥락에 차이가 없는 것은 아니지만, 대체로 첫째, 산수유람(山水遊覽)의 유행, 둘째, 산수를 통해 성정(性情)의 도야(陶冶)를 추구하는 도학적(道學的) 산수관(山水觀)에서 산수 자체에 대한 심미적 완상(玩賞)을 추구하는 탐승(探勝)의 산수관으로의 산수관의 변모, 셋째, 원굉도(袁宏道)의 산수유기(山水遊記)를 비롯한 명말청초 산수 소품(小品)의 영향 등을 들고 있다.

이 중 첫째와 셋째는 다시 그 원인과 배경을 밝혀야 하는 현상적 진술이므로 제외한다면, 최근의 연구들이 이 새로운 조류의 성행 원인과 배경으로 특히 지목하는 사항은 바로 위의 둘째 항목이라고 하겠다. 이를 앞서 유협(劉勰)의 언명을 빌어서 다시 명제화(命題化)한다면, 가히 "도학(道學)이 퇴조를 고하고 산수가 성행하기 시작했다"라고 하는 것이 될 터이다.

그러나 과연 그런가? 만일 그렇다면, 앞서 동진(東晋)과 유송(劉宋) 연간의 산수미(山水美)의 발견과 이 새로운 조류의 그것은 어떻게 다른가? 도학파(道學派)의 산수 시문(詩文)이 앞서 동진과 유송 연간의 현언(玄言) 시문(詩文)과 마찬가지로 산수 자체에 대한 심미적 완상(玩賞)을 배제한

울대 석사논문, 2001; 심경호, 『한문산문의 내면풍경』, 소명출판, 2002; 金榮鎭, 「朝鮮後期의 明淸小品 수용과 小品文의 전개 양상」, 고려대 박사논문, 2003; 李鍾默, 「조선시대 와유문학 연구」, 『진단학보』 98, 진단학회, 2004; 송혁기, 「17세기 말~18세기 초 산문이론의 전개양상」, 고려대 박사논문, 2005; 安得鎔, 「17세기 후반~18세기 초반 山水遊記 硏究─農巖 金昌協과 三淵 金昌翕을 중심으로」, 고려대 석사논문, 2005; 朴英敏, 「18세기 청량산 유산기 연구」, 『漢字漢文硏究』 1, 고려대 한자한문연구소, 2005; 李鍾默, 「山水와 生態와 文學」, 『韓國漢文學硏究』 37, 한국한문학회, 2006; 安得鎔, 「農淵 山水遊記 硏究」, 『東洋漢文學硏究』 22, 동양한문학회, 2006; 安得鎔, 「16세기 후반 嶺南 文人의 山水遊記」, 『어문논집』, 민족어문학회, 2007; 안세현, 「柳夢寅의 「遊頭流山錄」 연구─지리산 遊記의 전통과 관련하여」, 『東洋漢文學硏究』 24, 동양한문학회, 2007 참조.
30) 특히, 高蓮姬(2000); 정민(2001); 노경희(2001); 金榮鎭(2003); 李鍾默(2004); 송혁기(2005); 安得鎔(2005, 2006); 朴英敏(2005) 참조.

채 산수경물의 형상적 표현을 단지 이취(理趣)를 천명(闡明)하기 위한 재료로만 이용하였던 것에 불과한 것이었던가? 산수 자체에 대한 심미적 완상을 배제한 채 산수경물의 형상적 표현을 단지 모종의 의의(意義)를 천명(闡明)하기 위한 재료로만 이용하는 것이 아니라면, 산수에서 모종의 의의를 찾는 것과 산수 자체에 대한 심미적 완상이 상호 모순되는 것은 아니다. 오히려 이 둘이 상호 결합될 때 산수 자체에 대한 심미적 완상(玩賞) 또한 그 내용과 성숙도를 고양시켜 갈 수 있다고 해야 할 것이다. 산수 자체에 대한 심미적 완상(玩賞)이 시대와 문화의 제약 아래 존재구속적(存在拘束的)인 인간의 관심과 무관한 즉자적(卽自的)인 산수미(山水美)의 완상을 의미한다면, 이러한 의미에서의 '산수 자체에 대한 심미적 완상'은 존재할 수 없는 것이다. 앞서 장조의 글을 분석하면서 살펴보았듯이, 산수 그 자체는 아무 것도 아니라고 할 수 있다. 중요한 것은 산수를 바라보는 그 심미정취인바, 이 심미정취는 대개 모종의 의의와 관련되기 십상이다. 이것은 장조뿐만 아니라 홍세태·원굉도·김창흡·이하곤 등의 경우 모두에게도 적용되는 사실이다. 사실 도학적(道學的) 산수관(山水觀)이 탐승(探勝)의 산수관을 배제하는 것은 아니며 그 역의 경우도 마찬가지다. 더욱이 홍세태·김창흡·이하곤 등은 도학(道學)을 부정한 인물들이 아니다. 따라서 "도학(道學)이 퇴조를 고하고 산수가 성행하기 시작했다"라고 하는 명제는 이 시기 산수 취향의 성격에 대한 적실한 지적이라고 하기 곤란하다. 이 명제가 나름의 적실성을 갖는다면 그것은 도학자의 '산림에서의 산수 취향'과 구별되는 새로운 산수 취향의 대두라는 그 현상에 대한 지적의 측면이다.

앞에서 살펴본 바와 같이, 이 새로운 산수 취향은 나름의 사회적 문화적 배경 아래에서 등장한 것인바, 그 두드러지는 특징은 '성시에서의 탈속적 산수 취향'이라고 할 수 있다. 성시 또는 성시 주변에서의 삶을 버리지 않으면서 동시에 탈속적 산수 취향을 추구하는 '성시에서의 탈속적 산수 취향'은 물론 이 시기 이전에도 다양하게 나타나고 있다. 그러나 성시에서 전원과 산수를 동경하거나, 전원과 산수의 아취를 성시에 구현하려고 하는 등 여러 가지 모습으로 나타나지만 그 기본적 성격에서 성시의 발전을 배경으로 '도시적 세련을 버리지 않으면서 탈속적 아취를 추구하는 경향'은 이 시기 등장한 지식인 문화의 새로운 경향이다. 이 지식인 문화의 새로운 경향은, 중국에서는 명말청초 이래 성시의 발전을 배경으로 등장한, 원굉도와 장조를 비롯한 일군의 인물들에게서 확인할 수 있고, 우리나라에서는 조선 후기 17세기 말 이래 서울을 중심으로 한 성시의 도시적 발전과 이 도시적 발전의 영향 아래에서 세련된 도시적 감각을 길러 온 서울과 경기 인근의 일단의 문인지식인들에게서 확인할 수 있다. 이 시기 산수 취향의 새로운 조류는 바로 이러한 사회적 문화적 배경 아래에서 이해되는 현상인 것이다.

이방운(李昉運), 〈산수인물(山水人物)〉 부분, 국립중앙박물관

고려 후기 게송을 통해 본 선(禪)과 일상

박재금*

1. 서론

본고는 '고려시대의 일상문화'라는 큰 주제하에서 불가(佛家)의 게송을 자료로 하여 고려시대 불가에서의 도(道)와 일상생활의 관계를 고찰해보고자 한다. 고려시대에 있어서 불교적 성격은 문화 전반적으로 깊은 영향을 끼친 바이다. 이러한 불교문화의 중심에 불승들의 집단인 불가(佛家)가 자리 잡고 있으므로 불가(佛家)의 일상생활면을 고찰해보는 일은 고려시대 문화를 파악하는 데 중요한 단서를 제공할 수 있을 것이다. 고려불교 중에서도 후기의 선종은 한국 불교의 맥락을 형성한 중요한 의의가 있으며, 현존하는 자료상으로 볼 때에도 고찰할 만한 여건이

---

* 청주대 학술연구교수.

갖추어져 있다고 하겠다.[1] 그러므로 본고에서는 고려 후기 선가(禪家)의 게송을 자료로 하여 선과(禪) 일상의 관계양상을 살펴보기로 한다.

　게송을 자료로 한 것은, 불가에서는 전통적으로 게송이 다양하게 불리워지고 또 창작되어 읊어졌다는 점에서 게송 자체를 불가의 일상문화의 하나로 간주할 수 있기 때문이다. 따라서 여기에는 불가에서의 실제적 생활상이 다분히 반영되어 있을 것이므로 게송을 통해서 그 생활의 면모를 고찰할 수 있으리라 기대된다. 그러나 불가문학으로서 게송의 성격상 근본적으로 불법(佛法)이 개입되어 있으므로 단순히 생활상만을 고찰하기보다는 불가의 도(道)와 일상생활과의 관련상을 조명해보는 것이 의미있는 일이라 생각된다. 불가의 생활은 불법(佛法)을 추구하는 것이므로 그 생활이 불법을 떠날 수 없기 때문인 것이다.

　게송은 불교의 전통적인 운문 양식으로서 그 기원은 불전에 있다. 게(偈)는 범어 가타(伽陀, Gatha)의 음역이며, 송(頌)은 그 의역이다. 가타는 찬송(讚頌)이라는 뜻이며 불전(佛典) 속에 운(韻)을 맞춘 시의 형태로 들어있는데, 불전이 중국에 와 한역되면서 한시의 형태를 지니게 되었다. 이로부터 불가에서는 게송 창작이 전통적으로 이루어지게 되었는데 게송은 불교의 법리를 서술한 시가를 말하는 것으로서 선가(禪家)의 시게(詩偈) · 송고(頌古) · 가송(歌頌) 등을 총칭한다.[2] 게송은 형식상 파격적인 것에서부터 자유로운 고시, 엄격한 근체시의 한시형식을 갖추고 있는 것이 있으며, 그 운에 화답하여 짓기도 한다.[3]

---

1) 고려 전기의 승려문집으로는 대각국사 의천의 『대각국사문집』이 유일하다. 이에 비해서 후기 선종 승려의 문집은 5인의 것이 전하고 있다.
2) 이종찬, 『한국의 선시-고려편』, 이우출판사, 1985, 31면.
3) 게송과 시의 구별은 그 경계선이 불분명하다. 게송은 법리를 내용으로 한 것으로서 그 형식은 일정하지 않다. 내용상으로도 법리를 직접 드러낸 것에서부터 내면화, 서정화되어 있는 것 등 다양하다. 이는 원래 불전 소재의 자유로운 형식인 게송이 한시와 결합되면서 문학적으로 발전해 나갔기 때문인 것으로 보인다. 본고에서는 게송을, 불가의 운문을 총칭하는 광의의 개념으로서 수용하기로 한다. 이와 같이 게송과 시의 모호한 경계는 중국 당나라 때의 은자 拾得의 시에서 잘 드러나 있다. "나의 시도 역시

게송은 우리나라의 경우, 고려 후기에 이르러 특히 선가에서 풍부하고도 활발하게 창작되었으며 시문학으로서 발전을 이루었다. 남아 있는 자료상으로 볼 때에도 게송은 특히 선종 승려들이 즐겨 지었던 것으로 파악된다. 고려시대의 선사 어록에는 선사들이 설법을 게송으로 하거나, 설법 도중에 간간이 게송을 읊는 일이 빈번하게 나타나 있다. 또한 깨달은 마음의 경계를 드러낼 때나 제자들에게 가르침을 베풀 때, 제자들의 법명과 법호를 지어줄 때, 근친이나 행각 등으로 송별할 때, 그리고 생활하는 가운데서의 느낀 바가 있을 때 등 게송을 읊음으로써 선가에서 게송 창작은 일상적으로 행해졌다. 선종의 특성인 현실주의로 인해 선가에서는 도의 일상성과 선의 일상성을 추구하였으며 이와 더불어 게송도 일상문화로서 더불어 존재한다. 이러한 일상문화로서의 게송은 지어 읊는 행위인 창작의 일상성에서부터 게송에 담는 법의 내용까지 일상생활적인 차원으로 나아간다. 이와 같이 게송은 선종의 특성을 지닌 문화로서 의의가 있으며 동시에 선종이 확립되고 융성했던 고려 후기 문화로서의 의의를 지닌다.[4] 더욱이 게송이 원래적 성격인 불교적 법리를 주로 하면서 한시로서의 발전된 형태까지 두루 갖춘 점은 고려시대 불교문학의 특성이라고 할 만하다.

본고에서는 불교의 법리를 담은 게송을 선가의 일상문화로서 간주하고, 선종의 도(道)와 일상생활을 중심으로 하여 사상과 관련하여 고찰함으로써 고려시대 불교, 나아가서는 고려시대 문화의 성격을 규명하는 데 일조가 되고자 한다. 자료는 고려 후기 선사들의 어록과 시집으로서 진각혜

시인데 / 어떤 이는 게라고 한다 / 시나 게나 모두 같은 것이니 / 읽을 때 모름지기 자세히 보라(我詩也是詩 有人喚作偈 詩偈總一般 讀時須子細)". 습득의 시는 『문연각 사고전서(集部四)』 1065-5에 수록되어 있다.

4) 불가의 게송은 조선시대에 와서도 전통적으로 창작되고 읊어졌으나, 고려시대와는 그 위상이나 내용 및 성격이 달라진 것으로 보인다. 조선시대의 선사들은 엄격한 정형시인 근체시의 양식, 즉 평측과 운을 갖춘 시로서 많이 지었으며 그 내용도 불교적 성격이 훨씬 약화되어 있다. 따라서 '偈'보다 '詩'라는 명칭을 사용한 경우가 많다.

심(眞覺慧諶, 1179~1234)의 『진각국사어록』과 『무의자시집』, 원감충지(圓鑑冲止, 1226~1292)의 『원감국사가송』, 태고보우(太古普愚, 1303~1382)의 『태고화상어록』, 나옹혜근(懶翁惠勤, 1320~1376)의 『나옹화상어록』, 백운경한(白雲景閑, 1298~1374)의 『백운화상어록』이다.5)

2. 일상의 공간과 사물의 의미

삶의 공간은 삶의 방식과 정신을 형성하는 중요한 조건이 된다. 선종 사찰의 위치는 선수행을 하기에 적합한 산수자연 속에 위치해 있어서 자연경계가 바로 그들의 일상적 생활공간이 되고 있다. 생활공간으로서의 자연은 선수행과 결합되어 그 의의가 심화되어 나타난다. 충지의 「지원 9년 임신 3월에 처음 정혜사에 들어가서 게송을 지어 스님들에게 보임[至元九年壬申三月 初入定慧 作偈示同梵]」에는 그들의 생활공간인 자연경계가 도를 현현하는 곳으로 승화되어 있다.

> 鷄足峰前古道場　　계족봉 앞 옛 도량
> 今來山翠別生光　　이제사 오니 푸른 산빛이 유달리 빛나네.
> 廣長自有淸溪舌　　맑은 시내 장광설이 절로 여기 있거니
> 何必喃喃更擧揚　　무엇하려 수다스레 또 거량할건가?

위 게송은 충지가 정혜사(定慧社)6)의 주지로 임명되어 처음 들어와서

---

5) 이상 5인의 어록과 시집의 원문은 『한국불교전서』 제6책(동국대 불전간행위원회, 1984년)에 수록되어 있다. 『한국불교전서』는 이하 『한불전』으로 약칭한다.
6) 定慧社는, 전남 승주군 소재의 鷄足山에 위치한 定慧寺로서 송광사와 가깝다. 충지는 감로사 주지로 3년을 지낸 후 이곳으로 와서 퇴락한 사찰을 부흥시켰다. 충지가 쓴

스님들에게 읊어 보인 것인데, 새로이 머물게 된 인사를 게송으로 표현한 것이다. 여기에는 사찰의 위치와 첫인상이 나타나 있으며, 선사의 부임인사답게 법을 들어보였다. 이 게송 3~4구는 법을 들어보인 것으로서 흐르는 시냇물 소리가 바로 부처님의 설법이라는 것이다. 장광설은 부처님의 설법을 가리키는 말로서, 사찰이 위치한 자연경계의 청각적 현상을 진여의 소리로 인식하고 있음이 드러나 있다. 그 옛날 석가세존의 설법이 시공을 뛰어넘어 지금 여기의 시냇물 소리로 엄연히 존재하고 있는 것이다. 그러므로 '지금 여기', 자신이 머물고 있는 현장이 바로 진리가 발현되는 공간으로 수용되고 있으며, 시냇물 소리가 법을 설하고 있는데 무슨 말이 또 필요한 가 반문하고 있는 것이다. 거량(擧揚)[7]은 선법을 드러내는 것을 말하는데, 고칙 공안을 받들어 대중에게 법을 설하거나 스승이 제자를 시험하기 위해 문답하는 등으로서 깨달음의 기연이 되기도 한다. 위 게송에서는 '시냇물 소리가 부처님 설법'이라 하여 청각적으로 수용하고 있는데 태고보우의 게송에서는 시각적으로 수용하고 있다. 문인(門人) 유창(維昌)이 찬한 보우의 행장에 의하면, 조주의 무자화두를 참구하다 문득 깨달음을 이루어 오도송을 읊은 뒤 이어 읊은 게송에서 "저 흐르는 물결 위에 조주의 면목이 드러나네[却流波波上 趙州眉目露]" 하였다. 이는 물결을 매개로 하여 조주선사와의 합일된 정신경계를 성취했음을 나타내고 있다. 조주의 무자화두를 타파하고 나서, 눈앞에 흐르는 물결에서 조주의 본래면목을 보았다고 한 것은 조주가 깨달은 바와 동일한 경지에 이르렀음을 의미한다. 즉, 조주의 본래면목이 바로 나의 본래면목이며 우주자연의 본래면목이기 때문이다.

사찰의 주변공간에는 대나무 숲이 있기 마련이다. 대나무는 문인들

「慧炤國師祭文」(『한불전』 6-396)에 의하면, 계족산 정혜사는 혜소국사가 창건하였다고 하였다. 혹 정혜사를 보조국사가 定慧結社를 했던 수선사, 즉 조계산 송광사로 간주하는 것은 오류이다.

7) '擧揚'은 선가에서 거량으로 발음한다. 擧示, 擧唱과 같다.

이나 승려들 모두가 애호하는 문학적 소재이며 유가적 의미로는 이상적 인격인 군자를 의미한다. 선사들의 경우 대부분 대나무의 속이 텅비어 있는 성질을 들어서 공(空)을 말하거나 서정적 관점에서 아름다움을 읊고 있다. 그런데 나옹 혜근의 「죽순(竹筍)」은 대나무 밭에 죽순이 돋은 광경을 읊으면서 영축산의 공간과 동일화시키고 있다.

天氣炎炎中夏節	하늘기운 뜨거운 한여름철에
竹芽初聳自離塵	죽순은 처음 돋으면서부터 절로 티끌을 벗어났다.
龍腰脫甲都藏了	용의 허리는 갑옷 벗어 감추기 끝났고
鳳觜披毛惣現身	봉의 부리는 털 헤치고 제몸 그대로 드러낸다.
雨葉靑靑談妙理	푸른 잎에 빗소리는 묘한 이치 말하고
風枝綠綠說深眞	파릇한 가지에 이는 바람소리는 깊은 진리 연설한다.
因玆忽憶靈山事	인하여 문득 영산의 일을 기억하나니
百草頭邊新又新	잎새마다 풀잎마다 새롭고 또 새로워라.

사찰 주변에 우거진 대나무 숲에 죽순이 올라왔다. 1연은 한여름 무더위 속에 돋아오른 죽순의 깨끗한 모습이며 2연은 죽순의 형상을 묘사하였는데, 죽순 마디에서 갑옷같이 두꺼운 껍질이 한마디씩 벗겨지며 자라나는 모습을 묘사함에 있어 용(龍)과 봉(鳳)에 비유하여 범상함을 벗어났음을 나타내었다. 3연은 대나무밭에 내리는 비와 부는 바람이 바로 설법임을 말했으며 4연은 이 죽순이 매개가 되어 과거 석존이 설법했던 영축산과 동일한 공간으로 화하면서 죽순은 찬탄의 대상이 되어 새롭게 인식되고 있다. 이 게송에서 식물인 죽순을 비범함의 상징인 용과 봉에 비유한 데서 그 뛰어난 기상을 찬탄함이 드러나 있다.

대나무의 싹인 죽순은 식용으로 승려에게 친숙한 사물이다. 사찰음식의 주요한 재료로서 죽순나물·죽순볶음·죽순전·죽순김치·죽순장아찌 등이 있다.[8] 대나무는 실용적 사물을 만드는 재료가 되며 동시

---

8) 승려들의 시문에 대한 비평에서 '蔬筍氣味'라는 말이 있다. 이는 '채소와 죽순의 맛'

에 그 풍취를 즐기는 멋도 있다. 위 게송에서 대나무 잎에 내리는 빗소리, 가지에 부는 바람소리 그 모두가 묘한 이치요 심오한 진리의 설법이 되고 있다. '영산의 일(靈山事)'은 바로 『법화경』에 수록된 바, 영축산에서 석존이 법륜을 펼친 것을 말한다. 대나무에 내리는 빗소리와 바람소리를 통해서 당시 세존이 설했던 가르침을 듣고 있는 것이다. 지금 이곳의 대나무밭이 바로 영축산이 되고 있으며 빗소리 바람소리는 부처님의 설법과 동일화되고 잇는 것이다.

승려들의 일상적 사물을 제재로 한 게송에는 혜심의 것으로서 주장자, 지팡이, 방망이(槌) 등이 있는데, 혜심의 「종둔상인이 반자추를 만들어 송을 구하기에[宗鈍上人造飯子槌求頌]」는 선원에서의 공양 풍경을 담고 있다.

朝朝飯熟粥成時　　날마다 밥이 익고 죽이 끓었을 때
動地驚天下一槌　　경천동지하는 방망이 한 소리
萬聖千靈隨手□9)　　만성과 천령이 손가는 대로(떠먹으니)
飽駒駒地永忘飢　　숨 가쁘도록 배불러 길이 배고픔 잊네

반자추는 공양 때에 치는 나무로 만든 망치를 말하는데, 공양 때를 알리며 추를 치는 소리에 따라 공양의 시식 절차가 진행된다. 공양은 선원의 법도에 따라 지극히 정숙하고 경건히 하는데10) 이 송에서는 과장하여 희화적으로 그려내었다. 방망이 소리가 땅을 진동시키고 하늘을 놀라게 하며, 그에 따라 숨가쁘도록 배불리 먹는다고 한 것은 방망이의 기능을 확대시킨 과장이다. 승려들의 시식을 만성과 천령이 함께 배부

이라는 뜻인데 시인들이 불가 승려들의 시에 대한 평어로서 시인들의 시와는 다른 담백한 맛과 기운을 가리킨 것으로서 승려시의 무미건조함을 폄하하는 의미를 내포하기도 한다.

9) 원문 1자 결락.
10) 『고려판 선원청규 역주』(가산불교문화연구원 출판부, 2001), 선원청규 제1, 96~113면 '赴粥飯'에는 아침과 점심의 죽반에 임하는 법이 수록되어 있다.

르게 먹는 것으로 그렸는데 이는 살아 있는 자와 죽은 자를 아울러 말한 것이다. 법리를 담고 있지 않고 이렇게 희화적인 게송은 흔하지 않다. 이는 선가의 게송이 일상화되면서 그 범주가 넓어지고 그 성격이 다양해지고 있음을 의미하고 있다.

일상적 사물 중에서 부채는 그 기능의 의미가 심화되어 상징물이 되고 있다. 혜심의 비문(碑文)에 의하면 지눌이 억보산에 머물고 있을 때, 혜심이 스승 지눌을 찾아뵙고 예를 올리자 이에 대한 응답으로 지눌이 부채를 주었다. 이때 혜심이 지어올린 게송이 있다.

"전에는 스승의 손에 있더니 / 이제는 제자의 손에 들어왔네 / 만약 뜨거운 번뇌가 괴롭히거던 / 맑은 바람 일으켜도 좋으리[昔在師翁手裏 今來弟子掌中 若遇熱忙狂走 不妨打起淸風]"[11] 6언으로 된 이 게송은 바로 그 자리에서 부채를 통해 스승과의 이심전심의 경지를 드러내었다. 여기서 부채는 번뇌망상을 쫓는 기능으로서 전법의 상징물이 되고 있으며, 혜심은 스승의 무언의 행위에 대해 즉각적으로 반응함으로써 스승과 제자간의 마음의 상통성을 보여주었다. 이는 석존과 가섭이 연꽃을 매개로 하여 서로 통했던 정신 경계의 차원으로 나아갔음을 의미한다.

둥근 부채[團扇]는 당시의 시인들에게 시적 제재가 되기도 하였고[12] 선가에서도 애용된 물건으로 선물로 주어지기도 하였다. 백운경한이 신광사의 총장로가 보내준 부채를 받고 사례의 의미로 지은 게송이 있다.

團扇落吾手　둥그런 부채가 내손에 들어오니
淸風分外吹　맑은 바람이 분외에서 불어오네
煩蒸熱惱滅　찌는 듯한 뜨거운 번뇌는 사라지고
坐我洞庭秋　가을날 동정호에 나를 앉히네

---

11) 「진각국사비명」, 『동문선』권118.
12) 『보한집』에는 진화를 비롯한 고려조의 시인들이 부채를 시제로 한 시회가 실려있다.

團團扇月輪	둥글둥글 부채 달
是箇明心月	이것은 바로 밝은 마음달
獨露萬相中	온갖 것들 가운데서 홀로 드러나
圓明常皎潔	두렷이 밝고 항상 깨끗하여라

위 게송의 제재가 된 부채는 아주 정교하게 잘 만든 것으로 크지도 작지도 않고 빛깔은 까만데 아롱지다고 하였다. 이런 훌륭한 물건을 얻은 것은 분수 밖[分外]이라 남에게 빼앗길까 하여 깊이 감추어 두고 감격하여 송을 지었다고 하였으며13) 이어서 법리를 설하고 있다.

위 제1수는 부채의 맑은 바람이 번뇌의 열기를 물리쳐 시원하게 해 준다는 내용으로서, 부채에서 일어나는 바람을 맑은 바람[淸風]이라 하여 번뇌를 사라지게 하는 것으로 의미를 부여하였다. 제2수는 둥근 부채를 마음달[心月]이라 하여 밝고 깨끗한 마음의 본체를 비유하였다. 위 게송은 부채에서 마음달로 사물을 상징화시켰는데 일상적 사물을 통해서 마음의 본체를 투영하고 있는 것이다. 부채는 아난(阿難)과 나운(羅云)이 부채를 손에 잡고 석존을 시중하였다는 『아함경』의 기사가 있어서 인도 이래로 쓰인 것으로 추정되고 있다.

주장자는 승려들의 필수품으로서 항상 지니고 있는 점에서 승려를 환유하는 사물이 되고 있다. 길을 다닐 때에 사용하며, 또한 상당설법할 때에 법을 설하는 도구로서 가장 효과적으로 기능하기도 한다. 혜심의 「어떤 사람이 주장자를 주어서 감사하다[謝人惠柱杖]」은 이 주장자를 통해서 법을 들어보이고 있다.

輪囷鹿縮狀如龍	꼬불꼬불 울툭불툭 마디진 그 모습 용과 같고
入手令人氣轉雄	손에 들면 사람의 기운을 더욱 용맹스럽게 하네
吞吐乾坤無不可	하늘과 땅을 삼키고 토해냄을 마음대로 하여
忽然雷雨忽晴空	홀연 천둥치고 비오다가 홀연 개이게 하네

---

13) 『백운화상어록』 하권 「答神光聰長老扇子書」,(『한불전』 6-664).

위에서 주장자는 용과 같이 꼬불꼬불하게 구부러진 모습을 하고 있는데, 하늘과 땅을 마음대로 삼키고 토해내며, 천둥치고 비오게 하다가도 하늘을 개게 하는 무소불위의 위력을 가진 것으로 그려지고 있다. 이는 주장자를 매개로 하여 그 어떤 것을 말하고 있는 것이며, 그것은 선의 중심주제인 근원적 성품을 가리키고 있다. 주장자를 선물 받고 답례로서 그 선물을 통해서 본래성품을 가리켜 보인 것이다. 이와 같이 일상적 소품에다 그들의 일관된 주제를 담아서 거론하는 것은 선사들의 관습적 표현방식이다. 그들의 생활 속 모든 것이 그들이 추구하는 본래적 성품과 관계지워지고 있으며, 그 하나에 모든 것이 집약되고 있는 것이다.

주장자는 또한 전법의 상징물로서 의미를 지닌다. 태고가 법을 받은 원나라의 석옥청공(石屋淸珙)이 태고에게 가사와 주장자를 줌으로써 전법을 공식화하였는데 "불법이 동방으로 가는구나" 하고 찬탄한 후 가사를 주며 "이 가사는 오늘의 것이지만 법은 영축산에서 흘러나와 지금에 이른 것이오 지금 그것을 그대에게 전하는 것이니 그대는 잘 보호하여 끊어지지 않도록 하시오" 하고 하였고 주장자를 주면서 "이것은 노승이 평생 사용했으나 다하지 못했소 오늘 그대에게 주노니 그대는 이것을 가지고 길잡이로 삼으시오" 하였다.[14]

위에서와 같이 선사들이 게송을 통해 법리를 들어 보이는 데 있어서 일상적 삶의 공간과 상용의 사물을 제재로 하였다. 여기서 산수자연은 애써 찾아간 곳이 아니라 그들의 생활공간으로서 '지금 여기'의 현장성을 추구하는 선적 인식을 바탕으로 하고 있는 점에 그 의의가 있다. 일상적 사물 또한 그때그때의 상황에 의해 매개물로서 상징적으로 작용하고 있다. 이러한 점은 법리를 실제적 생활 속에서 포착하며 발견함으

---

14) 「行狀」. "屋微笑云 佛法東矣 遂以袈裟表信曰 衣雖今日 法自靈山 流傳至今 今附於汝 汝善護持 毋令斷絶 拈柱杖囑云 是老僧平生用不盡的 今日附你 你將這箇 善爲途路."

로써 생활과의 일치를 추구한 것이다. 따라서 불교적 법리는 더 이상 추상적인 것이 아니라 구체적인 것으로 항상 눈앞에 현전(現前)하게 되는 것이다.

3. 일상생활과 수행의 합일

일상생활은 의식주가 중심이 되며 이는 반복적 행위로서 범상한 일이다. 출가수행은 이러한 무의미한 일상적 삶으로부터 탈출 내지 초월함으로써 일상 너머에 있을 의미있는 삶을 추구하기 위해서였을 것이다. 수행자는 일상을 넘어서는 의의있는 삶을 지향하며 따라서 길없는 길을 걷기를 선택한 자들이다. 그러나 이러한 일상적 생활과 선수행의 관계 양상은 역설적인 것으로서 선불교의 특성을 나타내준다. 충지의 「우연히 써서 선자에게 묻다[偶書問諸禪者]」는 지극히 일상적 생활을 들어서 본분의 소식을 전하고 있다.

朝來共喫粥	아침이면 함께 죽을 먹고
粥了洗鉢盂	죽 먹고나면 발우를 씻네
且問諸禪客	여러 선객들에게 묻노니
還曾會也無	과연 이 도리를 알고 있는가?

위 게송의 1,2구는 선원의 지극히 일상적 일로서, 선원에서 아침에 죽을 먹는 관습이 있음을 알 수 있다. 이 관습은 지금까지 그대로 전해와서 여전히 아침에 죽을 먹는 사찰이 많다. 죽에는 10가지의 이로움이 있다고 한다. 그것은 색(色) · 력(力) · 수(壽) · 락(樂) · 사(辭) · 청변(淸弁) · 숙

식제(宿食除) · 풍제(風除) · 기소(飢消) · 갈소(渴消)이다. 그리고 행하는 이를 요익(饒益)케 하며 과보생천(果報生天)하며 구경상락(究竟常樂)이라 했고, 또한 대량약(大良藥)이니 기갈을 덜어 없애며 시수청량을 얻으며 함께 무상도(無上道)를 이룬다고 했다.15) 죽을 먹고 나서 발우를 씻는 것은 매일 되풀이되는 일상사 중의 일상사로서 무심한 가운데 행할 뿐이다. 이러한 지극히 무심한 일상사 속에 존재하는 도리 즉, 도(道)를 가리켜 물은 것이다. 선수행을 하고 있는 선자(禪者)들에게 던진 이 질문은 일상 생활을 하는 곳에 더불어 선(禪)이 있음을 말한 것으로 선수행은 일상사와 분리되지 않음을 나타내고 있다.

일상사 중에서도 노동에 의미를 두게 된 점은 선불교의 특성으로서 선(禪)이 생활 속으로 더한층 밀접해진 것을 의미한다. 충지가 백운암의 검선객에게 차운하여 답한 게송16) 4수 중 제2수를 들어본다.

呼吸雲烟呈技倆　　구름과 연기를 호흡하면서 그 기량을 드러내고
運搬柴水逞神通　　나무와 물을 운반하면서 신통을 나타내네
象王蹴踏非驢事　　상왕이 차고 밟는 것 나귀해의 일이 아니거니
除子誰能繼祖風　　그대 말고 그 누가 조사의 가풍을 이어받겠는가?

위 게송의 제목과 내용으로 보아 검선객은 백운암에서 직접 노동에 종사하면서 수행하고 있는 것으로 보인다. 1~2구는 검선객의 수행상을 말한 것이며, 3~4구는 검선객의 수행을 칭송하고 격려하는 뜻으로서 그가 정진하여 깨달음을 이룰 것을 기대하는 의미이다. 상왕(象王)은 최상승의 근기를 말하며 나귀해의 일은 불가능함을 의미한다. 즉 검선객이

---

15) 자각종색, 『고려판 선원청규』, 가산불교문화연구소, 1983, 103면.
16) 원제는 다음과 같다. 「백운암의 검선객이 게송 세 수를 보내어, 요즈음 고요한 가운데서 얻은 바를 대강 보였기에, 그것을 읽고 못내 가상하여서 그 운을 따라 답하다[白雲菴儉禪客 寄示伽陀三首 略露近日靜中所得 讀之不勝嘉歎 次韻答之]」(『한불전』6-377).

격외(格外)의 도리를 깨우칠 수 있을 것이라는 뜻으로서, 이는 검선객의 근기를 높혀 말한 것이다. 위 2구의 "나무와 물을 운반하면서 신통을 나타내네"는 당나라의 방온(龐蘊)거사(740~808)의 게송을 인용한 것이다.

마조(馬祖)선사(709~788)의 문인인 방거사는, 출가하지 않고도 깨달음을 성취하여 선(禪)의 대가들과 어깨를 나란히 하는 사람이다. 석두 희천이 날마다 하는 일에 대해 묻자, "날마다 하는 일 따로 없고 / 오직 나하고 저절로 만나질 뿐 / 어떤 일도 취하고 버림이 없고 / 어디에 있어도 어긋남이 없구나 / 붉은 빛 자주빛을 뉘라서 이름지었나 / 언덕에도 산에도 한점 티끌이 없다 / 신통과 묘한 작용이라는 것 / 물 긷고 나무하는 일 뿐입니다[日用事無別 唯吾自偶諧 頭頭非取捨 處處沒張乖 朱紫誰爲號 丘山絶點埃 神通幷妙用 運水與搬柴]."[17]

재가자(在家者)인 방거사의 이 게송은 선가에서 애송되는 바로서 경한도 이를 인용하며 도(道)가 생활 중에 함께 있는 것임을 역설한 바 있다.[18] 신통과 묘용이 별달리 따로 있는 것이 아니요, 물 긷고 나무하는 일상사 그 자체가 신통이요 묘용이라 한 것이다. 이는 범부의 평범한 일상적 노동을 통해서 도를 드러낸 것이다. 여기에는 출가자와 재가자의 구별도 없어지며, 수행은 의식주 생활 밖에 따로이 존재하는 것이 아닌 것으로 일상화되고 있다.

선원(禪院)에서의 생활을 위한 노동으로는 대중 운력(運力)[19]이 있다.

---

17) 전설에 의하면 방온거사는 원래 부자였는데 집안에 있던 수만의 진귀한 보배를 모두 배에 싣고 나가 상강에 집어던져 버리고 전가족을 데리고 고행하며 수도했다고 한다. 하루는 방거사가 석두 희천에게 물어보았다. "만법과 더불어 반려가 되지 않는 사람은 어떤 사람입니까?" 석두가 급히 손으로 그의 입을 막아버렸다. "그대가 나를 만난 후로 날마다 하는 일이 무엇인가?" "무엇을 하느냐고 물으시면 도리어 입을 열 곳이 없습니다." 그리고는 이 게송을 읊었다. 『전등록』 권8.

18) 『백운화상어록』 하권 「因筆不覺葛藤如許示神光寺和尙」,(『한불전』 6-668). "日用事無別 唯吾能自諧 頭頭勿張乖 處處勿張乖 朱紫誰爲號 丘山絶點埃 神通幷妙用 運水及般柴."

운력은 공동노동으로서 대중 모두가 지위고하를 막론하고 참여하는 작업이다. 충지의 「대중을 거느리고 고사리를 캐고 돌아와서 스님들에게 보임[率衆採蕨廻示同梵]」은 이러한 선원의 운력이 또한 수행의 연장임을 말하고 있다.

提籃曉出碧崔嵬	바구니 끼고 새벽에 나오니 푸른 산 높았는데
林下閑挑野莱來	숲속에서 한가히 들나물 캐다 왔네
欲識箇中無限意	그 가운데 있는 무한한 뜻 알고 싶은가?
白雲時與暮禽廻	때마침 흰구름이 저녁 새와 함께 돌아오나니

위 게송은 대중을 거느리고 새벽에 숲속으로 나가서 고사리를 캐는 운력과 이러한 노동의 의미를 드러내 보인 것이다. 3구의 '그 가운데 있는 무한한 뜻'은 그 다음의 4구에서 대답해주고 있으니, 흰구름이 저녁 새와 함께 돌아오는 것이다. 흰구름이 청산으로 돌아오고 저녁에 잘새가 숲속으로 돌아오는 풍경은 지극히 자연스러우며 특별한 장관이 아니다. 그러나 도리어 그것이 바로 무한한 뜻이며 곧 소식인 것이니 용(用)은 체(體)를 여의지 않고, 체(體)는 용(用)을 여의지 않는 것이다. 선적 상징으로 보면 흰구름과 저녁 새는 용(用)이며, 청산은 체(體)이다. 위 게송은 고사리를 캐는 것과 같은 일용의 노동 가운데서 자연의 묘리를 깨닫는 것이며 이는 일상 속에 늘 존재하고 있는 선적 의미를 가리켜 보인 것이다.

운력은 선원의 생활규범을 제정해 놓은 『선원청규』에서 보청(普請)과 같은 것으로서 이는 선종에서 대중을 두루 청하여 작무노역에 종사시킨다는 의미이며 이는 중국의 백장회해(百丈懷海, 720~814)선사에 의하여 정해진 것으로서 이후 선가생활의 규범이 되어오고 있다. 혜근의 「차잎을 따며[摘茶]」는 이러한 선종적 생활전통인 운력을 하는 현장을 통해서 도를 밝히고 있다.

茶樹無人撼得過	차나무를 흔들며 지나가는 사람도 없이
枉來同衆摘山茶	내려온 대중들 산차를 딴다
雖然不動纖毫草	비록 터럭만한 풀도 움직이지 않으나
體用堂堂更不差	본체와 작용이 당당하여 어긋남 없구나

위 게송은 차나무의 잎을 따는 대중운력을 하는 가운데 차나무를 통해 체용불이(體用不二)의 묘리를 설한 것이다. 차는 불가의 상용식품으로서 선가에서 직접 재배하여 자급자족하기도 하겠지만 위 게송에서는 야생차를 따고 있다. 야생차는 산에서 저절로 난 차나무로서 차잎을 따는 시기는 봄철이며 가을에 꽃이 피는데 이때 꽃과 열매가 함께 있어서 이를 실화상봉(實花相逢)이라 한다. 위 게송은 위산영우(爲山靈祐, 771~853)와 앙산혜적(仰山慧寂, 814~890)의 선화(禪話)[20]를 인용하여 체용불이(體用不二)를 말하고 있는데, 여기서 차나무는 진리 자체를 상징한다. 차나무를 흔들지 않아도, 그리고 터럭만한 풀조차 움직이지 않아도 본체와 작용은 당당하다고 하였는데 이 말은 곧, 체(體)가 용(用)이요 용(用)이 체(體)임을 의미한다. 그러므로 혜적 같이 굳이 차나무를 흔들어서 용(用)을 나타낼 것도 없다고 말한 것이다. 이 게송으로 보아 찻잎을 따는 노동 또한 수행의 현장이 되고 있으며, 체용불이(體用不二)의 묘리를 작업 현장에서 체득하고 있는 것이다.

---

20) 위산 영우는 산을 개간하고 밭을 갈면서 선종의 종지를 널리 알렸다. 바람이 온화하고 햇볕이 따뜻한 어느 봄날 영우가 제자들과 함께 산위에서 차잎을 따고 있었다. 영우가 혜적에게 말을 걸었다. "온종일 네 목소리는 들리는데 네 몸은 보이지 않는구나" 하니 혜적이 차나무를 흔들어서 대답을 대신하였다. "너는 단지 그 쓰임만 얻었지 그 체를 얻지 못하였구나." "그렇다면 스님께서는 또 어떻게 하시겠습니까?" 위산이 오랫동안 말을 하지 않자 혜적이 말했다. "스님께서는 체를 얻었을 뿐이지 그 쓰임은 얻지 못하셨습니다." "난 네게 20방을 때려야겠다." 『전등록』 권9. 앞의 이야기에서 혜적이 차나무를 흔든 것은 자성의 쓰임[用]을 나타낸 것이며, 위산이 말을 하지 않은 것은 고요한 본체를 나타낸 것이다. 혜적이 위산을 대신하여 말한 것은 이 자성을 깬 것이다. 자성은 말로 할 수 없으므로 위산이 20방을 때린다고 한 것이다.

차는 불가에서 필수품으로서 모든 의례와 일상생활에 있어서 상용되고 있다. 불전에 차를 올리며, 승려들이 차를 마시며 문답을 나누고 게송을 읊으며 만남에 있어서 반드시 차를 대접하는 등 불가의 생활에서 빼놓을 수 없는 요소이다. 이는 『선원청규』에 '차마시는 자리에 임하는 법(赴茶湯)'과 여러 가지 다례의식에 대한 규범이 기록되어 있는 것으로 보아 그 중요성을 알 수 있다. 승려들에게 차와 향은 선물로서 주로 주어지는데 이는 고려 전기의 『대각국사문집』[21]을 비롯해서 모든 선사들의 어록에 보인다. 보우가 상당 법문 중에 읊은 아래의 게송은 선가의 수행과 차향기의 정취가 어우러지면서 청정하면서도 은은한 선가의 분위기를 조성하고 있다.

凜凜寒生骨　으슬으슬 추위는 뼛속 깊이 시리고
蕭蕭雪打窓　부슬부슬 눈발은 창문을 두드리는데
地爐深夜火　깊은 밤 질화로 불에
茶熟透缾香[22]　달이는 차 향기가 차관에서 새어나온다

위 게송은 눈 내리는 한겨울의 깊은 밤 산사의 정경을 그리고 있는데, 뼛속 깊이 파고드는 추위 속에 오뚝이 앉은 선사(禪師)의 모습과 그 옆에 놓인 다구들, 그리고 차관에서 새어나와 방안에 퍼지는 은은한 차향기가 그림같이 눈에 잡힌다. 차향기는 청정한 수행자의 품격을 암시하는 것으로서 차갑고 맑은 선정의 고요함과 어울려 그 향기의 퍼짐이 더욱 감각적으로 살아나고 있다. 이것이 바로 다선일치(茶禪一致)의 경지인 것이다. 이 게송은 설법 중 읊은 것으로서 문면에 드러난 바 서정적

---

21) 『대각국사문집』 제19권 「스님에게 차를 준 사람에게 화답함[和人以茶贈僧]」, "북쪽 동산에서 새로 볶은 차를/ 동쪽 숲에 사는 스님께 보낸다/ 한가로이 차달일 날 미리 알고/ 찬 얼음 깨고 샘줄기를 찾는다[北苑移新焙 東林贈送僧 預知閑煮日 泉脈冷鼓氷]."(『한불전』 4-563)
22) 『태고화상어록』 상권, 상당법문(『한불전』 6-673).

풍경은 선사의 내면풍경을 드러낸 것이다. 한겨울 눈 내리는 밤의 추위와 차향기는 선사의 차고 맑으며 한가한 심경의 묘사이므로 더욱 풍요롭다. 위 게송에서 알 수 있듯이 선가(禪家)에서 차는 기호품 이상의 의미를 지니고 일체화되어 있으며 고려 불교가 길들인 생활문화로서 특히 선승들이 즐겨 마셨다.

선원에서는 각자 직분이 있고 그에 따른 소임이 있는데 이는 선원의 청규(淸規)로서 제정되어 있다. 맡은 바 일과 선수행의 일치를 추구한 것은 지극히 실용주의 정신의 산물이다. 절의 채마밭을 관리하는 원두에게 원두의 일을 통해서 수행할 것을 제시한 게송이 있다. 혜심의 「검원두가 송을 구하여[儉園頭求頌]」에서

> 聞古禪和擊土塊　　듣건대 옛 선자는 흙덩이 부딪치는 소리에
> 忽然打破三千界　　문득 삼천세계를 타파하였다 하네
> 钁頭分付汝提持　　괭이를 주노니 그대 잘 가지면
> 受用從君得自在　　받아서 사용함에 자재함을 얻을 것이네.

원두는 채마밭의 재배 경장을 맡아서 하며 행자와 공인을 지휘하여 사철을 통하여 소채의 생산에 종사한다. 『선원청규』에 의하면 원두의 소임은 "땅에 거름 주고 이랑을 쌓으며, 씨 뿌리고 싹을 틔우며 물주고 김매며 모두 모름지기 때맞추어 하라"[23]고 하였다. 이 일은 가장 힘들어서 도심(道心)이 없는 자는 할 수 없다고 한다.[24] 사찰에서 채마밭을 가꾸는 일은 중요한 식생활의 자급이며 채식 위주의 사찰음식에 주된 재료가 되고 있다. 괭이는 원두에게 화두로서 제시되고 있으며, 괭이를 통한 육체적 일로써 깨달음의 길로 나아가라는 의미를 담고 있다. 1~2구는 옛 선사의 오도의 계기를 들어보인 것으로서 '삼천세계를 타파하

---

23) 『고려판 선원청규 역주』, 194~195면.
24) 위의 책, 195면에서 재인용. 『永平知事淸規』. "園頭一職 最難極苦矣 有道心者勤來職也 無道心人不可充之職 常在菜園 隨時種栽矣."

다'는 돈오의 표현이다. 3~4구는 일상적 생활 속의 수행방식을 제시한 것이다. 여기서 괭이는 원두의 직분을 행하는 실제적 도구로서의 의미와 함께 심전(心田)를 일구는 수행의 상징적 의미가 부여되고 있다. 이러한 이중적 의미는 일상사와 수행을 합치시킨 것으로서 선수행이 좌선만이 아니라 일상생활의 노동 속에 존재하고 있음을 의미한다.

충지의 「새 붓을 시험해보기 위해 되는 대로 게송을 써서 시자에게 주다[試新筆·次信手書一偈贈侍者]」는 시자는 시자로서의 할 일을 다해야 할 것을 말한 것으로 선원에서의 직분에 따른 소임을 실행하는 것이 수행임을 일러주고 있다.

擎茶日遣滋吾渴　　날마다 차를 들고 와 내 갈증을 축이고
過飯時敎療我飢　　공양 때마다 밥을 주어 배고픔을 덜어주네
若謂山僧無指示　　만일 내게서 아무 지시 없었다고 말한다면
知君辜負老婆滋　　나는 알지, 그대가 자비심 저버렸음을

시자의 직분은 스승의 곁에서 일상사를 챙겨주는 일이다. 위 1,2구에서 차 마시고 밥 먹는 일을 들었는데 이는 가장 육체적이며 물질적 차원에서 시자의 직분을 말한 것이다. 3~4구는 바로 이러한 시자로서의 일을 행하는 것이 바로 공부이며 가르침을 받는 것임을 가리키고 있다. 위 게송의 내용은 『전등록』에 수록된 용담숭신(龍潭崇信)과 천황도오(天皇道悟)의 이야기[25]를 용사(用事)한 것이다. 이 게송을 지은 동기 또한 제

---

25) 龍潭崇信(?~808)은 소년시절에 떡을 팔았는데 그때 天皇道悟(748~807)가 천황사에 있었다. 숭신이 항상 떡 10개를 도오에게 공양했는데 도오는 매번 한 개를 남겨 놓았다가 그에게 주면서 "네 자손이 창성하기를 축원하노라" 하였다. 이에 숭신이 의문을 일으켜 도오에게 물으니 "떡은 네가 보내준 것이니 다시 내가 너에게 준다고 해서 무슨 잘못이 있단 말이냐?" 하였다. 숭신이 이 말을 듣고 깨우치는 바가 있어 그에게 출가하였는데 도오가 그의 머리를 깎아주고 숭신이라 이름지어 주었다. 이로부터 숭신은 도오를 모셨는데, 하루는 숭신이 도오에게 "제가 스님을 따른 지가 오래 되었습니다. 그런데 스님께서 제게 마음의 요체[心要]를 가르쳐 주신 적이 없습니다" 하니 "네가 여기 오고서부터 나는 항상 네게 마음의 요체를 가르쳐 주었다." "스님께서 언제

목에 나타난 대로 별일이 있어서가 아니라, 붓을 시험하느라고 시자에게 써 준 것이다. 이를 보면 선가에서의 게송 창작은 일상적 일임을 알 수 있다. 시자의 원조는 석존의 시자인 아난으로서 가장 모범적 시자로 꼽히며 이에 관하여는 『중아함경』 제33 '시자경'에 기록되어 있다.[26] 출가자로서 가장 먼저 배워야 할 법도를 담은 『사미율의』에는 스승을 모시는 법도에 관하여 구체적으로 기술되어 있다. 『선원청규』에 의하면 외시자와 내시자가 있어 역할을 구분하고 있는데 의식주에 관한 것은 내시자의 담당으로서 주지의 의발(衣鉢)과 다탕(茶湯)·지필(紙筆) 등을 주관한다.[27] 시자는 사승을 가장 가까이에서 수발하며 가르침을 받는 제자이다. 혜심의 게송 「시자 4인이 송을 구하기에[侍者四人求頌]」는 시자인 희조(希祖)·현담(玄湛), ·요묵(了嘿)·자한(自閑)에게 각각 그 이름자를 가지고 풀이해 줌으로써 가르침을 펴고 있다. 위 게송에서와 같이 선은 가장 직접적인 방식으로 생활 속에서 실천해 나가는 것이며 무엇보다도 의식주를 벗어나지 않는다.

위의 게송들을 통해서 선종에서의 도와 일상생활과의 관련성을 살펴보았다. 선원에서 대중의 공동노동인 운력과, 직분의 일을 통해서 도를 추구하고 있으며 따라서 도는 일상생활 속에 존재하는 것으로서 일상사를 떠나지 않는 것임을 드러내었다. 이러한 면은 선수행이 정적인 차원의 좌선뿐만 아니라 동적인 차원으로 확대되어 이루어지고 있음을 의미하고 있다. 즉 행주좌와(行住坐臥) 가운데 항상 더불어 수행하면서

제게 가르쳐 주신 적이 있습니까?" "네가 차를 가져오면 내가 받았고, 밥을 가져오면 내가 먹었으며 네가 절을 올리면 내가 고개를 끄덕였거늘 언제 네게 가르쳐 주지 않았더란 말이냐?" 숭신이 생각에 고개를 숙이고 잠기자 도오가 다시 "볼려면 곧바로 보아야지 생각하면 벌써 어긋난다." 숭신은 즉시 깨달음을 얻었다. 『전등록』 제14권.

26) 석존이 55세 무렵에 시자를 두기로 하자 사촌인 아난이 선출되었고, 아난은 이때부터 석존이 입적할 때까지 25년간 스승의 곁을 떠나지 않고 섬겼다. 따라서 석존의 멸후, 아난의 기억에 의지하여 경전결집이 이루어졌으며, 경전 서두에 "이와 같이 내가 들었다[如是我聞]"는 구절이 들어가게 된 것이다.

27) 『고려판 선원청규 역주』, 가산불교문화연구원 출판부, 2001, 210~212면.

동정일여(動靜一如)를 지향하고 있는 것이다.

4. 도(道)와 그 궁극으로서의 일상

깨달음에 있어서 '지금 여기'의 현장성을 중시하는 선종의 도는 문자보다 체험을, 논리보다 직관을 통해서 궁극을 추구한다. 유명한 화두의 하나인 '평상심시도(平常心是道)'는 '평상의 마음이 바로 도(道)'라는 것으로서 도를 일상생활 속에 항상 존재하는 것으로 현실화시켰다. 평상심이란 일용(日用)의 마음으로서 이것은 조작이 없고, 시비가 없고 취사가 없고, 끊어짐이 없고, 범성(凡聖)이 없는 마음이라고 하였다. 즉 분별하지 않는 가장 자연스러운 보편적이며 일상의 마음인 것이다.

선사들은 십이시(十二時), 행주좌와(行住坐臥, 四威儀), 어묵동정(默動靜) 가운데에서 화두를 참구할 것을 강조하고 있다. 수행승이거나 재가자를 막론하고 화두참구를 권할 때나 공부를 점검할 때 화두를 드는 법으로서 모든 생활 속에서 화두를 놓지 말 것을 당부하였다. 다니거나 섰거나 앉았거나 누웠거나, 밥 먹고 물 마시는 가운데서도 화두를 붙들고 있어야 하며 심지어 대소변 볼 때도 놓치지 말라고 하였다.[28] 앞 장에서 고찰한 바와 같이 일상생활의 공간과 사물을 통해서 법을 가리켜 보인 것이나, 일상생활에서의 일과 수행을 합치시킨 점 등은 선가에서의 일상생활과 도의 관계를 잘 드러내주고 있다.

『나옹화상어록』에 의하면 한 승려가 "학인의 본분사가 무엇입니까?"

---

28) 『태고화상어록』 상권 「示紹禪人」,(『한불전』 6-681). "念念提起趙州無 一切時中不昧無 行住坐臥二便時 着衣喫飯常提無 如猫捕鼠鷄抱卵 千萬不昧但擧無 如是話頭不間斷."

물으니 나옹이 "옷 입고 밥 먹는 것이다"[29] 대답하였다. 옷 입고 밥 먹는 것은 그저 자연스러운 마음에서 나온 것이며 선택과 분별의 여지가 없는 것이다. 따라서 수행도 생활과 합치된 일상생활 속에서의 수행을 주장하였다. 이는 선사들의 어록에 나타나는 바, 수행자들 뿐만 아니라 왕족이나 고관 등 서신왕래로 공부를 시키며 점검하는 재가자들에게도 거듭 권유하고 있다. 나옹의 「청평산에 머물면서[住淸平山偶題]」는 깨달음을 이룬 마음의 경계를 가장 단순한 일상사로서 나타내었다.

江湖歷盡十餘年	십여 년 동안 강호를 두루 돌아다녔는데
驀得胸中自豁然	갑자기 가슴속이 절로 활짝 열렸네
有問淸平成底事	청평에서 이룬 그 일 묻는 이 있으면
飢湌渴飮困安眠	'배고프면 밥먹고 목마르면 물마시며 피곤하면 잔다' 하리라

나옹은 중국에서 10여 년 동안 행각하였으며 행각 중 어느 순간 활연히 대오하였는데 그 깨달음의 경계를 드러낸 말이 "배고프면 밥먹고 목마르면 물마시며 피곤하면 잔다"이다. 아무런 조작이 없는 본래성품을 지극히 당연하며 피할 수 없는 일상사로서 나타낸 이 구절은 선가에서 관용구로 애용되고 있다. 이러한 무의미한 일상사는 수행을 통해 도달한 지극한 경지라는 점에서 범부의 일상사와는 내면적으로 그 차원을 달리하고 있다. 백운 경한의 「거산(居山)」 25수는 깨달음을 이룬 도인의 생활을 지극히 범속하게 그리고 있다. 이 중 제6수와 제8수를 들어본다.

孤山山下好養身	고산의 산 밑은 몸 기르기 좋아서
米賤柴多足四隣	쌀은 흔하고 땔감은 많아 온 이웃이 풍족한데
無心野老機關少	무심한 촌늙은이 수단이 적어
家火從他乞與人	불씨를 남에게서 빌어 남에게 주네

---

29) 『나옹화상어록』 「結制上堂」(『한불전』 6-713). "如何是學人本分事 師云着衣喫飯."

結茅於孤山山下　　고산 아래에 초막을 짓고
飢來喫食困來臥　　배고프면 밥먹고 피곤하면 눕네
冬夜야 한覺夜長　　겨울밤이 차고 또 긴 것을 깨닫고
煨取柴頭三兩箇　　나무 조각 두 개에 불을 지피네

　위 게송에 나타난 생활상은 지극히 평범한 시골 노인의 삶이다. 그러
나 이는 다시 세속으로 돌아온 도인의 모습으로서 성인의 자취가 다 없
어지고 그저 범부의 모습으로 살아가는 일상이다. 위 제6수에서는 불씨
(家火)는 집안에서 가장 중요한 것으로서 집집마다 간직하고 있는 것이
다. 여기에서는 모든 사람이 본래 갖추고 있는 불성(佛性)을 상징한다.
이 불성은 각자가 모두 가지고 있으므로 빌릴 것도 줄 것도 없는데 어
리석은 노인이라서 그것을 모른 채 남에게 빌려서 남에게 주는 것이다.
이 송의 제9수에서는 "주장자 가로 메고 산암자에 들어가나니 / 여러 해
의 행각으로 참학 일을 다 마쳤네[橫擔椰栗入山菴 行脚多年事罷參]"라 하
였다. 일대사를 끝낸 대장부는 도리어 일없는 한가한 늙은이가 되어 범
부로서 살아가고 있음을 말한 것이다. 이러한 도인의 생활상은 조주의
「십이시가(十二時歌)」30)와도 같이 무심·무위·무작·무공용으로서 모
든 선사들이 게송으로 남기고 있다. 이러한 게송은 범속한 삶으로의 회
귀가 곧 도의 궁극임을 의미한다.
　참선수행은 무의미한 일상적 삶으로부터의 탈출을 꿈꾸며 생사를 걸
고 일대사(一大事)를 해결하려 한 것이었으나 도리어 일상으로 환원되고
있다. 그러나 일상에 매몰된 범부와 다른 점은 치열한 수행을 통해 도
달한 도(道)의 궁극이라는 점이다. 깨닫고 보니 '산은 그대로 산이요 물

---

30) 「십이시가」, 12수 중 제5수 「巳時」를 들어보면 "머리깎고 이 지경에 이를 줄 그 누
가 알았으랴 / 어쩌다가 청을 받아 촌중이 되고 보니 / 굴욕과 굶주림에 처량한 꼴 차
라리 죽고 싶어라 / 오랑캐 장가와 검은 얼굴 이가는 / 공경하는 마음은 조금치도 내지
않고 / 아까는 불쑥 와서 한다는 말이 / 차 좀 꾸자, 종이 좀 빌리자고 할 뿐이네[削髮誰
知到如此 無端被請作村僧 屈辱飢悽受欲死 胡張三黑李四 恭敬不曾生些子 適來忽
爾到門頭 唯道借茶兼借紙]" 『조주록』, 장경각, 불기 2535, 181~187면.

은 그대로 물'인 경계로 돌아온 것이다. 이는 인간의 본성을 투철하게 깨달음으로써 더욱 인간의 체취를 고스란히 회복한 것인지도 모른다. 이러한 선종의 도인 형상은 유교의 성인과 극적으로 구별되고 있다. 도인의 중생구제는 범부로 되돌아와 깨달음의 자취를 숨기며 흔적조차 드러내지 않는 점에 있으며, 범속함 속에 일체가 되어버린 무분별성에 그 특성이 있는 것이다.

5. 결론

이상으로써 고려 후기 선가의 게송을 통해서 도와 일상생활과의 관계를 고찰하였다. 선종에서 추구하는 도는 일상적 삶 속에 함께 있으며 도는 일상생활 어디에고 있지 않은 곳이 없다. 생활공간으로서의 산수 자연이 바로 진여이며, 일상 사물은 모두 도를 표현하는 매개물로서 작용하고 있다. 의식주의 생활 속에 도가 존재하며 따라서 생활 자체가 바로 수행(修行)이요 도행(道行)이다. 더욱이 깨달음의 궁극 또한 범속한 일상 속으로 환원되고 있다. 이러한 점에서 볼 때 선의 차원에서는 범성(凡聖)의 구별이나 재가자와 출가자의 구별이 본질적으로 있지 않으며, 무의미한 일상은 도의 궁극으로 전환됨으로써 새롭게 인식되고 있다. 따라서 선에서의 일상이란 도와 합치되어 있으며 일상생활과 수행이 불이(不二)의 관계로 합일되어 있는 점에 그 의의가 있다고 보겠다.

본고의 고찰 대상인 5인의 선사들은 시기적으로 볼 때 13세기 초에서 14세기 후반에 걸쳐 활동하였다. 이들 5인 각자에 있어서 일상생활과 도의 관련 양상을 면밀히 검토하면 변별성이 나타날 것이며 각자의 개성적 면모도 드러날 수 있을 것이다. 혹은 수선사(修禪社) 사주(社主)를 지낸 혜심과 충지, 고려 말의 삼사(三師)로 이분(二分)하여 차이점을 추출해낼 수도 있을 것이다. 그러나 이들 5인은 고려 후기 선사들로서 간화선을 위주로 하는 고려 선(禪)의 맥락을 계승한 점에서 거시적 관점으로 포괄하여 논하였다.

고려 후기 확립된 선불교는 오늘날 한국 불교의 틀을 이루고 있다는 점에서 본고의 고찰은 그 의의가 있을 것이다. 이때 확립된 선가의 게송 창작과 생활 방식이 이후 계승되어 오고 있으며, 일상문화의 측면에서 선가의 차문화의 보급과 채식 위주의 우리나라 식생활의 틀이 잡혔고, 선원에서는 청규가 간행되어 생활의 법도가 정비되었다. 선종에서 특히 노동을 수용한 점은 고려 전기의 귀족적 불교에 비해 훨씬 현실 속으로 다가온 것을 의미한다. 이는 일상생활의 긍정과 수용으로 인해 더한층 현실적 삶과 밀접해진 선종의 성격을 나타내주는 것으로서 일상생활의 의미를 재인식하게 하였다. 그러나 선종의 현실주의적 정신은 깨달음을 추구하는 종교적 지향성을 근본으로 하고 있다는 점에서 본질적 한계성을 지닌다. 그럼에도 불구하고 일상생활과 도를 합치시킴으로써 일상적 삶의 의의를 새롭게 인식시킨 점은, 선가의 범주를 넘어서 불교문화가 주도하던 고려시대에 있어서 일반에 끼친 영향력이 자못 컸을 것으로 생각된다.

축사(祝辭)와 자설(字說)을 해본 관례(冠禮)

17세기의 양상을 중심으로

이은영*

1. 머리말

관례(冠禮)는 어린이가 성인이 되었음을 축하하면서 사회인으로서의 자부심과 책무를 일깨우기 위해 올리는 유교의 전통적인 의례로, 남자 아이가 상투를 틀어 올리고 관을 쓰는 관례(冠禮)와 여자 아이가 쪽을 찌고 비녀를 꽂는 계례(笄禮)를 아울러 말한다.

우리나라에서 관례에 대한 공식적 기록이 처음 등장하는 것은 광종 16년(965년)때이다.[1] 그러나 고려시대까지의 관례는 왕가의 의례로서 부

---

* 이화여대 국문과 강사.

1) 『고려사』 「세가」 권2에 "봄 2월에 아들 伷에게 관례를 하고 왕태자로 삼았다[春二月 加子伷元服 立爲王太子]"라는 언급이 보이고 이후 경종·예종을 거쳐 원종 충렬왕 때까지 약 10여 회에 걸쳐 태자의 관례가 이루어졌다는 기록이 확인된다.

분적으로 행해지고 있었을 뿐, 일반 사대부나 서민이 관례를 했다는 기록은 찾을 수 없다. 관례가 사대부 의례로 영향력을 행사하기 시작하는 것은『주자가례(朱子家禮)』의 보급과 때를 같이한다. 그러나 조선 전기까지는 아직 토착화의 단계에까지 이르지는 못했던 시기였고 조선 후기로 가면 또 혼례 속으로 편입되어 의미가 약화되다가 단발령이후 존재 자체가 없어지게 된다.

본고는 관례가 사회적 기능을 가장 왕성하게 수행하던 조선 중기의 동향을 중심으로 관례가 지닌 사회 문화적 의미를 짚어 보는 것을 목적으로 한다. 특히 의례 현장에서 낭송되었던 축사와 관례에 관한 논의, 관례 현장의 소회나 관례에 대한 소감을 적은 시편, 관례의 정점에서 가관자례(加冠字禮)와 관련을 맺고 지어지는 '명자설(名字說)'·'명자사(名字詞)' 등 문학 작품들을 통해 이 문제에 접근하기로 한다. 이들 작품이야 말로 관례의 상징적인 의미를 함축하고 있을 뿐 아니라 관례에 대한 인식, 관례가 이루어지던 당대적 풍습에 가장 직접적으로 접근할 수 있는 자료라고 가정하기 때문이다.

2. 관례의 수용(受容)과 행용(行用)

1) 예(禮)의 시작, 관례(冠禮)

『예기』에서는 관례를 "태어나서 가장 처음으로 치루는 공식적인 의례"[2]로 규정하고 있다. 또한『가례』에서는 관례가 "성인의 예" 즉 "자식

---

2)『예기』「관의」. "冠者 禮之始也"

으로서 아우로서, 신하로서, 연소자로서의 행동을 책임지우는"3)의미를 담고 있다고 말한다. 즉 관례는 부모의 보호를 받는 어린이의 단계에서 벗어나 가정과 사회에서 일정한 역할과 책임을 갖는 사회적 존재로 공인받는 의례라고 할 수 있다. 유교적 전통에서는 사회화 과정의 이러한 의미를 옷을 갈아입히고 관을 씌우는 상징 의례를 통해 표출해왔다. 이때 관과 의복을 공유하는 것은 그 문화 관습을 공유하는 것이면서 그 집단의 책임 있는 구성원으로 받아들인다는 의미를 담고 있다.4)

관례는 다음과 같은 세 단계의 절차를 거친다. 첫 번째 단계는 관례 전 단계이다. 관자의 할아버지나 고조를 계승하여 종자가 된 주인이 3일 전에 사당에 고하고[告于祠堂] 관례를 집례할 집전할 빈을 청하며[戒賓] 의례를 거행할 장소를 정돈하고[陳設] 관이나 의복 등을 갖추어 놓는 것[陳衣服], 그리고 참석자 전원이 위계 질서에 의해 자리를 정하는 것[序立], 빈이 도착하면 빈을 맞는 것[迎賓客] 등 일체의 준비 행위가 이 과정에 포함된다. 관자의 아버지가 아닌 가문의 종자가 예를 주관한다는 것과 사당에 고하는 절차를 필두로 예가 시작된다는 것 등은 관례가 단지 한 개인이나 한 가정의 차원에서 이루어지는 것이 아니라 가문 단위, 사회적 맥락에서 이루어짐을 시사한다.

두 번째 단계는 관례 단계이다. 다시 세 단계의 절차로 나누어지는데 늘어뜨린 머리를 빗겨 올려 상투를 틀어 주고 세 번에 걸쳐 옷과 관을 바꾸어 주는 가례(加禮) 단계, 술을 나누어 마시는 초례(醮禮) 단계, 그리고 관례자에게 새로운 이름인 자(字)를 지어 주는 자관자례(字冠者禮)의 절차를 거친다. 이때 상투를 틀고 관을 씌워주며 세 번 옷을 갈아입히는 행위는 어린이의 세계로부터 단절을 상징한다. 또한 술을 마시는 것은 새로운 지위나 관계 질서의 형성을 상징하는 것으로 '경과' 혹은 '정

---

3) 『가례』「관례」. "二十而冠 將責爲人子爲人弟爲人臣爲人少者之行於其人 故其禮 不可不重也"
4) 정경주, 『고전의례상식』, 신지서원, 2000, 135면.

화'의 의미를 갖고, 자를 지어 새로운 이름을 부여하는 것은 기성사회로의 통합을 의미한다5)

마지막 단계는 관례 후 단계이다. 주인이 관자를 데리고 가 사당에 고함으로써 한 집안의 인원으로 편입되었음을 알리고 웃어른들을 뵙고 인사를 드림으로써 사회적 공인을 받는 단계이다.

통과 의례를 분리―전이―통합의 구조로 보고 있는 반 젠넵의 학설6)에 대응시켜 본다면 관례 전 단계는 분리 의례이고 실제 의례가 이루어지는 관례 단계는 전이 의례이며, 사당에 고하고 주변 웃어른에게 인사를 드림으로써 사회 성원임을 공식적으로 인정받는 관례 후 단계는 통합의례에 해당한다. 관례 단계 중 가례―초례―가관자례를 각각 분리―전이―통합의 틀 속에서 이해할 수도 있다.7) 이는 유교 문화권의 관례 역시 다른 문화권의 성인식과 마찬가지로 예전의 지위를 버리고 새로운 지위와 역할을 부여받는 과정을 상징화 하고 있음을 보여준다. 다만, 다른 문화권의 성인식이 가혹한 육체적 고통을 겪으면서 죽음에 가까운 단절을 경험하고 그로부터 새 삶을 얻게 되는 과정을 상징화 하고 있는 것과는 다르게 관례에서는 육체적 의미가 거의 부여되어 있지 않다. 『가례』에 "15살부터"라고 하여 관례에 적당한 나이를 명기해 놓고 있지만 이 역시 육체적 성숙의 의미보다는 "효경과 논어를 통달하여 조금이라도 예의를 알게 되는 나이"8)라는 정신적 성숙에 더 큰 무게가 있다.

---

5) 이문주, 「성인식으로서 관례의 구조와 의미 분석」, 『유교 사상연구』 17, 한국유교학회, 2002, 38면.
6) A. 반 젠넵, 전경수 역, 『통과의례』, 을유문화사, 1992, 107~162면.
7) 도민재, 「유교 관례의 사회적 의미」, 『한국 유교 문화의 현장』, 성균관대 동아시아학술원 유교문화연구소, 2003.
8) 『주자가례』 「관례」. "且自十五以上 侯其能通孝經論語粗知禮義 然後冠之 其亦可也"

2) 주자가례의 수용(受容)과 변용(變容), 조선 중기의 관례

조선시대에 들어오면 유교적 이념의 보급 및 예제의 확립과 관련하여 관혼상제에 관한 관심이 지대해지고 그 시행에 대한 구체적인 법안에 마련된다.[9] 그러나 문종 1년 신석조가 올린 상소문에는 "지금 예제가 다 갖추어졌으나 단지 관례를 행사지 못하는 것이 실로 궐전입니다"[10]라는 내용이 발견된다. 예제가 갖추어져 있었음에도 불구하고 그때까지 관례가 명목상의 의례로 존재할 수밖에 없었던 이유에 대해서는 중종 때에 와서 다시 이 문제를 제기하는 검토관 소세양의 상소를 통해 유추해볼 수 있다.

> 이와 같은 예는 폐지된 지 오래여서 실행하려는 사람이 있어도 습속 때문에 행하지 않습니다. 실행하는 사람이 있게 되면 반드시 많은 사람들이 괴이하게 여기기 때문에 실행하지 못합니다. 세종 때에도 시행하려도 하였으니 지금 시행한다면 이것부터 시행하는 것이 좋겠습니다.[11]

당시 사대부 의례로 관례를 정착시키는데 걸림돌이 되고 있었던 '습속'에 대한 논의이다. 워낙 많은 사람이 행하지 않다 보니 간혹 행하는 것이 오히려 괴이하게 되어 버린 것이다. 그 후 중종 11년과 13년에 올린 상소에서는 "남자는 스무 살에 관례하고 여자는 열다섯에 관례를 하는 것이 예법인데 지금은 나이 열 두셋만 되면 부모들이 머리에 관을 씌워 혼례를 거행"[12]한다는 것과 "관례가 정식이 없어서 겨우 10세 만

---

9) 태조가 즉위교서에서 "관혼상제는 나라의 큰 법이니 예조에 부탁하여 경전을 세밀히 규명하고 고금을 참작하여 일정한 법력으로 정하라"라고 선언한 이래, 태조 4년 6월 6일에는 권근에게 명하여 관혼상제의 예를 상정하게 하였고 태종 4년 8월 25일에는 의정부에서 주자가례에 의거하여 15세에 관례를 거행하게 할 것을 청하여 왕의 윤허를 받았다. 해당 일자 『조선왕조실록』 참조.
10) 문종 1년 11월 11일(을사).
11) 중종 7년 11월 22일(임진).
12) 중종 11년 11월18일(을미).

되면 가관하기도 하고 20세가 넘도록 가관하지 않는 일이 벌어지고 있어"13) 정해진 법도를 만들어 시행토록 해야 한다는 내용이 발견되고 있다. 폐지되어 있다시피 한 관례가 다시 사대부 의례로 복귀되고는 있지만 '예법'이나 '정식'과는 동떨어지게 거행되고 있던 정황을 보여주는 측면이다. 특히 관례가 '성인의 도리를 책임지우기 위한' 본래의 독자적 취지를 살리지 못하고 혼례를 위한 조건으로 잘못 운용되고 있던 것은 의식 있는 선비들의 논란거리였다.14)

본격적으로 그리고 지속적으로 관례 시행의 필요성이 제기되고,『주자가례』와『오례의주』에 의거해 시행하라는 전교가 반포되는 중종조15)를 기점으로 해서 관례는 사대부 의례로 차차 자리를 잡기 시작한다. 그리고 이후 사림파들이 정국을 주도하면서 유교식 상제례가 보급되고 교화활동이 적극적으로 전개되어가는 추이와 함께 관례 역시 보급의 양상이 분명해지게 된다. 실제 이때를 기점으로 하여 문집에는 관례 관련 자료들이 점차 발견되기 시작한다.

그렇다면 당시 사대부들은 어떤 방식으로 관례를 거행하였는가?

다른 의례와 마찬가지로 관례에 있어서도 역시 교본의 역할을 한 것은『주자가례』였다. 가례의 목적과 의의, 시행 세칙을 담은 16~17세기 가례서들도 관례 장소와 필요한 도구 및 의관으로부터 관례의 순서, 행례 방식, 관자에게 주는 축사의 내용에 이르기까지 거의 완전하게『주

---

13) 중종 13년 7월13일(경술).

14) 관례가 독자적인 의의를 획득하지 못하고 다른 의례에 종속되고 있는 데에 대한 논란은 왕실에서도 유사한 형태로 재현되었다. 중종 15년부터 17년까지 아직 성년에 이르지 못한 세자의 관례와 책봉례를 둘러싸고 지루하게 벌어진 논쟁이 그것이다. 당시 조정 대신들은 세자의 나이가 아직 어리니 관례를 서두를 필요가 없이 책봉 후로 미루자는 의견과 관례를 올리지 않은 세자라면 비록 책봉되었더라도 중국과의 관계나 대신들을 대하는 문제에 있어서 정당한 권위를 확보할 수 없기 때문에 미리 관례를 선행시켜야 한다는 의견으로 대립하였다. 관련기사는 중종 15년 2월 1일(경신), 중종 15년 3월 8일(정유), 중종 17년 7월 17일(신유), 중종 17년 8월 1일(갑술), 중종 17년 9월 18일(신유) 등에서 볼 수 있다.

15) 중종 13년 7월 27일(갑자).

자가례』의 내용을 취하고 있다. 그러나 실제 관례를 시행하던 선비들은 관례의 원칙에 대해 몇 가지 문제를 제기한다.

> 관례는 행하기 어려운 일이 아닌데 내가 근래 시골의 가난한 선비들을 보니 매번 기구가 갖추어져 있지 않다고 하여 폐하고 행치 않는 자들이 많으니 진실로 한탄스러운 노릇이다. 삼가의 관복은 어렵게 얻을 필요가 없다. 그 시대의 복장으로 대신해 행한다면 무슨 어려운 일이 있겠는가?[16]

당시 관례를 하는 사대부들이 가장 부담스러워 했던 문제 중의 하나가 '기구'를 갖추고 '의관'을 구비하는 것이었다. 특히 관례를 하면서 세 번씩이나 갈아입게 되어 있는 옷과 관·신발 등의 의례용 의관은 일상복과 별도로 마련해야 하는 것이었기 때문에 경제적으로 구하기 어렵거나 여건상 쉽게 구해지지 않는 경우가 많았다.

또한 관례에는 또 제법 많은 경비가 소요되었다. 관례를 하기 위해서는 빈을 초청하고 사례를 해야 했으며 참례한 사람들을 위해 접대해야 하는 것 역시 주례자의 몫이었다. 관례를 참관한 사람이 100여 명에 달했다고 하는 성대한 관례의 기록[17]도 있지만 빈을 초청하면서 "한 그릇의 고깃국으로밖에 사례하지 못하는" 송구스러움을 담은 글[18]도 있는 것을 보면 관례가 형편에 따라 얼마나 다양한 방식으로 치뤄졌는지를 짐작할 수 있다.

이에 당시의 선비들은 "고례에 어긋나지 않으면서 시의에도 맞는"[19]

---

16) 남계 박세채의 말이다. 김간, 『후재선생 별집』 권4 「남계선생어록」에 수록되어 있다. "先生曰 冠禮不是難行底事 而余觀近來鄕曲寒士 每以器具未備 多有廢不行者 誠可歎也 三加冠服 不必求其難得者 若以時服代而行之 則何難之有哉?"

17) 송시열, 『송자대전』 부록 권8 「연보7」. "九月 (…중략…) 仍長曾孫冠禮 (…중략…) 遠近士友觀禮者百有餘人."

18) 권두경, 『蒼雪齋先生文集』 권8 「與鄭善長」. "敢請兄作賓 或可光臨否 貧家未有療飢之物 待客不過一椀豆腐湯而已."

19) 허목, 『미수기언』 「南宮億問目」. "冠禮 禮之重者 而時俗行之者鮮矣 考之家禮 節目疏略 何以則不悖於古禮 亦合於時宜歟."

방법을 모색한다. 필요한 물품을 별도로 마련하지 않고 관례를 치룬 집에서 빌려 쓰거나 의례용 의관을 일상복으로 대치해서 입는 방법 등은 바로 시의를 고려한 방법이다.

관례에서 『가례』에 의거해 복두를 쓰는 것은 분명히 근거가 없지 않다. 다만 구경산(丘瓊山)의 『의절(儀節)』과 김사계(金沙溪)의 『문해(問解)』에 모두 이르기를 '지금 제도에는 관직이 있는 자가 아니면 공복을 쓸 수 없다. 그래서 유건으로 대신한다.'라고 했으니 그렇다면 아마도 이를 어기면서 『의례』의 내용과 『가례』의 형식만을 쫓기는 어려운 것으로 보인다. 대개 예가(禮家)에서 중히 여기는 것으로는 시의(時宜)가 가장 크다. 정자와 주자도 주례(周禮)를 다 회복할 수 없었고 퇴계와 율곡 역시 송례(宋禮)를 모두 회복할 수는 없었다. 오직 시속(時俗)의 제도와 속례의 큰 기준에 어긋나지 않도록 했을 따름이다.[20]

당시 의관(衣冠)을 무엇으로 하는지 하는 문제는 관례를 치루는 사람들에게 논란거리였다. 본래 『주자가례』의 규정에 나와 있는 복건, 모자, 복두는 관직을 가지고 있는 '대부(大夫)'의 복장으로서 보통의 '사(士)'로서는 구할 수 없는 경우가 많았을 뿐더러 명분에도 어긋나는 일이었기 때문이다. 이에 일반 사대부 집안에서는 구하기 쉬운 정관(程冠), 입자(笠子), 유건(儒巾)으로 대신하는 일이 많았다. 이 글을 지은 박세채 역시 고례의 회복보다는 시제와 속례에 어긋나지 않도록 하였던 선현들의 사례를 거론하면서 '유건으로 대신하라'고 말하고 있다.

의례의 절차를 아예 줄이고 간소화하는 것도 당시 관례의 한 형태였다. 이러한 경우 사대부들은 도구나 절차보다 정신과 의의를 부각시킴으로써 형식적 결함으로 보완하려고 했다.

---

20) 박세채, 『南溪先生朴文純公文正集』 권40 「答崔汝和問家禮」. "冠禮依家禮用幞頭非不井然有據 第丘瓊山儀節金沙溪問解 皆言今制非有官者 不可用公服 乃以儒巾代之 則恐亦難以違此 而直從儀禮之義家禮之文也 蓋禮家所重 以時爲大 程朱旣不能盡復周禮 退栗亦不能盡復宋禮 唯其未嘗見禁於時制俗例之大體."

돌아보건대 내가 죄를 얻어 변방 고을에 있으니 가묘가 멀어 서초(筮醮)를 할 수도 없고 어진 붕우를 모셔다가 빈으로 맞을 수도 없다. 의문(儀文)과 도수(度數)가 너무도 간략하다고 할 만하니 내 마음에 어찌 걸리지 않겠는가. 그러나 나는 생각한다. 현단(玄端)을 입고 행동거지를 익히며 가묘에서 빈(賓)과 찬(贊) 노릇을 하고 읍양하는 것은 성인의 도구이지 성인의 도가 아니다. 성인의 도라는 것은 효제충신을 닦으며 그 윤리를 잃지 않음을 일컫는다 (…중략…) 도가 행해진다면 도구는 소략해도 괜찮다. 너는 도구가 소략하다고 하여 못마땅하게 생각하지 말고 도가 행해지지 못함을 걱정하여라.[21]

김익희가 아들의 관례를 치르고 자를 지어주며 쓴 설 가운데 일부이다. 짐작컨대 김익희는 멀리 유배되거나 좌천되어서 가묘에서 예를 행할 수도 빈객을 초빙할 수도 없었던 처지였던 것으로 보인다. 이러한 상황에서 간소하게 관례를 거행하면서 그는 의문(儀文)과 도수(度數)로 대표되는 '관례의 도구'와 효제충신(孝悌忠信)으로 요약되는 '관례의 도'를 거론한다. 그리고는 '도가 행해진다면 도구는 소략해도 괜찮다'고 하여 관례의 진정한 의미는 형식에 있지 않음을 강조한다.

택당 이식의 집안에서 만들어져 축사 대신으로 사용했다고 하는 다음 시 역시 당시 관례 현장의 또 한 면모를 보여준다.

將備成人禮 장차 성인의 예를 갖추려 하는데
其如若考喪 어버이를 잃은 듯한 상사, 어이 할까
三加雖有缺 삼가례엔 비록 결함이 있으나
四責可無忘 네가지의 책무는 잊을 수 없어라.

이여가 그 조카의 관례를 당하여 쓴 「서수종질도진설(書授從姪道鎭說)」[22]

21) 김익희, 『滄洲先生遺稿』 권15 「冠子萬增說」. "顧吾待罪荒郡 遠家廟不能行筮醮之禮 無賢朋友可以戒宿焉 儀文度數 可謂太略 吾之心 不其介介乎哉 抑吾思之 服玄端習容儀賓贊揖讓廟門 迺成人之具 非成人之道也 成人之道也者 修其孝悌忠信 不失其序之謂也 (…중략…) 苟其道之能行 卽其具略焉亦可 爾無以其具之略焉爲歉 惟不能行其道是懼."

에 수록되어 있는 시 가운데 한 편이다.23) 이 설(說)은 아버지의 상중이라 관례를 치루지 못하는 것이 원칙이지만 부모님의 명을 따라 할 수 없이 아들의 관례를 치루는 사촌 동생이 "예를 제대로 갖추지는 못하였으나" "성인의 시작임을 중요하게 인식시키도록" "한마디 말을 부탁했다"는 내용으로 시작되고 있다. 부탁을 받은 계부(季父) 이여는 거듭된 상(喪)을 환기하고 "말이 글이 되지 않는다"고 하면서도 "집안의 훈계를 간직하고 후세에 전하는 일이니 비록 이러한 때라고 그만둘 수 있겠느냐"고 하면서 말문을 열고 있다. 그리고는 '한마디'말을 하기 전에 관례와 관련된 두 가지 사연과 두 편의 축사를 소개한다. 하나는 택당 이식이 아들인 이단하에게 지어준 것이고 또 하나는 이단하가 조카 이여에게 지어준 것이다. 이단하가 관례를 할 때에는 우거하던 집이 누추해서 제대로 갖추어 예를 치르지 못했고 이여가 관례를 할 때는 국상이 끝나지 않아 길례를 치룰 수 없는 형편이었다.24) 비록 돌아가신 부모의 명으로 관례 자체를 폐하지는 않았던 것으로 보이지만 당시 아버지인 이식과 계부(季父)인 이단하는 성대한 관례를 올리는 대신 훈계의 시를 남기는 것으로 그 뜻을 전하였다. 이러한 내력을 설명한 후 이여는 "이 두 편의 축사야말로 우리 집안에서 아들의 관례를 하면서 남

---

22) 이여, 『수곡집』 권11에 수록되어 있다.

23) 이 글 속에는 두 편의 시가 소개되어 있다. 하나는 「兒端夏將婚加冠 適棲寄隘陋 不能備禮 書此以代祝辭」라는 시이고 또 하나는 「昔在庚辰正月 余年十六 將婚加冠 先府君以棲寄隘陋 不能備禮 書授一律 以代祝辭曰 畢娶吾全老 加冠汝亦丁 詩書先世業 廉節本心靈 作善非干譽 修容要踐形 須思鹿門計 終始保脩齡 不肖每敬誦之 而於六句之訓 無以奉行其一二 到今顚沛還鄕 益有感於鹿門之戒矣 今姪子當年十五 亦將婚加冠 而時當國恤 不能備三加之禮 第講家禮冠禮章 仍取司馬公責以四者之行之義 並及先訓鹿門之意 成一律以贈之 當也其勉服此訓 無若余不肖而隳失訓辭也 詩曰」라는 시인데, 각각 원출처는 이식의 문집인 『택당선생속집』과 이단하의 문집인 『외재집(畏齋集)』이다.

24) 중한 흉례가 길례와 겹쳤을 때 길례를 미루는 것은 예의 기본적인 조건이었다. 특히 주례자가 기년 이상의 상복을 입었을 때 자식의 관례는 치룰 수 없었다. 국상시에 관례를 거행하지 못한다는 것 역시 『가례』에는 세목화되어 있지 않지만 신하된 도리로 받아들여지던 것이다.

겨준 큰 교훈이니 삼가(三加)의 축사를 굳이 기다릴 필요가 없다"고 말한다. 그리고 자신 역시 조카를 위해 간략하게 축하의 말을 남기고 있다. 택당 가에서 대를 이어 남겼다고 하는 이들 축사는 집이 가난해서, 또는 여러 가지 사정으로 집을 떠나와 있거나 관례의 정식 요건을 구비하지 못했을 때, 포기하기 보다는 간소화하거나 변용하는 방식을 택하였고 형식보다는 의미를 부각시키려 했던 의식 있는 선비들의 태도를 잘 보여준다.

3. 확산과 점층의 변주, 축사(祝辭)와 자설(字說)의 구성 방식

주지하다시피 관례는 우리나라의 사례 가운데서 가장 정착이 늦었을 뿐 아니라 정례(正禮)보다는 변례(變禮)에 주로 의지해 있던 의례였다. 그러나 조선 중기 사대부들은 관례가 가지는 상징적인 의미, 정신적인 의의는 높이 평가하여 의례의 형식은 간소화하거나 때로 생략하는 일까지 있었어도 그 필요성과 의의만큼은 적극적으로 부각시키려 노력했다. 그 의의를 부각시키기 위해 가장 보편적으로 활용되었던 것이 관례의 의미와 교훈을 '글에 담아 주는' 방식이었다. 관례와 관련해서 지어지는 글로는 관례의 현장에서 각 절차마다 낭송되는 축사와 자관자례와 관련해서 따로 지어주는 자설(字說)이 있다. 축사가 공식적인 글이고 양식화된 글이라면 자설은 사적 성격을 띠면서 개성적인 면모를 보인다. 이들 글을 통해 당시 관례가 지향했던 의미에 접근해보기로 한다.

1) 축사(祝辭)의 구성방식

유교의 모든 의례 과정에는 축사(祝辭) 또는 축문(祝文)이 있다. 사당에 고하거나 후토에 고할 때도 일정한 서식의 글을 올리게 되며 이는 규범화되고 양식화된 유교 의례의 특징을 보여준다. 관례 역시 각 단계마다 축사가 있다. 다만 관례의 축사는 신에게 고하는 양식이 아니라 관자에게 권고의 의미를 담아 전언하는 형태를 취한다. 이는 사당에 고하고 신에게 제사를 지내는 절차를 포함하면서도 관례의 중심이 관자에게 놓여 있음을 시사한다.

『주자가례』에 실린 삼가례(三加禮)의 축사는 다음과 같다.

> 좋은 달 좋은 날에 처음으로 원복을 입히노라. 너의 어린 마음을 버리고 성인의 덕을 따르라. 장수하는 상서로움이 있고 큰 복을 받게 되기를. 「시가(始加)」[25]

> 좋은 달 좋은 때에 옷을 거듭 입히노라. 너는 위엄 있게 행동을 삼가고 너의 덕을 맑게 하라. 오래도록 살아서 큰 복을 누리기를. 「재가(再加)」[26]

> 좋은 해 좋은 달에 너의 옷을 모두 입혔노라. 형제와 함께 살면서 그 덕을 이루라. 머리가 누렇게 되도록 오래 살며 하늘의 경사를 받기를. 「삼가(三加)」[27]

삼가례는 세 번에 걸쳐 옷과 관을 바꾸는 형식으로 진행된다. 옷은 현단복·피변복·작변복으로 바뀌며 관은 복건·모자·복두로 옮겨간다. 이때 현단복·피변복·작변복은 각각 집에서 부모를 섬길 때 입는 옷, 조정에서 임금을 섬길 때 입는 옷, 그리고 사당에서 조상을 섬길 때

---

25) 『주자가례』「관례」. "吉月令日 始加元服 棄爾幼志 順爾成德 壽考維祺 以介景福"
26) 위의 글. "吉月令辰 乃申爾服 謹爾威儀 淑愼爾德 眉壽永年 享受遐福"
27) 위의 글. "以歲之正 以月之令 咸加爾服 兄弟俱在 以成厥德 黃耉無疆 受天之慶"

입는 옷을 상징한다. 관 역시 나중으로 갈수록 관의 높이는 높아지고 의미 역시 전의 것보다 한 등급 귀하게 된다. 이렇게 관과 의복을 점점 높고 귀한 것으로 갈아입히는 행위는 "뜻을 일깨우는 것이고[諭其志]"이고 뜻을 일깨우는 것은 "덕을 진보시키기 위한 것[欲其德之進也]"이다.28)

축사는 이러한 각 절차의 마지막 지점에 놓여 "덕의 진보"라는 삼가례의 상징성을 함축적으로 드러낸다. 그 중심 내용을 간추리면 '(어린 마음을 버리고) 어른의 덕을 따르라'—'(위엄있게 행동을 삼가고) 덕을 맑게 하라'—'(형제와 함께 살면서) 그 덕을 이루라'이다. 모든 축사의 앞부분에는 좋은 날과 달을 경축하는 문구가 놓여 있고 마지막에는 복을 받으라는 축원이 첨부되어 있다. 이 부분은 되풀이의 형식을 취하는데 동종 구문의 반복은 강조의 효과를 동반한다. 이렇게 되풀이 되고 더해지는 축사를 통해 덕의 진보 단계가 분명하게 드러나고 '마음가짐'에서 '행동거지로' 그리고 '개인적인 차원'에서 '형제가 함께 하는 공동체 내의 관계' 차원으로 그 의미가 확대된다.

삼가례가 끝나면 초례의 축사가 이어진다.

> 맛있는 술이 이미 맑게 되었으니 좋은 안주와 향기로운 술, 절하고 받고 제사 지내어 너의 상서로움을 안정시키라. 하늘의 아름다움을 이어받아 오래 살면서 잊지 말기를.29)

초례는 빈이 관자에게 술을 내려 주고 관자는 이를 받아서 제를 올린 후에 맛을 보는 의례 절차이다. 빈이 술을 내려주면 관자는 상 앞으로 나아가 무릎을 꿇고 좨주하고 일어나 자리의 끝으로 물러나 맛을 보는데 이는 관자가 성인됨을 인간사회 뿐 아니라 천지신명에게 인정을 받

---

28)『의례』「사관례」. "三加彌尊 諭其志也" 이에 대한 정현의 주에 "諭其志者 欲其德之進也"라는 해설이 있다.

29)『주자가례』「관례」. "旨酒既淸 嘉薦令芳 拜受祭之 以定爾祥 承天之休 壽考不忘"

는 상징적 의미를 담고 있다.[30] 따라서 축사에도 역시 '상(祥)', '천지휴(天之休)' 등 일반적인 복과 덕을 확장시킨 어휘들이 사용된다.

관례의 마지막 순서는 빈이 관자에게 자를 내려주는 자관자례이다. 축사는 다음과 같다.

> 예의를 다 갖추었으니 좋은 달 좋은 날, 분명히 너에게 자를 알려주노라. 자가 매우 아름다워 뛰어난 선비에게 합당하고 복에도 마땅하니 오래도록 보전하기를.[31]

자관자례의 축사는 의례가 완비되었음을 선포하는 것으로 시작된다. 그리고 자를 내려주는 것이 뛰어난 선비에게 합당하고 복에도 마땅한 것임을 선언하면서 그 영속성을 축원한다. 삼가례와 초례의 축사가 덕을 갖추어 가고 이것이 공인되어가는 과정을 그리면서 경계와 당부의 톤을 유지하고 있다면 자관자례의 축사는 덕의 완성태를 형상화하면서 선언의 어조를 취한다. 이는 자관자례 자체가 字라고 하는 새 이름을 부여하면서 사회 성원으로 받아들이는 이른바 '완결' '통합'의 의미를 지향하고 있는 것과 맥락을 같이 하는 측면이다.

이렇듯 관례의 축사는 관을 더해가는 절차를 통해 높고 아름답고 복에 충만한 인간의 모습을 상징적으로 표현한 관례와 동일한 의미 구조를 갖는다. 높고 크고 긴 것을 지향하는 화려하고 아름다운 어휘, 반복과 심화의 구성 방식 등은 의례를 성대하고 아름답게 꾸밀 뿐 아니라 덕의 진보와 완성이라는 관례의 의미를 상징적으로 형상화한다.[32]

---

30) 도민재, 앞의 글, 72면
31) 『주자가례』 「관례」. "禮儀旣備 令月吉日 昭告爾字 爰字孔嘉 髦士攸宜 宜之於嘏 永受保之"
32) 후일 성호 이익에 의해 삼가례 대신 일가로 간소화 하는 예식이 보급되고 나자 한후진이 "세 번에 걸쳐 관을 씌울 때마다 읽는 축사가 이치에 닿고 말이 간곡한데 이를 사용하지 못하는 것이 아쉽다"『순암선생문집』 권9 「答李最壽問目」. "星湖一加 旣有著法 後生實宜遵行 而古之三祝 理到辭懇 此而不用 人情有欠"라고 했던 언급은 관

2) 자설(字說)의 구성방식

내 친구 유무중은 몇월 며칠 그 아들의 관례를 거행하려 하면서 나에게 빈
이 되어 줄 것을 청해왔다. (…중략…) 제대로 역할을 못하면서 또 근실한 우
의까지 어긋나게 될까 두려워 거절을 못했다. 삼가례가 끝나고 계단 아래의
자리로 나아가 그 아들에게 다음과 같이 고했다.[33]

이유태가 친구 아들의 관례에 빈으로 초빙을 받고 삼가례를 마친 뒤,
자를 지어 주면서 붙인 설명의 글이다. 흔히 이러한 글을 '자설(字說)'이
라고 한다. 『문체명변』에는 "남자가 관을 쓸 때 삼가례와 삼초례가 있
고 자사(字辭)로 신칙(申飭)한다. 후인들이 이로 인해 자설(字說)·자서(字
序)·자해(字解) 등의 글을 짓게 되었다"[34]라고 설명하고 있다. 대개 빈
으로 초청된 사람이 자관자례 때 자를 주면서 자를 짓는 의미와 그 자
의 상세한 뜻을 전달할 목적으로 지었다.[35] 그러나 때로 자설은 여러
가지 이유로 관례가 성사되지 못하거나 형식적인 절차만으로 간소하게
치루어졌을 때 그 간소함을 보완하고 의미를 심화시키는 방향으로 활
용되기도 하였다. 예컨대 이여의 「윤행경자희정설(尹行敬字希靖說)」에서
는 빈이 되기로 약속해 놓았는데 병으로 가지 못하자 관례 후에 심부름
꾼을 보내 자와 자설을 청하는 경우[36]를 볼 수 있고 김석주의 「정생효

레에서 축사가 가진 의미를 단적으로 보여준다.

33) 이유태, 『草廬先生文集』 권23 「兪命丙字說」. "吾友兪武仲 以月日冠其子 請余賓
(…중략…) 懼不能供事 而重違事契之勤 不得以辭也 三加畢 就階下席告其子曰."

34) 서사증, 『문체명변』, 「산문편, 자설조」. "士冠三加三醮 而申之字辭 後人因之 遂有
字說字序字解等作."

35) 우리나라 문집에서 자설이 나타나기 시작하는 것은 여말부터이다. 여말과 선초의
문인인 이색·이곡·권근·변계량 등의 문집에는 남에게 자를 지어주고 함께 지어주
었다는 자설이 상당수 전해 내려오고 있다. 그런데 당시 자설에는 관례와 관련된 언급
을 볼 수 없다. 이름과 함께 자를 보유하는 유교적 전통이 수용되고는 있으나 관례를
통해 자를 지어주지는 않았음을 시사한다. 자설이 관례와 관련해서 본격적으로 의미
를 갖게 되는 것은 관례가 보편화되기 시작하는 조선 중기 이후로 보인다.

36) 이여, 『睡谷先生集』 권11 「尹行敬字希靖說」. "凡冠子 主人宿賓 旣冠 賓字冠者

선자설(鄭生孝先字說)」에서는 관례를 이미 하고 장가까지 들었으나 자가 없다가 뒤늦게야 자와 자설을 청하는 예를 확인할 수 있다.[37] 그런가 하면 아버지나 관례 현장의 빈(賓)이 지은 자(字)에 대한 해석을 덕망 있고 문명 있는 이에게 따로 부탁하여 자설이 이루어지는 경우도 있었다.[38] 어떤 방식이든 새로 부여된 이름, 관명과 관자에 의미를 부여하는 역할을 했던 자설은 자칫 간소함으로 그 의미가 축소될 수 있었던 당시 관례에 무게를 얹고 보다 자상하고 분명하게 관례의 의미를 전달하는 역할을 맡았다.

그렇다면 자와 자설은 어떤 방식으로 지어졌는가? 당시 자설의 몇 가지 유형을 제시해보면 다음과 같다.

우선 자는 이미 지어진 '이름'과의 관련성을 가지고 지어졌다. 『연감유함(淵鑑類函)』에는 "자는 이름에 의거하여 짓는 것이니 이름은 자의 본(本)이고 자는 이름의 말(末)이다"[39]라고 하였고 『백호통의(白虎通義)』에는 "그 이름에 의거하여 자를 지으니 이름을 들으면 그 자를 알 수 있고 그 자를 들으면 곧 이름을 알 수 있다"[40]라고 하였다. 이는 "이름을 공경하여 자를 짓는다"[41]는 인식과도 맥을 같이 하는 것으로, 성년식이 유년으로부터의 단절이 아니라 유년을 포함, 일생을 관통하는 가

禮也 今尹氏子行敬將冠 其父已前期戒余 余病不能赴 則爲之罷縟禮 又走价請命字 求爲之說 其意以不赴猶赴也 其敢辭諸"

37) 김석주, 『息庵先生遺稿』 권9 「鄭生孝先字說」. "家督道淵旣贅於東平鄭公之室 鄭 公使道淵來請曰 僕亦有子 名孝先 旣冠而娶 然尙未有字 願公命以字 且進而誨之"

38) 예를 들어 이여는 "아이의 이름을 溟, 자를 子深이라고 지어주기를 청합니다[堂姪 泰鎭 以吾家繼五世之宗 將冠其子 以書告余曰 兒以溟名 請命字以子深 爲說以訓之]"라 고 부탁하는 조카에게 그 아들의 자설을 지어준 바 있고(『수곡선생집』 권11 「從孫溟 子深字說」) 최석정은 "시생이 관례를 하고 자를 大而로 하려 합니다[趙生駿命訪余常 山謫舍 請曰 侍生冠而字大而]"(『명곡집』 권11 「趙生駿命字義」)하면서 직접 자설을 부 탁한 이에게 지셜을 지어준 바 있다.

39) 『淵鑑類函』 제262 「人部」. "字依乎名 名字之本 字名之末也 "

40) 반고, 『백호통의(白虎通義)』 「德論 下」. "旁其名 爲之字者 聞名卽知其字 聞字卽 知其名"

41) 『의례』 「사관례」. "冠而字之 敬其名也"

치의 수립에 더 큰 의미를 두고 있음을 말해준다.

　바다가 깊을 수 있는 까닭은 도가 있기 때문이다. 바다는 아래에 있기에 더 많은 물을 받아들인다. 아래에 있으면 있을수록 더더욱 많은 물을 받아들인다. 먼 데 있는 물이나 가까운 데 있는 물이거나 졸졸 흐르는 물이거나 고여 있는 작은 물까지 천하의 물이 버려지지 않고 바다로 나아갈 수 있는 것은 바다가 아래에 있을 수 있기 때문이다. 군자가 바다를 보면서 겸손히 그 덕을 쌓지 않을 수 있겠는가? 바다는 모든 물들을 모아, 나아가고 또 나아가가면서 하루도 멈추어 있지 않는다. 한 잔의 물이 세차고 도도하게 흘러 밭도랑에 모여 내와 도랑이 되고, 내와 도랑이 모여 바다가 되는 것은 쉬지 않고 흘렀기 때문이다. 군자가 바다를 보면서 부지런히 학업을 진보시키지 않을 수 있겠는가? 바다는 안고 있는 것이 지극히 넓어 대지의 밖과 하늘가까지 끝간데 없이 두르고 있다. 천하의 크기를 다할 수 있기에 천하의 깊이를 다할 수 있는 법이다. 온갖 냇물이 흘러들어도 다 채워지지 않고, 크고 넓게 어떤 것이든 받아들이지 못하는 것이 없는 것은 포용을 할 수 있기 때문이다. 군자가 바다를 보고 너그럽게 그 도량을 넓히지 않을 수 있겠는가?[42]

　이름이 명(溟)인 종손에게 자심(子深)이라는 자를 지어 주면서 쓴 자설이다. 이때 '자심'은 이름인 '명(溟)'이 갖추고 있는 덕목으로서의 의미를 갖는다. 그리고 그 둘의 관계는 '바다[溟]'가 물을 받아들이면서 '깊이[深]'을 더하는 과정으로 설명이 된다. 즉 바다가 바다일 수 있는 것은 깊기 때문인데 바다가 깊을 수 있는 것은 아래에 있으면서 어떠한 물이든 받아들였기 때문이다. 또한 하루라도 멈추지 않고 흘렀기 때문이며 무

---

42) 이여, 『睡谷先生集』 권11 「從孫溟子深字說」. "然溟之所以深 亦有道焉 溟處下而受益 其所處愈下而所益愈多 凡天下之水無遠無近 不遺涓涔之細 惟溟之趨者 以其能下也 君子觀於溟 可不謙謙焉以蓄其德乎 溟之會衆流也 進而又進 非一日之積也 夫自一勺之多 混混滔滔 集畎澮而川瀆 集川瀆而為溟者 以其能不息也 君子觀於溟 可不俛俛焉以進其業乎 溟所包至廣 環乎大地外與天際 無畔岸可尋 極天下之大 故能極天下之深 萬川注之而不加盈 浩浩漫漫 無所不受者 以其能容也 君子觀於溟 可不恢恢焉 以弘其量乎"

엇보다도 대지의 밖과 하늘가까지를 두르는 지극히 넓은 포용력을 가졌기 때문이다. 바다의 이러한 속성은 '겸손히 덕을 쌓을 것' '부지런히 학업을 진보시킬 것' '도량을 넓힐 것'이라는 군자의 덕목으로 귀착된다.

한편, 자는 형제들의 자와 결합하여 가족 구성원으로서의 지위를 드러내고 가족 공동의 가치와 규범을 밝히는 역할을 하기도 했다. 동일하거나 유사한 의미로 형제들의 명자(名字)에 일관성을 부여하거나 형제의 명자와 합해져 의미를 이루는 명명 방식은 주로 이러한 기능에 기여했다.

> 도망(道望)의 자는 '의(毅)'로 하고 덕망(德望)의 자는 '행(行)'으로 한다. (…중략…) 도는 멀고도 중하니 굳세지 않으면 무엇에 쓸 것이며 덕의 근본은 나에게 있으니 행해야 옳은 것이다. 내 너 도망에게 고하니 네 마음을 크게 가지라. (…중략…) 내 너 덕망에게 고하니 일에 따라 힘을 기울이라. (…중략…) 다만 굳셈은 마음속에 있는 것이지만 행위에 드러나야 할 것이고 행동은 일에 있는 것이지만 생각에 근본을 두어야 할 것이다. 일과 행위 마음과 생각은 표리가 되어 서로 도와야 할 것이다.[43]

형제의 자를 함께 설명하는 형태로 되어 있는 자설이다. 글에 의하면 김씨의 두 아들이 관례를 하고 자를 물어오자 이유장이 '도망(道望)'이라는 아이에게는 '의(毅)' 자를 넣어서, 그리고 '덕망(德望)'이라는 아이에게는 '행(行)' 자를 넣어서 자를 지어주었다. 그리고 '도'는 멀고 중하기에 굳세어야 하고 '덕'은 나에게 있는 것이기에 행해야 한다고 뜻의 대강을 알려 주었다. 그러나 그 두 개의 자는 따로따로 의미를 갖지 못한다. 즉 굳셈은 마음속에 있는 것이지만 행위에서 밝혀야 할 것이고 행위는 일에 있는 것이지만 생각에 근본을 두어야 하는 것이다. 안에 있는 것

---

43) 이유장, 『孤山先生文集』 권5 「金道望德望字說」, "字道曰毅 字德曰行 (…중략…) 道遠且重 匪毅曷以 德本在我 行之則是 予告汝道 洪大其膽 萬理不遺 綱常自任 予告汝德 隨事勉力 (…중략…) 維毅在心 發之於爲 維行在事 本之乎思 事爲心思 表裏相資."

과 밖에 있는 것, 마음속에 있는 것과 행위로 이루어야 할 것, 즉 형제의 자를 결합해야지만 완전한 의미가 구성된다. 형제의 이름은 다른 형제의 이름을 통해 보완되어 이상적 인격체로서의 의미를 획득하는 것이다.[44]

이렇듯 자는 삶 속에서 자주 접하는 글자, 특히 일상의 동작이나 태도와 관계있는 글자를 활용하여 지어졌다. 그러나 화두와 같이 던져진 한 두 글자 속에 도덕적 규범이나 당위적 실천 명제를 함축하도록 하는 것이 일반적인 명명 방식이었고 따라서 자설은 글자 풀이라는 작은 지점에서 출발하여 의미의 확산과 심화를 거쳐 말하고자 하는 궁극의 지점까지 다다르는 설명 방식을 보여주고 있다.

그렇다면 확산과 심화를 통해 자와 자설이 다다르는 궁극 지점은 어디인가?

옛 성현들이 바라던 것이 하나가 아니었는데 지금 네가 바라는 것은 증씨의 노둔함 하나이니 왜인가? (…중략…) 그런데 증씨는 자질은 자공의 민첩함을 따르지 못했고 뜻은 자장의 고원함을 따르지 못했으며 학문은 자하의 풍부함을 따르지 못했다. 그러나 진실하게 스스로를 닦았고 정성을 다해 홀로 지극한 경지에 이르렀으며 친척들에게는 독실하고 벗에게는 신의가 있었다. 얼음 언 못을 밟는 듯한 경계를 늙어죽을 때까지 풀지 않았고 결국 일이관지의 뜻을 알았으니 성도(聖道)가 전해짐을 터득한 사람은 여기에 있다. 이것이 공자께서 그 노둔함을 칭찬하고 정자가 '결국 이로써 그것을 얻었다'라고 칭찬하신 이유이다.[45]

---

44) 형제의 자를 함께 짓거나 자설에서 형제의 자와 연결지어 설명하는 방식은 자설 서술에 있어서 일반적인 유형을 보여주고 있다. 예컨대 황호는 「二孫名字說」에서 '龍瑞'와 '龜瑞'라는 자를 지어 주면서 '도서의 이치를 천명하고 성인의 이치를 밝히라'는 뜻을 담았고, 허목은 「鄭君兄弟字說」에서 東益·東稷·同尙·東龍 등의 네 아들에게 이들 현신의 덕을 상징하는 의미로 伯虞·文翁·玄叟·言叔이라는 자를 지어 주면서 백대에 모범이 될 만한 사람이 되기를 당부했다.

45) 최석정, 『明谷集』 권11 「金生希魯字說」. "古聖賢人可希者匪一 而今爾之所希 獨於曾氏之魯何哉 (…중략…) 惟曾氏則資不如賜之敏也 志不如師之遠也 學不如商之

최석정이 '희로(希魯)'라는 이름의 청년의 관례에 빈이 되어 관을 씌우고 '성득(聖得)'이라는 자와 함께 지어준 글이다. 글은 우선 '노둔함을 사모한다[希魯]라는 이름에 대해 묻는 것으로부터 시작한다. 그리고 공자 제자 중에서 다른 제자들의 민첩함이나 고원함·풍부함을 따르지 못하고 노둔하기만 했던 증삼을 전면에 내세운다. 역설적이게도 증삼에게 '노둔함'은 자신의 수양에 엄격하고 친척이나 벗들에게 독실할 수 있었던 조건이었고 평생 얼음 언 못을 밟는 듯한 경계의 삶을 실천하게 함으로써 결국 일이관지(一以貫之)의 성도(聖道)를 터득할 수 있게 하였던 원천이었다. 자설은 바로 이 '노둔함'을 '성득(聖得)'이라고 하는 형이상학적인 가치와 연결한다. 그리고 이어 다음과 같은 말로 '득(得)'의 의미를 구체화하면서 그 방법을 제시한다.

삼왕을 겸하기를 궁구하면서 얻은 것이 있으면 앉아서 아침오기를 기다린 자는 주공이고, 중용을 택하여 한 가지 선이라도 얻으면 복응하면서 잃지 않은 자는 안씨이다. '들어가는 곳마다 자득하지 않음이 없다'는 것은 자사의 가르침이고 '이 구한다는 것은 얻음에 유익함이 있다'는 것은 맹자의 말씀이다. 증씨가 만든 설에 이르면 '그칠 것을 알고 능히 얻을 수 있는 것에 이른다'는 것을 요체로 삼는다. 그렇다면 군자가 배우는 것 역시 힘쓸 바를 아는 것이면 된다.46)

글은 작가가 『중용』과 『맹자』 등 경전에서 찾아 의도적으로 넣어 구성한 '득(得)'이라는 글자로 점철되어 있다. 이른 바 '(성도를) 얻은' 사람들의 행실과 어록이다. 성현으로 추앙되는 인물의 행실을 나열하고 경

富也 然慥慥乎自修 肫肫乎獨詣 篤於親而信於友 臨履淵氷之戒 至老死而不少解 以卒聞一貫之旨 得夫聖道之傳者在是焉 此所以夫子稱其魯 而程子贊其竟以是得之者也."
46) 위의 글. "其究與思兼三王 有得則坐以待朝者周公也 擇乎中庸 得一善 則服膺不失者顔氏也 無入而不自得 子思之訓也 是求有益於得 鄒孟氏之言也 至其曾氏之所以爲說 則以知止而至於能得爲要 然則君子之所學 亦可以知所務矣"

전의 문구를 그대로 끌어오는 이러한 서술 방식을 통해 '성득'이라는 한 청년은 시공을 넘어 주공과 안연·자사·맹자 등 옛 성현과 만난다. 그리고 경전의 말로, 성현들의 삶으로 의미를 가졌던 그것은 '지금' '이곳'의 청년이 명심하고 실천해야 할 규범으로서 새로운 의미를 확보한다. 즉 '한 가지 얻은 것만으로도' 가치 있고, '어떤 곳에서도' 얻을 수 있으며, '(자신에게 있는 것을) 구하려는' 노력을 통해서 얻을 수 있는 것,47) 그것이 성도(聖道)이다. 또한 '그칠 것을 알고 얻을 수 있는 것에 이르는 것', 즉 '힘쓸 바를 아는 것'이야말로 성도를 터득할 수 있는 방법이다.48)

작가의 말을 배제하고 경전의 문안과 성현의 말을 점철시켜 이루는 이러한 설명 방식은 경전의 권위를 드러내면서 동시에 이를 수용하는 관자의 인격과 위상을 높이는 역할을 한다. 그리고 이러한 설명 과정을 통해 관자에게 부여되는 도덕적인 삶은 성인만이 가지고 있는 특수한 능력이 아니라 관자의 삶의 목표와 구체적인 실천 과제로 형상성을 얻는다. 성현의 말과 행실은 곧 관자에게 기대되는 모습이자 관자가 추구해야할 당위의 형상으로 투영되는 것이다.

이렇듯 축사와 자설은 관례의 목적과 의미를 관자에게 구체적이면서도 선명하게 전달하는 역할을 하였다. 더하고 나아가는 삼가례(三加禮)의 과정에서 축사가 덕의 진보를 향해 나아가는 진정한 '성인(成人)'의 모습을 재현하였다면 관례의 마지막 단계에 놓여 있는 자관자례 속에서 자설은 '성인(聖人)'으로 대표되는 덕의 완성태를 형상화하고 이를 관자의 의식 속에 내면화시키는 기능을 했다.

---

47) 이 대목은 『맹자』 「진심장구상」, "孟子曰 求則得之 舍則失之 是求有益於得也 求在我者也"에서 인용한 것이다.

48) 『四書蒙引』 권1에서는 이 대목에 대해 "必知止而后能定靜安慮 以至於能得 此所以必貴於知止也 不然終無得於道矣"라는 해설을 붙였다.

4. 17세기 관례의 사회적 의미와 그 이후의 동향

　주지하다시피 관례는 성인으로서의 지위와 역할이 시작되는 지점에서 치루어졌다. 이 지점은 한 개인으로서는 의존적인 단계에서 벗어나 주체적인 인간으로서 도약하는 시점이며 한 집안, 한 사회의 구성원으로 공인받고 역할과 책무를 부여받는 지점이기도 하다. 그런 의미에서 사회 성원으로 지켜야할 규범을 전수하고 새로운 마음 자세를 당부하는 것은 어느 문화권의 성인식에서도 볼 수 있는 기본적인 절차이다. 관례 과정에서 축사로 당부하고 자설로서 신칙하는 것도 그런 맥락에서 크게 벗어나지 않는다. 다만, 관례의 특이성은 출발을 중요성을 주지시키면서 완성태를 현시하고 있다는 점에 있다. 그 완성태는 유교 사회가 지향하는 이상적 인간형으로 나타난다. 『주자가례』에서는 관례가 "아들로서, 신하로서, 아우로서, 연소자의 역할을 책임지우는 것"이라고 간단히 설명하고 있지만 실상 관자에게 요구되는 덕목은 생활 규범이나 교양 수준을 훨씬 넘어서 인식과 수양, 실천의 영역 모두를 포괄하여 '이상적인 유자(儒者)'를 만드는 데 있었다.

　당장 결혼이나 사망 등 존재의 변화를 수반하지 않아 실용성이 적을 뿐 아니라 관념적이고 고차원적인 성격을 포함하고 있는 관례 특유의 속성은 관례가 사례 가운데서도 유독 실행율이 낮을 수밖에 없었고 서민층으로까지 폭넓게 파급되지 못하고 사대부 의례로만 남을 수밖에 없었던 이유이다. 또한 사림파가 등장하면서 성리학에 대한 학문적 이해가 심화되고 이를 생활에 정착시키기 위한 노력이 본격화하기 시작하는 16~17세기에 와서야 활성화될 수밖에 없었던 이유이기도 하다. 즉 관례는 도덕의 문제를 탐구하고, 수양을 통해 인격의 도야를 강조하며, 예라는 형식을 통해 이를 구현하려고 했던 조선 중기 사대부들의 신념이 모여 이루어졌던 의례였다. 당시 관례의 현장은 유교사회가 요구하는 가장 바람직한 인간을 만들어 내기 위한 엄숙한 교육의 장이었으며 같은 이념을 공유하고 향유하는 사대부들이 삶의 가치를 확인하고 다지는 결속의 장이기도 하였다.

그러나 가례(家禮)가 서민층으로까지 파급되고 혼례와 상제례의 저변이 파급되는 18세기에 오면 관례는 오히려 파행과 위축의 양상을 띠게 된다. 이에 대해 18세기 사대부들은 다음과 같이 말하고 있다.

관례는 성인이 되는 큰 예로서 폐지해서는 안 되는 것인데도 불구하고 지금 가정에서는 행하는 사람이 매우 드뭅니다. 비록 가난을 핑계대지만 사실은 무식해서 그런 것입니다. 그래서 성호 선생이 이처럼 지극히 간략한 의절을 만들어 사람마다 시행시키고자 하신 것이니 그 뜻이 또한 슬픕니다[49]

이최수(李最壽)라는 사람이 아들의 관례를 치루기 힘들었던 정황을 이야기 하고 이를 간소화하여 보급한 성호의 예식에 대해서 묻자 순암 안정복이 여기에 답한 글이다. 당시 성호는 "궁벽한 시골, 가난한 선비들이 의물을 갖추기 힘들고 들어가는 비용 역시 많다는 것을 핑계로 예를 시행하지 않는다"[50]고 진단하고 세 번에 걸쳐 가관하는 절차를 한번으로 간소화 한 바 있다. 그러나 이에 대해 순암은 "관례를 행하는 사람이 절대적으로 드문 것은 집안이 가난해서가 아니라 무식해서"라고 단정지어 말한다. 즉 의물이 구비되지 못해서가 아니라 관례의 본뜻을 이해하지 못하는 것이 문제라는 지적이다. 성호가 간단한 의절을 만들어 그나마 시행하고자 한 뜻이 슬플 뿐이라는 언급은 당시 관례가 어느 정도

---

49) 안정복, 『순암선생문집』 권9 「答李最壽問目」. "冠 是成人之大禮 不可廢者 今人家行之者絶少 雖委於貧窶 而實則無識而然也 先生爲此至簡之儀 欲使人人行之 其意亦悲"

50) 이익, 『성호선생전집』 권48 「刪節冠儀」. "冠禮成人之始 其禮甚重 然窮鄕貧士 儀物未備 費則亦多 有不可準禮 故人皆諉此而不行 (…중략…) 冠禮亦宜參古酌今 刪其繁縟 使人得以易行 單門寒族 方始畢擧而無歉矣 其不然者 自合如儀"

로 홀시되었는지를 말해준다. 즉 관례의 쇠퇴는 양적으로는 풍성해지지만 내용과 정신은 매너리즘에 빠지고 형식화 되어가던 당시의 예속(禮俗)과 맞물려 있다.

여기에 19세기에 들어 조혼의 풍습이라는 외부적 요인까지 가세하자 관례는 정신적인 의미가 제거된 채 혼례의 전단계로만 명맥이 유지되다 단발령이 반포되는 갑오경장을 계기로 폐지되게 된다. 그러나 당시에도 개화를 반대하고 단발에 반항하는 사람들의 대부분은 머리를 길렀고 관례를 강행하였다.[51] 그들에게 있어 머리를 기르고 관을 쓰는 것, 관례를 치르는 것은 단지 살아가는 과정에서 형식적으로 치루는 의식이거나 수구적인 고집이 아니라 투철하게 삶의 좌표를 설정하고 신념을 실천하는 방식이었던 것이다.

5. 맺음말

이상에서 살펴본 바와 같이 관례는 관혼상제 가운데서 가장 정착이 늦었고 또 가장 먼저 쇠퇴의 길로 접어들어 현대는 그 명맥조차도 사라진 전통의례이다. 그러나 성리학적 믿음에 투철했던 사대부들이 그들의 이념을 투사하고 그들의 신념대로 올바르게 살기 위해 무엇보다 강조하고 실천하려 했던 의례이기도 하였다.

조선시대 사대부들에게 있어 성인이 된다는 것은 육체적 성숙을 의미하는 것이 아니고 바르고 이상적인 삶을 위해 갖추어야 하는 준비를 의미했다. 따라서 관례를 진정으로 이해하는 사람들은 의관을 구하기

---

51) 양재연, 『한국풍속지』, 을유문화사, 1971, 207면

어렵다고 해서 관례를 포기하지 않았고 절차를 생략하는 일은 있었어도 반드시 그 뜻만은 지키고자 했다. 17세기는 특별히 관례가 그 본연의 의미를 포함하면서 사회적 기능을 충분히 수행하던 시기였다. 당시 관례는 도덕의 문제를 학문적으로 탐구하고 수양을 통해 실천하려 했던, 그리고 이를 예라는 형식으로 구현하려 했던 조선 중기 사대부들의 신념을 선명하게 표출하던 의례였다.

당시 관례와 관계를 맺고 지어지던 글들은 그러한 정신을 함축적으로 담았다. 삼가례(三加禮)가 성인의 역할 전부를 단계적으로 체험하면서 덕(德)의 완성을 구현해보이는 절차이고 가관자례(加冠字禮)가 완성된 덕을 선포하면서 영속성을 축원하는 절차라면 이 과정에서 축사는 덕의 진보 과정을 형상화하였고, 자설은 수준 높은 도덕적 경지를 향해가고 이를 내면화 하는 과정을 구체화하였다. 관자를 어린아이로 보기 오히려 도덕을 완수한 성현의 가능태로 표현하면서 관자에 대한 무한한 믿음과 기대를 보여주고 있는 축사와 자설의 표현 방식은 현대에 있어서도 시사하는 바가 크다. 비록 유교적 이념이 사회적 통제력을 갖는 시대는 지났지만 사회에 첫발을 내딛는 관자를 대우하고 권고하는 방식, 삶의 좌표를 제시하고 목적의식을 갖도록 하는 관례의 정신은 현대인의 삶에도 유용한 지침을 마련해주기 때문이다.

위항시에 나타난 중인층의 일상과 의식세계

임유경*

1. 머리말

18~19세기에 중인층을 중심으로 전개된 위항문학은 조선 후기 문학의 한 흐름을 형성하고 있다. 시회를 열고 시사를 만들어 문학 활동을 전개하였고 시선집을 펴내어 자신들의 시를 남기고 있으며, 위항인의 전기집을 통해 뛰어난 자질을 가진 인물을 소개하고 행적을 기록하여 두었다.

위항문학은 중인층의 사회문화적인 활동의 한 부분으로 이해되어야 한다. 조선후반기를 통해 끊임없이 계속된 이들의 중서통청운동(中庶通淸運動)과 함께 예술로의 지향은 경제적인 지위 상승에 미치지 못한 정치적 신분 제약으로 인해 생겨난 계층적 자기표현의 일환이었을 것이다.

---

* 대구가톨릭대 국문과 교수.

17세기 말부터 시작된 위항문학은 18세기에 이르러 그 정점에 이르게 된다. 1712년에 『해동유주』를 시작으로 『소대풍요』(1737년)·『풍요속선』(1797년)이 간행되고, 위항문학의 전성기라고 일컬어지는 송석원시사(松石園詩社)가 활발하게 활동하였던 시기이다. 이 시기의 시는 애초에 사대부들의 시에 비해 자신들의 시가 손색이 없다는 자부심을 가지고 쓴 만큼 사대부의 시와 비슷한 정취를 드러낸 시가 많다. 그런 작품이 다수를 이루는 중에도 자신들의 처지와 관련하여 현실 혹은 지나간 역사에 대한 심정을 토로하는 시에서 중인층만의 시각을 보여주는 작품들이 있다. 필자는 『소대풍요』와 『풍요속선』에 실린 위항 시 작품을 통해 중인층의 시세계를 살펴본 바 있다.[1] 본고는 그 작업을 토대로 중인층의 일상과 의식세계를 살펴보고자 한다.

위항시의 특징은 일상의 모든 것을 다 소재로 삼아 시를 썼다는 데 있다. 생활 감정을 일기 쓰듯 시로 표현하며, 자연을 보고 느낀 감흥이나 친구들과의 교제, 생활의 문제 등 다양한 일상의 모습을 시에 담아 표현하였다. 솔직하고 거침없는 어조로 자신들의 한계를 이야기하며 문제를 해결할 수 없는 답답함을 토로하기도 한다. 그러한 시들 가운데 중인층의 의식세계를 중심으로 일상의 몇 국면을 추적해본다.

2. 위항시에서의 일상과 의식세계

1) 시사(詩社)를 통한 결속과 계층적 자아의식

중인층 한시의 창작은 시회와 관련하여 이루어진 것이 많다. 위항문

---

1) 임유경, 「18세기 위항시집에 나타난 중인층의 문학세계」, 『태동고전연구』 창간호, 1984.

학은 시사를 중심으로 발전해왔으므로 대부분의 위항시는 시사 활동의 결과물이다.[2] 제목이 같은 시가 많이 있고 아예 '송석원'이라는 제목의 시가 위항시선집 속에서 많이 눈에 띄는 것은 그런 추정의 근거가 된다. 시회에서는 간만에 만난 친구들과의 회포를 말하거나 주변 자연경관을 읊는 것으로 즐거운 분위기를 고조시키게 된다.

시회에서 생산된 시를 묶어 시집을 엮기도 하는 등, 그들이 시 창작에 보인 열의는 대단하였다.[3] 1786년 송석원시사가 결성되고 동인들이 쓴 시와 각자의 서(序)와 22조로 이루어진 범례가 실린 『옥계사(玉溪社)』가 전하고 있어서 시사 결성의 목적과 운용 방식을 짐작하게 한다.[4] 범례의 첫머리에는 자신들의 모임이 문사로써 모이고 신의로 맺는 것임을 분명히 하고 있다.[5] 문학을 목적으로 이루어진 모임이라는 것을 가장 먼저 밝히고, 신의로 맺어진 관계라는 것을 강조한 것이다. 그러기 때문에 맹약을 어기면 내쫓을 수 있다는 것도 명기하고 있는 것은 자신들의 계층적 성격을 분명히 하려는 의도로 보인다. 모임의 구체적인 실상은 한 달에 한 번 모이는데, 반드시 대보름·봄 가을의 사일(社日)·삼진날·초파일·단오날·유두·칠석·중양절·오일(午日)·동지·납일(臘日)로 정한다. 이외의 날에 따로 모일 경우에는 초하루에 글을 내어 모임을 알리는데 다른 사람이 듣거나 보지 못하게 한다고 명기하였다. 이런 사실은 이들의 모임이 초기에는 동인 중심의 폐쇄적인 성격으로 시작했음을 알게 해준다.

시회에서 시를 짓지 못하면 벌을 준다든지, 잇달아 세 차례 장원하는

---

2) 강명관, 『조선 후기 여항문학 연구』, 창작과비평사, 1997, 317면. 이 책에서는 각 시사를 중심으로 위항시가 전개되어가는 과정과 그 성격을 밝히고 있다.

3) 송석원시사에서 1761년 6월에 시회를 연 후 나온 『玉溪雅集帖』이 『閭巷文學叢書』 8(여강, 1991)에 실려 있다.

4) 이 자료는 허경진, 『조선위항문학사』, 태학사, 1997에서 소개하고 있으며, 책의 부록으로 영인 수록되어 있다.

5) 「凡例」, 위의 책, 626면. "會以文詞, 結以信義."

사람은 다음 모임에 예주(禮酒) 한 단지를 가져오게 하고, 반대로 잇달아 세 차례나 꼴찌를 하는 사람은 벌주 두 단지를 가져오게 한다든지 하는 내규는 시를 중시하는 모임의 성격을 잘 말해준다. 시사에서 지은 시들은 평을 거친 후에 등차에 따라 쓰고 뜻을 음미하며, 나중에는 책을 만들어 뒷날의 면목으로 삼고 그림으로 그려 이야기 거리로 삼는다는 것까지 세세히 범례에 담고 있다.

시사의 모임은 공식적으로는 한 달에 한 번씩 있었던 만큼, 만나지 못한 사이의 세상살이에 대한 이야기를 나누다 보면 자연히 시를 짓거나 음주가무 등의 여흥이 따르고 유흥적 분위기에 젖었을 것이다.6) 또한 동인으로서의 성격이 강했던 만큼, 자신들의 우정이나 친교를 다지는 내용이나 잠시 속세를 떠나 산수 간에서 노니는 즐거움을 표현하는 데에 많은 노력을 기울였다.

楓菊何好處	단풍 국화 좋은 곳 어디일까?
最愛玉溪麓	옥계 기슭이 가장 아름답구나.
烟霞成痼癖	산수를 즐기는 것이 고질병 되었으니
秋夜與子宿	가을 밤 그대와 더불어 여기서 지내리라.
相對無雜語	서로 마주하여 잡스런 이야기는 하지 않고
但看庭中竹	정원의 대나무만 바라본다.
今日修禊事	오늘 불계한 것은
終老欲相逐	늙을 때까지 함께 어울려 즐기고자 함이라.7)

이 시에서 보는 바와 같이 아름다운 곳을 찾아 산수를 즐기며 시를 짓는 즐거움을 만끽하고 있는 시사시의 특징은 이러한 자신들만의 시회가 항상 계속되어 늙도록 함께 이런 생활을 하기를 소원하는 것으로 나타난다. 우정을 다지고 또한 함께 시를 짓고 산수를 즐길 수 있는 일

---

6) 성범중, 「위항문학의 현실관과 미적 장치」, 『국문학연구』 6, 2001, 53면.
7) 趙匡蘭, 「楓麓修禊」, 『조선위항문학사』(허경진), 태학사, 1997, 616면.

상의 즐거움이 영속되기를 바란다. 마주하여 잡스런 이야기는 하지 않는다는 것은 세속을 잠시 떠나 현실적인 관심을 멀리 한 채 자연을 완상하는 태도를 보여준다. 말없이 자연 속에서 일체감을 느낄 수 있는 이러한 청아한 관계를 시사를 통해 지속할 수 있으므로 시사활동이 이들의 일상에서 차지하는 비중이 매우 커지게 된다.

시사시로 불릴 만한 시에서도 자신들의 신분에 대한 불만과 한스러움을 읽을 수 있다. 송석원시사의 시회에 참가하여 지은 엄계흥의 시를 살펴보자.

(…전략…)

艶慕千載上	천 년 위를 염모하니
文藻卽我師	문조가 우리의 스승이라.
宛若接疏韻	완연히 소운에 닿은 듯하고
況如對淸儀	아스라이 청의를 마주하고 있는 듯.
吾輩攝後塵	우리들이 뒤의 티끌을 밟으니
昔賢不在玆	옛 현인은 여기에 없도다.
方輿與洪覆	하늘과 땅은
芸芸萬物滋	무수하게 만물을 만들고
俄頃各隨化	잠시 후에 각기 따라 변화하니
修短同無遺	길거나 짧거나 모두 버림이 없네.
窮達自有命	곤궁과 영달은 스스로 명이 있나니
棄置復奚疑	버려둔들 어찌 다시 의심하리오
達亦不足喜	영달하여도 기쁠 것 없고
窮亦不足悲	곤궁하여도 슬플 것 없다네.
爲問轅下駒	끌채에 매인 망아지에게 묻노니
期似泥中龜	바라건대 진흙 안의 거북처럼 되어라.
但願無束縛	단지 속박 없기만 바라니
昕夕心委蛇	아침저녁 마음이 여유롭다.
晤言尊罍間	터놓은 이야기가 술잔 사이에 있고

傲兀以揚眉　　굽힘 없는 자존심에 눈썹을 올리네.

三百有六旬　　삼백 예순 날

庶幾長如斯　　늘 이 같기를 바라노니

何必拘歲月　　하필 세월에 얽매어

秪效蘭亭爲　　난정고사만 본받으리오[8]

　이들의 문학에 대한 인식을 엿볼 수 있는 시로, 자신들의 신분에 대한 차별에도 불구하고 서로 격의 없이 교류하는 이 모임에 대해 긍지를 갖게 하는 내용을 담고 있다. 문학이 자신들의 존재 의의를 말해줄 수 있는 유일한 통로이니 그것을 통해 계층적 결속을 다진다. "우리들(吾輩)"이라는 표현을 통해 중인층의 동류의식을 강조하고 있다. 마지막 "하필 세월에 얽매어 난정고사(蘭亭故事)만 본받으리오"라는 언급은 양반들의 시회와는 다른 자신들만의 시회로서의 자부심을 드러낸다.

　양반에 비해 열등한 자신들의 신세를 '끌채에 매인 망아지[轅下駒]'로 비유하면서 '진흙을 돌아다니는 거북[泥中龜]'처럼 자유로운 은둔생활을 할 것을 소망한다. 은둔생활을 상징하는 거북을 빌어 표현하였으나 현실을 완전히 단절하는 은둔이 아니다. 끌채에 매인 망아지 신세인 자신들의 계층적 한을 풀어버리고 함께 문학을 하는 자유로운 상태를 소망하는 것이다. 문학을 이야기 하는 장에서만큼은 양반에게 지지 않는 자존심을 한껏 치켜 올릴 수 있으며, 현실의 속박으로부터 해방을 맛볼 수 있다. 이들은 문학 그 자체가 중요한 하나의 목적이며, 같은 무리들과 문학모임을 갖는 것이 현실에서의 위축감을 씻어버릴 수 있는 청량제 구실을 하는 것이다.

　엄계흥은 신분차별에 대한 반감을 강하게 표출하고 있는 시인이다. 『풍요속선』의 짤막한 작가 소개에도 "소광질탕(疎狂跌宕)하여 권세 있는 사람들을 두려워하지 않았다"[9]고 밝힌 그의 다음 시는 시를 짓고 술을 마

---

8) 嚴啓興, 「千君善玉洞卜築 癸丑暮春 盛邀諸子 修蘭亭故事 强策赴會」, 『풍요속선』 권6(『여항문학총서』 8), 여강, 237~238면.

실 때는 친구가 되다가도 사회적인 관계에 들어서면 신분에 따라 냉랭하게 구는 양반들을 향한 발언으로 보인다.

儇才齊敏足使令	발랄한 재주와 민첩함은 일 시키기에 족하지.
對酌爾吾便忘形	술잔 대하면 너니 나니 곧 형식에 개의치 않는다오
握手此夜卽親朋	손 잡고 이 밤엔 곧 친구가 되나
分手出門冷如氷	손 놓고 문 밖을 나서면 얼음같이 차가워지네.
杯酒席話起搶攘	술잔 잡고 이야기할 땐 어지러이 일어설 듯하나
心已按劍舌鼓簧	마음은 이미 칼 어루만지며 혀는 생황을 불고 있네.
同係朝籍尙如此	같이 조정에서 일하는 무리도 이러하거늘
誰數委巷有志士	누가 위항에 지사 있음을 알아주리오
嗟乎已矣可奈何	아아, 두어라 어찌하겠는가.
擊節靑燈一放歌	청등에 박자 맞추어 노래나 부르자.10)

위의 시는 자신의 재주가 현실에 쓰일 수 없는 신분에 대한 한탄을 보여준다. 술잔을 대하여 사석에서는 망형지교(忘形之交)를 맺은 듯이 이야기하고도 다음날이면 다시 냉정해지는 것이 사회적 관계이다. 술자리에서는 다같이 분개하지만 그들은 그때뿐, 마음은 태평스레 생황을 불고 있다. 그러니 누가 위항의 선비를 알아줄 것인가? 이 시에서 분명하게 자신들을 '위항(委巷)의 지사(志士)'라고 표현하였다. 그러한 동질감이 그들의 계층의식을 형성하고 정체성을 부여한다. 그러나 자신들만의 인식일 뿐, 사회에서의 인정을 받지 못하고 있다.

어쩔 수 없이 노래를 부르는 행위로, 즉 시를 짓는 것으로 비애를 달랠 수밖에 없다. 그러한 과정에서 현실에 대한 생각이 토로되기도 하고 자신에 대한 비애감이 노출되기도 한다.

東西南北盡相知	동서남북 다 서로 일었으나

---

9) 『풍요속선』권6(『여항문학총서』8), 여강, 237면, "疎狂跌宕, 不畏貴勢."
10) 嚴啓興, 「放歌行」, 『풍요속선』권6(『여항문학총서』8), 여강, 238면.

交道何曾有變移	교도가 어찌 변이가 있었으리오
半世無心營爵祿	반평생 벼슬하는 것엔 무심하였으나
只緣憂國淚長垂	단지 나라 걱정으로 길이 눈물 흘리네.[11]

　자신들의 교우관계가 변함없이 진실했다는 것을 강조하면서도 은연중 자신들의 처지가 드러나 있다. 벼슬에는 뜻을 둘 수 없는 신분이면서도 지니고 있는 현실에 대한 안목으로 인하여 나라 걱정을 하지 않을 수 없는 갈등을 느끼게 된다. 이들이 나라 일에 상심하고 있음은 곳곳의 구절에 보인다.
　사회현실에 대한 문제의식을 담은 시는 대체로 고시의 형태로 서사시적인 성격을 띠고 있다. 이들 눈에 비친 가장 심각한 사회문제는 빈부의 격차와 농촌의 황폐현상이었다. 이들은 가난에 대해 한탄하고 빈부의 차이를 논하면서 가난한 사람의 편에 서서 부자의 사치와 방종을 비판하는 것을 볼 수 있다.

冬何苦寒憂何熱	겨울은 어찌 그리 춥고 여름은 얼마나 뜨거운가.
才薄未得窮玄機	재주가 얇아 현기를 궁구하지 못하였네.
貧人畏寒不畏暑	가난한 사람은 추위를 두려워하고 더위를 무서워 않네.
爀日猶足一葛衣	뜨거운 날에도 갈의 하나면 족하니까.
富人畏暑不畏寒	부자는 더위를 두려워하고 추위를 무서워 않네.
積雪正合千金裘	눈이 쌓이면 정녕 비싼 털옷이 어울린다네.
仁政復先哀煢獨	인정은 모름지기 고독하고 쓸쓸한 이들을 우선해야 하는 것.
九重何以達冤旐	구중 깊은 곳 임금께 어찌 전하오리.[12]

　부자와 가난한 자를 더위와 추위라는 자연현상으로 대비한 후 정치는 가난한 계층을 우선시해야 한다는 성현의 가르침을 슬며시 부각시

11) 文繼朴,「題贈鄭可遠」,『昭代風謠』卷3(『여항문학총서』 8), 여강, 81면.
12) 石世珩,「苦寒行」,『風謠續選』卷3(『여항문학총서』 8), 여강, 197면.

킨다. 그러한 정치의 기본을 제대로 실천하지 못하는 위정자들에 대한 불만을 은근히 임금이 구중궁궐에만 있어 그 실상을 모르기 때문인 것으로 치부하면서 자신이 그럴 위치에 있지 못하므로 무슨 수로 임금에게 자신의 뜻을 전달하겠는가 하는 한탄으로 끝을 맺었다. 사회적으로는 가난한 자의 편에 속하면서 자신들의 능력은 정치를 담당해야 할 지식인으로서의 위치에 있는 중간자로서의 계층의식을 드러낸다.

정래교는 「농가탄」에서 징포로 온 마을 일족이 수난을 당하는 비참한 모습을 그려 보여주었는데, 「풍설탄(風雪歎)」에서 자신의 지식이 이런 문제를 해결하기에는 너무도 부질없고 자신이 국정에 참여할 지위도 아니므로 차라리 술에 취해 모르고 살았으면 좋겠다고 말하고 있다.

(…전략…)

生平誤讀古書詩	평생 고서와 시를 잘못 읽어
不解憂身解憂時	내 근심도 해결 못하니, 시대의 근심을 해결하랴.
把筆覼縷千餘言	붓을 잡고 자세히 천여 가지를 말하나
腐儒經倫一何痴	썩은 선비의 경륜이 하나같이 얼마나 어리석은가.
欲向廊廟干所學	온갖 배운 것을 조정에 나아가 펴고 싶지만
騎馬出門迷所之	말 타고 문 나서니 갈 바를 모르겠네.
安得樽酒飮無何	술이나 마시지 않으면 어찌하리.
醉倒冥顚睡不知	취하여 거꾸러져 모르고 잠들었으면.[13]

평생 읽은 책과 시는 자신의 삶에 아무런 도움도 되지 못한다. 붓을 잡고 이러쿵저러쿵 하지만 제 앞가림도 못하는 신세에 무슨 세상의 근심을 해결하겠는가? 다 부질없는 짓이다. 자신을 썩은 선비라고 자조하면서 어리석음을 한탄하지만 슬그머니 자신의 속마음을 드러내기도 한다. 온갖 배운 바를 조정에 나가 펼치고 싶은데, 그럴 수가 없다. 말 타고 문을 나서니 갈 곳을 몰라 헤맨다. 자신의 지식과 경륜에 맞는 곳으

---

13) 鄭來僑, 「風雪歎」, 『풍요속선』 권2(『여항문학총서』 8), 여강, 186면.

로 가서 능력을 펴야 하지만 그럴 수 없다는 것, 이것이 바로 중인층의 계층적 恨인 것이다. 지식과 일상의 괴리가 너무 크기 때문에 술이나 마시고 취하여 모든 것을 잊고자 한다.

이처럼 술의 힘을 빌어 세상일을 잊고자 하는 마음은 여러 사람의 시에서 볼 수 있는 내용인데, 다음의 시에서 보이는 바와 같이 자신의 심정을 직설적으로 토로하고 있다.

豈無案上書	어찌 책상 위에 책이 없으리오만,
非醉不復着	취하지 않고는 다시 볼 수 없네.
豈無匣中琴	어찌 갑 속에 거문고 없으리오만,
非醉不復彈	취하지 않고는 다시 켤 수 없네.
醒來不復眼	술 깨면 다시 잠들 수 없고
醉後方能餐	취하고 나서야 겨우 밥도 먹힌다네.14)
(…후략…)	

이들이 이토록 자조적으로 세상일에 대해서 도피하고자 하는 까닭은 자신들이 배운바 유교적 덕목과 현실 사이의 괴리감, 그리고 배운 것대로 실행할 수 없는 현재의 여건 등이 그들로 하여금 비관적인 태도를 갖게 하였을 것이다. 탄식하는 내용이나 '자탄(自歎)'·'자소(自笑)'·'취음(醉吟)' 등의 제목이 많이 눈에 띄는 것도 이 때문인 것 같다.

聞古仁無敵	옛날에는 인은 적이 없다 들었는데
着今義亦嗤	지금은 의 또한 웃음거리네.
富榮貪益顯	부유하고 영화로우면 욕심이 더욱 드러나고
貧賤是爲非	가난하고 천하면 옳은 것도 그르다 하네.
天意豈能度	하늘의 뜻을 어찌 헤아리겠는가.
人情未易知	사람의 정도 쉽게 알 수는 없네.

---

14) 崔挺祥, 「酒功」, 『풍요속선』 권6(『여항문학총서』 8), 여강, 247면.

山深水綠處 　산 깊고 물 맑은 곳으로
早晚不如歸 　조만간 돌아가는 것이 낫겠네.[15]

　현실세계의 부조리에서 벗어날 방법이 없으므로 차라리 자연으로 돌아가고자 한다. 성현의 가르침인 인의(仁義)가 제대로 시행되지 않는 현실사회에서 고통스럽게 살기보다는 산 깊고 물 맑은 자연세계에로 돌아가는 것이 좋겠다고 하는 마지막 구절에서 보듯이 이들은 처음부터 자연을 찾아가는 것이 아니라 현실에서 괴로움과 혼란을 겪으니 차라리 자연을 찾겠다는 것이다. 따라서 자연이 인격의 도야를 위한 장소가 아니라 도피의 장소로 여겨지고 있다는 느낌을 받는다. 자연 속에서 정신적인 고고함을 지키는 것으로써 현실의 어지러움에 등을 돌리고자 하는 태도는 다음 시에 상징적으로 나타나 있다.

鳳食竹林實 　봉은 대나무 숲의 열매를 먹고
高飛遊太淸 　높이 날아 태청에 노니는데
紛紛鴻鵠輩 　시끌시끌한 기러기 떼는
志在稻粱爭 　곡식에만 뜻을 두어 다투고 있네.[16]

　자신은 봉에 비유되어 있고 세속의 무리들은 기러기 떼에 비유되어 나타나 있다. 자기네가 세속의 이익과 무관하게 정신적인 고고함을 누리고 있을 때 다른 인간들은 오직 물질적인 추구만을 위하여 다투고 있다는 것이다. 단적으로 말하면 자연 속으로 도피하여 현실문제에 대해 초연하고자 하는 것이 이들의 내면세계라고 할 수 있다. 그것은 자신들의 능력과 식견을 아무도 알아주지 않으므로 자연 속에서나마 마음을 달래겠다는 태도로 나타난다. 그러나 시에서 봉이 대나무 숲 열매를 먹고 태청에 노닌다고 하는 것이 하나의 환상인 것과 같이 그들의 자연회

---

15) 田萬種, 「自歎」, 『풍요속선』 권3(『여항문학총서』 8), 여강, 202면.
16) 李萬馨, 「戊戌記感」, 『소대풍요』 권1(『여항문학총서』 8), 여강, 77면.

귀도 하나의 꿈에 불과한 것이다.

도선적 세계는 현실에 존재하지 않는 상상의 세계이다. 그것은 이들에게 은거란 것이 현실로 존재하지 않고 관념 속에 존재했듯, 오로지 상상 속에서만 존재하는 것이다. 은거와 도선적 세계는 신분모순이란 사회적 불평등으로부터 제기된 심리적 갈등을 치료하기 위한 소극적 자기위안물이라는 점에서 완전히 동일한 것이다.[17]

뾰족한 해결책이 없는 이들은 시를 통해 그러한 자신들의 삶에 대한 회한과 비애를 표현하는 것으로 위안을 삼는다. 직접적으로는 자신들의 가난과 신분적인 제약을 드러내며, 나아가서는 사회현실에 대한 생각과 농촌의 피폐화된 모습을 보여주면서 해결할 수 없는 자신에 대한 비애감을 표현하고 있다.

다음의 시는 알아주는 이 없는 자신들의 처지를 풀에 비유한 것으로 보인다.

庭草本非種	정원의 풀은 본래 심은 것이 아닌데
春風自發生	봄바람에 스스로 생겨났네.
惟有色香別	오로지 색과 향이 특별하니
無數亦無名	헤아릴 수도 없고 또한 이름도 없다네.[18]

이름 없는 풀과 같이 덧없는 존재라는 한탄 섞인 자조는 곳곳에 드러난다. 정원의 풀처럼 본디 귀한 신분이 아닌 자신들의 계층성을 자각하고 있다. 그러나 색과 향이 특별하다고 하여 자신들의 능력에 대한 자부심을 드러낸다. 수없이 많으나 또한 이름도 없다는 마지막 구절에서 중인층의 현실에서의 좌절을 엿보게 한다.

현실문제에 대해 인식하고 있지만 그 뜻을 펼 수 없는 비애감을 때로

---

17) 강명관, 앞의 책, 233면.
18) 李受益, 「庭草交翠」, 『風謠續選』 권4(『여항문학총서』 8), 여강, 208면.

는 노골적으로 표현하기도 하였다.

有酒吾自斟	술이 있어 내 스스로 마시고
有詩吾自吟	시가 있어 내 스스로 읊조린다.
邈矣天地間	아득한 천지 가운데
誰人知此心	어느 누가 이 마음 알아주리오
散髮發大笑	산발한 채 큰 웃음 터트리니
坐聽松風禁	앉아서 솔바람 소리만 듣는구나.19)

이와 같이 이들은 현실문제에 깊이 개입하지 않고 자연에 몰입하거나 예술에 눈을 돌림으로써 소극적인 대응책을 편다. 따라서 이들의 문학도 현실의 문제를 구체적으로 제시하기보다는 단지 자기만족의 문학으로서 스스로 즐기기 위한 문학의 성격이 짙다.

2) 기행을 통한 역사의식

이들 시에 있어서 두드러진 특징의 하나로 회고 취향을 들 수 있다. 그 이유를 여러 가지로 추정해볼 수 있겠으나 먼저 앞에서 언급했던 바, 사회현실에 대한 불만과 그것을 해소할 수 없는 결과로써 관심을 과거 사실에로 돌린 경우를 생각해볼 수 있겠다. 대체로 송도를 소재로 하여 전 왕조인 고려의 패망을 읊은 것이 많고, 조선에 관한 것은 노량진의 사육신묘를 소재로 하여 단종의 비극과 사육신의 비애를 담고 있다. 이는 이들의 현실에 대한 비관적인 관점이 역사적 사실을 볼 때에도 적용되어 역사상의 비극적 인물 내지는 패망한 왕조에 대해 연민의 정을 가지고 서술하게 된 것이라 볼 수 있다.

---

19) 石希璞, 「遣興」, 『소대풍요』 권7(『여항문학총서』 8), 여강, 119면.

후기의 위항시인 조수삼은 『추재기이(秋齋紀異)』, 『외이죽지사(外夷竹枝詞)』 등을 통해 역사와 설화를 시로 옮겨 전개하고 있는데, 『소대풍요』·『풍요속선』에 실린 시들은 대체로 사적에 얽힌 감회와 복고적 이미지를 중심으로 시상을 처리하고 있다. 즉, 단편적인 역사를 회고하는 내용이 대부분이다. 대체로 기행시와 결합하여 여러 지방을 순회하다가 그곳의 사적과 관련지어 옛 왕조를 회고해보는 것이 많다.

皐蘭寺下水茫茫　　고란사 아래 물은 망망히 흐르는데
落盡巖花歲月長　　꽃들이 떨어져 죽은 후 세월이 길었도다.
樂事翻成千古恨　　즐겁던 일 뒤집혀 천고의 한이 되고
忠言無補一朝亡　　충언도 보람 없이 하루아침에 망하였네.[20]

백마강을 지나며 백제의 마지막 왕 의자왕 때 궁녀들이 낙화암에서 떨어져 죽은 일을 생각하며 지은 시이다. 뒷부분에는 쓸쓸한 풍경 묘사와 더불어 "노승은 아직도 의자왕 이야기를 한다"는 구절로 끝맺음하고 있는데 역사에 대한 뚜렷한 자기인식을 표현하는 것이 아니라 그 자연을 둘러싸고 있는 분위기 묘사에 더 치중하고 있다.

羅王陳迹有高臺　　신라왕의 유적에는 고대가 있으니
此日登臨望眼開　　오늘 올라 바라보니 눈이 열리는 듯.
大野茫茫當北澗　　큰 벌판은 망망하여 북쪽 끝에 당하고
群峰簇簇自東廻　　뭇봉우리는 우뚝우뚝 동에서 돌아드네.
荒凉半月依山麓　　황량한 반월성은 산기슭에 의지했고
縹緲瞻星近水隈　　아득한 첨성대는 물굽이 가까이에 있네.
三姓舊居今寂寞　　삼성 옛터는 지금은 적막하니
風前回首一含哀　　바람 앞에 머리 돌려 비애를 머금도다.[21]

---

20) 李聖中, 「渡白馬江暮入皐蘭寺次壁上韻」, 『풍요속선』 권4.
21) 崔亮衍, 「鳳凰臺」, 『풍요속선』 권2(『여항문학총서』 8), 여강, 182면.

경주의 봉황대에 올라가 사방의 고적을 돌아보며 쓴 것이다. 이런 류의 시들은 대체로 역사적인 고적지를 방문하여 느끼는 흥망성쇠의 무상감과 비애 등이 주조가 되어 있을 뿐, 현실과 관련된 역사의식을 뚜렷이 찾아보기가 어렵다. 많은 작품이 송도를 배경으로 하여 고려왕조의 흥망을 읊고 있지만 송도에 대한 무상함이 주로 그려져 있다.

頹堞荒臺遍牧樵	무너진 성가퀴, 거친 누대엔 나무꾼 오가고
行人到此感懷饒	행인은 예 와서 감회가 많도다.
韶光九十春初至	화창한 봄 구십에 비로소 이르니
王氣半千年已消	왕도의 기운 반천 년이 이미 꺼졌네.
今古崔嵬松岳色	고금에 높디 높은 송악의 색이며
暮朝嗚咽後江潮	아침저녁 오열하는 뒷강의 밀물이라.
圃翁遺跡尋何處	포옹의 유적은 어디에서 찾을까.
下馬躊躇善竹橋	말 내려 선죽교 배회하네.[22]

이 시에서 고려조의 충신 정몽주를 그리는 것과 같이 이들이 역사상의 인물 중 회고하여 기리는 인물의 공통점은 대체로 절개를 지킨 충신들이라는 점이다. 중인층들은 지나치게 이름을 남기는 것에 집착을 하는 경향을 보이는데, 역사를 회고하는 가운데서도 이름을 중시하는 이들의 관습을 엿볼 수 있다.

「육신사(六臣祠)」라는 제목으로 단종을 위해 죽은 사육신을 생각하는 시도 그런 역사 속의 충신을 그리워하는 시다.

行人莫唱子規詞	행인이여 자규사를 부르지 마오
此曲當年不盡悲	이 곡도 그때엔 슬픔을 다하지 못했다오
惟有六臣長夜淚	오직 육신만이 긴 밤을 눈물로 지새우니
魯陵松栢灑無枝	노릉의 송백은 깨끗하여 가지도 없다네.[23]

---

22) 崔泰容, 「過松都」, 『풍요속선』 권3(『여항문학총서』 8), 여강, 198~199면.
23) 鄭昌海, 「六臣詞」, 『소대풍요』 권3(『여항문학총서』 8), 여강, 89면.

이들은 이처럼 역사의 비극적인 면을 크게 부각시켜, 자신들의 감회를 적은 시에서와 같이 시의 분위기를 쓸쓸하고 비애스럽게 한다. 반면 다음 시와 같이 기개를 칭송하는 시도 전하고 있다.

聞道前朝崔將軍	들으니 고려의 최 장군은
橫戈此地誓消氛	이곳에서 창 빗겨 차고 요기를 씻어 내렸다네.
至今滄海全歸貢	지금도 창해에서 모두 귀공하니
從古英雄竟樹勳	옛날의 영웅이 마침내 수훈을 세웠구나.
官舍已頹餘破瓦	관사는 무너지고 깨어진 기왓장뿐
精靈未泯酹芳樽	정령은 잠들지 않았으니 향기로운 술로 제사지내노라.
潮頭白馬秋無跡	밀물 머리의 백마는 가을이라 자취 없고
壯氣時時作陣雲	장한 기운만 때때로 구름을 일으키네.24)

위의 시는 추자도를 기행하며 쓴 것으로 보이는데, 앞부분의 낙관적인 역사인식과 대조적으로 뒷부분에서는 퇴락한 풍경과 가을이라는 계절을 부각시켜 쓸쓸한 분위기를 자아내고 있다.

이와 대조적으로 남한산성을 소재로 읊은 홍세태의 시에서는 남한산성에서의 치욕적인 역사를 생각하며 나라의 슬픈 현실을 비분한 어조로 전하고 있다.

吾東有此漢南城	우리 동방은 여기 남한산성 있으니
蹈海令人不欲生	물에 빠져 차라리 살고 싶지 않게 하는도다.
弱國但馳冬至使	약한 나라는 단지 동지사만 달려 보내니
平時何用夜操兵	평시에 야조병을 무엇에 쓰나.
天陰草木三秋死	그늘 속에 초목은 삼추면 죽는데
地險山河萬古橫	땅이 험한 산하는 만고에 빗겨있네.
北極帝壇新義起	북쪽 제단에는 새 뜻 일어나니
小民猶得識皇明	작은 백성들은 오직 황명을 알 뿐이라네.25)

---

24) 金昌翕, 「楸子島懷古」, 『풍요속선』 권2(『여항문학총서』 8), 여강, 190면.

남한산성에서 인조가 청에 무릎 꿇은 사실을 생각하면 차라리 절개를 지켜 물에 빠져 죽고 싶은 심정인데도 약한 나라의 현실로는 사신을 보내어 조방하고 있으니 분심이 끓어올라, 군대는 두었다가 무엇 하나 싶은 생각이 들기도 한다. 그러나 시의 뒷부분으로 가면 역사상 많은 수난을 당하면서도 이어져 내려온 이 나라에 대한 감회가 일어난다. 강화도의 돈대(墩臺)를 읊은 엄의길(嚴義吉)의 시에서도 병자호란의 치욕을 말하고 있다.

人言往事皆流悌　누군가 지난 일을 말하니 모두 눈물 흘리네.
客對斜陽獨把杯　객은 지는 해를 바라보며 홀로 술잔 잡는다.
國恥百年擂未雪　국치가 백 년이 지나도록 씻기지 않았으니
男兒致此壯心哀　남아의 장심이 예 와서 비애롭구나.26)

나라에 대한 우국충정은 있으나 그것을 시행할 수 있는 위치에 있지 않았으므로 사회의 제문제를 인식하는 데에서 그치고 말 뿐이다. 그러면서 손을 쓰지 못하는 자신에 대한 회한을 덧붙인다. 자신들의 처지와 나라의 현실이 어우러져 이들의 비애감을 고조시키고 있다.

위항시의 제목에는 우리나라 지명이 많이 나타나 있어서 기행시가 많은 양을 차지하고 있음을 알 수 있다. 회고시와 기행시는 역사적 사실과 사적을 소재로 읊어 역사 및 국사에 대한 관심을 표명하고 있다. 특히 그러한 내용의 시에서는 국가의 현실문제에 대한 인식을 엿볼 수 있어서 중인층의 의식세계를 읽게 해준다.

3) 일상생활에서의 정서

위항시에서는 칠석·유두 등 민속을 소재로 한 작품이나 여성의 시

---

25) 洪世泰, 「望南漢山城有感」, 『소대풍요』 권6(『여항문학총서』 8), 여강, 114면.
26) 嚴義吉, 「次丁先達江華墩臺韻」, 『소대풍요습유』(『여항문학총서』 8), 여강, 135면.

점에서 쓴 시를 많이 찾아볼 수 있다. 특히 여성의 세계를 표현한 작품은 초기 위항문인들인『육가잡영』의 동인들에게서 많이 나타난다. 이는 자신들의 감회를 서술하는 데에 치중한 위항시의 전반적 성격에 비해 예외적인 것으로, 시에서의 시점을 변화시키고 시상을 확대시켜 자신이 그 속에 감정이입을 하여 표현하고 있다. 시를 교화의 한 방편으로 생각하는 재도적 문학관에서 벗어나 일상생활에서의 정서를 귀중하게 생각하는 시의식이 반영된 것이라 볼 수 있다.

婀娜綺窓柳	아리따운 창가의 버들은
昔時郎自栽	지난날 그대가 심은 거라오
柳帶已堪結	버드나무 가지는 이미 맺었건만
長年郎不廻	오래도록 그대는 돌아오지 않는구려.27)

이처럼 여성 화자를 등장시켜 다양한 정감을 표현한 작품들이 많은데, 일상에서의 사랑이나 이별 등의 감정을 중시하는 경향을 보여준다.『풍요속선』에서부터는 여성들의 시도 함께 수록하고 있어서 위항문학의 개념을 넓히는 동시에 그들의 시세계도 확대시켰다.『풍요속선』의 마지막 권인 권칠(卷七)에 실명씨(失名氏)의 작품 11수와 승려의 시 7수, 여자의 시 17수 등이 실려 있는데 이중 여자의 시는 기녀의 시가 많은 비중을 차지하고 있어서, 위항문학의 작자층을 중인 이하까지 포괄하여 승려·기녀 계층까지 인정하고 있음을 볼 수 있다.

다음의 시는 이름이 밝혀지지 않은 여성의 작품이다.

三從無一可安身	삼종이 하나도 없으니 어디에 몸을 의지하나.
不怨蒼天怨死人	푸른 하늘 원망하랴, 죽은 낭군이 원망스럽도다.
招愴百花亭上立	서러워 백화정 위에 올라서니
鶯啼柳綠欲殘春	꾀꼬리 울어대고 버들은 푸르러 늦봄이 가려 하네.28)

---

27) 崔奇男,「窋體」,『소대풍요』권1(『여항문학총서』8), 여강, 75면.

과부의 서러움을 「춘원(春怨)」이라는 제목으로 나타내었다. 죽은 남편에 대한 그리움이나 슬픔보다는 외로운 자신의 신세에 더욱 중점을 두어 표현하였다. 봄이라는 계절과 꾀꼬리를 부각시켜 자신의 고독한 처지와 대조를 이루게 하였다.

이러한 이별의 슬픔을 표현하는 데 있어 가장 많이 사용되는 것은 아마도 칠석(七夕)의 견우와 직녀 이야기일 것이다. 시사활동 중 시회를 여는 날이었으므로 「칠석」이라는 제목의 시가 많은데 그중 한 수를 보자.

迢迢更漏曲欄頭	멀고 아득하도다. 다시 비가 난간머리를 적시네.
微月流光欲過樓	초승달 흐르는 빛이 누각을 지나려는데
蛛盒玲瓏凉露滴	구슬합은 영롱하게 찬 이슬 적시었고
鵲橋隱見淡雲浮	오작교는 보일 듯 말 듯 맑은 구름이 떠있네.
只言天上佳期促	천상에서는 만날 날이 급한데
不信人間獨夜愁	인간에서는 홀로 보내는 밤 근심스럽네.
蟲語砧聲相斷續	벌레소리 다듬이질소리 서로 끊어졌다 이어지고
病懷離緒兩悠悠	이별한 후 다시 만남이 길고 길도다.[29]

위의 시는 견우·직녀의 이별에 대한 이야기보다는 자신의 수심을 표현하는 데에 중점이 있다. 견우와 직녀의 이야기는 도입부로서 시의 분위기를 형성해주는 역할을 하며, 전달하고자 하는 시에서의 요점은 홀로 근심에 잠겨 잠 못 이루는 작자의 모습인 것이다.

提壺來郭外	술병 들고 교외로 나오니
佳節是流頭	좋은 계절 바로 유두로다
閒臥松陰夕	소나무 그늘 아래 한가로이 누우니
淸風不讓秋	맑은 바람 가을에 못지않네.[30]

---

28) 失名女子, 「春怨」, 『풍요속선』 권7(『여항문학총서』 8), 여강, 250면.
29) 趙民城, 「七夕」, 『풍요속선』 권6(『여항문학총서』 8), 여강, 265면.
30) 金錫龜, 「流頭」, 『소대풍요』 권1(『여항문학총서』 8), 여강, 78면.

이와 같이 시에서 커다란 갈등이 보이지 않고 담담하게 감정을 서술한 것이 위항시의 상당부분을 차지하고 있다. 이런 시들에서는 자연은 유흥의 공간이며 완상의 대상이다. 술을 마시며 바람을 쏘이며 그늘 아래 한가롭게 누워 즐기는 그런 대상으로 나타나 있다.

獨坐書堂夜	홀로 서당에 나와 있으니
秋風蟋蟀鳴	가을바람에 귀뚜라미 우는구나.
碧天淸露下	푸른 하늘 깨끗한 이슬 내리는데
涼月滿庭明	처량한 달 정원을 가득 비추네.
夢斷新愁至	꿈이 끊기니 새로운 근심 나타나고
寒侵舊病生	추위가 닥치니 묵은 병이 다시 생긴다.
可憐身漸老	가련타 몸은 점점 늙어 가는데
猶有少年情	마음은 여전히 소년이라네.[31]

앞부분의 귀뚜라미 소리와 푸른 하늘, 깨끗한 이슬, 처량한 달 등이 자아내는 시의 분위기는 뒷부분의 근심과 병, 늙음을 더욱 고조시킨다. 무엇보다 작자 자신의 상황이 쓸쓸하고 괴로운 것이 강조되어 있다.

한 해를 보내며 느끼는 감회를 적은 시도 마찬가지다.

窮陰漠漠歲將闌	한 해도 저물어가는 막막한 세모에
惆悵愁懷不自寬	서글픈 근심 걱정에 마음 놓지 않네.
漏斷重城千籟靜	눈 그친 중성에는 온갖 소리 고요하고
客憑虛閣一燈殘	객은 빈 방에 깃들이니 등불 하나 꺼져가네.
雲晴古木風聲急	구름 갠 고목에 바람 소리 급하고
雪溝空庭月色寒	눈 녹아 흐르는 빈 뜰엔 달빛이 차구나.
萬事傷心身欲老	만사에 상심하니 몸은 늙어가고
百年人世足辛酸	백 년 인생이 족히 괴로움으로 가득하다.[32]

---

31) 張萬健 「秋懷」, 『풍요속선』 권2(『여항문학총서』 8), 여강, 182면.
32) 崔承冑, 「雪夜感懷」, 『昭代風謠拾遺』(『여항문학총서』 8), 여강, 135면.

한 해가 저무는 때에 눈이 왔다가 그친 후의 풍경을 그리고 있다. 자신은 온갖 걱정에 마음이 놓이지 않고 사방은 고요하다. 꺼져가는 등불과 차가운 달빛처럼 희망 없는 내일이며, 고목에 급하게 몰아치는 바람과 같이 어긋나기만 하는 세상사를 겪느라 몸은 늙어가고 인생은 신산스럽기만 하다.

이렇게 비관적인 시선으로 인생을 바라보는 태도는 현실에 대한 불만에서 기인하는 것으로 보이는데, 그것은 크게는 나라에 대한 걱정에서부터 작게는 자신의 가난함에 이르기까지 다양한 모습으로 나타난다. 이런 현실에 대한 불만이 자연을 찾게 만들고 자연을 통해 자신의 감회를 표출한다. 자연을 읊은 시에 나타난 산수 자연도 사대부들의 자연관과는 다른 관점에 서 있음을 느끼게 된다. 그것은 이들에게서는 자연이 그 자체로서 格物의 대상이 아니고 현실에서 뜻을 펼 수 없으므로 어쩔수 없이 찾아간 곳이라는 인상을 짙게 풍긴다. 뜻은 있으나 그것을 펼만한 기회가 제대로 주어지지 않은 이들은 그러한 불만과 신세한탄을 시를 통해 표출하게 된다. 이때 자연은 그러한 표현을 도와주는 역할을 하게 되는 것이다.

이들은 '천기(天機)' 혹은 '성령(性靈)'이라는 용어로써 자신들의 창작 근거를 삼았는데, 시에서도 그러한 용어를 사용하여 자연 속에서 정신의 고양을 추구하는 태도를 보여준다. 자연 속에 몰입하여 자연과의 대화를 즐기며 그를 통해 인성의 함양을 이루려는 모습을 볼 수 있다.

獨臥天機熟　　홀로 누워 천기를 익히노라.
閉門白日遲　　문을 닫으니 해는 뉘엿뉘엿.
靜聽山鳥語　　가만히 산새 소리를 들으려니
春意最先知　　봄뜻을 제일 먼저 알겠네.[33]

---

33) 金春齡, 「閉門」, 『풍요속선』 권3(『여항문학총서』 8), 여강, 203면.

暮年蹤迹寄郵亭　만년에 종적을 우정에 부치고
草食還堪養性靈　초식하며 다시 성령을 기르는도다.
閑臥土床無外事　한가히 토상에 누우니 다른 일이 없어
拓窓長對北山靑　창 열고 길게 북산의 푸르름을 대하노라.[34]

위의 시에 나타난 바와 같이 바깥일에 대해서는 관심을 가지지 않고 자연의 푸르름을 대하고 앉아 있겠다는 이들의 태도는 단적으로 위항인의 의식세계를 말해주고 있다. 현실생활에 적극 개입하기보다는 자연 속에서 일종의 정신적 자기만족을 얻고 있는 것이다. 또한 시에 '천기'니 '성령'이니 하는 용어가 쓰인 것은 이들의 문학관과도 무관하지가 않을 것이다. 자연 속에서 천기를 익히고 성령을 기르는 궁극의 목표는 학문이나 인성의 함양이라는 면에서보다도 더 나아가 좋은 시를 쓰기 위한 준비단계로서의 의의를 찾고 있는 것이라고 볼 수 있다.

3. 맺음말

중인층의 시는 상대적으로 도학적 관념의 세계에 함몰되어 있지 않다는 점에서 사대부계층의 시보다 훨씬 현실에 밀착되어 있다고 볼 수 있다. 위항시의 융성은 중인층 시사의 결성에 힘입어 이루어졌기 때문에 시회에서 지은 시는 대부분 유흥의 분위기에서 나온 것이어서 인생을 즐기자는 내용이 많다. 시서화의 풍류를 중시하고 그 가치를 높이는 예술적인 분위기가 문화전반에 확산되면서 문학 그 자체를 목표로 하는 시인 집단이 생겨난 것도 위항시의 특징을 만들어내는 요소이다.

---

34) 庚重益, 「郵亭」, 『소대풍요』 권3(『여항문학총서』 8), 여강, 86면.

이들의 시에는 자신들의 신분 차별에 대한 울분을 드러낸 경우도 많았다. 지식은 양반층에 비해 모자랄 게 없다고 자부하고 있는데, 현실은 그 지식을 쓸모없이 만들고 있으므로 지식과 일상의 괴리감을 드러낸다. 시에서 신분적 차별이나 제도적 모순에 대해 지적하고는 있으나 적절한 개선책을 제시하지 못하고 체념에 빠지거나 자탄에 그치고 만다. 사회의 중간층으로서 사회변화에 적극적인 대처를 하지 못하고 회고조의 감회에 젖어 있는 시가 많다는 것에서 그들의 의식의 일단을 엿볼 수 있다.

기행시에서 신라, 백제 등 지나간 역사에 대한 회한을 읊고 남한산성이나 강화도 등의 병자호란의 전적지에서는 패배에 대한 치욕에 통탄하기도 한다. 과거의 영웅이나 충신을 기억하게 하는 곳을 지나며 역사적 사실을 회고하는 시에서는 자신들의 처지와 관련하여 비애의 어조가 주를 이룬다.

명절이나 세모를 보내며 쓴 시에서는 일상생활의 정서적 표현이 나타난다. 칠석(七夕)을 통해 이별의 정한을 표현하며, 유두(流頭)에는 자연을 즐기는 모습을 담았다. 특히 세모(歲暮)에는 자신들 삶이 전반적으로 만족스럽지 않음을 드러내는 비관적 정조를 표현하고 있다. 이 모든 현실에 대한 불만은 자연에 귀의함으로써 또는 자연을 읊는 시를 씀으로써 해소하고 있는 것으로 보인다.

위항시를 통해 살펴본 중인층의 일상은 시사활동의 일환인 시회의 정기적인 참여가 두드러진다. 자연을 읊은 시의 기저에 보이는 현실 도피적인 사고라든가, 기행을 통한 회고, 명절이나 세모 등 되풀이되는 일상에서의 비애 섞인 자탄은 당시 사회에서 주류에 들지 못하고 변방에 머물 수밖에 없는 중인층의 계층적 자아의식에서 나온 것이다.

평양기생의 인생을 묘사한 소품서(小品書)『녹파잡기(綠波雜記)』연구

안대회*

1. 새 발굴자료 『녹파잡기(綠波雜記)』

필자는 오래 전에 자하(紫霞) 신위(申緯)의 「녹파잡기제사(綠波雜記題辭)」 8수를 읽고서, 평양기생의 삶을 묘사한 것으로 보이는 『녹파잡기(綠波雜記)』란 저술에 관심을 가지고 있었다. 제사의 주석에서 신위는 특별히 초제(楚娣)와 괴불(怪不)의 사연을 소개하였는데, 그 내용으로 미루어 다른 글 역시 흥미가 진진할 것이라고 추정하였다. 그 이후 이상적(李尙迪)이 쓴 멋진 변려문 「한우인녹파잡기서(韓藕人綠波雜記序)」를 접하고서 관심은 더해갔고,[1] 조선 후기의 소품문(小品文)을 연구하며 여회(余懷)의 『판

---

* 성균관대 한문학과 교수.
1) 李裕元의 『林下筆記』 '旬一編'에도 '浿城雜記'라는 기사명으로 이 저작을 소개하였다.

교잡기(板橋雜記)』를 읽고서는 부쩍 『녹파잡기』의 내용에 호기심이 끌렸다. 이 자료에 큰 흥미를 가진 이유는 당시 사대부로서 다루기 쉽지 않은 평양기생이라는 소재를, 시가 아닌 산문 단행본으로 다룰 수 있는 여건이 18~19세기 소품문 창작의 확대현상으로 조성되었다고 설명할 수 있기 때문이었다.

그런 흥미가 쌓여 정작 원본을 구해보지 못한 상태에서 관련된 자료를 추슬러 2005년 12월 30일 문헌과해석 학회모임에서 『녹파잡기』의 개략적인 내용과 소품문으로서 지니는 가치를 주제로 발표하게 되었다. 발표의 마무리에서 이 저술이 전해져 발굴될 기회가 분명히 올 것이라는 기대를 빼놓지 않았다.

그러던 중 최근에 필자는 부유섭 선생 등의 도움으로 『녹파잡기』의 이본 두 종을 발굴하게 되었다.[2] 원본을 검토한 결과 앞서 내린 추정이 틀리지 않음을 확인할 수 있었다. 저자와 저술을 검토할 때, 당시 소품문 창작의 외연이 확대된 중요한 표지로서 이 저술을 꼽을 수 있게 되었다. 이 자료의 발굴은 그런 의미에서 소품문 연구에 적지 않은 도움을 줄 수 있다.

그런데 『녹파잡기』 발굴의 의의는 여기에 그치지 않는다. 이 책에는 67명에 이르는 19세기 초반 평양의 저명한 기생이 묘사되어 있다. 기생을 다룬 문헌으로 이보다 더 충실한 것은 아직껏 없다고 해도 지나치지 않다. 평양기생은 뛰어난 기예를 소유한 예기(藝妓)가 많았기 때문에 당시의 공연예술과 관련한 자료도 풍부하게 실려 있다. 따라서 풍속사와

---

2) 『綠波雜記』 이본 두 종을 찾는 데는 한중연 부유섭 선생의 도움이 매우 컸다. 12월 30일 『문헌과해석』 발표자리에 참석하였던 부유섭 선생으로부터 단국대 도서관의 소장서 목록에 서명이 포함된 것을 보았다는 전언을 들었다. 그리하여 단국대 사학과 김문식 교수의 도움으로 자료를 구해보고서 그동안 추정했던 내용이 틀리지 않음을 확인하였다. 얼마 뒤에 부유섭 선생은 고려대에도 『녹파잡기』로 추정되는 자료가 있다고 다시 알려주었다. 확인해본 결과 틀림없는 사실이었다. 이 논문은 부유섭 선생의 정보 제공과 김문식 교수의 도움으로 쓸 수 있었다. 이 자리를 빌려 감사한 마음을 표한다.

음악사의 주요한 자료로도 의미가 크다.

하지만 무엇보다 『녹파잡기』는 문학이다. 향렴소품(香奩小品)으로서 특색이 잘 드러나는 작품으로서 지니는 가치가 무엇보다 크다고 할 수 있다. 이 글에서는 『녹파잡기』에서 묘사한 평양기생의 인간과 삶, 그리고 문학적 개성과 의의를 중심으로 살펴본다.

2. 저자 한재락(韓在洛)과 『녹파잡기』 저술의 배경

현재 전하는 『녹파잡기(綠波雜記)』의 이본에서는 모두 저자를 우화노인(藕花老人)으로 밝혔다. 하지만 신위와 이상적이 쓴 시와 서문을 근거로 우화노인은 한재락(韓在洛)의 아호임을 알 수 있다. 책 제목의 '녹파(綠波)'는 고려시대 평양출신 시인 정지상(鄭知常)이 쓴 천고절창(千古絶唱) 「송인(送人)」의 결구(結句) "別淚年年添綠波"에서 따왔다. 색향(色鄕) 평양을 상징하는 어휘로 선택한 것이다.

『녹파잡기(綠波雜記)』는 두 종의 이본이 있다. 먼저 그 서지를 밝히고 다음에 저자와 창작동기를 서술한다. 현재 필자가 파악하고 있는 이본은 두 가지인데, 선본이라고 판단하는 단국대 도서관 소장본을 먼저 살펴본다. 이 책은 필사본을 복사한 것으로 연민장서에 포함되어 있다. 원본은 현재 누가 소장하고 있는지 확인되지 않는다. 17장으로 한 사람의 글씨로 쓰였다. 외제(外題)에는 "葩陽□翯"로, 내제(內題)에는 "綠波雜記"로 되어 있다. 내제 오른쪽에는 "三山二水堂 訂正", 왼쪽에는 "壬寅謄本"이라고 되어 있다. 삼산이수당(三山二水堂)이란 당호의 주인이 1842년과 1902년 두 해 가운데 원본이나 다른 필사본 저본을 가지고 필사하였을 것이다. 다음 장에는 매화 그림에 동산(東山)의 제시(題詩)가 있고, 차례로 신위의 「녹파잡기제사(綠波雜記題辭)」 8수(北禪院掃落葉頭陀題), 이 상적의 「녹파잡기서(綠波雜記序)」(癸巳小春月藕船李尙迪序)가 실려 있다. 다 음 장부터 본문인『녹파잡기』권1 권2가 차례대로 수록되어 있다. 권수제(卷首題) 아래에는 우화노인(藕花老人) 저(著)로 작자를 밝혔다. 본문 마지막에는 강설(絳雪)이라는 호를 가진 사람의 제시(題詩)가 첨부되어 있다. 강설(絳雪)은 저명한 화가 조희룡(趙熙龍)의 아호(雅號)로 추정된다.[3] 이 연민장서 복사본에는 서문과 본문에 가한 비평(批評)이 곳곳에 달려 있다. 누가 단 비평인지는 분명치 않으나 참조할 좋은 평이 많으나 복사본인 관계로 판독이 어려운 곳이 많다.

다음으로 고려대 육당문고(六堂文庫)에 소장된 필사본은 외제(外題)가『서경잡기(西京雜記)』로 되어 있다. 이 책의 저자를 외제(外題)와 권수제(卷首題) 하단에 심전외사(心田外史)로 밝혔다. 내제(內題)에는 심전외사록파잡기(心田外史綠波雜記)로 되어 있고, 이후 심전외사(心田外史)의 작품을 비롯하여 여러 명의 문사들이 쓴 시문이 수록되어 있다. 그 가운데『녹파잡기』가 실려 있다. 내용은 연민장서본과 크게 다르지 않지만 육당문고본은 오자·탈자가 많은 편이다. 이 책은 심전(心田)이 평양감사의 막객(幕客)으로 평양에 머물 때 친구들과 수창한 다양한 시문을 중심으로 하고, 여기에 평양을 묘사한 여러 저작을 잡다하게 엮은 미정고(未定稿)이다.

심전(心田)은 박사호(朴師浩)의 호이다. 그는 19세기 초반의 인물로 홍기섭(洪起燮)의 막객(幕客)으로 평양 감영과 강원 감영에서 근무한 적이 있고, 1828년 동지정사(冬至正使) 홍기섭의 막료로 연행(燕行)하였다.『연행록선집(燕行錄選集)』에 그의 문집『심전고(心田稿)』의 연행 관련부분이

---

3) 본문에 中人 명사인 大山 吳昌烈과 관련된 내용도 나오고, 오창렬이 조희룡과 대단히 절친한 친구임을 감안한다면, 한재락이 당시 조희룡을 비롯한 中人 예술가와도 친밀한 관계였다고 추정할 수 있다. 더욱이 조희룡은 본문에 실린 기생화가 竹香의 그림을 호평한 편지글도 있고, 신위·김정희 등과도 절친한, 당시 예단의 중추적 인물이었다. 그러니 한재락과는 자연스럽게 교유관계를 맺었을 가능성이 짙다.

실려 있고, 그의 문집 사본이 현재 영남대 도서관에 소장되어 있다.

이 책은 여러 사람의 글씨로 필사되었다. 시문은 심전을 비롯하여 장지완(張之琬)·홍원석(洪元錫)·양한천(楊漢天)·이서구(李書九)·김영작(金永爵)·조면호(趙冕鎬) 등의 작품이 실려 있다. 특히 장지완(張之琬)의 「효열삼전(孝烈三傳)」과 한재락의 『녹파잡기(綠波雜記)』, 이시항(李時恒)의 「서경부(西京賦)」, 장지완의 「평양죽지사(平壤竹枝詞)」가 차례로 실려 있다. 이들 독립적인 저술은 하나하나가 중요한 가치를 지닌다.[4] 육당문고본의 35칙(則)에 실린 패옥(佩玉)의 기사는 연민장서본에는 실려 있지 않다. 이러한 사실을 통해서 『녹파잡기』의 원본은 현재 전하는 것보다 양이 조금 더 많을 가능성을 배제하지 못한다.

이제는 『녹파잡기』의 저자를 살펴볼 차례다. 저자는 한재락(韓在洛)으로, 자(字)는 정원(鼎元), 호는 우천(藕泉)·우방(藕舫)·우화노인(藕花老人)이다. 개성 사람으로 생몰연대는 확인하지 못했다. 학계에는 이름이 아주 생소한 인물이므로 그의 주변인물을 통해 그를 이해하는 것이 효과가 있다. 그의 친형은 『고려고도징(高麗古都徵)』을 쓴 한재렴(韓在濂, 1775~1818)으로 정조 순조 연간의 저명한 학자이다. 그의 부친과 한재락 형제 및 손자 3대의 문집을 엮은 『서원가고(西原家稿)』가 간행되어 문장을 잘하는 집안임을 알 수 있다.[5] 이들의 삶을 살펴볼 수 있는 김택영(金澤榮)의 『숭양기구전(崧陽耆舊傳)』을 비롯한 여러 저작을 참조하여 집안과 개인의 이

---

4) 그 가운데 장지완의 「孝烈三傳」은 그의 문집 『枕雨堂集』에 「孤行三絶」로 실려 있고, 「平壤竹枝詞」는 그의 문집에는 수록되지 못하고 한중연에 단행본으로 소장되어 있다. 여기에 수록된 것이 새로운 이본으로 의미가 있다. 李時恒은 평양의 문사로서 문집 『和隱集』이 규장각에 소장되어 있다. 그가 崔滋의 「三都賦」에 자극을 받아 지은 「西京賦」는 金漸의 『西京詩話』에 일부가 부록으로 실려 있다. 이 자료는 평양을 묘사한 자료로서 가치가 크다.

5) 1881년 한재렴의 증손이 『西原家稿』를 간행하면서 한재락의 작품은 권5에 「藕舫詩抄」라 하여 「東京懷古」·「達城」·「朝陽閣」 세 수를 실었다. 작품 양이 너무 초라하다. 더욱이 『綠波雜記』는 수록하지 않았다. 싣지 않은 이유가 그들이 이 저작을 잃어버렸기 때문일 수도 있으나, 설령 보관하고 있다손 치더라도 집안의 성가를 드날릴 家稿의 성격상 기생의 인생을 다룬 이 저작의 수록은 거의 불가능하다.

력을 엿본다.

한재락 집안은 정조·순조 연간에 개성의 명문가로 부각된 집안이다.[6] 한재락의 조부 한대훈(韓大勳)은 무인으로 개성의 갑부였다. 조부는 집안에 수만 권의 장서를 구입하여 서가에 꽂아놓고 "내 자손 가운데 반드시 문장에 능한 자가 있을 것이다"라고 말했다 한다.[7] 그의 소망은 당대에 이루어져 두 아들 한석우(韓錫祐)와 한석호(韓錫祜, 1750~1808) 가운데 한석호가 문장으로 명성이 높았다. 한석호는 42세 무렵의 연암(燕巖) 박지원(朴趾源)이 개성 연암협(燕巖峽)에 머물 때 그로부터 배웠다.[8] 한석호는 한재수(韓在洙)·한재렴(韓在濂)·한재락(韓在洛) 아들 셋과 딸 하나를 두었는데 그들이 부친의 명성을 이어갔다. 그 가운데 특히 둘째 아들 한재렴이 문장에 명성이 있었다. 개성의 손꼽히는 부자였던 최진관(崔鎭觀) 등과도 교우관계가 있고,[9] 개성의 뛰어난 학자인 김헌기(金憲基)와도 친밀하였다. 한재렴은 김헌기의 매서(妹婿)였다. 재력·학문·인척관계 등 여러 측면에서 한재락의 집안은 개성의 손꼽히는 명문가로 행세하였음이 분명하다. 앞으로 조선 후기 개성의 명문가와 그들의 학문적 성향과 인맥, 재력가의 양상과 활동 등을 주목하여 연구할 필요가 있는데, 그때 한재락 집안의 양상을 파악하는 데 중심에 놓일 필요가 있다.

그런데 한재락의 집안은 서울에도 경저(京邸)를 두어 경화세족(京華世族)과 긴밀한 교우관계를 맺었다. 막대한 부를 배경으로 서울에서도 영향력을 행사한 것으로 보인다.[10] 한재렴은 1795년 9월에 정조로부터 응

---

6) 金憲基, 「題心園子韓霽園文」, 『初庵集』 권9, 장1-3. "霽園家世華盛, 父祖之賢兄弟之秀, 旣有以自樂於內, 而服食玩好, 又有以厚奉於外." 한재렴이 개성에 인삼밭을 소유하고 있었다고 신위는 증언하였다(申緯, 『申緯全集』 권1 「韓希原進士草堂感舊」, 태학사 영인본).

7) 김택영, 『崧陽耆舊傳』 「한재렴」조(김승룡 편역주, 『송도인물지』, 현대실학사, 2000, 113~116면).

8) 박종채, 『과정록』 권1(김윤조 역주), 태학사, 1997, 58~60면.

9) 박철상, 「개성의 진사 최진관과 연암」, 『문헌과해석』 32, 2005년 가을, 166~177면.

10) 李基慶 편, 『闢衛編』(韓國敎會史研究資料 9), 曙光社, 1978, 291~299면; 『邪學懲

제시권(應製試卷)의 문장이 훌륭하지만 문체가 괴기하다는 어비(御批)와 "이제부터는 힘써 문체를 순아(醇雅)하게 쓰고 다시는 이와 같이 하지 말라"라는 하명을 받았다.11) 정조로부터 이러한 어비를 받은 것이 계기가 되어 "아들이 임금의 인정을 받았으니 장차 가문을 크게 빛낼 것이다"라고 하며 서대문밖에 집을 장만하고는 못을 파고 연꽃을 심어 우화당(藕花堂)이라 이름하였다. 여기에 만권의 장서를 비치하고 당대의 명사들과 교유하였다.12)

한재락은 명성이 형에는 미치지 못했으나 우화당에서 형의 교유범위를 따라 교우관계를 맺으며 문장수업을 한 것으로 추정된다. 그의 호가 우방(藕舫)인 것은 바로 서대문 밖 우거(寓居)의 이름을 취한 탓이다. 그는 이후 개성 천마산 원통동(圓通洞)에 있는 원통산방(圓通山房)과13) 경저(京邸)를 내왕하며 과거 시험에 응시한 것으로 추정된다.

저명한 문사와의 교유는 이들 형제의 문학을 배태한 배경이다. 한석호는 개성에 있을 때부터 박지원을 찾아가 배웠고, 한재렴은 박지원의 처남 이재성(李在誠)에게 배웠다. 한재렴은 이가환(李家煥)·이학규(李學逵)·유득공(柳得恭)·박제가(朴齊家)·신위(申緯)·박지원(朴趾源)·유화(柳訸)·이면백(李勉伯) 등 당대의 명사들과 교유하였다.14) 모두 신예의 학문과

義』, 弗咸文化社, 1977(韓國敎會史硏究資料 7), 198면. 앞의 책에 나오는 睦萬中의 상소에는 李家煥에 빌붙은 한재렴의 죄상을 거론하는 중에 "若韓在濂者, 卽一松都賤人也. 以其習於邪術, 富於財貨之故, 陞庠發解, 士類所榮, 取之無難, 若探囊中物"이라 하였다. 송도의 賤人인 한재렴이 서울에서 명성을 얻게 된 배경을 財貨의 부유함으로 돌리고 있다. 또 『邪學懲義』에 나오는 刑曹의 문초에서는 "汝矣身, 素挾富饒, 薄有才藝, 久爲人之所指目, 已非全保身家之道, 而抑又何心附麗家煥, 傳說藉藉"라고 하여 역시 그의 富饒한 자산이 배경이 되었음을 밝히고 있다. 한재렴 본인 또한 자신이 집안이 부유하기 때문에 남들의 질시를 받았노라고 밝힌 바 있다.

11) 한재렴이 쓴 「御批卷記」(『서원가고』 권4 『心遠堂文抄』)에 구체적인 내용이 나온다. 그는 이학규와 함께 春塘臺에서 정조를 召對하였다.

12) 김헌기, 「제심원자한제원문」, 위의 책. "方其始居於漢師也, 所謂藕華之館, 方池環宮, 藏書萬卷, 日歌詠於其中, 鄕國艶之, 指以爲神仙中人."

13) 한재렴은 「辛酉歲重修圓通山房, 與家弟鼎元學舍諸君同往一宿 (…후략…)」를 지어 귀양지에 있어서 동생 한재락과 더불어 공부하지 못함을 아쉬워하였다.

문학을 전개하던 인물이다. 특히 북학(北學)에 적극적이었던 경화세족 시인묵객들과 친교를 맺고 있다.[15) 그가 신유사옥 때 순천에 5년간 귀양을 가게 된 것은 이가환(李家煥)의 옥사(獄事)에 연루된 때문이다.[16) 그 관계를 입증하듯이 한재렴은 특히 이가환의 조카인 이학규(李學逵)와 1793년 이래 대단히 절친하게 지냈다.[17) 한재렴은 문학 경향이 그들과 비슷하였던 것으로 보인다. 교유한 내용을 놓고 볼 때, 소품문 창작에 그와 한재락이 젖어들 가능성이 충분하다.

한편, 한재락은 신위(申緯)의 교유권에 포섭되어 있다. 그는 신위를 중심으로 한 문사그룹의 일원으로 신위의 시사(詩社)에 참여하였다.[18) 신위의 시집에는 두 사람의 친분을 보여주는 시들이 적지 않다. 1830년 이전에 지어진 시에서는 신위에게 먹을 사서 주고, 특이한 벼루를 빼앗기며, 작은 동탑(銅塔)을 지닌 호고(好古) 취미를 가진 한재락의 모습이 등장한다.[19) 신위의 다음 시는 한재락이 보인 시인의 면모를 보여준다.

藕泉霽翁之賢弟　　우천은 제원의 어진 아우라
藕泉作詩師法尊　　우천이 짓는 시는 모범도 높다.

---

14) 한재렴은 「挽朴燕巖趾源四首」를 지었다. 그 세 번째 시에서 "草宿貞蕤墓, 先生又九原. 風流前輩盡, 名勝幾人存. 秋水空西郭, 靑山自北園. 傷心懷舊賦, 從此欲無言" (권3, 14장)이라 하여 박지원과 박제가에 쏠린 심정을 드러냈다.

15) 유봉학, 「開城지식인의 동향과 北學思想 수용」, 『조선 후기 학계와 지식인』, 1998, 84면.

16) 각주 10 참조.

17) 이학규의 초기시집인 『春星堂集』은 한재렴과 주고받은 시가 많은 양을 차지한다.

18) 李尙迪의 「菊秋旣望夜, 雅集紫霞侍郎碧蘆吟舫, 次香蘇館集」에는 申緯의 碧蘆吟舫 詩會에 모인 사람의 명단이 수록되어 있다. 朴著壽, 洪吉周, 李復鉉, 李晚用, 丁學淵, 柳本學 형제를 비롯하여 당시의 명사들이 모였다. 그 자리에 한재락도 참여하고 있음을 주목할 필요가 있다.

19) 「冬至西陵還, 見藕泉與命準同拈放翁韻, 四詩皆佳, 卽用其韻二首」(碧蘆舫藁五 庚辰九月至十二月), 「上元日藕泉于北市買得藝粟齋倣古墨贈余, 因有此作三首」(花徑縢墨一 辛巳正月至四月), 「藕泉買二硯, 秘之蓮士室中, 余一日健步移來, 藕泉猝遇狼狽, 情興沮喪, 米山逸士皆有詩紀之, 余亦次韻」, 「十月小齋前盆菊爭放, 試筆藕泉硯, 得菊詩, 積至十絶, 不復倫次十首」, 「還藕泉鸜眼硯, 戲用前韻」, 「借藕泉袖中小銅塔, 燃香作佛事, 時余患腰脚」.

藕泉謂我霽翁友	우천은 나를 제원의 벗이라 여겨
時時載酒過山門	때때로 술을 들고 내 우거를 찾아오네.
髓叩韓杜味雋永	한유 두보의 정수를 두드리니 맛이 길고
袖來蘇白香濃熏	소매 속에 소식과 백거이 넣어오니 향내도 짙다.
淡而不枯質不野	담박하나 마르지 않고 질박하나 촌스럽지 않으니
可以上溯陶徵君	시대를 거슬러 도연명의 수준에 오르네.[20]

신위는 한재렴의 아우인 한재락이 자신을 자주 찾아오고, 그가 한유(韓愈) 두보(杜甫) 소식(蘇軾) 백거이(白居易) 풍을 좋아하는 취향의 소유자라고 밝혔다. 신위가 주장하고 그의 추종자들이 견지하던 시풍을 한재락도 따르고 있음을 알 수 있다.

1830년 이후의 교유를 보여주는 시도 적지 않다.[21] 그 가운데 「제우화노인녹파잡기팔수(題藕花老人綠波雜記八首)」는 1830년에 『녹파잡기』를 보고 쓴 제시(題詩)이며, 「한우인원방(韓漚人遠訪), 유음십일(留吟十日), 임별증이일시(臨別贈以一詩)」는 귀양지로 신위를 찾아온 한재락에게 고마움을 표한 시다. 4년 동안 종적을 감추었다가 나타난 한재락과 재회하게 된 기쁨을 묘사한 다음 시를 주목할 필요가 있다.

紅粉殢人忘鬢白	기생들에 푹 빠져서 백발도 잊어버리고
烏巾入洛抗塵黃	오건 쓰고 영남을 떠도니 누런 먼지 막아주네.
琉璃境悟吟山色	유리 같은 시경을 알아 산빛을 읊고
彈子渦經拾海光	조약돌 많은 물가 지나며 해광을 주워왔네.[22]

첫째 구절은 『녹파잡기』를 쓴 사실을 빗대어 한 표현이다.[23] 이후 마

---

20) 申緯, 『申緯全集』 제1집 「冬至西陵還, 見藕泉與命準同拈放翁韻, 四詩皆佳, 卽用其韻二首」 제2수, 태학사 영인본, 424~526면.
21) 「題藕花老人綠波雜記八首」(1830년)・「韓漚人遠訪, 留吟十日, 臨別贈以一詩」(1834년), 「七夕桴溪與韓漚人, 拈韻共賦. 余從漚人袖中發之, 走筆遙和」(1838년), 「喜漚人生還, 用書唐二韻爲贈」(1838년), 「戲贈漚老人」(1839년) 등이 한재락과 관련된 시다.
22) 申緯, 앞의 책, 제4집 「喜漚人生還, 用書唐二韻爲贈 1」, 781~1,782면.

음붙일 곳이 없어 영남을 떠돌고 산수시를 읊고 조약돌을 주어 선물하는 그를 묘사했다. 한재락은 늦은 나이까지 과거에 급제하지 못한 채 문사들과 어울리거나 각지를 여행한 것으로 보인다. 신위는 1824년 과거에 낙방하고 돌아가는 한재락을 위로하는 시를 쓰기도 하였다.24) 『녹파잡기』를 지은 해에 한재락은 개성에 있지 않고 서울에 있었던 것으로 보인다.25) 한재락이 이 책을 짓게 된 동기는 매인 데 없이 떠도는, 절반은 상인이고 절반은 문사인 그의 처지와도 관련이 없지 않다.

한재락은 개성 갑부의 후예였다. 그의 집안이 부를 축적한 구체적 정황은 밝혀져 있지 않으나, 인삼밭을 소유했다는 사실이나 개성의 분위기로 추정하건대 거상(巨商)의 하나가 아니었나 추정이 가능하다. 하지만 그는 개성출신을 등용시키지 않는 조선사회의 문사였다. 출세와는 무관한 채 스스로 즐기고 마는 넉넉한 경제력을 배경으로 자오(自娛)의 시문이나 짓고, 친지를 찾아 떠돌았다. 그리고 평양과 개성을 자주 드나들며 기방(妓房)의 세계를 마음껏 누린 사람으로 보인다. 경제력으로 바탕으로 경화세족의 세련된 문화를 향유하기도 했다. 특별히 어디에 묶이거나 의무감을 지닌 것도 없기에 기생사회의 풍류와 인간을 묘사하는데 장애나 자의식 같은 것을 가질 필요도 없다. 더욱이 나이가 들어갈수록 좌절감과 실의의 정서가 증폭되어 그 울울한 감정을 오히려 어리고 젊은 여인들을 기록함으로써 만회하려 했다고 추정된다. 신위가 "풍정은 늙어갈수록 몹시도 처량하여 강남 유경정(柳敬亭)의 애를 끊게 한다"26)라고 한 이유가 여기에 있다. 명말의 유명한 설서가(說書家)인 유

---

23) 인용한 시의 주석에서 "滿人有綠波雜記, 卽余澹心之板橋雜記"라고 하였다.

24) 申緯, 앞의 책, 권2 「花徑縢墨十」, 767~768면. "高麗人詩曰 (…중략…) 韓鼎元・崔
山甫科場不利, 卽用麗人韻, 送還崧下."

25) 김헌기가 1833년에 그에게 보낸 간찰이 남아 있다. 한재락의 딸이 김헌기의 며느리였
던 것으로 보이는데 그 며느리가 죽어 부고를 보내야 하는데 한재락이 서울에 오래 머
문다는 소식을 듣긴 했으나 어디에 있는지 자세히 알지 못해 답답하다는 내용이다(『초
암집』 권4 「與韓鼎元癸巳」).

26) 申緯, 앞의 시. "風懷老去恓惶甚, 腸斷江南柳敬亭."

경정(柳敬亭)에 그를 빗댄 것은 그가 기생들의 면면을 남들에게 잘 전해 주었다는 점을 말한다.

한편, 한재락이 『녹파잡기』를 저술하게 된 배경을 이상적은 서문에서 이렇게 서술하였다.

동시대에 우인(藕人)을 만나게 될 줄은 생각지도 못했네. 우인은 과거에 낙방한 유분(劉蕡)이요, 길 다니며 노래하는 원헌(原憲)의 신세라네. 고해(苦海)의 세상에 빠져 있으나 환락의 자리에서는 질탕하게 즐겼네. 문장은 봄날의 꽃과 같고 비평하기는 능숙한 솜씨라네. 패상(浿上)을 권유하고 돌아와서는 『녹파잡기』를 지었다네. 이 책은 반씨(潘氏)의 『곡중지(曲中志)』에서 전례를 끌어왔고, 『진회사여표(秦淮士女表)』에서부터 시작된 일이라네.27)

과거에 낙방한 처지, 떠돌며 자기 생각을 펼쳐야 하는 처지라고 한 것은 관료로 출세하지 못한 이력을 지적한 것이다. 그러나 고해(苦海)의 세상에서 환락의 자리로 나가 질탕하게 즐긴 데다가 기생들의 사연을 기록하고 그녀들의 인물됨을 잘 품평할 수 있는 필력과 감상안의 소유자라고 추켜세웠다. 일반 사대부와 달리 기생의 삶을 문학적으로 묘사하는 것이 한재락에게는 장애될 것이 없었다. 한재락은 각지의 기방세계에 풍부한 경험이 있었기에 충분히 가능했다. 여기에는 개성 거부의 후예로서 관계에 몸을 담지 못하는 그의 뇌락한 심경은 기생을 묘사하는 일에 좋은 여건을 만들었다고 판단할 수 있다.

이상적은 『녹파잡기』를 언급한 시에서 또 "그 누가 푸른 물결을 다룬 저서를 썼나? / 궁수(窮愁) 속이라 화려한 습관 다 버리지 못해서지"28)라고 하였다. 궁해서 나온 시름과 화려한 습관이 저술의 배경이라고 밝혔

---

27) 李尙迪, 앞의 책, 「韓藕人綠波雜記序」. "不圖幷世, 迺見藕人. 則下第之劉蕡, 行歌之原憲, 沈冥苦海, 跌宕歡場. 文若春華, 評工月旦, 倦游浿上, 有譔綠波雜記. 蓋援例於潘氏曲中志, 而濫觴於秦淮士女表者也."

28) 李尙迪, 「菊秋旣望夜雅集紫霞侍郞碧蘆吟舫次香蘇館集」, 『恩誦堂集』(총간 312-180면). "誰向綠波著書也, 窮愁綺習未全刪."

다. 부유한 사람으로서 누린 환락과 화려한 생활, 그러나 현실적으로 중앙의 관계로 진출하여 출세하기 어려운 처지, 이러한 갈등에서 나온 결과물이 『녹파잡기』란 말이다. 여회(余懷)의 『판교잡기(板橋雜記)』가 궁수(窮愁)에서 나온 것처럼[29] 한재락의 궁수(窮愁)의 표현이라고 본 것인데 설득력이 있다.

3. 『녹파잡기』가 묘사한 평양기생의 삶과 세계

이제 『녹파잡기』를 구체적으로 살펴본다. 앞서 말한 바와 같이, 이 책은 평양의 기방 풍경과 명기들의 사연을 기록했다. 권1은 모두 67명에 달하는 평양 기생의 사연이, 권2에는 기방문화와 관련이 있는 특별한 남자 5인의 삶이 묘사된다. 서술한 분량은 사람에 따라 편차가 크지만 전체적으로 간결하면서도 서정적인 문장을 구사하였다. 서술대상인 젊은 기생들의 세계를 반영하듯 문장이 곱고 화려한 느낌을 자아낸다. 전반적인 특징을 대략 다음과 같이 말할 수 있다.

우선, 한재락이 서정성 풍부한 문장으로 묘사한 기생들은 평양기생 가운데서도 명성이 자자한 기녀들이었다. 단순히 그가 만나보았다고 해서 책에 올리지는 않은 것으로 보인다. 둘째, 한재락은 대체로 기생들을 직접 만나보고 묘사하였다. 그는 유명한 명기를 일부러 찾아가 음악을 듣고 춤을 구경하는 등 그들과의 직접적 접촉을 통해서 사연을 얻었다. 셋째, 기생들의 삶을 애정어리고 우호적인 시선으로 포착하였다. 그녀들의 삶을 비판하기 위해서가 아니라 연민과 동정, 사랑과 추억으로 그

---

29) 이상적은 서문에서 "판교잡기의 저서를 보니, 余懷의 窮愁를 볼 수 있구나"라고 하였다.

리고 있다. 넷째, 기생을 색정적(色情的) 기준으로 묘사하기보다는 비범
하고 고결한 정신을 소유한 예능인이라는 시각으로 보려 하였다.

　67명의 기생은 특별한 안배없이 배열되어 있다. 가장 먼저 나오는 기
생이 죽엽(竹葉)이다. 죽엽의 사례를 통해 어떻게 묘사되고 있는지 살펴
본다.

　죽엽은 자태가 풍성하고 풍류가 세련되었다. 말솜씨는 호방한 선비와 같고,
가곡 솜씨는 당세의 우두머리이다. 그녀는 일찍이 다리에 병이 들어 이불을
껴안고 누워 있다가 내가 오는 것을 보고 휘장을 제키고 일어나 옷매무새를
가다듬고 세숫물을 내오라 하여 씻었다. 그리고는 이렇게 말하는 것이었다.
"가을이 되어 서울에 들어가서 대저택과 멋진 나무들 사이에서 잔치를 했지
요. 양원(兩院)의 많은 기녀들과 더불어 한강에 배를 띄우고 산과 강이 서로
어울리고 누대가 날아갈 듯한 풍경을 구경했답니다. 서울이 웅장하고 화려한
것을 보고서 개성으로 돌아와 만월대를 올라 옛 궁궐이 폐허가 되어 잡풀만
이 눈에 가득한 장면을 보고서 가슴이 뭉클해져 저도 모르는 새 눈물이 떨어
졌습니다. 한스럽게도 갈 길이 바빠 천마산과 박연폭포를 비롯한 승경을 미처
보지 못했답니다." 그리고는 나와 더불어 다음 해 봄에 묘향산과 약산동대를
유람하기로 약속을 정했다. 그러면서 이런 말을 했다. "아아! 첩의 나이 벌써
스물넷이랍니다. 언젠가는 사내를 만나게 될 테고 그 남자의 속박을 받게 되
겠지요. 그러면 어떻게 제 평소의 꿈을 이룰 수 있겠어요? 마땅히 봄가을 좋
은 날에 명승지를 골라 거문고를 안고 가서 마음껏 노닐어 늙지 않은 이 시절
을 놓치지 말아야지요"30)

　이 글은 『녹파잡기』 중에서 비교적 긴 편에 속한다. 죽엽은 기생화가

---

30) 『綠波雜記』 권1 1則(이하 권수와 則數만을 밝힘). "竹葉. 姿首豊盈, 風流融冶, 談吐
　　如豪士, 歌曲冠絶當世. 姬嘗病脚, 擁衾臥, 見余披帷起, 整衣裳, 促進盥洗. 自言'秋
　　來入京都, 遊宴甲第芳樹間. 與兩院諸名姬, 汎舟江漢, 見山川映發, 樓觀飛驚, 知京
　　師之壯麗. 還崧陽, 登滿月臺, 見故宮爲墟, 禾黍滿目, 慨然不覺下淚, 恨行色悤悤不
　　及見天磨朴淵諸勝也.' 因與余證期來春遊香山藥山間曰, '噫唏! 妾年已二十有四矣.
　　一朝從良, 受丈夫束縛, 則安得遂吾平生也? 當於春秋佳日, 選勝携琴, 縱意遊衍, 追
　　此未艾時也.'"

인 죽향(竹香)의 언니이다. 첫 대목에서 죽엽의 용모와 인상, 특징과 기예를 인상적 표현으로 개괄하였다. 이렇게 서두에서 기생의 용모와 개성을 묘사하는 것은 대체로 일관되게 유지되고 있다. 다음부터는 저자가 직접 만나본 죽엽의 인상을 기록하였다. 어느 날 찾아간 죽엽은 병석에서 일어나 저자를 맞이하고는 가을날 서울과 개성 등지를 유람하며 보고 느낀 감상을 인상 깊게 말해주었다. 그러면서 한 남자에게 매이기 전에 자유롭게 노닐고픈 소망을 말하였다. 속되지 않고 멋진 풍류를 지닌 여성이라는 느낌을 갖게 만든다. 군더더기라고는 찾아보기 어려운 간결한 문장을 구사하여 죽엽이란 기생의 녹록치 않은 성품과 멋을 부각시킨다.

『녹파잡기』에서 인물을 묘사하는 방법은 대체로 죽엽(竹葉)의 경우와 비슷하다. 이제 67명의 기생이 보여주는 삶과 세계를 몇 가지 주제로 나누어 살펴본다.

1) 미모와 풍정(風情)의 세계

평양기생의 인생과 사연을 묘사하되 한재락은 그들의 진정(眞情)·진면(眞面)을 포착하기에 노력하였다. 상식적으로 예상되듯이, 쾌락에 사로잡힌 색정적 측면이나 또는 남자들의 금전을 노리는 속물적 측면이 기생의 삶에서 배제될 수 없겠지만, 한재락이 관심의 대상으로 삼은 기생은 그런 종류의 모습을 보여주지 않는다. 한재락은 천박하지 않은 품성과 아름다운 미모, 뛰어난 기예를 발휘한 기생을 선택했다. 선택된 기생들에게서는 인간적 진정성이 잘 발휘되어 읽는 사람으로 하여금 사랑하지 않을 수 없고 연민의 감성을 갖지 않을 수 없도록 하였다. 저자는 선택된 기생을 호감과 긍정, 연민의 시선을 갖고 묘사하였다.

그는 대체로 기생의 미모를 간결하게 묘사하였다. 특별한 기예나 일화를 서술하지 않은 기생의 경우에도 미적 특징은 빼놓지 않고 묘사하였다. 몇몇 사례를 들어본다.

영주선(瀛洲仙)은 가는 눈썹에 도톰한 뺨을 가지고 있고, 담담한 말씨에 은근한 미소가 일품이다. 봄날 난간에 기대어 슬픈 표정으로 먼 곳을 바라보는 모습은 누군가를 그리워하는 듯하다.[31]

이봉(移鳳)은 밝은 창문 아래 정결한 서안(書案)을 놓았다. 도서는 가지런히 제 위치를 지키고 있다. 티끌 하나 묻어 있지 않다. 말하고 웃는 모습이 담담하고도 우아하다.[32]

경연(輕燕)은 복사꽃이 얼굴에 서려있고, 곱고 세련된 자태가 무리에 뛰어나다. 노을빛 치마는 가볍게 바람에 날리고 구름같은 머리는 드높다. 아름답고 고운 용모와 부드러운 말씨는 사람들로 하여금 절로 어여쁘게 생각하도록 만든다. 일찍이 그녀가 의자에 걸터앉아 한 남자로 하여금 버선을 신기게 하는 장면을 본 적이 있는데, 그 의기가 저절로 귀공자의 풍모가 있었다.[33]

위에 인용한 세 명의 기생들은 아름다운 용모나 특별한 취미, 성격을 드러내는 기사가 중심이다. 그녀들의 아름다움을 묘사하는 데 치중하고는 있지만 미모를 단순히 묘사하기보다는 분위기 묘사가 더 중심이다. 영주선(瀛洲仙)은 은근한 미소를 지닌 미인의 우수를 포착했다. 그녀를 묘사한 이 짧은 글을 두고 평자는 "정을 묘사하는 것이 뜻이 있음과 뜻이 없음 사이에 있으니 살아 있는 듯이 묘사하였다"[34]라고 하여 그 은근한 분위기를 잘 묘사한 점을 평가하였다. 이봉(移鳳)은 우아한 미모의 묘사에 앞서 정갈하고도 품격있는 실내 분위기를 묘사하여 그녀의 담

---

31) 권1 20則. "瀛洲仙. 纖蛾穠頰, 淡言微笑, 春日憑欄, 悄然遐眺, 若有所思焉."
32) 권1 14則. "移鳳. 明窓淨几, 圖書位置, 不染一塵, 言笑澹雅."
33) 권1 35則. "輕燕. 桃花暈面, 艶冶超群, 霞裳輕揚, 雲髻嵯峨. 美麗之色, 軟嫩之語, 自令人憐惜. 嘗見踞胡床, 使一男子結襪, 意氣自如貴介風."
34) "寫情在有意無意間, 活畵也."

박한 아름다움을 드러냈고, 경연(輕燕)은 빼어난 미모를 집중적으로 묘사하였다. 특히 우연히 의자에 앉아 남자에게 버선을 신기게 하는 장면을 목격하고는 그것을 귀공자의 풍모가 있다고 하였다.

이렇게 특별한 사연이나 일화를 담지 않은 기생들은 대략 이십여 명에 이르는데 용모에서 풍기는 인상은 빠짐없이 기록하였다. 그런데 이러한 용모의 묘사는 저자가 기생을 묘사한 기본이기는 하지만 중심은 아니다. 저자가 집중한 것은 각인들이 풍겨내는 개성적 분위기다.

다음에는 진홍(眞紅)이란 기생을 묘사한 내용을 살펴본다.

> 진홍(眞紅)은 자는 원춘(原春)이고 호는 함훈(含薰)이다. 뺨은 도톰하고 눈썹은 동그랗다. 보조개는 살짝 져서 부드러운 마음씨와 고운 자태가 말씨와 웃음에서 넘쳐난다. 그녀가 낮잠을 막 깼을 때 옅은 달무리가 생겨 봄날 같아서 교태와 부드러움을 이루 다 표현하지 못할 듯하다. 흰 바람벽에는 옛사람의 대련한 쌍을 걸어 놓았고, 서안 위에는 서화보(書畫譜) 여러 함을 놓아두었으며, 만수향(萬壽香)을 피워놓았다. 소담하게 화장을 하고 여유있게 앉아서는 붓을 쥐고 난초 잎을 치고 있는데 곱고 부드러운 자태가 모두 향기가 난다.[35]

진홍의 교태와 용모를 상세하게 묘사하였다. 낮잠을 자고 일어났을 때의 육감적인 미모를 묘사한 점이 특별하다. 그러나 거기에 그치지 않고 그녀의 서화 취미와 담박한 멋을 아울러 드러냈다. 소박한 실내 장식에 문화적 세련미가 돋보이는 행동이 그녀의 특징적 면모다. 서안 위에 서화보를 여러 함 놓고 향을 피우며, 소담한 화장을 한 채 붓을 쥐고 난초잎을 치는 모습을 통해 고아하고 예술적 취미를 드러냈다.

그런데 진홍의 방을 묘사한 글의 분위기는 평양의 기방풍경이 변모하는 과정임을 드러낸다. 화려하기보다는 소박하고, 복잡하기보다는 간

---

35) 권1 12則. "眞紅. 字原春, 号含薰. 豊頰曲眉, 寶靨承朧, 柔情婉態, 溢於言笑. 見其午睡纔罷, 淺暈生春, 若不勝其嬌嫩. 素壁掛古人聯書一對, 几上置書畫譜數函, 爇萬壽官香, 澹妝閒坐, 搦管寫蘭花葉, 婀嬭与之俱芳."

소하며, 실내를 고담하게 차리고 문방도구와 서보, 화보와 몇몇 서책을 놓고, 향을 사르는 광경은 당시 경화세족이 누리던 최고급 문화생활이라고 볼 수 있다. 그러한 생활은 조선 후기 소품가들의 산문에서 지향하는 한 세계이며, 명대 산인(山人) 소품가의 글에서 흔히 보이는 세계이다.36) 그러한 문화적 분위기를 기생들이 구현하고 있다.

그러한 모습은 진홍만이 아니라 4칙에 소개된 기생 영희(英姫)도 같다. 빼어난 미모에 가무를 잘하지만 영희는 그런 내색을 전혀 하지 않는다. 영희의 성품이 난초그리기를 즐겨서 가는 잎사귀와 성근 꽃을 잘 그려 옛사람의 필의(筆意)를 깊이 터득한 수준이라고 한재락은 추켜세웠다. 그런 영희도 "거처하는 방에는 주렴을 걸고 서안을 놓고 자기와 완상품 및 서화를 진열해 놓고 진종일 향을 사르며 단정히 앉아 있다. 그 방문 앞을 지나가도 적적하여 사람이 없는 듯하다"37)고 하였다. 기방의 분위기가 호사스럽거나 색정적이지 않고 오히려 고담한 사대부 서재의 분위기를 풍긴다. 한재락은 이러한 분위기를 자아내는 기생을 선호한 것이다.

이러한 사실을 신위 역시 정확하게 파악하였다. 그는 진홍과 영희의 사례를 들어 평양 기생이 붓으로 노래를 대신하고 먹으로 춤을 대신한다고 하면서 옛날 기방의 분위기가 집집마다 변화하고 있다고 지적하였다. 진홍이 대나무와 바위를 잘 그리고 소미(小眉, 4칙에 소개된 英姫의 字)가 난초를 잘 그린다는 사례를 들고서 서화 취미를 붙인 기녀들이 많아져 기방의 환락적 분위기가 가무에 서화를 겸비한 수준높은 지경에까지 이르렀다고 평가하였다.38)

---

36) 김성진, 「朝鮮 後期 文人들의 生活相과 小品體 散文」, 『조선 후기 小品文의 실체』 (안대회 편), 태학사, 2003, 183~201면.

37) 권1 4則. "性喜畵蘭, 瘦葉疎花, 筆墨秀潤, 深造古人筆意. 所居緗簾桃几, 陳設器玩書畵, 盡日焚香端坐. 經其戶, 寂若無人."

38) 申緯, 「題藕花老人綠波雜記」 제6수. "毫歌墨舞換淸彈, 舊院家家漸改觀. 盡化六朝金粉氣, 眞紅竹石小眉蘭." 신위의 이 시는 吳世昌이 편한 『槿域書畵徵』(國書刊行會, 昭和 46년, 日本) 권5의 眞紅, 小眉조에 전재되어 있다. 신위의 시를 근거로 두 기생을 화가로 인정하였다.

이러한 기방 문화가 『녹파잡기』의 등장하는 기생들의 생활에서 부각되는 것은 한재락의 미의식에 기인하기도 한다. 그는 기생들의 화려하고 사치스런 풍모보다는 그 반대의 것을 선호하였다. 많은 기생들에게서 평범한 기생들의 세계를 벗어나 예술성·풍류성을 갖춘 기생을 우호적으로 묘사하였다. 2칙의 현옥(玄玉) 같은 경우가 그렇다.

2) 의로움과 기개, 호방한 멋

한재락은 독특한 개성을 지닌 기생들을 골라 자주 묘사하였다. 앞에서도 특유의 풍정과 풍류를 지닌 기생을 선택하여 그들의 미덕을 포착하였다. 한재락이 선택한 기생의 미덕은 기생에게 기대하기 어려운 의로움과 기개 같은 인격이 포함되어 있다. 다음에 두 명의 기생을 인용한다.

> 취난(翠蘭)은 한옥(寒玉)이 어른거리는 듯한 몸집이지만 손가락이 가는 파처럼 섬세하다. 몸은 옷을 견디지 못할 정도다. 담박하여 물욕이 없다. 화장품이나 사치품을 남들은 다투어 추구하지만 그녀만은 홀로 뒷짐지고 있다. 사람들이 간혹 이익으로 그녀를 유혹하지만 반드시 완곡한 말로 물리친다. 대개 천성이 그렇다.[39]

> 차앵(次鶯)은 대대로 음악하는 기생 집안 소생이다. 침착하고 차분하여 기방의 경박한 자태가 없고 규방의 조용한 여자로서 음식을 장만하고 치산(治産)하는 모습을 지니고 있다. 집에 머물 때 입는 옷은 거칠고 먹는 음식은 박하다. 그렇지만 남들이 굶주리고 추위에 떠는 것을 보면 진심으로 은혜를 베풀어 옷을 벗어주고 음식을 양보하였는데 곤란해하는 빛이라곤 전혀 나타내지 않았다.[40]

---

39) 권1 43則. "翠蘭. 肥映寒玉, 指削纖蔥, 體不勝衣, 澹無物慾, 如粧奩玩好, 人爭趨之, 姬獨斂手. 人或以利誘姬, 必婉辭斥退. 盖天性然也."

40) 권1 16則. "次鶯. 樂籍世家, 沈詳不煩, 無句欄輕薄之態, 有閨門靜女主饋治産之象.

취란은 물건과 금전에 욕심이 없는 기생으로 묘사되고 있다. 다른 기생들은 앞 다투어 화장품과 재물을 추구하는 데 반하여 그녀는 그런 욕심에 뒷짐을 진 채 무관심하다. 기생세계의 상식을 벗어난 인물이다. 그런 점에서 차앵은 더하다. 그녀는 대대로 기생노릇을 한 집안 출신이다. 그런데도 기생 본연의 경박한 자태가 없다. 오히려 일반 가정집의 근면한 여성상을 지니고 있을 뿐만 아니라 검소하고 남을 도와주는 의인의 모습을 보인다. 한재락은 이들의 독특한 상을 부각시켰다.

> 나섬(羅纖)은 아름다운 자태가 곱고도 빼어났다. 도도한 뜻을 가져 자중자애하였다. 아름답고도 준수한 남자라면 비록 옷과 모자가 헤진 꼴을 한 남자라도 하룻저녁 사이에 정을 붙이지만 천박한 사내로서 악착같은 자라면 아무리 백 꿰미의 금전을 줄지라도 쳐다보지도 않았다. 소년 하나가 있어 그녀의 손가락지를 집어서는 외설스런 짓을 했다. 그러자 그녀는 바로 가락지를 뺏어서 여의(如意)로 가락지를 부숴버렸다. 그리고는 정색을 하고 준절하게 책망하였다. 그녀의 격정적 성격이 이런 식이었다.[41]

> 패옥(佩玉)은 (…중략…) 그 가모(假母)가 괴팍하고도 술값을 탐하여 그녀를 혹독하게 꾸짖지 않는 날이 없었다. 그녀는 정성껏 받들었다. 그러나 끝내 문밖으로 내쫓기고 그녀의 수식과 화장품을 비롯한 온갖 물건을 모두 빼앗겼다. 그녀는 고단하게 되어 갈 곳이 없었다. 한 해 남짓 지난 뒤에 그녀는 살 집과 가재도구, 머리장식과 화장품 등을 번듯하게 새로 장만하게 되었다. 남들이 그 가모를 비난해도 그녀는 가모를 두둔하며 끝내 원망하는 기색이 없었다.[42]

其家居衣麤食糲, 自奉淡泊, 而見人飢寒, 極意施捨, 解衣推食, 略無難色."

41) 권1 6則. "羅蟾. 瑰姿艶逸, 傲志自喜, 苟有俏俊者, 雖破衣帽, 一夕定情. 如其儈夫醜齪, 雖百琲, 不顧也. 有一少年, 取其指環以作褻, 姬卽奪環, 以如意碎之, 正色切責之. 蓋其激昂如此"

42) 고려대본. "佩玉. (…중략…) 其假母偏愎, 又貪麵糵, 苛責姬無虛日, 姬曲意承奉. 然終至迫逐出門, 盡掠其首節粧盒. 姬隻影無所歸. 居歲餘, 姬之屋宇屛帳, 首節粧盒, 煥然一新矣. 人或短其母, 姬爲之辨, 終無怨色."

도도한 나섬과 인정 많은 패옥의 인간됨을 묘사한 글이다. 나섬은 도
도하고 격한 성격의 소유자이다. 장화노류(墻花路柳)의 전형적인 행태 중
의 하나인 금전적 가치로 남자를 평가하는 그런 유의 기생이 아니다.
손가락지 일화에서 보듯이 그녀는 불같은 성격을 지녔다. 패옥은 괴팍
한 가모(假母)의 구박과 내쫓김에도 욕을 하지 않고 오히려 변호한다. 후
덕하고 따뜻한 인간미가 돋보인다. 용모가 아름다운 그녀지만 "내면의
깊이에 남과 다른 빼어난 지조를 지녀 같은 부류의 인간을 달갑게 여기
지 않는 뜻을 소유하였다"[43]

이런 기생들에게서 인간적인 미덕을 찾아볼 수 있다. 평범한 인간들
에게서보다 더한 멋진 면을 발견하게 된다.

3) 기예

기예에 능한 기생들의 사연이 『녹파잡기』의 다수를 차지한다. 앞서
인용한 진홍의 경우에는 육감적인 용모를 갖고 있으면서도 서화 취미
를 가지고 있다. 한재락이 묘사한 기생들 가운데 서화를 재능으로 한
자가 적지 않다. 그 가운데 주목할 만한 몇몇 기생을 사례로 기생들의
기예를 알아본다. 앞에서도 진홍과 영희가 서화에 깊은 조예가 있다는
사실을 기록하였다. 이러한 서화 취미는 고급 기생의 재능을 묘사하는
데 빠지지 않고 등장한다. 그 가운데 특기할 기생이 죽향(竹香)이다. 한
재락은 다음과 같이 썼다.

죽향은 죽엽의 아우이다. 나는 그가 그린 대나무 그림이 운치가 있는 것을
본 일이 있고, 또 죽엽이 그 동생이 재주와 용모를 겸비했다고 몹시 추켜세웠
기 때문에 나는 그녀를 보지 못한 것을 한스럽게 여겼다. 나는 길을 가다가

---

43) 위의 글. "內蘊孤特, 有不屑流輩之意."

장경문 밖에서 우연히 마주쳤다. 그녀는 다홍치마에 푸른 적삼을 입고 녹색 띠는 나풀나풀 거렸다. 세마(細馬)는 교태를 부리며 울고 향기로운 먼지는 몰래 이는데 손님을 보고서는 미끄러지듯이 말안장에서 내려오는데 그 빼어나고 오묘한 자태는 사람의 마음을 움직이는 것이었다.[44]

죽향을 만나기 전에 그녀가 그린 대나무 그림을 본 적이 있고, 또 그녀의 언니인 기생 죽엽(竹葉)이 동생의 재능과 미모를 칭찬했기 때문에 만나고 싶어 했다. 이 특별한 기생을 한재락은 장경문 밖 길에서 마주쳤을 때의 인상깊었던 장면을 묘사하였다. 이 기사는 그녀의 서화기예를 평가하거나 그에 관한 사실을 기록하기보다는 그녀와의 만남 자체에 초점을 맞추었다.

한재락이 묘사한 죽향은 사실 서울에도 널리 알려진 기생화가였다. 신위는 그녀의 그림 「묵죽횡간(墨竹橫看)」에 제시를 써주고 사연을 적었다.[45] 김정희는 「희증패기죽향이수(戲贈浿妓竹香二首)」·「희봉패성이소윤(戲奉浿城李少尹)」·「익일우이죽정제시래도희이전운경기이수(翌日又以竹幀題詩來到戲以前韻更寄二首)」를 남겼다. 이외에 나기(羅岐)·유재건(劉在建)·이만용(李晩用)·홍석주(洪奭周) 등이 그녀에게 써준 시가 있다.[46] 그녀는 시에도 재능이 있어 『풍요삼선(風謠三選)』에도 2수가 실려 있다.

한재락은 음악과 춤에 절등한 기예가 있던 기생을 위주로 관심깊게 서술하였다. 자연스럽게 가무(歌舞)에 유명한 기생을 묘사하는 가운데 당시 평양 지역의 이름난 예능인이 언급되기도 하였다.

패성춘(浿城春)은 20세 전후한 아리땁고 멋진 사람으로 부용꽃이 막 핀 듯

---

44) 권1 11則. "竹香, 竹葉弟也. 余見其畵竹有致, 又竹葉盛稱其弟才色雙絶, 余恨未得見也. 道遇長慶門外, 姬紅裙翠衫, 綠束翩翩, 細馬驕嘶, 香塵暗起, 見客滾下鞍, 英妙動人."

45) 신위, 앞의 책, 「養硯山房藁三」, 「題竹香墨竹橫看用余竹溪韻二首幷序」.

46) 『槿域書畵徵』 참조. 황정연, 「19세기 妓女 竹香의 「花鳥花卉草蟲帖」」, 『문헌과해석』 16, 228~231면.

이 그 향기로운 기운이 온 좌석을 뒤덮는다. 내가 비자전동에 있는 그녀를 처음 찾아갔었다. 때는 마침 달이 환한 밤이었다. 주렴을 걷고 들어가니 그녀는 눈동자를 응시한 채 단정히 앉아 있었는데 한 조각 구름인양 미동도 하지 않았다. 잠시 뒤에 줄풍류와 대풍류가 번갈아 연주되고 청아한 노래가 들보를 감쌌다. 그 날 그 자리에는 최원경(崔元卿)의 노래, 홍한조(洪漢祚)의 요고(腰鼓), 김자열(金子烈)의 피리, 박을축(朴乙丑)의 통소, 김창렬(金昌烈)의 거문고가 함께 자리하였다. 모두 음악으로써 관서 지방에서 독보적인 명성을 누리던 악사들이니 한 시대 최고의 음악가들이었다.[47]

패성춘이란 노래를 잘하는 기생의 미모와 그녀의 노래를 묘사하면서 그녀가 노래부를 때 관서지방 최고의 악사들이 함께 연주를 하는 성대한 모임에 직접 참가한 일을 기록하였다. 패성춘이 얼마나 대단한 가객인가를 말하기 위한 배경으로 다른 가객을 등장시킨 것이지만 이 기사로 인해 당시 평양의 최고의 음악가의 실명을 파악할 수 있게 되었다. 다음에 살펴볼 화월(花月)의 사연도 음악과 관계가 깊다.

화월(花月)의 처음 이름은 보패(寶貝)다. 그녀는 처음 접하게 되면 장중한 낯빛을 하고 있어서 범접할 수가 없다. 그러다가 은근한 눈길을 한번 주면 말을 건넬 수가 있다. 나이는 젊은데 재능이 뛰어나 노래와 춤 모두 빼어나다. 일찍이 봄날에 달빛이 휘영청 밝았다. 그녀는 손으로 비단 주렴을 걷어서 달빛을 방안으로 들어오게 하였다. 쓸쓸히 감정을 주체하지 못하더니 나를 보고는 몹시 기뻐하며 "달은 밝고 바람은 맑아요. 이렇게 멋진 밤을 어쩌면 좋지요?"라고 하였다. 그리고는 함께 대동문 성루에 올라갔다. 읍내의 큰 길은 숫돌로 간듯 반듯하고, 대동강 물빛은 비단깁을 펼쳐놓은 듯하였다. 그녀는 쪽진 머리에 꽂은 은비녀를 뽑아서 난간을 치며 노래를 불렀다. 노랫소리는 구슬을 꿴 듯 청아하게 반공에 솟아 감돌았다. 모래밭의 갈매기는 깜짝 놀라

---

47) 권1 30則. "浿城春. 弱年佼好, 如芙蓉始發, 芳芬之氣籠罩一座. 余訪於篦子纏洞, 時夜月明, 搴簾而入, 姬凝眸端坐, 孤雲不動. 少焉絲管交轟, 淸歌繞梁. 伊日席上, 有崔元卿歌, 洪漢祚腰鼓, 金子烈笛, 朴乙丑洞簫, 金昌烈琴, 皆以聲律, 擅名關西者, 極一時之選也."

날아오르고 지나가던 구름도 멈춰서 노래를 듣는 듯하였다. 그 자리에는 범자라는 동자가 있었는데 퉁소를 잘 불었다. 그에게 맑은 노래를 부르게 하고는 그녀는 다시 노래를 불러 화답하였다. 그때 밤 시간도 깊어져 온갖 소리가 사라져 고요하였다. 홀로 성 아래 깎아지른 벼랑 밑에는 배 한 척이 외롭게 정박해 있었다. 그 배 안에는 머리가 허연 어옹이 있어 밤이 이슥토록 잠자지 않다가 일어나 너울너울 춤을 추었다.[48]

한 편의 서정적 산문이다. 어느 봄날 달빛이 밝은 밤, 모든 사람이 잠이 든 고요한 밤에 화월(花月)이 벌인 노래의 향연이 아름답게 묘사되었다. 은비녀를 뽑아 난간을 치며 부르는 노래와 범자의 퉁소반주에 맞추어 화답하는 장면을 그림과도 같이 묘사하였다. 더욱이 배안에서 춤을 추는 노옹의 묘사가 인상깊다. 가장 멋진 산문으로 인정할 만한 글이다.

이상에서 춤과 음악에 능한 몇몇 기생을 묘사한 기사 가운데 대표적인 것을 살펴보았다. 이외에도 관심을 기울일 만한 가무를 잘하는 기생이 적지 않다. 어릴 때부터 가무에 전념하여 최고의 춤꾼이라는 명성을 얻은 경패(瓊貝, 28칙)가 있고, 시를 읊은 독특한 방법인 서수원창(西水院唱)으로 죽지사(竹枝詞)를 잘 부른 차옥(車玉)도 있다.[49] 가무 외에도 잡기에 능해 유명한 운무선(雲霧仙, 32則)도 하나의 사례이다.

---

48) 권1 32則. "花月, 初名寶貝, 初接, 莊色不可犯, 旣而微波乍轉, 可以通辭. 年少才慧, 歌舞俱絶, 嘗春月正明, 姬手搴細簾, 延月入戶, 悄然若不勝情, 見余喜甚曰, '月白風淸, 如此良夜何?' 因偕登大同城樓, 長街如砥, 江光鋪練, 姬拔髻邊銀釵, 鼓欄作歌, 歌聲累累如貫珠, 飄落半天, 沙鷗驚翔, 行雲不流. 有童子名范者, 善吹洞簫, 命作淸上細葉. 姬復歌以和之. 時更漏已殘, 萬籟俱寂, 獨有城根斷岸, 泊一孤舟, 中有皓首漁翁, 夜深不寐, 起舞婆娑焉."

49) 권1 27則. "車玉. 皓姿軒然, 辭采豪俠, 誦竹枝辭, 效西水院唱(淇上詠詩聲), 歌喉寥喨, 聽之神揚."

4) 기생의 삶과 사랑

『녹파잡기』는 기생들의 진정한 인간다움을 드러내고자 노력하였다. 그런 모습은 그들 특유의 사랑을 묘사한 사연에서 잘 드러난다. 그들의 사연 가운데에는 가슴 뭉클한 감동을 전해주는 것이 적지 않다. 그 가운데 대표적인 이야기 세 가지를 소개하여 본다.

초제(楚娣)는 초운이라는 이름으로도 불린다. 자는 조향(朝香)이다. 풍성한 자태를 가졌고 밝고 지혜로우며, 눈동자가 반짝반짝인다. 나이 겨우 열한 살인데 성을 따라 놀이하는 소윤(少尹)의 행차를 따르기로 하였는데 마침 비가 새로 내려 진창길이 되었다. 뾰족한 가죽신이 구멍이 나서 연꽃 장식이 발을 몹시 찔렀다. 그리하여 성가퀴에 기대선 채 어찌할 바를 모르고 있었다. 그때 더벅머리 어린 소년 하나가 지나가다가 사연을 물었다. 그녀가 사실대로 말해 주었다. 그러자 소년은 바로 청사 가죽신을 벗어 그녀에게 주고는 제 자신은 맨발로 가버렸다. 저녁이 되기 전에 그녀는 집에 돌아와서 제 손으로 신을 열 번이나 쌌다. 그리고 동자의 성명을 수소문하여 기록해두고 보관했다. 그 어머니가 그 이유를 묻자 그녀는 이렇게 답했다. "오늘 행차에는 이 신이 아니었다면 시간을 맞춰 가지 못했어요. 시간을 대지 못하면 관아에 죄를 얻었을 텐데 그 죄가 가볍지 않아요. 저 아이는 평소 알지도 못하는 사이인데도 다른 사람이 당한 곤경에 이렇듯이 도와주니 그 사람됨을 알 만하지요. 제가 비록 어리지만 처녀의 몸으로 다른 사람의 신을 받아 제 발에 신었어요. 그 의로운 기상을 잊어서는 안될 뿐만 아니라 또한 규방 여인의 행실을 변해서는 안되지요. 앞으로 인연을 맺게 된다면 분명히 여기에 있을 거예요." 어린 나이에도 그 뜻이 이러했으니 그녀는 참으로 아름다운 여인이다. 어린 동자의 이름은 괴불이고 나이는 아홉 살이었다고 한다.[50]

---

50) 권1 47則. "楚娣, 一名楚雲, 字朝香, 丰姿朗蕙, 眄睞的皪, 年甫十一, 隨少尹巡堞之遊. 時新雨泥淖, 尖鞋窄, 蓮瓣刺苦, 倚城堞立, 罔知攸爲. 有一垂髫小童, 過而問焉. 姬以實對, 童子卽脫靑絲鞋贈姬, 自跣足而去. 未及暮, 姬還家, 手自什襲鞋, 訪童子姓名, 識而藏之. 其母問其故, 對曰, '今日之行, 非此鞋, 無以趁期, 期不及, 獲罪於官非細. 彼素不相識, 而周人之急如此. 其爲人可知, 吾雖幼稚, 以處女身受人鞋, 一穿

『녹파잡기』 가운데 가장 흥미로운 이야기로 판단된다. 11살의 초제 (楚娣)와 9살의 괴불(怪不) 소년 사이의 로맨스다. 신위도 초제의 이야기에 가장 큰 흥미를 느낀 듯하다.[51] 나이 어린 괴불은 색향(色鄕) 평양의 아이답게 선뜻 자기의 신발을 벗어 어린 기생에게 주었다. 또 초제는 그의 의로움에 탄복하고 훗날의 결연(結緣)을 다짐한다. 평양 기생의 풍정과 의리의 세계를 드러내보인 전형적 이야기다. 인간적인 매력을 풍기게 하는 에피소드로, 기방에 떠도는 유명한 이야기를 전해 듣고 기록한 것으로 추정된다.

초운(楚雲, 45則)은 본래 덕천(德川)의 기생으로 아직 어린 15세에 당대의 명사인 대산(大山) 선생[52]과 만났다가 선생으로부터 시를 받았다. 이후 대산 선생을 사모하여 다른 손님을 일체 거절한 채 선생을 찾아가려다 집안사람들이 말려서 그만두고 늘 우울하게 지냈다. 시일이 흐른 뒤 대산 선생이 평양에 머문다는 소식을 듣고 덕천 원에게 하소연하여 평양 소속으로 옮겨서 대산 선생을 만나게 되었다. 그녀가 대산을 만나 그동안 품속에 품고 지내던 시고를 보여주었다. 얼마나 보고 또 보았는지 보풀이 심히 났다. 대산이 그녀를 아름답게 여겨 전방(專房)하게 하였다.

나이가 중년에 가깝게 되었지만 남편을 만나지 못한 난임(蘭任, 18則) 같은 기생도 묘사되어 있다. 그녀는 남자가 없는 이유를 이렇게 설명한다. "수많은 남자를 만났으나 마음에 드는 사람이 없었다. 그래서 기다릴 뿐이다. 평소 마음에 꼽은 사람을 만나기만 하면 아무리 원헌(原憲)처럼 가난한 자라도 몸을 바쳐 섬길 것이다"라고.

이상에서 예를 든 세 명의 기생이 벌인 사랑은 기생들에게서 흔히

吾脚, 非但義氣不可忘, 亦關女行之莫可渝. 他日結緣, 其在是乎!' 姬以幼年, 其志如此, 眞可人也. 小童名怪不, 年九歲云."

51) 신위, 앞의 시. "卷中多少風流話, 只有青絲怪不鞋."

52) 기생이 좋아한 大山은 中人문사인 吳昌烈의 아호이다. 그는 조희룡의 절친한 친구로서 시를 잘 하였다. 『大山詩鈔』(서울대 도서관 장서)에는 「桃源館德川, 戱贈雪兒. 郡妓梨花春, 字雪兒」가 전하는데 이 시가 『綠波雜記』에 거의 그대로 실려 있다.

예상하는 재물과 권력의 추구와는 거리가 멀다. 나이 어린 기생들은 자기를 인정해주고 자신을 대우한 한 남자에게 진정한 사랑을 바치려고 하였다. 중년이 되도록 결혼하지 않은 난임은 그러한 남자를 아직도 만나지 못했다. 그녀에게 가난은 장애가 아니다. 자신을 이해하고 마음에 드는 지기(知己)를 동경하는 기생들의 사랑을 한재락은 부각시키고자 하였다.

나이가 들어 기방에서 물러난 퇴기(退妓)를 묘사한 내용도 흥미롭다. 취련(翠蓮, 3則)은 제비같이 날렵하게 검무를 잘 추었는데 지금은 연광정 앞거리에서 술을 팔고 있다. 부벽루 근처에 살면서 아직도 젊은 시절 풍정(風情)을 잊지 못하는 경옥(瓊玉, 64則)은 화월(花月)이란 연소한 기생의 가모(假母)로 있다. 명운(明雲, 67則)이란 왕년의 유명한 기생을 저자는 만나고 싶었으나 의주 큰 상인의 소실이 되었기에 보지 못했다.

5) 기방주변의 남자

『녹파잡기』 2권에서는 기생이 아닌 남성들을 묘사하였다. 조광진(曹光振)·홍산주(洪山柱)·안일개(安一箇)·군할(君瞎)·최염아(崔艶兒) 이렇게 다섯 사람은 모두 평양의 특이한 명사들이다. 서예가와 시인·풍류객·조방꾼들이다. 모두가 흥미로운 인물로서 기방문화와 깊은 관련이 있어서 묘사의 대상이 되었다. 차례로 소개하면 이렇다.

첫 번째로 등장한 조광진은 유명한 평양출신의 서예가로 눌인(訥人)이란 호로 불리는 사람이다. 당시 전국적으로 명성이 자자한 서예가다. 그가 이 자리에 오른 이유는 그의 글씨가 청루(靑樓)와 주사(酒肆)에 왕왕 걸려 있어서다. 장지완(張之琬)은 특별히 「조눌인전(曹訥人傳)」을 썼다. 한재락의 묘사 가운데 일부 내용은 장지원의 전에 거의 그대로 보인다. 저자는 그를 통해 그 아버지가 쓴 선조의 묘지명을 보았다고 하였다.

두 번째로 등장한 만장(萬丈) 홍산주(洪山柱)는 풍류객(風流客) 운사(韻士)
다. 평양 여항의 소년배부터 청루의 기생들이 모두 만장을 칭송하였기
때문에 저자는 특별히 변광사(邊狂士)에게 연을 넣어 그를 만나보았다.
그가 유명한 이유의 하나는 그가 지은 노래 때문이다. 그가 지은 「상춘
가(傷春歌)」·「강호별곡(江湖別曲)」·「단장사(斷腸詞)」가 평양에 널리 퍼져
있다고 하였다. 이들은 노래로 불린 가사로 일부는 현재까지 전한다.53)
또 그가 지은 『육향사(六香詞)』는 명기 6인을 위해 지었는데, 그 시 속에
포함되지 못한 기생들이 모두 한스럽게 여겼다는 작품이다. 그가 시를
읊는 송시성(誦詩聲)은 느리면서도 처절한데 그가 창안한 호접창(蝴蝶唱)
이라고 하는 특별한 악곡이었다. 신위도 그와 면교(面交)가 있는 듯 "연
광정과 부벽루 앞의 푸른 물결이 사라져야만, 비로소 평양 만장의 명성
이 끝날 것이라"고 하여 평양 지역에 드높은 그의 명성을 극찬하였다.54)
　안일개(安一個)는 저자가 직접 만나지 못하고 남들로부터 전해들은 유
명한 풍류객이었다. 그에 관해서는 유명한 일화 하나를 소개하였다. 당
시에 명기 예닐곱 명이 각기 마음에 맞는 애인을 뽑아서 영명사(永明寺)
에서 잔치를 벌이기로 하여 많은 기생들이 모였는데 그 자리에 데리고
온 사람은 안일개 한 사람 뿐이었다는 전설로 남은 사람이었다.55) 육당
본에는 '안일개(安一個), 진사명필(進士名筆)'이라는 미주(眉注)를 붙였다.
　군할(君瞎)은 장님으로 퉁소의 명인이었다. 고금의 가곡을 아주 잘 불
렀다. 그의 장기는 온갖 새울음소리를 흉내내는 것으로 그 재주로 좌중

53) 현재 「단장사」란 가사가 전한다. 한 기생을 못 잊어하는 남자의 사연을 간절하게 읊
　　은, 작자 미상의 작품이다. 그 내용 가운데 차라리 평양의 嬋娟洞에 묻히겠다는 사연
　　이 있는 것으로 보아 평양 기방과 깊은 관련이 있어 보인다. 그 작자가 洪山柱일 가능
　　성이 매우 높다.

54) 申緯, 「綠波雜記題辭」 제8수. "練光浮碧浪陶平, 始盡西京萬丈名. 可是去年離別
　　處, 餘情欲繫斷鴻聲."

55) 안일개의 풍류는 당시에 유명하였던 것으로 추정된다. 金澤의 『西京詩話』 「標致」
　　에 "安一介, 先輩風流, 獨立傾於一邦, 群妓日集其門, 梨園爲空. 或爭妬, 輒相詬曰,
　　'爾識安郎宅何在?'"라는 기사가 실려 있다.

을 포복절도하게 만들었다. 그러다가 다시 과부가 처량하게 우는 소리
를 내어 좌중의 눈물을 떨구게 하였다. 그런 그를 개성과 평양의 사람
들이 앞 다투어 초빙하였기에 쉬는 날이 없을 정도였다.

이렇게 소개한 네 명 가운데 셋이 모두 기방을 중심으로 활약한 저명
한 작가와 예술가다. 하나같이 평양을 대표하는 명사들이다. 마지막으
로 기록한 사람은 최염아(崔豔兒)로 기방의 조방꾼이면서 동시에 민간
기예인이다. 그의 살아가는 모습은 아주 흥미롭다. 직접 인용한다.

최염아는 신세가 불우하여 유흥가를 오가며 목숨을 부지하였다. 새벽에 일
어나서 많은 기생집을 두루 찾아가 집과 마당을 깨끗이 청소하고 그릇과 집
기를 제 자리에 두었다. 그는 날마다 그 일을 직업으로 알고 했다. 그런데 그
는 이름난 기생이 아니면 가지 않았다. 그래서 최염아가 어디에 있는가에 따
라서 기생의 명성과 값이 가벼워지기도 무거워지기도 했다. 그는 또 나귀 울
음소리를 잘 냈다. 입을 벌리고 우우우 소리를 내고는 한 목청으로 수많은 나
귀가 함께 우는 소리를 냈으니 참으로 빼어난 재주였다. 그는 사람됨이 충실
하였지만 반면에 멍청하였다. 일찍이 천전의 돈을 얻어서는 넓은 들판에 묻어
서 숨겨두었다. 그때 마침 머리 위에 구름 한 조각이 있는 것을 보고서 그 구
름으로 표식을 해두었다. 그 뒤에 돈을 묻어둔 곳에 가서 하늘을 우러러 보았
는데 구름이 없어서 끝내 돈을 묻은 곳을 잃어버리고 말았다. 그리고는 탄식
을 하면서 돌아왔다.56)

불우한 신세로 기방을 전전하며 기생집을 청소하고 세간집기를 정돈
하는 일로 살아가는 사람이다. 충직한 인간미가 돋보인다. 하지만 그 역
시 나귀의 성대모사에 뛰어난 재능을 구비한 예능인이었다. 최염아의
삶에서 흥미를 끄는 것은 그의 어처구니없는 멍청함을 전해주는 일화

---

56) 권2 5則. "崔豔兒. 落拓, 往來狹邪, 以爲性命. 晨起, 歷往諸姬家, 灑掃室堂, 位(?)寘
器甌, 日以爲常. 非名姬不往, 故視豔兒所在, 而妓聲價爲之輕重. 善作驢鳴, 張口呀
呀作聲, 衆驢和鳴於一喉中, 亦絶技也. 爲人忠實痴騃, 嘗得千錢, 埋曠埜而藏之. 時
見頭上有片雲, 以雲爲識. 後往埋錢處, 仰視天上, 無雲, 竟失其處, 歎息而歸."

때문이다. 우연히 얻은 재물을 들판에 숨기면서 하늘의 구름을 표식으로 삼아 결국은 재물을 잃어버린다. 이 일화는 그의 바보스러움을 드러내면서 동시에 천연덕스러운 인간미를 드러낸다.

4. 『녹파잡기』의 문학세계 그리고 『판교잡기』

위에서 살펴본 대로, 『녹파잡기』는 한 지역의 기생과 기방의 세계라는 독특한 소재를 다룬 산문집이다. 이 저작이 지닌 문학적 특징과 가치를 몇 가지 항목으로 나누어 살펴본다.

1) 기생과 기방을 소재로 한 산문의 세계를 열다

우선 소재 자체가 매우 독특하다. 이런 유의 저작이 선비임을 표방하는 사람에 의해 쓰이기를 기대하기 어려운 것이 조선사회이다. 한두 편의 기생을 다룬 글이나 시가 희작(戲作)이라는 이름으로, 또한 선비와 기생의 사랑을 다룬 전(傳)이 문사들에 의해 쓰이지 않은 것은 아니지만 이렇게 의도적으로 하나의 저작을 남긴 사례를 아직 보지 못했다.

한재락이 이런 소재로 단행본을 저술할 수 있었던 것은 소품문이 경화세족 문사들에 의해 널리 창작되면서 염정적 내용이나 기방 문화에 대해 문학적 접근이 훨씬 용이해졌기 때문이다. 이옥(李鈺)만 하더라도 기생들의 삶에 관한 「이언(俚諺)」을 비롯하여 다양한 문학을 창작하였다. 또 『판교잡기』와 같이 기생을 전적으로 묘사한 저작이 중국에서 이미 저술되었고, 그것이 18~19세기 조선 문사들에 의해 널리 읽혔기 때문에 방패막이가 될 수 있었다.

또한 한재락 자신이 기생과 기방문화에 깊은 이해가 있었고, 기생들한 사람 한 사람에 대한 친밀함이나 이해가 깊었다. 더구나 그는 부유한 집 자제로서 한량기질이 있어 심리적으로 제약이 없었던 것으로 추정된다. 또 그는 경화세족 핵심에 들어가는 길이 막힌 개성출신이었다. 기생을 소재로 한 저작을 쓴다 해서 그에게 문제가 될 소지는 거의 없었다고 보인다. 더욱이 그는 과거에도 낙방하고 그렇다고 그의 문재를 다른 데로 발산할 기회가 주어지지 않았기에 이런 쪽으로 발산시킬 가능성이 충분히 있다. 또한 앞서도 말한 바와 같이 그는 조선 후기의 소품문 창작에 기여한 문사들과 직간접으로 접촉하였기 때문에 기생을 소재로 한 소품서를 창작하는 데 있어 자기검열의식이 강하지 않았을 것이다.

2) 소품서(小品書)로서 문체적 특성

『녹파잡기』는 전통적인 고문(古文) 문체의 하나에 속하지 않는 단행본 저술이다. 『판교잡기』와는 유사하면서도 다르다. 그와 비슷한 저작이라면 이옥의 『백운필(白雲筆)』이나 『연경(烟經)』 같은 단행본 소품서를 들 수 있다. 이렇게 하나의 주제로 소책자를 엮은 소품서가 18세기 후반~19세기 초반에 소품문을 창작한 일부 문인들에 의해 창작되었다. 한재락은 그러한 소품서 창작의 전례를 충분히 접하여 이러한 형식의 저작을 남겼다.

『녹파잡기』의 문장에서 볼 수 있는 특징은 대략 다음과 같다.

첫째, 문상이 매우 간결하다. 그는 문장을 경제적으로 구사하여 대상인물의 인상적인 면을 묘사하였다. 짧은 문장의 경우, 열 댓자 한 줄을 넘지 않는데 십여 명의 기생은 그런 적은 글자로 묘사하는 데 그쳤다.

둘째, 기생의 에피소드를 부각시켜 서술하였다. 그가 기생을 기술하는 문장은 전(傳)이나 묘지명과 같이 전형적인 고문(古文)에서 인물을 서술하고 묘사하는 문장과 일정한 차이를 보인다. 기생의 신정(神情)을 드러낸다고 생각되는 에피소드 한두 가지만을 선정하여 서술하였을 뿐 잡다한 사실은 모두 생략하였다. 서술상의 특징에서 그가 쓰려한 소품문의 특징이 드러난다. 인물을 서술하는 글의 전형적인 방식보다는 묘사대상의 인상과 용모, 일화를 포착하여 서술하는 방법을 택하기 때문이다. 『세설신어(世說新語)』의 글이 보여주는 특징을 살리고 있다.

셋째, 그의 글은 정감적이고 주관적 색채가 두드러진다. 자신이 보고느낀 사실과 감정, 인상을 정서적인 언어로 구사하여 묘사하였다. 문장의 관점에서도 이옥의 『백운필』이나 『연경』을 비롯한 소품서와 유사한 점이 발견된다.

3) 『판교잡기』를 비롯한 향염소품(香艶小品)과의 관련성

『녹파잡기』는 『판교잡기』와 긴밀한 관련을 맺는다. 이상적은 서문에서 두 저작의 관련성을 거론했고, 신위 역시 두 저작의 관련성을 인정하였다. 그러면서 한재락의 저작이 태평시절의 풍속을 묘사했다는 장점을 높이 평가하였다.[57] 기생의 삶을 긍정적으로 묘사했다는 점에서 일치한다. 다만, 『판교잡기』는 지난날의 화려했던 남경(南京) 기방의 모습을 추억하면서 비탄과 애상에 젖은 특징이 있다면, 『녹파잡기』는 풍류스런 이야기가 중심을 이룬 차이가 있다.

『판교잡기』는 명말청초의 저명한 문인 여회(余懷, 1616~1696)가 1693년에 지은 책이다. 명말(明末)시대의 화려한 남경의 기원(妓院)과 명기의 풍

---

57) 신위, 앞의 시. "板橋記後綠波記, 余澹心今藕老人. 更比澹心君又勝, 盡情摹寫太平春."

정(風情) 넘치는 일생을 묘사한 소품서(小品書)다. 명기의 사연은 청의 침략으로 몰락하는 재자가인(才子佳人)의 드라마틱한 서정과 겹쳐져 애상과 비장의 파토스로 그려져 깊은 감동을 준다. 이 책은 중국에서도 널리 읽혔다. 이 소책자는 『소대총서(昭代叢書)』·『우초신지(虞初新志)』·『설령(說鈴)』에 편입되어 전파되었다. 그리하여 18~19세기 조선에서 다른 많은 소품문과 더불어 널리 읽혔다. 조선 후기 문인들이 이 책을 읽은 정황은 다음 이옥의 글이 잘 보여준다.

> 아! 일찍이 나는 여담심(余淡心)의 『판교잡기(板橋雜記)』를 읽었다. 천 년 뒤의 사람으로도 뼛속까지 취하고 마음이 불타게 하며, 황홀하게 설의(雪衣) 금심(琴心)과 더불어 미루(迷樓) 위에서 자리를 뜨지 못하게 만든다. 저 여인들과 더불어 한 세상에 살지 못함이 유감이다. 나비가 나풀대고 벌이 윙윙대듯이 이런 데 달려드는 저 허랑한 한량들이 불행히도 당시의 남곡(南曲)에 태어났다면, 연화(烟花) 세계에 빠져 아귀(餓鬼)가 되지 않을 자가 드물었을 것이다. 비웃을 일이기도 하고 슬퍼할 일이기도 하다.[58]

염정적인 문학에 취미가 남다른 이옥이 이 책에 특별한 관심을 둔 것은 당연하다. 이 책은 다른 조선 문사에게도 감동을 주는 책의 하나였다. 유만주(兪晩柱)의 『흠영(欽英)』, 유득공(柳得恭)의 「초정소실혼서(楚亭小室婚書)」 등에도 이 소품서를 애독한 자취가 잘 드러난다.[59] 유득공은 박제가(朴齊家)의 소실에게 주는 혼서(婚書)에서 『판교잡기』에 나오는 기생의 연애담을 인용하였다. 또 "酒譜와 茶經은 그대를 기다려 비자나무 탁자에서 뽑내고, 글씨 쓰고 문장 엮는 일은 蘭香 풍기는 규방에서 어울려 하고자 합니다"[60]라고 하여 앞서 살펴본 평양 기생의 생활과 비

---

58) 李鈺, 『石湖別稿』, 「游梨院聽樂記」 "噫! 嘗讀余淡心『板橋雜記』, 丁載之下, 使人骨醉心熱, 怳惚與雪衣琴心, 流連於迷樓之上, 而恨不得同其世矣. 彼浪子之蝶翾蜂鬧奔走於此者, 不幸而生當時南曲, 則不爲烟花中餓鬼者罕矣. 可以笑, 亦可悲也."
59) 안대회, 「楚亭 朴齊家의 인간면모와 일상—小室을 맞는 詩文을 중심으로」, 『한국한문학연구』 36, 2005, 117~150면.

숫한 정경을 묘사하기도 하였다. 『판교잡기』에서 묘사한 기생방의 풍경과 유사하다.

한편, 『녹파잡기』가 여회의 저작과 긴밀한 관련을 맺는 것만은 아니다. 이상적은 이 책이 반지항(潘之恒)이 기방과 기녀를 기록한 『곡중지(曲中志)』에서 선례를 찾아왔고,[61] 이렇게 기생의 인물을 품평하는 사례가 이미 『진회사녀표(秦淮士女表)』[62]에서 마련되었다고 하였다. 또 모벽강(冒辟疆)이 기생 동소완(董小宛)과의 사랑을 추억하는 소품서 『영매암억어(影梅庵憶語)』 같은 책도 이미 다른 저작들과 더불어 읽히면서 문사들의 정려(情侶)로서 기생들의 삶은 문사들의 관심을 자아냈다.[63] 국내적으로도 실의한 문사들이 아름다운 젊은 기생들과의 사연을 담은 소품들이 부쩍 많이 창작되었는데 한재락 역시 그러한 경향에 깊이 영향을 받았다고 할 수 있다.

---

60) "酒譜茶經, 待揚扢於棐几; 筆耕心織, 與翱翔於蘭閨."

61) 潘之恒(1556~1621)은 명 嘉靖 연간의 문인으로 희곡에 대한 조예가 있어 湯顯祖 등과 교유하였다. 天啓 원년에 『金陵妓品』을 써서 32명의 기녀를 네 부류로 분류하여 품평하였다. 첫째가 品으로 典型이 승하고, 둘째가 韻으로 豊儀가 승하고, 셋째가 才로 調度가 승하고, 넷째가 色으로 穎秀가 승하다. 이렇게 기녀의 네 가지 풍경을 개괄하였다.

62) 曹太章(1521~1575)의 저작으로 여러 기생의 才情과 용모, 기예를 품평하여 그 등급을 분별하였다. 女壯元, 榜眼, 探花, 解元, 女學士, 太史와 같은 명칭을 사용하여 기생을 평가하였다. 이 저작은 『說郛續』 제43책에 실려 전한다. 그 책에는 『女紅餘志』(龍輔)·『燕都妓品』(氷華梅史)·『廣陵女士殿最』(萍鄕花史)·『秦淮士女表』(曹大章)·『曲中志』(潘之恒, 이하 동일 저자)·『金陵妓品』·『秦淮劇品』·『曲艷品』·『劇評』이 수록되어 있다.

63) 李尙迪이 한 문사의 情侶인 紅姬를 가슴에 묻겠다는 약속의 글 「紅姬墓守護約」에 붙인 「書紅姬墓守護約後」(『恩誦堂集』, 총간 312-219면)에서 "且蘇子之哭朝雲, 辟疆之悼小宛, 非無銘誌, 亦有憶言"이라 하여 冒辟疆이 『影梅庵憶語』를 저술한 사실을 밝혔다. 「紅姬墓守護約」 역시 흥미로운 소품문으로 추정된다.

5. 맺음말

이번에 새로 발굴한 『녹파잡기』는 19세기 전기에 한재락이 저술한 소품서다. 개성 명문가 출신의 실의한 문사가 직접 보고 겪은 평양의 이름난 기생을 묘사한 문학서다. 기생들의 삶과 문화를 호감과 애정을 갖고 묘사한 독특한 성격의 책이다. 실의한 선비와 불우한 미인의 동병상련이 어울려 서정적인 색채가 가득한 작품을 낳았다.

한재락은 불행한 태생의 기생들이 보여주는 천박하고 화려한 외부를 걷어내고 그 이면에 도사린 슬픔과 아름다움을 포착하여 아름다운 산문으로 엮어냈다. 관료사회의 노리개로써, 상품화한 기생들에게 오히려 진정한 인간다움이 구현되어 있음을 보여주고자 하였다. 홍등가 하류계층 인물 수십 명을 이렇게 직접적으로 묘사한 사례는 매우 드물다. 19세기 산문문학에서 주목해야 할 작품의 하나로서 손색이 없다.

한편, 이 저작은 소품서이기도 하지만 당시 기방문화와 기생들의 세계를 보여주는 자료로서 매우 중요한 가치를 지닌다. 이렇게 폭넓게 색향(色鄕) 평양(平壤)의 기생을 정확하고 긍정적으로 묘사한 저술은 아직까지 없다. 한국기생사를 체계화한 이능화(李能和)조차도 이 책을 열람하지 못하였다. 근대의 기생문화와 조선 후기 기생문화의 중간 단계에 위치한 이 자료의 중요성으로 인해 앞으로 기생연구에 독보적인 위치를 점할 것으로 보인다.